陕西统计年鉴 2022

SHAANXI
STATISTICAL YEARBOOK

陕 西 省 统 计 局
国家统计局陕西调查总队 编

中国统计出版社
China Statistics Press

© 中国统计出版社 2022
版权所有。未经许可，本书的任何部分不得以任何方式在世界任何地区以任何文字翻印、拷贝、仿制或转载。

© 2022 China Statistics Press
All rights reserved. No part of the publication may be reproduced or transmitted in any form or by any means, electronic or mechanical, including photocopying, recording, or any information storage and retrieval system, without written permission from the publisher.

图书在版编目（CIP）数据

陕西统计年鉴. 2022 = Shaanxi Statistical Yearbook 2022 : 汉、英 / 陕西省统计局，国家统计局陕西调查总队编. -- 北京 : 中国统计出版社，2022.8
ISBN 978-7-5037-9872-6

Ⅰ. ①陕… Ⅱ. ①陕… ②国… Ⅲ. ①统计资料－陕西－2022－年鉴－汉、英 Ⅳ. ①C832.41-54

中国版本图书馆 CIP 数据核字（2022）第 130309 号

陕西统计年鉴—2022

作　　者 / 陕西省统计局　国家统计局陕西调查总队
责任编辑 / 郭　栋
封面设计 / 翟　竞
出版发行 / 中国统计出版社
通信地址 / 北京市丰台区西三环南路甲 6 号　邮政编码 /100073
电　　话 / 邮购（010）63376909　书店（010）68783171
网　　址 /http://www.zgtjcbs.com/
印　　刷 / 河北鑫兆源印刷有限公司
经　　销 / 新华书店
开　　本 /880mm×1230mm　1/16
字　　数 /1050 千字
印　　张 /34.25　彩页 1.25 印张
版　　别 /2022 年 8 月第 1 版
版　　次 /2022 年 8 月第 1 次印刷
定　　价 /398.00 元

本书附同版本 CD-ROM 一张，光盘内容以书面文字为准。
如有印装差错，由本社发行部调换。

陕西一日

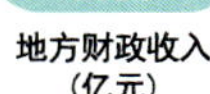
7.60
地方财政收入（亿元）

855
出 生（人）

800
死 亡（人）

606
结 婚（对）

161
离 婚（对）

3.48
粮食产量（万吨）

79.94
住户存款（亿元）

1598
油料产量（吨）

6.00
进口总值（亿元）

3.40
苹果产量（万吨）

7.03
出口总值（亿元）

生产总值（亿元）
81.65

第一产业
6.60

第二产业
37.82

第三产业
37.23

5.51
蔬菜产量（万吨）

59
客运量（万人）

3506
肉类产量（吨）

440
货运量（万吨）

191.76
原煤产量（万吨）

28.08
社会消费品零售额（亿元）

6.99
原油产量（万吨）

8058.36
天然气（万立方米）

7.17
发电量（亿千瓦小时）

2195
汽车产量（辆）

39.77
能源消费量（万吨标准煤）

生产总值（亿元）

人均生产总值（元）

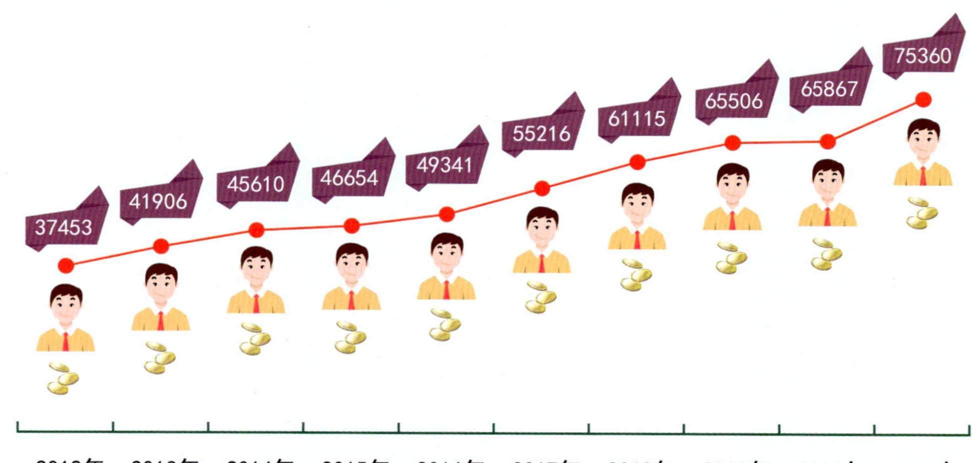

常住人口及城镇人口比重

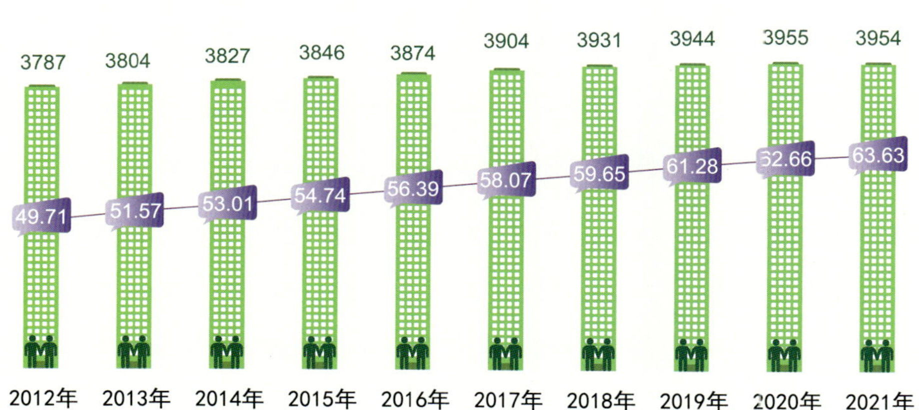

60岁及以上人口和比重

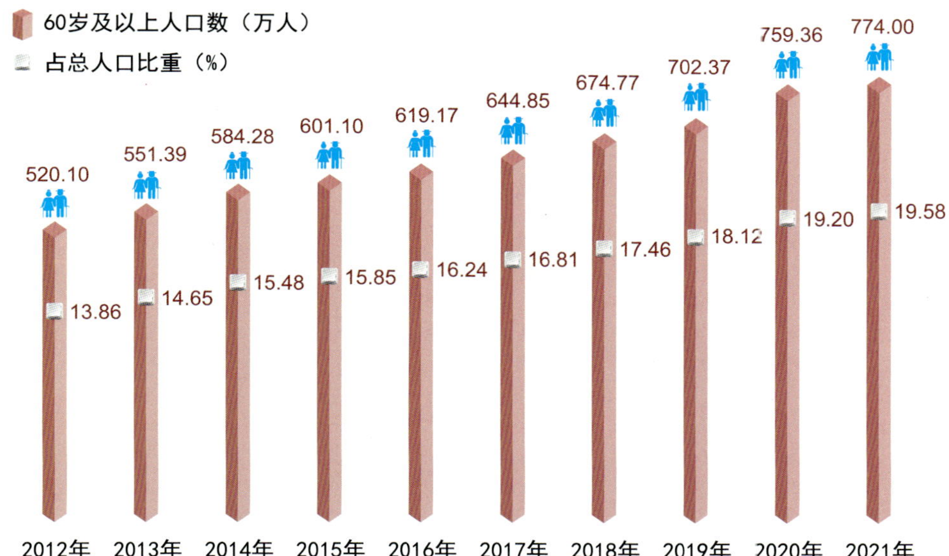

民间投资占固定资产投资(不含农户)比重(%)

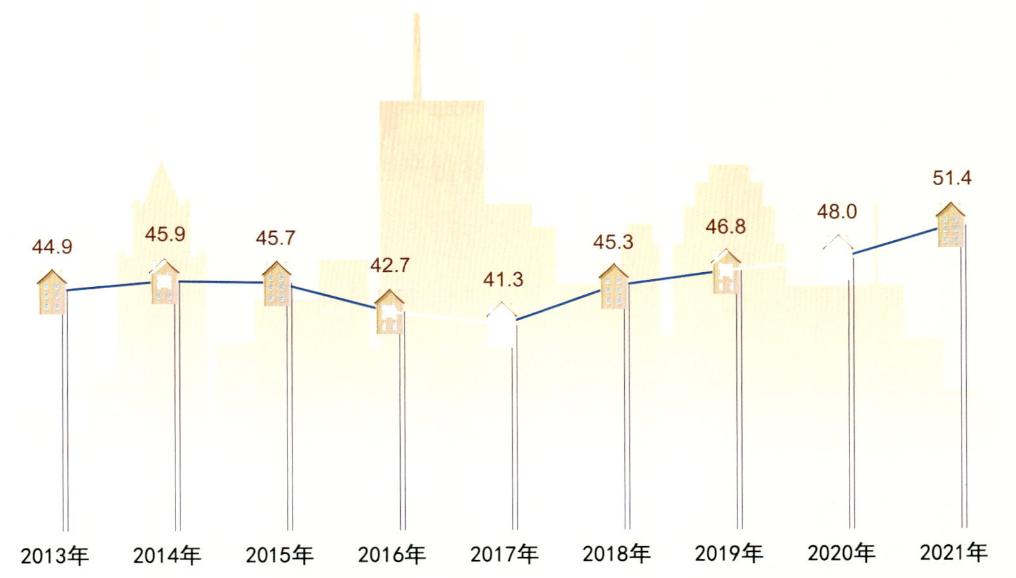

地方财政收入(亿元)

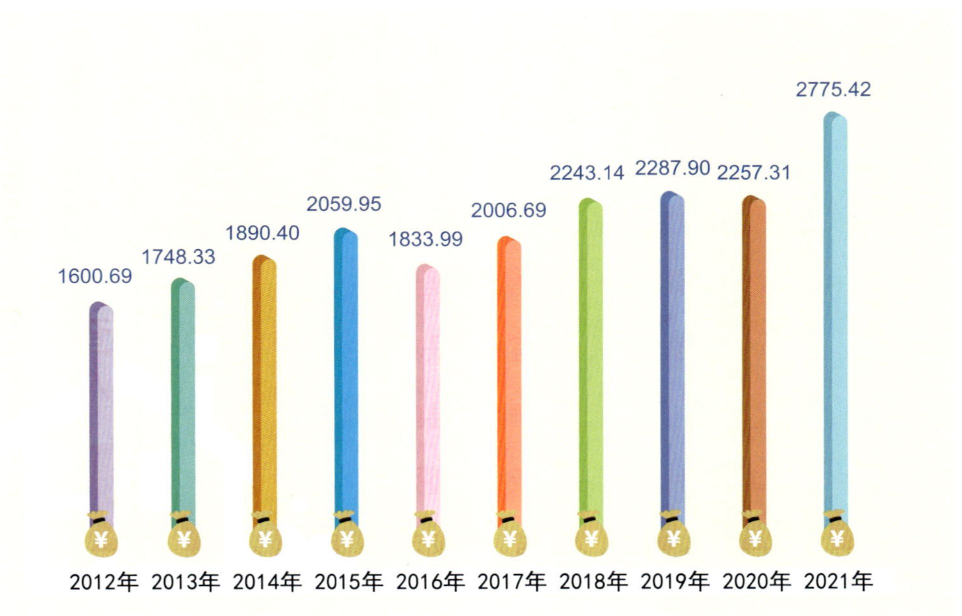

能源生产总量（万吨标准煤）

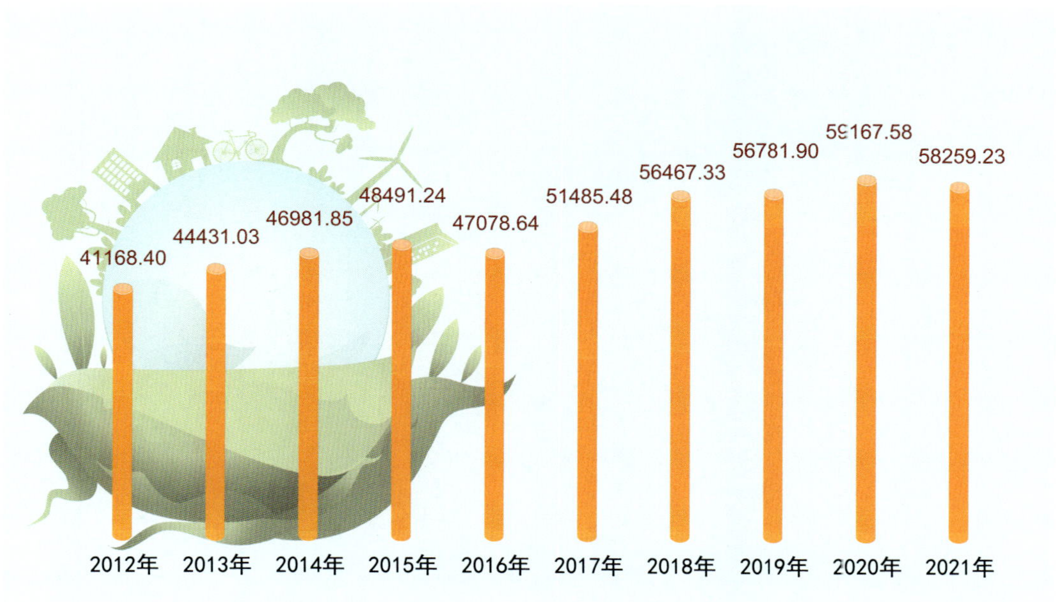

能源消费总量（万吨标准煤）

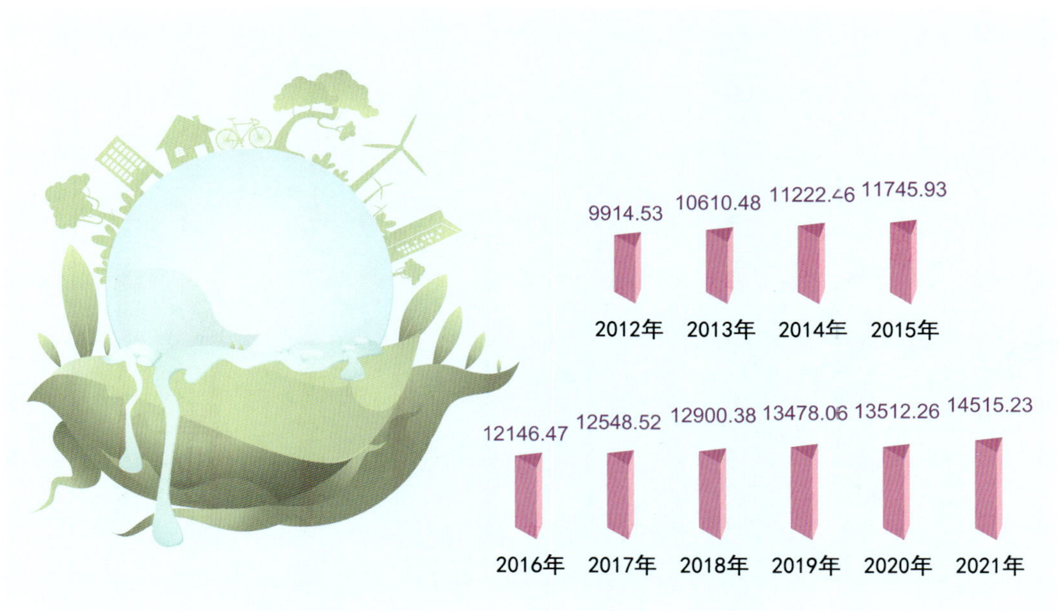

农村居民人均可支配收入（元）

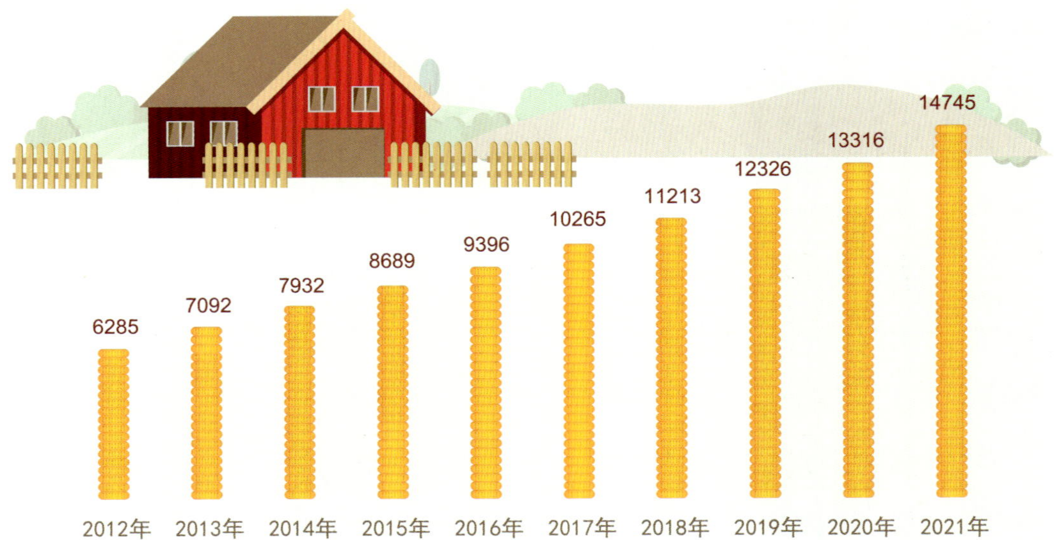

城镇居民人均可支配收入（元）

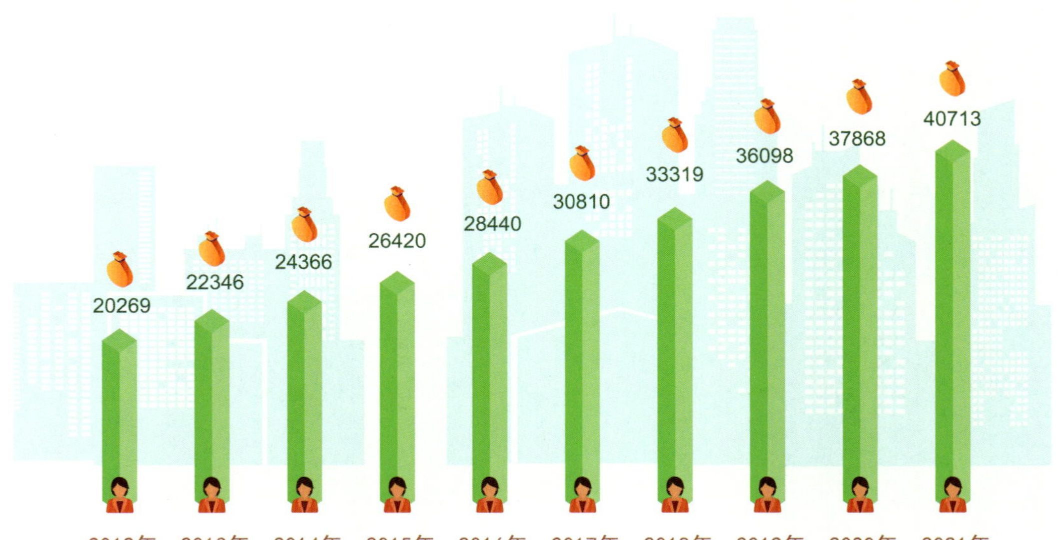

城乡居民收入比（以农村居民为1）

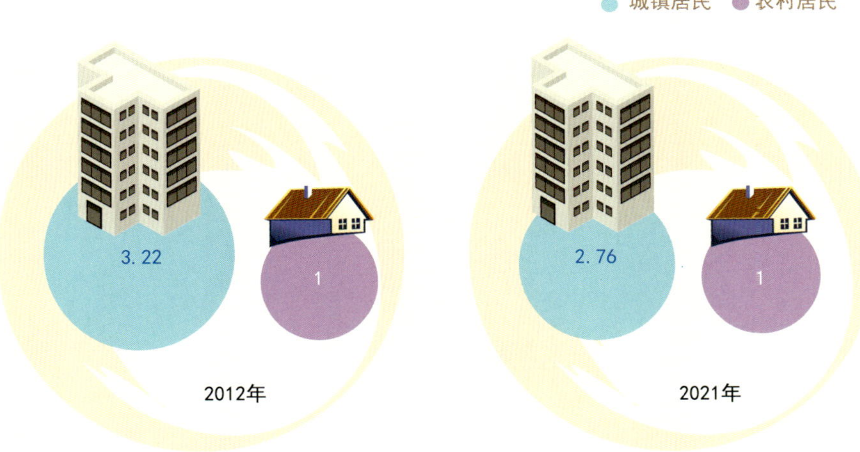

居民人均生活消费支出构成

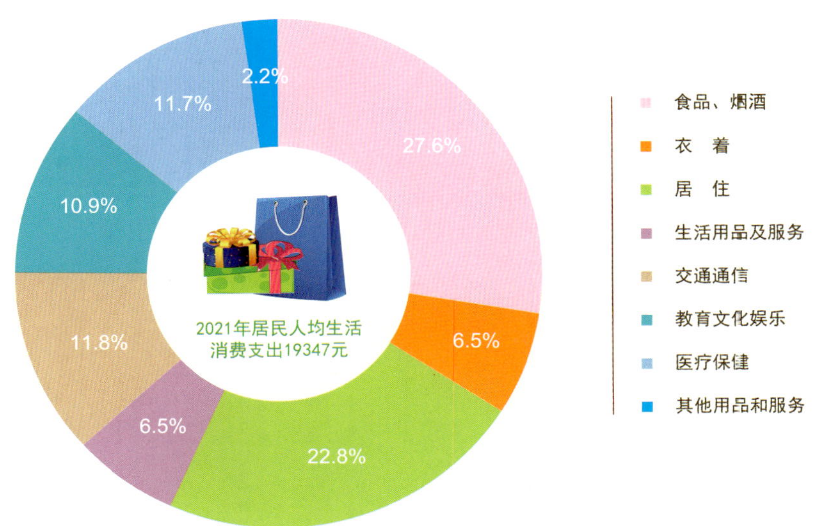

粮食产量（万吨）

苹果产量（万吨）

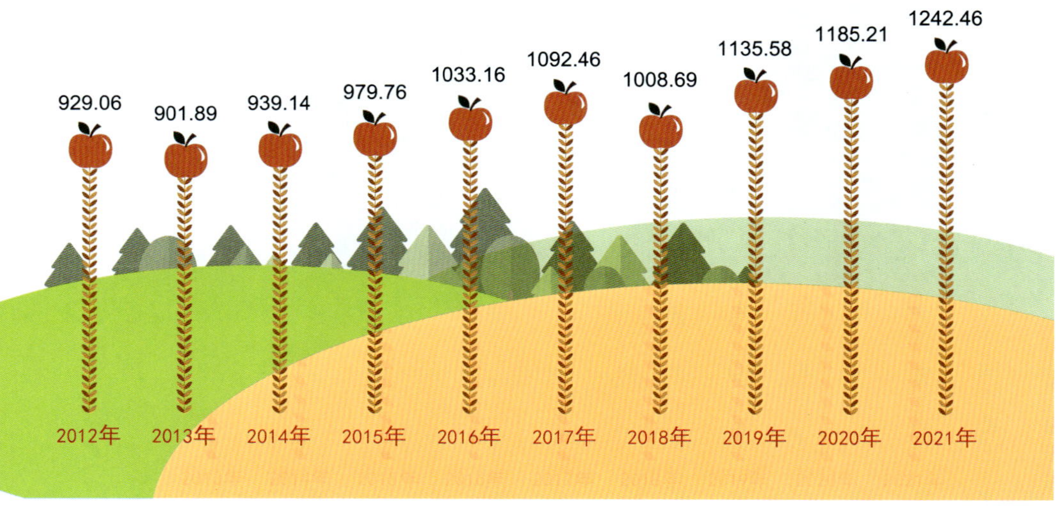

发电量（亿千瓦小时）

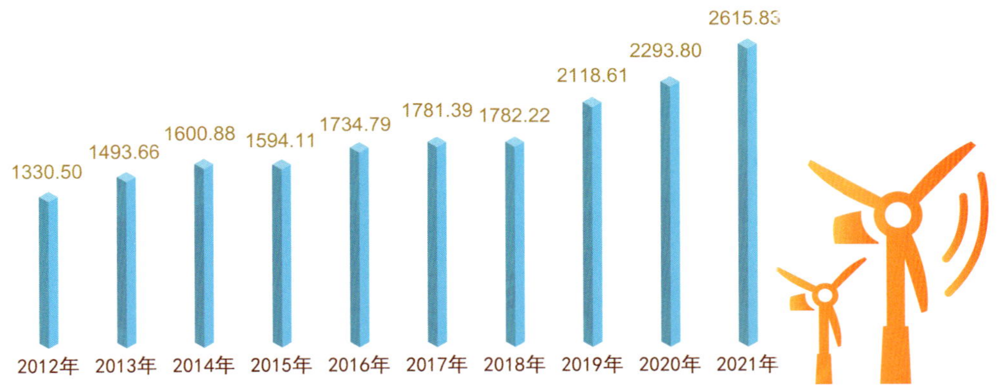

汽车产量（万辆）

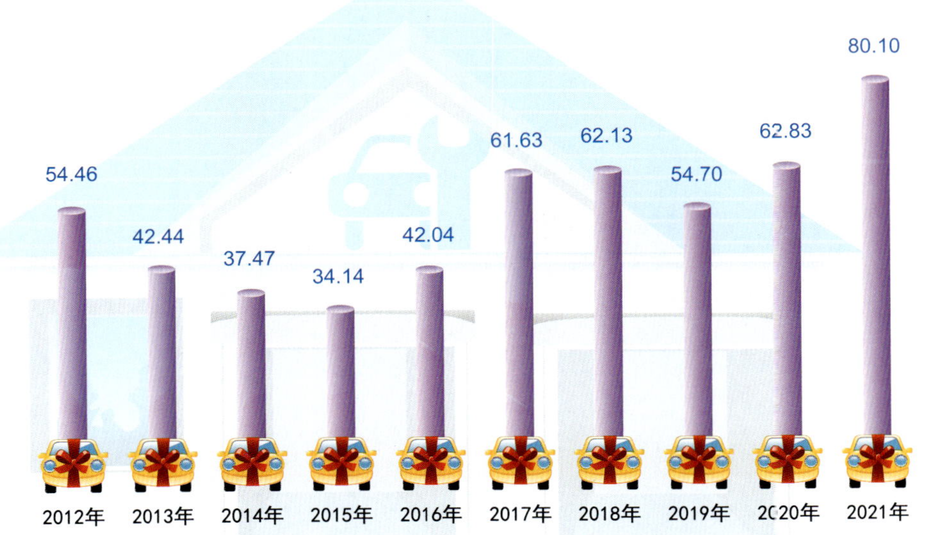

高速公路里程（公里）

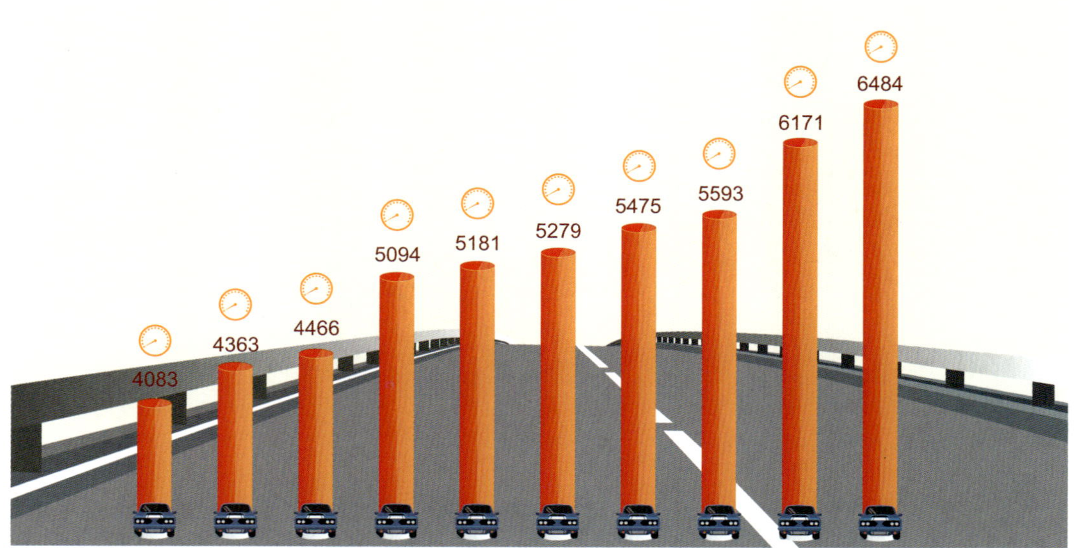

私人汽车拥有量（万辆）

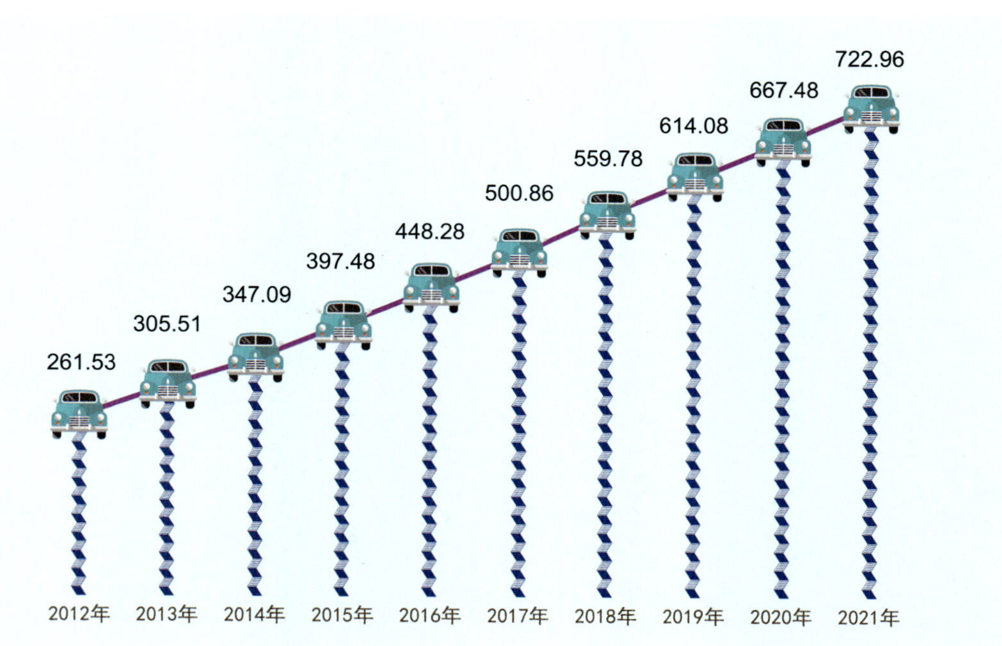

城市轨道交通客运量（万人次）

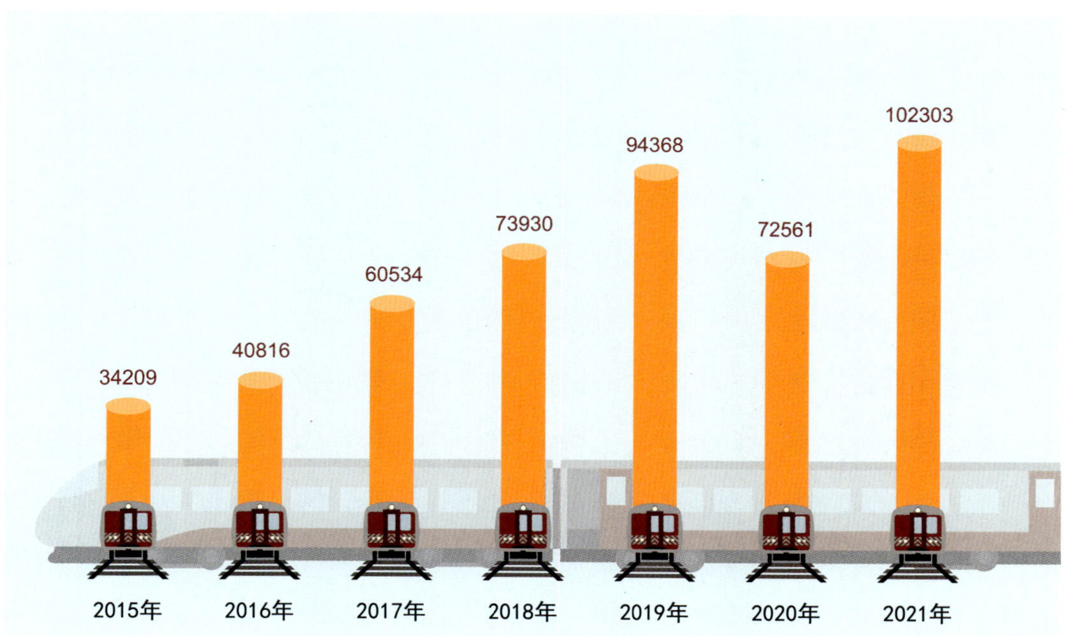

快递业务量（万件）

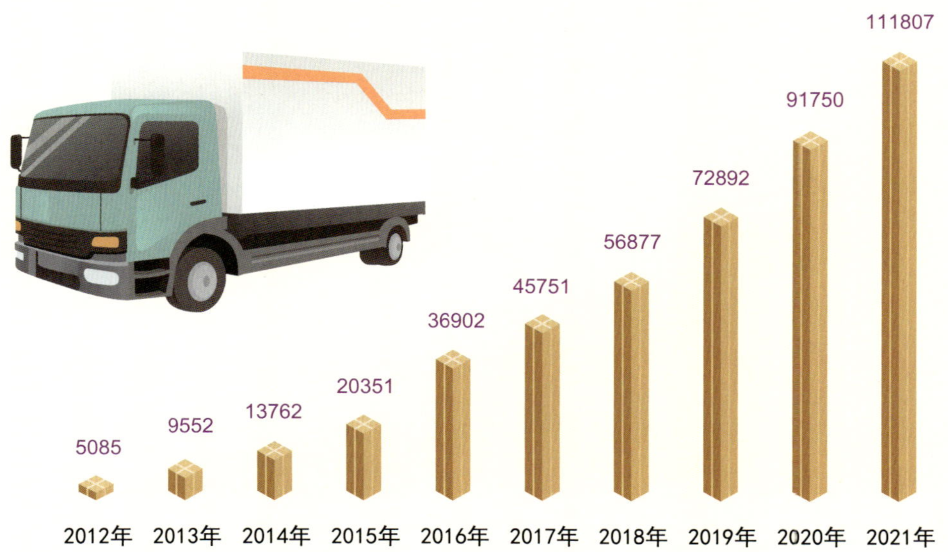

移动电话年末用户（万户）

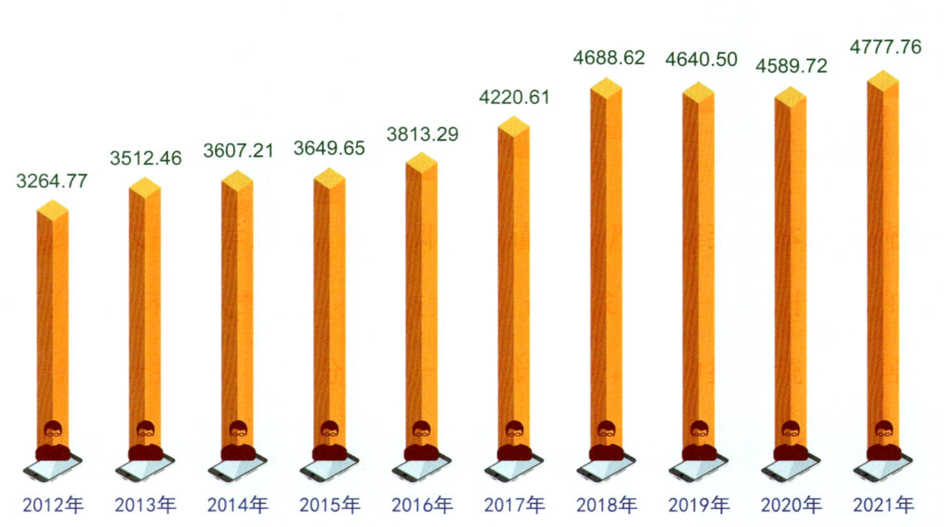

社会消费品零售总额（亿元）

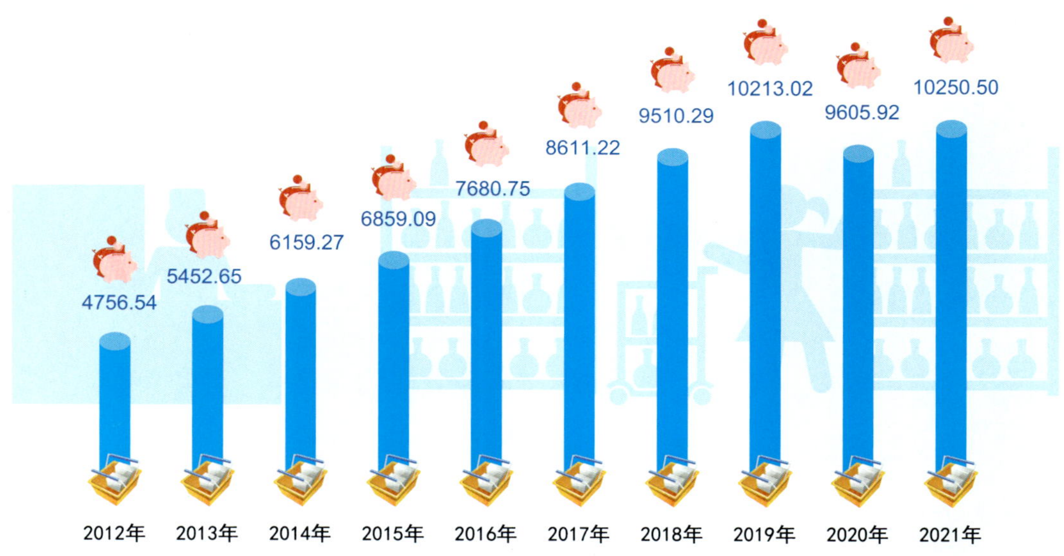

进出口总值（亿元）

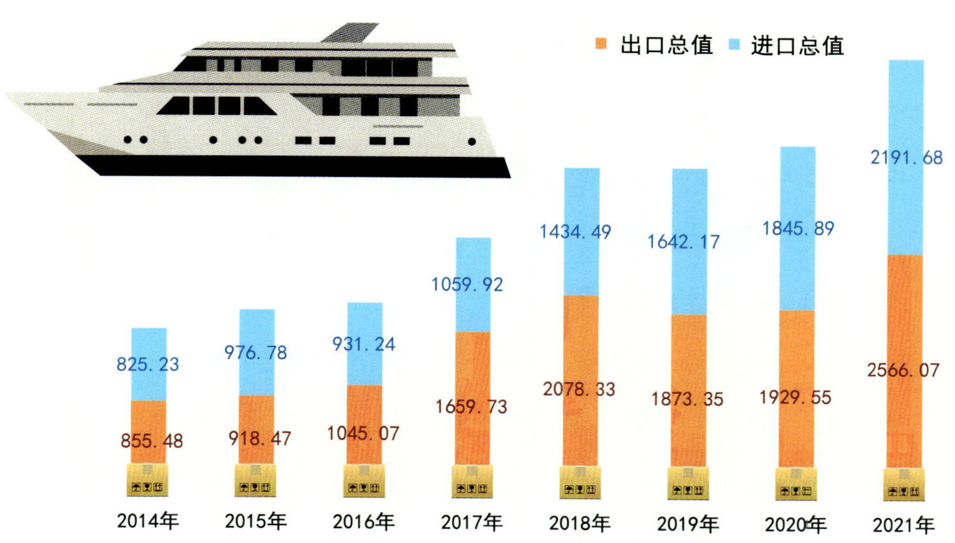

实际利用外商直接投资

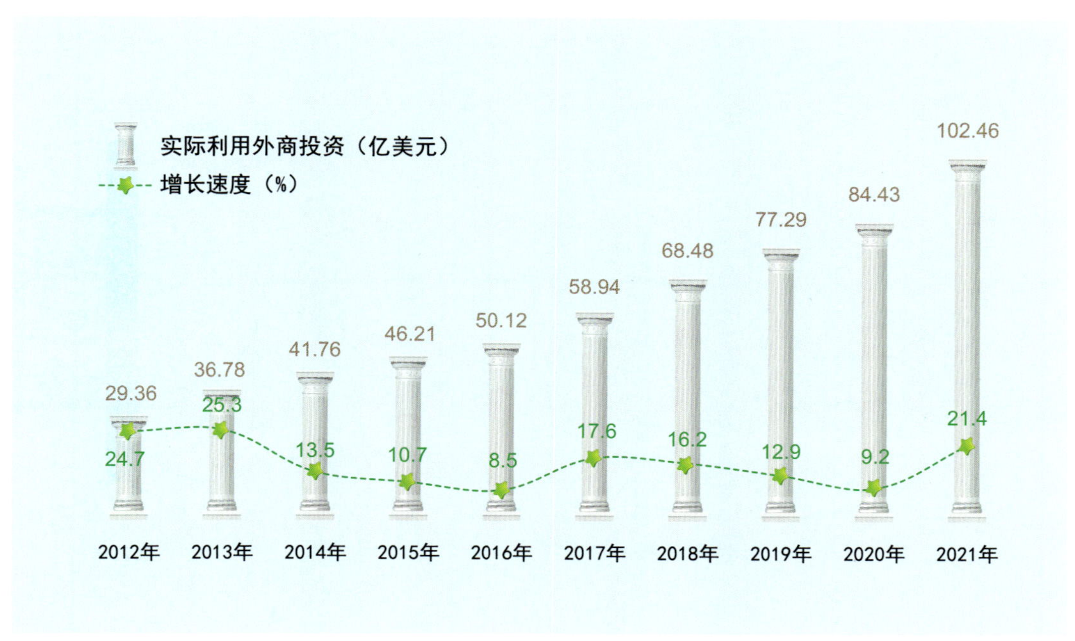

卫生技术人员数（万人）

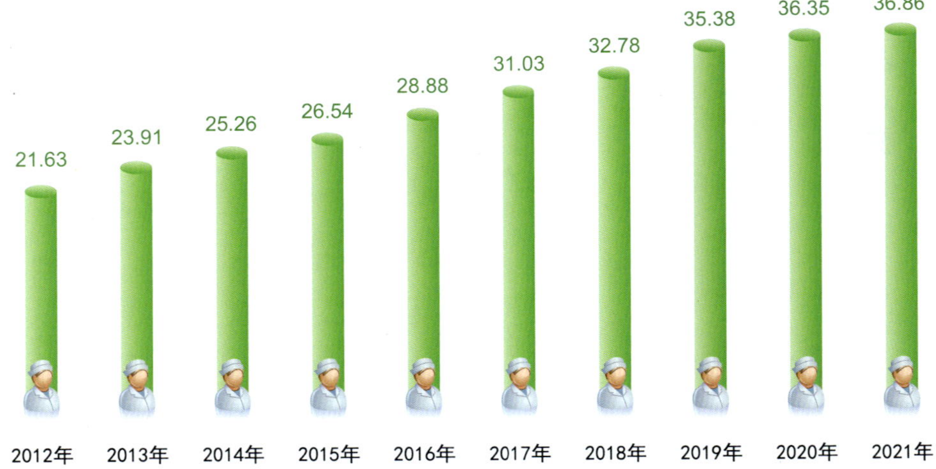

普通高等学校毕业生数（万人）

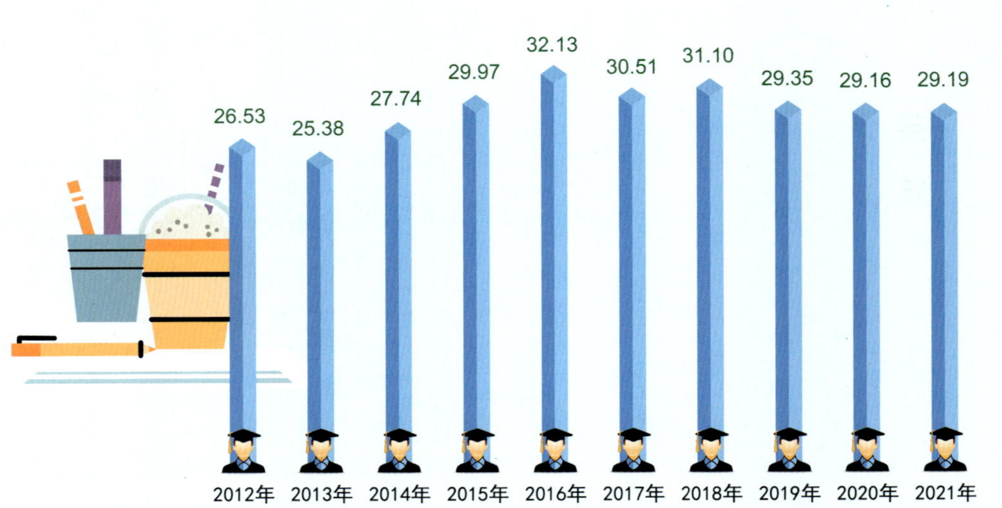

《陕西统计年鉴—2022》

编委会和编辑工作人员名单

编委会

主　　任：王冬羽

第一副主任：王素芹

副 主 任：靳　力　张　烨　王　琦　胡清升　徐菊梅　葛小伟
杨志俊　孙卫南　韩国军　陈美文　亓学霞　艾　宁

委　　员：（以姓氏笔画为序）
马　靖　王　萌　史宝成　伍池宏　刘　娜　刘启明
闫宇婕　孙　琳　孙小芳　杨　毅　何颖洁　张　巧
张　虹　张伟琴　畅　通　郑　娟　赵颖轶　姚小清
袁　琦　党海燕　高　宇　黄　洁　黄　婷　符亚伟
樊秋梅　魏周科　魏静怡

编辑部

总 编 辑：胡清升

副总编辑：孙小芳　郑　娟　伍池宏

责任编辑：孙士梅　金文娟　孙　纲

编　　辑：（以姓氏笔画为序）
白　彬　肖　坤　何　伟　贾　蓓　薛涵予

英文翻译：金文娟

统计制图：孙士梅

Shaanxi Statistical Yearbook - 2022

EDITORIAL BOARD AND EDITORIAL STAFF

I. Editorial Board

Chairman: Wang Dongyu

First Vice-chairmen: Wang Suqin

Vice-chairmen: Jin Li Zhang Ye Wang Qi Hu Qingsheng Xu Jumei Ge Xiaowei Yang Zhijun Sun Weinan Han Guojun Chen Meiwen Qi Xuexia Ai Ning

Editorial Board: (in order of number of strokes of the Chinese character of the surname)

Ma Jing Wang Meng Shi Baocheng Wu Chihong Liu Na Liu Qiming Yan Yujie Sun Lin Sun Xiaofang Yang Yi He Yingjie Zhang Qiao Zhang Hong Zhang Weiqin Chang Tong Zheng Juan Zhao Yingyi Yao Xiaoqing Yuan Qi Dang Haiyan Gao Yu Huang Jie Huang Ting Fu Yawei Fan Qiumei Wei Zhouke Wei Jingyi

II. Editorial Staff

Editor-in-chief: Hu Qingsheng

Associate Editors-in-chief: Sun Xiaofang Zheng Juan Wu Chihong

Coordinators: Sun Shimei Jin Wenjuan Sun Gang

Editorial Staff : (in order of number of strokes of the Chinese character of the surname)

Bai Bin Xiao Kun He Wei Jia Bei Xue Hanyu

English Translators: Jin Wenjuan

Statistical Graphic: Sun Shimei

编 者 说 明

一、《陕西统计年鉴－2022》是一部全面系统反映陕西省经济、社会、科技发展状况的资料性年刊。书中资料根据全省各专业统计年报加工而成，并收录了各市、县及省级有关部门的统计数据。

二、全书内容分为21部分：1．行政区划和自然资源；2．综合；3．国民经济核算；4．人口；5．就业和工资；6．固定资产投资；7．能源；8．财政、金融和保险；9．价格指数；10．人民生活；11．环境和城市；12．农业；13．工业；14．建筑业；15．运输、邮电和服务业；16．批发和零售业、住宿和餐饮业；17．对外经济贸易和旅游；18．教育、科技和文化；19．体育、卫生和其他；20．水利；21．全国各省、自治区、直辖市主要指标。附录为2021年陕西省统计局大事记、2021年陕西调查总队大事记、陕西省统计局机构一览表、陕西调查总队机构一览表。为方便读者使用，各篇章前设有简要说明，列示主要统计指标提要和统计图，后面附主要统计指标解释。

三、本年鉴数据以2021年为主，主要指标列示改革开放以来重点年份的资料。

四、本年鉴全国及各省、市、自治区主要指标资料来源于《中国统计摘要－2022》，部分数据为初步统计数，正式数据以《中国统计年鉴－2022》为准。

五、本年鉴表中的符号使用说明："..."表示数据不足本表最小单位；"空格"表示该项统计指标数据不详或无该项数据；"＃"表示其中项。

EDITOR'S NOTES

Ⅰ. *Shaanxi Statistical Yearbook-2022* is an annual statistical publication, which reflects various aspects of province's economic, social science and technology development.

The major data sources of the publication are statistical annual report of different sectors. Also some other statistical data of city, county, and relevant departments are filled.

Ⅱ. The yearbook contains the following twenty-one chapters:

1. Divisions of Administrative Areas and Natural Resources;
2. General Survey;
3. National Accounts;
4. Population;
5. Employment and Wages;
6. Investment in Fixed Assets;
7. Energy;
8. Government Finance, Banking and Insurance;
9. Price Indices;
10. People's Livelihood;
11. Environment and Cities;
12. Agriculture;
13. Industry;
14. Construction;
15. Transport, Post and Telecommunication Services, and Service Industry;
16. Wholesale and Retail Trades, Hotels and Catering Services;
17. Foreign Trade and Tourism;
18. Education, Science, Technology and Culture;
19. Sports, Public Health and Others;
20. Irrigation;
21. Main Indicators of National Economy by Countrywide, Province, Autonomous Region and Municipality.

The addenda include chronicle of events of Shaanxi Provincial Bureau of Statistics in 2021, chronicle of events of NBS Survey Office in Shaanxi in 2021, list of institutions of Shaanxi Provincial Bureau of Statistics and list of institutions of NBS Survey Office in Shaanxi.

As a matter of convenience for readers, we make Brief Introduction, abstract of major indicators and statistical charts at the beginning of each chapter and explanatory notes on main statistical indicators at the end of each chapter.

Ⅲ. The yearbook is based on data of 2021. Each part includes statistical materials for historically important years, especially from 1978. Since then we have been implementing the reform and opening policy.

Ⅳ.The rough data of the nation and other provinces are taken from *China Statistical Abstract-2022*. The official data should refer to *China Statistical Yearbook-2022* later.

Ⅴ. Explanatory symbol for notations used in this yearbook:

"..." indicates that the figure is not large enough to be measured with the smallest unit in the table;

" " (blank) indicates that the data not available;

" # " indicates that the major items of the total.

目 录

CONTENTS

一、行政区划和自然资源

Divisions of Administrative Areas and Natural Resources

二、综合
General Survey

三、国民经济核算
National Accounts

四、人口
Population

五、就业和工资
Employment and Wages

六、固定资产投资
Investment in Fixed Assets

七、能源
Energy

八、财政、金融和保险
Government Finance, Banking and Insurance

九、价格指数
Price Indices

十、人民生活
People's Livelihood

十一、环境和城市
Environment and Cities

十二、农业
Agriculture

十三、工业
Industry

十四、建筑业
Construction

十五、运输、邮电和服务业
Transport, Post and Telecommunication Services, and Service Industry

十六、批发和零售业、住宿和餐饮业
Wholesale and Retail Trades, Hotels and Catering Services

十七、对外经济贸易和旅游
Foreign Trade and Tourism

十八、教育、科技和文化
Education, Science, Technology and Culture

十九、体育、卫生和其他
Sports, Public Health and Others

二十、水利
Irrigation

二十一、全国各省、自治区、直辖市主要指标

Main Indicators of National Economy by Countrywide, Province, Autonomous Region and Municipality

一、行政区划和自然资源

Divisions of Administrative Areas and Natural Resources

资料整理：韩　彬　白　彬　金文娟

简 要 说 明

一、本篇资料反映陕西行政区划、自然资源的开发和利用等情况。自然资源包括土地、气候、水利、矿产资源情况。

二、本篇资料来源：土地资源、矿产资源、水利资源、气象资料分别由省自然资源厅、省水利厅、省气象局提供。

Brief Introduction

I.This chapter reflects the data on administrative division's areas and the exploitation and utilization of the natural resources of Shaanxi Province. Natural resources cover land, climate, water conservancy and mineral resources.

II.Data resources: the data on land resources, mineral resources, water conservancy and meteorology are provided by Department of Land and Resources of Shaanxi Province, Shaanxi Provincial Department of Water Resources and Shaanxi Provincial Bureau of Meteorology.

1.行政区划和自然资源

陕西位于东经105° 29′ –111° 15′ 和北纬３１° ４２′ –３９° ３５′ 之间，东隔黄河与山西相望，西连甘肃、宁夏，北临内蒙古，南连四川、重庆，东南与河南、湖北接壤。2021年全省设西安、铜川、宝鸡、咸阳、渭南、延安、汉中、榆林、安康、商洛10个省辖市和杨凌农业高新技术产业示范区，有7个县级市，69个县和31个市辖区，973个镇，17个乡，328个街道办事处。

全省面积为20.56万平方公里。地势南北高、中间低，西部高、东部低，地形复杂多样，北部为陕北黄土高原，中部为号称“八百里秦川”的关中平原，南部为陕南秦巴山地。

全省以秦岭为界南北河流分属长江水系和黄河水系。主要有渭河、泾河、洛河、无定河和汉江、丹江、嘉陵江等。陕西属大陆性季风气候，2021年平均气温13摄氏度，年平均降水量965.2毫米，南北差异明显。

全省自然资源丰富，矿产多，储量大，探明矿产居全国前十位的矿种60种。

主要城市平均气温（摄氏度）
（2021年）

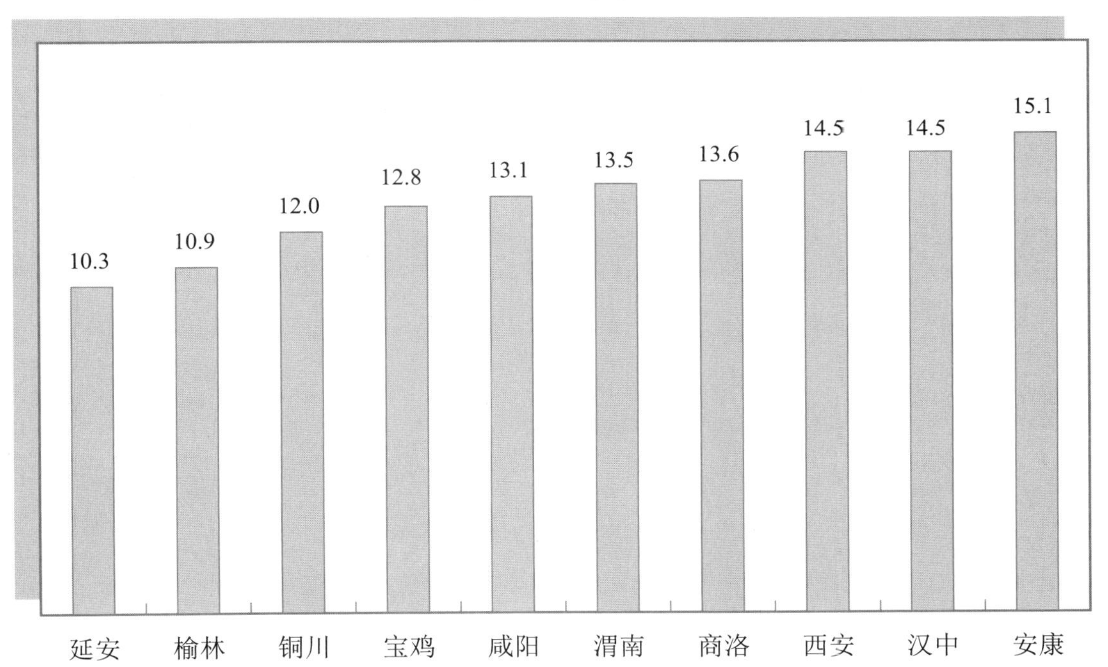

1—1 陕西省行政区划(2021年)
Divisions of Administrative Areas in Shaanxi (2021)

单位：个 (unit)

地区	Region	地级市 Cities at Prefecture Level	县级市 Cities at County Level	县 Counties	市辖区 Districts under the Jurisdiction of Cities	镇 Towns	乡 Townships	街道办事处 Street Communities
全省	**Shaanxi**	**11**	**7**	**69**	**31**	**973**	**17**	**328**
西安市	Xi'an	1		2	11	37		135
铜川市	Tongchuan	1		1	3	20	1	17
宝鸡市	Baoji	1		8	4	99		17
咸阳市	Xianyang	1	2	9	2	99		38
渭南市	Weinan	1	2	7	2	108		27
延安市	Yan'an	1	1	10	2	88	8	21
汉中市	Hanzhong	1		9	2	152		25
榆林市	Yulin	1	1	9	2	147	8	29
安康市	Ankang	1	1	8	1	135		4
商洛市	Shangluo	1		6	1	86		12
杨凌示范区	Yangling	1			1	2		3

1—2 陕西省行政区划一览(2021年)
Divisions List of Administrative Areas in Shaanxi (2021)

单位：个 (unit)

地　　区	Region	镇 Towns	乡 Townships	街道办事处 Street Communities	村民委员会 Village Committees	居民委员会 Neighbourhood Committees
全　　省	**Shaanxi**	**973**	**17**	**328**	**16,654**	**3,462**
西 安 市	**Xi'an**	**37**		**135**	**1798**	**1274**
新 城 区	Xincheng			9		108
碑 林 区	Beilin			8		98
莲 湖 区	Lianhu			9		131
灞 桥 区	Baqiao			9	104	97
未 央 区	Weiyang			12	82	268
雁 塔 区	Yanta			10	57	226
阎 良 区	Yanliang			7	73	31
临 潼 区	Lintong			23	226	45
长 安 区	Chang'an			25	321	177
高 陵 区	Gaoling			7	86	29
鄠 邑 区	Huyi			14	252	27
蓝 田 县	Lantian	18		1	337	14
周 至 县	Zhouzhi	19		1	260	23
铜 川 市	**Tongchuan**	**20**	**1**	**17**	**359**	**72**
王 益 区	Wangyi	1		6	26	20
印 台 区	Yintai	5		4	72	23
耀 州 区	Yaozhou	8		6	144	27
宜 君 县	Yijun	6	1	1	117	2
宝 鸡 市	**Baoji**	**99**		**17**	**1164**	**191**
渭 滨 区	Weibin	5		5	67	61
金 台 区	Jintai	4		7	68	56
陈 仓 区	Chencang	15		3	218	17
凤 翔 区	Fengxiang	12			160	6
岐 山 县	Qishan	9			107	15
扶 风 县	Fufeng	7		1	113	9
眉　　县	Meixian	7		1	86	9
陇　　县	Longxian	10			104	5
千 阳 县	Qianyang	7			65	3
麟 游 县	Linyou	7			66	4
凤　　县	Fengxian	9			66	4
太 白 县	Taibai	7			44	2
咸 阳 市	**Xianyang**	**99**		**38**	**1962**	**327**
秦 都 区	Qindu			12	58	121
渭 城 区	Weicheng			10	55	90
三 原 县	Sanyuan	9		1	141	10
泾 阳 县	Jingyang	12		1	209	17
乾　　县	Qianxian	15		1	173	8

1-2 续表 1 continued

单位：个 (unit)

地　区	Region	镇 Towns	乡 Townships	街道办事处 Street Communities	村民委员会 Village Committees	居民委员会 Neighbourhood Committees
礼泉县	Liquan	11		1	213	18
永寿县	Yongshou	6		1	157	7
长武县	Changwu	7		1	133	4
旬邑县	Xunyi	9		1	179	2
淳化县	Chunhua	7		1	128	3
武功县	Wugong	7		1	183	9
兴平市	Xingping	8		5	181	21
彬州市	Binxian	8		2	152	17
渭南市	**Weinan**	**108**		**27**	**1946**	**385**
临渭区	Linwei	14		13	309	90
华州区	Huazhou	9		1	121	30
潼关县	Tongguan	4		1	18	10
大荔县	Dali	15		2	272	29
合阳县	Heyang	11		1	126	98
澄城县	Chengcheng	9		1	160	15
蒲城县	Pucheng	15		2	269	24
白水县	Baishui	7		1	123	16
富平县	Fuping	14		1	268	19
韩城市	Hancheng	6		2	166	39
华阴市	Huayin	4		2	114	15
延安市	**Yan'an**	**88**	**8**	**21**	**1797**	**156**
宝塔区	Baota	12	1	6	320	54
安塞区	Ansai	8		3	117	12
延长县	Yanchang	7		1	159	9
延川县	Yanchuan	7		1	163	15
志丹县	Zhidan	7		1	109	10
吴起县	Wuqi	8		1	91	3
甘泉县	Ganquan	3	2	1	62	9
富　县	Fuxian	6	1	1	128	9
洛川县	Luochuan	8		1	196	7
宜川县	Yichuan	4	2	1	112	4
黄龙县	Huanglong	5	2		47	3
黄陵县	Huangling	5		1	105	9
子长市	Zichang	8		3	188	12
汉中市	**Hanzhong**	**152**		**25**	**1894**	**289**
汉台区	Hantai	7		8	147	75
南郑区	Nanzheng	20		2	286	27
城固县	Chenggu	15		2	232	36
洋　县	Yangxian	15		3	271	16
西乡县	Xixiang	15		2	179	36
勉　县	Mianxian	17		1	160	38
宁强县	Ningqiang	16		2	200	13
略阳县	Lueyang	15		2	145	20
镇巴县	Zhenba	19		1	157	24
留坝县	Liuba	7		1	73	3
佛坪县	Foping	6		1	44	1

1-2 续表 2 continued

单位：个 (unit)

地 区	Region	镇 Towns	乡 Townships	街道办事处 Street Communities	村民委员会 Village Committees	居民委员会 Neighbourhood Committees
榆 林 市	**Yulin**	**147**	**8**	**29**	**2963**	**247**
榆 阳 区	Yuyang	14	5	12	313	85
横 山 区	Hengshan	13		5	214	30
府 谷 县	Fugu	14			172	17
靖 边 县	Jingbian	16		1	184	20
定 边 县	Dingbian	16	2	1	185	19
绥 德 县	Suide	15			339	11
米 脂 县	Mizhi	8		1	206	6
佳 县	Jiaxian	12		1	324	10
吴 堡 县	Wubu	5		1	100	4
清 涧 县	Qingjian	9			330	6
子 洲 县	Zizhou	11	1	1	270	9
神 木 市	Shenmu	14		6	326	30
安 康 市	**Ankang**	**135**		**4**	**1623**	**297**
汉 滨 区	Hanbin	24		4	423	106
汉 阴 县	Hanyin	10			141	15
石 泉 县	Shiquan	11			140	24
宁 陕 县	Ningshan	11			68	12
紫 阳 县	Ziyang	17			175	32
岚 皋 县	Langao	12			121	15
平 利 县	Pingli	11			137	15
镇 坪 县	Zhenping	7			58	7
白 河 县	Baihe	11			107	15
旬 阳 市	Xunyang	21			253	56
商 洛 市	**Shangluo**	**86**		**12**	**1094**	**202**
商 州 区	Shangzhou	14		4	240	46
洛 南 县	Luonan	14		2	204	43
丹 凤 县	Danfeng	11		1	132	25
商 南 县	Shangnan	9		1	108	18
山 阳 县	Shanyang	16		2	198	46
镇 安 县	Zhen'an	14		1	147	7
柞 水 县	Zhashui	8		1	65	17
杨凌示范区	**Yangling**	**2**		**3**	**54**	**22**
杨 陵 区	Yangling	2		3	54	22

1—3 自然状况及资源
Natural Conditions and Resources

指　　标		Item		2021
一、自然状况		**Natural Conditions**		
1.土　地		Land		
土地总面积	（万平方公里）	Land Area	(10 000 sq.km)	20.56
2.气　候		Climate		
全省年平均降水量	（毫米）	Annual Average Precipitation in the Whole Province	(mm)	965.2
全省年平均气温	（摄氏度）	Annual Average Temperature in the Whole Province	(℃)	13.0
全省年平均日照时数	（小时）	Annual Average Sunshine Hours in the Whole Province	(hour)	2043.4
全省年平均风速	（米/秒）	Annual Average Wind Speed in the Whole Province	(m/s)	1.8
全省年平均无霜期	（天）	Annual Average Frost-free Period in the Whole Province	(day)	330.5
二、自然资源		**Natural Resources**		
1.土地资源		Land Resources		
耕地面积	（万公顷）	Area of Cultivated Land	(10 000 hectares)	293.10
园地面积	（万公顷）	Area of Plantation Land	(10 000 hectares)	121.33
林地面积	（万公顷）	Area of Forestland	(10 000 hectares)	1246.86
草地面积	（万公顷）	Area of Grassland	(10 000 hectares)	220.25
湿地面积	（万公顷）	Area of Wetland	(10 001 hectares)	4.80
城镇村及工矿用地	（万公顷）	Residential Purpose, Manufacturing and Mining Land	(10 000 hectares)	92.47
交通运输用地	（万公顷）	Transportation Land	(10 000 hectares)	13.70
水域及水利设施用地	（万公顷）	Water-conservancy Projects Land	(10 000 hectares)	26.11
2.水利资源		Water Resources		
河流流域面积	（万平方公里）	Drainage Area of Rivers	(10 000 sq.km)	20.56
黄河流域		Yellow River (Huanghe River) Drainage Area		13.33
长江流域		Yangtze River (Changjiang River)Drainage Area		7.23
水资源总量	（亿立方米）	Total Amount of Water Resources	(100 million cu. m)	852.49
地表水资源量		Surface Water		810.95
地下水资源量		Ground-Water		200.02
地表水与地下水资源重复量		Duplicated Measurement between Surface and Underground		158.48

注：本表土地资源数据为2020年数。
a) The data of land resources in this table are 2020.

1—4 主要山脉
Main Mountain Ranges

名　　称	Mountain Range	海拔高度(米) Altitude above Sea Level (m)
太白山	Taibai Mountains	3767
化龙山	Hualong Mountains	2917
首阳山	Shouyang Mountains	2719
终南山	Zhongnan Mountains	2604
华　山	Huashan Mountains	2160
白于山	Baiyu Mountains	1823
巴　山	Bashan Mountains	1500～2000
子午岭	Ziwuling Mountains	1400～1600

1—5 主要河流
Major Rivers

名　　称	River	流域面积 (平方公里) Drainage Area (sq.km)	河　长 (公里) Length (km)
无定河	Wudinghe River	30261	491.2
延　河	Yanhe River	7687	284.3
泾　河	Jinghe River	45421	455.1
渭　河	Weihe River	62440	818.0
北洛河	Beiluohe River	26905	680.3
嘉陵江	Jialingjiang River	9930	244.0
汉　江	Hanjiang River	61959	652.0
丹　江	Danjiang River	7551	244.0

1—6 主要矿产保有储量(2020年)
Ensured Reserves of Major Mineral (2020)

矿　　种		Item		保有储量 Ensured Reserves
钠　盐	(亿吨)	Sodium Salt NaCl	(100 million tons)	9285.90
煤	(亿吨)	Coal	(100 million tons)	1763.38
岩　金	(金属吨)	Rock Gold	(Metal,ton)	514.07
砂　金	(金属吨)	Placer Gold	(Metal,ton)	14.82
伴生金	(金属吨)	Associated Gold	(Metal,ton)	4.72
钼	(金属万吨)	Molybdenum	(Metal, 10 000 tons)	146.26
铅	(金属万吨)	Lead	(Metal, 10 000 tons)	280.91
锌	(金属万吨)	Zinc	(Metal, 10 000 tons)	485.51
汞	(金属吨)	Mercury	(Metal, 10 000 tons)	3917.36
锑	(金属吨)	Antimony	(Metal, 10 000 tons)	50992.28
水泥用石灰岩	(矿石亿吨)	Cement Limestone	(Ore, 100 million tons)	88.34
玻璃用石英岩	(矿石亿吨)	Glass Quartzite	(Ore, 100 million tons)	1.98
铁	(矿石亿吨)	Iron	(Ore, 100 million tons)	11.85

1-7 陕西重要矿产保有储量在全国的位次(2020年)

Precedence of Shaanxi Major Mineral Ensured Reserves in China(2020)

矿种	Item	位次 Precedence	矿种	Item	位次 Precedence
煤	Coal	4	金矿	Gold	9
铁矿	Iron	15	银矿	Silver	22
铜矿	Copper	19	硫铁矿	Pyrite Ore	20
铅矿	Lead	13	磷矿	Phosphorus Ore	7
锌矿	Zinc	14	盐矿	Sodium Salt NaCl	1
铝土矿	Bauxite	12	水泥用灰岩	Cement Limestone	4
钼矿	Molybdenum	7			

1-8 陕西矿产保有储量居全国前十位的矿种(2020年)

Mineral Kinds of Shaanxi Mineral Ensured Reserves Within the Top Ten Places in China (2020)

位次 Precedence	矿种 Item	矿种数 Types
1	盐矿(NaCl)、透辉石、水泥配料用黄土 Salt (NaCl), Diopside, Cement batching with loess	3
2	毒重石、片麻岩 Witherite, Gneiss	2
3	铀矿、锶矿(天青石)、镁盐($MgCl_2$)、蓝石棉、石榴子石(砂矿)、蛭石、透闪石、饰面用板岩 Uranium ore, Strontium, Magnesium ($MgCl_2$), Blue asbestos, Garnet (mineral), Vermiculite, Tremolite, Finishes with slate	8
4	煤炭、钛矿(钛铁矿)、钛矿(金红石)、钒矿、汞矿、碲矿、电石用灰岩、制碱用灰岩、镁盐($MgSO_4$)、水泥用灰岩、陶粒页岩、高岭土、海泡石粘土 Coal, Titanium ores (ilmenite), Titanium ores(rutile TiO_2), Vanadium, Mercury, Tellurium ore, Calcium carbide with limestone, Soda limestone, Magnesium ($MgSO_4$), Cement with limestone, Haydite shale, Kaolin, Sepiolite clay	13
5	铼矿、矽线石、重晶石、玻璃用石英岩、玻璃用脉石英、陶瓷土、陶粒用粘土 Rhenium ore, Sillmanite, Barite, Glass with quartz, Vein quartz for glass, Ceramic clay, Ceramsite clay	7
6	化肥用蛇纹岩、石棉 Fertilizer with serpentinite,Asbestine	2
7	石煤、钼矿、铍矿(绿柱石)、锗矿、硫铁矿(伴生硫)、磷矿(矿石)、石墨(晶质石墨)、石墨(隐晶质石墨)、饰面用大理岩 Stone coal, Molybdenum ore, Berylliume (Beryl mineral), Germanium, Pyrite (associated sulfur), Phosphate rock (ore) Graphite (crystalline), Graphite(aphanitic), Finish with marble	9
8	油页岩、铌矿(氧化铌)、自然硫、云母 Oil shale, Niobium (Niobium oxide), Native sulfur, Mica	4
9	金矿、冶金用白云岩、长石 、石榴子石(矿石) Gold, Metallurgical dolomite, Feldspar, Garnet (mineral)	4
10	钛矿(钛铁矿砂矿)、镍矿、重稀土矿(重稀土氧化物砂矿)、冶金用脉石英、玻璃用白云岩 Titanium (ilmenite placer minerals), Nickel, Heavy rare earth ore(Heavy rare earth oxide), Metallurgical vein quartz, Glass with dolomite	5

1—9 主要城市气候基本情况(2021年)
Basic Statistics on Climate of Major Cities (2021)

城　市	City	平均气温(摄氏度) Average Temperature (℃)	日照时数(小时) Sunshine Hours (hour)	平均风速(米/秒) Average Wind Speed (m/s)	相对湿度(%) Relative Humidity (%)	无霜期(天) Frost-free Period (day)	气　压(百帕) Pressure (hPa)	降水量(毫米) Precipitation (mm)
西安市	Xi'an	14.5	2002.1	1.7	69	356.9	965.1	1067.9
铜川市	Tongchuan	12.0	2026.7	2.4	63	365.0	900.0	977.9
宝鸡市	Baoji	12.8	1743.2	1.5	69	356.4	923.9	903.3
咸阳市	Xianyang	13.1	1838.3	1.9	67	340.0	931.4	875.4
渭南市	Weinan	13.5	2402.5	2.2	64	340.3	942.0	949.7
延安市	Yan'an	10.3	2224.9	1.8	62	349.8	899.2	757.5
汉中市	Hanzhong	14.5	1512.6	1.4	77	312.8	937.8	1439.1
榆林市	Yulin	10.9	2714.2	2.4	52	256.5	896.0	401.3
安康市	Ankang	15.1	2090.3	1.3	77	348.0	955.7	1368.2
商洛市	Shangluo	13.6	1684.7	1.3	69	316.0	931.3	1193.7

1—10 主要城市平均气温(2021年)
Monthly Average Temperature of Major Cities(2021)

单位：摄氏度　　　　(℃)

月　份	Month	西安市 Xi'an	铜川市 Tongchuan	宝鸡市 Baoji	咸阳市 Xianyang	渭南市 Weinan	延安市 Yan'an	汉中市 Hanzhong	榆林市 Yulin	安康市 Ankang	商洛市 Shangluo
一　月	Jan.	1.3	-1.0	0.1	-0.2	0.0	-5.1	2.7	-6.1	3.9	1.6
二　月	Feb.	6.3	4.9	5.1	5.1	5.5	1.8	7.7	1.7	8.3	6.6
三　月	Mar.	10.9	8.3	9.3	9.5	9.9	7.3	11.1	7.5	11.5	10.3
四　月	Apr.	14.2	11.2	12.1	12.7	13.3	10.7	14.0	11.1	14.4	12.9
五　月	May	20.8	17.9	18.5	19.1	19.9	16.6	20.3	17.9	20.4	19.0
六　月	June	25.9	23.0	23.1	24.2	25.2	21.8	22.9	23.3	23.4	22.9
七　月	July	26.7	23.5	24.8	25.3	25.6	23.7	25.5	26.3	26.1	24.8
八　月	Aug.	24.9	22.0	22.9	23.5	24.0	21.8	23.3	23.1	23.8	22.5
九　月	Sept.	21.1	18.5	19.5	19.7	19.8	17.5	20.9	18.9	21.7	20.0
十　月	Oct.	13.1	10.4	11.3	11.5	12.3	9.5	13.5	9.6	14.5	12.9
十一月	Nov.	6.8	4.9	5.3	5.5	6.0	1.9	7.5	1.6	8.7	7.0
十二月	Dec.	2.3	0.3	1.3	0.9	0.9	-3.3	3.9	-4.5	5.0	3.0
极端最高	Highest	40.0	37.0	40.5	39.2	39.8	40.6	39.8	40.6	40.7	39.5
极端最低	Lowest	-17.0	-21.2	-17.8	-19.0	-23.5	-25.4	-11.9	-26.3	-10.9	-14.9
年平均	Annual Average	14.5	12.0	12.8	13.1	13.5	10.3	14.5	10.9	15.1	13.6

1-11 主要城市降水量(2021年)
Monthly Precipitation of Major Cities(2021)

单位：毫米 (millimeters)

月 份 Month	西安市 Xi'an	铜川市 Tongchuan	宝鸡市 Baoji	咸阳市 Xianyang	渭南市 Weinan	延安市 Yan'an	汉中市 Hanzhong	榆林市 Yulin	安康市 Ankang	商洛市 Shangluo
一 月 Jan.	1.6	1.5	0.9	1.2	2.4	1.6	1.3	1.8	3.8	2.5
二 月 Feb.	30.2	23.9	21.3	23.0	32.9	19.7	32.8	12.6	34.3	41.4
三 月 Mar.	16.7	15.7	21.0	16.9	16.9	18.7	27.0	30.2	34.6	22.5
四 月 Apr.	85.7	62.5	75.7	68.5	61.9	42.2	79.8	22.2	126.8	128.9
五 月 May	62.2	68.6	54.8	74.3	44.7	54.8	57.6	50.8	44.6	36.8
六 月 June	74.5	55.6	81.9	64.9	53.3	44.2	183.8	36.2	146.1	51.1
七 月 July	133.8	143.7	96.5	83.1	129.5	54.7	191.4	33.6	153.7	167.9
八 月 Aug.	192.4	120.2	87.6	114.6	131.8	79.3	263.6	37.4	372.4	260.6
九 月 Sept.	347.1	316.2	295.5	283.4	348.7	235.3	377.9	66.2	325.6	385.8
十 月 Oct.	100.7	152.7	155.2	131.0	104.5	194.2	201.3	98.5	102.6	82.3
十一月 Nov.	13.5	11.3	6.1	7.3	17.1	9.7	13.1	10.3	17.0	7.3
十二月 Dec.	9.4	6.0	6.8	7.3	6.1	3.1	9.4	1.5	6.9	6.6
全 年 Annual	1067.9	977.9	903.3	875.4	949.7	757.5	1439.1	401.3	1368.2	1193.7

1-12 主要城市日照时数(2021年)
Monthly Sunshine Hours of Major Cities(2021)

单位：小时 (hours)

月 份 Month	西安市 Xi'an	铜川市 Tongchuan	宝鸡市 Baoji	咸阳市 Xianyang	渭南市 Weinan	延安市 Yan'an	汉中市 Hanzhong	榆林市 Yulin	安康市 Ankang	商洛市 Shangluo
一 月 Jan.	161.8	190.8	157.6	165.6	200.4	199.3	140.4	225.2	155.0	159.5
二 月 Feb.	164.8	175.4	169.6	167.3	186.6	176.2	150.5	212.3	153.6	161.5
三 月 Mar.	149.8	145.3	126.3	131.2	192.5	167.0	131.3	215.4	165.6	143.4
四 月 Apr.	124.3	112.6	95.4	98.6	169.4	137.1	103.5	194.9	165.2	116.6
五 月 May	238.5	247.4	216.4	221.0	279.6	260.1	193.1	290.0	235.7	178.0
六 月 June	191.1	177.7	155.4	165.6	233.1	208.8	144.3	257.1	202.0	141.7
七 月 July	205.5	179.6	176.1	174.0	236.7	209.7	192.2	272.0	254.4	162.6
八 月 Aug.	181.9	182.2	137.0	163.1	209.2	215.8	122.4	245.0	176.4	109.4
九 月 Sept.	153.4	155.4	133.5	139.1	166.5	149.1	105.7	177.6	176.8	133.9
十 月 Oct.	86.0	87.7	62.0	69.4	126.9	117.2	33.2	170.1	118.6	67.8
十一月 Nov.	182.7	194.3	164.7	181.9	206.1	195.7	96.6	229.9	149.4	156.9
十二月 Dec.	162.3	178.3	149.1	161.5	195.5	188.8	99.4	224.6	137.7	153.4
全 年 Annual	2002.1	2026.7	1743.2	1838.3	2402.5	2224.9	1512.6	2714.2	2090.3	1684.7

1—13 历届陕西省人民代表大会代表人数
Number of Deputies to All the Previous Shaanxi Province People's Congresses

单位：人 (person)

届 次	Congress	年 份 Year	代表人数 Number of Deputies	# 女代表 Female Deputies		# 少数民族代表 Ethnic Minority Deputies	
				人 数 Number	占代表总数% As Percentage to Total Deputies (%)	人 数 Number	占代表总数% As Percentage to Total Deputies (%)
第一届	First Congress	1954	386	51	13.2	9	2.3
第二届	Second Congress	1959	400	67	16.8	12	3.0
第三届	Third Congress	1964	520	84	16.0	15	2.9
第四届	Fourth Congress	1975					
第五届	Fifth Congress	1978	1186	234	19.7	26	2.2
第六届	Sixth Congress	1983	727	168	23.1	29	4.0
第七届	Seventh Congress	1988	600	117	19.3	19	3.2
第八届	Eighth Congress	1993	602	118	19.6	22	3.7
第九届	Ninth Congress	1998	566	129	22.8	19	3.4
第十届	Tenth Congress	2003	565	117	20.7	18	3.2
第十一届	Eleventh Congress	2008	574	142	24.9	19	3.3
第十二届	Twelfth Congress	2013	578	132	22.8	18	3.1
第十三届	Thirteenth Congress	2018	568	156	27.5	24	4.2

1—14 历届陕西省政治协商会议委员人数
Number of Deputies to All the Previous Shaanxi Province People's Political Consultative Conferences

单位：人 (person)

届 次	Congress	年 份 Year	委员人数 Number of Deputies	中国共产党党员代表 Deputies from the Communist Party of China		民主党派和无党派爱国人士代表 Deputies from Democratic Parties and Non-partisan Patriot	
				人 数 Number	占代表总数% As Percentage to Total Deputies (%)	人 数 Number	占代表总数% As Percentage to Total Deputies (%)
第一届	First Congress	1955	165	42	25.5	123	74.5
第二届	Second Congress	1958	262	85	32.4	177	67.6
第三届	Third Congress	1963	275	91	33.1	184	66.9
第四届	Fourth Congress	1977	420	205	48.8	215	51.2
第五届	Fifth Congress	1983	428	162	37.9	266	62.1
第六届	Sixth Congress	1988	502	191	38.0	311	62.0
第七届	Seventh Congress	1993	506	244	48.2	262	51.8
第八届	Eighth Congress	1998	539	216	40.1	323	59.9
第九届	Ninth Congress	2003	590	235	39.8	355	60.2
第十届	Tenth Congress	2008	627	248	39.6	379	60.4
第十一届	Eleventh Congress	2013	648	258	39.8	390	60.2
第十二届	Twelfth Congress	2018	573	226	39.4	347	60.6

主要统计指标解释

行政区划 指国家对行政区域的划分。根据有关法规规定，我国的行政区域划分如下：(1)全国分为省、自治区、直辖市；(2)省、自治区分为自治州、县、自治县、市；(3)自治州分为县、自治县、市；(4)县、自治县分为乡、民族乡、镇；(5)直辖市和较大的市分为区、县；(6)国家在必要时设立的特别行政区。

自然资源 指人类可以直接从自然界获得，并用于生产和生活的物质资源。自然资源一般可以分成可再生资源和非再生资源两大类。可再生资源指在较短时间内可以再生、可以循环利用的资源，包括土地资源、水资源、气候资源、生物资源和海洋资源等。非再生资源指在使用后不能再生的资源，包括矿产资源和地热能源。

土地资源 土地指陆地的表层部分，它主要由岩石、岩石的风化物和土壤构成。土地资源按利用类型可以分为农用地、建筑用地和未利用地。农用地包括耕地、园地、林地、牧草地和水面。建筑用地包括居民点及工矿用地、交通用地和水利设施用地。未利用地指农用地和建筑用地以外的土地，包括滩涂、荒漠、戈壁、冰川和石山等。

森林面积 指由乔木树种构成，郁闭度 0.2 以上(含 0.2)的林地或冠幅宽度 10 米以上的林带的面积，即有林地面积。森林面积包括天然起源和人工起源的针叶林面积、阔叶林面积、针阔混交林面积和竹林面积，不包括灌木林地面积和疏林地面积。

森林覆盖率 指一个国家或地区森林面积占土地总面积的百分比。森林覆盖率是反映森林资源的丰富程度和生态平衡状况的重要指标。在计算森林覆盖率时，森林面积包括郁闭度 0.2 以上的乔木林地面积和竹林地面积，国家特别规定的灌木林地面积、农田林网以及四旁(村旁、路旁、水旁、宅旁)林木的覆盖面积。计算公式为：

$$\text{森林覆盖率}(\%)=\frac{\text{森林面积}}{\text{土地总面积}}\times 100\%$$

矿产资源 矿产资源指由地质作用形成的，具有利用价值的，呈固态、液态、气态的自然资源，是社会生产发展的重要物质基础。目前我国已发现矿种有 170 多种，按其特点和用途，可分为能源矿产(如煤炭、石油、天然气、地热)、金属矿产(如铁矿、锰矿、铜矿、铅矿、铝土矿)、非金属矿产(如金刚石、石灰岩、粘土)和水气矿产(如地下水、矿泉水、二氧化碳气)四大类。其中：金属矿产按其物质成份和性质又可分为：黑色金属矿产、有色金属矿产、贵金属矿产、稀有金属矿产、稀土金属矿产、分散元素金属矿产六类。

气候 指地球与大气之间长期能量交换与质量交换所形成的一种自然环境状态，它是多种因素综合作用的结果。气候既是人类生活和生产的环境要素之一，又是供给人类生活和生产的重要资源。气温、降水、湿度等气象要素的多年平均值是用来描述一个地区气候状况的主要参数，而各种气象要素某年、某月的平均值(或总量)则可以反映出该时期天气气候状况的重要特征。

气温 指空气的温度，我国一般以摄氏度(℃)为单位表示。气象观测的温度表是放在离地面约 1.5 米处通风良好的百叶箱里测量的，因此，通常说的气温指的是离地面 1.5 米处百叶箱中的温度。其统计计算方法为：

月平均气温是将全月各日的平均气温相加，除以该月的天数而得。

年平均气温是将 12 个月的月平均气温累加后除以 12 而得。

降水量 指从天空降落到地面的液态或固态(经融化后)水，未经蒸发、渗透、流失而在地面上积聚的深度。其统计计算方法为：

月降水量是将全月各日的降水量累加而得。

年降水量是将 12 个月的月降水量累加而得。

日照时数 指太阳实际照射地面的时间。其统计方法与降水量相同。

Explanatory Notes on Main Statistical Indicators

Divisions of Administrative Areas refers to the division of administrative areas by the State. The relative laws stipulate that 1) the whole country is divided into provinces, autonomous regions and municipalities directly under the Central Government; 2) provinces and autonomous regions are further divided into autonomous prefectures, counties, autonomous counties and cities; 3) autonomous prefectures are further divided into counties, autonomous counties and cities; 4) counties and autonomous counties are further divided into townships, ethnic townships and towns; 5) municipalities directly under the Central Government and large cities are divided into districts and counties, 6) the State shall, when necessary, establish special administrative regions.

Natural Resources refers to material resources that could be obtained from the nature by human being and used for production and living. Natural resources in general can be classified as renewable resources and non-renewable resources. Renewable resources refer to resources that could be renewed and recycled during a relatively short period of time, including land resource, water resource, climate resource, biology resource and marine resource. Non-renewable resources include resources that could not be renewed, such as minerals and geothermal resource.

Land Resource Land refers to the surface of the earth, consisting of mainly rocks and its weathering and earth. Land resource can be classified, by its utilization, as land for agriculture, land for construction and unused land. Land for agriculture includes cultivated land, plantation land, forestland, grassland and waters. Land for construction includes land for residential purpose, for manufacturing and mining, for transportation and for water-conservancy projects. Unused land refers to land other than land for agriculture and construction, including beaches, deserts, Gobi, glaciers and rock mountains

Forest Area refers to the area of forest where trees and bamboo grow with canopy density above 0.2, including land of natural woods and planted woods, but excluding bush land and thin forest land. It reflects the total areas of afforestation.

Forest Coverage Rate refers to the ratio of area of afforested land to total land area. It is a very important indicator that reflects the status of abundance of forest resource and balance of the ecosystem. Forest area includes the area of trees and bamboo grow with canopy density above 0.2, the area of shrubby tree according to regulations of the government, the area of forest land inside farm land and the area of trees planted by the side of villages, farm houses and along roads and rivers. The formula for calculating forest coverage rate is as follows:

$$\text{Forestry coverage rate (\%)} = \frac{\text{Area of Afforested Land}}{\text{Area of Total Land}} \times 100\%$$

Mineral Resources refers to useful minerals, with solid state, liquid state, gaseity, due to the geological process. Minerals are important natural resources, and important material base for social development. At present, there are more than 170 types of minerals discovered in China. They can be categorized into four groups: energy producing minerals (including coal, petroleum, natural gas and terrestrial heat), metallic minerals (including iron, manganese, copper, lead and bauxite), non metallic minerals (including diamond, limestone and clay), and water/gas related minerals (including ground water, mineral water and carbon dioxide). Metallic minerals can be further classified as ferrous, non-ferrous, noble metal, rare metal, rare earth metal and dispersed metals.

Climate refers to the natural environmental status formed by the long-term exchange of energy and mass between the earth and the atmosphere, and is the result of interaction of many factors. Climate is both one of the environment factors and also the important resources for living and production activities of the human being. The average values across several years of meteorological factors such as temperature, rainfall and humidity are used as important parameters to describe the climate of a region, while the average values (or total values) of a given year or month of meteorological factors reflect the key characteristics of climate for that period of time.

Temperature refers to the air temperature. China uses centigrade as the unit. The thermometry used for weather observation is put in a breezy shutter, which is 1.5 meters high from the ground. Therefore, the commonly used temperature refers to the temperature in the breezy shutter 1.5 meters away from the ground. The calculation method is as follows:

Monthly average temperature is the summation of average daily temperature of one month divided by the actual days of that particular month.

Annual average temperature is the summation of monthly average of a year divided by 12 months.

Volume of Precipitation refers to the deepness of liquid state or solid state (thawed) water falling from the sky to the ground that has not been evaporated, infiltrated or run off. The calculation method is as follows:

Monthly precipitation is the summation of daily precipitation of a month.

Annual precipitation is the summation of 12 months precipitation of a year.

Sunshine Hours refers to the actual hours of sun irradiating the earth. The calculation method is the same as that of the precipitation.

二、综　合

资料整理：金文娟　白　彬　何国良

简 要 说 明

一、本篇资料主要反映陕西1978年以来及党的十八大以来经济、社会发展情况，并收录了基本单位统计资料。

二、国民经济和社会发展综合表集中反映陕西国民经济和社会发展的总量、速度、结构、比例和效益状况及变化。

三、本篇资料根据各专业统计年报资料以及国家统计局、省级有关部门提供的统计资料加工整理而成。

Brief Introduction

Ⅰ.This chapter mainly reflects the development of shaanxi's economy and society since 1978 and the 18th CPC National Congress, and includes basic unit statistical data.

Ⅱ. The summary data on the national economy reflect the overall situation of and changes in shaanxi's national economic and social development in terms of total size. growth, structure, ratio, and efficiency.

Ⅲ.The summary data are processed and prepared on the basis of the annual reports of various specialized fields provided by Statistics Bureau of Shaanxi Province and the statistics provided by the National Bureau of Statistics and some related departments of Shaanxi Province.

2.综　合

2021年全省		
生产总值	29800.98	亿元
地方财政收入	2775.42	亿元
社会消费品零售总额	10250.50	亿元
进出口总值	4757.75	亿元
城镇居民人均可支配收入	40713	元
农村居民人均可支配收入	14745	元

生产总值增长速度

（比上年增长%）

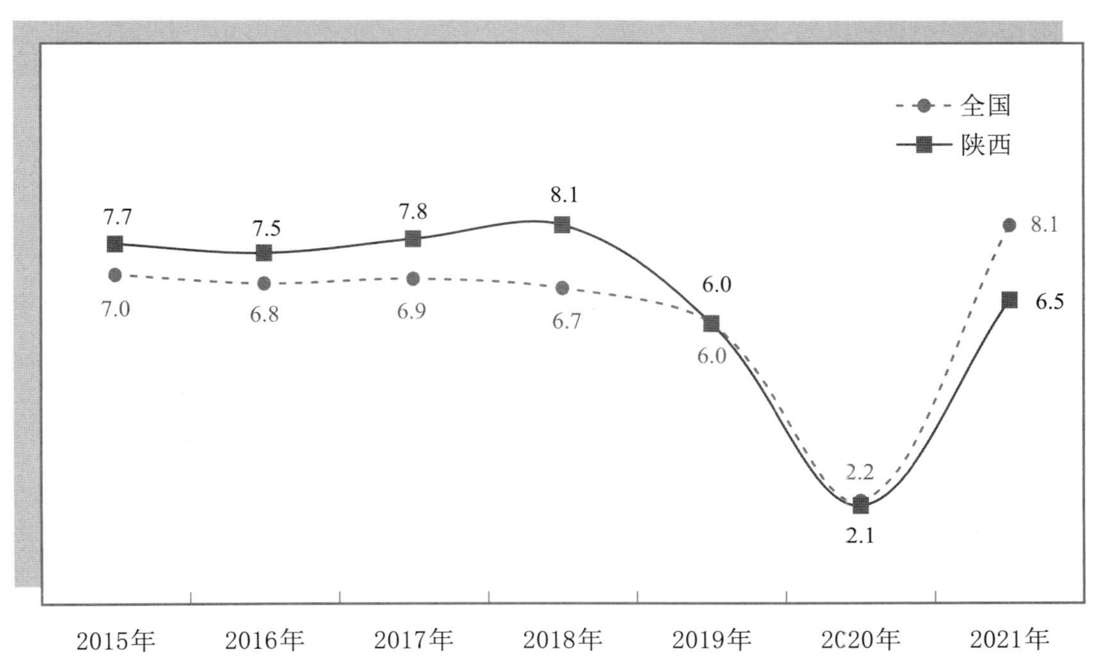

2-1 陕 西 一 日

Selected Indicators on Average Daily Social and Economic Activities

指 标	Item	2012	2015	2020	2021
每天创造的财富	**Daily Production**				
生产总值 (万元)	Gross Domestic Product (10 000 yuan)	386405	490378	710769	816465
第一产业	Primary Industry	35925	43828	61960	66011
第二产业	Secondary Industry	207985	237386	306613	378151
第三产业	Tertiary Industry	142495	209163	342196	372303
地方一般预算收入 (万元)	Local General Bugetary Revenue (10 000 yuan)	43735	56437	61675	76039
粮 食 (万吨)	Grain (10 000 tons)	3.43	3.30	3.48	3.48
棉 花 (吨)	Cotton (ton)	121	57	2	1
油 料 (吨)	Oil-bearing Crops (ton)	1557	1559	1615	1598
肉 类 (吨)	Meat (ton)	2926	3606	2926	3506
布 (万米)	Cloth (10 000 m)	177.61	186.51	225.41	224.77
原 煤 (万吨)	Coal (10 000 tons)	130.89	143.08	185.64	191.76
原 油 (吨)	Crude Oil (ton)	96381	102376	73599	69939
发电量 (万千瓦小时)	Electricity (10 000 kwh)	36352	43674	62672	71667
粗 钢 (吨)	Crude Steel (ton)	22642	28144	41572	41666
每天消费量	**Daily National Consumption**				
能源消费量 (万吨标准煤)	Energy Consumption (10 000 tons of SCE)	29.03	32.18	36.92	39.77
社会消费品零售额 (万元)	Total Retail Sales of Consumer Goods (10 000 yuan)	129960	187920	262457	280836
每天其他经济活动	**Other Daily Economic Activities**				
货运量 (万吨)	Freight Traffic (10 000 tons)	373.59	386.05	451.55	440.28
客运量 (万人)	Passenger Traffic (10 000 persons)	307.57	193.99	103.26	59.06
邮电业务总量 (万元)	Business Volume of Postal and Telecommunication Services(10 000 yuan)	10534	20742	119826	141398
进出口总值 (万元)	Total Value of Imports and Exports (10 000 yuan)	25523	51925	103154	130349
# 出口总值	Total Exports	14922	25163	52720	70303
国内游客 (万人次)	Domestic Vistiors (10 000 person-times)	63	105	98	107
每天人口变动和婚姻	**Daily Population Changes and Marriages**				
出 生 (人)	Births (person)	1038	1047	964	855
死 亡 (人)	Deaths (person)	640	651	768	800
结 婚 (对)	Marriages (couples)	1022	976	645	606
离 婚 (对)	Divorces (couples)	150	203	264	161

注：1.本表价值量指标中，除邮电业务总量按不变价格计算，其余均按当年价格计算。
2.工业产品产量为规模以上企业数据。

a) Figures in value terms in this table are at current prices, except that on the business volume of postal and telecommunication services which is at constant prices.

b) Output of industrial products are obtained from above designated size enterprises.

2-2 陕西省主要国民经济指标占全国比重(2021年)

Percentage of Shaanxi Main Indicators on National Economic to National Total(2021)

指标		Item		陕西 Shaanxi	全国 National Total	陕西占全国% Shaanxi as Percentage of National Total (%)
年底总人口	(万人)	Population at Year-end	(10 000 persons)	3954	141260	2.8
就业人员	(万人)	Number of Employed Persons	(10 000 persons)	2091	74652	2.8
生产总值	(亿元)	Gross Domestic Product	(100 million yuan)	29800.98	1143669.7	2.6
第一产业		Primary Industry		2409.39	83085.5	2.9
第二产业		Secondary Industry		13802.52	450904.5	3.1
第三产业		Tertiary Industry		13589.07	609679.7	2.2
地方一般预算收入	(亿元)	Local General Bugetary Revenue	(100 million yuan)	2775.42	111077.1	2.5
主要产品产量		Output of Major Products				
粮 食	(万吨)	Grain	(10 000 tons)	1270.43	68284.7	1.9
棉 花	(万吨)	Cotton	(10 000 tons)	0.03	573.1	0.01
油 料	(万吨)	Oil-bearing Crops	(10 000 tons)	58.33	3613.2	1.6
肉 类	(万吨)	Meat	(10 000 tons)	127.97	8990.0	1.4
原 煤	(万吨)	Coal	(10 000 tons)	69993.75	412583.4	17.0
原 油	(万吨)	Crude Oil	(10 000 tons)	2552.76	19888.1	12.8
天 然 气	(亿立方米)	Natural Gas	(100 million cu.m)	294.13	2075.8	14.2
发 电 量	(亿千瓦小时)	Electricity	(100 million kwh)	2615.83	85342.5	3.1
粗 钢	(万吨)	Crude Steel	(10 000 tons)	1520.81	103524.3	1.5
水 泥	(万吨)	Cement	(10 000 tons)	6698.52	237810.8	2.8
化 肥	(万吨)	Fertilizers	(10 000 tons)	186.39	5543.6	3.4
纱	(万吨)	Yarn	(10 000 tons)	36.42	2873.7	1.3
布	(亿米)	Cloth	(100 million m)	8.20	502.0	1.6
汽 车	(万辆)	Motor Vehicles	(10 000 units)	80.10	2652.8	3.0
货物周转量	(亿吨公里)	Total Freight Ton-kilometers	(100 million ton-km)	3946.14	223600.4	1.8
社会消费品零售总额	(亿元)	Total Retail Sales of Consumer Goods	(100 million yuan)	10250.50	440823.2	2.3
进出口总值	(亿元)	Total Value of Imports and Exports	(100 million yuan)	4757.75	391008.5	1.2
# 出口总值		Exports		2566.07	217347.6	1.2
大学生在校学生数	(万人)	Students Enrollment of College and University	(10 000 persons)	128.33	3496.1	3.7

2-3 国民经济和社会发展总量与速度指标

指标		Item		1978	2012
人口		Population			
年底总人口	(万人)	Population at Year-end	(10 000 persons)	2779	3787
城镇人口		Urban		454	1883
乡村人口		Rural		2325	1904
男性人口		Male		1444	1956
女性人口		Female		1335	1831
就业		Employment			
就业人员	(万人)	Number of Employed Persons	(10 000 persons)	1078	2091
# 职工人数		Number of Staff and Workers		257	386
城镇登记失业人数	(万人)	Registered Unemployment in Urban Areas	(10 000 persons)		19.4807
国民经济核算		National Accounting			
生产总值	(亿元)	Gross Domestic Product	(100 million yuan)	81.07	14142.41
第一产业		Primary Industry		24.70	1314.84
第二产业		Secondary Industry		42.13	7612.26
第三产业		Tertiary Industry		14.24	5215.31
财政		Government Finance			
地方一般预算收入	(亿元)	Local General Bugetary Revenue	(100 million yuan)		1600.69
一般预算支出	(亿元)	General Bugetary Expenditure	(100 million yuan)	18.30	3323.80
固定资产投资		Investment in Fixed Assets			
房地产开发投资	(亿元)	Investment in Real Estate Development	(100 million yuan)		1835.93
能源		Production and Consumption of Energy	(Equivalent Value)		
能源生产总量	(万吨标准煤)	Total Energy Production	(10 000 tons of SCE)		41168.40
能源消费总量	(万吨标准煤)	Total Energy Consumption	(10 000 tons of SCE)		9914.53
人民生活		People's Living Conditions			
居民人均可支配收入	(元)	Per Capita Annual Disposable Income of All Households	(yuan)		
城镇居民人均可支配收入	(元)	Per Capita Annual Disposable Income of Urban Households	(yuan)	310	20269
农村居民人均可支配收入	(元)	Per Capita Annual Disposable Income of Rural Households	(yuan)	133	6285
居民人均生活消费支出	(元)	Per Capita Living Expenditure of All Households	(yuan)		
城镇居民人均生活消费支出	(元)	Per Capita Living Expenditure of Urban Households	(yuan)		
农村居民人均生活消费支出	(元)	Per Capita Living Expenditure of Rural Households	(yuan)		

Principal Aggregate Indicators on National Economic and Social Development and Growth Rates

2015	2020	2021	2021年为下列年份% 2021 as Percentage of the Following Years(%)				平均增长速度% Average Annual Growth Rate(%)	
			1978	2012	2015	2020	1979–2021	2013–2021
3846	3955	3954	142.3	104.4	102.8	100.0	0.8	0.5
2105	2478	2516	554.2	133.6	119.5	101.5	4.1	3.3
1741	1477	1438	61.8	75.5	82.6	97.4	-1.1	-3.1
1986	2024	2018	139.8	103.2	101.6	99.7	0.8	0.3
1860	1931	1936	145.0	105.7	104.1	100.2	0.9	0.6
2107	2105	2091	194.0	100.0	99.2	99.3	1.6	
474	451	444	172.8	115.0	93.6	98.4	1.3	1.6
22.35	24.54	27.69		142.1	123.9	112.8		4.0
17898.80	26014.14	29800.98	60.5	188.3	144.4	106.5	10.0	7.3
1599.74	2267.73	2409.39	8.3	148.9	128.8	106.3	5.0	4.5
8664.60	11222.03	13802.52	74.1	179.7	138.5	105.6	10.5	6.7
7634.46	12524.38	13589.07	133.5	207.0	153.7	107.3	12.1	8.4
2059.95	2257.31	2775.42		173.4	134.7	123.0		6.3
4376.06	5924.28	6069.22	33160.4	182.6	138.7	102.4	14.5	6.9
2494.29	4404.39	4441.00		241.9	178.0	100.8		11.3
48491.24	59167.58	58259.23		141.5	120.1	98.5		3.9
11745.93	13512.26	14515.23		146.4	123.6	107.4		4.3
17395	26226	28568			164.2	108.9		
26420	37868	40713	13133.3	200.9	154.1	107.5	12.0	8.1
8689	13316	14745	11086.3	234.6	169.7	110.7	11.6	9.9
13087	17418	19347			147.8	111.1		
18464	22866	24784			134.2	108.4		
7901	11376	13158			166.5	115.7		

2-3 续表 1

指　　标		Item		1978	2012
农　业		Agriculture			
农林牧渔业增加值	(亿元)	Value-added of Agriculture, Forestry, Animal Husbandry and Fishery	(100 million yuan)	24.70	1372.51
主要农产品产量		Output of Major Farm Products			
粮　食	(万吨)	Grain	(10 000 tons)	800.00	1255.92
棉　花	(万吨)	Cotton	(10 000 tons)	10.54	4.44
油　料	(万吨)	Oil-bearing Crops	(10 000 tons)	5.65	56.98
烤　烟	(万吨)	Flue-Cured Tobacco	(10 000 tons)	1.38	7.19
茶　叶	(吨)	Tea	(ton)	1408	34852
水　果	(万吨)	Fruits	(10 000 tons)	33.41	1362.77
蔬　菜	(万吨)	Vegetables	(10 000 tons)		1412.45
肉　类	(万吨)	Meat	(10 000 tons)	14.20	116.02
工　业		Industry			
工业增加值	(亿元)	Value-added of Industry	(100 million yuan)	36.52	6505.20
主要工业产品产量		Output of Major Industrial Products			
纱	(万吨)	Yarn	(10 000 tons)	13.85	28.86
布	(亿米)	Cloth	(100 million m)	5.81	6.50
原　煤	(万吨)	Coal	(10 000 tons)	1666.00	47904.12
原　油	(万吨)	Crude Oil	(10 000 tons)	6.03	3527.56
天然气	(亿立方米)	Natural Gas	(100 million cu.m)		309.62
发电量	(亿千瓦小时)	Electricity	(100 million kwh)	66.10	1330.50
粗　钢	(万吨)	Crude Steel	(10 000 tons)	24.29	828.69
钢　材	(万吨)	Rolled Steel	(10 000 tons)	17.38	1283.55
水　泥	(万吨)	Cement	(10 000 tons)	210.66	7552.71
化　肥	(万吨)	Fertilizers	(10 000 tons)	13.69	97.89
汽　车	(万辆)	Motor Vehicles	(10 000 units)		54.46
规模以上工业企业		Industrial Enterprises above Designated Size			
资产总计	(亿元)	Original Value of Fixed Assets	(100 million yuan)		20591.16
营业收入	(亿元)	Business Revenue	(100 million yuan)		16328.25
利润总额	(亿元)	Total Profits	(100 million yuan)		2057.22
建筑业		Construction			
建筑业增加值	(亿元)	Value-added of Construction	(100 million yuan)	5.61	1107.06
房地产业		Real Estate			
商品房销售面积	(万平方米)	Floor Space of Commercial Buildings Sold	(10 000 sq.m)		2755.59
# 住宅		Residential Buildings			2530.84
商品房销售额	(亿元)	Value of Sale of Commercial Buildings	(100 million yuan)		1420.75
# 住宅		Residential Buildings			1215.57

continued

2015	2020	2021	2021年为下列年份% 2021 as Percentage of the Following Years(%)				平均增长速度% Average Annual Growth Rate(%)	
			1978	2012	2015	2020	1979–2021	2013–2021
1675.61	2381.84	2532.15	827.8	149.4	129.1	106.2	10.5	4.6
1204.67	1274.83	1270.43	158.8	101.2	105.5	99.7	1.1	0.1
2.07	0.07	0.03	0.3	0.7	1.4	42.9	-12.7	-42.6
56.91	59.11	58.33	1032.4	102.4	102.5	98.7	5.6	0.3
5.06	5.29	5.09	368.8	70.8	100.6	96.2	3.1	-3.8
54055	86965	93171	6617.3	267.3	172.4	107.1	10.2	11.5
1504.78	1808.03	1896.46	5676.3	139.2	126.0	104.9	9.8	3.7
1613.45	1957.66	2012.82		142.5	124.8	102.8		4.0
131.63	107.09	127.97	901.2	110.3	97.2	119.5	5.2	1.1
7103.30	8740.23	11256.03	8564.4	184.2	141.8	108.3	10.9	7.0
49.46	35.17	36.42	263.0	126.2	73.6	103.6	2.3	2.6
6.81	8.25	8.20	141.2	126.2	120.5	99.4	0.8	2.6
52224.16	67942.62	69993.75	4201.3	146.1	134.0	103.0	9.1	4.3
3736.73	2693.72	2552.76				94.8		
415.92	527.38	294.13						
1594.11	2293.80	2615.83	3957.4	196.6	164.1	114.0	8.9	7.8
1027.27	1521.53	1520.81	6261.1	183.5	148.0	100.0	10.1	7.0
1655.58	2019.98	2097.41	12068.0	163.4	126.7	103.8	11.8	5.6
8580.09	6809.85	6698.52	3179.8	88.7	78.1	98.4	8.4	-1.3
187.13	145.78	186.39	1361.5	190.4	99.6	127.9	6.3	7.4
34.14	62.83	80.10		147.1	234.6	127.5		4.4
26393.17	36879.34	41680.72		202.4	157.9	113.0		8.2
18823.01	23319.56	30063.97		184.1	159.7	128.9		7.0
1412.41	1978.88	3650.50		177.4	258.5	184.5		6.6
1603.22	2580.17	2674.17	3288.0	173.4	130.3	96.5	8.5	6.3
2978.94	4452.07	4260.06		154.6	143.0	95.7		5.0
2717.98	3902.40	3886.63		153.6	143.0	99.6		4.9
1597.44	4375.33	4146.26		291.8	259.6	94.8		12.6
1381.27	3755.77	3762.14		309.5	272.4	100.2		13.4

2–3 续表 2

指　　标		Item		1978	2012
交通运输业		Transportation			
货运量	(万吨)	Freight Traffic	(10 000 tons)	7160	136734
# 铁　路		Railways		2400	31942
公　路		Highways		4733	104593
客运量	(万人)	Passenger Traffic	(10 000 persons)	5628	112570
# 铁　路		Railways		2009	5757
公　路		Highways		3605	105647
民用汽车拥有量	(万辆)	Possession of Civil Motor Vehicles	(10 000 sets)		318.84
# 私人汽车		Private Vehicles			261.53
邮政电信业		Postal and Telecommunication Services			
邮电业务总量	(亿元)	Business Volume of Postal and Telecommunication Services	(100 million yuan)	0.50	385.54
函　件	(万件)	Number of Letters Delivered	(10 000 pieces)	9188	6061
报刊期发数	(万份)	Number of Newspapers and Magazines Distributed	(10 000 copies)	319	337
固定电话	(万户)	Number of Fixed Telephone Subscribers	(10 000 subscribers)	4.65	772.07
移动电话	(万户)	Number of Mobile Telephone Subscribers	(10 000 subscribers)		3264.77
互联网宽带用户	(万户)	Number of Internet Subscribers	(10 000 subscribers)		439.59
批发和零售业		Domestic Trade			
社会消费品零售总额	(亿元)	Total Retail Sales of Consumer Goods	(100 million yuan)	33.37	4756.54
对外贸易和旅游		Foreign Trade and Tourism			
进出口总值	(亿元)	Total Value of Imports and Exports	(100 million yuan)		147.99亿美元
进口总值		Imports			61.47亿美元
出口总值		Exports		0.12亿美元	86.52亿美元
实际利用外商投资	(万美元)	Actually Utilized Value of Investments	(USD 10 000)		293609
国内游客	(万人次)	Domestic Vistiors	(10 000 person-times)		22941
国内旅游收入	(亿元)	Domestic Tourism	(100 million yuan)		1610
金　融		Financial Intermediation			
金融机构人民币存款余额	(亿元)	Deposits of National Banking System in RMB	(100 million yuan)		22657.74
金融机构人民币贷款余额	(亿元)	Loans of National Banking System in RMB	(100 million yuan)		13865.61
教　育		Education			
专任教师数	(万人)	Full-time Teachers	(10 000 persons)		
普通高等学校		Regular Institutions of Higher Education		1.07	6.15
中等职业学校		Vocational Secondary Schools		0.33	3.01
普通中学		Secondary Schools		9.17	16.88
小　学		Primary Schools		17.30	16.68
在校学生数	(万人)	Students Enrollment	(10 000 persons)		
普通高等学校		Regular Institutions of Higher Education		3.44	102.63
中等职业学校		Vocational Secondary Schools		2.93	73.31
普通中学		Secondary Schools		193.47	225.70
小　学		Primary Schools		450.51	234.62

continued

2015	2020	2021	2021年为下列年份% 2021 as Percentage of the Following Years(%)				平均增长速度% Average Annual Growth Rate(%)	
			1978	2012	2015	2020	1979—2021	2013—2021
140908	165268	160702	2244.4	117.5	114.0	97.2	7.5	1.8
32951	49056	37894	1578.9	118.6	115.0	77.2	6.6	1.9
107731	116057	122716	2592.8	117.3	113.9	105.7	7.9	1.8
70806	37793	21559	383.1	19.2	30.4	57.0	3.2	-16.8
7866	7044	7728	384.6	134.2	98.2	109.7	3.2	3.3
61436	29581	12794	354.9	12.1	20.8	43.2	3.0	-20.9
452.08	739.54	800.37		251.0	177.0	108.2		10.8
397.48	667.48	722.96		276.4	181.9	108.3		12.0
757.09	4385.51	5161.01	1027067.5	1338.7	681.7	117.7	24.0	33.4
2499	1127	995	10.8	16.4	39.8	88.3	-5.0	-18.2
379	275	284	89.0	84.3	74.9	103.4	-0.3	-1.9
723.28	637.02	661.03	14229.2	85.6	91.4	103.8	12.2	-1.7
3649.65	4589.72	4777.76		146.3	130.9	104.1		4.3
605.42	1368.96	1567.36		356.6	258.9	114.5		15.2
6859.09	9605.92	10250.50	30717.7	215.5	149.4	106.7	14.2	8.9
1895.25	3775.44	4757.75		509.3	251.0	126.0		19.8
976.78	1845.89	2191.68		564.8	224.4	118.7		21.2
918.47	1929.55	2566.07	2156365.1	469.9	279.4	133.0		18.8
462118	844315	1024615		349.0	221.7	121.4		14.9
38274	35701	39058		170.3	102.0	109.4		6.1
2904	2762	3434		213.3	118.3	124.3		8.8
32415.24	49090.26	54130.14		238.8	167.0	110.3		10.2
21760.61	38905.47	44053.75		317.7	202.4	113.2		13.7
6.65	7.34	7.63	712.9	124.0	114.7	103.9	4.7	2.4
2.17	2.28	2.63	796.9	87.4	121.1	115.3	4.9	-1.5
16.18	15.83	16.12	175.8	95.5	99.7	101.8	1.3	-0.5
14.31	17.71	18.50	107.0	110.9	129.3	104.5	0.2	1.2
109.97	121.00	128.33	3730.5	125.0	116.7	106.1	8.8	2.5
43.69	45.95	48.33	1649.5	65.9	110.6	105.2	6.7	-4.5
187.57	182.28	185.51	95.9	82.2	98.9	101.8	-0.1	-2.2
233.11	289.20	296.40	65.8	126.3	127.2	102.5	-1.0	2.6

2-3 续表 3

指　标		Item		1978	2012
科　技					
专利授权量	(件)	Patents Application Granted	(piece)		14908
文　化		Culture			
制作电视节目	(小时)	Time for TV Programs Production	(hour)		102136
婚　姻		Marriages and Divorces			
结婚数	(对)	Number of Marriages	(couples)	136230	374046
离婚数	(对)	Number of Divorces	(couples)		55006
居　住		Housing			
居民家庭人均年末现有住房建筑面积	(平方米)	Residential Household Per Capita Year-end Existing Housing Floor Area	(sq.m)		
城镇居民人均年末现有住房建筑面积	(平方米)	Urban Residents Per Capita Year-end Existing Housing Floor Space	(sq.m)		
农村居民人均年末现有住房建筑面积	(平方米)	Rural Residents Per Capita Year-end Existing Housing Floor Space	(sq.m)		
卫　生		Health Care			
医院数	(个)	Number of Hospitals	(unit)	3064	2603
执业(助理)医师	(万人)	Number of Doctors	(10 000 persons)	3.43	6.95
医院床位数	(万张)	Number of Hospital Beds	(10 000 units)	4.99	16.31
市政建设		Municipal Works			
城市全年供水总量	(万立方米)	Volume of Tap Water Supply	(10 000 cu.m)	21119	84703
城市排水管道长度	(公里)	Length of Sewer Pipelines	(km)	431	6383
城市天然气供应量	(万立方米)	Volume of Natural Gas Supply in Urban Areas	(10 000 cu.m)		221162
城市道路长度	(公里)	Length of Paved Roads	(km)	639	5422
环境、灾害		Environment and Disaster			
突发环境事件次数	(次)	Environmental Disasters	(time)		23
工业污染防治投资	(万元)	Investment in the Treatment of Industrial Pollution	(10 000 yuan)		278987
火灾发生数	(起)	Number of Fire Disasters	(unit)		7857
火灾损失	(万元)	Loss of Fire Disasters	(10 000 yuan)		16172
交通事故发生数	(件)	Number of Traffic Accidents	(unit)	3979	5989
交通事故损失	(万元)	Loss of Traffic Accidents	(10 000 yuan)	165	4004

注：1.本表价值量指标中，除邮电业务总量按不变价格计算，其余指标均按当年价格计算。
2.1998年及以后职工人数为在岗职工人数。
3.2010年及以后工业产品产量、财务指标为规模以上企业数据。2019年以前营业收入为主营业务收入数据。
4.本表速度指标中，生产总值及三次产业增加值、农林牧渔业增加值、工业增加值、建筑业增加值按不变价格计算。

continued

2015	2020	2021	2021年为下列年份% 2021 as Percentage of the Following Years(%)				平均增长速度% Average Annual Growth Rate(%)	
			1978	2012	2015	2020	1979–2021	2013–2021
33350	60524	86272		578.7	258.7	142.5		21.5
117762	101814	98147		96.1	83.3	96.4		-0.4
356413	236217	221046	162.3	59.1	62.0	93.6	1.1	-5.7
74097	96799	58906		107.1	79.5	60.9		0.8
37.0	40.6	42.5			114.8	104.6		
31.3	38.7	38.5			123.0	99.6		
42.6	42.7	47.0			110.4	110.0		
2612	2853	2924	95.4	112.3	111.9	102.5	-0.1	1.3
7.95	11.39	12.06	351.6	173.5	151.7	105.9	3.0	6.3
20.63	26.75	27.90	559.1	171.1	135.2	104.3	4.1	6.1
97664	129087	136333	645.5	161.0	139.6	105.6	4.4	5.4
8026	12402	13946	3235.7	218.5	173.8	112.5	8.4	9.1
311286	556359	589725		266.6	189.4	106.0		11.5
6508	9479	10495	1642.4	193.6	161.3	110.7	6.7	7.6
58	10	9		39.1	15.5	90.0		-9.9
165900	194957	64420		23.1	38.8	33.0		-15.0
13548	8864	23831		303.3	175.9	268.9		13.1
11180	18889	22930		141.8	205.1	121.4		4.0
5406	4966	4886	122.8	81.6	90.4	98.4	0.5	-2.2
3742	3418	3131	1897.6	78.2	83.7	91.6	7.1	-2.7

a) Figures in value terms in this table are at current prices, except that on the business volume of postal and telecommunication services which is at constant prices.

b) Figures on number of staff and workers ,total wage bill and average wage refer to fully employed staff and workers since 1998 .

c) Since 2010, Output of industrial products and financial indicators are obtained from above designated size enterprises.
The Business Revenue before 2019 is the Revenue from Principal Business.

d) The indices and growth rates of the follow indicators are calculated at constant prices: gross domestic product, value-added of the three strata of industry,price indices,value-added of agriculture, forestry, animal husbandry and fishery ,value-added of industry, per capita annual disposable income of households average wage of staff and workers.

2-4 国民经济主要结构指标

Main Composition Indicators on National Economy

单位：% (%)

指 标	Item	2012	2015	2020	2021
人 口	Population				
城乡结构	Urban and Rural Composition				
城 镇	Urban	49.7	54.7	62.7	63.6
乡 村	Rural	50.3	45.3	37.3	36.4
性别结构	Sexual Composition				
男	Male	51.7	51.6	51.2	51.0
女	Female	48.3	48.4	48.8	49.0
年龄结构	Age				
0-14岁	Aged 0-14	14.4	14.1	17.3	17.1
15-64岁	Aged 15-64	76.6	75.8	69.4	68.9
65岁及以上	Aged 65 and Over	9.0	10.1	13.3	14.0
国民经济核算	National Accounting				
生产总值产业结构	Industrial Composition				
第一产业	Primary Industry	9.3	8.9	8.7	8.1
第二产业	Secondary Industry	53.8	48.4	43.1	46.3
第三产业	Tertiary Industry	36.9	42.7	48.2	45.6
生产总值地区结构	By Region				
关 中	Guanzhong	60.6	65.1	64.8	62.1
陕 南	Southern Shaanxi	11.6	13.6	13.2	12.9
陕 北	Northern Shaanxi	27.8	21.3	22.0	25.0
财 政	Government Finance				
一般公共预算收入	General Public Budget Revenue				
税收收入	Tax Revenue	70.7	62.6	77.6	80.6
非税收入	Non-tax Revenue	29.3	37.4	22.4	19.4
能 源	Energy				
能源生产总量结构	Composition of Total Energy Production				
原 煤	Coal	77.4	76.5	80.6	85.3
原 油	Crude Oil	12.2	11.0	6.5	6.3
天然气	Natural Gas	9.7	11.4	11.1	6.0
水电、风电及其他能发电	Hydro-power, Wind Power and Others	0.7	1.1	1.8	2.5
能源消费总量结构	Composition of Total Energy Consumption				
煤 品	Coal	73.2	72.6	75.3	73.7
油 品	Petroleum	15.8	12.2	6.4	6.0
天然气	Natural Gas	8.1	10.5	10.5	10.4
水电、风电及其他能发电	Hydro-power, Wind Power and Others	2.9	4.7	7.9	9.9
农 业	Agriculture				
农林牧渔业产值结构	Composition of Gross Output Value of Agriculture, Forestry,Animal Husbandry and Fishery				
农 业	Farming	65.5	66.8	69.2	70.4
林 业	Forestry	2.5	2.7	2.9	2.3
牧 业	Animal Husbandry	26.8	24.8	22.0	21.3
渔 业	Fishery	0.6	0.8	0.7	0.8
农林牧渔服务业	Services in Support of Agriculture,Forestry,Animal Husbandry and Fishery	4.6	4.9	5.2	5.2
工业(规模以上)	Industry (above designated size)				
工业企业资产	Assets of Industrial Enterprises				
采矿业	Mining	34.3	33.9	25.2	27.3
制造业	Manufacturing	53.9	54.9	60.9	58.9

2-4 续表 continued

单位：% (%)

指 标	Item	2012	2015	2020	2021
电力、热力、燃气及水生产和供应业	Production and Supply of Electricity, Heat Gas and Water	11.8	11.3	13.8	13.8
工业企业资产	Assets of Industrial Enterprises				
大型企业	Large Enterprises	66.2	62.2	57.6	56.4
中型企业	Medium-sized Enterprises	19.5	18.4	17.6	17.3
小型企业	Small Enterprises	13.7	18.5	21.0	21.4
微型企业	Mini Enterprises	0.6	0.9	3.8	4.9
交通运输业	Transportation				
客运量结构	Composition of Passenger Traffic				
铁 路	Railways	5.1	11.1	18.6	35.8
公 路	Highways	93.9	86.8	78.3	59.3
水 运	Waterways	0.3	0.5	0.5	0.3
民用航空	Civil Aviation	0.7	1.6	2.6	4.5
货运量结构	Composition of Freight Traffic				
铁 路	Railways	23.4	23.4	29.7	23.6
公 路	Highways	76.5	76.5	70.2	76.4
水 运	Waterways	0.1	0.2	0.1	0.1
民用航空	Civil Aviation	…	…	…	…
国内贸易	Domestic Trade				
社会消费品零售总额构成	Composition of Total Retail Sales of Consumer Goods				
城 镇	Urban	87.9	88.9	88.9	87.8
乡 村	Rural	12.1	11.1	11.1	12.2
生 活	People's Living Conditions				
居民可支配收入结构	Annual Per Capita Disposable Income				
工资性收入	Wages Income		54.8	53.5	53.3
经营净收入	Net Income from Business		14.6	13.2	13.0
财产净收入	Property Income		6.9	6.1	6.4
转移净收入	Transfer Income		23.8	27.1	27.3
居民消费支出结构	Annual Per Capita Consumption Expenditure				
食品、烟酒	Food,Tobacco and Alcohol		27.9	27.7	27.6
衣 着	Clothing		7.6	6.6	6.5
居 住	Residence		21.3	22.1	22.8
生活用品及服务	Living Articles and Services		6.8	6.8	6.5
交通通信	Transportation and Communications		11.7	12.6	11.8
教育文化娱乐	Recreation, Education and Culture Services		12.3	10.1	10.9
医疗保健	Medicine and Medical Services		10.4	11.9	11.7
其他用品和服务	Others		2.1	2.2	2.2
环 境	Environment				
工业污染防治投资结构	Consumption of Investment in the Treatment of Industrial Pollution				
治理废水	Waste Water Treatment	65.3	21.9	1.6	8.4
治理废气	Waste Gas Treatment	29.4	57.9	45.6	41.1
治理固体废物	Solid Wastes Treatment	2.3	5.1	1.8	0.1
治理噪音	Noise Abatement	0.6	3.1	0.0	0.0
其 他	Treatment of Other Pollution	2.4	12.0	50.9	50.4

2-5 国民经济和社会发展比例与效益指标
Indicators on Proportions and Efficiency in National Economic and Social Development

指标		Item		2012	2015	2020	2021
人口		Population					
出生率	(‰)	Birth Rate	(‰)	10.12	10.10	8.95	7.89
死亡率	(‰)	Death Rate	(‰)	6.24	6.28	7.11	7.38
自然增长率	(‰)	Natural Growth Rate	(‰)	3.88	3.82	1.84	0.51
总抚养比	(%)	Gross Dependency Ratio	(%)	30.53	31.96	44.20	45.23
少儿抚养比	(%)	Children Dependency Ratio	(%)	18.82	18.62	24.99	24.91
老年抚养比	(%)	Elderly Dependency Ratio	(%)	11.71	13.34	19.21	20.32
就业		Employment					
城镇登记失业率	(%)	Registered Unemployment Rate in Urban Areas	(%)	3.22	3.36	3.62	3.46
国民经济核算		National Accounting					
人均生产总值	(元)	Per Capita GDP	(yuan)	37453	46654	65867	75360
人民生活		People's Livelihoods					
城乡收入比(农村居民收入为1)		Urban and Rural Income Ratio(Rural Income as 1)		3.22	3.04	2.84	2.76
财政		Government Finance					
地方一般预算收入与生产总值之比	(%)	Proportion of Government Revenue to GDP	(%)	11.3	11.5	8.7	9.3
一般预算支出与生产总值之比	(%)	Proportion of Government Expenditure to GDP	(%)	23.5	24.4	22.8	20.4
对外贸易		Foreign Trade					
进出口总值与生产总值之比	(%)	Proportion of Total Value of Imports and Exports to GDP	(%)	6.6	10.6	14.5	16.00
能源		Energy					
能源生产弹性系数		Elasticity Ratio of Energy Production		0.99	0.42	1.93	-0.24
能源消费弹性系数		Elasticity Ratio of Energy Consumption		0.69	0.61	0.11	1.14
农业		Agriculture					
每公顷播种面积农产品产量		Output of Farm Crops per Hectare of Sown Area					
粮食	(公斤)	Grain	(kg)	3990	3990	4248	4229
棉花	(公斤)	Cotton	(kg)	1396	1412	1030	1130
油料	(公斤)	Oil-bearing Crops	(kg)	1995	2078	2216	2211
工业		Industry					
总资产贡献率	(%)	Ratio of Total Assets to Industrial Output Value	(%)	18.0	12.2	10.0	14.7
资产负债率	(%)	Assets-Liability Ratio	(%)	56.9	56.0	55.1	54.9
流动资产周转次数	(次/年)	Number of Times of Annual of Turnover Circulating Funds	(times/year)	1.9	2.1	1.6	1.7
成本费用利润率	(%)	Ratio of Profits to Industrial Cost	(%)	15.0	8.4	9.5	14.4

注：能源生产和能源消费用等价值折算，GDP按不变价格计算。

a) Energy production and Energy consumption are converted on the basis of equal value.GDP are calculated at constant prices.

2-5　续表　continued

指　　　标	Item	2012	2015	2020	2021
交通运输业	Transport				
铁路网密度　(公里/平方公里)	Railway Density　(km/sq.km)	0.020	0.022	0.031	0.031
公路网密度　(公里/平方公里)	Highway Density　(km/sq.km)	0.785	0.827	0.876	0.892
邮电通信业	Postal and Telecommunication Services				
固定电话普及率　(部/百人)	Access to Fixed Telephones　(set/100 persons)	20.57	18.81	16.11	16.71
移动电话普及率　(部/百人)	Access to Mobile Telephones　(set/100 persons)	86.99	94.89	116.05	120.80
金融业	Financial Intermediation				
金融机构存款与生产总值之比　(%)	Proportion of Deposits of Financial Institutions to GDP　(%)	160.2	181.1	188.7	181.6
金融机构贷款与生产总值之比　(%)	Proportion of Loans of Financial Institutions to GDP　(%)	98.0	121.6	149.6	147.8
教　育	Education				
每万人大学生数　(人)	Number of College and University Students per 10 000 Population　(person)	271	286	306	325
文　化	Culture				
每万人有艺术表演团体　(个)	Number of Troupesper 10 000 Population　(unit)	0.02	0.02	0.02	0.02
每万人有公共图书馆　(个)	Number of Public Libraries per 10 000 Population　(unit)	0.03	0.03	0.03	0.03
每万人有博物馆　(个)	Number of Museums per 10 000 Population　(unit)	0.06	0.06	0.08	0.08
广播电视	Radio and Television				
广播人口覆盖率　(%)	Radio Coverage of Population　(%)	97.2	98.1	99.3	99.4
电视人口覆盖率　(%)	TV Coverage of Population　(%)	98.1	98.7	99.6	99.7
卫　生	Health Care				
每万人医院数　(个)	Number of Hospitals per 10 000 Population　(unit)	0.7	0.7	0.7	0.7
每万人执业(助理)医师　(人)	Number of Doctors per 10 000 Population (person)	18	21	29	31
每万人医院床位数　(张)	Number of Hospital Beds per 10 000 Population　(bed)	45	55	69	72
城市市政建设	Municipal Works				
供水普及率　(%)	Coverage Rate of Urban Population with Access to Tap Water　(%)	96.15	97.12	97.88	98.16
燃气普及率　(%)	Coverage Rate of Urban Population with Access to Gas　(%)	94.11	94.73	98.62	98.77
人均公园绿地面积　(平方米)	Per Capita Public Green Area　(sq.m)	11.58	12.57	12.79	12.90

2-6 人均工农业主要产品产量
Per Capita Output of Major Industrial and Agricultural Products

年 份 Year	粮 食 (公斤) Grain (kg)	棉 花 (公斤) Cotton (kg)	油 料 (公斤) Oil-bearing Crops (kg)	蔬 菜 (公斤) Vegetables (kg)	水 果 (公斤) Fruits (kg)	肉 类 (公斤) Meat (kg)	禽 蛋 (公斤) Poultry Eggs (kg)	水产品 (公斤) Aquatic Products (kg)
1978	289.3	3.8	2.0		12.1	5.1	0.9	0.1
1980	268.5	2.9	3.9		9.9	8.2	1.1	0.1
1985	319.0	1.4	10.0	99.6	11.2	10.1	3.8	0.2
1990	328.7	2.4	10.3	112.8	19.0	14.4	5.7	0.6
1995	261.2	1.1	10.9	103.8	81.2	22.7	11.5	1.1
2000	299.9	0.8	10.7	153.3	136.0	25.4	11.7	1.7
2005	309.2	2.1	12.3	236.0	207.8	36.4	13.2	2.0
2010	317.9	1.4	14.4	347.0	320.3	28.8	12.6	1.6
2011	322.0	1.3	14.9	358.1	339.9	26.9	13.4	2.2
2012	332.6	1.2	15.1	374.1	360.9	30.7	13.7	2.8
2013	318.9	0.9	14.5	391.4	368.1	32.6	14.6	3.3
2014	310.2	0.6	14.7	407.9	378.9	34.1	14.3	3.7
2015	314.0	0.5	14.8	420.6	392.2	34.3	15.1	4.6
2016	327.5	0.4	14.8	431.8	406.1	33.3	18.5	4.8
2017	307.1	0.3	15.4	445.9	427.0	29.2	15.4	4.8
2018	313.0	0.3	15.6	461.6	399.7	29.2	15.7	4.7
2019	312.7	0.2	15.3	481.9	440.2	27.8	16.3	4.8
2020	322.8	0.02	15.0	495.7	457.8	27.1	16.3	4.7
2021	321.3	0.01	14.8	509.0	479.6	32.4	16.0	4.3

2-6 续表 continued

年 份 Year	纱 (公斤) Yarn (kg)	布 (米) Cloth (m)	原 煤 (公斤) Coal (kg)	原 油 (公斤) Crude Oil (kg)	天然气 (立方米) Natural Gas (cu.m)	发电量 (千瓦小时) Electricity (kwh)	粗 钢 (公斤) Crude Steel (kg)	水 泥 (公斤) Cement (kg)
1978	5.0	21.0	602.4	2.2		239.1	8.8	76.2
1980	5.3	23.4	635.7	3.0		280.7	8.7	81.4
1985	5.3	21.5	902.5	7.4		364.5	11.6	128.6
1990	4.6	22.4	1021.5	21.5		459.7	15.0	162.7
1995	4.0	22.6	1214.8	47.8	0.6	677.1	15.4	243.6
2000	4.3	19.8	962.0	205.6	58.1	749.9	14.8	272.5
2005	5.3	21.5	2933.3	482.5	218.7	1370.1	83.4	535.1
2010	7.3	20.2	9679.8	808.7	599.0	2953.4	162.1	1464.4
2011	7.3	16.4	10969.4	860.1	725.9	3223.5	200.4	1714.8
2012	7.6	17.2	12686.5	934.2	820.0	3523.6	219.5	2000.2
2013	9.4	15.1	13208.9	971.7	979.2	3935.3	258.2	2251.5
2014	10.5	16.0	13630.8	987.5	1074.9	4195.7	272.1	2380.7
2015	12.9	17.7	13612.4	974.0	1084.1	4155.1	267.8	2236.4
2016	10.2	20.8	13251.7	907.4	1067.1	4494.3	239.6	1957.5
2017	11.0	23.7	14646.4	897.4	1078.4	4580.6	304.5	1922.4
2018	10.1	19.6	15909.3	898.4	1134.6	4549.4	334.6	1600.7
2019	8.1	17.6	16104.7	899.9	1202.3	5380.6	363.4	1681.6
2020	8.9	20.9	17202.8	682.0	1335.3	5807.8	385.2	1724.2
2021	9.2	20.7	17699.8	645.5	743.8	6614.8	384.6	1693.9

2-7 各市(区)国民经济主要指标(2021年)

指标	Item	关中 Guanzhong	西安市 Xi'an
年底常住人口 (万人)	Number of Usual Residents in the Households Surveyed at Year-end (10 000 persons)	2595	1287
城镇非私营单位就业人员年末人数 (万人)	Number of Fully Employed Staff and Workers in Urban Non-private Units at Year-end (10 000 persons)	312.03	173.62
生产总值 (亿元)	Gross Domestic Product (100 million yuan)	18502.71	10688.28
第一产业	Primary Industry	1353.52	308.82
第二产业	Secondary Industry	7252.04	3585.20
第三产业	Tertiary Industry	9897.14	6794.26
房地产开发投资 (亿元)	Investment in Real Estate Development (100 million yuan)	3674.65	2428.63
地方一般预算收入 (亿元)	Local General Bugetary Revenue (100 million yuan)	1189.09	856.00
一般预算支出 (亿元)	General Bugetary Expenditure (100 million yuan)	2895.17	1474.62
城镇非私营单位就业人员平均工资 (元)	Average Wage of Fully Employed Staff and Workers in Urban Non-private Units (yuan)		111078
城镇居民人均可支配收入 (元)	Per Capita Annual Disposable Income of Urban Households (yuan)		46931
农村居民人均可支配收入 (元)	Per Capita Annual Disposable Income of Rural Residents (yuan)		17389
农林牧渔业总产值 (亿元)	Gross Output Value of Agriculture, Forestry, Animal Husbandry and Fishery (100 million yuan)	2427.99	560.59
粮食产量 (万吨)	Grain (10 000 tons)	750.89	141.92
棉花产量 (吨)	Cotton (ton)	109	70
油料产量 (万吨)	Oil-bearing Crops (10 000 tons)	12.45	0.79
邮电业务总量 (亿元)	Business Volume of Postal and Telecommunication Services (100 million yuan)	3484.73	2039.02
固定电话 (万户)	Number of Fixed Telephone Subscribers (10 000 subscribers)	438.66	271.48
移动电话 (万户)	Number of Mobile Telephone Subscribers (10 000 subscribers)	3262.64	1769.96
社会消费品零售总额 (亿元)	Total Retail Sales of Consumer Goods (100 million yuan)	7839.64	4963.42
进出口总值 (亿元)	Total Value of Imports and Exports (100 million yuan)	4672.39	4399.96
# 出口总值	Exports	2514.24	2361.92
实际利用外商直接投资额 (万美元)	Actually Utilized Value of Direct Investments (USD 10 000)	936027	871421
卫生机构数 (个)	Health Care Institutions (unit)	19645	7123
卫生机构床位数 (张)	Number of Beds (unit)	184154	79426
卫生技术人员 (人)	Medical Technical Personnel (person)	254376	123293

注：本表价值量指标中，除邮电业务总量按不变价格计算，其余均按当年价格计算。

Main Indicators on National Economic by City(District)(2021)

					陕 南				陕 北		
铜川市 Tongchuan	宝鸡市 Baoji	咸阳市 Xianyang	渭南市 Weinan	杨 凌 示范区 Yangling	Southern Shaanxi	汉中市 Hanzhong	安康市 Ankang	商洛市 Shangluc	Northern Shaanxi	延安市 Yan'an	榆林市 Yulin
71	328	421	463	25	770	319	248	203	589	227	362
10.79	37.19	45.21	41.76	3.46	63.72	26.88	19.55	17.29	83.22	34.35	48.87
439.41	2548.71	2581.32	2087.21	157.78	3830.50	1768.72	1209.49	852.29	7439.76	2004.58	5435.18
33.38	217.11	383.60	399.96	10.65	556.44	273.60	164.34	118.50	499.40	209.15	290.25
180.01	1453.95	1189.71	779.60	63.57	1608.38	755.08	513.53	339.77	4934.41	1229.77	3704.64
226.02	877.65	1008.00	907.65	83.56	1665.68	740.04	531.62	394.02	2005.94	565.65	1440.29
46.48	384.12	398.12	378.10	39.19	478.76	217.46	205.17	56.13	287.60	123.95	163.64
26.56	95.15	107.68	95.40	8.30	111.81	52.51	32.48	26.82	737.37	150.06	587.31
124.19	365.11	428.70	468.16	34.39	989.26	367.41	347.56	274.29	1217.35	416.82	800.52
71496	75525	73385	67899	85694		70867	66457	62578		79724	92466
36588	38741	40864	37772	42349		37123	30496	28655		39306	38451
12248	15694	14283	15184	16117		13274	12464	11959		14258	15852
60.43	391.76	681.31	715.86	18.04	1001.97	484.64	295.07	222.27	883.29	370.46	512.83
32.06	145.09	181.55	249.20	1.07	240.56	110.50	77.92	52.14	293.55	69.83	223.72
			39		113		113		117	117	
0.27	1.86	3.22	6.30	0.01	36.03	19.17	14.92	1.93	9.85	0.93	8.92
81.03	365.03	507.29	492.36		831.72	350.15	291.81	189.76	815.37	326.07	489.30
7.63	54.81	39.33	65.42		113.80	56.07	40.27	17.47	108.57	45.16	63.41
81.61	374.60	505.42	531.06		808.28	346.84	272.74	188.71	706.83	276.24	430.59
149.09	922.55	1073.57	684.57	46.44	1292.88	598.67	502.64	191.57	1117.97	414.72	703.25
10.06	88.06	149.09	16.52	8.71	57.74	31.05	6.00	20.69	27.62	5.35	22.27
0.76	42.48	87.29	15.08	6.71	34.57	20.89	5.79	7.89	17.27	1.16	16.11
5434	21322	22185	10833	4832	38343	15909	13475	8959	37963	20184	17779
834	2820	4478	4184	206	9244	3617	2899	2728	6082	2355	3727
7255	29470	32238	34133	1632	62536	27219	19261	16056	37855	15363	22492
8652	33366	45777	40881	2407	64628	26744	20901	16983	49603	19338	30265

a) Figures in value terms in this table are at current prices, except that on the business volume of postal and telecommunication services which is at constant prices.

2-8 按国民经济行业分的法人单位数(2021年)
Number of Legal Entites by Sector(2021)

单位：个 (unit)

行业	Sector	法人单位数 Number of Legal Entites	#企业法人 Business Entity
全省总计	**Total**	**732756**	**593199**
农、林、牧、渔业	Agriculture, Forestry, Animal Husbandry and Fishery	64542	21942
农业	Farming	30863	9374
林业	Forestry	4251	1989
畜牧业	Animal Husbandry	21118	7014
渔业	Fishery	1250	615
农、林、牧、渔专业及辅助性活动	Agriculture, Forestry, Animal Husbandry and Fishery Professional and Supporting Activities	7060	2950
采矿业	Mining	5522	5522
煤炭开采和洗选业	Mining and Washing of Coal	1182	1182
石油和天然气开采业	Extraction of Petroleum and Natural Gas	64	64
黑色金属矿采选业	Mining and Processing of Ferrous Metal Ores	222	222
有色金属矿采选业	Mining and Processing of Non-Ferrous Metal Ores	305	305
非金属矿采选业	Mining and Processing of Non-metal Ores	1070	1070
开采专业及辅助性活动	Professional and Support Activities for Mining	2549	2549
其他采矿业	Mining of Other Ores	130	130
制造业	Manufacturing	51918	50735
农副食品加工业	Processing of Food from Agricultural Products	3720	3201
食品制造业	Manufacture of Foods	2249	2026
酒、饮料和精制茶制造业	Manufacture of Liquor, Beverages and Refined Tea	2080	1901
烟草制品业	Manufacture of Tobacco	8	8
纺织业	Manufacture of Textile	577	554
纺织服装、服饰业	Manufacture of Textile, Wearing Apparel and Accessories	780	777
皮革、毛皮、羽毛及其制品和制鞋业	Manufacture of Leather, Fur, Feather and Related Products and Footwear	150	147
木材加工和木、竹、藤、棕、草制品业	Processing of Timber, Manufacture of Wood, Bamboo, Rattan, Palm and Straw Products	1819	1761
家具制造业	Manufacture of Furniture	1151	1149
造纸和纸制品业	Manufacture of Paper and Paper Products	858	853
印刷和记录媒介复制业	Printing and Reproduction of Recording Media	1435	1435
文教、工美、体育和娱乐用品制造业	Manufacture of Articles for Culture,Education,Arts and Crafts, Sport and Entertainment Activities	1151	1054
石油、煤炭及其他燃料加工业	Processing of Petroleum, Coal and Other Fuel	481	481
化学原料和化学制品制造业	Manufacture of Raw Chemical Materials and Chemical Products	2384	2370
医药制造业	Manufacture of Medicines	935	911
化学纤维制造业	Manufacture of Chemical Fibres	42	42
橡胶和塑料制品业	Manufacture of Rubber and Plastics Products	1596	1594
非金属矿物制品业	Manufacture of Non-metallic Mineral Products	6584	6581
黑色金属冶炼和压延加工业	Smelting and Pressing of Ferrous Metals	374	374
有色金属冶炼和压延加工业	Smelting and Pressing of Non-ferrous Metals	1620	1620

2-8　续表 1　continued

单位：个　(unit)

行　业	Sector	法人单位数 Number of Legal Entites	#企业法人 Business Entity
金属制品业	Manufacture of Metal Products	3847	3843
通用设备制造业	Manufacture of General Purpose Machinery	5482	5482
专用设备制造业	Manufacture of Special Purpose Machinery	3781	3773
汽车制造业	Manufacture of Automobiles	786	786
铁路、船舶、航空航天和其他运输设备制造业	Manufacture of Railway, Ship, Aerospace and Other Transport Equipments	583	583
电气机械和器材制造业	Manufacture of Electrical Machinery and Apparatus	2239	2239
计算机、通信和其他电子设备制造业	Manufacture of Computers, Communication and Other Electronic Equipment	1826	1825
仪器仪表制造业	Manufacture of Measuring Instruments and Machinery	947	947
其他制造业	Other Manufacture	372	370
废弃资源综合利用业	Utilization of Waste Resources	619	617
金属制品、机械和设备修理业	Repair Service of Metal Products, Machinery and Equipment	1442	1431
电力、热力、燃气及水生产和供应业	Production and Supply of Electricity, Heat, Gas and Water	3757	3698
电力、热力生产和供应业	Production and Supply of Electric Power and Heat Power	2496	2455
燃气生产和供应业	Production and Supply of Gas	472	470
水的生产和供应业	Production and Supply of Water	789	773
建筑业	Construction	93936	93936
房屋建筑业	Construction of Buildings	22658	22658
土木工程建筑业	Civil Engineering	27838	27838
建筑安装业	Building Installation	9792	9792
建筑装饰、装修和其他建筑业	Building Decoration and Other Constructions	33648	33648
批发和零售业	Wholesale and Retail Trades	187663	177409
批发业	Wholesale Trade	84353	76340
零售业	Retail Trade	103310	101069
交通运输、仓储和邮政业	Transport, Storage and Post	16408	15363
铁路运输业	Railway Transport	100	99
道路运输业	Road Transport	10884	10623
水上运输业	Water Transport	187	184
航空运输业	Air Transport	116	114
管道运输业	Transport Via Pipelines	14	14
多式联运和运输代理业	Multimodal Transport and Forwarding Agency	1558	1556
装卸搬运和仓储业	Loading, Unloading and Storage	2750	1977
邮政业	Post	799	796
住宿和餐饮业	Hotels and Catering Services	14807	14773
住宿业	Hotels	4966	4956
餐饮业	Catering Services	9841	9817
信息传输、软件和信息技术服务业	Information Transmission, Software and Information Technology	29200	29030
电信、广播电视和卫星传输服务	Telecommunication, Radio and Television and Satellite Transmission Service	1458	1403
互联网和相关服务	Internet and Related Service	5440	5402
软件和信息技术服务业	Software and Information Technology	22302	22225

2–8 续表 2 continued

单位：个 (unit)

行　　业	Sector	法　人 单位数 Number of Legal Entites	#企业法人 Business Entity
金融业	Financial Intermediation	2671	2633
货币金融服务	Monetary and Financial Service	1162	1128
资本市场服务	Capital Market Service	526	524
保险业	Insurance	582	582
其他金融业	Other Financial Activities	401	399
房地产业	Real Estate	25136	25081
房地产业	Real Estate	25136	25081
租赁和商务服务业	Leasing and Business Services	80948	75496
租赁业	Leasing	9662	9530
商务服务业	Business Services	71286	65966
科学研究和技术服务业	Scientific Research and Technical Services	34576	31075
研究和试验发展	Research and Experimental Development	3362	3103
专业技术服务业	Professional Technical Services	20185	18974
科技推广和应用服务业	Science and Technology Popularization and Application Services	11029	8998
水利、环境和公共设施管理业	Management of Water Conservancy, Environment and Public Facilities	8538	7234
水利管理业	Management of Water Conservancy	875	257
生态保护和环境治理业	Ecological Protection and Environmental Treatment	1046	875
公共设施管理业	Management of Public Facilities	5325	4898
土地管理业	Management of Land	1292	1204
居民服务、修理和其他服务业	Service to Households, Repair and Other Services	16594	16272
居民服务业	Service to Households	6266	6036
机动车、电子产品和日用产品修理业	Repair of Motor Vehicle, Electronics and Household Products	7187	7174
其他服务业	Other Services	3141	3062
教　育	Education	21788	6769
教　育	Education	21788	6769
卫生和社会工作	Health and Social Services	8346	2291
卫　生	Health	6723	1938
社会工作	Social Service	1623	353
文化、体育和娱乐业	Culture, Sports and Entertainment	15777	13940
新闻和出版业	Journalism and Publishing Activities	284	217
广播、电视、电影和录音制作业	Radio, Television, Movies and Recordings Production Services	2866	2757
文化艺术业	Cultural and Art Activities	4484	3334
体　育	Sports Activities	1607	1331
娱乐业	Entertainment	6536	6301
公共管理、社会保障和社会组织	Public Management, Social Security and Social Organization	50629	
中国共产党机关	Organs of Communist Party of China	1299	
国家机构	Government Agencies	13532	
人民政协、民主党派	People's Political Consultative Conference and Democratic Parties	189	
社会保障	Social Security	468	
群众团体、社会团体和其他成员组织	Non-Governmental Organizations, Social Organizations and Membership Organizations	16082	
基层群众自治组织及其他组织	Grass Roots Self-Governing Organizations	19059	

2–9 各市、县(市、区)法人单位数(2021年)
Number of Legal Entites by City and County (City and District)(2021)

单位：个 (unit)

地 区	Region	法人单位数 Number of Legal Entities	地 区	Region	法人单位数 Number of Legal Entities
全 省	**Shaanxi**	**732756**	千阳县	Qianyang	1772
西安市	**Xi'an**	**315917**	麟游县	Linyou	1846
新城区	Xincheng	12377	凤 县	Fengxian	1485
碑林区	Beilin	24827	太白县	Taibai	1330
莲湖区	Lianhu	31066	**咸阳市**	**Xianyang**	**43636**
灞桥区	Baqiao	19540	秦都区	Qindu	5948
未央区	Weiyang	59002	渭城区	Weicheng	2519
雁塔区	Yanta	92326	三原县	Sanyuan	5409
阎良区	Yanliang	5150	泾阳县	Jingyang	2768
临潼区	Lintong	6208	乾 县	Qianxian	2961
长安区	Chang'an	16454	礼泉县	Liquan	4533
高陵区	Gaoling	5700	永寿县	Yongshou	1833
鄠邑区	Huyi	8396	长武县	Changwu	1900
蓝田县	Lantian	4974	旬邑县	Xunyi	2086
周至县	Zhouzhi	8869	淳化县	Chunhua	1747
西咸新区	Xixian	21028	武功县	Wugong	3272
铜川市	**Tongchuan**	**15191**	兴平市	Xingping	4499
王益区	Wangyi	2101	彬州市	Binzhou	4161
印台区	Yintai	1926	**渭南市**	**Weinan**	**55384**
耀州区	Yaozhou	9730	临渭区	Linwei	16557
宜君县	Yijun	1434	华州区	Huazhou	2820
宝鸡市	**Baoji**	**63664**	潼关县	Tongguan	1398
渭滨区	Weibin	16133	大荔县	Dali	4366
金台区	Jintai	12166	合阳县	Heyang	3508
陈仓区	Chencang	7341	澄城县	Chengcheng	3699
凤翔区	Fengxiang	5547	蒲城县	Pucheng	7105
岐山县	Qishan	4023	白水县	Baishui	2219
扶风县	Fufeng	3978	富平县	Fuping	5604
眉 县	Meixian	5591	韩城市	Hancheng	5210
陇 县	Longxian	2452	华阴市	Huayin	2898

2-9 续表 continued

单位：个 (unit)

地　区	Region	法人单位数 Number of Legal Entities	地　区	Region	法人单位数 Number of Legal Entities
延安市	**Yan'an**	**53508**	靖边县	Jingbian	8745
宝塔区	Baota	23586	定边县	Dingbian	5609
安塞区	Ansai	2889	绥德县	Suide	4127
延长县	Yanchang	2183	米脂县	Mizhi	1976
延川县	Yanchuan	2625	佳　县	Jiaxian	3155
志丹县	Zhidan	2616	吴堡县	Wubu	1363
吴起县	Wuqi	3081	清涧县	Qingjian	2742
甘泉县	Ganquan	1597	子洲县	Zizhou	2520
富　县	Fuxian	2463	神木市	Shenmu	7443
洛川县	Luochuan	3716	**安康市**	**Ankang**	**44699**
宜川县	Yichuan	1743	汉滨区	Hanbin	17920
黄龙县	Huanglong	1179	汉阴县	Hanyin	3969
黄陵县	Huangling	2113	石泉县	Shiquan	3181
子长市	Zichang	3717	宁陕县	Ningshan	1443
汉中市	**Hanzhong**	**42439**	紫阳县	Ziyang	2837
汉台区	Hantai	11475	岚皋县	Langao	2656
南郑区	Nanzheng	3688	平利县	Pingli	2994
城固县	Chenggu	4872	镇坪县	Zhenping	1836
洋　县	Yangxian	3861	白河县	Baihe	2434
西乡县	Xixiang	3902	旬阳市	Xunyang	5429
勉　县	Mianxian	4112	**商洛市**	**Shangluo**	**25547**
宁强县	Ningqiang	3312	商州区	Shangzhou	5943
略阳县	Lueyang	2578	洛南县	Luonan	3671
镇巴县	Zhenba	2852	丹凤县	Danfeng	2922
留坝县	Liuba	921	商南县	Shangnan	2221
佛坪县	Foping	866	山阳县	Shanyang	4600
榆林市	**Yulin**	**68220**	镇安县	Zhen'an	4660
榆阳区	Yuyang	22175	柞水县	Zhashui	1530
横山区	Hengshan	2651	**杨凌示范区**	**Yangling**	**4551**
府谷县	Fugu	5714			

主要统计指标解释

平均增长速度　平均增长速度表明社会经济现象在一个较长的时期内逐期平均增长变化的程度，它不能根据各个环比增长速度直接求得，但与平均发展速度之间存在着一定的数量关系：平均增长速度＝平均发展速度－1。

平均发展速度是一种根据环比发展速度计算的序时平均数,由于各时期对比的基础不同,所以计算平均发展速度不能采用一般的序时平均数的计算方法，计算方法分为水平法和累计法。水平法，又称几何平均法，即将环比发展速度按连乘法用几何平均数公式计算。累计法，也称方程法，根据一段时期内各年发展水平总和与基期水平的关系，列出方程式计算平均发展速度。水平法着重考虑最后一年所达到的发展水平；累计法着重考虑整个时期累计发展水平的总量。

本《年鉴》内所列的平均增长速度，除固定资产投资用“累计法”计算外，其余均用“水平法”计算。从某年到某年平均增长速度的年份，均不包括基期年在内。如建国六十年以来的平均增长速度是以 1949 年为基期计算的，则写为1950-2009 年平均增长速度，其余类推。

国民经济行业分类　自 2012 年定期报表开始使用新的《国民经济行业分类》(GB/T4754-2011)。该分类是由国家统计局组织修订，国家质量监督检验检疫总局和中国国家标准化管理委员会于2011年4月29日发布。这次修订是在2002年分类标准的基础上，参照联合国《全部经济活动的国际标准产业分类》(ISIC/Rev.4）进行的。修订后的《国民经济行业分类》(GB/T4754-2012）共有门类 20 个，大类 96 个，中类 432 个，小类 1094 个。

企业(单位)登记注册类型　是以在工商行政管理机关登记注册的各类企业为划分对象，以工商行政管理部门对企业登记注册的类型为依据，将企业登记注册类型分为内资企业、港澳台商投资企业和外商投资企业三大类。内资企业包括国有企业、集体企业、股份合作企业、联营企业、有限责任公司、股份有限公司、私营公司和其他企业；港澳台商投资企业和外商投资企业分别包括合资经营企业、合作经营企业、独资经营企业和股份有限公司。对不在工商行政管理部门进行登记注册的行政机关、事业单位和社会团体，主要按其经费来源和管理方式进行划分。

国有企业　指企业全部资产归国家所有，并按《中华人民共和国企业法人登记管理条例》规定登记注册的非公司制的经济组织。不包括有限责任公司中的国有独资公司。

集体企业　指企业资产归集体所有，并按《中华人民共和国企业法人登记管理条例》规定登记注册的经济组织。

股份合作企业　指以合作制为基础，由企业职工共同出资入股，吸收一定比例的社会资产投资组建，实行自主经营，自负盈亏，共同劳动，民主管理，按劳分配与按股分红相结合的一种集体经济组织。

联营企业　指两个及两个以上相同或不同所有制性质的企业法人或事业单位法人，按自愿、平等、互利的原则，共同投资组成的经济组织。联营企业包括国有联营企业、集体联营企业、国有与集体联营企业和其他联营企业。

有限责任公司　指根据《中华人民共和国公司登记管理条例》规定登记注册，由两个以上、五十个以下的股东共同出资，每个股东以其所认缴的出资额对公司承担有限责任，公司以其全部资产对其债务承担责任的经济组织。有限责任公司包括国有独资公司以及其他有限责任公司。

股份有限公司　指根据《中华人民共和国公司登记管理条例》规定登记注册，其全部注册资本由等额股份构成并通过发行股票筹集资本，股东以其认购的股份对公司承担有限责任，公司以其全部资产对其债务承担责任的经济组织。

私营企业　指由自然人投资设立或由自然人控股，以雇佣劳动为基础的营利性经济组织。包括按照《公司法》、《合伙企业法》、《私营企业暂行条例》规定登记注册的私营有限责任公司、私营股份有限公司、私营合伙企业和私营独资企业。

其他企业　指上述企业之外的其他内资经济组织。

与港澳台商合资经营企业　指港澳台地区投资者与内地企业依照《中华人民共和国中外合资经营企业法》及有关法律的规定，按合同规定的比例投资设立、分享利润和分担风险的企业。

与港澳台商合作经营企业　指港澳台地区投资者与内地企业依照《中华人民共和国中外合作经营企业法》及有关法律的规定，依照合作合同的约定进行投资或提供条件设立、分配利润和分担风险的企业。

港澳台商独资经营企业　指依照《中华人民共和国外资企业法》及有关法律的规定，在内地由港澳台地区投资者全额投资设立的企业。

港澳台商投资股份有限公司　指根据国家有关规定，经原外经贸部依法批准设立，其中港、澳、台商的股本占公司注册资本的比例达 25% 以上的股份有限公司。凡其中港、澳、台商的股本占公司注册资本的比例小于 25%的，属于内资企业中的股份有限公司。

中外合资经营企业　指外国企业或外国人与中国内地企业依照《中华人民共和国中外合资经营企业法》及有关法律的规定，按合同规定的比例投资设立、分享利润和分担风险的企业。

中外合作经营企业　指外国企业或外国人与中国内地企业依照《中华人民共和国中外合作经营企业法》及有关法律的规定，依照合作合同的约定进行投资或提供条件设立、分配利润和分担风险的企业。

外资企业　指依照《中华人民共和国外资企业法》及有关法律的规定，在中国内地由外国投资者全额投资设立的企业。

外商投资股份有限公司 指根据国家有关规定，经原外经贸部依法批准设立，其中外资的股本占公司注册资本的比例达 25% 以上的股份有限公司。凡其中外资股本占公司注册资本的比例小于 25%的，属于内资企业中的股份有限公司。

法人单位 指有权拥有资产、承担负债，并独立从事社会经济活动（或与其他单位进行交易）的组织。法人单位应同时具备以下条件：(1) 依法成立，有自己的名称、组织机构和场所，能够独立承担民事责任；(2) 独立拥有（或授权使用）资产或者经费，承担负债，有权与其他单位签订合同；(3) 具有包括资产负债表在内的账户，或者能够根据需要编制账户。

Explanatory Notes on Main Statistical Indicators

Average Annual Growth Rate shows the average growth rate of social and economic development during a longer period. It can not be directly calculated by chain based growth rate. The relation is:

Average Annual Growth Rate = Average Speed of Development – 1

Average speed of development is the time series average of speed which calculated by chain based. Because the reference bases during the different periods are not same, average speed of development can not be calculated by the general method. Level approach and accumulative approach for calculating average speed of development rate are applied. The "level approach", or the method of calculating the geometric average, is derived by the formula of geometric average of the chain-based speeds of development, or comparing the level of the last year of the interval with that of the beginning year; the other is called the "accumulative approach" or the "algebraic average", "equation" method, which is derived by the summation of the actual figure of each year in the interval divided by the figure in the base year. The level approach focuses on the level of the last year, while the accumulative approach emphasizes the aggregate development in the duration.

The average annual growth rates listed in the Yearbook are calculated by the level approach except for the growth rate of investment in fixed assets. The base year is not listed in the duration for which average annual growth rates are computed. For instance, the average annual growth rate of the 60 years since 1949 is shown as the average annual growth rate of 1950-2009 without showing the base year 1949.

Industrial Classification of the National Economy The new *Industrial Classification of the National Economy* (GB/T 4754-2011) is introduced starting from the compilation of 2012 annual statistics. The revision, based on the 2002 classification, was organized by the National Bureau of Statistics taking into consideration of the *International Standards of the Industrial Classification of All Economic Activities* (ISIC/Rev.4) of the United Nations. The new Classification was promulgated by the National Administration of Quality Supervision, Inspection and Quarantine and the Standardization Administration of the People's Republic of China on April 29, 2011. The revised version of the *Industrial Classification of the National Economy* (GB/T 4754-2012) is composed of 20 sections, 96 divisions, 432 groups and 1094 classes.

Registration Status of Enterprises Enterprises are classified into 3 categories, namely domestic-funded enterprises, enterprises with investment from Hong Kong, Macau and Taiwan, and enterprises with foreign investment, according to the registration status of an enterprise in industrial and commercial administration agencies. Domestic-funded enterprises include State-owned enterprises, collective-owned enterprises, cooperative enterprises, joint ownership enterprises, limited liability corporations, share-holding corporations Ltd., private enterprises and other enterprises. Included in the enterprises with investment from Hong Kong, Macau and Taiwan and enterprises with foreign investment are joint-venture enterprises, cooperative enterprises, sole investment enterprises and share-holding corporations Ltd. For government agencies, institutions and social organizations which are not registered in industrial and commercial administration agencies, they are classified mainly by their sources of funding and manner of management.

State-owned Enterprises refer to non-corporation economic units where the entire assets are owned by the State and which have been registered in accordance with the *Regulation of the People's Republic of China on the Management of Registration of Corporate Enterprises*. Not included from this category are solely State-funded corporations in the limited liability corporations.

Collective-owned Enterprises refer to economic units where the assets are owned collectively and which have been registered in accordance with the *Regulation of the People's Republic of China on the Management of Registration of Corporate Enterprises*.

Cooperative Enterprises refer to a form of collective economic units (enterprises) where capitals come mainly from employees as their shares, with certain proportion of capital from the outside, where production is organized on the basis of independent operation, independent accounting for profits and losses, joint work, democratic management, and a distribution system that integrates remuneration according to work with dividend according to capital share.

Joint Ownership Enterprises refer to economic units established by two or more corporate enterprises or corporate institutions of the same or different ownership, through joint investment on the basis of voluntary participation, equality, and mutual benefits. They include State joint ownership enterprises; collective joint ownership enterprises; joint State-collective enterprises; and other joint ownership enterprises.

Limited Liability Corporations refer to economic units established with investment from 2-50 investors and registered in accordance with the *Regulation of the People's Republic of China on the Management of Registration of Corporations*, each investor bearing limited liability to the corporation depending on its share of investment, and the corporation bearing liability to its debt to the maximum of its total assets. Limited liability corporations include solely State-funded limited liability corporations and other limited liability corporations.

Share-holding Corporations Ltd. refer to economic units registered in accordance with the *Regulation of the People's Republic of China on the Management of Registration* *of Corporations*, with total registered capital divided into equal shares and raised through issuing stocks. Each investor bears limited liability to the corporation depending on the holding of shares, and the corporation bears liability to its debt to the maximum of its total assets.

Private Enterprises refer to profit-making economic units invested and established by natural persons, or controlled by natural persons using employed labour. Included in this category are private limited liability corporations, private share-holding corporations Ltd., private partnership enterprises and private-funded enterprises registered in accordance with the *Company Law*, *the Law on Partnership Business* and *Interim Regulations on Private Enterprises* .

Other Domestic-funded Enterprises refer to domestic-funded economic units other than those mentioned above.

Joint Venture Enterprises with Funds from Hong Kong, Macau and Taiwan are enterprises established by investors from Hong Kong, Macau and Taiwan with enterprises in the mainland of China in accordance with the *Law of the People's Republic of China on Sino-foreign Equity Joint Ventures* and other relevant laws, where the establishment of the investment and the sharing of profits and risks are stipulated under joint venture contracts.

Cooperative Enterprises with Funds from Hong Kong, Macau and Taiwan established by investors from Hong Kong, Macau and Taiwan with enterprises in the mainland of China in accordance with the *Law of the People's Republic of China on Sino-foreign Contractual Joint Venture* and other relevant laws, where the investment or provision of facilities and the sharing of profits and risks are stipulated under cooperative contracts.

Enterprises with Sole (exclusive) Investment from Hong Kong, Macau and Taiwan refer to enterprises established in the mainland of China with exclusive investment from investors from Hong Kong, Macau and Taiwan in accordance with the *Law of the People's Republic of China on Wholly Foreign-owned Enterprises* and other relevant laws.

Share-holding Corporations Ltd. with Investment from Hong Kong, Macau and Taiwan refer to share-holding corporations Ltd. established with the approval from the former Ministry of Foreign Trade and Economic Relations in line with relevant State regulations, where the share of investment from Hong Kong, Macau or Taiwan businessmen exceeds 25% of the total registered capital of the corporation. In case the share of investment from Hong Kong, Macau or Taiwan is less than 25% of the total registered capital, the enterprise is to be classified as domestic-funded share-holding corporation Ltd.

Joint Venture Enterprises with Foreign Investment refer to enterprises jointly established by foreign enterprises or foreigners with enterprises in the mainland of China in accordance with the *Law of the People's Republic of China on Sino-foreign Equity Joint Ventures* and other relevant laws, where the sharing of investment, profits and risks is stipulated under contract.

Cooperative Enterprises with Foreign Investment refer to enterprises jointly established by foreign enterprises or foreigners with enterprises in the mainland of China in accordance with the *Law of the People's Republic of China on Sino-foreign Contractual Joint Venture* and other relevant laws, where the investment or provision of facilities and the sharing of profits and risks are stipulated under cooperative contracts.

Enterprises with Sole (exclusive) Foreign Investment refer to enterprises established in the mainland of China with exclusive investment from foreign investors in accordance with the *Law of the People's Republic of China on Wholly Foreign-owned Enterprises* and other relevant laws.

Share-holding Corporations Ltd. with Foreign Investment refer to share-holding corporations Ltd. established with the approval from the former Ministry of Foreign Trade and Economic Relations in line with relevant State regulations, where the share of investment from foreign investors exceeds 25% of the total registered capital of the corporation. In case the share of foreign investment is less than 25% of the total registered capital, the enterprise is to be classified as domestic-funded share-holding corporation Ltd.

Industrial Activity Unit refer to any organization of part of an organization located at one site and conducting one or mainly conducting one social and economic activity. An industrial activity unit shall meet all of such conditions as: (1) conducting one or mainly conducting one economic activity at one site; (2) organizing production, operation or business activities in a relatively independent manner; (3) capable of providing relevant data such as income and payment.

三、国民经济核算

资料整理：张应剑　王阿耕　李　阳　杨利强　李　洋

简 要 说 明

一、本篇资料反映陕西国民经济核算情况。

二、国民经济核算资料主要包括生产总值及其有关资料。生产总值是根据不同产业部门、不同支出构成的特点和资料来源情况而采用不同方法计算的。

三、本年鉴公布的生产总值以及与之有关的指标数据，如果遇到普查或者重大核算方法改革，在能够获得更详细的基础资料的情况下，生产总值的历史数据还会发生变动。2018年第四次经济普查后对历史数据进行了修订，本年鉴中的数据是修订后的数据。

四、2012年，根据国家质检总局和国家标准委颁布的《国民经济行业分类》（GB/T 4754—2011），国家统计局对《三次产业划分规定》进行了修订，将"农、林、牧、渔业"中的"农、林、牧、渔服务业"，"采矿业"中的"开采辅助活动"，"制造业"中的"金属制品、机械和设备修理业"等三个大类一并调入第三产业。

五、国民经济核算数据绝对数按当年价格计算，速度按可比价格计算。

Brief Introduction

I. This chapter reflects the national accounts of Shaanxi Province.

II. The data on national accounts mainly include gross domestic product (GDP) and related data. Data on GDP are calculated with various approaches in accordance with the features of various industrial sectors, various expenditure structures and the data resources.

III. Data on GDP and related indicators published in the Yearbook. Where a census has been conducted, or method of siganificant accounting methods is reformed, historical data of GDP of the previous years may also undergo change. Historical data were revised after the fourth economic Census in 2018, and the data in this yearbook are revised.

IV. "Classification Rules of Three Strata of Industry" was adjusted by National Bureau of Statistics of China in accordance with "Industrial Classification for National Economic Activities" (GB/T 4754—2011) in 2012, which was promulgated by AQSIQ and SAC. Services in support of agriculture, forestry, animal husbandry and fishery, support activities for mining, repair service of metal products, machinery and equipment are categorized into tertiary industry.

V. The data on national accounts are calculated at current prices, and the growth rates are calculated at constant prices.

3.国民经济核算

2021年全省				
生产总值	29800.98	亿元	比上年增长	6.5%
第一产业	2409.39	亿元	比上年增长	6.3%
第二产业	13802.52	亿元	比上年增长	5.6%
第三产业	13589.07	亿元	比上年增长	7.3%
人均生产总值	75360	元	比上年增长	6.3%

生产总值构成

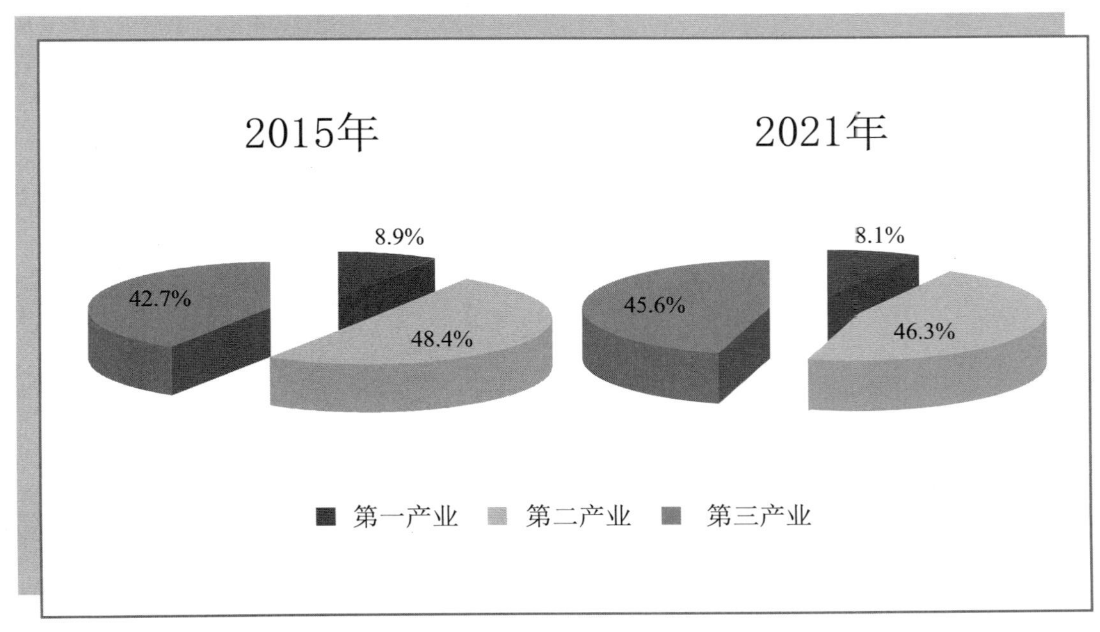

3-1 生产总值
Gross Domestic Product

年 份 Year	生产总值 (亿元) Gross Domestic Product (100 million yuan)	第一产业 Primary Industry	第二产业 Secondary Industry	第三产业 Tertiary Industry	人 均 生产总值 (元) Per Capita GDP (yuan)
1978	81.07	24.70	42.13	14.24	291
1979	94.52	32.52	44.67	17.33	336
1980	94.91	28.47	47.74	18.70	334
1981	102.09	35.40	46.25	20.44	356
1982	111.95	37.02	50.36	24.57	385
1983	123.39	40.00	55.15	28.24	420
1984	149.35	51.05	63.12	35.18	504
1985	180.87	53.39	81.96	45.52	604
1986	208.31	58.00	93.48	56.83	688
1987	244.96	67.84	108.20	68.92	794
1988	314.48	82.69	138.58	93.21	1004
1989	358.37	91.28	158.50	108.59	1124
1990	404.30	105.56	166.95	131.79	1241
1991	468.37	116.88	197.54	153.95	1402
1992	531.63	116.71	232.07	182.85	1571
1993	678.20	148.24	297.49	232.47	1981
1994	839.03	171.81	364.40	302.82	2424
1995	1036.85	217.27	441.67	377.91	2965
1996	1215.84	250.58	514.27	450.99	3446
1997	1363.60	255.42	567.25	540.93	3834
1998	1458.40	266.92	607.82	583.66	4070
1999	1592.64	254.57	681.43	656.64	4415
2000	1804.00	258.22	782.58	763.20	4968
2001	2010.62	263.63	878.82	868.17	5511
2002	2253.39	282.21	1007.56	963.62	6161
2003	2587.72	302.66	1221.17	1063.89	7057
2004	3141.56	356.71	1506.05	1278.80	8545
2005	3817.15	418.60	1807.76	1590.79	10357
2006	4595.64	466.21	2271.02	1858.41	12439
2007	5681.78	560.68	2865.89	2255.21	15342
2008	7177.78	717.48	3666.09	2794.21	19331
2009	7997.83	751.57	4017.46	3228.80	21485
2010	9845.19	946.74	5071.49	3826.96	26388
2011	12175.06	1187.39	6484.32	4503.35	32467
2012	14142.41	1314.84	7612.26	5215.31	37453
2013	15905.35	1463.49	8417.95	6023.91	41906
2014	17402.50	1566.85	9045.03	6790.62	45610
2015	17898.80	1599.74	8664.60	7634.46	46654
2016	19045.75	1696.10	8906.51	8443.14	49341
2017	21473.45	1741.07	10114.06	9618.32	55216
2018	23941.88	1830.19	11215.27	10896.42	61115
2019	25793.17	1991.11	11779.49	12022.57	65506
2020	26014.14	2267.73	11222.03	12524.38	65867
2021	29800.98	2409.39	13802.52	13589.07	75360

注：本表按当年价格计算。
a) Data in this table are calculated at current prices.

3-2 生产总值指数
Indices of Gross Domestic Product

(上年=100) (preceding year=100)

年 份 Year	生产总值 Gross Domestic Product	第一产业 Primary Industry	第二产业 Secondary Industry	第三产业 Tertiary Industry	人均生产总值 Per Capita GDP
1978	111.0	98.4	114.6	122.2	115.5
1979	107.5	108.0	101.7	122.3	110.0
1980	107.3	108.8	106.2	107.8	98.0
1981	104.5	114.4	96.9	108.8	103.5
1982	109.1	106.4	108.4	115.1	107.6
1983	107.3	101.2	109.2	112.3	106.3
1984	117.8	112.2	119.6	121.5	116.9
1985	116.5	98.4	120.8	129.8	115.1
1986	108.7	104.5	105.8	118.1	107.7
1987	110.0	101.5	110.5	116.2	107.8
1988	121.0	104.8	124.4	127.2	119.2
1989	103.3	106.7	103.0	101.8	101.4
1990	103.4	105.4	101.9	104.6	101.3
1991	107.2	106.8	105.2	110.2	105.7
1992	108.3	103.0	110.4	109.9	106.9
1993	112.1	108.1	115.0	111.5	110.8
1994	108.6	97.0	116.4	106.9	107.4
1995	110.4	104.0	115.2	108.0	109.3
1996	110.9	109.6	112.8	108.9	109.9
1997	110.7	99.7	112.6	114.8	109.8
1998	111.6	107.3	113.8	110.7	110.8
1999	110.3	97.7	112.4	113.7	109.6
2000	110.4	104.0	111.1	112.1	109.6
2001	109.8	101.9	111.2	111.2	109.3
2002	111.1	103.5	113.4	110.9	110.8
2003	111.8	104.1	115.8	109.8	111.5
2004	113.0	108.6	115.4	111.5	112.7
2005	112.1	107.8	112.6	112.5	111.8
2006	112.3	107.5	111.1	115.0	112.0
2007	114.3	105.0	114.1	116.8	114.0
2008	114.7	107.7	115.1	115.8	114.4
2009	112.2	104.9	110.3	115.7	111.9
2010	113.9	105.8	117.1	112.2	113.6
2011	113.1	105.8	115.0	112.4	112.5
2012	112.2	105.9	113.4	112.0	111.4
2013	110.5	104.6	110.9	111.3	109.9
2014	109.6	105.1	110.5	109.3	109.0
2015	107.7	105.1	105.9	110.7	107.1
2016	107.5	104.0	106.6	109.3	106.9
2017	107.8	104.6	107.1	109.3	107.0
2018	108.1	103.3	108.0	109.0	107.3
2019	106.0	104.4	105.0	107.2	105.4
2020	102.1	103.3	101.3	102.6	101.7
2021	106.5	106.3	105.6	107.3	106.3

注：本表按不变价格计算。
a) Data in this table are calculated at constant prices.

3-3 生产总值指数
Indices of Gross Domestic Product

(1978年=100) (year of 1978=100)

年份 Year	生产总值 Gross Domestic Product	第一产业 Primary Industry	第二产业 Secondary Industry	第三产业 Tertiary Industry	人均生产总值 Per Capita GDP
1979	107.5	108.0	101.7	122.3	110.0
1980	115.3	117.5	108.0	131.8	107.8
1981	120.5	134.4	104.7	143.4	111.6
1982	131.5	143.0	113.5	165.1	120.1
1983	141.1	144.7	123.9	185.4	127.7
1984	166.2	162.4	148.2	225.3	149.3
1985	193.6	159.8	179.0	292.4	171.8
1986	210.4	167.0	189.4	345.3	185.0
1987	231.4	169.5	209.3	401.2	199.4
1988	280.0	177.6	260.4	510.3	237.7
1989	289.2	189.5	268.2	519.5	241.0
1990	299.0	199.7	273.3	543.4	244.1
1991	320.5	213.3	287.5	598.8	258.0
1992	347.1	219.7	317.4	658.1	275.8
1993	389.1	237.5	365.0	733.8	305.6
1994	422.6	230.4	424.9	784.4	328.2
1995	466.6	239.6	489.5	847.2	358.7
1996	517.5	262.6	552.2	922.6	394.2
1997	572.9	261.8	621.8	1059.1	432.8
1998	639.4	280.9	707.6	1172.4	479.5
1999	705.3	274.4	795.3	1333.0	525.5
2000	778.7	285.4	883.6	1494.3	575.9
2001	855.0	290.8	982.6	1661.7	629.5
2002	949.9	301.0	1114.3	1842.8	697.5
2003	1062.0	313.3	1290.4	2023.4	777.7
2004	1200.1	340.2	1489.1	2256.1	876.5
2005	1345.3	366.7	1676.7	2538.1	979.9
2006	1510.8	394.2	1862.8	2918.8	1097.5
2007	1726.8	413.9	2125.5	3409.2	1251.2
2008	1980.6	445.8	2446.5	3947.9	1431.4
2009	2222.2	467.6	2698.5	4567.7	1601.7
2010	2531.1	494.7	3159.9	5125.0	1819.5
2011	2862.7	523.4	3633.9	5760.5	2046.9
2012	3211.9	554.3	4120.8	6451.8	2280.2
2013	3549.1	579.8	4570.0	7180.9	2505.9
2014	3889.8	609.4	5049.9	7848.7	2731.4
2015	4189.3	640.5	5347.8	8688.5	2925.3
2016	4503.5	666.1	5700.8	9496.5	3127.1
2017	4854.8	696.7	6105.6	10379.7	3346.0
2018	5248.0	719.7	6594.0	11313.9	3590.3
2019	5562.9	751.4	6923.7	12128.5	3784.2
2020	5679.7	776.2	7013.7	12443.8	3848.5
2021	6048.9	825.1	7406.5	13352.2	4091.0

注：本表按不变价格计算。
a) Data in this table are calculated at constant prices.

3–4 生产总值收入法构成项目
Income Approach Components of Gross Regional Product

单位：亿元 (100 million yuan)

年 份 Year	生产总值 Gross Domestic Product	劳动者报酬 Compensation of Employees	生产税净额 Net Taxes on Producation	固定资产折旧 Depreciation of Fixed Assets	营业盈余 Operatiing Surplus
1992	531.6	309.6	70.1	71.0	80.9
1993	678.2	402.6	88.6	93.5	93.5
1994	839.0	472.2	98.1	128.0	140.7
1995	1036.9	595.9	115.2	143.4	182.4
1996	1215.8	663.8	146.4	166.8	238.9
1997	1363.6	736.3	169.1	180.7	277.4
1998	1458.4	780.4	194.4	209.1	274.5
1999	1592.6	812.4	220.7	252.0	307.5
2000	1804.0	994.9	254.9	284.5	269.7
2001	2010.6	1081.6	281.8	355.3	292.0
2002	2253.4	1132.0	342.2	376.1	403.1
2003	2587.7	1202.8	396.2	418.8	570.0
2004	3141.6	1310.6	428.5	500.4	902.1
2005	3817.2	1607.1	576.7	633.4	999.9
2006	4595.6	1874.3	647.8	740.0	1333.6
2007	5681.8	2193.2	802.1	935.8	1750.7
2008	7177.8	3316.6	994.6	810.6	2056.0
2009	7997.8	3690.9	1268.6	907.0	2131.4
2010	9845.2	4038.3	1528.2	1116.3	3162.4
2011	12175.1	4947.8	2047.9	1448.5	3730.9
2012	14142.4	5647.8	2325.4	1741.6	4427.6
2013	15905.4	6844.4	2621.4	2025.9	4413.6
2014	17402.5	7440.9	3135.0	2464.4	4362.2
2015	17898.8	7921.8	3159.5	2938.5	3879.1
2016	19045.8	8711.1	2952.1	3114.7	4268.0
2017	21473.5	9454.3	3200.2	3457.9	5361.1
2018	23941.9	11059.5	3208.4	3901.5	5772.5
2019	25793.2	11864.5	3665.9	4115.4	6147.4
2020	26014.1	12852.6	3649.6	4361.8	5150.2

注：本表按当年价格计算。
a) Data in this table are calculated at current prices.

3-5 分行业增加值
Value-added of the Tertiary Industry

单位：亿元 (100 million yuan)

年份 Year	生产总值 Gross Domestic Product	农、林、牧、渔业 Agriculture, Forestry, Animal Husbandry and Fishery	工业 Industry	建筑业 Construction	批发和零售业 Wholesale and Retail Trades	交通运输仓储和邮政业 Transport, Storage and Post	住宿和餐饮业 Hotels and Catering Services	金融业 Financial Intermediation	房地产业 Real Estate	其他服务业 Other
1978	81.07	24.70	36.52	5.61	5.46	3.15		1.72	0.99	2.92
1979	94.52	32.52	39.38	5.29	6.00	3.83		2.01	1.21	4.28
1980	94.91	28.47	42.22	5.52	6.52	3.91		2.31	1.22	4.74
1981	102.09	35.40	40.08	6.17	7.02	3.65		2.67	1.37	5.73
1982	111.95	37.02	43.31	7.05	7.91	4.69		4.13	1.47	6.37
1983	123.39	40.00	47.48	7.67	8.53	5.48		4.45	1.62	8.16
1984	149.35	51.05	53.82	9.30	9.33	7.79		4.87	1.72	11.47
1985	180.87	53.39	68.81	13.15	10.58	9.95		5.63	2.28	17.08
1986	208.31	58.00	78.81	14.67	13.26	11.57		6.52	3.15	22.33
1987	244.96	67.84	90.47	17.73	15.03	15.60		7.54	4.11	26.64
1988	314.48	82.69	117.77	20.81	17.46	21.17		8.73	5.99	39.86
1989	358.37	91.28	136.40	22.10	21.83	25.45		10.10	5.86	45.35
1990	404.30	105.56	143.28	23.67	25.50	33.79		11.69	6.78	54.03
1991	468.37	116.88	168.28	29.26	35.70	35.36		13.52	6.81	62.56
1992	531.63	116.71	198.93	33.14	34.48	37.66	7.31	15.65	8.22	79.53
1993	678.20	148.24	250.07	47.42	39.75	52.44	8.55	18.10	11.30	102.33
1994	839.03	171.81	307.46	56.94	49.18	67.26	10.72	20.95	16.87	137.84
1995	1036.85	217.27	377.91	63.76	71.02	77.92	15.69	24.24	19.06	169.98
1996	1215.84	250.58	439.66	74.61	91.43	84.63	20.48	28.04	22.56	203.85
1997	1363.60	255.42	477.35	89.90	106.47	93.84	24.17	32.45	33.62	250.38
1998	1458.40	266.92	500.26	107.56	112.23	95.72	25.82	37.55	41.36	270.98
1999	1592.64	254.57	549.01	132.42	123.50	104.16	28.78	43.44	47.18	309.58
2000	1804.00	258.22	629.88	152.70	142.08	122.92	33.54	50.27	59.42	354.97
2001	2010.62	263.63	706.62	172.20	163.15	146.37	39.02	58.16	68.11	393.36
2002	2253.39	282.21	819.51	188.05	183.82	160.49	44.53	67.30	77.68	429.80
2003	2587.72	302.66	1006.92	214.25	205.70	169.65	50.46	77.87	83.90	476.31
2004	3141.56	372.28	1269.90	236.15	264.80	204.88	64.60	90.10	95.90	542.95
2005	3817.15	435.77	1532.17	275.59	319.85	249.18	86.20	128.56	109.96	679.87
2006	4595.64	484.81	1943.99	327.03	386.15	298.18	102.17	154.60	128.31	770.40
2007	5681.78	592.63	2449.83	416.06	439.91	337.84	123.72	236.39	159.75	925.65
2008	7177.78	753.72	3122.04	544.05	552.74	395.47	150.67	296.08	202.99	1160.02
2009	7997.83	790.77	3339.81	677.64	675.69	442.34	154.22	345.73	252.49	1319.14
2010	9845.19	989.54	4271.78	799.71	820.88	506.62	189.76	402.81	340.09	1524.00
2011	12175.06	1237.49	5513.91	970.41	986.04	596.27	226.83	455.86	433.73	1754.52
2012	14142.41	1372.51	6505.20	1107.06	1102.38	673.54	259.28	585.96	496.55	2039.93
2013	15905.35	1528.57	7156.94	1308.11	1209.67	673.99	274.60	791.12	579.15	2383.20
2014	17402.50	1637.76	7632.39	1473.69	1316.18	753.33	289.96	1024.32	655.08	2619.79
2015	17898.80	1675.61	7103.30	1603.22	1390.90	803.68	334.54	1177.32	796.04	3014.19
2016	19045.75	1778.87	7226.93	1732.75	1473.19	879.42	346.23	1295.06	865.70	3447.60
2017	21473.45	1830.62	8232.88	1958.95	1606.74	959.14	367.83	1435.94	1010.52	4070.83
2018	23941.88	1927.77	9088.10	2233.02	1734.50	1033.59	392.96	1580.26	1178.62	4773.06
2019	25793.17	2098.21	9459.86	2432.27	1872.44	1106.26	426.55	1673.66	1422.00	5301.92
2020	26014.14	2381.84	8740.23	2580.17	1842.49	1127.83	357.10	1807.25	1547.90	5629.33
2021	29800.98	2532.16	11256.03	2674.17	2050.14	1245.20	399.77	1986.23	1635.04	6022.22

注：本表按当年价格计算。
a) Data in this table are calculated at current prices.

3–6 分行业增加值指数

Indices of Value-added of the Tertiary Industry

(上年＝100) (preceding year=100)

年 份 Year	生产总值 Gross Domestic Product	农、林、牧、渔业 Agriculture, Forestry, Animal Husbandry and Fishery	工 业 Industry	建筑业 Construction	批发和零售业 Wholesale and Retail Trades	交通运输仓储和邮政业 Transport, Storage and Post	住宿和餐饮业 Hotels and Catering Services	金融业 Financial Intermediation	房地产业 Real Estate	其他服务业 Other
1978	111.0	98.4	114.7	114.6	122.3	121.9				
1979	107.5	108.0	101.7	101.7	123.1	123.0		122.5	123.9	120.3
1980	107.3	108.8	106.2	106.3	77.4	101.5		155.1	100.0	122.6
1981	104.5	114.4	96.9	96.9	114.6	93.6		116.0	113.1	108.9
1982	109.1	106.4	108.4	108.4	96.4	127.9		157.8	105.8	113.6
1983	107.3	101.2	109.2	109.1	104.9	120.1		111.3	113.7	115.7
1984	117.8	112.2	119.6	119.6	128.2	142.3		108.9	106.6	109.3
1985	116.5	98.4	120.8	121.0	154.6	111.5		119.3	135.0	123.2
1986	108.7	104.5	105.9	104.9	117.2	135.5		107.2	128.9	107.1
1987	110.0	101.5	110.5	110.0	106.7	132.8		109.8	122.1	115.4
1988	121.0	104.8	124.8	120.8	139.3	133.4		97.9	133.8	115.0
1989	103.3	106.7	103.9	95.4	76.8	115.9		110.1	104.8	123.2
1990	103.4	105.4	102.5	96.4	110.2	105.8		107.7	99.2	95.9
1991	107.2	106.8	105.3	104.6	119.8	102.5		109.1	112.4	110.4
1992	108.3	103.0	111.2	105.7	116.1	105.9		105.6	116.3	109.1
1993	112.1	108.1	116.1	107.8	115.6	115.9	117.2	103.4	115.6	108.3
1994	108.6	97.0	118.1	104.9	101.7	113.9	103.2	100.9	113.4	106.2
1995	110.4	104.0	116.4	106.2	106.8	109.1	108.1	105.2	110.3	108.0
1996	110.9	109.6	113.8	104.5	107.3	108.2	108.9	106.3	111.2	109.9
1997	110.7	99.7	112.7	111.5	116.8	111.2	118.3	110.2	112.6	116.7
1998	111.6	107.3	113.6	115.4	109.8	109.9	111.3	115.8	118.1	109.6
1999	110.3	97.7	111.6	119.7	110.5	110.2	112.0	116.4	113.9	116.4
2000	110.4	104.0	111.3	109.3	113.1	111.1	114.6	114.1	116.6	111.0
2001	109.8	101.9	111.8	108.6	113.3	113.5	114.8	113.8	114.2	108.3
2002	111.1	103.5	115.2	106.0	111.1	112.5	112.5	115.6	114.0	108.9
2003	111.8	104.1	116.8	111.2	111.7	109.2	113.1	113.8	107.1	108.6
2004	113.0	108.6	117.4	105.7	114.1	110.0	114.6	110.2	102.0	112.4
2005	112.1	107.7	112.4	113.6	110.7	111.8	114.2	110.8	109.5	114.4
2006	112.3	107.4	111.0	111.2	115.8	111.9	116.9	118.5	113.8	115.2
2007	114.3	105.0	114.8	110.3	113.6	112.4	114.6	120.5	118.4	119.4
2008	114.7	107.6	115.4	113.3	115.0	110.5	109.2	113.4	111.7	120.1
2009	112.2	104.9	108.4	122.0	121.1	110.5	106.5	118.2	121.8	114.8
2010	113.9	105.8	117.8	113.3	112.7	109.7	113.2	111.1	122.8	111.3
2011	113.1	105.9	115.8	110.7	114.6	111.4	111.3	106.9	120.4	111.4
2012	112.2	106.0	114.4	108.1	109.2	109.0	108.7	123.9	111.3	112.2
2013	110.5	104.7	111.6	111.2	107.8	102.1	101.3	129.9	113.1	109.5
2014	109.6	105.2	110.5	110.7	108.0	108.6	101.7	117.8	109.2	108.2
2015	107.7	105.1	105.3	108.1	106.6	103.6	111.7	115.1	110.8	114.2
2016	107.5	104.1	106.4	108.3	105.6	108.0	101.9	112.2	107.3	111.3
2017	107.8	104.7	107.7	105.2	107.7	108.1	105.2	107.1	107.8	111.8
2018	108.1	103.3	108.5	106.4	105.7	107.0	103.8	106.1	106.4	113.1
2019	106.0	104.5	104.6	106.6	107.1	106.8	104.9	106.3	106.7	108.2
2020	102.1	103.3	100.7	104.5	99.2	102.7	85.0	106.2	101.9	104.1
2021	106.5	106.2	108.3	96.5	105.6	107.6	108.0	106.0	104.6	109.0

注：本表按不变价计算。

a) Data in this table are calculated at constant prices.

3-7 分行业增加值指数
Indices of Value-added of the Tertiary Industry

(1978年＝100) (year of 1978=100)

年份 Year	生产总值 Gross Domestic Product	农、林、牧、渔业 Agriculture, Forestry, Animal Husbandry and Fishery	工业 Industry	建筑业 Construction	批发和零售业 Wholesale and Retail Trades	交通运输仓储和邮政业 Transport, Storage and Post	住宿和餐饮业 Hotels and Catering Services	金融业 Financial Intermediation	房地产业 Real Estate	其他服务业 Other
1978	100.0	100.0	100.0	100.0	100.0	100.0		100.0	100.0	100.0
1979	107.5	108.0	101.7	101.7	123.1	123.0		122.5	123.9	120.3
1980	115.3	117.5	108.0	108.1	95.3	124.8		190.0	123.9	147.5
1981	120.5	134.4	104.7	104.7	109.2	116.8		220.4	140.1	160.6
1982	131.5	143.0	113.5	113.5	105.3	149.4		347.8	148.2	182.4
1983	141.1	144.7	123.9	123.8	110.5	179.4		387.1	168.5	211.0
1984	166.2	162.4	148.2	148.1	141.7	255.3		421.6	179.6	230.6
1985	193.6	159.8	179.0	179.2	219.1	284.7		503.0	242.5	284.1
1986	210.4	167.0	189.6	188.0	256.8	385.8		539.2	312.6	304.3
1987	231.4	169.5	209.5	206.8	274.0	512.3		592.0	381.7	351.2
1988	280.0	177.6	261.5	249.8	381.7	683.4		579.6	510.7	403.9
1989	289.2	189.5	271.7	238.3	293.1	792.1		638.1	535.2	497.6
1990	299.0	199.7	278.5	229.7	323.0	838.0		687.2	530.9	477.2
1991	320.5	213.3	293.3	240.3	387.0	859.0		749.7	596.7	526.8
1992	347.1	219.7	326.1	254.0	449.3	909.7	100.0	791.7	694.0	574.7
1993	389.1	237.5	378.6	273.8	519.4	1054.3	117.2	818.6	802.3	622.4
1994	422.6	230.4	447.1	287.2	528.2	1200.8	121.0	826.0	909.8	661.0
1995	466.6	239.6	520.4	305.0	564.1	1310.1	130.8	869.0	1003.5	713.9
1996	517.5	262.6	592.2	318.7	605.3	1417.5	142.4	923.7	1115.9	784.6
1997	572.9	261.8	667.4	355.4	707.0	1576.3	168.5	1017.9	1256.5	915.6
1998	639.4	280.9	758.2	410.1	776.3	1732.4	187.5	1178.7	1483.9	1003.5
1999	705.3	274.4	846.2	490.9	857.8	1909.1	210.0	1372.0	1690.2	1168.1
2000	778.7	285.4	941.8	536.6	970.2	2121.0	240.7	1565.5	1970.8	1296.6
2001	855.0	290.8	1052.9	582.7	1099.2	2407.3	276.3	1781.5	2250.7	1404.2
2002	949.9	301.0	1212.9	617.7	1221.2	2708.2	310.8	2059.4	2565.8	1529.2
2003	1062.0	313.3	1416.7	686.9	1364.1	2957.4	351.5	2343.6	2748.0	1660.7
2004	1200.1	340.2	1663.2	726.1	1556.4	3253.1	402.8	2582.6	2803.0	1866.6
2005	1345.3	366.4	1869.4	824.8	1722.9	3637.0	460.0	2861.5	3069.3	2135.4
2006	1510.8	393.5	2075.0	917.2	1995.1	4069.8	537.7	3390.9	3492.9	2460.0
2007	1726.8	413.2	2382.1	1011.7	2266.4	4574.5	616.2	4086.0	4135.6	2937.2
2008	1980.6	444.6	2748.9	1146.3	2606.4	5054.8	672.9	4633.5	4619.5	3527.6
2009	2222.2	466.4	2979.8	1398.5	3156.4	5585.6	716.6	5476.8	5626.6	4049.7
2010	2531.1	493.5	3510.2	1584.5	3557.3	6127.4	811.2	6084.7	6909.5	4507.3
2011	2862.7	522.6	4064.8	1754.0	4076.7	6825.9	902.9	6504.5	8319.0	5021.1
2012	3211.9	554.0	4650.1	1896.1	4451.8	7440.2	981.5	8059.1	9259.0	5633.7
2013	3549.1	580.0	5189.5	2108.5	4799.0	7596.4	994.3	10468.8	10471.9	6168.9
2014	3889.8	610.2	5734.4	2334.1	5182.9	8249.7	1011.2	12332.2	11435.3	6674.7
2015	4189.3	641.3	6038.3	2523.2	5525.0	8546.7	1129.5	14194.4	12670.3	7622.5
2016	4503.5	667.6	6424.8	2732.6	5834.4	9230.4	1151.0	15926.1	13595.2	8483.8
2017	4854.8	699.0	6919.5	2874.7	6283.6	9978.1	1210.9	17056.9	14655.6	9484.9
2018	5248.0	722.1	7507.7	3058.7	6641.8	10676.6	1256.9	18097.4	15593.6	10727.4
2019	5562.9	754.6	7853.1	3260.6	7113.4	11402.6	1318.5	19237.5	16638.4	11607.0
2020	5679.7	779.5	7908.0	3407.3	7056.5	11710.5	1120.7	20430.3	16954.5	12082.9
2021	6048.9	827.8	8564.4	3288.0	7451.6	12600.5	1210.4	21656.1	17734.4	13170.4

注：本表按不变价计算。
a) Data in this table are calculated at constant prices.

3-8 三次产业贡献率
Share of the Contributions of the Three Strata of Industry to the Increase of the GDP

单位：% (%)

年 份 Year	生产总值 Gross Domestic Product	第一产业 Primary Industry	第二产业 Secondary Industry	第三产业 Tertiary Industry
2000	100.0	5.9	54.5	39.6
2001	100.0	2.8	49.1	48.1
2002	100.0	4.2	53.4	42.4
2003	100.0	4.3	60.1	35.6
2004	100.0	7.6	55.2	37.2
2005	100.0	6.9	49.6	43.5
2006	100.0	6.7	42.6	50.7
2007	100.0	3.6	46.3	50.1
2008	100.0	5.0	48.1	46.9
2009	100.0	3.6	39.8	56.6
2010	100.0	3.5	56.6	39.9
2011	100.0	4.3	59.0	36.7
2012	100.0	4.4	57.7	37.9
2013	100.0	3.7	55.0	41.3
2014	100.0	4.2	58.4	37.4
2015	100.0	5.1	41.0	53.9
2016	100.0	4.7	42.6	52.7
2017	100.0	5.1	43.5	51.4
2018	100.0	3.4	47.4	49.2
2019	100.0	6.0	40.1	53.9
2020	100.0	12.7	29.8	57.5
2021	100.0	8.5	37.4	54.1

注：三次产业贡献率指各产业增加值增量与GDP增量之比。

a) Share of the contributions of the three strata of industry to the increase of the GDP refers to the proportion of the increment of the value-added of each industry to the increment of GDP.

3-9 三次产业对生产总值增长的拉动
Contribution of the Three Strata of Industry to GDP Growth

单位：百分点 (Percentage points)

年 份 Year	生产总值 Gross Domestic Product	第一产业 Primary Industry	第二产业 Secondary Industry	第三产业 Tertiary Industry
2000	10.4	0.6	5.7	4.1
2001	9.8	0.3	4.8	4.7
2002	11.1	0.5	5.9	4.7
2003	11.8	0.5	7.1	4.2
2004	13.0	1.0	7.2	4.8
2005	12.1	0.8	6.0	5.3
2006	12.3	0.9	5.2	6.2
2007	14.3	0.5	6.6	7.2
2008	14.7	0.7	7.1	6.9
2009	12.2	0.5	4.8	6.9
2010	13.9	0.5	7.9	5.5
2011	13.1	0.6	7.7	4.8
2012	12.2	0.5	7.0	4.7
2013	10.5	0.4	5.8	4.3
2014	9.6	0.4	5.6	3.6
2015	7.7	0.4	3.2	4.1
2016	7.5	0.4	3.2	3.9
2017	7.8	0.4	3.4	4.0
2018	8.1	0.3	3.8	4.0
2019	6.0	0.4	2.4	3.2
2020	2.1	0.3	0.6	1.2
2021	6.5	0.6	2.4	3.5

注：三次产业拉动指GDP增长速度与各产业贡献率之乘积。

a) Contribution of the three strata of industry to GDP growth refers to the growth rate of GDP multiplied by the contribution share of every industry.

3-10 分行业增加值构成(2021年)
Value-added by Sector(2021)

行业	Sector	增加值(亿元) Value Added (100 million yuan)	构成(%) Composition (%)	2021年比2020年增长% Growth Rate in 2021 over 2020(%)
总计	**Total**	**29800.98**	**100.0**	**6.5**
农、林、牧、渔业	Agriculture, Forestry, Animal Husbandry and Fishery	2532.16	8.5	6.2
工业	Industry	11256.03	37.8	8.3
建筑业	Construction	2674.17	9.0	-3.5
批发和零售业	Wholesale and Retail Trades	2050.14	6.9	5.6
交通运输、仓储和邮政业	Traffic, Transport, Storage and Post	1245.20	4.2	7.6
住宿和餐饮业	Hotels and Catering Services	399.77	1.3	8.0
金融业	Financial Intermediation	1986.23	6.6	6.0
房地产业	Real Estate	1635.04	5.5	4.6
其他服务业	Others	6022.22	20.2	9.0
营利性服务业	Profit Services	2920.06	9.8	12.5
非营利性服务业	Non-profit Services	3102.16	10.4	5.8
第一产业	Primary Industry	2409.39	8.1	6.3
第二产业	Secondary Industry	13802.52	46.3	5.6
第三产业	Tertiary Industry	13589.07	45.6	7.3

注：本表增加值及构成按当年价格计算，增长速度按不变价格计算。
a) Value added and Compositionin in this table are calculated at current prices.The growth rates are calculated at constant prices.

3-11 非公有制经济增加值
Value-added of Non-public Economy

年份 Year	非公有制经济增加值(亿元) Value-added of Non-public Economy (100 million yuan)	第一产业 Primary Industry	第二产业 Secondary Industry	第三产业 Tertiary Industry	非公有制经济增加值占生产总值比重(%) Value-added of Non-public Economy as Percentage of GDP(%)	第一产业 Primary Industry	第二产业 Secondary Industry	第三产业 Tertiary Industry
2005	1654.35	124.41	680.08	849.87	43.3	29.7	37.6	53.4
2006	2040.46	139.07	928.62	972.77	44.4	29.8	40.9	52.3
2007	2588.62	167.92	1269.02	1151.68	45.6	30.0	44.3	51.1
2008	3397.24	233.97	1725.26	1438.01	47.3	32.6	47.1	51.5
2009	3888.54	236.74	1895.44	1756.36	48.6	31.5	47.2	54.4
2010	4873.37	282.13	2403.89	2187.35	49.5	29.8	47.4	57.2
2011	6147.91	349.92	3137.62	2660.37	50.5	29.5	48.4	59.1
2012	7240.91	469.40	3730.01	3041.51	51.2	35.7	49.0	58.3
2013	8302.59	477.10	4301.57	3523.92	52.2	32.6	51.1	58.5
2014	9171.12	471.62	4721.51	3977.99	52.7	30.1	52.2	58.6
2015	9564.40	491.12	4558.90	4514.38	53.4	30.7	52.6	59.1
2016	10239.40	480.49	4773.89	4985.02	53.8	28.3	53.6	59.0
2017	11614.99	460.00	5479.70	5675.29	54.1	26.4	54.2	59.0
2018	12976.50	457.55	6145.97	6372.98	54.2	25.0	54.8	58.5
2019	14083.06	469.90	6596.51	7016.64	54.6	23.6	56.0	58.4
2020	13304.00	554.09	5991.70	6758.21	51.1	24.4	53.4	54.0
2021	15326.86	572.69	7519.35	7234.82	51.4	23.8	54.5	53.2

注：本表按当年价格计算。
a) Data in this table are calculated at current prices.

3-12 各市(区)生产总值
Gross Domestic Product by City(District)

地 区 年 份 Region Year	生产总值 (亿元) Gross Domestic Product (100 million yuan)					人均生产总值 (元) Per Capita GDP (yuan)
		第一产业 Primary Industry	第二产业 Secondary Industry	第三产业 Tertiary Industry	# 工 业 Industry	
西安市 Xi'an						
2005	1294.05	66.01	511.19	716.86	393.51	16158
2006	1512.56	70.44	612.69	829.42	465.70	18567
2007	1857.75	82.42	763.07	1012.26	569.08	22476
2008	2313.26	102.46	940.42	1270.38	672.60	27736
2009	2689.06	106.09	1105.01	1477.96	763.81	31994
2010	3195.05	133.22	1290.93	1770.89	875.97	37792
2011	3791.71	165.43	1516.30	2109.98	1009.29	43723
2012	4370.16	181.12	1726.70	2462.35	1140.83	48530
2013	4960.23	182.60	1946.58	2831.05	1268.22	53624
2014	5576.98	191.58	2152.43	3232.97	1387.03	58829
2015	5932.86	191.91	2070.47	3670.48	1242.18	60912
2016	6396.36	196.66	2139.49	4060.21	1252.91	63393
2017	7418.04	245.26	2452.92	4719.86	1436.72	66649
2018	8499.41	258.98	2861.86	5378.56	1707.90	73113
2019	9399.98	279.13	3130.80	5990.06	1816.23	77494
2020	10023.73	312.75	3340.97	6370.01	1854.35	79208
2021	10688.28	308.82	3585.20	6794.26	2099.65	83689
铜川市 Tongchuan						
2005	68.08	5.87	34.04	28.17	29.83	8070
2006	80.06	6.33	42.45	31.28	37.85	9635
2007	95.38	7.45	50.90	37.03	45.40	11440
2008	118.57	9.67	64.74	44.16	57.82	14158
2009	137.50	10.45	76.26	50.79	68.31	16443
2010	165.09	14.22	91.49	59.38	82.83	19697
2011	201.90	17.85	113.63	70.42	103.24	24252
2012	236.14	19.63	134.51	82.00	123.22	28623
2013	278.10	20.89	156.92	100.29	144.13	34123
2014	278.95	22.29	149.39	107.27	136.07	34652
2015	266.41	22.12	115.77	128.52	102.26	33722
2016	270.34	22.85	104.24	143.25	90.27	34882
2017	300.95	23.47	113.61	163.87	98.46	39339
2018	331.92	24.75	123.48	183.69	106.80	43963
2019	369.15	26.77	139.98	202.40	120.15	49885
2020	376.14	30.77	133.47	211.90	112.79	52242
2021	439.41	33.38	180.01	226.02	157.26	62108

注：1.本表按当年价格计算。
2.人均生产总值2004年以前按户籍人口计算，2005年及以后按常住人口计算。
3.2017年起西咸新区GDP数据计入西安市。

a) Data in this table are calculated at current prices.
b) Per Capita GDP are calculated at usual residents since 2005, while were taken from the statistics of household registration before 2004.
c) Since 2017,the GDP data of Xixian New District has been put into Xi'an city.

3-12 续表 1 continued

地区 年份 Region Year	生产总值(亿元) Gross Domestic Product (100 million yuan)	第一产业 Primary Industry	第二产业 Secondary Industry	第三产业 Tertiary Industry	# 工业 Industry	人均生产总值(元) Per Capita GDP (yuan)
宝鸡市 Baoji						
2005	390.81	44.30	219.47	127.04	178.93	10521
2006	462.65	49.70	266.37	146.58	220.46	12345
2007	548.10	56.35	319.17	172.58	261.52	14586
2008	658.64	64.05	389.42	205.17	317.66	17518
2009	738.20	71.20	436.07	230.93	352.01	19701
2010	877.83	81.03	533.08	263.72	437.84	23564
2011	1043.98	92.91	646.12	304.95	534.59	28104
2012	1225.96	102.55	772.04	351.36	645.90	33089
2013	1374.51	110.16	860.18	404.17	714.03	37199
2014	1468.38	122.56	894.06	451.76	732.44	39848
2015	1585.02	135.92	935.18	513.93	753.12	43248
2016	1702.94	151.08	987.44	564.42	784.83	47042
2017	1914.92	156.29	1121.91	636.72	890.70	53790
2018	2110.94	163.59	1236.22	711.14	980.03	60227
2019	2212.76	178.75	1248.84	785.18	1027.04	64231
2020	2281.71	205.14	1261.57	815.00	1026.43	67807
2021	2548.71	217.11	1453.95	877.65	1201.23	77210
咸阳市 Xianyang						
2005	409.31	89.10	170.65	149.56	141.08	8319
2006	457.26	98.34	192.63	166.29	159.62	9186
2007	560.68	120.64	239.42	200.62	199.54	11246
2008	717.33	148.44	326.46	242.43	278.23	14341
2009	804.40	153.18	363.61	287.62	304.25	16270
2010	997.82	196.04	466.93	334.85	399.94	20140
2011	1224.08	246.70	595.67	381.71	513.84	25062
2012	1407.59	269.53	699.62	438.44	609.13	28963
2013	1648.03	278.90	846.99	522.14	746.54	34050
2014	1810.29	293.23	935.00	582.06	817.42	37597
2015	1925.77	292.68	975.40	657.69	849.17	40288
2016	2025.64	299.23	1002.15	724.26	868.65	42735
2017	1916.60	267.90	923.69	725.01	783.97	43510
2018	2135.45	285.03	1034.61	815.81	881.73	52339
2019	2210.48	304.17	1026.84	879.47	843.80	54580
2020	2176.33	339.51	967.71	869.11	789.29	54476
2021	2581.32	383.60	1189.71	1008.00	995.24	61002
渭南市 Weinan						
2005	314.96	58.66	135.33	120.98	120.38	5866
2006	361.32	63.13	155.06	143.12	138.30	6613
2007	443.18	81.70	188.29	173.20	167.37	8149
2008	544.81	100.81	226.65	217.34	199.63	10042
2009	606.89	106.17	257.22	243.50	221.59	11322
2010	763.40	141.99	337.07	284.35	296.47	14240
2011	977.06	184.17	463.67	329.22	414.14	18540
2012	1104.63	207.09	517.36	380.18	463.39	21081
2013	1260.71	226.91	595.74	438.06	535.41	24152
2014	1353.45	246.23	621.81	485.41	557.26	26028
2015	1364.42	257.04	554.15	553.23	483.37	26340
2016	1410.40	272.47	530.00	607.93	452.82	27360
2017	1547.01	279.12	585.78	682.12	498.80	30156
2018	1724.33	296.87	657.94	769.52	561.62	34418
2019	1836.53	325.05	684.15	827.34	588.78	37750
2020	1856.42	373.69	644.28	838.45	554.79	39000
2021	2087.21	399.96	779.60	907.65	690.16	44785

3-12 续表 2 continued

地 区 年 份 Region Year	生产总值 (亿元) Gross Domestic Product (100 million yuan)	第一产业 Primary Industry	第二产业 Secondary Industry	第三产业 Tertiary Industry	# 工 业 Industry	人均生产总值 (元) Per Capita GDP (yuan)
延安市 Yan'an						
2005	379.28	29.47	274.02	75.79	265.29	18082
2006	524.64	34.52	401.39	88.73	390.68	24755
2007	640.17	41.92	493.93	104.33	479.94	30090
2008	745.23	53.93	564.00	127.30	548.66	34826
2009	711.39	56.74	506.90	147.75	489.13	32968
2010	863.19	74.90	620.37	167.92	600.83	39601
2011	1090.57	94.33	801.72	194.51	777.49	49699
2012	1261.85	105.55	933.86	222.43	905.73	57097
2013	1354.20	114.28	967.50	272.42	950.77	60591
2014	1402.46	124.26	979.56	298.64	960.02	62056
2015	1195.85	120.71	734.51	340.63	711.13	52450
2016	1081.20	127.87	586.02	367.31	557.29	47009
2017	1308.11	130.99	761.86	415.26	730.37	56506
2018	1555.33	138.13	944.99	472.21	911.87	67040
2019	1672.27	149.33	1005.35	517.60	967.32	72393
2020	1592.62	190.41	882.05	520.16	839.16	69547
2021	2004.58	209.15	1229.77	565.65	1190.38	88127
汉中市 Hanzhong						
2005	210.46	48.07	79.74	82.66	60.94	5608
2006	243.12	55.64	92.36	95.12	71.74	6965
2007	295.56	66.15	110.44	118.97	84.98	8443
2008	361.75	87.59	126.19	147.97	94.04	10309
2009	404.48	90.09	142.20	172.19	103.20	11666
2010	495.95	109.06	183.11	203.78	137.41	14298
2011	628.98	142.24	246.51	240.23	191.50	18425
2012	733.24	155.26	297.11	280.86	233.97	21566
2013	875.04	165.41	363.06	346.57	288.56	25850
2014	984.40	174.99	424.29	385.12	341.30	29168
2015	1034.89	179.21	416.61	439.07	322.66	30754
2016	1121.14	189.97	444.98	486.19	339.54	33467
2017	1286.63	193.96	551.79	540.87	428.67	38637
2018	1429.47	205.67	620.51	603.29	478.41	43121
2019	1560.45	227.63	663.36	669.47	522.33	47430
2020	1593.09	261.36	648.70	683.04	491.87	49170
2021	1768.72	273.60	755.08	740.04	580.90	55279
榆林市 Yulin						
2005	426.38	28.34	248.14	149.90	237.41	12630
2006	570.53	35.33	345.03	190.17	332.21	17282
2007	778.29	49.93	498.14	230.22	481.89	23473
2008	1137.77	71.67	773.79	292.31	752.28	34127
2009	1261.28	78.03	843.11	340.14	815.05	37730
2010	1686.81	103.03	1169.52	414.26	1136.36	50342
2011	2209.31	134.05	1590.47	484.79	1550.69	65713
2012	2601.93	154.38	1907.80	539.75	1860.48	76753
2013	2746.31	170.76	1902.44	673.11	1852.81	80184
2014	2917.42	187.44	1993.74	736.24	1939.46	84197
2015	2461.20	192.54	1509.24	759.41	1443.53	70120
2016	2725.24	218.26	1667.59	839.39	1592.12	77093
2017	3284.95	221.60	2111.77	951.58	2019.31	92404
2018	3818.28	231.24	2479.68	1107.35	2371.99	106507
2019	4149.12	250.72	2677.20	1221.20	2559.77	115904
2020	4143.93	272.48	2584.45	1287.00	2453.06	114473
2021	5435.18	290.25	3704.64	1440.29	3575.80	149899

3-12 续表 3 continued

地 区 年 份 Region Year	生产总值 (亿元) Gross Domestic Product (100 million yuan)	第一产业 Primary Industry	第二产业 Secondary Industry	第三产业 Tertiary Industry	# 工 业 Industry	人均生产总值 (元) Per Capita GDP (yuan)
安康市 Ankang						
2005	138.16	36.71	38.63	62.82	26.10	4684
2006	158.13	42.44	43.55	72.14	29.83	5969
2007	188.37	50.12	54.91	83.35	37.57	7105
2008	239.57	67.97	69.38	102.22	46.09	9024
2009	268.72	70.52	83.48	114.72	55.03	10161
2010	319.61	74.61	110.41	134.59	77.22	12145
2011	395.80	83.15	154.32	158.33	113.83	15076
2012	483.61	93.60	206.55	183.46	162.01	18494
2013	603.04	104.29	272.80	225.95	222.49	23149
2014	680.14	110.83	313.54	255.78	255.06	26159
2015	744.04	115.67	329.23	299.14	268.98	28672
2016	825.08	122.18	362.34	340.55	299.07	31918
2017	948.88	125.17	420.00	403.71	351.07	36850
2018	1065.17	123.35	490.88	450.93	414.71	41608
2019	1182.06	137.52	552.10	492.44	457.61	46538
2020	1090.77	157.20	439.88	493.69	344.54	43457
2021	1209.49	164.34	513.53	531.62	414.28	48687
商洛市 Shangluo						
2005	109.01	25.43	32.35	51.23	16.47	4518
2006	130.97	28.31	39.12	63.54	19.32	5507
2007	153.54	33.64	46.98	72.92	24.92	6449
2008	187.74	44.27	58.18	85.29	32.35	7865
2009	207.88	45.28	66.50	96.10	36.26	8779
2010	264.07	57.69	91.80	114.58	57.35	11264
2011	332.11	71.08	126.85	134.18	85.54	14275
2012	387.21	77.77	150.81	158.62	105.89	16835
2013	468.48	82.89	200.28	185.32	151.69	20593
2014	525.90	86.68	230.00	209.22	176.39	23322
2015	561.00	85.32	235.24	240.44	180.00	25045
2016	621.07	88.64	265.59	266.84	208.96	27913
2017	677.53	90.29	282.43	304.81	221.83	30727
2018	775.33	94.73	346.32	334.28	284.78	35484
2019	832.01	103.40	370.41	358.20	306.72	38608
2020	741.29	114.50	264.42	362.37	224.35	35468
2021	852.29	118.50	339.77	394.02	295.57	41812
杨凌示范区 Yangling						
2005	16.90	1.42	7.52	7.97	5.25	11665
2006	20.18	1.83	8.77	9.58	6.35	12939
2007	25.00	2.32	10.69	11.99	7.32	15772
2008	30.16	2.85	12.29	15.02	7.79	18772
2009	34.93	3.02	14.53	17.37	8.25	19302
2010	46.16	3.74	21.41	21.02	13.81	22959
2011	59.29	5.59	28.60	25.10	18.92	28830
2012	67.21	6.03	31.37	29.81	19.78	32004
2013	84.39	6.41	42.32	35.66	28.66	40183
2014	95.79	6.78	48.68	40.33	32.92	44554
2015	108.29	6.87	48.89	52.53	30.83	49224
2016	120.97	7.25	55.62	58.10	35.47	53764
2017	136.46	7.37	64.66	64.43	40.19	59329
2018	154.03	7.85	75.91	70.27	46.05	65545
2019	169.04	8.47	81.39	79.18	53.24	68998
2020	151.89	9.76	63.78	78.36	48.23	60757
2021	157.78	10.65	63.57	83.56	47.86	62575

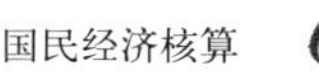

3-13 各市(区)生产总值指数
Indices of Gross Domestic Product by City(District)

(上年=100) (preceding year=100)

地区 年份 Region Year	生产总值 Gross Domestic Product	第一产业 Primary Industry	第二产业 Secondary Industry	第三产业 Tertiary Industry	# 工业 Industry	人均生产总值 Per Capita GDP
西安市 Xi'an						
2005	112.3	107.5	109.8	115.1	106.7	110.5
2006	112.9	106.8	110.5	115.2	108.5	111.0
2007	115.1	104.5	113.0	117.4	111.7	113.4
2008	114.8	107.6	113.2	116.4	111.8	113.8
2009	113.0	104.9	110.7	115.1	106.7	112.2
2010	113.6	105.7	115.0	113.2	114.0	112.9
2011	112.6	105.4	111.7	113.9	111.9	109.8
2012	111.9	106.0	110.4	113.4	110.8	107.7
2013	111.2	104.4	112.6	110.7	112.4	108.3
2014	109.7	105.0	109.4	110.2	108.3	107.0
2015	108.9	104.4	104.6	112.1	103.7	106.0
2016	108.8	103.3	107.2	110.0	108.2	105.1
2017	107.7	105.0	105.1	109.4	105.0	103.6
2018	108.2	103.3	107.1	109.1	108.3	103.6
2019	107.0	104.3	106.2	107.6	103.9	102.5
2020	105.2	103.0	107.4	104.1	105.9	100.8
2021	104.1	106.1	100.9	105.7	106.4	100.9
铜川市 Tongchuan						
2005	110.2	106.9	108.0	113.0	106.7	109.9
2006	112.5	107.7	113.8	111.9	114.4	113.3
2007	113.1	104.9	113.0	114.9	114.5	112.7
2008	113.7	107.8	105.8	124.3	106.2	113.2
2009	112.9	104.9	108.4	118.6	107.7	113.0
2010	114.5	106.5	115.4	114.9	116.7	114.8
2011	114.1	106.0	114.7	115.1	115.3	114.9
2012	114.0	106.3	115.4	113.5	116.7	115.0
2013	111.5	104.9	113.5	109.6	114.4	112.8
2014	109.3	104.8	108.7	111.0	109.1	110.6
2015	108.0	105.0	104.4	114.2	104.7	110.1
2016	107.2	104.2	105.2	109.5	105.4	109.2
2017	107.8	104.6	105.6	110.3	106.3	109.2
2018	106.0	103.1	103.2	108.7	103.2	107.4
2019	106.8	104.5	107.4	106.6	106.7	109.0
2020	104.6	104.1	102.3	106.3	102.4	107.5
2021	107.5	106.7	108.3	107.0	109.3	109.4

注：本表按不变价格计算。
a) Data in this table are calculated at constant prices.

3-13 续表 1 continued

(上年=100) (preceding year=100)

地 区 年 份 Region Year	生产总值 Gross Domestic Product	第一产业 Primary Industry	第二产业 Secondary Industry	第三产业 Tertiary Industry	# 工 业 Industry	人均生产总值 Per Capita GDP
宝鸡市 Baoji						
2005	110.9	110.2	112.4	108.6	113.2	109.9
2006	110.8	107.7	112.1	109.6	113.0	109.8
2007	112.9	104.4	114.1	113.8	115.0	112.6
2008	112.7	107.4	113.9	112.3	114.9	112.6
2009	112.4	104.8	113.0	113.7	112.2	112.8
2010	112.8	105.7	115.9	109.1	117.4	113.4
2011	113.1	104.8	115.8	110.1	117.7	113.4
2012	113.6	105.7	116.1	110.5	117.7	113.9
2013	111.3	104.3	113.1	109.1	113.7	111.6
2014	110.0	104.9	111.1	108.8	111.3	110.3
2015	109.5	105.4	109.5	110.4	109.1	110.1
2016	108.7	103.7	109.2	109.1	108.7	110.1
2017	107.8	104.3	108.2	108.1	108.7	109.6
2018	106.7	103.1	106.1	108.6	106.5	108.3
2019	103.5	104.7	101.3	107.0	103.3	105.3
2020	103.3	103.4	104.3	101.6	104.5	105.8
2021	106.0	106.7	104.4	108.2	105.3	108.1
咸阳市 Xianyang						
2005	110.3	108.1	108.7	113.5	109.2	109.1
2006	109.3	106.7	109.4	110.8	109.6	109.4
2007	110.7	104.5	110.7	114.3	111.1	110.5
2008	113.5	107.5	114.0	116.1	116.2	113.1
2009	111.8	104.9	110.2	116.8	107.5	113.1
2010	112.3	106.6	116.6	110.6	118.4	113.6
2011	112.0	105.9	117.0	108.7	118.1	113.6
2012	112.9	106.1	116.5	111.4	118.4	113.5
2013	111.6	104.2	113.5	112.2	114.7	112.0
2014	110.0	104.9	111.8	109.6	112.5	110.6
2015	107.7	104.9	106.6	110.7	106.6	108.5
2016	106.9	103.8	106.7	108.5	106.8	107.8
2017	107.0	106.0	106.3	108.6	106.6	108.1
2018	106.4	103.1	106.0	108.5	106.0	106.8
2019	101.9	104.2	97.5	106.3	95.9	102.7
2020	99.9	103.1	98.8	99.9	99.5	101.3
2021	108.5	106.5	107.8	110.1	109.4	105.2
渭南市 Weinan						
2005	110.5	105.5	113.5	109.7	114.9	110.2
2006	111.1	107.0	110.2	114.2	110.6	110.9
2007	113.0	104.9	111.5	118.3	111.8	113.5
2008	114.2	107.6	112.7	118.4	112.6	114.4
2009	111.9	105.1	112.1	114.2	109.8	113.3
2010	113.2	106.1	119.4	109.5	120.9	114.6
2011	113.2	105.7	118.8	110.4	119.9	115.2
2012	112.9	106.0	117.0	111.0	118.7	113.5
2013	110.5	104.9	112.8	109.9	113.4	111.0
2014	109.6	105.1	111.2	109.3	111.6	110.0
2015	108.1	105.5	107.0	110.7	106.9	108.5
2016	106.2	104.1	106.5	106.9	106.0	106.7
2017	107.6	104.8	108.5	108.0	109.1	108.2
2018	106.9	103.2	106.2	109.2	106.6	109.5
2019	104.2	104.7	102.9	105.1	102.6	107.3
2020	100.1	103.7	98.7	99.8	99.9	102.3
2021	108.2	106.5	110.5	107.2	113.1	110.5

3-13 续表 2 continued

(上年=100) (preceding year=100)

地区 年份 Region Year	生产总值 Gross Domestic Product	第一产业 Primary Industry	第二产业 Secondary Industry	第三产业 Tertiary Industry	# 工业 Industry	人均生产总值 Per Capita GDP
延安市 Yan'an						
2005	114.5	110.2	116.7	109.1	117.4	113.1
2006	114.6	110.2	115.9	111.6	116.1	113.4
2007	113.5	104.5	113.3	117.9	113.4	113.1
2008	114.1	107.1	114.4	115.5	114.6	113.4
2009	110.1	104.9	108.3	118.3	108.1	109.7
2010	113.3	105.8	115.4	108.4	115.7	112.2
2011	110.6	106.1	111.0	110.9	111.0	109.8
2012	109.9	106.1	109.5	112.9	109.4	109.1
2013	106.0	104.3	103.5	115.6	104.9	104.8
2014	106.5	105.6	106.0	108.3	105.9	105.3
2015	102.5	104.6	99.8	110.1	100.0	101.6
2016	101.1	104.7	97.3	108.0	97.0	100.2
2017	107.4	104.9	107.5	108.2	107.3	106.7
2018	108.9	103.0	110.0	108.7	110.4	108.7
2019	106.7	105.2	106.5	107.6	106.4	107.2
2020	99.0	104.2	96.9	100.9	96.3	99.9
2021	108.1	107.1	108.2	108.2	108.9	108.8
汉中市 Hanzhong						
2005	110.6	109.2	109.3	112.3	111.0	110.0
2006	111.0	107.8	112.2	111.6	114.8	110.7
2007	113.2	104.9	112.0	119.0	113.6	112.9
2008	112.2	106.8	110.3	116.5	110.5	111.9
2009	112.9	104.1	110.8	118.7	108.2	114.3
2010	113.7	104.3	119.1	113.1	120.9	115.3
2011	114.0	104.1	121.4	112.7	123.9	115.8
2012	114.3	104.8	120.0	113.4	123.4	114.7
2013	112.1	103.0	117.4	110.7	119.7	112.6
2014	111.2	104.6	115.8	109.0	117.0	111.5
2015	109.5	104.5	109.0	111.8	108.3	109.8
2016	108.6	103.9	109.8	109.3	108.8	109.0
2017	109.2	105.1	112.2	107.9	113.2	109.8
2018	109.1	103.9	111.9	108.2	113.2	109.6
2019	106.1	104.6	105.3	107.6	106.3	106.9
2020	100.9	104.2	99.8	100.7	99.1	102.5
2021	108.2	106.4	107.9	109.1	109.2	109.5
榆林市 Yulin						
2005	122.2	103.2	132.4	112.3	133.1	121.3
2006	118.0	108.4	124.4	109.2	125.0	123.8
2007	120.1	106.6	125.5	112.3	126.2	119.5
2008	121.5	108.4	125.8	114.9	126.0	120.9
2009	111.8	105.7	110.2	116.5	109.6	111.5
2010	117.8	107.0	120.8	113.0	121.1	117.6
2011	114.7	110.1	116.5	110.9	116.8	114.4
2012	111.5	110.2	112.7	108.1	112.7	110.6
2013	108.5	107.8	109.0	107.2	109.0	107.4
2014	109.6	108.4	110.8	106.2	110.9	108.3
2015	104.8	107.5	104.1	106.3	104.2	103.5
2016	106.3	103.4	105.0	109.5	104.5	105.5
2017	107.6	104.8	106.6	110.2	106.1	107.0
2018	109.0	102.9	108.2	112.0	108.0	108.1
2019	107.1	104.0	107.8	106.6	108.0	106.5
2020	104.8	102.3	105.8	103.5	106.1	104.4
2021	107.9	105.6	107.6	109.2	108.3	107.7

3-13 续表 3 continued

(上年=100) (preceding year=100)

地 区 年 份 Region Year	生产总值 Gross Domestic Product	第一产业 Primary Industry	第二产业 Secondary Industry	第三产业 Tertiary Industry	# 工 业 Industry	人均生产总值 Per Capita GDP
安康市 Ankang						
2005	108.8	110.4	105.3	110.1	104.3	108.7
2006	109.5	107.7	107.7	111.7	107.2	109.5
2007	112.5	106.3	112.3	116.2	114.6	112.4
2008	114.1	107.7	116.6	115.9	115.3	113.9
2009	113.3	104.8	116.1	115.8	112.8	113.7
2010	113.6	105.2	119.6	113.8	122.8	114.1
2011	113.8	105.3	120.9	112.6	125.0	114.0
2012	115.2	105.6	121.5	114.5	128.2	115.6
2013	112.6	105.3	117.8	111.1	121.0	113.0
2014	111.0	105.5	115.0	109.4	116.9	111.2
2015	112.1	104.8	112.9	114.2	114.2	112.3
2016	110.4	104.1	112.8	110.3	114.6	110.9
2017	109.8	104.8	112.1	108.9	114.4	110.2
2018	109.7	103.9	111.7	109.5	113.5	110.3
2019	107.9	104.3	109.8	107.0	108.9	108.7
2020	90.8	103.4	81.3	98.3	78.2	91.9
2021	107.5	106.0	107.6	107.9	110.4	108.6
商洛市 Shangluo						
2005	108.1	107.7	105.5	110.3	106.4	107.1
2006	109.2	106.1	103.9	113.3	108.6	108.6
2007	111.9	106.3	109.0	116.1	112.7	111.7
2008	113.8	107.2	113.6	116.6	114.5	113.5
2009	111.9	105.0	109.9	115.6	103.9	112.8
2010	112.7	105.3	116.1	113.6	122.0	112.8
2011	112.8	105.2	117.6	112.3	123.2	113.7
2012	113.6	105.9	118.1	113.5	126.0	114.9
2013	111.6	104.9	115.8	110.8	121.2	112.8
2014	109.9	100.4	114.1	109.8	117.4	110.8
2015	111.0	104.4	111.5	112.9	114.6	111.7
2016	109.2	103.7	111.6	108.8	114.2	110.0
2017	108.7	104.1	110.6	108.5	113.4	109.7
2018	107.9	103.5	109.5	107.7	111.8	108.9
2019	105.3	104.7	106.6	104.1	107.5	106.8
2020	88.7	102.9	75.4	99.0	78.1	91.5
2021	109.5	106.0	112.8	108.3	114.5	112.3
杨凌示范区 Yangling						
2005	116.3	114.2	111.6	121.1	110.7	113.7
2006	112.8	114.8	106.0	118.9	107.4	111.0
2007	114.8	106.7	105.5	124.1	98.6	113.0
2008	113.1	106.9	105.0	119.8	98.6	111.6
2009	112.9	105.4	114.5	112.9	98.7	100.3
2010	114.4	106.6	118.1	113.0	120.2	102.9
2011	115.3	107.0	118.8	113.2	120.3	112.7
2012	114.4	107.0	117.2	112.6	119.3	112.0
2013	113.5	104.9	115.1	113.1	116.3	113.5
2014	112.1	104.9	114.1	110.9	113.7	109.5
2015	111.9	104.6	111.0	113.8	110.1	109.3
2016	110.2	104.2	112.5	108.8	112.9	107.7
2017	109.1	104.2	113.7	105.2	113.5	106.7
2018	109.0	103.4	112.5	106.0	110.9	106.7
2019	106.2	104.3	103.4	109.4	107.1	101.9
2020	89.1	104.1	78.5	98.6	91.9	87.3
2021	102.2	106.2	96.5	106.3	97.1	101.3

3-14 各市(区)非公有制经济增加值
Value-added of Non-public Economy by City(District)

地　区	Region	非公有制经济增加值(亿元) Value-added of Non-public Economy (100 million yuan)					
		2016	2017	2018	2019	2020	2021
西安市	Xi'an	3377.28	3931.72	4539.52	5109.00	5319.19	5721.03
铜川市	Tongchuan	139.44	156.74	166.20	186.60	192.90	223.91
宝鸡市	Baoji	859.03	970.52	1077.22	1150.83	1143.98	1312.87
咸阳市	Xianyang	1073.40	1009.70	1142.69	1175.02	1133.02	1379.21
渭南市	Weinan	698.20	778.43	855.66	916.80	885.51	1011.47
延安市	Yan'an	282.54	377.06	455.77	500.89	461.39	595.08
汉中市	Hanzhong	577.65	670.44	758.06	847.23	828.83	949.64
榆林市	Yulin	1144.40	1391.32	1634.56	1773.51	1695.80	2206.26
安康市	Ankang	457.51	551.56	632.09	715.90	649.78	726.02
商洛市	Shangluo	336.88	373.69	435.86	475.92	393.15	480.49
杨凌示范区	Yangling	67.14	78.65	89.12	94.14	78.34	82.38

3-14 续表 continued

地　区	Region	非公有制经济增加值占生产总值比重(%) Value-added of Non-public Economy as Percentage of GDP (%)					
		2016	2017	2018	2019	2020	2021
西安市	Xi'an	52.8	53.0	53.4	54.4	53.1	53.5
铜川市	Tongchuan	51.6	52.1	50.1	50.5	51.3	51.0
宝鸡市	Baoji	50.4	50.7	51.0	52.0	50.1	51.5
咸阳市	Xianyang	53.0	52.7	53.5	53.2	52.1	53.4
渭南市	Weinan	49.5	50.3	49.6	49.9	47.7	48.5
延安市	Yan'an	26.1	28.8	29.3	30.0	29.0	29.7
汉中市	Hanzhong	51.5	52.1	53.0	54.3	52.0	53.7
榆林市	Yulin	42.0	42.4	42.8	42.7	40.9	40.6
安康市	Ankang	55.5	58.1	59.3	60.6	59.6	60.0
商洛市	Shangluo	54.2	55.2	56.2	57.2	53.0	56.4
杨凌示范区	Yangling	55.5	57.6	57.9	55.7	51.6	52.2

注：本表按当年价格计算。
a) Data in this table are calculated at current prices.

3－15　各县(市、区)生产总值(2021年)
Gross Domestic Product by County (City and District)(2021)

地　区	Region	生产总值(亿元) Gross Domestic Product (100 million yuan)	生产总值比上年增长(%) Growth Rate of GDP over Preceding Year(%)	地　区	Region	生产总值(亿元) Gross Domestic Product (100 million yuan)	生产总值比上年增长(%) Growth Rate of GDP over Preceding Year(%)
西安市	**Xi'an**			麟游县	Linyou	179.00	4.2
新城区	Xincheng	639.96	6.6	凤　县	Fengxian	91.50	5.9
碑林区	Beilin	1098.86	1.1	太白县	Taibai	45.55	9.8
莲湖区	Lianhu	831.08	0.3	**咸阳市**	**Xianyang**		
灞桥区	Baqiao	606.85	7.7	秦都区	Qindu	442.01	11.2
未央区	Weiyang	1437.23	3.7	渭城区	Weicheng	306.46	8.7
雁塔区	Yanta	2725.20	4.1	三原县	Sanyuan	236.09	11.8
阎良区	Yanliang	264.84	4.1	泾阳县	Jingyang	116.78	8.6
临潼区	Lintong	260.11	3.6	乾　县	Qianxian	175.81	10.5
长安区	Chang'an	1269.45	7.8	礼泉县	Liquan	172.13	9.7
高陵区	Gaoling	384.72	0.1	永寿县	Yongshou	94.59	8.3
鄠邑区	Huyi	266.05	8.1	长武县	Changwu	118.32	1.5
蓝田县	Lantian	151.70	6.2	旬邑县	Xunyi	105.93	7.3
周至县	Zhouzhi	146.39	5.4	淳化县	Chunhua	90.74	8.1
铜川市	**Tongchuan**			武功县	Wugong	171.35	8.3
王益区	Wangyi	103.26	7.4	兴平市	Xingping	280.95	10.6
印台区	Yintai	77.33	6.3	彬州市	bingzhou	270.16	0.1
耀州区	Yaozhou	216.08	7.7	**渭南市**	**Weinan**		
宜君县	Yijun	42.74	8.6	临渭区	Linwei	511.29	9.8
宝鸡市	**Baoji**			华州区	Huazhou	111.98	14.2
渭滨区	Weibin	587.77	6.0	潼关县	Tongguan	47.37	6.3
金台区	Jintai	400.27	6.3	大荔县	Dali	192.46	10.1
陈仓区	Chencang	241.37	6.1	合阳县	Heyang	123.91	8.6
凤翔区	Fengxiang	264.30	6.5	澄城县	Chengcheng	113.72	8.6
岐山县	Qishan	174.71	0.2	蒲城县	Pucheng	226.00	6.7
扶风县	Fufeng	173.57	8.0	白水县	Baishui	93.68	9.6
眉　县	Meixian	199.80	7.0	富平县	Fuping	214.66	6.0
陇　县	Longxian	108.85	7.5	韩城市	Hancheng	374.52	5.4
千阳县	Qianyang	82.01	7.2	华阴市	Huayin	77.60	7.7

3-15 续表 continued

地 区	Region	生产总值(亿元) Gross Domestic Product (100 million yuan)	生产总值比上年增长(%) Growth Rate of GDP over Preceding Year(%)	地 区	Region	生产总值(亿元) Gross Domestic Product (100 million yuan)	生产总值比上年增长(%) Growth Rate of GDP over Preceding Year(%)
延安市	**Yan'an**			靖边县	Jingbian	450.02	8.2
宝塔区	Baota	416.47	7.0	定边县	Dingbian	341.72	3.5
安塞区	Ansai	145.72	7.5	绥德县	Suide	111.17	6.0
延长县	Yanchang	68.49	10.8	米脂县	Mizhi	70.07	6.1
延川县	Yanchuan	118.97	11.7	佳 县	Jiaxian	71.76	7.1
志丹县	Zhidan	196.41	4.3	吴堡县	Wubu	31.27	6.1
吴起县	Wuqi	210.49	4.0	清涧县	Qingjian	69.65	6.2
甘泉县	Ganquan	33.07	9.3	子洲县	Zizhou	77.29	6.0
富 县	Fuxian	83.13	6.7	神木市	Shenmu	1848.18	8.9
洛川县	Luochuan	279.05	11.2	**安康市**	**Ankang**		
宜川县	Yichuan	45.57	7.2	汉滨区	Hanbin	407.27	7.8
黄龙县	Huanglong	22.53	11.6	汉阴县	Hanyin	110.91	8.2
黄陵县	Huangling	248.99	10.8	石泉县	Shiquan	93.89	8.1
子长市	Zichang	135.67	7.1	宁陕县	Ningshan	24.34	5.2
汉中市	**Hanzhong**			紫阳县	Ziyang	107.84	5.5
汉台区	Hantai	416.43	8.0	岚皋县	Langao	55.00	7.5
南郑区	Nanzheng	239.75	3.8	平利县	Pingli	104.07	7.8
城固县	Chenggu	282.44	10.0	镇坪县	Zhenping	26.19	8.5
洋 县	Yangxian	192.90	9.0	白河县	Baihe	79.24	6.6
西乡县	Xixiang	133.98	7.2	旬阳市	Xunyang	200.74	7.7
勉 县	Mianxian	178.74	8.6	**商洛市**	**Shangluo**		
宁强县	Ningqiang	124.99	12.3	商州区	Shangzhou	151.57	9.2
略阳县	Lueyang	69.70	5.7	洛南县	Luonan	137.91	9.6
镇巴县	Zhenba	94.69	10.4	丹凤县	Danfeng	99.51	9.2
留坝县	Liuba	22.05	9.0	商南县	Shangnan	94.06	9.4
佛坪县	Foping	13.05	8.9	山阳县	Shanyang	171.75	9.6
榆林市	**Yulin**			镇安县	Zhen'an	100.22	9.8
榆阳区	Yuyang	1354.64	10.9	柞水县	Zhashui	97.27	10.1
横山区	Hengshan	273.47	10.8	**杨凌示范区**	**Yangling**		
府谷县	Fugu	735.88	2.3	杨陵区	Yangling	157.78	2.2

注：1.本表数据为快报数。
2.本表生产总值按当年价格计算，增长速度按不变价格计算。

a) Data in this table are from annual statistical reporting forms.

b) Gross domestic product in this table are calculated at current prices.The growth rates are calculated at constant prices.

主要统计指标解释

三次产业 指根据社会生产活动历史发展的顺序对产业结构的划分。目前我国的三次产业划分是：

第一产业是指农、林、牧、渔业（不含农、林、牧、渔服务业）。

第二产业是指采矿业（不含开采辅助活动），制造业（不含金属制品、机械和设备修理业），电力、热力、燃气及水生产和供应业，建筑业。

第三产业即服务业，是指除第一产业、第二产业以外的其他行业。

国内生产总值(GDP) 指按市场价格计算的一个国家(或地区)所有常住单位在一定时期内生产活动的最终成果。国内生产总值有三种表现形态，即价值形态、收入形态和产品形态。从价值形态看，它是所有常住单位在一定时期内生产的全部货物和服务价值超过同期投入的全部非固定资产货物和服务价值的差额，即所有常住单位的增加值之和；从收入形态看，它是所有常住单位在一定时期内创造并分配给常住单位和非常住单位的初次收入之和；从产品形态看，它是所有常住单位在一定时期内最终使用的货物和服务价值与货物和服务净出口价值之和。在实际核算中，国内生产总值有三种计算方法，即生产法、收入法和支出法。三种方法分别从不同的方面反映国内生产总值及其构成。

对于一个地区来说，称为地区生产总值或地区 GDP。

劳动者报酬 指劳动者从事生产活动应获得的全部报酬，既包括货币形式的报酬，也包括实物形式的报酬。主要包括工资、奖金、津贴和补贴，单位为其员工交纳的社会保险费、补充社会保险费和住房公积金、行政事业单位职工的离退休金、单位为其员工提供的其他各种形式的福利和报酬等。

生产税净额 指生产税减生产补贴后的差额。其中，生产税指政府对生产单位从事生产、销售和经营活动，以及因从事生产活动使用某些生产要素（如固定资产和土地等）所征收的各种税收、附加费和其他规费。生产税分为产品税和其他生产税，产品税主要有：增值税、消费税、进口关税、出口税等；其他生产税主要有：房产税、车船使用税、城镇土地使用税等。生产补贴则相反，它是政府为影响生产单位的生产、销售及定价等生产活动而对其提供的无偿支付，包括农业生产补贴、政策亏损补贴、进口补贴等。生产补贴作为负生产税处理。

固定资产折旧 指由于自然退化、正常淘汰或损耗而导致的固定资产价值下降，用以代表固定资产通过生产过程被转移到其产出中的价值。原则上，固定资产折旧应按照固定资产的重置价值计算。

营业盈余 指常住单位创造的增加值扣除劳动者报酬、生产税净额和固定资产折旧后的余额。

支出法国内生产总值 是从最终使用的角度反映一个国家(或地区)一定时期内生产活动最终成果的一种方法，包括最终消费支出、资本形成总额及货物和服务净出口三部分。计算公式为：

支出法国内生产总值=最终消费支出+资本形成总额+货物和服务净出口

Explanatory Notes on Main Statistical Indicators

Three Strata of Industry Classification of economic activities into three strata of industry is a common practice in the world, although the grouping varies to some extent from country to country. In China economic activities are categorized into the following three strata of industry:

Primary industry refers to agriculture, forestry, animal husbandry and fishery(do not include services in support of these industries).

Secondary industry refers to mining and quarrying (do not include support activities for mining), manufacturing (do not include repair service of metal products, machinery and equipment), production and supply of electricity, water and gas, and construction.

Tertiary industry refers to all other economic activities not included in the primary or secondary industries.

Gross Domestic Product (GDP) refers to the final products at market prices produced by all resident units in a country (or a region) during a certain period of time. Gross domestic product is expressed in three different perspectives, namely value, income, and products respectively. GDP in its value perspective refers to the total value of all goods and services produced by all resident units during a certain period of time, minus the total value of input of goods and services of the nature of non-fixed assets; in other words, it is the sum of the value-added of all resident units. GDP from the perspective of income includes the primary income created by all resident units and distributed to resident and non-resident units. GDP from the perspective of products refers to the value of all goods and services for final demand by all resident units plus the net exports of goods and services during a given period of time. In the practice of national accounting, gross domestic product is calculated from three approaches, namely production approach, income approach and expenditure approach, which reflect gross domestic product and its composition from different angles.

For a region, it is called as Gross Regional Product(GRP) or regional GDP.

Compensation of Employees refers to the total payment of various forms to employees for the productive activities they are engaged in. It includes the employees earn in cash or in kind. It mainly include: wages, bonuses and allowances, subsidies, social insurance paid by company or unit for its staff, supplementary social insurance, housing fund, the pension for the employees of the administrative institution, other forms of welfare and remuneration provide by the units for its employees.

Net Taxes on Production refers to taxes on production less subsidies on production. The taxes on production refers to the various taxes, extra charges and fees levied on the production units on their production, sale and business activities as well as on the use of some factors of production, such as fixed assets, land etc. in the production activities they are engaged in. Taxes on production are divided into product tax and other kinds of taxes on production, product tax mainly includes: value-added tax, consumption tax, import duty, export duty; other taxes on production mainly include: House Property Tax, Tax on Vehicles and Boat Operation, Urban Land Use Tax, etc. In contrast to taxes on production, subsidies on production refer to the payment by the government for free to the production units to influence production activities of production units such as production, sales and pricing, which include agricultural production subsidies, subsidies for policy losses, import subsidies, etc. Subsidies on production are therefore regarded as negative taxes on production.

Depreciation of Fixed Assets Refers to the decline of the value of fixed assets due to natural deterioration, normal elimination or loss, it reflects the value of transfer of the fixed assets in the production of the current period. In principle, the depreciation of fixed assets should be calculated on the basis of the re-purchased value of the fixed assets.

Operating Surplus refers to the balance of the value added created by the resident units after deducting the labourers remuneration, net taxes on production and the depreciation of fixed assets.

GDP by Expenditure Approach refers to the method of measuring the final results of production activities of a country (region) during a given period from the perspective of final uses. It includes final consumption expenditure, gross capital formation and net export of goods and services. The formula for computation is.:

GDP by expenditure approach = final consumption expenditure + gross capital formation + net export of goods and services

四、人　口

Population

资料整理：李　艳

简 要 说 明

一、本篇资料反映陕西人口发展变化基本情况，主要内容和数据来源：

1．年末常住人口、性别比例、年龄比例、城镇人口比例以及人口出生率、人口死亡率和人口自然增长率等，数据根据人口普查、1%人口抽样调查或年度人口变动情况抽样调查推算所得，2001—2009年年末常住人口根据2010年第六次全国人口普查数据进行了调整。

2．户籍人口资料数据来源于省公安厅人口统计年报。

二、人口统计调查方法

目前人口统计调查有：在逢“0”的年份进行全国人口普查；在逢“5”的年份进行全国1%人口抽样调查；其余年份进行人口变动情况抽样调查。

Brief Introduction

I. This chapter reflects the basic conditions of development and changes of population in Shaanxi, including mainly:

1. Permanent population at the year-end, proportion of population by sex, proportion of population by age, proportion of urban population, birth rate, death rate and natural growth rate of population. The data are estimated by Shaanxi Provincial Bureau of Statistics on the basis of population censuses, the one percent sample survey on population, or annual sample surveys on population changes. Permanent Population at the Year-end from 2001 to 2009 have been adjusted in accordance with the flash sums of the 6th National Population Census in 2010.

2. The total population with residence registration are obtained from the annual reports of population of Shaanxi Provincial Department of Public Security.

II. Sampling Methodology

The statistical surveys on population are as follows:

The national population census is conducted in the year ending with 0; the national 1 percent population sample survey is conducted in the year ending with 5; sample surveys on population changes are conducted in the rest of the years.

4.人　口

2021 年全省

年底常住人口	3954	万人	
# 城镇人口	2516	万人	占总人口比重为 63.63%
# 65岁及以上人口	553	万人	占总人口比重为 13.99%
男女性别比（以女性为100）	104.24		
人口密度	192	人/平方公里	

人口年龄构成

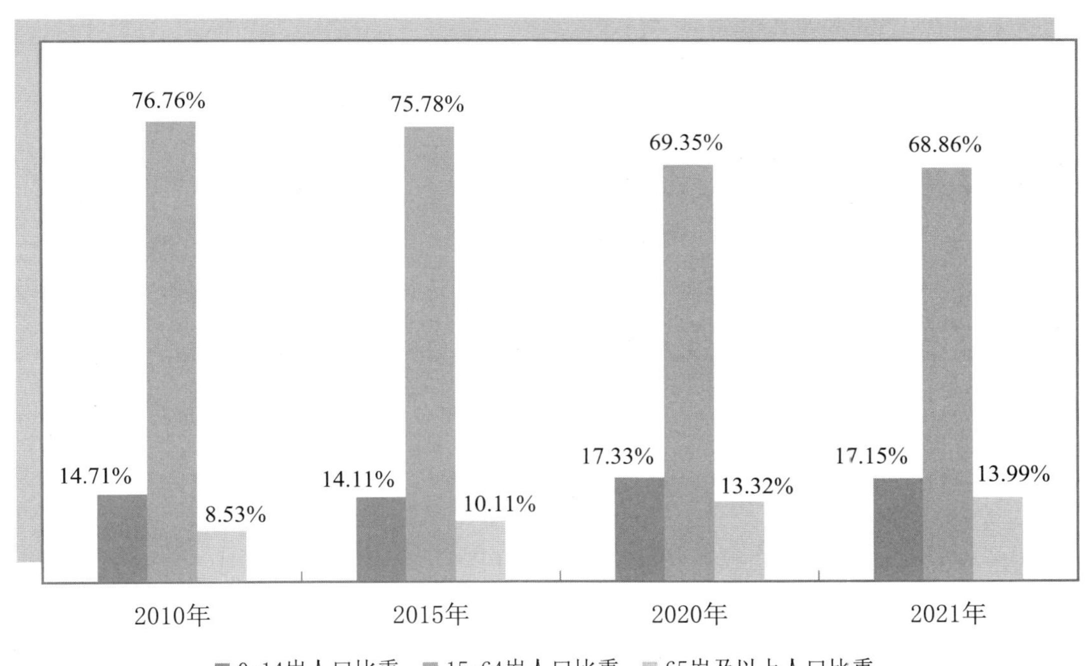

4-1 人口数和构成

Population and Its Composition

单位：万人 (10 000 persons)

年份 Year	年底总人口 Total Population at Year-end	按性别分 By Sex				按城乡分 By Residence			
		男 Male		女 Female		城镇 Urban		乡村 Rural	
		人口数 Population	比重(%) Proportion	人口数 Female	比重(%) Proportion	人口数 Female	比重(%) Proportion	人口数 Female	比重(%) Proportion
1978	2779	1444	51.96	1335	48.04	454		2325	
1979	2807	1456	51.87	1351	48.13	469		2339	
1980	2831	1468	51.85	1363	48.15	522		2309	
1981	2865	1486	51.87	1379	48.13	535		2329	
1982	2904	1507	51.89	1397	48.11	548		2356	
1983	2931	1525	52.03	1406	47.97	577		2354	
1984	2966	1546	52.12	1420	47.88	1111		1865	
1985	3002	1566	52.17	1436	47.83	1167		1834	
1986	3042	1588	52.20	1454	47.80	1203		1839	
1987	3088	1613	52.23	1476	47.80	1244		1844	
1988	3140	1640	52.23	1500	47.77	1405		1735	
1989	3198	1671	52.25	1527	47.75	1438		1759	
1990	3316	1727	52.08	1589	47.92	1501		1815	
1991	3363	1754	52.16	1609	47.84	1539		1824	
1992	3405	1777	52.19	1628	47.81	1576		1829	
1993	3443	1799	52.25	1644	47.75	1654		1789	
1994	3481	1819	52.26	1662	47.74	1668		1813	
1995	3513	1836	52.26	1677	47.74	1738		1775	
1996	3543	1842	51.99	1701	48.01	1939		1604	
1997	3570	1866	52.27	1704	47.73	2279		1291	
1998	3596	1879	52.25	1717	47.75	2547		1049	
1999	3618	1892	52.29	1726	47.71	2593		1025	
2000	3644	1896	52.03	1748	47.97	1176	32.27	2468	67.73
2001	3653	1879	51.44	1774	48.56	1228	33.62	2425	66.38
2002	3662	1882	51.39	1780	48.61	1268	34.63	2394	65.37
2003	3672	1883	51.28	1789	48.72	1305	35.54	2367	64.46
2004	3681	1893	51.43	1788	48.57	1338	36.35	2343	63.65
2005	3690	1899	51.46	1791	48.54	1374	37.24	2316	62.76
2006	3699	1902	51.42	1797	48.58	1447	39.12	2252	60.88
2007	3708	1906	51.40	1802	48.60	1506	40.62	2202	59.38
2008	3718	1911	51.40	1807	48.60	1565	42.10	2153	57.90
2009	3727	1916	51.41	1811	48.59	1621	43.50	2106	56.50
2010	3735	1930	51.67	1805	48.33	1707	45.70	2028	54.30
2011	3765	1942	51.58	1823	48.42	1783	47.35	1982	52.65
2012	3787	1956	51.65	1831	48.35	1883	49.71	1904	50.29
2013	3804	1964	51.64	1840	48.36	1962	51.57	1842	48.43
2014	3827	1975	51.62	1852	48.38	2029	53.01	1798	46.99
2015	3846	1986	51.63	1860	48.37	2105	54.74	1741	45.26
2016	3874	2001	51.65	1873	48.35	2185	56.39	1689	43.61
2017	3904	2016	51.63	1888	48.37	2267	58.07	1637	41.93
2018	3931	2028	51.60	1903	48.40	2345	59.65	1586	40.35
2019	3944	2035	51.60	1909	48.40	2417	61.28	1527	38.72
2020	3955	2024	51.17	1931	48.83	2478	62.66	1477	37.34
2021	3954	2018	51.04	1936	48.96	2516	63.63	1438	36.37

注：1.1990年以前为公安年报数，1990年及以后为人口普查及人口变动情况抽样调查推算的常住人口数。
2.2011—2019年数据根据第七次全国人口普查数据修订。
3.城乡人口，2000年以前按乡(镇、街办)级行政区域统计，2000年及以后是以《国家统计局统计上划分城乡的规定》为标准的人口普查和人口变动抽样调查推算数。

a) Data before 1990 were taken from the statistics of household registration.Since 1990, data have been estimated on the basis of the national population census or usual residents of the annual national sample surveys on population changes.

b) Data of population from 2011 to 2019 were adjusted according to the seventh national census.

c) Data by residence before 2000 were from the divisions of administrative areas. Since 2000, data have been estimated on the national population census and the basis of the annual national sample surveys on population changes,which regard "The provisions on the division of urban and rural areas" as standard.

4-2　人口自然变动情况
Population Natural Changes

年　份 Year	出生人口 (万人) Births (10 000 persons)	死亡人口 (万人) Deaths (10 000 persons)	出生率 (‰) Birth Rate (‰)	死亡率 (‰) Death Rate (‰)	自然增长率 (‰) Natural Growth Rate (‰)
1953	53.4	18.0	34.00	11.46	22.54
1964	83.1	33.3	40.00	16.00	24.00
1982	54.9	19.3	19.02	6.70	12.30
1990	77.2	21.4	23.48	6.52	16.96
1991	66.2	21.7	19.82	6.51	13.31
1992	63.8	22.2	18.85	6.57	12.28
1993	60.4	22.4	17.63	6.55	11.08
1994	60.9	22.9	17.59	6.60	10.99
1995	55.7	23.0	15.93	6.57	9.36
1996	52.9	23.0	14.99	6.51	8.48
1997	49.5	22.4	13.91	6.29	7.62
1998	48.6	23.0	13.56	6.43	7.13
1999	45.1	23.0	12.51	6.38	6.13
2000	45.4	23.1	12.50	6.36	6.14
2001	38.4	23.2	10.50	6.34	4.16
2002	38.4	23.3	10.48	6.36	4.12
2003	39.2	23.4	10.67	6.38	4.29
2004	39.0	23.3	10.59	6.33	4.26
2005	37.0	22.2	10.02	6.01	4.01
2006	37.7	22.8	10.19	6.15	4.04
2007	37.9	22.8	10.21	6.16	4.05
2008	38.3	23.1	10.29	6.21	4.08
2009	38.2	23.3	10.24	6.24	4.00
2010	36.3	22.4	9.73	6.01	3.72
2011	36.5	22.7	9.75	6.06	3.69
2012	38.0	23.4	10.12	6.24	3.88
2013	37.6	23.1	10.01	6.15	3.86
2014	38.2	23.6	10.13	6.26	3.87
2015	38.2	23.8	10.10	6.28	3.82
2016	40.5	23.7	10.64	6.23	4.41
2017	42.5	23.9	11.11	6.24	4.87
2018	41.1	24.0	10.67	6.24	4.43
2019	40.8	24.3	10.55	6.28	4.27
2020	35.3	28.1	8.95	7.11	1.84
2021	31.2	29.2	7.89	7.38	0.51

注：本表为人口普查、人口变动情况抽样调查数。
a) Data in this table are obtained from the national population census and the annual national sample surveys on population changes.

4—3 人口年龄结构和抚养比
Age Composition and Dependency Ration of Population

单位：% (%)

年 份 Year	各年龄段人口比重 Percentage to Tatal Population By Age			总抚养比 Gross Dependency Ratio	少年儿童 Children Dependency Ratio	老年人口 Old Dependency Ratio
	0—14岁 Aged 0-14	15—64岁 Aged 15-64	65岁及以上 Aged 65 and Over			
1953	36.71	59.25	4.04	68.78	61.96	6.82
1964	41.26	55.23	3.51	81.06	74.71	6.35
1982	33.06	62.40	4.57	60.30	52.98	7.32
1990	28.88	65.98	5.15	51.57	43.77	7.80
1991	30.21	64.07	5.72	56.08	47.15	8.93
1992	30.15	64.19	5.66	55.78	46.96	8.82
1993	29.30	65.09	5.61	53.64	45.02	8.62
1994	28.31	66.43	5.26	50.53	42.62	7.91
1995	28.88	65.40	5.72	52.90	44.16	8.74
1996	28.90	65.11	6.00	53.59	44.38	9.21
1997	27.63	66.52	5.85	50.33	41.54	8.79
1998	27.15	66.15	6.70	51.16	41.04	10.12
1999	26.28	66.58	7.14	50.21	39.48	10.73
2000	25.02	69.04	5.94	44.84	36.24	8.60
2001	24.49	68.78	6.73	45.39	35.61	9.78
2002	22.35	69.64	8.01	43.60	32.09	11.51
2003	20.90	71.35	7.75	40.15	29.29	10.86
2004	19.81	72.54	7.65	37.86	27.31	10.55
2005	19.76	71.66	8.58	39.55	27.57	11.97
2006	18.70	72.70	8.60	37.55	25.72	11.83
2007	18.13	72.91	8.96	37.16	24.87	12.29
2008	17.75	73.28	8.97	36.46	24.22	12.24
2009	17.05	73.84	9.11	35.43	23.09	12.34
2010	14.71	76.76	8.53	30.27	19.16	11.11
2011	14.55	76.74	8.71	30.31	18.96	11.35
2012	14.42	76.61	8.97	30.53	18.82	11.71
2013	14.30	76.27	9.43	31.11	18.75	12.36
2014	14.10	75.93	9.97	31.70	18.57	13.13
2015	14.11	75.78	10.11	31.96	18.62	13.34
2016	14.13	75.51	10.36	32.43	18.71	13.72
2017	14.34	74.86	10.80	33.58	19.16	14.43
2018	14.50	74.12	11.38	34.92	19.56	15.35
2019	14.65	73.51	11.84	36.04	19.93	16.11
2020	17.33	69.35	13.32	44.20	24.99	19.21
2021	17.15	68.86	13.99	45.23	24.91	20.32

注：本表为人口普查、人口变动情况抽样调查数。抚养比指0—14岁、65岁及以上人口占15—64岁人口的比重。

a) Data in this table are obtained from the national population census and the annual national sample surveys on population changes.Dependency ratio refers to the population aged 0-14,65 and over as percentage of the population aged 15-64.

4-4　60岁及以上人口和比重
Population and Percentage of People Aged 60 and Over

年　份 Year	60岁及以上人口 Population Aged 60 and Over		65岁及以上人口 Population Aged 65 and Over	
	人口数(万人) Population (10 000 persons)	占总人口比重(%) Percentage to Tatal Population(%)	人口数(万人) Population (10 000 persons)	占总人口比重(%) Percentage to Tatal Population(%)
1953	101.50	6.74	60.74	4.04
1964	125.21	6.03	72.88	3.51
1982	215.17	7.44	131.99	4.57
1990	251.50	7.65	169.40	5.15
2000	341.23	9.47	216.45	5.94
2010	479.66	12.85	318.41	8.53
2011	495.78	13.25	325.98	8.71
2012	520.10	13.86	336.65	8.97
2013	551.39	14.65	354.92	9.43
2014	584.28	15.48	376.38	9.97
2015	601.10	15.85	383.46	10.11
2016	619.17	16.24	394.99	10.36
2017	644.85	16.81	414.23	10.80
2018	674.77	17.46	439.72	11.38
2019	702.37	18.12	458.94	11.84
2020	759.36	19.20	526.81	13.32
2021	774.00	19.58	553.00	13.99

注：本表为人口普查、人口变动情况抽样调查数。
a) Data in this table are obtained from the national population census and the annual national sample surveys on population changes.

4-5 各市(区)常住人口和城镇人口比重
Usual Residents and Proportion of Urban Population by City(District)

地 区	Region	常住人口(万人) Usual Residents (10 000 persons)											
		2010	2011	2012	2013	2014	2015	2016	2017	2018	2019	2020	2021
全 省	**Shaanxi**	**3735**	**3765**	**3787**	**3804**	**3827**	**3846**	**3874**	**3904**	**3931**	**3944**	**3955**	**3954**
西安市	Xi'an	847	887	914	936	960	988	1030	1134	1191	1235	1296	1287
铜川市	Tongchuan	84	83	82	81	80	78	77	76	75	73	71	71
宝鸡市	Baoji	372	371	370	369	368	365	359	353	348	341	332	328
咸阳市	Xianyang	490	487	485	483	480	476	472	409	407	403	396	421
渭南市	Weinan	529	525	523	521	519	517	514	512	490	483	469	463
延安市	Yan'an	219	220	222	225	227	229	231	232	232	230	228	227
汉中市	Hanzhong	342	341	339	338	337	336	334	332	331	327	321	319
榆林市	Yulin	335	337	341	344	349	353	354	357	360	361	363	362
安康市	Ankang	263	262	261	260	260	259	258	257	255	253	249	248
商洛市	Shangluo	234	231	229	226	225	223	222	219	218	213	205	203
杨凌示范区	Yangling	20	21	21	21	22	22	23	23	24	25	25	25

4-5 续表 continued

地 区	Region	城镇人口比重(%) Proportion of Urban Population(%)											
		2010	2011	2012	2013	2014	2015	2016	2017	2018	2019	2020	2021
全 省	**Shaanxi**	**45.70**	**47.35**	**49.71**	**51.57**	**53.01**	**54.74**	**56.39**	**58.07**	**59.65**	**61.28**	**62.66**	**63.63**
西安市	Xi'an	69.00	69.90	72.13	73.61	74.47	75.68	76.65	77.12	77.85	78.78	79.20	79.49
铜川市	Tongchuan	57.89	58.28	59.80	60.71	61.12	61.84	62.38	62.54	62.93	63.49	63.67	64.20
宝鸡市	Baoji	41.39	42.78	45.03	46.86	48.32	50.02	51.59	52.83	54.25	55.82	57.04	58.74
咸阳市	Xianyang	41.02	42.29	44.40	46.10	47.43	49.00	50.44	51.56	52.87	54.32	55.44	57.25
渭南市	Weinan	31.58	33.10	35.32	37.24	38.91	40.79	42.60	44.15	45.87	47.73	49.31	51.07
延安市	Yan'an	48.34	49.49	51.61	53.23	54.41	55.86	57.15	58.07	59.19	60.47	61.37	61.80
汉中市	Hanzhong	37.08	38.28	40.26	41.86	43.13	44.64	46.03	47.14	48.43	49.85	50.96	52.26
榆林市	Yulin	47.41	48.68	50.91	52.64	53.95	55.51	56.92	57.96	59.20	60.59	61.60	62.10
安康市	Ankang	34.60	35.92	37.98	39.71	41.13	42.77	44.32	45.60	47.05	48.63	49.92	51.60
商洛市	Shangluo	27.30	29.03	31.40	33.56	35.51	37.69	39.83	41.74	43.83	46.07	48.03	49.42
杨凌示范区	Yangling	52.17	53.50	55.87	57.68	59.01	60.63	62.06	63.08	64.32	65.70	66.67	67.90

注：本表2011—2019年数据根据第七次全国人口普查数据修订。

b) Data of population from 2011 to 2019 were adjusted according to the seventh national census.

4-6 各市、县(市、区)常住人口
Usual Residents by City and County (City and District)

单位：万人 (10 000 persons)

地 区	Region	2020	2021	地 区	Region	2020	2021
西安市	**Xi'an**	**1296**	**1287**	千阳县	Qianyang	9.95	9.80
新城区	Xincheng	61.80	62.25	麟游县	Linyou	7.33	7.10
碑林区	Beilin	75.80	76.96	凤 县	Fengxian	7.92	7.70
莲湖区	Lianhu	101.90	102.93	太白县	Taibai	3.96	3.90
灞桥区	Baqiao	102.10	102.96	**咸阳市**	**Xianyang**	**396**	**421**
未央区	Weiyang	155.60	158.83	秦都区	Qindu	49.16	64.68
雁塔区	Yanta	204.90	208.66	渭城区	Weicheng	30.35	30.26
阎良区	Yanliang	30.30	30.73	三原县	Sanyuan	35.73	35.50
临潼区	Lintong	67.60	68.13	泾阳县	Jingyang	24.17	32.17
长安区	Chang'an	158.60	162.24	乾 县	Qianxian	45.67	45.27
高陵区	Gaoling	44.20	45.75	礼泉县	Liquan	36.56	36.42
鄠邑区	Huyi	57.70	58.69	永寿县	Yongshou	16.02	16.00
蓝田县	Lantian	49.20	49.54	长武县	Changwu	14.84	14.82
周至县	Zhouzhi	55.70	55.99	旬邑县	Xunyi	21.19	21.16
西咸新区	Xixian	130.46	103.64	淳化县	Chunhua	14.18	14.15
铜川市	**Tongchuan**	**71**	**71**	武功县	Wugong	31.77	31.72
王益区	Wangyi	13.50	13.31	兴平市	Xingping	46.33	49.15
印台区	Yintai	13.40	13.15	彬州市	Binzhou	30.02	30.00
耀州区	Yaozhou	18.40	18.18	**渭南市**	**Weinan**	**469**	**463**
新 区	Xinqu	18.50	18.80	临渭区	Linwei	92.00	90.97
宜君县	Yijun	7.20	7.06	华州区	Huazhou	26.86	26.52
宝鸡市	**Baoji**	**332**	**328**	潼关县	Tongguan	12.53	12.37
渭滨区	Weibin	53.58	53.80	大荔县	Dali	59.29	58.54
金台区	Jintai	46.10	46.20	合阳县	Heyang	36.07	35.61
陈仓区	Chencang	47.92	47.10	澄城县	Chengcheng	30.41	30.03
凤翔区	Fengxiang	38.62	37.90	蒲城县	Pucheng	66.26	65.43
岐山县	Qishan	36.52	35.80	白水县	Baishui	22.38	22.10
扶风县	Fufeng	31.32	30.70	富平县	Fuping	64.25	63.44
眉 县	Meixian	28.12	27.90	韩城市	Hancheng	38.31	37.83
陇 县	Longxian	20.85	20.40	华阴市	Huayin	20.51	20.25

4-6 续表 continued

单位：万人 (10 000 persons)

地 区	Region	2020	2021	地 区	Region	2020	2021
延安市	**Yan'an**	**228**	**227**	靖边县	Jingbian	38.90	39.01
宝塔区	Baota	64.10	64.30	定边县	Dingbian	33.90	33.98
安塞区	Ansai	16.31	16.24	绥德县	Suide	25.60	25.43
延长县	Yanchang	11.80	11.65	米脂县	Mizhi	14.20	13.85
延川县	Yanchuan	13.97	13.70	佳 县	Jiaxian	11.40	10.43
志丹县	Zhidan	15.51	15.37	吴堡县	Wubu	5.50	5.22
吴起县	Wuqi	14.62	14.53	清涧县	Qingjian	11.60	11.37
甘泉县	Ganquan	7.69	7.62	子洲县	Zizhou	13.90	13.53
富 县	Fuxian	14.29	14.19	神木市	Shenmu	57.30	57.64
洛川县	Luochuan	20.17	20.01	**安康市**	**Ankang**	**249**	**248**
宜川县	Yichuan	11.21	11.13	汉滨区	Hanbin	89.49	89.12
黄龙县	Huanglong	4.12	4.07	汉阴县	Hanyin	24.02	23.86
黄陵县	Huangling	12.70	12.57	石泉县	Shiquan	15.32	15.22
子长市	Zichang	21.77	21.55	宁陕县	Ningshan	5.99	5.94
汉中市	**Hanzhong**	**321**	**319**	紫阳县	Ziyang	26.10	25.90
汉台区	Hantai	61.82	62.05	岚皋县	Langao	13.50	13.41
南郑区	Nanzheng	46.62	46.39	平利县	Pingli	18.13	18.01
城固县	Chenggu	44.20	43.90	镇坪县	Zhenping	4.74	4.70
洋 县	Yangxian	34.54	34.31	白河县	Baihe	16.28	16.17
西乡县	Xixiang	32.15	31.92	旬阳市	Xunyang	35.79	35.52
勉 县	Mianxian	34.49	34.22	**商洛市**	**Shangluo**	**205**	**203**
宁强县	Ningqiang	25.64	25.25	商州区	Shangzhou	47.53	46.96
略阳县	Lueyang	14.40	14.06	洛南县	Luonan	36.75	36.31
镇巴县	Zhenba	21.09	20.73	丹凤县	Danfeng	24.84	24.54
留坝县	Liuba	3.53	3.48	商南县	Shangnan	20.48	20.24
佛坪县	Foping	2.66	2.62	山阳县	Shanyang	36.18	35.75
榆林市	**Yulin**	**363**	**362**	镇安县	Zhen'an	25.50	25.20
榆阳区	Yuyang	96.80	97.61	柞水县	Zhashui	13.84	13.68
横山区	Hengshan	28.40	28.49	**杨凌示范区**	**Yangling**	**25**	**25**
府谷县	Fugu	25.60	25.62				

4−7　各市、县(市、区)总户数和户籍人口数(2021年)
Total Households and Population by City and County (City and District)(2021)

地　区	Region	总户数(户) Total Households (household)	户籍总人口(人) Total Population (person)	男 Male	女 Female
全　省	**Shaanxi**	**13590053**	**40813647**	**20972967**	**19840680**
西安市	**Xi'an**	**3212079**	**9994529**	**4962121**	**5032408**
新城区	Xincheng	185956	534438	262900	271538
碑林区	Beilin	234792	733519	361181	372338
莲湖区	Lianhu	281412	781039	380437	400602
灞桥区	Baqiao	233980	700378	339782	360596
未央区	Weiyang	361951	1097926	529061	568865
雁塔区	Yanta	455113	1431510	696690	734820
阎良区	Yanliang	90420	276461	138404	138057
临潼区	Lintong	240808	732055	370254	361801
长安区	Chang'an	420153	1327092	657658	669434
高陵区	Gaoling	118384	378372	186255	192117
鄠邑区	Huyi	192947	644827	329229	315598
蓝田县	Lantian	202167	657632	341713	315919
周至县	Zhouzhi	193996	699280	368557	330723
铜川市	**Tongchuan**	**275972**	**779542**	**402399**	**377143**
王益区	Wangyi	64058	160149	81344	78805
印台区	Yintai	64313	174128	91198	82930
耀州区	Yaozhou	116917	356977	182718	174259
宜君县	Yijun	30684	88288	47139	41149
宝鸡市	**Baoji**	**1161562**	**3734266**	**1930412**	**1803854**
渭滨区	Weibin	153158	431633	214457	217176
金台区	Jintai	130346	362252	180390	181862
陈仓区	Chencang	168721	596492	310637	285855
凤翔区	Fengxiang	156403	512983	265823	247160
岐山县	Qishan	140680	454822	236117	218705
扶风县	Fufeng	121824	430725	227234	203491
眉　县	Meixian	93743	321783	167550	154233
陇　县	Longxian	80045	269686	141779	127907
千阳县	Qianyang	41339	131354	69115	62239
麟游县	Linyou	26949	84851	45165	39686
凤　县	Fengxian	32104	90957	47446	43511
太白县	Taibai	16250	46728	24699	22029
咸阳市	**Xianyang**	**1583452**	**5235912**	**2705393**	**2530519**
秦都区	Qindu	188923	561584	278024	283560
渭城区	Weicheng	127412	418590	207735	210855
三原县	Sanyuan	133191	403711	204748	198963
泾阳县	Jingyang	149395	537543	271220	266323
乾　县	Qianxian	167130	582442	307928	274514
礼泉县	Liquan	149234	469451	246608	222843

注：本表为公安部门统计数。
a) Data in this table are obtained from the annual reports of the bureau of public security.

4-7 续表 1 continued

地 区	Region	总户数（户）Total Households (household)	户籍总人口（人）Total Population (person)	男 Male	女 Female
永寿县	Yongshou	58317	203431	107564	95867
长武县	Changwu	60842	185871	97670	88201
旬邑县	Xunyi	91981	288480	153547	134933
淳化县	Chunhua	62597	189547	99732	89815
武功县	Wugong	128259	434048	227296	206752
兴平市	Xingping	164482	598455	311373	287082
彬州市	Binzhou	101689	362759	191948	170811
渭南市	**Weinan**	**1729042**	**5379635**	**2742137**	**2637498**
临渭区	Linwei	322052	950846	480045	470801
华州区	Huazhou	108044	317015	161752	155263
潼关县	Tongguan	52578	147166	75746	71420
大荔县	Dali	211783	706918	358098	348820
合阳县	Heyang	137559	438081	222868	215213
澄城县	Chengcheng	126280	367229	188079	179150
蒲城县	Pucheng	223905	764758	389812	374946
白水县	Baishui	95372	271579	142186	129393
富平县	Fuping	240462	785790	400986	384804
韩城市	Hancheng	128650	392533	201207	191326
华阴市	Huayin	82357	237720	121358	116362
延安市	**Yan'an**	**876375**	**2332348**	**1212495**	**1119853**
宝塔区	Baota	190135	488426	245567	242859
安塞区	Ansai	67829	194847	102007	92840
延长县	Yanchang	61876	152345	80370	71975
延川县	Yanchuan	73283	184182	96822	87360
志丹县	Zhidan	56528	158483	82761	75722
吴起县	Wuqi	52779	145300	75774	69526
甘泉县	Ganquan	33850	87189	45516	41673
富 县	Fuxian	52914	154817	81502	73315
洛川县	Luochuan	77386	215369	114170	101199
宜川县	Yichuan	49433	122258	63439	58819
黄龙县	Huanglong	18258	47384	25017	22367
黄陵县	Huangling	45510	118226	61447	56779
子长市	Zichang	96594	263522	138103	125419
汉中市	**Hanzhong**	**1389756**	**3796507**	**1967773**	**1828734**
汉台区	Hantai	218774	564966	281645	283321
南郑区	Nanzheng	209507	577647	296404	281243
城固县	Chenggu	209137	540726	277953	262773
洋 县	Yangxian	163215	443648	234896	208752
西乡县	Xixiang	156156	413157	216834	196323
勉 县	Mianxian	143604	408940	209795	199145
宁强县	Ningqiang	112917	321823	168529	153294

4-7 续表 2 continued

地 区	Region	总户数 (户) Total Households (household)	户籍总人口 (人) Total Population (person)	男 Male	女 Female
略阳县	Lueyang	61692	175133	93289	81844
镇巴县	Zhenba	87794	276599	149124	127475
留坝县	Liuba	15254	41508	22007	19501
佛坪县	Foping	11706	32360	17297	15063
榆林市	**Yulin**	**1400006**	**3855932**	**2021102**	**1834830**
榆阳区	Yuyang	238026	625145	317033	308112
横山区	Hengshan	113182	384530	202627	181903
府谷县	Fugu	99729	249424	131321	118103
靖边县	Jingbian	106840	363857	188653	175204
定边县	Dingbian	105477	360441	187199	173242
绥德县	Suide	140050	347454	183101	164353
米脂县	Mizhi	84061	219182	115468	103714
佳 县	Jiaxian	107829	263007	141291	121716
吴堡县	Wubu	35501	80088	42073	38015
清涧县	Qingjian	72412	210018	114199	95819
子洲县	Zizhou	114289	291055	157401	133654
神木市	Shenmu	182610	461731	240736	220995
安康市	**Ankang**	**1047817**	**3024502**	**1613490**	**1411012**
汉滨区	Hanbin	350775	1026116	540034	486082
汉阴县	Hanyin	103416	310942	167403	143539
石泉县	Shiquan	70832	181117	96964	84153
宁陕县	Ningshan	26769	69709	37544	32165
紫阳县	Ziyang	108146	330409	178302	152107
岚皋县	Langao	54465	164177	88612	75565
平利县	Pingli	95964	227460	121743	105717
镇坪县	Zhenping	21900	58336	30832	27504
白河县	Baihe	67237	212962	114338	98624
旬阳市	Xunyang	148313	443274	237718	205556
商洛市	**Shangluo**	**859683**	**2487631**	**1318130**	**1169501**
商州区	Shangzhou	198697	556904	294060	262844
洛南县	Luonan	151324	451665	237299	214366
丹凤县	Danfeng	100541	311380	164393	146987
商南县	Shangnan	93576	248024	130028	117996
山阳县	Shanyang	154054	463687	247662	216025
镇安县	Zhen'an	101237	295745	158896	136849
柞水县	Zhashui	60254	160226	85792	74434
杨凌示范区	**Yangling**	**54309**	**192843**	**97515**	**95328**

主要统计指标解释

人口数 指一定时点、一定地区范围内有生命的个人总和。

年度统计的年末人口数指每年 12 月 31 日 24 时的人口数。年度统计的全国人口总数内未包括香港、澳门特别行政区和台湾省以及海外华侨人数。

城镇人口和乡村人口 城镇人口是指居住在城镇范围内的全部常住人口；乡村人口是除上述人口以外的全部人口。

出生率(又称粗出生率) 指在一定时期内(通常为一年)一定地区的出生人数与同期内平均人数(或期中人数)之比，用千分率表示。本资料中的出生率指年出生率，其计算公式为：

$$出生率=\frac{年出生人数}{年平均人数}\times 1000‰$$

式中：出生人数指活产婴儿，即胎儿脱离母体时(不管怀孕月数)，有过呼吸或其他生命现象。年平均人数指年初、年底人口数的平均数，也可用年中人口数代替。

死亡率(又称粗死亡率) 指在一定时期内(通常为一年)一定地区的死亡人数与同期内平均人数(或期中人数)之比，用千分率表示。本资料中的死亡率指年死亡率，其计算公式为：

$$死亡率=\frac{年死亡人数}{年平均人数}\times 1000‰$$

人口自然增长率 指在一定时期内(通常为一年)人口自然增加数(出生人数减死亡人数)与该时期内平均人数(或期中人数)之比，用千分率表示。计算公式为：

$$人口自然增长率=\frac{本年出生人数-本年死亡人数}{年平均人数}\times 1000‰$$
$$=人口出生率-人口死亡率$$

总抚养比 也称总负担系数。指人口总体中非劳动年龄人口数与劳动年龄人口数之比。通常用百分比表示。说明每 100 名劳动年龄人口大致要负担多少名非劳动年龄人口。用于从人口角度反映人口与经济发展的基本关系。计算公式为：

$$GDR=\frac{P_{0\sim14}+P_{65^+}}{P_{15\sim64}}\times 100\%$$

其中：GDR 为总抚养比；

$P_{0\sim14}$ 为 0～14 岁少年儿童人口数；

P_{65^+} 为 65 岁及 65 岁以上的老年人口数；

$P_{15\sim64}$ 为 15～64 岁劳动年龄人口数。

老年人口抚养比 也称老年人口抚养系数。指某一人口中老年人口数与劳动年龄人口数之比。通常用百分比表示。用以表明每 100 名劳动年龄人口要负担多少名老年人。老年人口抚养比是从经济角度反映人口老化社会后果的指标之一。计算公式为：

$$ODR=\frac{P_{65^+}}{P_{15\sim64}}\times 100\%$$

其中：ODR 为老年人口抚养比；

P_{65^+} 为 65 岁及 65 岁以上的老年人口数；

$P_{15\sim64}$ 为 15～64 岁的劳动年龄人口数。

少年儿童抚养比 也称少年儿童抚养系数。指某一人口中少年儿童人口数与劳动年龄人口数之比。通常用百分比表示。以反映每 100 名劳动年龄人口要负担多少名少年儿童。计算公式为：

$$CDR=\frac{P_{0\sim14}}{P_{15\sim64}}\times 100\%$$

其中：CDR 为少年儿童抚养比；

$P_{0\sim14}$ 为 0～14 岁少年儿童人口数；

$P_{15\sim64}$ 为 15～64 岁劳动年龄人口数。

Explanatory Notes on Main Statistical Indicators

Total Population refers to the total number of people alive at a certain point of time within a given area.

The annual statistics on total population is taken at midnight, the 31st of December, not including residents in Taiwan province, Hong Kong SAR and Macao SAR and Chinese national residing abroad.

Urban Population and Rural Population Urban population refers to all people residing in cities and towns, while rural population refers to population other than urban population.

Birth Rate (or Crude Birth Rate) refers to the ratio of the number of births to the average population (or mid-period population) during a certain period of time (usually a year), expressed in ‰. Birth rate in the chapter refers to annual birth rate. The following formula is used:

$$\text{Birth Rate} = \frac{\text{Number of Births}}{\text{Annual Average Population}} \times 1000‰$$

Number of births in the formula refers to live births, i.e. when a baby has breathed or showed any vital phenomena regardless of the length of pregnancy.

Annual average population is the average of the number of population at the beginning of the year and that at the end of the year. Sometimes it is substituted by the mid-year population.

Death Rate (or Crude Death Rate) refers to the ratio of the number of deaths to the average population (or mid-period population) during a certain period of time (usually a year), expressed in ‰. Death rate in the chapter refers to annual death rate. The following formula is used:

$$\text{Death Rate} = \frac{\text{Number of Deaths}}{\text{Annual Average Population}} \times 1000‰$$

Natural Growth Rate of Population refers to the ratio of natural increase in population (number of births minus number of deaths) in a certain period of time (usually a year) to the average population (or mid-period population) of the same period, expressed in ‰. The following formula is applied:

$$\text{Natural Growth Rate of Population} = \frac{\text{Number of Births - Number of Deaths}}{\text{Annual Average Population}} \times 1000‰$$

Natural Growth Rate of Population = Birth Rate-Death Rate

Gross Dependency Ratio also called gross dependency coefficient, refers to the ratio of non-working-age population to the working-age population, express in %. Describing in general the number of non-working-age population that every 100 people at working ages will take care of, this indicator reflects the basic relation between population and economic development from the demographic perspective. The gross dependency ratio is calculated with the following formula:

$$GDR = \frac{P_{0\sim14} + P_{65^+}}{P_{15\sim64}} \times 100\%$$

Where: GDR is the gross dependency ratio,

P_{0-14} is the population of children aged 0-14,

P_{65+} is the elderly population aged 65 and over, and

P_{15-64} is the working-age population aged 15-64.

Old Dependency Ratio also called old dependency coefficient, refers to the ratio of the elderly population to the working-age population, express in %. It describes the number of the elderly population that every 100 people at working ages will take care of. Old dependency ratio is one of the indicators reflecting the social implication of population aging from the economic perspective. The old dependency ratio is calculated with the following formula:

$$ODR = \frac{P_{65^+}}{P_{15\sim64}} \times 100\%$$

Where: ODR is the old dependency ratio,

P_{65+} is the elderly population aged 65 and over, and

P_{15-64} is the working-age population aged 15-64.

Children Dependency Ratio also called children dependency coefficient, refers to the ratio of the children population to the working-age population, express in %. It describes the number of children population that every 100 people at working ages will take care of. The children dependency ratio is calculated with the following formula:

$$CDR = \frac{P_{0\sim14}}{P_{15\sim64}} \times 100\%$$

Where: CDR is the children dependency ratio,

P_{0-14} is the children population aged 0-14, and

P_{15-64} is the working-age population aged 15-64.

五、就业和工资

Employment and Wages

资料整理：杨　竞　张　峰

简 要 说 明

一、本篇资料反映陕西劳动就业与工资的基本情况。主要内容包括全社会就业人员数、城镇非私营单位就业人员数、城镇私营企业和个体工商业就业人数、城镇非私营单位就业人员工资、城镇私营单位就业人员工资、城镇登记失业率、社会保障情况等。

二、本篇资料中，城镇登记失业人数及失业率、社会保障情况、城镇私营及个体就业人员资料由省人力资源和社会保障厅、省民政厅、省医疗保障局、省市场监督管理局等部门提供并加工整理。

三、统计范围和调查方法

1．城镇非私营单位：指城镇地区全部非私营法人单位，具体包括国有单位、城镇集体单位、联营经济、股份制经济、外商投资经济、港澳台投资经济等单位。工资统计是统计单位的就业人员，个体就业人员、自由职业者等非单位就业人员不在工资统计范围内。

2．城镇私营单位：主要是指在内资法人单位中由自然人投资设立或由自然人控股，以雇佣劳动为基础的营利性经济组织，包括按照《公司法》《合伙企业法》《私营企业暂行条例》规定登记注册的私营有限责任公司、私营股份有限公司、私营合伙企业和私营独资企业。

根据统计调查制度，对一套表法人单位采用全面调查的方法，对非一套表法人单位采用抽样调查的方法。2020、2021年非一套表法人单位不含5人以下的单位。

Brief Introduction

I. This chapter reflects the basic conditions of labour employment and wages of Shaanxi Province, mainly including the number of all employed persons, number of urban non-private units, number of urban private enterprise and private industry and commerce, wages of urban non-private units employed persons, wages of urban private enterprise employed persons, registered urban unemployment rate, the social security situation and etc.

II. The data on registered urban unemployment and unemployment rate, social security, number of the persons employed in urban private enterprises and self-employed persons in industry and commerce are processed and prepared from figures provided by Shaanxi Provincial Department of Labour and Social Security, Shaanxi Provincial Department of Civil Affairs, Shaanxi Provincial Healthcare Security Bureau and Shaanxi Provincial Administration for Market Regulation and etc.

III. The Statistical Coverage and Investigation Methods

a) The urban non-private units: are all non-private legal units in urban area, including state-owned units, urban collective-owned units, joint ownership units, cooperative units, foreign funded units and units with funds from Hong Kong, Macao & Taiwan etc. Wage of employed persons in urban non-private units are the persons employed in those units, except self-employed and freelancers.

b) The Urban private units: are established by natural person or controlled by natural person in legal units invested by domestic, are for-profit units based on wage-labor, including private limited liability corporations, private share holding corporations Ltd., partnership corporations and private sole proprietorship corporations registered in accordance with the "company law", "partnership enterprise law" and "Provisional Regulations".

According to the statistical survey system, the comprehensive survey method is adopted for a set of listed legal entities, and the sampling survey method is adopted for non-listed legal entities. 2020、2021 Non-one set of table legal entity does not include units with less than 5 persons.

5.就业和工资

2021 年全省			
年底就业人员	2091	万人	
# 城镇非私营单位在岗职工	444	万人	
城镇非私营单位就业人员平均工资	90996	元	比上年增长 9.0%
城镇私营单位就业人员平均工资	52331	元	比上年增长 9.7%
城镇登记失业率	3.46	%	

城镇非私营单位就业人员平均工资（元）

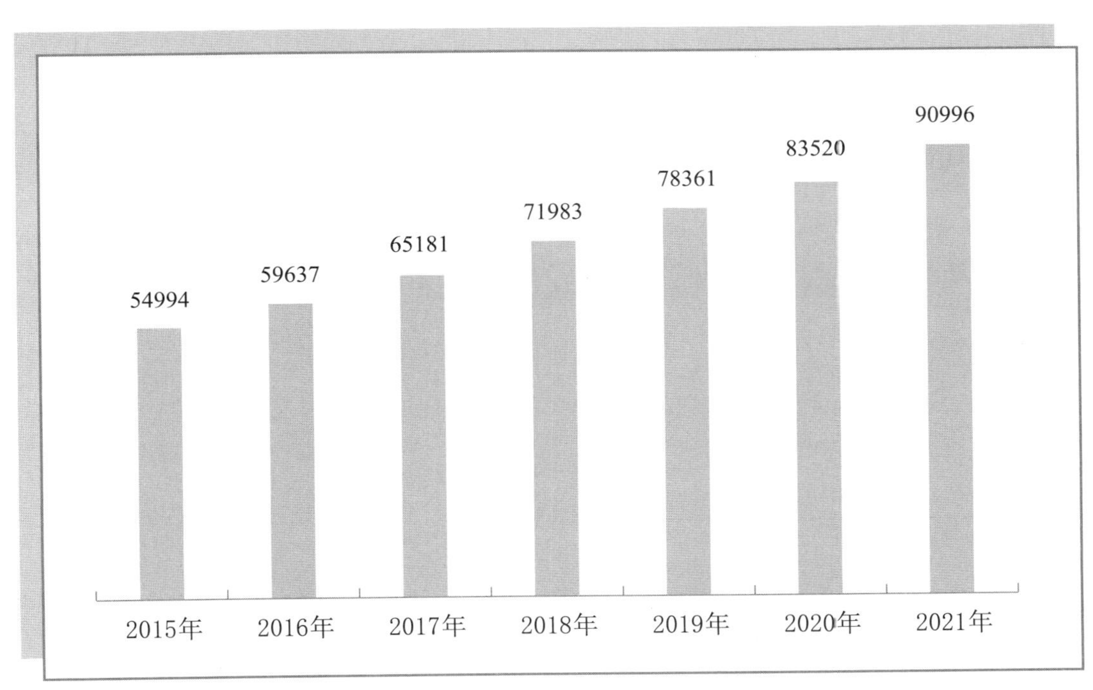

5-1 就业人员人数
Number of Employed Persons

单位：万人 (10 000 persons)

年 份 Year	就业人员 人 数 Number of Employed Persons	第一产业 Primary Industry	第二产业 Secondary Industry	第三产业 Tertiary Industry	年末职工 人 数 Number of Staff & Workers at Year-end	#国有单位 State-owned Units	#城镇集体单 位 Urban Collective-owned Units	其他就业人 员 Others	城镇私营及个体就业人员 Employed Persons in Private Enterprises, Self-employed Individuals in Urban Areas	乡 村 就业人员 Rural Employed Persons
1978	1078	766	193	119	257	222	35		…	821
1979	1105	794	191	120	264	225	40			840
1980	1158	831	199	128	282	239	43		1	875
1981	1202	874	188	140	297	250	47		2	903
1982	1250	904	198	148	309	258	50		3	939
1983	1285	925	199	161	312	261	51		4	969
1984	1337	936	217	184	324	260	63		7	1007
1985	1375	888	287	200	337	271	65		9	1029
1986	1409	874	303	232	350	282	67		10	1049
1987	1449	905	311	233	358	289	68		14	1077
1988	1494	950	299	245	366	298	68		15	1112
1989	1529	973	298	258	374	304	68		17	1138
1990	1576	1010	302	264	379	311	67		17	1180
1991	1640	1054	314	272	390	321	68		18	1232
1992	1672	1069	321	283	395	326	67		19	1258
1993	1708	1061	335	312	398	326	66	14	24	1272
1994	1720	1055	333	332	392	327	60	13	32	1283
1995	1748	1056	341	351	395	333	56	13	42	1298
1996	1776	1053	341	382	398	336	54	11	59	1308
1997	1792	1053	339	400	396	335	52	11	63	1322
1998	1788	1055	300	433	335	270	36	12	99	1342
1999	1808	1052	304	452	335	271	32	11	109	1353
2000	1813	1010	299	504	328	265	29	9	133	1343
2001	1785	994	297	494	324	258	27	9	118	1333
2002	1874	1003	308	563	322	253	25	10	179	1363
2003	1912	997	364	551	319	246	23	11	185	1397
2004	1941	965	361	615	319	243	22	13	184	1425
2005	1976	957	368	651	323	242	21	11	205	1437
2006	1986	956	375	655	324	247	21	11	227	1425
2007	2013	933	401	679	331	240	19	11	257	1414
2008	2039	909	420	710	332	240	19	12	275	1420
2009	2060	876	493	691	335	233	16	17	282	1425
2010	2083	860	563	660	343	239	14	22	333	1385
2011	2087	835	593	659	371	251	14	22	359	1335
2012	2091	809	302	465	386	272	15	25	351	1329
2013	2090	791	327	482	471	223	18	35	297	1287
2014	2101	795	341	537	479	229	17	37	355	1230
2015	2107	803	341	626	474	224	15	38	449	1146
2016	2111	805	344	666	474	224	16	37	494	1106
2017	2111	805	354	711	472	217	15	39	550	1050
2018	2112	804	337	802	453	194	13	40	645	974
2019	2114	803	337	968	455	173	12	46	803	810
2020	2105	632	443	1030	451	176	10	39	911	870
2021	2091	611	444	1036	444	177	8	32	1012	838

注：1.本表职工人数1998年及以后为在岗职工(含劳务派遣人员)数。
2.由于统计制度变化，2012—2019年二、三产业中未含乡村就业人员。
3.2010—2019年就业人员数据是根据第七次全国人口普查修订数。

a) Data in this table refer to number of staff and workers including labor dispatch personnel since 1998.
b) Number of employed persons in secondary industry and tertiary industry does not include rural employed persons because of the statistical system since from 2012 to 2019.
c)Employment statistics is revised according to the seventh national census since from 2010 to 2019.

5-2 分行业就业人员人数(2021年)
Number of Employed Persons by Sector (2021)

单位：万人 (10 000 persons)

行业		合计 Total	国有单位 State-owned Units	城镇集体单位 Urban Collective-owned Units	其他单位 Units of Other Types of Ownership	私营企业 Private Enterprises	城镇个体 Urban Self-employed Individuals	乡村就业人员 Rural Employed Persons
总计	**Total**	**2091.0**	**187.4**	**9.1**	**279.5**	**225.8**	**785.8**	**838.0**
第一产业	Primary Industry	611.0	1.1	0.02	0.5	3.3	30.8	
农、林、牧、渔业	Agriculture, Forestry, Animal Husbandry and Fishery	36.7	1.0	0.02	0.6	4.2	30.8	
第二产业	Secondary Industry	444.0	14.0	3.6	151.7	96.6	111.2	
采矿业	Mining	35.3	2.7	0.2	27.1	4.8	0.5	
制造业	Manufacturing	150.8	3.5	0.5	72.7	48.0	26.1	
电力、热力、燃气及水生产和供应业	Production and Supply of Electricity, Heat,Gas and Water	14.6	4.8	0.0	8.1	1.5	0.2	
建筑业	Construction	176.4	2.9	2.9	43.8	42.3	84.4	
第三产业	Tertiary Industry	1036.0	172.4	5.5	115.0	125.0	643.8	
批发和零售业	Wholesale and Retail Trades	418.0	2.1	0.4	18.8	33.5	363.3	
交通运输、仓储和邮政业	Traffic, Transport, Storage and Post	48.1	6.3	0.2	19.7	6.5	15.4	
住宿和餐饮业	Hotels and Catering Services	161.8	0.6	0.1	8.1	10.6	142.4	
信息传输、软件和信息技术服务业	Information Transmission, Software and Information Services	38.5	0.8	0.00	18.0	7.5	12.2	
金融业	Financial Intermediation	18.7	3.7	0.8	12.3	1.7	0.04	
房地产业	Real Estate	24.6	0.8	0.1	7.9	14.6	1.22	
租赁和商务服务业	Leasing and Business Services	45.2	2.4	0.5	7.7	20.0	14.6	
科学研究和技术服务业	Scientific Research, Technology Services	18.5	5.7	0.1	3.4	8.6	0.7	
水利、环境和公共设施管理业	Management of Water Conservancy, Environment and Public Facilities	9.8	5.7	0.1	1.1	2.4	0.5	
居民服务、修理和其他服务业	Residents Service, Repair and other Services	100.4	0.3	0.1	11.2	4.6	84.2	
教育	Education	66.4	50.9	2.0	4.4	8.1	1.1	
卫生和社会工作	Health, Social Work	38.4	29.3	1.0	2.1	4.3	1.7	
文化、体育和娱乐业	Culture, Sports and Entertainment	12.7	3.4	0.0	0.3	2.6	6.5	
公共管理、社会保障和社会组织	Public Management, Social Security and Social Organization	60.5	60.4	0.1			0.0	

5—3 城镇非私营单位就业人员年末人数和工资

Total Persons and Wages of Employed Staff and Workers in Urban Non-private Units

指 标	Item	年末人数(人) Number of Staff and Workers (person)		工资总额(万元) Total Wages Bill (10 000 yuan)		平均工资(元) Average Wage (yuan)	
		2020	2021	2020	2021	2020	2021
总　计	**Total**	**4895540**	**4759974**	**40477860**	**42873415**	**83520**	**90996**
国有单位	State-owned Units	1868326	1873877	15696056	16480521	84595	88225
集体单位	Urban Collective-owned Units	102995	90779	583770	561986	59169	65110
其他单位	Units of Other Types of Ownership	2924219	2795318	24198034	25830908	83661	93683
(一)内　资	Domestic Funds	2737376	2597243	22527669	23935007	83386	93220
1.股份合作制	Cooperative	17927	17071	124637	124683	70816	73538
2.联　营	Joint Ownership	6521	6044	50951	49415	80517	83318
3.有限责任公司	Limited Liability Corporations	2087970	2019364	17375255	18486911	84727	93571
4.股份有限公司	Share-holding Corporations Ltd.	458468	419211	4074370	4503434	87505	103760
5.其　它	Others	166491	135554	902456	770564	55930	57087
(二)港、澳、台投资	Funds from Hong Kong, Macao & Taiwan	74971	55318	537516	455325	69395	82142
(三)外商投资	Foreign Funded	111872	142757	1132849	1440576	99977	107321

5—4 城镇非私营单位企业、事业、机关人数和工资(2021年)

Persons and Wages of Urban Non-private Enterprises, Institutions and State Organs (2021)

指 标	Item	合 计 Total	企 业 Enterprises	政 府 Government	民间非盈利性组织 Civil Non-profit Organization	其 他 Others
一、就业人员年末人数 (人)	Employed Persons in Urban Units at Year-end (person)	4759974	3082338	1577151	94048	6436
# 女　性	Female	1890526	1014974	800698	71826	3027
# 在岗职工及劳务派遣人员人数	Number of Staff and Workers including Labor Dispatch Personnel	4439726	2842783	1499667	90982	6294
1.国有单位	State-owned Units	1774413	300325	1462312	7188	4588
2.集体单位	Urban Collective-owned Units	84667	57287	24005	3326	50
3.其他单位	Units of Other Types of Ownership	2580646	2485171	13350	80468	1657
二、就业人员工资总额 (万元)	Earning of Employed Persons in Urban Units (10 000 yuan)	42873415	28788747	13526540	510258	47869
# 在岗职工及劳务派遣人员工资总额	Number of Staff and Workers including Labor Dispatch Personnel	41448195	27662332	13240792	497530	47541
三、就业人员平均工资 (元)	Average Earning of Employed Persons in Urban Units (yuan)	90996	94668	86058	55175	76078
四、在岗职工及劳务派遣人员平均工资 (元)	Average Wage of Staff and Workers (yuan)	94435	98816	88625	55594	77182
1.国有单位	State-owned Units	91147	102676	88901	72653	83333
2.集体单位	Urban Collective-owned Units	67085	65168	75553	35983	100768
3.其他单位	Units of Other Types of Ownership	97583	99071	81810	54866	58287

5-5 城镇非私营单位分行业就业人员年末人数(2021年)
Number of Fully Employed Staff and Workers in Urban Non-private Units at Year-end by Sector (2021)

单位：人 (person)

行业	Sector	年末人数 Number at Year-end	国有单位 State-owned Units	城镇集体单位 Urban Collective-owned Units	其他单位 Units of Other Types of Ownership
总计	**Total**	**4759974**	**1873877**	**90779**	**2795318**
农、林、牧、渔业	Agriculture, Forestry, Animal Husbandry and Fishery	17010	10355	162	6493
采矿业	Mining	300415	27395	2462	270558
制造业	Manufacturing	767426	35202	4763	727461
电力、热力、燃气及水生产和供应业	Production and Supply of Electricity, Heat, Gas and Water	129184	48332	159	80694
建筑业	Construction	495815	29026	28521	438267
批发和零售业	Wholesale and Retail Trades	212515	20877	3807	187831
交通运输、仓储和邮政业	Traffic, Transport, Storage and Post	262324	63141	2063	197119
住宿和餐饮业	Hotels and Catering Services	87494	5649	588	81257
信息传输、软件和信息技术服务业	Information Transmission, Software and Information Services	130316	8462	30	121825
金融业	Financial Intermediation	225829	37321	8443	180064
房地产业	Real Estate	132469	8128	1329	123012
租赁和商务服务业	Leasing and Business Services	107671	23868	5296	78508
科学研究和技术服务业	Scientific Research, Technology Services	135217	56638	1396	77182
水利、环境和公共设施管理业	Management of Water Conservancy, Environment and Public Facilities	91902	57168	544	34189
居民服务、修理和其他服务业	Residents Service, Repair and other Services	15160	3301	759	11100
教育	Education	640276	508545	19672	112059
卫生和社会工作	Health, Social Work	346565	293284	9520	43761
文化、体育和娱乐业	Culture, Sports and Entertainment	55353	33620	303	21430
公共管理、社会保障和社会组织	Public Management, Social Security and Social Organization	607033	603565	960	2509

5-6 职工平均工资和指数
Average Wage of Staff and Workers and Related Indices

年 份 Year	平均工资(元) Average Wage (yuan)	# 国有单位 State-owned Units	# 城镇集体单位 Urban Collective-owned Units	指数(1978年=100) Indices (1978 year=100)					
				平均货币工资 Average Wage	# 国有单位 State-owned Units	# 城镇集体单位 Urban Collective-owned Units	平均实际工资 Average Real Wage	# 国有单位 State-owned Units	# 城镇集体单位 Urban Collective-owned Units
1978	654	669	558	100.0	100.0	100.0	100.0	100.0	100.0
1979	705	728	570	107.8	108.8	102.2	106.3	107.3	100.7
1980	785	811	636	120.0	121.2	114.0	112.3	113.4	106.6
1981	780	812	609	119.3	121.4	109.1	107.7	109.6	98.6
1982	797	831	619	121.9	124.2	110.9	109.1	111.2	99.3
1983	824	857	652	126.0	128.1	116.8	111.0	112.9	102.9
1984	973	1024	757	148.8	153.1	135.7	126.7	130.4	115.6
1985	1122	1182	869	171.6	176.7	155.7	135.8	139.9	123.3
1986	1291	1363	987	197.4	203.7	176.9	146.7	151.4	131.4
1987	1409	1493	1054	215.4	223.2	188.9	146.6	151.8	128.5
1988	1680	1788	1206	256.9	267.3	216.2	145.5	151.4	122.5
1989	1856	1975	1319	283.8	295.2	236.4	136.7	142.2	113.9
1990	2042	2174	1425	312.2	325.0	255.4	146.6	152.6	119.9
1991	2198	2332	1554	336.1	348.6	278.5	147.1	152.6	121.9
1992	2434	2594	1634	372.2	387.7	292.8	146.5	152.6	115.2
1993	2890	3077	1918	441.9	459.9	343.7	152.5	158.8	118.6
1994	3803	4050	2299	581.5	605.4	412.0	156.6	163.0	110.9
1995	4396	4639	2795	672.2	693.4	500.9	153.4	158.2	114.3
1996	4882	5142	3082	746.5	768.6	552.3	154.4	159.0	114.3
1997	5184	5452	3177	792.7	814.9	569.4	155.9	160.2	111.9
1998	6029	6257	3823	921.9	935.3	685.1	185.5	188.2	137.9
1999	6931	7162	4318	1059.8	1070.6	773.8	219.4	221.6	160.2
2000	7804	8043	4920	1193.3	1202.2	881.7	246.3	248.2	182.0
2001	9120	9440	5293	1394.5	1411.1	948.6	287.6	291.0	195.6
2002	10351	10700	6080	1582.7	1599.4	1089.6	332.4	335.9	228.8
2003	11461	11833	6858	1752.4	1768.8	1229.0	365.1	368.5	256.0
2004	13024	13333	7373	1991.4	1992.9	1321.3	402.8	403.1	267.2
2005	14796	15223	7926	2262.3	2275.5	1420.4	453.5	456.1	284.7
2006	16918	17139	9086	2586.8	2561.9	1628.3	507.9	502.5	319.4
2007	21296	21653	11289	3256.3	3236.6	2023.1	607.7	603.5	377.2
2008	25942	26516	13523	3966.7	3963.5	2423.5	697.1	695.9	425.5
2009	30185	31537	16415	4615.4	4710.1	2941.8	810.3	827.6	516.5
2010	34299	35495	20650	5244.5	5305.7	3700.7	887.9	898.2	626.5
2011	39043	41291	27336	5969.9	6172.0	4898.9	956.2	988.6	784.7
2012	44330	46810	33142	6778.3	6997.0	5939.4	1058.2	1092.3	927.2
2013	48853	49815	39141	7469.9	7446.1	7014.6	1134.4	1130.8	1065.2
2014	52119	51919	43562	7969.3	7760.7	7806.8	1191.2	1160.0	1166.8
2015	56896	57592	46528	8699.7	8608.7	8338.4	1288.8	1275.3	1235.2
2016	61626	62689	49239	9422.9	9370.6	8824.2	1378.0	1370.3	1290.4
2017	67433	69281	54549	10310.9	10355.9	9775.8	1484.1	1490.6	1407.0
2018	74993	75602	57616	11466.8	11300.7	10325.4	1616.5	1593.1	1455.5
2019	82114	83109	61511	12555.7	12422.9	11023.5	1720.1	1702.0	1510.1
2020	87054	87693	60741	13311.0	13108.1	10885.5	1822.6	1794.4	1483.6
2021	94435	91147	67085	14439.6	13624.4	12022.4	1947.9	1837.5	1614.3

注：本表不含城镇私营单位和个体，1998年及以后数据为在岗职工平均工资，指数据此推算。

a) Data in this table do not include urban private enterprises and self-employed individuals. The data refer to average wage of fully employed staff and workers since 1998 and the indices was calculated on it.

5-7 城镇非私营单位就业人员分行业工资总额(2021年)

Earnings of Employed Persons by Sector in Urban Non-private Units (2021)

单位：万元 (10 000 yuan)

行　业	Sector	工资总额 Total Wages Bill	国有单位 State-owned Units	城镇集体单位 Urban Collective-owned Units	其他单位 Others
总　计	**Total**	**42873415**	**16480521**	**561986**	**25830908**
农、林、牧、渔业	Agriculture, Forestry, Animal Husbandry and Fishery	106629	77725	849	28056
采矿业	Mining	3592453	324656	17241	3250555
制造业	Manufacturing	6515709	307582	21971	6186156
电力、热力、燃气及水生产和供应业	Production and Supply of Electricity, Heat, Gas and Water	1526874	608138	777	917960
建筑业	Construction	3680573	206046	123273	3351254
批发和零售业	Wholesale and Retail Trades	1549952	249937	16556	1283459
交通运输、仓储和邮政业	Traffic, Transport, Storage and Post	2609731	467222	14319	2128190
住宿和餐饮业	Hotels and Catering Services	401263	26314	2303	372646
信息传输、软件和信息技术服务业	Information Transmission, Software and Information Services	2429200	90515	202	2338483
金融业	Financial Intermediation	2683895	408156	109173	2166565
房地产业	Real Estate	979914	58719	6988	914206
租赁和商务服务业	Leasing and Business Services	715684	191215	23298	501172
科学研究和技术服务业	Scientific Research, Technology Services	1593822	543187	9683	1040952
水利、环境和公共设施管理业	Management of Water Conservancy, Environment and Public Facilities	521247	334317	2553	184377
居民服务、修理和其他服务业	Residents Service, Repair and other Services	69861	18454	3559	47849
教　育	Education	5677439	4907443	133676	636319
卫生和社会工作	Health, Social Work	3023866	2633616	67370	322880
文化、体育和娱乐业	Culture, Sports and Entertainment	405231	260415	1326	143490
公共管理、社会保障和社会组织	Public Management, Social Security and Social Organization	4790072	4766864	6867	16340

5-8 城镇非私营单位就业人员分行业平均工资(2021年)
Average Earnings of Employed Persons by Sector in Urban Non-private Units (2021)

单位：元 (yuan)

行业	Sector	平均工资 Average Wage	国有单位 State-owned Units	城镇集体单位 Urban Collective-owned Units	其他单位 Others
总计	**Total**	**90996**	**88225**	**65110**	**93683**
农、林、牧、渔业	Agriculture, Forestry, Animal Husbandry and Fishery	63090	74891	53031	44093
采矿业	Mining	120683	116423	71420	121572
制造业	Manufacturing	86840	86895	45731	87115
电力、热力、燃气及水生产和供应业	Production and Supply of Electricity, Heat, Gas and Water	118877	126238	48868	114589
建筑业	Construction	78757	71896	51545	80800
批发和零售业	Wholesale and Retail Trades	73015	119901	44172	68384
交通运输、仓储和邮政业	Traffic, Transport, Storage and Post	99476	74469	70355	107717
住宿和餐饮业	Hotels and Catering Services	46113	45622	38406	46205
信息传输、软件和信息技术服务业	Information Transmission, Software and Information Services	192699	107604	67433	198817
金融业	Financial Intermediation	112682	109467	128788	112595
房地产业	Real Estate	74182	72453	48810	74593
租赁和商务服务业	Leasing and Business Services	66915	80178	42777	64535
科学研究和技术服务业	Scientific Research, Technology Services	118458	96964	69670	134946
水利、环境和公共设施管理业	Management of Water Conservancy, Environment and Public Facilities	55739	56991	46176	53752
居民服务、修理和其他服务业	Residents Service, Repair and other Services	46081	56312	42446	43321
教育	Education	88927	97000	68110	56368
卫生和社会工作	Health, Social Work	88291	90737	71490	75407
文化、体育和娱乐业	Culture, Sports and Entertainment	72929	77508	44503	66219
公共管理、社会保障和社会组织	Public Management, Social Security and Social Organization	79009	79079	71295	65116

5-9 城镇非私营单位在岗职工(含劳务派遣)分行业平均工资(2021年)

Average Wage of Employed Staff and Workers in Urban Non-private Units by Sector (2021)

单位：元 (yuan)

行业	Sector	平均工资 Average Wage	国有单位 State-owned Units	城镇集体单位 Urban Collective-owned Units	其他单位 Others
总计	**Total**	**94435**	**91147**	**67085**	**97583**
农、林、牧、渔业	Agriculture, Forestry, Animal Husbandry and Fishery	64281	76027	53031	44905
采矿业	Mining	123623	117789	71604	124715
制造业	Manufacturing	87479	87690	45880	87743
电力、热力、燃气及水生产和供应业	Production and Supply of Electricity, Heat, Gas and Water	119807	127333	48868	115425
建筑业	Construction	81578	76570	52842	83538
批发和零售业	Wholesale and Retail Trades	73813	121912	45117	68987
交通运输、仓储和邮政业	Traffic, Transport, Storage and Post	100640	75530	70589	108816
住宿和餐饮业	Hotels and Catering Services	48242	47640	38198	48352
信息传输、软件和信息技术服务业	Information Transmission, Software and Information Services	193718	108767	67433	199825
金融业	Financial Intermediation	168343	136616	130248	180823
房地产业	Real Estate	75518	77269	50082	75693
租赁和商务服务业	Leasing and Business Services	69628	83927	43271	67180
科学研究和技术服务业	Scientific Research, Technology Services	120522	97967	70299	138113
水利、环境和公共设施管理业	Management of Water Conservancy, Environment and Public Facilities	59334	62279	60690	54899
居民服务、修理和其他服务业	Residents Service, Repair and other Services	47139	58730	42651	44202
教育	Education	91440	99936	69788	57235
卫生和社会工作	Health, Social Work	90071	92835	73242	75546
文化、体育和娱乐业	Culture, Sports and Entertainment	74725	79773	47626	67396
公共管理、社会保障和社会组织	Public Management, Social Security and Social Organization	81215	81269	82720	67238

5-10 城镇私营单位分行业就业人员平均工资
Average Wage of Employed Persons in Urban Private Units by Sector

单位：元 (yuan)

行业	Sector	2017	2018	2019	2020	2021
总计	**Total**	**37472**	**40783**	**43477**	**47724**	**52331**
农、林、牧、渔业	Agriculture, Forestry, Animal Husbandry and Fishery	27177	29498	31325	33099	36864
采矿业	Mining	43956	47174	49282	54289	63971
制造业	Manufacturing	38280	40982	43942	49956	55981
电力、热力、燃气及水生产和供应业	Production and Supply of Electricity, Heat, Gas and Water	47416	43750	45771	50584	60758
建筑业	Construction	37356	41532	44675	48847	51848
批发和零售业	Wholesale and Retail Trades	34944	37880	40745	41448	46055
交通运输、仓储和邮政业	Traffic, Transport, Storage and Post	36053	41870	44229	53709	59338
住宿和餐饮业	Hotels and Catering Services	30042	32302	35100	35599	39982
信息传输、软件和信息技术服务业	Information Transmission, Software and Information Services	55334	60233	60252	68577	82255
金融业	Financial Intermediation	41766	46532	52442	48085	43035
房地产业	Real Estate	39910	43642	47405	50040	52014
租赁和商务服务业	Leasing and Business Services	41110	48042	48099	49080	51084
科学研究和技术服务业	Scientific Research, Technology Services	45715	48100	50086	55172	64031
水利、环境和公共设施管理业	Management of Water Conservancy, Environment and Public Facilities	35859	42017	42789	41750	38888
居民服务、修理和其他服务业	Residents Service, Repair and Other Services	31436	34199	37522	38785	39139
教育	Education	33977	38915	41040	42280	47711
卫生和社会工作	Health, Social Work	35737	39565	41634	48456	57778
文化、体育和娱乐业	Culture, Sports and Entertainment	31956	34424	37815	40147	44631

5-11 各市(区)城镇非私营单位就业人员年末人数和工资

Total Persons and Wages of Employed Staff and Workers in Urban Non-private Units by City(District)

单位：人

地 区	Region	年末人数 (人) Number of Staffand Workers (person)		工资总额 (万元) Total Wages Bill (10 000 yuan)		平均工资 (元) Average Wage (yuan)	
		2020	2021	2020	2021	2020	2021
全 省	**Shaanxi**	**4895540**	**4759974**	**40477860**	**42873415**	**83520**	**90996**
西安市	Xi'an	1851180	1736180	18187396	19045523	99315	111078
铜川市	Tongchuan	108897	107880	703226	772451	64710	71496
宝鸡市	Baoji	379266	371916	2634459	2804507	69624	75525
咸阳市	Xianyang	454367	452104	2995864	3258420	67067	73385
渭南市	Weinan	420497	417629	2722141	2832478	65596	67899
延安市	Yan'an	336911	343498	2518875	2709680	75056	79724
汉中市	Hanzhong	277106	268775	1888131	1901276	68750	70867
榆林市	Yulin	476384	488738	3926534	4485304	82857	92466
安康市	Ankang	206786	195483	1302537	1262444	64847	66457
商洛市	Shangluo	177835	172923	1033615	1050387	59230	62578
杨凌示范区	Yangling	34650	34582	266679	299922	76885	85694

注：全省数据含省级直报单位。

a) The data of Shaanxi is include the direct reporting organization.

5－12 城镇登记失业人数及失业率

Registered Urban Unemployment Persons and Unemployment Rate

年 份 Year	年末城镇登记实有失业人数（人） Registered Unemployed Persons in Urban Areas (person)	城镇登记失业率（%） Registered Unemployment Rate in Urban Areas (%)	年 份 Year	年末城镇登记实有失业人数（人） Registered Unemployed Persons in Urban Areas (person)	城镇登记失业率（%） Registered Unemployment Rate in Urban Areas (%)
1980	216209	7.1	2005	215414	4.18
1985	67044	1.9	2006	215432	4.03
1990	112345	3.0	2007	209546	4.02
1991	100790	3.0	2008	208337	3.91
1992	90844	3.0	2009	214757	3.94
1993	108306	3.0	2010	214206	3.85
1994	99800	3.3	2011	209061	3.59
1995	85700	3.2	2012	194807	3.22
1996	125700	3.3	2013	210600	3.32
1997	151600	3.4	2014	223486	3.41
1998	122100	3.1	2015	223486	3.36
1999	107000	2.6	2016	227433	3.30
2000	113861	2.7	2017	234351	3.28
2001	140082	3.2	2018	241193	3.21
2002	135094	3.3	2019	237926	3.23
2003	139490	3.7	2020	245376	3.62
2004	184617	3.8	2021	276902	3.46

5－13 社会保障基本情况

Basic Statistics on Social Security

指 标	Item	2020	2021
城镇居民最低生活保障户数（万户）	Number of Families Receiving Minimum Living Allowance in Urban Areas (10 000 households)	11.06	10.38
城镇居民最低生活保障人数（万人）	Number of Persons Receiving Minimum Living Allowance in Urban Areas (10 000 persons)	20.09	18.59
参加失业保险职工人数（万人）	Unemployment Insurance Contributors (10 000 persons)	439.85	468.90
参加养老保险职工人数（万人）	Pension Insurance Contributors (10 000 persons)	1159.73	1225.09
参加医疗保险职工人数（万人）	Medical Care Insurancce Contributors (10 000 persons)	742.21	783.80
参加工伤保险职工人数（万人）	Work Injury Insurance Contributors (10 000 persons)	609.16	629.61
参加生育保险职工人数（万人）	Maternity Insurance Contributors (10 000 persons)	518.97	560.24

5-14 参加基本养老保险的职工及离退休人员

Staff and Workers, Retired and VCSR Joined Basic Pension Insurance

单位：人 (person)

指　　标	Item	职工人数 Number of Employees		离退休职工 Number of Retirees	
		2020	2021	2020	2021
总　　计	**Total**	**8855345**	**9429065**	**2741947**	**2821913**
一、执行企业基本养老保险制度	Enterprises(including others)	7542963	8121929	2125563	2169870
1、企　业	Enterprises	5946242	6386984	1582772	1592484
2、其　他	Others	1596721	1734945	542791	577386
二、执行机关事业单位养老保险制度	Agencies and Institutions	1312382	1307136	616384	652043

5-15 失业保险基本情况

Basic Statistics on Unemployment Insurance

单位：人 (person)

指　　标	Item	2020	2021
参加失业保险人数	Unemployment Insurance Contributors	4398527	4688978
一、企　业	Enterprises	3572780	3862876
(一)内资企业	Domestic Units	3411640	3686259
1.国有企业	State-owned Units	1543381	1541195
2.集体企业	Collective-owned Units	240268	97233
3.其　他	Others	1627991	2047831
(二)港澳台及外资企业	Funds from Hong Kong,Macao,Taiwan and Foreign	161140	176617
二、事业单位	Institutions	724894	707492
三、其他单位	Others	100853	118610
领取失业保险金人数	Beneficiaries of Unemployment Insurance Fund	61294	86636

主要统计指标解释

就业人员 指在一定年龄以上，有劳动能力，为取得劳动报酬或经营收入而从事一定社会劳动的人员。具体指年满16周岁，为取得报酬或经营利润，在调查周内从事了1小时（含1小时）以上的劳动或由于学习、休假等原因在调查周内暂时处于未工作状态，但有工作单位或场所的人口。

单位就业人员 指报告期末最后一日24时在本单位中工作，并取得工资或其他形式劳动报酬的人员数。该指标为时点指标，不包括最后一日当天及以前已经与单位解除劳动合同关系的人员，是在岗职工、劳务派遣人员及其他就业人员之和。就业人员不包括：

(1)离开本单位仍保留劳动关系，并定期领取生活费的人员；

(2)利用课余时间打工的学生及在本单位实习的各类在校学生；

(3)本单位因劳务外包而使用的人员。

城镇私营和个体就业人员 城镇私营就业人员指在工商管理部门注册登记，其经营地址设在县城关镇(含县城关镇)以上的私营企业就业人员，包括私营企业投资者和雇工。城镇个体就业人员指在工商管理部门注册登记，并持有城镇户口或在城镇长期居住，经批准从事个体工商经营的就业人员，包括个体经营者和在个体工商户劳动的家庭帮工和雇工。

国有单位 指资产归国家所有的经济组织。包括按《中华人民共和国企业法人登记管理条例》规定登记注册的非公司制的经济组织，以及中央、地方各级国家机关、事业单位和社会团体。

集体单位 指生产资料归集体所有，并按《中华人民共和国企业法人登记管理条例》规定登记注册的经济组织。

其他单位 包括股份合作单位、联营单位、有限责任公司、股份有限公司、港澳台商投资单位以及外商投资单位等其他登记注册类型单位。

在岗职工 指在本单位工作且与本单位签订劳动合同，并由单位支付各项工资和社会保险、住房公积金的人员，以及上述人员中由于学习、病伤、产假等原因暂未工作仍由单位支付工资的人员。在岗职工还包括：

(1)应订立劳动合同而未订立劳动合同人员(如使用的农村户籍人员)；

(2)处于试用期人员；

(3)编制外招用的人员；

(4)派往外单位工作，但工资仍由本单位发放的人员(如挂职锻炼、外派工作等情况)。

工资总额 指根据《关于工资总额组成的规定》(1990年1月1日国家统计局发布的一号令)进行修订，在报告期内(季度或年度)直接支付给本单位全部就业人员的劳动报酬总额。包括计时工资、计件工资、奖金、津贴和补贴、加班加点工资、特殊情况下支付的工资，是在岗职工工资总额、劳务派遣人员工资总额和其他就业人员工资总额之和。

工资总额是税前工资，包括单位从个人工资中直接为其代扣或代缴的房费、水费、电费、住房公积金和社会保险基金个人缴纳部分等。

工资总额不论是计入成本的还是不计入成本的，不论是以货币形式支付的还是以实物形式支付的，均应列入工资总额的计算范围。

平均工资 指单位就业人员在一定时期内平均每人所得的工资额。它表明一定时期工资收入的高低程度，是反映就业人员工资水平的主要指标。计算公式为：

$$\text{平均工资}=\frac{\text{报告期就业人员工资总额}}{\text{报告期就业人员平均人数}}$$

平均工资指数 指报告期就业人员平均工资与基期就业人员平均工资的比率，是反映不同时期就业人员货币工资水平变动情况的相对数。计算公式为：

$$\text{平均工资指数}=\frac{\text{报告期就业人员平均工资}}{\text{基期就业人员平均工资}}\times 100\%$$

平均实际工资指数 就业人员平均实际工资指扣除物价变动因素后的就业人员平均工资。就业人员平均实际工资指数是反映实际工资变动情况的相对数，表明就业人员实际工资水平提高或降低的程度。计算公式为:

$$\text{平均实际工资指数}=\frac{\text{报告期就业人员平均工资指数}}{\text{报告期城镇居民消费价格指数}}\times 100\%$$

城镇登记失业人员 指有非农业户口，在一定的劳动年龄内(16周岁至退休年龄)，有劳动能力，无业而要求就业，并在当地劳动保障部门进行失业登记的人员。

城镇登记失业率 城镇登记失业人员与城镇单位就业人员(扣除使用的农村劳动力、聘用的离退休人员、港澳台及外方人员)、城镇单位中的不在岗职工、城镇私营业主、个体户主、城镇私营企业和个体就业人员、城镇登记失业人员之和的比。

Explanatory Notes on Main Statistical Indicators

Employed Persons refers to persons above a specified age who had labour capacity and performed some social work for compensation or business gains. Specifically, it refers to all persons, aged 16 and over, who performed some work for compensation or business gains for one hour or more during the reference period; or who had work units or sites but were temporarily not at work during the reference period,

Persons Employed in Various Units refer to the total number of employees who work at his unit and obtain wages or other forms of payment at the end of the reporting period. This indicator is a kind of time point index and it equals to the sum of the number of employed staff and workers, labor dispatch personnel and other employed persons. Employed persons do not include:

1)persons who have left their working units while keeping their labour contract (employment relation) unchanged and receiving regular alimony;

2)students who do part-time jobs in spare time and all kinds of enrolled students who do internship in various units;

3)persons employed due to labor outsourcing;

4)persons who dissolve labor contracts with their units on the last day of reporting period or before.

Persons Employed in Private Enterprises and Self-Employed Individuals in Urban Areas Persons employed in private enterprises refer to the persons employed in the private enterprises which have been registered at the departments of industrial and commercial administration for which the business operation are situated at a county town (i.e. a town where the county government is located), or at urban areas with administrative hierarchy higher than a county town. The self-employed individuals in urban areas refer to persons who hold the certificates of residence in urban areas or have resided in the urban areas for a long time and have been registered at the departments of industrial and commercial administration and approved to be engaged in individual industrial or commercial business, including self-employed persons as well as helpers and hired laborers who work in individual households.

State-owned Units refer to economic units whose assets are owned by the state, including non-corporation units registered according to *Regulation of the People's Republic of China on the Registration of Enterprises and Corporations*, state organs, institutions and social organizations at the central-level and local levels.

Collective-owned Units refer to economic units registered according to *Regulation of the People's Republic of China on the Registration of Enterprises and Corporations* where the means of production are collectively owned.

Units of Other Types of Ownership refer to units registered with other types of ownership, including cooperative units, joint ownership units, limited liability corporations, share holding corporations, units funded by entrepreneurs from Hong Kong, Macao, and Taiwan, and foreign- funded units.

Employed Staff and Workers refer to persons who signed labor contracts with working units and working units would pay wages, social insurance and housing funds for them. Persons who have their work posts but are temporarily absent from work for reasons of study or on sick, injury or maternal leave and still receive wages from their working units are also included. Employed staff and workers also include:

1)Persons who should have signed the labor contracts but not (like people with rural household registration);

2)Employees on probation;

3)Employees beyond the staffing quota;

4)Employees who are sent to other working units but still obtain wages from their original units (situations like on-the-job placement, expatriated assignment, etc.)

Total Wage Bill It is revised according to the "Provision of Composition of Total Wages" (Order No.1 by National Bureau of Statistics on January, 1st ,1990), total wage bill refers to the total remuneration payment to all employed persons in various units during the reporting period (by quarter or by year), including hourly-paid wages, piece-rate wages, bonuses, allowance and subsidies, overtime wages and wages paid under special circumstances. It equals to the sum of total wages of employed staff and workers, dispatch labors and other employed persons.

Total wage bill is pre-tax wages, including the room charges, utility bills, housing funds and social insurance paid or withheld by employee's units.

Total wage bill, whether or not included in cost, whether or not paid in money or in kind, shall be included in the calculation of total wage.

Average Wage refers to the average per capita wage during a certain period of time for employed persons. It shows the general level of wage income during a certain period of time, one major indicator to reflect the wage level. It is calculated as follows:

$$\text{Average Wage} = \frac{\text{Total Wage Bill of Employed Persons at Reference Time}}{\text{Average Number of Persons Employed at Reference Time}}$$

Average Wage Indices refers to the ratio of average wage of employed persons the reporting period to that at the base period, which reflects the change of wage of employed persons at the different period. It is calculated as follows:

$$\text{Average Wage Indices} = \frac{\text{Average Wage of Employed Persons at Reference Time}}{\text{Average Wage of Persons Employeds at Base Period}} \times 100\%$$

Average Real Wage Indices average real wage of employed persons refers to the average wage of employed persons after removing the effects of the price changes and average real wage indices of employed persons refers to the change of real wage, which reflects the relative increasing or decreasing level of real wage of employed persons ,which is calculated as follows:

$$\text{Average Real Wage Indices} = \frac{\text{Average Wage Indices of Employed Persons at the Reference Time}}{\text{Urban Consumer Price Indices at Reference Time}} \times 100\%$$

Registered Unemployed Persons in Urban Areas refer to the persons with non-agricultural household registration at certain working ages (16 years old to retirement age), who are capable of working, unemployed and willing to work, and have been registered at the local employment service agencies to apply for a job.

Registered Unemployment Rate in Urban Areas refers to the ratio of the number of the registered unemployed persons to the sum of the number of persons employed in various units (minus the employed rural labour force, re-employed retirees, and Hong Kong, Macao, Taiwan or foreign employees), laid-off staff and workers in urban units, owners of private enterprises in urban areas, owners of self-employed individuals in urban areas, employees of private enterprises in urban areas, employee of self-employed individuals in urban areas, and the registered unemployed persons in urban areas.

六、固定资产投资

Investment in Fixed Assets

资料整理：穆　丹　袁军会　陈晓锋　刘海燕　梁爱萍

简 要 说 明

一、本篇资料反映陕西固定资产投资的基本情况，主要包括：全社会固定资产投资，房地产开发投资，商品房销售情况。

二、固定资产投资统计的范围包括：城乡建设项目投资，房地产开发投资及农户投资。

三、固定资产投资统计资料来自统计局的统计调查，除农户固定资产投资统计采用抽样调查方法外，其他均为全面调查。

四、统计口径的变化

自1997年起，除房地产开发投资、非农户投资、农户投资及城镇和工矿区私人建房投资外，固定资产投资的统计起点由5万元提高到50万元。

自2006年起，非农户固定资产投资统计改为按项目统计，调查方法由抽样调查改为全面统计报表，起点提高到50万元。城镇和工矿区私人建房投资改为按项目统计，起点为50万元。

自2011年起，除房地产开发投资、农户投资外，固定资产投资项目统计起点由计划总投资50万元提高到500万元。投资统计的范围从城镇扩大到农村企事业组织，并将这一统计范围定义为“固定资产投资（不含农户）”。

Brief Introduction

Ⅰ.This chapter reflects the basic conditions of investment in fixed assets of Shaanxi Province, mainly including total investment in fixed assets in the whole province, real estate development, Sales of Commercial Buildings.

Ⅱ.Statistics on the investment in fixed assets cover investments in capital construction projects in urban and rural areas, investments in real estate development, as well as rural household investment.

Ⅲ.The data sources for the statistics of investment in fixed assets mainly come from statistical survey. Investment in fixed assets by farm households are calculated with sample survey, and the others come from complete statistical report forms.

Ⅳ. Changes in Statistical Scope

Since 1997, the cut-off point of projects covered by statistics of investment in fixed assets are raised from an investment of 50,000 yuan to 500,000 yuan, except investment in real estate development, farm household investment, non-farm household investment and private investment in housing construction in urban areas and industrial and mining areas.

Since 2006, statistics on investments in fixed assets of rural non-farm households are changed to project-based. Survey method is changed from sample survey to the system of reporting form with complete enumeration. The cut-off point has been raised to 500,000 yuan. Statistics on private investment in housing construction in urban areas and industrial and mining areas have become project-based. The cut-off point has been raised to 500,000 yuan.

Since 2011, the cut-off size of project investment in fixed assets rose from a total planned investment above 500,000 yuan to 5 million yuan, except for real estate investment and investment by rural households. The scope of investment statistics expends from urban to rural enterprises, and this scope of statistics is defined “investments in fixed assets(non-farm)”.

6.固定资产投资

2021年全省

全社会固定资产投资			比上年下降	3.1%
# 房地产开发投资	4441.00	亿元	比上年增长	0.8%
商品房销售面积	4260.06	万平方米	比上年下降	4.3%

房地产开发投资（亿元）

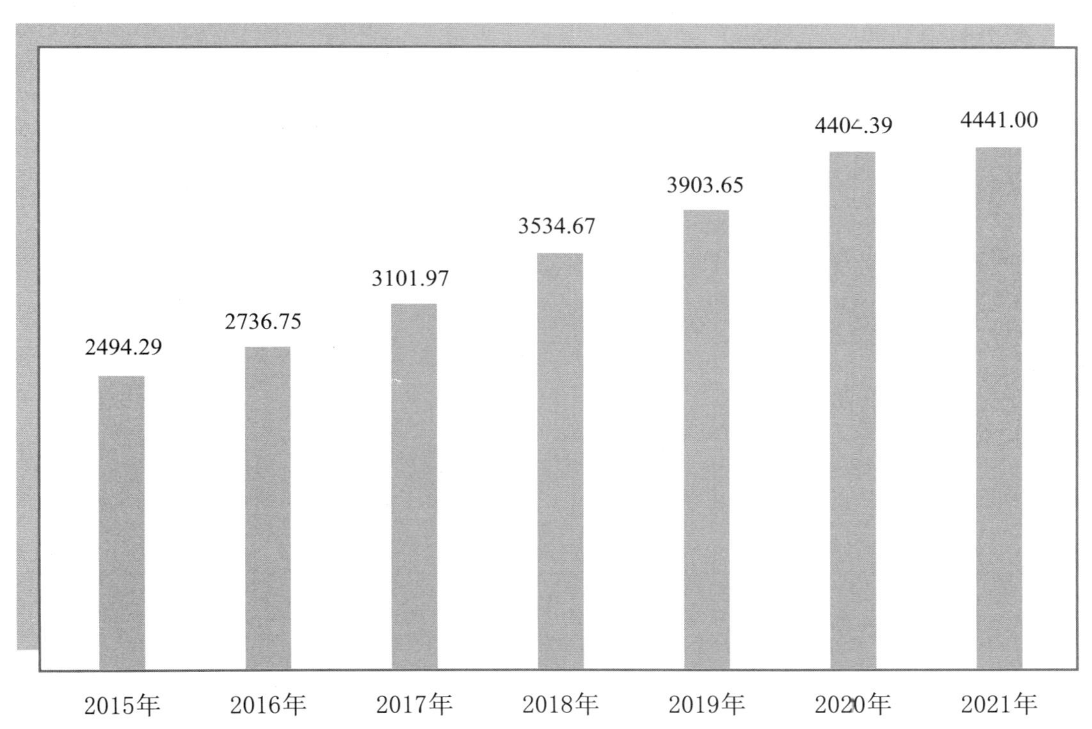

6-1 全社会固定资产投资增长速度

Growth Rate of the Total Investment in Fixed Assets of the Whole Province

单位：% (%)

年份 Year	全社会固定资产投资 Total Investment	固定资产投资 Investment in Fixed Assets	# 房地产开发 Real Estate Development	农户固定资产投资 Rural Investment in Fixed Assets
1979	4.0	1.9		35.5
1980	31.4	31.0		36.3
1981	-17.5	-22.3		36.0
1982	28.6	31.9		7.9
1983	4.6	-0.1		41.1
1984	31.0	20.0		91.4
1985	43.6	40.8		53.2
1986	9.6	16.8		-13.4
1987	27.3	27.2		27.7
1988	17.1	14.9		26.6
1989	0.5	-2.7		12.9
1990	9.0	10.4		4.2
1991	20.5	17.2		31.8
1992	14.0	22.7		-13.2
1993	60.2	69.8		17.3
1994	24.1	19.2		55.6
1995	14.5	14.1	55.5	16.1
1996	14.7	13.5	6.5	20.3
1997	14.0	15.8	-2.0	5.8
1998	28.5	34.1	73.9	0.5
1999	13.7	13.3	33.1	16.1
2000	20.4	25.9	15.5	-14.8
2001	14.1	14.6	26.5	8.8
2002	14.6	14.7	23.8	12.9
2003	31.2	32.9	52.6	14.2
2004	20.8	22.2	22.6	3.2
2005	28.4	29.8	29.3	7.9
2006	31.7	33.0	32.1	8.6
2007	39.5	40.8	35.6	13.0
2008	33.2	33.1	42.4	35.8
2009	35.1	36.1	23.8	9.1
2010	30.6	31.3	22.9	10.2
2011	30.1	29.7	22.5	46.2
2012	28.1	28.9	30.1	5.2
2013	24.1	24.7	22.0	3.5
2014	17.4	17.8	8.3	0.3
2015	7.8	8.0	2.8	-0.1
2016	12.1	12.3	9.7	-0.2
2017	14.4	14.6	13.3	0.2
2018	10.2	10.4	13.9	2.0
2019	2.4	2.5	10.4	-0.9
2020	3.6	4.1	12.8	-24.8
2021	-3.1	-3.0	0.8	-10.9

注：1.2011年起，城镇固定资产投资数据发布口径改为固定资产投资(不含农户)。固定资产投资(不含农户)等于原口径的城镇固定资产投资加上非农户投资(以下相关表同)。
2.2016年起，全社会固定资产投资不包含跨省项目(以下相关表同)。

a) Urban Investment in Fixed Assets has changed to Investment in fixed assets (excluding rural households) since 2011. Investment in fixed assets (excluding rural households) is the Urban Investment in Fixed Assets and Non-farm Households(The related tables is the same).

b)Total investment in Fixed Assets in 2016 do not include inter provincial project.The same applies to the relevant tables following.

6–2 全社会固定资产投资主要指标增长速度(2021年)
Growth Rate of the Main Indicators and Composition of Total Investment in Fixed Asset of the Whole Province (2021)

单位：%　　(%)

指　　标	Item	合　计 Total	内　资 Domestic	国　有 State-owned	集　体 Collective-owned	其　他 Others
一、投资总额	Total Investment	-3.1	-3.1	-11.2	16.5	1.1
1.按隶属关系分	By Jurisdiction of Management					
中　央	Central Investment	16	16.3	-0.3	-97.1	35.7
地　方	Local Investment	-3.9	-4	-11.9	18.6	-0.1
2.按构成分	By Use of Funds					
建筑安装工程	Construction and Installation	-1.9	-1.8	-11.6	30.3	3.8
设备工器具购置	Purchase of Equipment and Instruments	-14.4	-19.3	-21	-50.4	-18.4
其他费用	Others	-1	0.4	-2.8	-56.5	2.1
# 建设用地费	Construction Land Fee	-8.2	-6.6	-9.7	22.7	-5.7
3.按建设性质分	By Type of Construction					
# 新　建	New Construction	-5.6	-4.3	-12.9	12.7	2.4
扩　建	Expansion	22.3	5.5	-10.7	18.1	14
改建和技改	Reconstruction and Technical Transformation	-7.4	-9.5	-9.9	130	-10
4.按产业构成分	By Type of Industry					
第一产业	Primary Industry	-0.1	1.4	-10.1	12.5	4.2
第二产业	Secondary Industry	4.9	4.8	-5.4	-25	8
第三产业	Tertiary Industry	-6.2	-6.1	-12.3	33	-2.2
二、本年新增固定资产	Newly Increased Fixed Assets This Year	-20.1	-14.4	-32.1	4.2	-0.6

注：本年新增固定资产统计范围不含计划总投资5000万元以下项目。
a) Data for newly increased fixed assets do not include those under 50 million yuan.

6–2 续表 continued

单位：% (%)

指 标	Item	港澳台商投资 Funds from Hong Kong, Macao & Taiwan	外商投资 Foreign Funded	个体经营 Self-employed Individual
一、投资总额	Total Investment	10	-1.6	-8.6
1.按隶属关系分	By Jurisdiction of Management			
中 央	Central Investment	-80.1	32	
地 方	Local Investment	14.2	-2	-8.6
2.按构成分	By Use of Funds			
建筑安装工程	Construction and Installation	13.7	-11.3	-5.3
设备工器具购置	Purchase of Equipment and Instruments	-45.5	18.1	-19.8
其他费用	Others	113.7	-78.6	-62.9
# 建设用地费	Construction Land Fee	135.4	-90.9	-21.8
3.按建设性质分	By Type of Construction			
# 新 建	New Construction	28.7	-74.5	-3.8
扩 建	Expansion	-48.2	110.3	25.0
改建和技改	Reconstruction and Technical Transformation	-30.5	38	257.8
4.按产业构成分	By Type of Industry			
第一产业	Primary Industry		-39.1	-8.4
第二产业	Secondary Industry	4.9	2.6	129.3
第三产业	Tertiary Industry	13.9	-17.1	-21.1
二、本年新增固定资产	Newly Increased Fixed Assets This Year	-55.2	-88	-11.2

 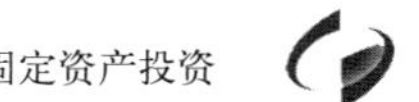

6-3　各市(区)固定资产投资增长速度

Growth Rate of the Investment in Fixed Assets of the Whole Province by City(District)

单位：%　　　　　　　　　　　　　　　　　　　　(%)

地　区	Region	2016	2017	2018	2019	2020	2021
全　省	**Shaanxi**	**12.3**	**14.6**	**10.4**	**2.5**	**4.1**	**-3.0**
西 安 市	Xi'an	3.4	13.3	7.8	1.5	12.8	-11.6
铜 川 市	Tongchuan	17.9	15.0	11.0	8.6	4.6	7.9
宝 鸡 市	Baoji	23.6	20.2	11.3	5.3	3.3	3.5
咸 阳 市	Xianyang	21.0	11.4	8.2	-1.2	6.0	10.4
渭 南 市	Weinan	12.9	20.1	13.8	-3.3	-5.5	-8.2
延 安 市	Yan'an	-13.5	-1.8	1.9	0.1	3.8	-23.1
汉 中 市	Hanzhong	20.9	23.0	19.5	-2.6	-2.4	19.5
榆 林 市	Yulin	11.0	11.4	7.4	14.3	8.6	-13.5
安 康 市	Ankang	29.9	23.5	16.5	9.8	-2.9	6.4
商 洛 市	Shangluo	23.8	22.0	12.6	-1.0	-2.9	14.0
杨凌示范区	Yangling	24.9	15.4	13.1	12.9	4.5	-14.8

6–4 各行业按构成分的固定资产投资增长速度(2021年)
Growth Rate of the Investment by Sector and Use of Funds in the Whole Province (2021)

单位：% (%)

行业	Sector	投资额 Investment	建筑安装工程 Construction and Installation	设备工器具购置 Purchase of Equipment and Instruments	其他费用 Other Expenses
全省总计	**Total**	**-3**	**-1.7**	**-14.4**	**-1**
农、林、牧、渔业	Agriculture, Forestry, Animal Husbandry and Fishery	2.9	12.2	-44.4	-28.0
农业	Farming	-5.8	5.2	-54.1	-43.9
林业	Forestry	-26.0	-25.3	-81.2	3.2
畜牧业	Animal Husbandry	21.6	30.5	-30.9	
渔业	Fishery	40.4	66.4	-42.3	25.3
农、林、牧、渔专业及辅助性活动	Agriculture, Forestry, Animal Husbandry and Fishery Professional and Supporting Activities	19.0	22.3	2.5	-29.0
采矿业	Mining	39.3	40.3	9.4	93.9
煤炭开采和洗选业	Mining and Washing of Coal	7.8	-7.4	-5.7	95.9
石油和天然气开采业	Extraction of Petroleum and Natural Gas	164.2	203.9	82.3	60.4
黑色金属矿采选业	Mining and Processing of Ferrous Metal Ores	67.3	106.4	7.8	-22.0
有色金属矿采选业	Mining and Processing of Non-Ferrous Metal Ores	-3.5	-6.3	32.6	-69.4
非金属矿采选业	Mining and Processing of Non-metal Ores	47.2	35.3	-6.1	292.9
开采专业及辅助性活动	Professional and Support Activities for Mining	25.1	337.9	-76.7	
其他采矿业	Mining of Other Ores				
制造业	Manufacturing	-0.2	4.2	-4.4	-21.4
农副食品加工业	Processing of Food from Agricultural Products	14.2	24.0	-12.1	-39.1
食品制造业	Manufacture of Foods	-8.0	-6.4	-12.4	-22.4
酒、饮料和精制茶制造业	Manufacture of Liquor, Beverages and Refined Tea	-0.6	3.0	-17.3	-0.4
烟草制品业	Manufacture of Tobacco	110.4	106.5	59.2	337.4
纺织业	Manufacture of Textile	-18.6	4.3	-45.2	-75.3
纺织服装、服饰业	Manufacture of Textile, Wearing Apparel and Accessories	-31.8	-31.3	-27.8	-76.9
皮革、毛皮、羽毛及其制品和制鞋业	Manufacture of Leather, Fur, Feather and Related Products and Footwear	56.5	147.8	-1.2	-81.7
木材加工和木、竹、藤、棕、草制品业	Processing of Timber, Manufacture of Wood, Bamboo, Rattan,Palm and Straw Products	9.0	10.9	5.8	-16.7
家具制造业	Manufacture of Furniture	69.0	70.6	40.2	102.3
造纸和纸制品业	Manufacture of Paper and Paper Products	26.3	37.2	5.4	-37.7
印刷和记录媒介复制业	Printing and Reproduction of Recording Media	16.2	35.7	-28.8	59.8
文教、工美、体育和娱乐用品制造业	Manufacture of Articles for Culture,Education,Arts and Crafts, Sport and Entertainment Activities	9.9	15.0	-25.7	80.8
石油、煤炭及其他燃料加工业	Processing of Petroleum, Coal and Other Fuel	-15.6	2.3	-50.3	-24.4
化学原料和化学制品制造业	Manufacture of Raw Chemical Materials and Chemical Products	-11.8	-4.9	-7.4	-31.5
医药制造业	Manufacture of Medicines	10.5	38.7	-58.9	-12.0
化学纤维制造业	Manufacture of Chemical Fibres	-26.2	-16.0	-41.1	
橡胶和塑料制品业	Manufacture of Rubber and Plastics Products	-9.2	-10.6	-30.3	269.7
非金属矿物制品业	Manufacture of Non-metallic Mineral Products	4.5	12.4	-18.7	-12.3
黑色金属冶炼和压延加工业	Smelting and Pressing of Ferrous Metals	-52.9	-46.5	-66.5	-42.4
有色金属冶炼和压延加工业	Smelting and Pressing of Non-ferrous Metals	11.8	20.5	-2.3	16.4
金属制品业	Manufacture of Metal Products	26.7	44.6	-17.4	-44.1
通用设备制造业	Manufacture of General Purpose Machinery	23.9	31.9	-3.0	22.0
专用设备制造业	Manufacture of Special Purpose Machinery	3.5	11.1	-8.7	4.4

6-4 续表 1 continued

单位：% (%)

行 业	Sector	投资额 Investment	建筑安装工程 Construction and Installation	设备工器具购置 Purchase of Equipment and Instruments	其他费用 Other Expenses
汽车制造业	Manufacture of Automobiles	-21.0	-17.2	-26.0	-47.7
铁路、船舶、航空航天和其他运输设备制造业	Manufacture of Railway, Ship, Aerospace and Other Transport Equipments	-15.4	-10.3	-22.0	-30.4
电气机械和器材制造业	Manufacture of Electrical Machinery and Apparatus	-6.6	-12.7	1.9	15.2
计算机、通信和其他电子设备制造业	Manufacture of Computers, Communication and Other Electronic Equipment	15.3	-9.5	28.9	37.4
仪器仪表制造业	Manufacture of Measuring Instruments and Machinery	-58.4	-52.5	-69.9	-36.9
其他制造业	Other Manufacture	-47.3	-44.5		-80.0
废弃资源综合利用业	Utilization of Waste Resources	-15.3	-14.2	21.2	-67.5
金属制品、机械和设备修理业	Repair Service of Metal Products, Machinery and Equipment	168.3	256.7	-44.1	-98.1
电力、热力、燃气及水生产和供应业	Production and Supply of Electricity, Heat, Gas and Water	-3.1	-1.2	-8.7	-2.4
电力、热力生产和供应业	Production and Supply of Electric Power and Heat Power	1.2	4.0	-7.8	14.8
燃气生产和供应业	Production and Supply of Gas	-8.6	-5.0	-7.2	-40.2
水的生产和供应业	Production and Supply of Water	-14.8	-12.0	-30.0	-43.4
建筑业	Construction	-10.0	-11.7	43.4	-63.3
房屋建筑业	Construction of Buildings	133.4	159.1	37.9	-41.0
土木工程建筑业	Civil Engineering	-89.9	-88.6	-95.4	
建筑安装业	Building Installation				
建筑装饰、装修和其他建筑业	Building Decoration and Other Constructions	54.7	-64.7		
批发和零售业	Wholesale and Retail Trades	4.2	16.9	-49.0	-46.3
批发业	Wholesale Trade	-1.6	12.3	-54.7	-53.5
零售业	Retail Trade	8.9	20.4	-43.3	-40.6
交通运输、仓储和邮政业	Transport, Storage and Post	-15.7	-11.9	-46.9	-21.2
铁路运输业	Railway Transport	133.9	150.1	2.9	190.1
道路运输业	Road Transport	-25.6	-22.4	-59.3	-26.0
水上运输业	Water Transport				
航空运输业	Air Transport	6.1	144.3	302.2	-70.0
管道运输业	Transport Via Pipelines	38.2	13.9	277.4	319.5
多式联运和运输代理业	Multimodal Transport and Forwarding Agency	-16.2	-21.1	-72.5	
装卸搬运和仓储业	Loading, Unloading and Storage	-9.9	-6.8	-45.8	-13.4
邮政业	Post	70.9	96.8	-38.2	
住宿和餐饮业	Hotels and Catering Services	-22.1	-20.0	-45.2	-35.1
住宿业	Hotels	-23.1	-21.5	-41.4	-33.9
餐饮业	Catering Services	-15.1	-8.5	-54.0	-48.3
信息传输、软件和信息技术服务业	Information Transmission, Software and Information Technology	7.2	22.4	-7.5	18.5
电信、广播电视和卫星传输服务	Telecommunication, Radio and Television and Satellite Transmission Service	-12.5	32.2	-30.4	-33.0
互联网和相关服务	Internet and Related Service	-11.7	4.8	-48.7	45.3
软件和信息技术服务业	Software and Information Technology	86.5	22.6	274.1	143.0
金融业	Financial Intermediation	-38.0	-26.9	20.1	-90.4
货币金融服务	Monetary and Financial Service	5.4	6.1	42.2	-70.2

6–4 续表 2 continued

单位：% (%)

行 业	Sector	投资额 Investment	建筑安装工程 Construction and Installation	设备工器具购置 Purchase of Equipment and Instruments	其他费用 Other Expenses
资本市场服务	Capital Market Service	-74.9	-27.1		-99.6
保险业	Insurance	-60.6	-75.3		
其他金融业	Other Financial Activities	-77.5	-77.5		
房地产业	Real Estate	-3.0	-7.3	-12.6	10.3
房地产业	Real Estate	-3.0	-7.3	-12.6	10.3
租赁和商务服务业	Leasing and Business Services	17.5	31.2	-69.5	-14.3
租赁业	Leasing	-13.3	4.0	-49.6	-43.7
商务服务业	Business Services	18.1	31.7	-71.9	-14.1
科学研究和技术服务业	Scientific Research and Technical Services	-2.6	6.0	-26.0	-26.1
研究和试验发展	Research and Experimental Development	12.9	21.8	4.9	-37.1
专业技术服务业	Professional Technical Services		20.5	-36.3	-6.3
科技推广和应用服务业	Science and Technology Popularization and Application Services	-17.4	-15.0	-25.9	-27.1
水利、环境和公共设施管理业	Management of Water Conservancy, Environment and Public Facilities	-9.6	-6.9	-51.2	-20.6
水利管理业	Management of Water Conservancy	-10.9	-16.5	-57.2	40.0
生态保护和环境治理业	Ecological Protection and Environmental Treatment	2.8	7.4	-46.1	-5.8
公共设施管理业	Management of Public Facilities	-9.8	-6.4	-50.4	-27.5
土地管理业	Management of Land	-36.4	-32.6	-86.2	-52.0
居民服务、修理和其他服务业	Service to Households, Repair and Other Services	-25.3	-21.7	-40.8	-41.2
居民服务业	Service to Households	-39.4	-37.9	-51.6	-40.4
机动车、电子产品和日用产品修理业	Repair of Motor Vehicle, Electronics and Household Products	50.8	70.4	3.1	-21.1
其他服务业	Other Services	23.4	47.6	-31.4	-70.6
教育	Education	-27.2	-25.5	-28.1	-47.7
教育	Education	-27.2	-25.5	-28.1	-47.7
卫生和社会工作	Health and Social Services	12.8	20.0	-19.8	-14.3
卫生	Health	20.4	29.7	-20.0	-3.4
社会工作	Social Service	-12.9	-10.3	-17.0	-35.2
文化、体育和娱乐业	Culture, Sports and Entertainment	3.3	5.2	-51.8	10.2
新闻和出版业	Journalism and Publishing Activities				
广播、电视、电影和录音制作业	Radio, Television, Movies and Recordings Production Services	47.8	47.3	-21.9	134.4
文化艺术业	Cultural and Art Activities	6.3	3.4	-55.8	88.3
体育	Sports Activities	-20.8	-21.2	-27.2	-9.9
娱乐业	Entertainment	15.6	24.5	-56.6	-9.9
公共管理、社会保障和社会组织	Public Management, Social Security and Social Organization	26.0	41.6	-63.2	160.8
中国共产党机关	Organs of Communist Party of China	-54.6	-54.6		
国家机构	Government Agencies	40.8	53.7	-50.0	186.1
人民政协、民主党派	People's Political Consultative Conference and Democratic Parties				
社会保障	Social Security	-68.0	80.1		
群众团体、社会团体和其他成员组织	Non-Governmental Organizations, Social Organizations and Membership Organizations	-84.2	-83.8		
基层群众自治组织	Grass Roots Self-Governing Organizations	24.0	28.2	-81.7	12.9

6-5 分行业固定资产投资施工、投产项目个数及新增固定资产增长速度(2021年)

Number of Investment Projects under Construction and Put into Use and Growth Rate of the Newly Increased Fixed Assets by Sector in the Whole Province(2021)

单位：% (%)

行业	Sector	施工项目 Number of Projects under Construction	全部建成投产项目 Number of Projects Completed and Put into Use	施工项目计划总投资 Total Planned Investment of Projects under Construction	本年完成投资额 Investment Completed This Year	本年新增固定资产 Newly Increased Fixed Assets This Year
全省总计	**Total**	**9.9**	**14.8**	**1.7**	**-3.0**	**-20.5**
农、林、牧、渔业	Agriculture,Forestry,Animal Husbandry and Fishery	16.3	22.8	-0.1	2.9	-4.2
农业	Farming	5.3	7.9	-13.6	-5.8	-21.1
林业	Forestry	-13.6	-11.8	-13.4	-26.0	-47.9
畜牧业	Animal Husbandry	29.7	51.0	20.5	21.6	24.4
渔业	Fishery	64.1	65.0	38.2	40.4	-85.5
农、林、牧、渔专业及辅助性活动	Agriculture, Forestry, Animal Husbandry and Fishery Professional and Supporting Activities	59.3	53.2	28.6	19.0	47.9
采矿业	Mining	8.8	10.6	24.8	39.3	104.0
煤炭开采和洗选业	Mining and Washing of Coal	10.6	6.0	18.9	7.8	64.5
石油和天然气开采业	Extraction of Petroleum and Natural Gas	42.3		71.7	164.2	208.0
黑色金属矿采选业	Mining and Processing of Ferrous Metal Ores	50.0	180.0	79.8	67.3	335.3
有色金属矿采选业	Mining and Processing of Non-Ferrous Metal Ores	7.1	8.6	-45.0	-3.5	-37.9
非金属矿采选业	Mining and Processing of Non-metal Ores	-7.3	-24.2	67.5	47.2	26.1
开采专业及辅助性活动	Professional and Support Activities for Mining	25.0		52.0	25.1	
其他采矿业	Mining of Other Ores					
制造业	Manufacturing	12.0	17.7	-3.9	-0.2	-38.5
农副食品加工业	Processing of Food from Agricultural Products	26.7	39.4	16.0	14.2	-17.6
食品制造业	Manufacture of Foods	14.8	27.7	-0.6	-8.0	-23.5
酒、饮料和精制茶制造业	Manufacture of Liquor, Beverages and Refined Tea	14.5	12.2	12.7	-0.6	3.7
烟草制品业	Manufacture of Tobacco	180.0		-0.8	110.4	
纺织业	Manufacture of Textile	13.5	19.6	-1.0	-18.6	-41.2
纺织服装、服饰业	Manufacture of Textile, Wearing Apparel and Accessories	-24.6	-31.1	-19.7	-31.8	-15.7
皮革、毛皮、羽毛及其制品和制鞋业	Manufacture of Leather, Fur, Feather and Related Products and Footware	30.0	27.3	76.6	56.5	
木材加工和木、竹、藤、棕、草制品业	Processing of Timber, Manufacture of Wood, Bamboo, Rattan, Palm and Straw Products	47.3	60.8	-11.7	9.0	-45.4
家具制造业	Manufacture of Furniture	-5.3	7.7	61.7	69.0	-49.8
造纸和纸制品业	Manufacture of Paper and Paper Products		25.5	16.1	26.3	-47.6
印刷和记录媒介复制业	Printing and Reproduction of Recording Media	10.6	12.1	-3.5	16.2	59.4
文教、工美、体育和娱乐用品制造业	Manufacture of Articles for Culture,Education,Arts and Crafts, Sport and Entertainment Activities	3.8	7.1	-5.6	9.9	20.4
石油、煤炭及其他燃料加工业	Processing of Petroleum, Coal and Other Fuel	9.1	15.5	-27.5	-15.6	-42.3
化学原料和化学制品制造业	Manufacture of Raw Chemical Materials and Chemical Products	3.0	18.8	-5.4	-11.8	-54.7
医药制造业	Manufacture of Medicines	10.4	-3.5	5.1	10.5	-59.2
化学纤维制造业	Manufacture of Chemical Fibres	25.0		52.9	-26.2	-81.8
橡胶和塑料制品业	Manufacture of Rubber and Plastics Products	15.7	34.7	4.1	-9.2	-14.0
非金属矿物制品业	Manufacture of Non-metallic Mineral Products	-2.5	-1.4	5.4	4.5	43.4
黑色金属冶炼和压延加工业	Smelting and Pressing of Ferrous Metals	6.8	-4.9	-75.7	-52.9	-90.3

注：本年新增固定资产统计范围不含计划总投资5000万元以下项目。
a) Data for newly increased fixed assets do not include those under 50 million yuan.

6-5 续表 1 continued

单位：% (%)

行业	Sector	施工项目 Number of Projects under Construction	全部建成投产项目 Number of Projects Completed and Put into Use	施工项目计划总投资 Total Planned Investment of Projects under Construction	本年完成投资额 Investment Completed This Year	本年新增固定资产 Newly Increased Fixed Assets This Year
有色金属冶炼和压延加工业	Smelting and Pressing of Non-ferrous Metals	45.6	66.7	-23.6	11.8	34.3
金属制品业	Manufacture of Metal Products	30.4	58.2	14.3	26.7	-3.7
通用设备制造业	Manufacture of General Purpose Machinery	14.7	22.5	15.6	23.9	-34.3
专用设备制造业	Manufacture of Special Purpose Machinery	-1.6	-7	-15.7	3.5	11
汽车制造业	Manufacture of Automobiles	27.1	48	10.9	-21	57.1
铁路、船舶、航空航天和其他运输设备制造业	Manufacture of Railway, Ship, Aerospace and Other Transport Equipments	15.4	12.2	13	-15.4	-4
电气机械和器材制造业	Manufacture of Electrical Machinery and Apparatus	4.6	16	3.7	-6.6	-53.8
计算机、通信和其他电子设备制造业	Manufacture of Computers, Communication and Other Electronic Equipment	26.7	10.5	-11.8	15.3	-87.8
仪器仪表制造业	Manufacture of Measuring Instruments and Machinery	-5	17.6	-14.2	-58.4	-80.7
其他制造业	Other Manufacture	-50	-55.6	8.7	-47.3	
废弃资源综合利用业	Utilization of Waste Resources	2.7	12.6	-10	-15.3	-31.6
金属制品、机械和设备修理业	Repair Service of Metal Products, Machinery and Equipment	-13.3	-36.4	53.2	168.3	-4.1
电力、热力、燃气及水生产和供应业	Production and Supply of Electricity, Heat, Gas and Water	-6.9	-8.5	-7	-3.1	-2.9
电力、热力生产和供应业	Production and Supply of Electric Power and Heat Power	-6.4	-8.8	-2.3	1.2	3.1
燃气生产和供应业	Production and Supply of Gas	-7.3	11.8	-22.4	-8.6	-26.8
水的生产和供应业	Production and Supply of Water	-7.6	-15.4	-14.3	-14.8	-18.3
建筑业	Construction	-20	33.3	-50.2	-10	136.9
房屋建筑业	Construction of Buildings	33.3	100	12	133.4	
土木工程建筑业	Civil Engineering	-75	-66.7	-92.8	-89.9	
建筑安装业	Building Installation					
建筑装饰、装修和其他建筑业	Building Decoration and Other Constructions	100		-56.4	54.7	
批发和零售业	Wholesale and Retail Trades	22.2	43.4	-13.5	4.2	-40.9
批发业	Wholesale Trade	15.8	31.2	0.4	-1.6	-8.8
零售业	Retail Trade	26.2	50.9	-25.8	8.9	-56.2
交通运输、仓储和邮政业	Transport, Storage and Post	7.9	5.1	3.8	-15.7	-47.5
铁路运输业	Railway Transport	50	66.7	161.8	133.9	-76
道路运输业	Road Transport	1.5	-8.5	-12.7	-25.6	-48.7
水上运输业	Water Transport					
航空运输业	Air Transport	-9.5	-16.7	8.3	6.1	-55.4
管道运输业	Transport Via Pipelines		150	-14.1	38.2	40.3
多式联运和运输代理业	Multimodal Transport and Forwarding Agency	8.3	33.3	9.3	-16.2	-73.7
装卸搬运和仓储业	Loading, Unloading and Storage	20.2	39.4	-4	-9.9	-36.1
邮政业	Post	80	57.1	71.8	70.9	
住宿和餐饮业	Hotels and Catering Services	36.6	52.1	-16.7	-22.1	-26.6
住宿业	Hotels	30.5	33.6	-16	-23.1	-23.4
餐饮业	Catering Services	54.5	96	-26.2	-15.1	-59.1
信息传输、软件和信息技术服务业	Information Transmission, Software and Information Technology	13.2	19.2	20.6	7.2	18.3
电信、广播电视和卫星传输服务	Telecommunication, Radio and Television and Satellite Transmission Service	13.7	35	15.1	-12.5	51.6
互联网和相关服务	Internet and Related Service	-3.7	-6.3	-11.3	-11.7	36.8
软件和信息技术服务业	Software and Information Technology	38	28.2	49.3	86.5	-41.9

6-5 续表 2 continued

单位：% (%)

行业	Sector	施工项目 Number of Projects under Construction	全部建成投产项目 Number of Projects Completed and Put into Use	施工项目计划总投资 Total Planned Investment of Projects under Construction	本年完成投资额 Investment Completed This Year	本年新增固定资产 Newly Increased Fixed Assets This Year
金融业	Financial Intermediation	29.4	22.2	42.3	-38	-90.1
货币金融服务	Monetary and Financial Service	23.1	37.5	-3.1	5.4	
资本市场服务	Capital Market Service	50		83.9	-74.9	-90.1
保险业	Insurance	100		-40.4	-60.6	
其他金融业	Other Financial Activities				-77.5	
房地产业	Real Estate	0.1	2.9	7.9	-3	-23
房地产业	Real Estate	0.1	2.9	7.9	-3	-23
租赁和商务服务业	Leasing and Business Services	25.7	30	17.8	17.5	-27.2
租赁业	Leasing	64.7	85.7	-18.7	-13.3	-51.5
商务服务业	Business Services	23.9	25.6	18.1	18.1	-27
科学研究和技术服务业	Scientific Research and Technical Services	-1.5		-8.3	-2.6	-27.1
研究和试验发展	Research and Experimental Development	-3.3	-16.7	15.7	12.9	-65.4
专业技术服务业	Professional Technical Services	-3.1	4.1	-18.8		14.5
科技推广和应用服务业	Science and Technology Popularization and Application Services	2.6	2.4	-28.4	-17.4	-11.8
水利、环境和公共设施管理业	Management of Water Conservancy, Environment and Public Facilities	11.2	12.7	-12.1	-9.6	-14.7
水利管理业	Management of Water Conservancy	10.9	14.4	1.6	-10.9	-29.5
生态保护和环境治理业	Ecological Protection and Environmental Treatment	16.1	21.3	2.1	2.8	7.5
公共设施管理业	Management of Public Facilities	11.9	12.8	-14.6	-9.8	-14.1
土地管理业	Management of Land	-23.3	-16.1	-34.8	-36.4	-60.6
居民服务、修理和其他服务业	Service to Households, Repair and Other Services	-6.5	-2.7	-45.9	-25.3	-6.5
居民服务业	Services to Households	-18.7	-15.3	-56	-39.4	-8.9
机动车、电子产品和日用产品修理业	Repair of Motor Vehicle, Electronics and Household Products	66.7	70.6	11.8	50.8	-88.4
其他服务业	Other Services	-3.8	5	-6.5	23.4	
教育	Education		-2.9	-14.2	-27.2	-46.6
教育	Education		-2.9	-14.2	-27.2	-46.6
卫生和社会工作	Health and Social Service	14.7	18.5	20.5	12.8	38.3
卫生	Health	15.1	14.6	25.2	20.4	31.5
社会工作	Social Service	13.8	26.7	-1.3	-12.9	69.8
文化、体育和娱乐业	Culture, Sports and Entertainment	16.3	31.4	1.3	3.3	-47.8
新闻和出版业	Journalism and Publishing Activities	200	100	260.9		-99.9
广播、电视、电影和录音制作业	Radio, Television, Movies and Recordings Production Services	4.5	27.3	62.9	47.8	-94.3
文化艺术业	Cultural and Art Activities	23.8	33.3	8.1	6.3	-67.3
体育	Sports Activities	3.6	12.5	-23.9	-20.8	-68.9
娱乐业	Entertainment	16.2	36.2	7.1	15.6	-7.4
公共管理、社会保障和社会组织	Public Management, Social Security and Social Organization	18.7	12.8	30.7	26	20.4
中国共产党机关	Organs of Communist Party of China			-76.7	-54.6	
国家机构	Government Agencies	16.9	9.9	38.1	40.8	38
人民政协、民主党派	People's Political Consultative Conference and Democratic Parties					
社会保障	Social Security	-28.6	-33.3	-58.6	-68	
群众团体、社会团体和其他成员组织	Mass Organizations, Social Organizations and Other Membership Organizations	-42.9	-20	-62.4	-84.2	-63.2
基层群众自治组织	Grass Roots Self-Governing Organizations	150	160	42.9	24	-1.8

6–6 固定资产投资新增生产能力或效益(2021年)
Newly Increased Production Capacity or Project Efficiency through Investment(2021)

名　称		Item		能力或效益 Capacity or Efficiency
原煤开采	(万吨／年)	Coal Mining	(10 000 tons/year)	2280.7
焦　炭	(万吨／年)	Coke	(10 000 tons/year)	620
天然原油开采	(万吨／年)	Petroleum Extraction	(10 000 tons/year)	164.8
天然气开采	(亿立方米／年)	Extraction of Petroleum and Natural Gas	(100 million cu.m/year)	47.12
石油加工：蒸馏设备能力	(处理万吨/年)	Petroleum Processing: Distillation Equipment Capacity	(Processing 10 000 tons/year)	1741.7
裂化设备能力	(处理万吨/年)	Cracking Equipment Capacity	(Processing 10 000 tons/year)	894
钢　材	(万吨／年)	Steels	(10 000 tons/year)	303.6
铝加工	(吨/年)	Aluminum Fabrication	(ton/year)	66000
银选矿：银含量	(公斤/年)	Silver Beneficiation: Silver Content	(kg/year)	365
水　泥	(万吨／年)	Cement	(10 000 tons/year)	315
载货汽车制造	(辆)	Trucks Manufactured	(unit)	11658
轿车制造	(辆)	Cars Manufactured	(unit)	20000
其他汽车制造	(辆)	Others	(unit)	5050
民航机场跑道	(条)	Civil Aviation Airport Runway	(unit)	1
民航机场跑道	(米)	Civil Aviation Airport Runway	(m)	200
飞机购置	(架)	Aircraft Purchase	(unit)	25
城市自来水供水能力	(万吨／日)	Tap Water Supply Capacity in City	(10 000 tons/day)	80
城市污水处理能力	(万吨／日)	Waste Water Treated Capacity in City	(10 000 tons/day)	29.4

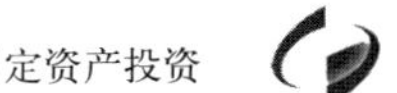

6-7 分行业工业投资增长速度(2021年)
Growth Rate of the Investment of Industrial by Sector(2021)

单位：% (%)

行业	Sector	投资额 Investment	# 改建和技术改造 Reconstruction and Technical Transformation
工业投资合计	**Total of Industrial Investment**	**4.8**	**8.4**
采矿业	Mining	39.3	-32.6
煤炭开采和洗选业	Mining and Washing of Coal	7.8	-11.5
石油和天然气开采业	Extraction of Petroleum and Natural Gas	164.2	-69.7
黑色金属矿采选业	Mining and Processing of Ferrous Metal Ores	67.3	77.4
有色金属矿采选业	Mining and Processing of Non-Ferrous Metal Ores	-3.5	42.1
非金属矿采选业	Mining and Processing of Non-metal Ores	47.2	17.0
开采专业及辅助性活动	Professional and Support Activities for Mining	25.1	
其他采矿业	Mining of Other Ores		
制造业	Manufacturing	-0.2	27.8
农副食品加工业	Processing of Food from Agricultural Products	14.2	-10.2
食品制造业	Manufacture of Foods	-8.0	-0.2
酒、饮料和精制茶制造业	Manufacture of Liquor, Beverages and Refined Tea	-0.6	-46.8
烟草制品业	Manufacture of Tobacco	110.4	
纺织业	Manufacture of Textile	-18.6	-33.5
纺织服装、服饰业	Manufacture of Textile, Wearing Apparel and Accessories	-31.8	66.9
皮革、毛皮、羽毛及其制品和制鞋业	Manufacture of Leather, Fur, Feather and Related Products and Footware	56.5	-66.8
木材加工和木、竹、藤、棕、草制品业	Processing of Timber, Manufacture of Wood, Bamboo, Rattan, Palm and Straw Products	9.0	27.5
家具制造业	Manufacture of Furniture	69.0	-17.6
造纸和纸制品业	Manufacture of Paper and Paper Products	26.3	60.6
印刷和记录媒介复制业	Printing and Reproduction of Recording Media	16.2	3.3
文教、工美、体育和娱乐用品制造业	Manufacture of Articles for Culture,Education,Arts and Crafts, Sport and Entertainment Activities	9.9	241.2
石油、煤炭及其他燃料加工业	Processing of Petroleum, Coal and Other Fuel	-15.6	-17.8
化学原料和化学制品制造业	Manufacture of Raw Chemical Materials and Chemical Products	-11.8	14.7
医药制造业	Manufacture of Medicines	10.5	-45.0
化学纤维制造业	Manufacture of Chemical Fibres	-26.2	-81.7
橡胶和塑料制品业	Manufacture of Rubber and Plastics Products	-9.2	-56.2
非金属矿物制品业	Manufacture of Non-metallic Mineral Products	4.5	8.2
黑色金属冶炼和压延加工业	Smelting and Pressing of Ferrous Metals	-52.9	-46.3
有色金属冶炼和压延加工业	Smelting and Pressing of Non-ferrous Metals	11.8	-9.8
金属制品业	Manufacture of Metal Products	26.7	3.1
通用设备制造业	Manufacture of General Purpose Machinery	23.9	-32.9
专用设备制造业	Manufacture of Special Purpose Machinery	3.5	-14.0
汽车制造业	Manufacture of Automobiles	-21.0	121.3
铁路、船舶、航空航天和其他运输设备制造业	Manufacture of Railway, Ship, Aerospace and Other Transport Equipments	-15.4	-50.0
电气机械和器材制造业	Manufacture of Electrical Machinery and Apparatus	-6.6	125.0
计算机、通信和其他电子设备制造业	Manufacture of Computers, Communication and Other Electronic Equipment	15.3	103.7
仪器仪表制造业	Manufacture of Measuring Instruments and Machinery	-58.4	-18.9
其他制造业	Other Manufacture	-47.3	89.3
废弃资源综合利用业	Utilization of Waste Resources	-15.3	23.1
金属制品、机械和设备修理业	Repair Service of Metal Products, Machinery and Equipment	168.3	-55.4
电力、热力、燃气及水生产和供应业	Production and Supply of Electricity, Heat, Gas and Water	-3.1	-26.6
电力、热力生产和供应业	Production and Supply of Electric Power and Heat Power	1.2	-16.8
燃气生产和供应业	Production and Supply of Gas	-8.6	-73.9
水的生产和供应业	Production and Supply of Water	-14.8	-34.3

6-8 民间投资(2021年)
Private Investment(2021)

行　业	Sector	比上年增长(%) Investment (%)	占民间投资比重(%) Rate (%)
民间投资合计	**Total of Private Investment**	**3.7**	**100.0**
农、林、牧、渔业	Agriculture, Forestry, Animal Husbandry and Fishery	9.1	10.4
采矿业	Mining	-2.1	2.5
制造业	Manufacturing	7.4	21.7
电力、热力、燃气及水生产和供应业	Production and Supply of Electricity, Heat, Gas and Water	18.1	3.6
建筑业	Construction	-12.1	
批发和零售业	Wholesale and Retail Trades	4.7	1.6
交通运输、仓储和邮政业	Transport, Storage and Post	-26.6	3.2
住宿和餐饮业	Hotels and Catering Services	-14.9	1.3
信息传输、软件和信息技术服务业	Information Transmission, Software and Information Technology	-27.5	0.3
金融业	Financial Intermediation	42.4	
房地产业	Real Estate	-1.3	38.9
租赁和商务服务业	Leasing and Business Services	8.7	1.9
科学研究和技术服务业	Scientific Research and Technical Services	-27.5	0.4
水利、环境和公共设施管理业	Management of Water Conservancy, Environment and Public Facilities	35.0	9.5
居民服务、修理和其他服务业	Service to Households, Repair and Other Services	7.0	0.3
教　育	Education	6.2	1.0
卫生和社会工作	Health and Social Service	-32.8	0.9
文化、体育和娱乐业	Culture, Sports and Entertainment	33.0	2.4
公共管理、社会保障和社会组织	Public Management, Social Security and Social Organization	0.8	0.1

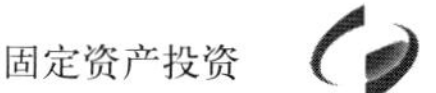

6-9 基础设施投资(2021年)
Investment for Basic Infrastructure(2021)

行　业	Sector	比上年增长(%) Investment (%)	占基础设施投资比重(%) Rate (%)
基础设施投资合计	**Total Investment of Infrastructure**	**-10.0**	**100.0**
一、电力、热力、燃气及水生产和供应业	Production and Supply of Electricity,Heat,Gas and Water	-3.1	17.7
电力、热力的生产和供应业	Production and Supply of Electric Power and Heat Power	1.2	12.8
燃气的生产和供应业	Production and Supply of Gas	-8.6	1.7
水的生产和供应业	Production and Supply of Water	-14.8	3.2
二、交通运输和邮政业	Transport and Post	-16.6	20.5
铁路运输业	Railway Transport	133.9	2.4
道路运输业	Road Transport	-25.6	16.3
水上运输业	Water Transport		
航空运输业	Air Transport	6.1	1.5
管道运输业	Transport Via Pipelines	38.2	0.1
多式联运和运输代理业	Multimodal Transport and Forwarding Agency	-16.2	0.1
装卸搬运	Loading, Unloading	22.8	
邮政业	Post	70.9	0.1
三、信息传输业	Information Transmission	-12.4	2.1
电信、广播电视和卫星传输服务	Telecommunication, Radio and Television and Satellite Transmission Service	-12.5	1.7
互联网和相关服务	Internet and Related Service	-11.7	0.5
四、水利、环境和公共设施管理业	Management of Water Conservancy, Environment and Public Facilities	-9.3	59.7
水利管理业	Management of Water Conservancy	-10.9	5.2
生态保护和环境治理业	Ecological Protection and Environmental Treatment	2.8	3.3
公共设施管理业	Management of Public Facilities	-9.8	51.2

6−10 文化产业投资(2021年)
Culture Industry Investment(2021)

行业	Sector	比上年增长(%) Investment (%)	占文化产业投资比重(%) Rate (%)
文化产业投资合计	**Total Investment of Culture Industry**	**6.3**	**100.0**
新闻信息服务	News Information Service	8.8	0.5
内容创作生产	Cultural Works Production	22.4	11.1
创意设计服务	Creative Design Service	57.5	0.7
文化传播渠道	Culture Transmitting Channel	-21.0	1.9
文化投资运营	Cultural Investment and Operation	3.2	15.4
文化娱乐休闲服务	Cultural Leisure and Entertainment Service	-6.5	52.1
文化辅助生产和中介服务	Cultural Production Supporting and Intermediary Service	60.3	11.0
文化装备生产	Cultural Equipment Production	59.2	4.1
文化消费终端生产	Cultural Consumption Terminal Production	97.5	3.2

6−11 全社会固定资产投资到位资金增长速度(2021年)
Growth Rate of the Source of Funds of Investment in Fixed Assets for Finance Allocation in the Whole Province(2021)

单位：% (%)

指标	Item	合计 Total	固定资产投资 Investment in Fixed Assets	# 房地产开发 Real Estate Development	农户投资 Farm Households
上年末结余资金	Funds of Last Year-end	22.0	22.0	15.2	
本年实际到位资金	Funds of This Year	-5.0	-4.9	2.8	-10.9
国家预算内资金	State Budget	-11.3	-11.3		
国内贷款	Domestic Loans	-14.3	-14.0	4.7	-32.1
债　券	Bond	68.2	68.2		
利用外资	Foreign Investment	0.6	0.6		
自筹资金	Self-raising Fund	-5.2	-5.1	2.3	-9.3
其他资金来源	Others	-0.1	-0.1	3.2	-32.5
本年各项应付款合计	Total Payment of this year	-12.5	-12.5	0.4	
# 工程款	Project Payment	-1.3	-1.3	-4.3	

注：固定资产投资到位资金统计范围不含计划总投资5000万元以下项目。
a) Data for newly increased fixed assets do not include those under 50 million yuan.

6–12　各市(区)按国民经济行业分的固定资产投资增长速度(2021年)

Growth Rate of the Investment by Sector and City(District)(2021)

单位：%　　　(%)

地　区	Region	总　计 Total	农、林、牧、渔业 Agriculture, Forestry, Animal Husbandry & Fishery Industry	采矿业 Mining	制造业 Manufac-turing	电力、热力、燃气及水生产和供应业 Production and Supply of Electricity, Heat,Gas and Water	建筑业 Construc-tion	批发和零售业 Wholesale and Retail Trades	交通运输仓储和邮政业 Transport, Storage and Post	住宿和餐饮业 Hotels and Catering Services	信息传输、软件和信息技术服务业 Information Transmission, Software and Information
全　省	**Shaanxi**	**-3.0**	**2.9**	**39.3**	**-0.2**	**-3.1**	**-10.0**	**4.2**	**-15.7**	**-22.1**	**7.2**
西安市	Xi'an	-11.6	-55.8	-30.0	-12.7	-30.1	15.0	-49.3	-7.4	-50.9	4.6
铜川市	Tongchuan	7.9	10.1	-18.1	26.1	-50.9		-47.3	105.2	-12.6	-65.9
宝鸡市	Baoji	3.5	6.5	22.6	-1.2	-9.2	-92.8	26.2	-30.2	-14.3	-34.6
咸阳市	Xianyang	10.4	2.9	21.3	14.2	4.4	0.5	33.5	4.1	27.4	-7.0
渭南市	Weinan	-8.2	-18.1	16.9	-4.6	10.8		21.3	-5.4	-44.0	
#韩城市	Hancheng	-29.6	-21.2	-61.0	-52.7	51.6		-50.1	-48.7		
延安市	Yan'an	-23.1	2.9	19.1	-18.6	-10.3		34.4	-59.6	-88.1	26.2
汉中市	Hanzhong	19.5	39.0	4.8	45.3	18.2	122.2	-8.2	25.1	-0.8	45.6
榆林市	Yulin	-13.5	-39.2	-3.6	-17.2	7.4		-13.3	-45.5	6.9	-11.6
安康市	Ankang	6.4	12.9	-43.7	18.5	-1.3	399.7	-31.5	4.7	51.9	163.8
商洛市	Shangluo	14.0	23.4	266.4	14.2	-14.2		53.4	35.5	8.7	153.4
杨凌示范区	Yangling	-14.8	-69.9		-19.6	77.5		-96.1	42.1	122.9	84.5
不分地区	Not Classified by Region	46.9				36.0			-35.6		

6–12　续表　continued

单位：%　　　(%)

地　区	Region	金融业 Financial Intermedi-ation	房地产业 Real Estate	租赁和商务服务业 Leasing and Business Services	科学研究和技术服务业 Scientific Research and Technical Services	水利环境和公共设施管理业 Management of Water Conservancy, Environment and Public Facilities	居民服务、修理和其他服务业 Services to Households, Repair and Other Services	教　育 Education	卫生和社会工作 Health and Social Services	文化体育和娱乐业 Culture, Sports and Enter-tainment	公共管理、社会保障和社会组织 Public Management, Social Security and Social Organization
全　省	**Shaanxi**	**-38.0**	**-3.0**	**17.5**	**-2.6**	**-9.6**	**-25.3**	**-27.2**	**12.8**	**3.3**	**26.0**
西安市	Xi'an	-82.7	-5.4	18.3	16.6	-20.3	-38.6	-46.5	39.6	-5.8	35.1
铜川市	Tongchuan		32.1	-3.5	17.4	1.9	-33.9	12.2	-9.5	-77.7	-62.1
宝鸡市	Baoji	137.3	4.6	-5.3	18.9	26.3	-21.7	2.5	-11.9	-25.1	-26.9
咸阳市	Xianyang	-86.3	17.0	22.2	-16.4	3.1	19.6	-20.3	22.0	65.0	103.3
渭南市	Weinan		-6.1	20.2	-64.6	-21.5	-66.9	-12.5	40.1	-25.2	11.6
#韩城市	Hancheng		-20.2	-55.2		-26.7		15.1	-68.3	-89.5	
延安市	Yan'an		-20.5	-42.0	-66.6	-41.1	23.6	8.6	49.9	-63.9	-47.7
汉中市	Hanzhong	-39.5	9.0	84.7	-34.3	5.7	-18.9	40.7	-36.4	27.9	146.4
榆林市	Yulin	-48.5	-8.9	-54.9	263.7	-22.0	-6.9	-17.2	-14.0	28.4	-18.9
安康市	Ankang	-52.9	-2.3	58.9	49.5	-3.7	11.9	16.0	0.4	27.8	-12.2
商洛市	Shangluo		-17.9	45.6	-26.9	2.3	27.4	-62.5	37.6	34.2	
杨凌示范区	Yangling		-24.4	27.3	-39.3	-63.7	-1.9	169.8	348.4	-55.3	-45.5
不分地区	Not Classified by Region					67.9					

6-13 各市(区)工业投资增长速度(2021年)
Growth Rate of the Investment of Industry by City(District) (2021)

单位：%　　　　(%)

地　区	Region	投资额 Investment	# 改建和技术改造 Reconstruction and Technical Transformation
全　省	**Shaanxi**	**4.8**	**8.4**
西安市	Xi'an	-15.8	40.6
铜川市	Tongchuan	6.9	-5.1
宝鸡市	Baoji	0.4	-1.3
咸阳市	Xianyang	13.3	4.3
渭南市	Weinan	2.4	-14.5
# 韩城市	Hancheng	-35.4	-47.4
延安市	Yan'an	-2.7	-60.8
汉中市	Hanzhong	37.3	-0.9
榆林市	Yulin	-6.7	-30.4
安康市	Ankang	12.1	26.4
商洛市	Shangluo	23.7	39.3
杨凌示范区	Yangling	-13.2	-49.8
不分地区	Not Classified by Region	329.4	

6-14 各市(区)能源工业投资增长速度(2021年)
Growth Rate of the Investment in Energy Industry by City(District)(2021)

单位：%　　　　(%)

地　区	Region	能源工业投资 Energy Industry	煤炭开采和洗选业 Mining and Washing of Coal	石油和天然气开采业 Extraction of Petroleum and Natural Gas	石油、煤炭及其他燃料加工业 Processing of Petroleum,Coal and Other Fuel	电力、热力生产和供应业 Production and Distribution of Electricity and Heat
全　省	**Shaanxi**	**15.4**	**7.8**	**164.2**	**-15.6**	**1.2**
西安市	Xi'an	-39.9	-87.0	-9.9	18.9	-41.4
铜川市	Tongchuan	-56.2	-45.4		-19.3	-68.7
宝鸡市	Baoji	28.8	46.5		43.8	5.6
咸阳市	Xianyang	10.8	25.2		-48.1	3.9
渭南市	Weinan	28.0	42.1	-82.4	-20.9	37.5
# 韩城市	Hancheng	-11.5	-55.0	-79.8	-31.9	224.1
延安市	Yan'an	1.4	21.7	16.2	-18.0	-3.8
汉中市	Hanzhong	-4.8			104.3	-7.7
榆林市	Yulin	-0.7	-3.3	-6.0	-18.7	12.8
安康市	Ankang	11.0	-64.7		271.2	4.4
商洛市	Shangluo	17.7				0.9
杨凌示范区	Yangling	401.7				401.7
不分地区	Not Classified by Region	350.3				38.2

6-15 各市(区)按构成分的固定资产投资增长速度（2021年）
Growth Rate of the Investment by Use of Funds and City(District)(2021)

单位：%　　　　(%)

地　区	Region	总　计 Total	建筑安装工程 Construction and Installation	设备工具器具购置 Purchase of Equipment and Instruments	其他费用 Others	# 建设用地费 Construction Land Fee
全　省	**Shaanxi**	**-4.1**	**-1.4**	**-14.7**	**-9.9**	**-16.8**
西 安 市	Xi'an	-14.0	-14.8	-13.1	-11.1	-25.3
铜 川 市	Tongchuan	4.4	10.9	-27.4	7.5	111.7
宝 鸡 市	Baoji	1.9	4.8	-7.5	-23.2	29.4
咸 阳 市	Xianyang	5.0	10.7	-36.5	-10.9	0.6
渭 南 市	Weinan	-9.6	-5.5	-38.5	-14.4	31.3
# 韩城市	Hancheng	-30.4	-11.2	-67.8	-73.9	-18.0
延 安 市	Yan'an	-23.6	-22.1	-11.5	-42.3	-55.6
汉 中 市	Hanzhong	20.4	37.9	-34.8	-19.0	11.3
榆 林 市	Yulin	-16.1	-20.0	-14.4	0.1	-15.8
安 康 市	Ankang	4.5	6.2	-6.3	-7.5	66.4
商 洛 市	Shangluo	12.1	12.5	32.5	-17.5	-44.7
杨凌示范区	Yangling	-9.7	-10.6	-29.0	50.9	153.4
不分地区	Not Classified by Region	46.9	34.2	92.2	108.5	412.6

注：本表不含房地产开发投资。下表同。
a) Data in this table do not include those of real estate development. The same applies to the table following.

6-16 各市(区)按建设性质分的固定资产投资增长速度(2021年)
Growth Rate of the Investment by Type of Construction and City(District)(2021)

单位：%　　　　(%)

地　区	Region	总　计 Total	新　建 New Construction	扩　建 Expansion	改建和技改 Reconstruction and Technological Transformation	单纯建造生活设施 Construction of Living Facilities	迁　建 Removal Construction	恢　复 Reestab-lishment	单纯购置 Purchase of Equipment
全　省	**Shaanxi**	**-4.1**	**-5.6**	**22.3**	**-7.4**	**-47.6**	**-30.1**	**47.0**	**16.5**
西 安 市	Xi'an	-14.0	-19.7	76.5	-15.8	-53.1	-17.7	-71.0	-0.9
铜 川 市	Tongchuan	4.4	3.9	-6.4	-13.2		-46.1		
宝 鸡 市	Baoji	1.9	-3.3	38.6	35.0	268.1	54.1	-22.3	19.0
咸 阳 市	Xianyang	5.0	7.4	3.7	-17.6	-72.3	-26.6	73.5	-1.5
渭 南 市	Weinan	-9.6	-7.2	-37.1	-1.3	-78.5	-44.0	12.2	-30.3
# 韩城市	Hancheng	-30.4	-29.4	-78.5	-22.3				182.3
延 安 市	Yan'an	-23.6	-20.9	-10.6	-42.8		-89.0		-95.3
汉 中 市	Hanzhong	20.4	20.7	34.5	8.6	-17.5	23.3	-22.6	48.0
榆 林 市	Yulin	-16.1	-13.4	-25.3	-30.2	-79.0	-54.3	-66.5	92.8
安 康 市	Ankang	4.5	5.7	-6.1	-9.6	328.7	-36.9		
商 洛 市	Shangluo	12.1	11.3	-25.5	59.3	-96.9	-40.8	340.1	
杨凌示范区	Yangling	-9.7	-5.1	-20.3	-44.9		82.8		-99.0
不分地区	Not Classified by Region	46.9	36.4	139.1					

6-17 各市(区)固定资产投资施工、投产项目个数及新增固定资产增长速度(2021年)

Number of Investment Projects under Construction and Put into Use and Growth Rate of the Newly Increased Fixed Assets by City(District)(2021)

单位：% (%)

地　区	Region	施工项目 Number of Project under Construction	全部建成投产项目 Number of Project Completed and Put into Use	施工项目计划总投资 Total Investment Planned under Construction	本年完成投资额 Investment Completed This Year	本年新增固定资产 Newly Increased Fixed Assets of This Year
全　省	**Shaanxi**	**10.8**	**14.7**	**-3.5**	**-4.1**	**-23.0**
西安市	Xi'an	-14.8	-36.8	-7.4	-14.0	-49.2
铜川市	Tongchuan	31.9	60.2	4.6	4.4	31.4
宝鸡市	Baoji	24.7	30.6	1.1	1.9	1.3
咸阳市	Xianyang	21.0	31.0	0.9	5.0	-29.2
渭南市	Weinan	0.6	-0.6	-9.3	-9.6	-34.8
# 韩城市	Hancheng	1.1	-9.2	-15.5	-30.4	-55.6
延安市	Yan'an	-5.4	-3.8	-8.3	-23.6	29.9
汉中市	Hanzhong	38.1	40.3	-1.5	20.4	42.0
榆林市	Yulin	-11.3	-13.8	-8.9	-16.1	-25.7
安康市	Ankang	17.0	23.4	-2.2	4.5	-11.4
商洛市	Shangluo	6.0	7.1	-5.8	12.1	-1.1
杨凌示范区	Yangling	-17.3	-25.2	-13.5	-9.7	-38.5
不分地区	Not Classified by Region	-9.8	-38.2	63.7	46.9	22.7

注：1.本表不含房地产开发投资。
2.本年新增固定资产指标统计范围不含计划总投资5000万元以下项目。

a) Data in this table do not include those of real estate development.
b) Data for newly increased fixed assets do not include those under 50 million yuan.

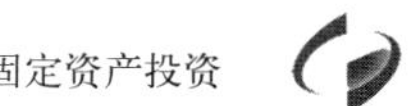

6-18 房地产开发投资主要指标及构成(2021年)

Main Indicators and Composition of Investment for Real Estate Development(2021)

指　　标	Item	房地产开发 Real Estate Development	# 地方 Local Governments
一、企业(单位)个数 (个)	Number of Enterprises (unit)	2953	329
二、本年完成投资 (万元)	Investment Completed This Year (10 000 yuan)	44410032	7837447
1.按隶属关系分	Group by Jurisdiction of Management		
中　央	Central	1582721	
地　方	Local	7837447	7837447
其　他	Others	34989864	
2.按构成分	By Composition of Funds		
建筑工程	Construction	28917155	5065141
安装工程	Installation	2386671	360957
设备工器具购置	Purchase of Equipment and Instruments	662832	72527
其他费用	Others	12443374	2338822
# 旧建筑物购置费	Purchase of Used Buildings	463334	8177
土地购置费	Total Value of Land Purchased	8782969	1538701
3.按工程用途分	By Use of Projects		
住　宅	Residential Buildings	34110311	5824068
办公楼	Office Buildings	1861873	477060
商业营业用房	Houses for Business Use	3700526	532946
其　他	Others	4737322	1003373
三、本年新增固定资产(万元)	Newly Increased Fixed Assets of This Year (10 000 yuan)	7061718	937008
四、房屋建筑面积及竣工价值	Floor Space of Buildings Completed and Value of Buildings Completed		
施工面积 (万平方米)	Floor Space of Buildings under Construction (10 000 sq.m)	29978.08	4316.20
# 住　宅	Residential Buildings	21923.15	3203.95
竣工面积 (万平方米)	Floor Space of Buildings Completed (10 000 sq.m)	1769.88	242.65
# 住　宅	Residential Buildings	1344.00	192.73
竣工价值 (亿元)	Value of Buildings Completed (100 million yuan)	572.61	85.68
# 住　宅	Residential Buildings	434.24	70.84

6-18 续表 continued

指 标	Item	按登记注册类型分 By Status of Registration					
		内 资				港澳台投资	外商投资
		Domestic Funded	国 有 State-owned	集 体 Collective-owned	其 它 Others	Funds from Hong Kong, Macao and Taiwan	Foreign Funded
一、企业(单位)个数 (个)	Number of Enterprises (unit)	2911	140	11	2760	16	26
二、本年完成投资 (万元)	Investment Completed This Year (10 000 yuan)	43474322	3063406	74167	40336749	354542	581168
1.按隶属关系分	Group by Jurisdiction of Management						
中 央	Central	1582721	436849		1145872		
地 方	Local	7821859	2047819	15173	5758867	5415	10173
其 他	Others	34069742	578738	58994	33432010	349127	570995
2.按构成分	By Composition of Funds						
建筑工程	Construction	28244631	1677163	67677	26499791	223179	449345
安装工程	Installation	2320117	104516	4513	2211088	17935	48619
设备工器具购置	Purchase of Equipment and Instruments	648583	11386	1	637196	8052	6197
其他费用	Others	12260991	1270341	1976	10988674	105376	77007
# 旧建筑物购置费	Purchase of Used Buildings	463334	6180		457154		
土地购置费	Total Value of Land Purchased	8696906	796287	1502	7899117	75745	10318
3.按工程用途分	By Use of Projects						
住 宅	Residential Buildings	33454590	2168779	30879	31254932	264436	391285
办公楼	Office Buildings	1799607	13263	9032	1777312	30946	31320
商业营业用房	Houses for Business Use	3624633	116913	33840	3473880	42249	33644
其 他	Others	4595492	764451	416	3830625	16911	124919
三、本年新增固定资产(万元)	Newly Increased Fixed Assets of This Year (10 000 yuan)	7032693	343545	23229	6665919	17490	11535
四、房屋建筑面积及竣工价值	Floor Space of Buildings Completed and Value of Buildings Completed						
施工面积 (万平方米)	Floor Space of Buildings under Construction (10 000 sq.m)	29159.56	1453.525	32.81	27673.23	266.35	552.17
# 住 宅	Residential Buildings	21384.27	1160.21	22.38	20201.68	120.17	418.71
竣工面积 (万平方米)	Floor Space of Buildings Completed (10 000 sq.m)	1765.76	81.77	7.92	1676.07		4.12
# 住 宅	Residential Buildings	1340.78	54.16	6.20	1280.42		3.22
竣工价值 (亿元)	Value of Buildings Completed (100 million yuan)	571.45	33.17	2.17	536.11		1.15
# 住 宅	Residential Buildings	433.34	20.64	1.66	411.04		0.90

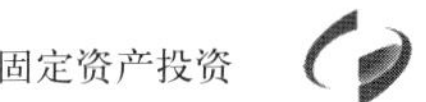

6–19 房地产开发投资资金来源(2021年)
Sources of Funds of Investment for Real Estate Development (2021)

单位：万元 (10 000 yuan)

指标	Item	总计 Total	内资 Domestic	国有 State-owned	集体 Collective-owned	其他 Others	港澳台投资 Funds from Hong Kong, Macao and Taiwan	外商投资 Foreign Investment
一、本年资金来源合计	Total of Sources of Funds This Year	70104381	66181861	4569926	88017	61523918	706072	3216448
1.上年末结余资金	Funds of Last Year-end	16069865	14211191	936321	34705	13240164	91124	1767550
2.本年资金来源小计	Subtotal of Sources of Funds This Year	54034516	51970670	3633605	53311	48283754	614948	1448898
国内贷款	Domestic Loans	3374675	3184847	339443		2845404	170000	19828
# 银行贷款	Loans from Bank	2609292	2569464	284171		2285293	20000	19828
非银行金融机构贷款	Loans from Non-bank	765383	615383	55272		560111	150000	
利用外资	Foreign Investment							
自筹资金	Self-raising Funds	26314565	25847661	1879596	13962	23954103	322810	144094
定金及预收款	Booked and Prepayed Money	16051341	15033950	697466	28245	14308239	103852	913539
个人按揭贷款	Individual Credit	5915260	5525537	145477	11104	5368956	18286	371437
其他资金来源	Others	2378675	2378675	571623		1807052		
二、本年各项应付款合计	Total Payment of this year	14465547	14223672	1273638	15179	12934855	71678	170197
# 工程款	Project Payment	8333212	8170055	578676	10177	7581202	55609	107548

6–20 各市(区)房地产开发投资和新增固定资产(2021年)
Investment for Real Estate Development and Newly Increased Fixed Assets by City(District)(2021)

单位：万元 (10 000 yuan)

地区	Region	计划总投资 Total Investment Planed	自开始建设至本年底累计完成投资 Accumulative Investment Actually Completed Since Start of Construction up to the end of This Year	本年完成投资 Investment Completed This Year	本年新增固定资产 Newly Increased Fixed Assets of This Year
全省	**Shaanxi**	**304774842**	**190110970**	**44410032**	**7061718**
西安市	Xi'an	206904748	127098042	24286345	1863295
铜川市	Tongchuan	3851387	2076390	464810	78436
宝鸡市	Baoji	15889451	9634913	3841235	564827
咸阳市	Xianyang	15923184	9602073	3981158	122076
渭南市	Weinan	19855159	12663845	3780977	1012551
# 韩城市	Hancheng	2375543	1491022	352020	80307
延安市	Yan'an	7387306	5241909	1239549	988594
汉中市	Hanzhong	11992728	8464866	2174568	571837
榆林市	Yulin	8836765	5839274	1636429	591060
安康市	Ankang	9631854	6388609	2051688	1058590
商洛市	Shangluo	1796180	1167426	561346	58631
杨凌示范区	Yangling	2706080	1933623	391927	151821

6-21 各市(区)按构成和工程用途分的房地产开发投资(2021年) Investment for Real Estate Development by Use of Funds and Projects by City(District)(2021)

单位：万元 (10 000 yuan)

地区	Region	按构成分 by Use of Founds 建筑安装工程 Construction and Installation Projects	设备工器具购置 Purchase of Equipment and Instruments	其他费用 Others	# 土地购置费 Total Value of Land Purchased	按工程用途分 by Use of Projects 住宅 Residential Buildings	办公楼 Office Buildings	商业营业用房 Houses for Business Use	其他 Others
全省	**Shaanxi**	**31303826**	**662832**	**12443374**	**8782969**	**34110311**	**1861873**	**3700526**	**4737322**
西安市	Xi'an	14861655	195325	9229365	6164151	17439504	1671782	2026591	3148468
铜川市	Tongchuan	344049	8549	112212	109234	368481	12173	22053	62103
宝鸡市	Baoji	3351951	140755	348529	259215	3334341	50460	320671	135763
咸阳市	Xianyang	2838805	51486	1090867	926634	3325046	17302	181682	457128
渭南市	Weinan	3304366	100887	375724	285474	3211583	23244	313606	232544
# 韩城市	Hancheng	324131	10953	16936	16516	271289	6965	47335	26431
延安市	Yan'an	1140555	43591	55403	48153	872107	11152	220713	135577
汉中市	Hanzhong	1799975	34563	340030	230117	1814623	13979	186631	159335
榆林市	Yulin	1120739	16850	498840	446318	1277738	19023	116448	223220
安康市	Ankang	1684285	44062	323341	270467	1653792	33381	247604	116911
商洛市	Shangluo	501533	19195	40618	18031	474119	4482	34994	47751
杨凌示范区	Yangling	355913	7569	28445	25175	338977	4895	29533	18522

6-22 房地产开发面积及造价(2021年) Floor Space and Cost of Buildings in Real Estate Development(2021)

地区	Region	施工房屋面积(万平方米) Floor Space of Buildings Construction (10 000 sq.m)	# 住宅 Residential Buildings	竣工房屋面积(万平方米) Floor Space of Buildings Completed (10 000 sq.m)	# 住宅 Residential Buildings	竣工房屋价值(亿元) Value of Buildings Completed (100 million yuan)	# 住宅 Residential Buildings	竣工房屋造价(元/平方米) Cost of Buildings Completed (yuan/sq.m)	# 住宅 Residential Buildings
全省	**Shaanxi**	**29978.08**	**21923.15**	**1769.88**	**1344.00**	**572.61**	**434.24**	**3235**	**3231**
西安市	Xi'an	17119.50	11816.05	443.40	360.40	156.64	126.85	3533	3520
铜川市	Tongchuan	456.72	328.11	29.32	24.96	7.83	7.08	2670	2836
宝鸡市	Baoji	1713.04	1513.21	120.76	106.11	30.97	26.68	2564	2515
咸阳市	Xianyang	1857.23	1612.46	38.10	30.88	9.96	8.30	2615	2687
渭南市	Weinan	2621.54	2074.14	279.90	214.62	93.34	72.24	3335	3366
# 韩城市	Hancheng	321.82	241.87	22.79	17.39	7.88	5.77	3456	3318
延安市	Yan'an	899.11	550.99	217.81	128.96	97.27	61.97	4466	4805
汉中市	Hanzhong	1695.28	1291.82	152.19	120.10	43.91	33.34	2885	2776
榆林市	Yulin	1714.38	1227.89	156.46	102.31	46.50	30.62	2972	2993
安康市	Ankang	1234.12	952.97	273.67	207.27	67.01	50.96	2449	2459
商洛市	Shangluo	336.27	283.38	9.36	8.28	3.99	3.58	4261	4322
杨凌示范区	Yangling	330.89	272.16	48.90	40.11	15.18	12.63	3105	3149

6-23 商品房屋销售情况(2021年)

Seal of Commercialized Buildings(2021)

地区	Region	商品房销售面积(平方米) Floor Space of Commercialized Buildings Sold (sq.m)	住宅 Residential Buildings	办公楼 Office Buildings	商业营业用房 Houses for Business Use	其他 Others
全省	**Shaanxi**	**42600641**	**38866277**	**804593**	**1326156**	**1603615**
西安市	Xi'an	18567340	15794638	758312	892008	1122382
铜川市	Tongchuan	895328	867224	7265	20839	
宝鸡市	Baoji	2916804	2873614		34251	8939
咸阳市	Xianyang	5386147	5360029	3902	12889	9327
渭南市	Weinan	4500011	4326624	6291	103184	63912
#韩城市	Hancheng	496287	473679	81	14984	7543
延安市	Yan'an	864447	825986	3688	26417	8356
汉中市	Hanzhong	2867545	2695154	5735	79844	86812
榆林市	Yulin	3336209	2973372	18639	82042	262156
安康市	Ankang	1887774	1803011	761	61786	22216
商洛市	Shangluo	822304	804352		9100	8852
杨凌示范区	Yangling	556732	542273		3796	10663

6-23 续表 continued

地区	Region	商品房销售额(万元) Total Sale of Commercialized Buildings (10 000 yuan)	住宅 Residential Buildings	办公楼 Office Buildings	商业营业用房 Houses for Business Use	其他 Others
全省	**Shaanxi**	**41462643**	**37621376**	**1214893**	**1783511**	**842863**
西安市	Xi'an	26234874	22976232	1182023	1414656	661963
铜川市	Tongchuan	518509	500841	6533	11135	
宝鸡市	Baoji	1496274	1466453		25358	4463
咸阳市	Xianyang	4566949	4532626	5375	23072	5876
渭南市	Weinan	2332517	2245527	2786	62585	21619
#韩城市	Hancheng	218275	209149	37	7580	1509
延安市	Yan'an	610915	579576	1699	25912	3728
汉中市	Hanzhong	1529512	1405966	3900	80033	39613
榆林市	Yulin	2362665	2191593	11952	64810	94310
安康市	Ankang	1035204	964794	625	64210	5575
商洛市	Shangluo	416981	406045		8049	2887
杨凌示范区	Yangling	358243	351723		3691	2829

6-24 房地产开发经营情况(2021年)
Operating Statistics on Enterprises for Real Estate Development(2021)

单位：万元 (10 000 yuan)

地 区	Region	主营业务收入 Revenue from Principal Business	土地转让收入 Land Transferred	商品房屋销售收入 Commercialized Building Sold	房屋出租收入 House Leased	其它收入 Others	主营业务成本 Operating Costs of Main Business	税金及附加 Operating Tax and Extra Charge on Main Business
全 省	**Shaanxi**	**27198415**	**31173**	**25264808**	**166909**	**1701480**	**21047214**	**1206493**
西安市	Xi'an	17157468	4775	15511416	111360	1509834	12191440	942715
铜川市	Tongchuan	113221		110834	1207	1134	99974	4239
宝鸡市	Baoji	1374107	2277	1285959	13042	69000	1179333	33147
咸阳市	Xianyang	1601983		1587713	4611	9659	1328742	73916
渭南市	Weinan	1617812	20350	1585456	812	7726	1484685	34803
# 韩城市	Hancheng	214435		214406		29	196403	4511
延安市	Yan'an	1117394	37	1038705	10834	67384	1028484	17969
汉中市	Hanzhong	1071298	844	1054353	4035	6181	894297	26802
榆林市	Yulin	1626714	2069	1601922	5365	17060	1430439	29859
安康市	Ankang	890457	792	870253	7490	11922	875244	28830
商洛市	Shangluo	224477	30	215436	7747	1263	175194	6805
杨凌示范区	Yangling	403485		402763	404	318	359383	7410

6-25 房地产开发企业基本情况(2021年)
Basic Statistics on Real Estate Development Enterprises (2021)

地 区	Region	开发公司个数(个) Number of Enterprises for Real Estate Development (unit)	实收资本金总计(万元) Total Capital Held (10 000 yuan)	资产总计(万元) Total Assets (10 000 yuan)	本年折旧(万元) Depreciation This Year (10 000 yuan)	负债合计(万元) Total Liabilities (10 000 yuan)	所有者权益合计(万元) Owners' Equity (10 000 yuan)	全部从业人员年平均人数(人) Average Number of Employed Persons (persons)	本年应付职工薪酬(万元) Total Wages This Year (10 000 yuan)
全 省	**Shaanxi**	**2953**	**24254976**	**269263768**	**153232**	**233129036**	**36134732**	**74569**	**926555**
西安市	Xi'an	1092	17982080	189720543	78470	164210760	25509783	33296	573547
铜川市	Tongchuan	104	342075	3332055	916	2831011	501044	2023	13202
宝鸡市	Baoji	308	798861	14166797	24672	12100721	2066076	6358	70041
咸阳市	Xianyang	223	875774	13190944	5374	11816853	1374091	5884	52463
渭南市	Weinan	317	849901	10781147	8990	8989286	1791861	7406	65546
# 韩城市	Hancheng	43	180306	1470990	967	1210949	260041	983	12382
延安市	Yan'an	139	933798	9403247	5663	7913095	1490152	3060	29823
汉中市	Hanzhong	276	817492	8467108	7318	7382645	1084463	5646	40092
榆林市	Yulin	231	603579	8226871	10629	7457798	769073	3564	28766
安康市	Ankang	173	766599	9037043	8687	7874997	1162046	4994	33824
商洛市	Shangluo	64	140703	1648888	1912	1410812	238076	1565	13678
杨凌示范区	Yangling	26	144113	1289125	603	1141058	148067	773	5574

主要统计指标解释

全社会固定资产投资 是以货币形式表现的在一定时期内全社会建造和购置固定资产的工作量以及与此有关的费用的总称。该指标是反映固定资产投资规模、结构和发展速度的综合性指标,又是观察工程进度和考核投资效果的重要依据。全社会固定资产投资按登记注册类型可分为国有、集体、个体、联营、股份制、外商、港澳台商、其他等。

固定资产投资（不含农户） 指城镇和农村各种登记注册类型的企业、事业、行政单位及城镇个体户进行的计划总投资500万元及500万元以上的建设项目投资和房地产开发投资，包含原口径的城镇固定资产投资加上农村企事业组织项目投资，该口径自2011年起开始使用。

民间固定资产投资 指具有集体、私营、个人性质的内资企事业单位以及由其控股（包括绝对控股和相对控股）的企业单位在中华人民共和国境内建造或购置固定资产的投资。

基础设施投资 指为社会生产和生活提供基础性、大众性服务的工程和设施，是社会赖以生存和发展的基本条件。包括以下行业投资：铁路运输业、道路运输业、水上运输业、航空运输业、管道运输业、多式联运和运输代理业、装卸搬运业、邮政业、电信广播电视和卫星传输服务业、互联网和相关服务业、水利管理业、生态保护和环境治理业、公共设施管理业。

实际到位资金 指用于固定资产投资的各种货币资金。包括国家预算资金、国内贷款、利用外资、自筹资金和其他资金。

国家预算资金 国家预算包括一般预算、政府性基金预算、国有资本经营预算和社保基金预算。各类预算中用于固定资产投资的资金全部作为国家预算资金填报，其中一般预算中用于固定资产投资的部分包括基建投资、车购税、灾后恢复重建基金和其他财政投资。各级政府债券也应归入国家预算资金。

国内贷款 指报告期固定资产投资项目单位向银行及非银行金融机构借入用于固定资产投资的各种国内借款，包括银行利用自有资金及吸收存款发放的贷款、上级拨入的国内贷款、国家专项贷款（包括煤代油贷款、劳改煤矿专项贷款等），地方财政专项资金安排的贷款、国内储备贷款、周转贷款等。

利用外资 指报告期收到的境外（包括外国及港澳台地区）资金(包括设备、材料、技术在内)。包括对外借款(外国政府贷款、国际金融组织贷款、出口信贷、外国银行商业贷款、对外发行债券和股票)、外商直接投资、外商其他投资(包括利用外商投资收益在国内进行固定资产再投资活动的资金)。不包括我国自有外汇资金(国家外汇、地方外汇、留成外汇、调济外汇和国内银行自有资金发放的外汇贷款等)。各类外资按报告期的外汇牌价（中间价）折成人民币计算。

自筹资金 指固定资产投资单位在报告期收到的，由各企、事业单位筹集用于固定资产投资的资金，包括各类企事业单位的自有资金和从其他单位筹集的用于固定资产投资的资金，但不包括各类财政性资金、从各类金融机构借入资金和国外资金。

其他资金来源 指在报告期收到的除以上各种资金之外的用于固定资产投资的资金。包括社会集资、个人资金、无偿捐赠的资金及其他单位拨入的资金等。

固定资产投资按国民经济行业分 指根据其从事的社会经济活动性质对各类单位进行的分类。应根据建设项目建成投产后的主要产品种类或主要用途及社会经济活动种类来划分，不能根据项目单位本身的行业类别来划分。如果项目投产后有几种产品，应根据主要产品来确定行业类别。一般情况下，一个建设项目只能属于一种国民经济行业。

固定资产投资按隶属关系分 是按建设单位或企业、事业、行政单位的主管上级机关确定的。

（1）中央 是指中共中央、人大常委会和国务院各部、委、局、总公司以及直属机构直接领导的建设项目和企业、事业、行政单位。这些单位的固定资产投资计划由国务院各部门直接编制和下达，统一组织或委托下级实施。包括有中央垂直管理的部门（如国家统计局各级调查队）和中央直属企业、事业单位（如工商银行、中国电信、中国石油）等。

（2）地方 是由省（自治区、直辖市)、地（区、市、州、盟)、县（区、市、旗）三级政府及业务主管部门直接领导和管理的建设项目、企业、事业、行政单位。地方项目还包括不隶属以上各级政府及主管部门的建设项目和企业、事业单位，如外商投资企业和无主管部门的企业等。

固定资产投资按建设性质分 按整个建设项目情况来确定。建设项目的性质一般分为新建、扩建、改建和技术改造、单纯建造生活设施、迁建、恢复、单纯购置。农户投资不划分建设性质。

（1）新建 指从无到有“平地起家”开始建设的项目。现有企业、事业、行政单位投资的项目一般不属于新建。但如有的单位原有基础很小，经过建设后新增的固定资产价值超过该企业、事业、行政单位原有固定资产价值（原值）三倍以上的，也应作为新建。

（2）扩建 指在厂内或其他地点，为扩大原有产品的生产能力（或效益）或增加新的产品生产能力，而增建的生产车间（或主要工程)、分厂、独立的生产线等项目。行政、事业单位在原单位增建业务性用房（如学校增建教学用房、医院增建门诊部、病房等）也作为扩建。

现有企、事业单位为扩大原有主要产品生产能力或增加新的产品生产能力，增建一个或几个主要生产车间（或主要工程）、分厂，同时进行一些更新改造工程的，也应作为扩建。

（3）改建和技术改造 指现有企业、事业单位对原有设施进行技术改造或更新（包括相应配套的辅助性生产、生活福利设施）的建设项目。改建项目包括企业、事业单位为适应市场变化的需要，而改变企业的主要产品种类（如军工企业转民用产品等）的建设项目；原有产品生产作业线由于各工序（车间）之间能力不平衡，为填平补齐充分发挥原有生产能力而增建但不增加主要产品生产能力的建设项目。技术改造是指企业、事业单位在现有基础上用先进的技术代替落后的技术，用先进的工艺和装备代替落后的工艺和装备，以改变企业落后的技术经济面貌，实现以内涵为主的扩大再生产，达到提高产品质量、促进产品更新换代、节约能源、降低消耗、扩大生产规模、全面提高社会经济效益的目的。技术改造具体包括以下内容：机器设备和工具的更新改造；生产工艺改革、节约能源和原材料的改造；厂房建筑和公共设施的改造；保护环境进行的“三废”治理改造；劳动条件和生产环境的改造等。

固定资产投资按构成分

（1）建筑工程 指各种房屋、建筑物的建造工程。这部分投资额必须兴工动料，通过施工活动才能实现，是固定资产投资额的重要组成部分。

（2）安装工程 指各种设备、装置的安装工程。

在安装工程中，不包括被安装设备本身价值。

（3）设备工器具购置 指报告期内购置或自制的，达到固定资产标准的设备、工具、器具的价值。新建单位及扩建单位的新建车间，按照设计或计划要求购置或自制的全部设备、工具、器具，不论是否达到固定资产标准均计入“设备工器具购置”中。

（4）其他费用 指在固定资产建造和购置过程中发生的，除建筑安装工程和设备、工器具购置投资完成额以外的应当分摊计入固定资产投资的费用，不指经营中财务上的其他费用。

施工项目 指报告期内进行过建筑或安装施工活动的项目。凡是报告期内施过工的建设项目，不论施工时间长短，均作为施工项目统计。施工项目个数可以反映一定时期固定资产投资的实际规模，与同期全部建成投产项目个数相比，可以从建设速度的角度反映固定资产投资的效果。根据建设项目施工活动的不同性质，施工项目又分为：本年正式施工项目、本年收尾项目和以前年度全部停缓建项目。

全部建成投产项目 工业项目指设计文件规定形成生产能力的主体工程及其相应配套的辅助设施全部建成，经负荷试运转，证明具备生产设计规定合格产品的条件，并经过验收鉴定合格或达到竣工验收标准，与生产性工程配套的生活福利设施可以满足近期正常生产的需要，正式移交生产的建设项目。非工业项目指设计文件规定的主体工程和相应的配套工程全部建成，能够发挥设计规定的全部效益，经验收鉴定合格或达到竣工验收标准，正式移交使用的建设项目。

本年新增生产能力（或工程效益） 指在本年度内按照新增生产能力（或工程效益）的计算条件和标准，实际建成投入生产或交付使用的生产能力（或工程效益）。

新增固定资产 指报告期内已经完成建造和购置过程，并已交付生产或使用单位的固定资产价值。该指标是表示固定资产投资成果的价值指标，也是反映建设进度，计算固定资产投资效果的重要指标。

房地产开发投资 指各种登记注册类型的房地产开发法人单位统一开发的包括统代建、拆迁还建的住宅、厂房、仓库、饭店、宾馆、度假村、写字楼、办公楼等房屋建筑物和配套的服务设施，土地开发工程（如道路、给水、排水、供电、供热、通讯、平整场地等基础设施工程）的投资；不包括单纯的土地交易活动。

计划总投资 指房地产开发企业在建的建设工程按照总体设计（或按设计概算或预算）规定的内容全部建成计划需要的总投资。

自开始建设累计完成投资 指房地产开发企业在建的房屋建设工程或正在开发的土地开发工程从开始建设到本年末止累计完成的全部投资。

商品房销售面积 指报告期内出售商品房屋的合同总面积(即双方签署的正式买卖合同中所确定的建筑面积)。由现房销售建筑面积和期房销售建筑面积两部分组成。

商品房销售额 指报告期内出售商品房屋的合同总价款(即双方签署的正式买卖合同中所确定的合同总价)。该指标与商品房销售面积同口径，由现房销售额和期房销售额两部分组成。

Explanatory Notes on Main Statistical Indicators

Total Investment in Fixed Assets in the Whole Country refers to the volume of activities in construction and purchases of fixed assets of the whole country and related fees, expressed in monetary terms during the reference period. It is a comprehensive indicator which shows the size, structure and growth of the investment in fixed assets, providing a basis for observing the progress of construction projects and evaluating results of investment. Total investment in fixed assets in the whole country includes, by type of ownership, the investment by State-owned units, collective-owned units, individuals, joint ownership units, share-holding units, as well as investments by entrepreneurs from foreign countries and from Hong Kong, Macao and Taiwan, and by other units.

Investment in Fixed Assets (Excluding Rural Households) refers to the investment in construction projects with a total planned investment of 5 million yuan and over by enterprises of various ownerships, institutions, administrative units and urban self-employed individuals, and the investment in real estate development in both urban and rural areas. Since 2011, it covers the urban investment in fixed assets under the previous statistical coverage plus project investments by rural enterprises and institutions.

Non-governmental Investment in Fixed Assets refers to the investment in the construction or purchase of fixed assets in the territory of the People's Republic of China by domestic-funded enterprises and institutions with collective, private and personal nature and by enterprises and institutions controlled by them (including absolute and relative holding).

Infrastructure Investment refers to projects and facilities that provide basic and popular services for social production and life. It is the basic condition for the survival and development of society. It includes: railway transport, road transport, water transport, air transport, pipeline transport, multimodal transport and transport agent Intermodality and Forwarding Agency, loading and unloading, posts, telecommunications, radio and television and satellite transmission services, Internet and related services, water management industry, ecological protection and environmental governance, public facilities management.

Actual Funds for Investment refer to all kinds of monetary funds used for fixed assets investment. It includes state budget funds, domestic loans, foreign capital utilization, self-raising funds and other funds.

Fund from the State Budget State budget consists of general budget, government fund budget, operation budget of state-owned assets and social security fund budget. Funds for investment in fixed assets from various budgets are reported as fund from the state budget, of which, the general budget utilized on fixed assets investment includes investment on infrastructure construction, vehicle purchase tax, post-disaster restoration and reconstruction funds and other financial investment. Government bonds at all levels should also be included.

Domestic Loans refer to loans of various forms borrowed by investing units from banks and non-bank financial institutions during the reference period for the purpose of investment in fixed assets, including loans issued by banks from their self-owned funds and deposit, loans appropriated by higher responsible authorities, special loans by government (including loan for substituting petroleum with coal, special loans for reform-through-labour coal mines), loans arranged by local government from special funds, domestic reserve loan, and revolving loan, etc.

Foreign Investment refers to overseas (including foreign countries, Hongkong, Macao and Taiwan) funds received during the reference period (covering equipment, materials and technology), including foreign borrowings (loans from foreign governments and international financial institutions, export credit, commercial loans from foreign banks, issue of bonds and stocks overseas), foreign direct investment and other foreign investments (including funds from foreign direct investment income that are reinvested in fixed assets domestically). Excluded from this category is capital in foreign exchanges owned by China (foreign exchanges owned by the central and local governments, foreign exchanges retained by enterprises, foreign exchanges by enterprises through the regulating mechanism, loans in foreign exchanges issued by the Bank of China with its own fund, etc.). In calculating the utilization of foreign capital, foreign currencies are converted into Chinese Renminbi applying the exchange rate (central parity rate) at the end of the reference period.

Self-raised Funds refer to funds for investment in fixed assets received during the reference period by investing units, including investment in fixed assets using own funds of various enterprises and institutions or funds raised from other units other than financial funds, funds borrowed from financial institutions and overseas funds.

Other Funds refer to funds for investment in fixed assets received from sources other than those listed above, including funds raised from individuals and through donations, and funds transferred from other units.

Investment in Fixed Assets by Sector refers to the classification of investment by the nature of social economic activities the investing units are engaged in. The classification of construction projects by sector is determined by the major products or the purpose of the projects when they are put into production or use, and by the nature of their social economic activities, instead of being determined by industrial classification of the project enterprises. The project will be classified according to major product if there are several kinds of products yielded. In general, one project can only be classified into one sector.

Investment in Fixed Assets by Jurisdiction of Management refers to the classification of investment by the competent authorities under which investment is made by construction units, enterprises, institutions or administrative units.

(1) Central investment refers to the investment in projects or by enterprises, institutions or administrative units which are

under the direct leadership and management of the State Council and of the national commissions, ministries, agencies and State-owned large corporations. Various ministries and departments of the State Council prepare and implement plans through unified organization or lower-level commissions, which include departments direct under central government (i.e. survey offices at all level of the National Bureau of Statistics) and enterprises and institutions directly under central government (like the Industrial and Commercial Bank of China, China Telecom and China National Petroleum Corporation).

(2) Local investment refers to the investment in projects or by enterprises, institutions or administrative units which are under the direct leadership and management of competent departments and governments at the level of province (autonomous regions and municipalities directly under the Central Government), prefecture （prefectures, cities and leagues） and county (districts, cities and banners). Also included are projects by foreign-invested enterprises and enterprises without competent managing authorities.

Investment in Fixed Assets by Type of Construction Construction projects in general can be classified, by the type of construction, into new construction, expansion, reconstruction and technical transformation, purely construction of living facilities, moving, restoration and purely purchasing. However, investment by type of construction is not applied to investment by real-estate development units and investment by rural households.

(1) New construction in general refers to construction projects, which start from scratch. The existing projects invested by enterprises, institutions and administrative agencies cannot be classified as new construction. In case the size of the existing unit is quite small, and the value of newly added fixed assets is more than three times of the original value, the expansion will be considered as new construction.

(2) Expansion refers to projects of construction of new production workshop, branch factory or independent production line within a factory or in other locations, for the purpose of increasing the production capacity (or improving efficiency) or adding new production capacity. Newly constructed accommodation for the operation of institutions and administrative organizations (such as newly constructed buildings for teaching in schools, buildings for clinics or wards in hospitals, etc.) are also classified as expansion.

Also included in expansion are investments by existing enterprises or institutions in building major production line(s) or branch factory (ies) along with some work on innovation, for the purpose of expanding the production capacity of original products or producing new products.

(3) Reconstruction and technical transformation refers to construction projects by existing enterprises or institutions in innovation or technical transformation of the old facilities (including auxiliary production equipment and welfare facilities). Also considered as reconstruction is the construction of new workshops by the existing enterprises or institutions to change the variety of products to meet the market demand (such as the production of civil products by defence industries), or to bring the designed production capacity into full play through a more balanced production process on production lines. Technical transformation refers to replacement of old technology or equipment by new technology or equipment, in order to expand the reproduction through improvement of technology contents in production, to improve product quality, to promote new products, to save energy, to reduce consumption, to expand the production scale and to improve overall social-economic efficiency. Contents of technical transformation include: updating of machinery, equipment and tools; reforming production process by using energy or materials saving technology; construction of factory workshops and transformation of public facilities; treatment transformation of "three wastes" (waste gas, waste water and industrial residue) aiming at environmental protection; improvement of working conditions and environment, etc.

Investment in Fixed Assets by Structure

(1) Construction refers to the construction of houses and buildings, also known as work volume of construction. This part of investment can only be achieved through construction activities, it is the major component of the total investment in fixed assets.

(2) Installation refers to the installation of various kinds of equipment and instruments, also known as work volume of installation.

The value of equipment installed itself is not included in the value of installation projects.

(3) Purchase of equipment and instruments refers to the total value of equipment, tools, and instruments purchased or self-produced which come up to the cut-off point for fixed assets during the reference period. Equipment, tools and instruments purchased or self-produced for new workshops by newly established or expanded units are categorized as "purchase of equipment and instruments" no matter whether they come up to the cut-off point for fixed assets.

(4) Other expenses refer to expenses arising during the construction or purchase of fixed assets other than those expenses on construction, installation and purchase of equipment and instruments. Other financial expenses arising in operation are not included.

Projects under Construction refer to projects with construction and installation activities undertaken in the reference period. All projects that have construction activities undertaken during the reference period are reported as projects under construction irrespective of the length of construction work. The number of projects under construction can reflect the actual size of investment in fixed assets during a given period, and when compared with the number of projects completed and put into use during the same period, it demonstrates the results of investment in fixed assets from the angle of the speed of the construction. Depending on the nature of construction activities, projects under construction can also be classified into projects beginning construction in current year, winding-up projects in current year and stopped or suspended projects in previous years (with resumption of work in current year).

Projects Completed and Put into Use Industrial projects refer to the major projects and anxilliary facilities having been completed in accordance with the design documents, resulting in forming production capacity and having checked and accepted after relevant tests, while the living and

welfare facilities having been completed and being capable of ensuring normal production. Non-industrial projects refer to the major projects and anxilliary facilities which have been completed in accordance with the design documents; have been checked, accepted after relevant examination; and have been formally delivered for use.

The Newly Increased Production Capacity (project efficiency) of Current Year refers to the production capacity (project efficiency) that has been completed and put into operation in current year according to the calculation conditions and standards on newly increased production capacity (project efficiency).

Newly Increased Fixed Assets refer to the newly increased value of fixed assets, constructed or purchased, that have been transferred to the investors. This is an indicator that demonstrates the results of investment in fixed assets in monetary terms, and an important indicator to reflect the speed of construction and to calculate the efficiency of investment.

Investment in Real Estate Development refers to investment by real estate development companies, commercialized buildings construction companies and other real estate development units of various types of ownership in the construction of buildings, such as residential buildings, factory buildings, warehouses, hotels, guesthouses, holiday villages, office buildings, the complementary service facilities and land development projects, such as roads, water supply, water drainage, power supply, heating supply, telecommunications, land leveling and other infrastructural projects. It does not include activities in pure land transactions.

Total Investment Planned refers to the total amount required for the completion of the activities according to the planned design or budget for the project under construction by real estate development companies.

Accumulative Investment Actually Completed Since Starting of Construction refers to all the investment accomplished by real estate development companies in the construction of building or the development of land from the beginning to the end of the year.

Area of Commercialized Housing Sold refers to total contracted area of commercialized housing (i.e. area of floor space as designated in the formal contracts signed by both sides) during the reference time. It constitutes floor space of completed housing and floor space of future housing.

Value of Commercialized Housing Sold refers to the total contracted value (i.e. value of sales/purchase for selling/purchase of commercialized housing as designated in the contract signed by both sides) during the reference time. This indicator has the same coverage as the area of commercialized housing sold, which constitutes floor space of completed housing and floor space of housing yet to be completed.

七、能　源

Energy

资料整理：蔡军辉

简 要 说 明

一、本篇资料反映陕西能源生产、消费和能耗水平等情况。主要内容有能源生产、消费及品种构成，能源生产和消费弹性系数，分行业、分主要能源品种的消费量，能源加工转换效率及生活用能源消费量、单位生产总值能耗等指标。

二、关于数据口径与计算的说明：

1．能源生产与消费弹性系数分别以能源生产、消费增长速度与地区生产总值增长速度相比求得。

2．能源平衡表中，进口量和出口量采用海关统计数据，电力折算标准煤系数按平均发电煤耗计算。

3．能源加工转换效率表中的电力折算标准煤系数采用当量值计算，每千瓦小时折0.1229千克标准煤。

4．GDP按不变价格计算。

三、根据第四次全国经济普查结果对2015—2018年数据进行了调整。

Brief Introduction

I. This chapter reflects the energy production, consumption and efficiency of Shaanxi Province, mainly including energy production, consumption and composition, elasticity ratio of energy production and consumption, consumption of energy by sector and by types of energy, efficiency of energy processing and conversion and the consumption of energy for non-production uses, energy consumption of unit gross domestic product.

II. Data coverage and calculation:

1. The elasticity ratio of energy production is calculated as the quotient of the growth rate of energy production divided by the growth rate of GDP; and the elasticity ratio of energy consumption is calculated as the quotient of the growth rate of energy consumption divided by the growth rate of GDP.

2. In the energy balance sheet, the data on the imports and exports are data from the customs statistics. The ratio for converting electric power into the standard coal equivalent is calculated according to the average consumption of coal for generating electricity.

3. In the table on the efficiency of energy conversion, the ratio for converting electric power into the standard coal equivalent is calculated on the basis of heat value equivalent. One kilowatt is equal to 0.1229 kg SCE.

4. Gross domestic product are calculated at constant price.

III. Data from 2015 to 2018 were adjusted according to the results of the fourth national Economic census.

7.能　源

2021 年全省				
能源生产总量	58259.23	万吨标准煤	比上年下降	1.5%
能源消费总量	14515.23	万吨标准煤	比上年增长	7.4%
平均每天消费能源	39.77	万吨标准煤		
# 原　煤	75.28	万　吨		
原　油	5.09	万　吨		
天然气	3271	万立方米		
电　力	61214	万千瓦小时		

能源生产构成
（2021年）

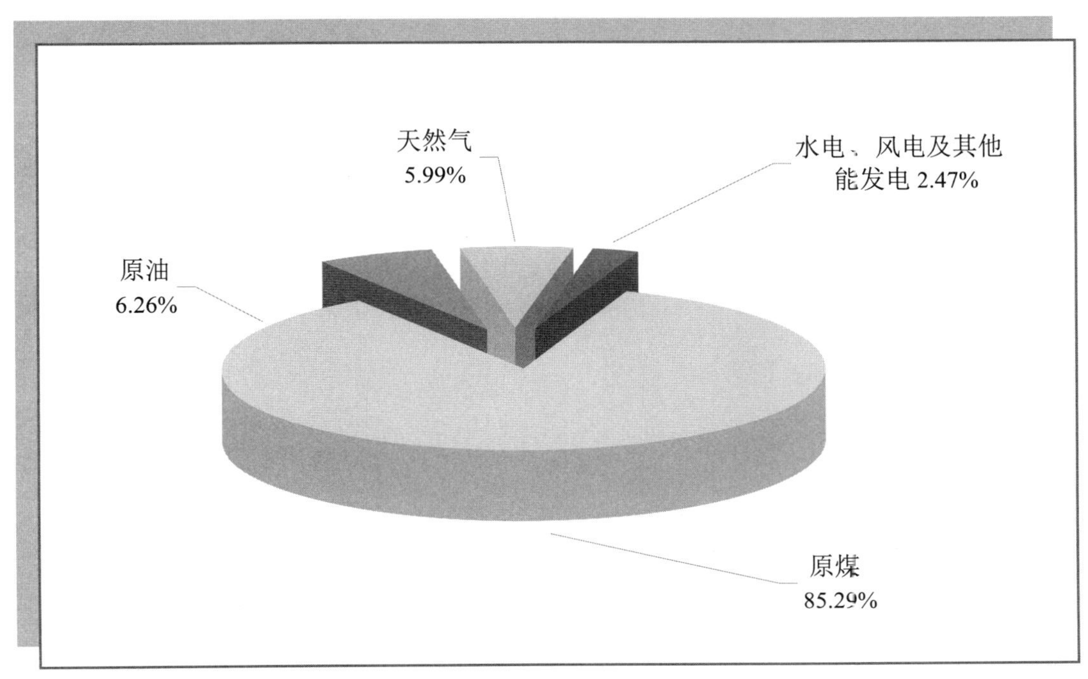

7-1 能源生产、消费总量及构成
Total Production and Consumption of Energy and Its Composition

指　标	Item	2016	2017	2018	2019	2020	2021
能源生产总量	**Total Energy Production**	**47078.64**	**51485.48**	**56467.33**	**56781.90**	**59167.58**	**58259.23**
（万吨标准煤）	**(10 000 tons of SCE)**						
原　煤	Coal	36186.58	40347.64	44788.77	44675.88	47703.74	49688.19
原　油	Crude Oil	5003.57	4985.56	5031.53	5061.86	3848.25	3646.87
天然气	Natural Gas	5345.34	5429.29	5713.23	5948.14	6543.74	3487.19
水电、风电及其他能发电	Hydro-power, Wind Power and others	543.15	723.00	933.80	1096.03	1071.85	1436.99
能源生产构成　　(%)	**Energy Production Composition (%)**	**100.00**	**100.00**	**100.00**	**100.00**	**100.00**	**100.00**
原　煤	Coal	76.86	78.37	79.32	78.68	80.62	85.29
原　油	Crude Oil	10.63	9.68	8.91	8.91	6.50	6.26
天然气	Natural Gas	11.35	10.55	10.12	10.48	11.06	5.99
水电、风电及其他能发电	Hydro-power, Wind Power and others	1.15	1.40	1.65	1.93	1.81	2.47
能源消费总量	**Total Energy Consumption**	**12146.47**	**12548.52**	**12900.38**	**13478.06**	**13512.26**	**14515.23**
（万吨标准煤）	**(10 000 tons of SCE)**						
煤　品	Coal	9105.79	9368.33	9518.02	9802.13	10168.92	10696.15
油　品	Crude Oil	1167.72	1078.97	1083.73	1039.89	860.36	871.57
天然气	Natural Gas	1276.93	1337.92	1364.83	1540.01	1413.60	1509.47
水电、风电及其他能发电	Hydro-power, Wind Power and others	596.03	763.29	933.80	1096.03	1069.38	1438.05
能源消费构成　　(%)	**Energy Consumption Composition (%)**	**100.00**	**100.00**	**100.00**	**100.00**	**100.00**	**100.00**
煤　品	Coal	74.97	74.66	73.78	72.73	75.26	73.69
油　品	Crude Oil	9.61	8.60	8.40	7.72	6.37	6.00
天然气	Natural Gas	10.51	10.66	10.58	11.43	10.46	10.40
水电、风电及其他能发电	Hydro-power, Wind Power and others	4.91	6.08	7.24	8.13	7.91	9.91

注：1.能源消费总量用等价值计算，等价值指电力按当年平均火力发电煤耗换算成标准煤。
　　2.能源消费总量未扣除原料用能等数据。

a) The equivalent weight refers to the value that electric power converts to standard coal by its heat equivalent, equivalent value refers to the value of average standard coal consumption by thermal power in the current year.

b) Total energy consumption does not deduct raw material energy and other data.

7−2 主要能源平衡情况(2021年)
Main Energy Balance Sheet(2021)

指 标	Item	综合能源（万吨标准煤）Comprehensive Energy (10 000 tons of SCE)	煤 炭（万吨）Coal (10 000 tons)	天然气（亿立方米）Natural Gas (100 million cu.m)	电 力（亿千瓦小时）Electricity (100 million kwh)
一、可供本地区消费能源	**Volume of total Energy Available for Consumption**	**14519.67**	**22542.11**	**163.70**	**-47.45**
年初库存	Stock at the Beginning of the Year	1750.78	1652.77		
一次能源生产量	Primary Energy Output	58259.23	70191.76	294.13	457.99
外省(区、市)调入量	Inflow from Other Provinces (Regions, Cities)	5427.57	3246.02		234.91
本省(区、市)调出量(−)	Outflow from this Provinces (Regions, Cities)	-49398.94	-51147.94	-130.44	-740.35
出口量(−)	Exports				
年末库存(−)	Stock at Year-end	-1518.97	-1400.49		
二、加工转换投入(−)产出(+)量	**Input (−) or Output (+) of Processing and Transformation**	**-744.40**	**-18433.68**	**-72.30**	**2281.76**
火力发电	Thermal Power	0.00	-8751.80	-0.86	2281.76
供 热	Heating	-172.56	-987.87	-11.94	
煤炭洗选	Separation Coal	-227.99	-1386.49		
炼 焦	Coke Making	-362.23	-6724.84		
炼油及煤制油	Oil Refining and Coal to Make Oil	-389.21	-572.81	-8.30	
天然气液化	Natural Gas Liquefying	-45.99		-54.74	
煤制品加工	Processing of Coal Products	-2.74	-9.71		
回收能	Recovery of Energy	497.48			
三、损失量	**Loss Volume**	**141.35**			**47.53**
四、终端消费	**Final Consumption**	**13629.48**	**4100.88**	**91.39**	**2186.78**
第一产业	Primary Industry	209.54	19.51		39.68
农、林、牧、渔业	Agriculture, Forestry, Animal Husbandry and Fishery	209.54	19.51		39.68
第二产业	Secondary Industry	9280.78	3731.76	55.96	1459.98
工 业	Industry	9064.87	3722.94	55.75	1425.24
建筑业	Construction	215.91	8.82	0.21	34.74
第三产业	Tertiary Industry	2301.32	108.49	11.96	388.77
交通运输、仓储和邮政业	Transportation, Storage and Post Services	1035.25	8.26	3.90	92.70
批发、零售业和住宿、餐饮业	Wholesale and Retail Trades, Hotels and Catering Services	564.31	38.56	7.25	116.23
其 他	Others	701.76	61.67	0.80	179.84
生活消费	Household Consumption	1837.84	241.12	23.48	298.35
城 镇	Urban Areas	1269.77	37.91	22.62	183.74
乡 村	Rural Area	568.07	203.21	0.85	114.61

7-2 续表 continued

指 标	Item	原 油 (万吨) Crude Oil (10 000 tons)	汽 油 (万吨) Gasoline (10 000 tons)	煤 油 (万吨) Kerosene (10 000 tons)	柴 油 (万吨) Diesel Oil (10 000 tons)	燃料油 (万吨) Fuel Oil (10 000 tons)
一、可供本地区消费能源	**Volume of total Energy Available for Consumption**	**1856.57**	**-386.77**	**-0.02**	**-375.22**	**-131.82**
年初库存	Stock at the Beginning of the Year	72.86	41.91	2.78	31.03	3.20
一次能源生产量	Primary Energy Output	2552.76				
外省(区、市)调入量	Inflow from Other Provinces (Regions, Cities)	17.70	300.19	22.30	495.27	6.36
本省(区、市)调出量(-)	Outflow from this Provinces (Regions, Cities)	-707.10	-665.75	-21.97	-859.19	-137.66
出口量(-)	Exports					
年末库存(-)	Stock at Year-end	-79.65	-63.12	-3.13	-42.33	-3.72
二、加工转换投入(-)产出(+)量	**Input (－) or Output (+) of Processing and Transformation**	**-1812.53**	**684.02**	**82.91**	**692.09**	**138.73**
火力发电	Thermal Power				-0.48	
供 热	Heating				-0.05	
煤炭洗选	Separation Coal					
炼 焦	Coke Making					
炼油及煤制油	Oil Refining and Coal to Make Oil	-1812.53	684.04	82.91	693.37	138.73
天然气液化	Natural Gas Liquefying					
煤制品加工	Processing of Coal Products					
回收能	Recovery of Energy					
三、损失量	**Loss Volume**					
四、终端消费	**Final Consumption**	**43.64**	**297.25**	**82.89**	**316.87**	**6.91**
第一产业	Primary Industry		10.15		42.76	
农、林、牧、渔业	Agriculture, Forestry, Animal Husbandry and Fishery		10.15		42.76	
第二产业	Secondary Industry	43.64	24.66	0.47	76.17	3.05
工 业	Industry	43.64	10.59	0.20	43.84	0.88
建筑业	Construction		14.08	0.26	32.32	2.16
第三产业	Tertiary Industry		140.04	82.43	192.10	3.86
交通运输、仓储和邮政业	Transportation, Storage and Post Services		105.80	81.83	169.84	2.03
批发、零售业和住宿、餐饮业	Wholesale and Retail Trades, Hotels and Catering Services		24.12	0.24	13.45	1.03
其 他	Others		10.12	0.36	8.81	0.80
生活消费	Household Consumption		122.40		5.84	
城 镇	Urban Areas		84.20		0.26	
乡 村	Rural Area		38.20		5.58	

注：综合能源消费电力按等价值折算。
a) Comprehensive energy consumption Electric power and heat are converted on the basis of equal value.

7—3　能源生产弹性系数
Elasticity Ratio of Energy Production

指　　标	Item	2016	2017	2018	2019	2020	2021
能源生产增长速度(%)	Growth Rate of Energy Production over Preceding Year (%)	-2.9	9.4	9.7	0.6	4.2	-1.5
电力生产增长速度(%)	Growth Rate of Electricity Production over Preceding Year (%)	4.8	6.6	5.9	14.2	8.5	15.1
生产总值增长速度(%)	Rate of Gross Domestic Product (GDP) over Preceding Year (%)	7.5	7.8	8.1	6.0	2.2	6.5
能源生产弹性系数	Elasticity Ratio of Energy Production	-0.39	1.20	1.20	0.09	1.93	-0.24
电力生产弹性系数	Elasticity Ratio of Electricity Production	0.64	0.85	0.72	2.39	3.89	2.33

注：生产总值增长速度按不变价计算，能源生产用等价值折算，2021年能源生产总量中扣除天然气省外部分。
a) The growth rates of GDP are calculated at constant prices. Energy production are converted on the basis of equal value.

7—4　平均每万人能源生产量
Energy Production Per 10 000 Population

品　种	Item	2016	2017	2018	2019	2020	2021
生产总量(吨标准煤)	**Total Production (ton of SCE)**	**121965.40**	**132387.45**	**144141.23**	**144208.00**	**149810.31**	**147324.08**
原　煤(吨)	Coal(ton)	133591.06	146830.75	160709.84	161600.10	172105.46	177498.67
原　油(吨)	Crude Oil(ton)	9073.65	8973.57	8990.43	8998.68	6820.41	6455.33
天然气(万立方米)	Natural Gas(10 000 cu. m)	1067.13	1078.44	1130.54	1202.33	1335.31	743.80
电　力(万千瓦小时)	Electricity(10 000 kwh)	4407.26	4664.52	4901.63	5570.10	6024.58	6928.19

注：能源生产总量用等价值折算，2021年能源生产总量中扣除天然气省外部分。
a) Total energy production are converted on the basis of equal value.

7—5　能源加工转换效率
Efficiency of Energy Conversion

指　　标	Item	2016	2017	2018	2019	2020	2021
总效率(%)	**Total Efficiency (%)**	**81.92**	**82.18**	**81.06**	**80.61**	**80.11**	**77.96**
火力发电	Thermal Power	39.81	39.97	40.16	40.69	40.76	41.33
供　热	Heating	75.71	77.52	77.60	79.81	80.00	80.91
洗　煤	Separation Coal	95.94	95.34	95.60	96.18	95.86	96.48
炼　焦	Coke Making	90.54	90.60	90.23	90.74	92.12	93.30
炼　油	Oil Refining	91.12	89.09	92.03	90.47	89.78	87.68

7—6 能源消费弹性系数
Elasticity Ratio of Energy Consumption

指 标	Item	2016	2017	2018	2019	2020	2021
能源消费增长速度(%)	Growth Rate of Energy Consumption over Preceding Year (%)	3.4	3.3	2.8	4.5	0.3	7.4
电力消费增长速度(%)	Growth Rate of Electricity Consumption over Preceding Year (%)	9.6	9.5	6.7	5.6	3.5	13.0
生产总值增长速度(%)	Growth Rate of Gross Domestic Product (GDP) over Preceding Year (%)	7.5	7.8	8.1	6.0	2.2	6.5
能源消费弹性系数	Elasticity Ratio of Energy Consumption	0.45	0.42	0.35	0.75	0.11	1.14
电力消费弹性系数	Elasticity Ratio of Electricity Consumption	1.27	1.22	0.82	0.93	1.58	1.99

注：生产总值增长速度按不变价计算，能源消费用等价值折算。
a) The growth rates of GDP are calculated at constant prices. Energy consumption are converted on the basis of equal value.

7—7 平均每天各种能源消费量
Average Daily Energy Consumption by Variety

品 种	Item	2016	2017	2018	2019	2020	2021
消费总量(万吨标煤)	**Total Consumption (10 000 tons of SCE)**	**33.19**	**34.38**	**35.34**	**36.93**	**36.92**	**39.77**
原 煤 (万吨)	Coal (10 000 tons)	77.59	83.80	74.97	79.86	81.55	75.28
焦 炭 (吨)	Coke (ton)	22688	22729	21072	20569	21767	20999
原 油 (吨)	Crude Oil (ton)	49832	50783	51073	50349	50374	50854
汽 油 (吨)	Gasoline (ton)	7030	7601	8174	8380	7889	8144
煤 油 (吨)	Kerosene (ton)	821	1370	2136	2497	2273	2271
柴 油 (吨)	Diesel Oil (ton)	11192	10241	10974	10332	8428	8716
天然气 (万立方米)	Natural Gas (10 000 cu.m)	2239	2298	2526	2984	2776	3271
电 力(万千瓦小时)	Electricity (10 000 kwh)	40249	43839	47787	52341	54136	61214

注：能源消费总量用等价值折算。
a) Total energy consumption are converted on the basis of equal value.

7-8　全省用电总量(2021年)
Total Electricity Consumption in the Whole Province (2021)

单位：亿千瓦时　　(100 million kwh)

指　　标	Item	2021
全省用电量总计	**Total Electricity Consumption in the Whole Province**	**2234.31**
农、林、牧、渔业用电	Electricity Consumption for Agriculture,Forestry,Animal Husbandry, and Fishery	39.68
# 排灌用电	Electricity Consumption for drainage and irrigation	14.81
工业用电	Electricity Consumption for Industry	1472.78
轻工业	Light Industry	55.72
重工业	Heavy Industry	1417.06
# 电力、热力生产和供应业	Production and Supply of Electric Power and Heat Power	374.47
建筑业用电	Construction electricity	34.74
交通运输、仓储和邮政业用电	Electricity Consumption for Transport, Storage and Post Transport	92.70
信息传输、软件和信息技术服务业用电	Electricity Consumption for Information Transmission, Software and Information Technology	27.68
批发和零售业用电	Electricity Consumption for Wholesale and Retail Trades	90.51
住宿和餐饮业用电	Electricity Consumption for Hotels and Catering Services	25.71
金融业用电	Electricity Consumption for Financial Intermediation	3.90
房地产业用电	Electricity Consumption for Real Estate	35.97
租赁和商务服务业用电	Electricity Consumption for Leasing and Business Services	8.41
公共事业及其管理组织用电	Electricity Consumption for the Non-profit Organization and the Management Organization	103.89
城乡居民生活用电	Electricity Consumption for Cities and Rural Areas Residential	298.35
乡村用电	Electricity Consumption for Rural Areas	183.74
城市用电	Electricity Consumption for Cities	114.61

注：本表工业用电量采用统计局统计数据，其他行业用电量采用中电联数据。

a) Thisd data of industrial electricity consumption in this table adopts the date of National Bureau of Statistics, while the other industries adopt the data of China Electricity Federation.

主要统计指标解释

能源生产总量 指一定时期内，一次能源生产量的总和。该指标是观察能源生产水平、规模、构成和发展速度的总量指标。一次能源生产量包括原煤、原油、天然气、水电、核能及其他动力能(如风能、地热能等)发电量，不包括低热值燃料生产量、生物质能、太阳能等的利用和由一次能源加工转换而成的二次能源产量。

能源消费总量 是指一定地域内，国民经济各行业和居民家庭在一定时间消费的各种能源的总和。包括：原煤、原油、天然气、水能、核能、风能、太阳能、地热能、生物质能等一次能源；一次能源通过加工转换产生的洗煤、焦炭、煤气、电力、热力、成品油等二次能源和同时产生的其他产品；其他化石能源、可再生能源和新能源。其中水能、风能、太阳能、地热能、生物质能等可再生能源，是指人们通过一定技术手段获得的，并作为商品能源使用的部分。在核算过程中，一次能源、二次能源消费不能重复计算。能源消费总量分为终端能源消费量、能源加工转换损失量和能源损失量三部分。

(1)终端能源消费量：指一定时期内，全国生产和生活消费的各种能源在扣除了用于加工转换二次能源消费量和损失量以后的数量。

(2)能源加工转换损失量：指一定时期内，全国投入加工转换的各种能源数量之和与产出各种能源产品之和的差额。该指标是观察能源在加工转换过程中损失量变化的指标。

(3)能源损失量：指一定时期内，能源在输送、分配、储存过程中发生的损失和由客观原因造成的各种损失量，不包括各种气体能源放空、放散量。

能源生产弹性系数 是研究能源生产增长速度与国民经济增长速度之间关系的指标。计算公式：

$$能源生产弹性系数=\frac{能源生产总量年平均增长速度}{国民经济年平均增长速度}$$

国民经济年平均增长速度，可根据不同的目的或需要，用国民生产总值、国内生产总值等指标来计算，本年鉴是采用国内生产总值指标计算的。

电力生产弹性系数 是研究电力生产增长速度与国民经济增长速度之间关系的指标。一般来说，电力的发展应当快于国民经济的发展，也就是说电力应超前发展。计算公式为：

$$电力生产弹性系数=\frac{电力生产量年平均增长速度}{国民经济年平均增长速度}$$

能源消费弹性系数 反映能源消费增长速度与国民经济增长速度之间比例关系的指标。计算公式为：

$$能源消费弹性系数=\frac{能源消费量年平均增长速度}{国民经济年平均增长速度}$$

电力消费弹性系数 反映电力消费增长速度与国民经济增长速度之间比例关系的指标。计算公式为：

$$电力消费弹性系数=\frac{电力消费量年平均增长速度}{国民经济年平均增长速度}$$

能源加工转换效率 指一定时期内，能源经过加工、转换后，产出的各种能源产品的数量与同期内投入加工转换的各种能源数量的比率。该指标是观察能源加工转换装置和生产工艺先进与落后、管理水平高低等的重要指标。计算公式为：

$$能源加工转换效率=\frac{能源加工转换产出量}{能源加工转换投入量}\times100\%$$

单位生产总值能耗 指一定时期内，一个国家或地区每生产一个单位的生产总值所消耗的能源。计算公式为：

$$单位生产总值能耗=\frac{能源消费总量}{生产总值}$$

Explanatory Notes on Main Statistical Indicators

Total Energy Production refers to the total production of primary energy by all energy producing enterprises in the country in a given period of time. It is a comprehensive indicator to show the level, scale, composition and pace of development of energy production of the country. The production of primary energy includes that of coal, crude oil, natural gas, hydro-power and electricity generated by nuclear energy and other means such as wind power and geothermal power. However, it does not include the production of fuels of low calorific value, bio-energy, solar energy and secondary energy converted from primary energy.

Total Energy Consumption refers to the total consumption of energy of various kinds by the production sectors of the economy and the households in a given period of time. It includes the primary kinds of energy such as coal, crude oil, natural gas, hydro-power, nuclear power, wind power, solar power, geothermal power and bio-energy; the secondary kinds of energy and their products which are transformed from the primary energy such as washed coal, coke, coal gas, electricity, heating, and petroleum products; and other kinds of fossil energy, renewable energy and new energy. The renewable energy, including hydro-power, wind power, solar power, geothermal power and bio-energy, refers to the part attained with some given technical means and used for commercial purposes. Total energy consumption can be divided into three parts: end-use energy consumption; loss during the process of energy conversion; and energy loss.

(1) End-use Energy Consumption: It refers to the total energy consumption by the production sectors and the households in the country (region) in a given period of time. It does not include the consumption during the conversion of primary energy into secondary energy and the loss in the process of energy conversion.

(2) Loss During the Process of Energy Conversion: It refers to the total input of various kinds of energy for conversion, minus the total output of various kinds of energy in the country in a given period of time. It is an indicator to show the loss that occurs during the process of energy conversion.

(3) Energy Loss: It refers to the total of the loss of energy during the course of energy transport, distribution and storage and the loss caused by any objective reason in a given period of time. The loss of various kinds of gas due to gas discharges and stocktaking is not included.

Elasticity Ratio of Energy Production is an indicator to show the relationship between the growth rate of energy production and the growth rate of the national economy. The formula is:

$$\begin{array}{c}\text{Elasticity Ratio of}\\\text{Energy Production}\end{array} = \frac{\begin{array}{c}\text{Average Annual Growth}\\\text{Rate of Energy Production}\end{array}}{\begin{array}{c}\text{Average Annual Growth}\\\text{Rate of National Economy}\end{array}}$$

The average annual growth rate of the national economy can be measured by indicators such as the Gross National Product and the Gross Domestic Product, depending on the purposes or needs. The Gross Domestic Product has been used in the calculation of the ratio in this Yearbook.

Elasticity Ratio of Electricity Production is an indicator to show the relationship between the growth rate of electricity production and the growth rate of the national economy. Generally speaking, the growth rate of electricity production should be higher than that of the national economy.

Its formula is:

$$\begin{array}{c}\text{Elasticity Ratio of}\\\text{Electricity Production}\end{array} = \frac{\begin{array}{c}\text{Average Annual Growth Rate}\\\text{of Electricity Production}\end{array}}{\begin{array}{c}\text{Average Annual Growth}\\\text{Rate of National Economy}\end{array}}$$

Elasticity Ratio of Energy Consumption is an indicator to show the relationship between the growth rate of energy consumption and the growth rate of the national economy. The formula is:

$$\begin{array}{c}\text{Elasticity Ratio of}\\\text{Energy Consumption}\end{array} = \frac{\begin{array}{c}\text{Average Annual Growth Rate}\\\text{of Energy Consumption}\end{array}}{\begin{array}{c}\text{Average Annual Growth}\\\text{Rate of National Economy}\end{array}}$$

Elasticity Ratio of Electricity Consumption is an indicator to show the relationship between the growth rate of electricity consumption and the growth rate of the national economy. The formula is:

$$\begin{array}{c}\text{Elasticity Ratio of}\\\text{Electricity Consumption}\end{array} = \frac{\begin{array}{c}\text{Average Annual Growth}\\\text{Rate of Electricity Consumption}\end{array}}{\begin{array}{c}\text{Average Annual Growth}\\\text{Rate of National Economy}\end{array}}$$

Efficiency of Energy Processing and Conversion refers to the ratio of the total output of energy products of various kinds after processing and conversion to the total input of energy of various kinds for processing and conversion in the same reference period. It is an important indicator to show the current conditions of energy processing and conversion equipment, production technique and management. The formula is:

$$\begin{array}{c}\text{Efficiency of Energy}\\\text{Processing \& Conversion}\end{array} = \frac{\begin{array}{c}\text{Output of Energy After}\\\text{Processing \& Conversion}\end{array}}{\begin{array}{c}\text{Input of Energy for}\\\text{Processing \& Conversion}\end{array}} \times 100\%$$

Energy Consumption per Unit of GDP refers to the energy consumption per unit of Gross Domestic Product in a country or the Gross Regional Product in a region in the same reference period. The formula is:

$$\begin{array}{c}\text{Energy Consumption}\\\text{per Unit of GDP}\end{array} = \frac{\text{Total Energy Consumption}}{\text{Gross Domestic Product}}$$

八、财政、金融和保险

Government Finance, Banking and Insurance

资料整理：甘　露　刘　浴

简 要 说 明

一、本篇资料反映陕西财政收支情况及金融、证券、保险业务发展情况，内容包括地方一般预算分项目收入，地方财政分项目支出；金融机构存贷款余额，上市公司、证券公司情况，期货交易情况，保险业保费收入。

二、本篇资料财政收支由省财政厅提供，金融、证券、保险资料分别由中国人民银行西安分行、中国证券监督管理委员会陕西监管局、中国保险监督管理委员会陕西监管局提供。

Brief Introduction

I. This chapter reflects the basic situation of budgetary revenue and expenditure and the development of banking, bond and insurance of Shaanxi Province, mainly including local general bugetary revenue by item, local bugetary expenditure by item, balance of deposit and loan of financial institutions,general situation of listed companies and securities companies, general situation of futures trading and premium of insurance transactions.

II. The data on financial revenue and expenditure are provided by Finance Department of Shaanxi Provincial.The data on banking,bond and insurance are provided by Xi’an Branch of the People’s Bank of China, Shaanxi Bureau of China Securities Regulatory Commission and Shaanxi Bureau of China Insurance Regulatory Commission.

8.财政、金融和保险

2021年全省		
地方一般预算收入	2775.42	亿元
财政支出	6069.22	亿元
金融机构人民币存款年底余额	54130.14	亿元
金融机构人民币贷款年底余额	44053.75	亿元

金融机构人民币存贷款年底余额

（亿元）

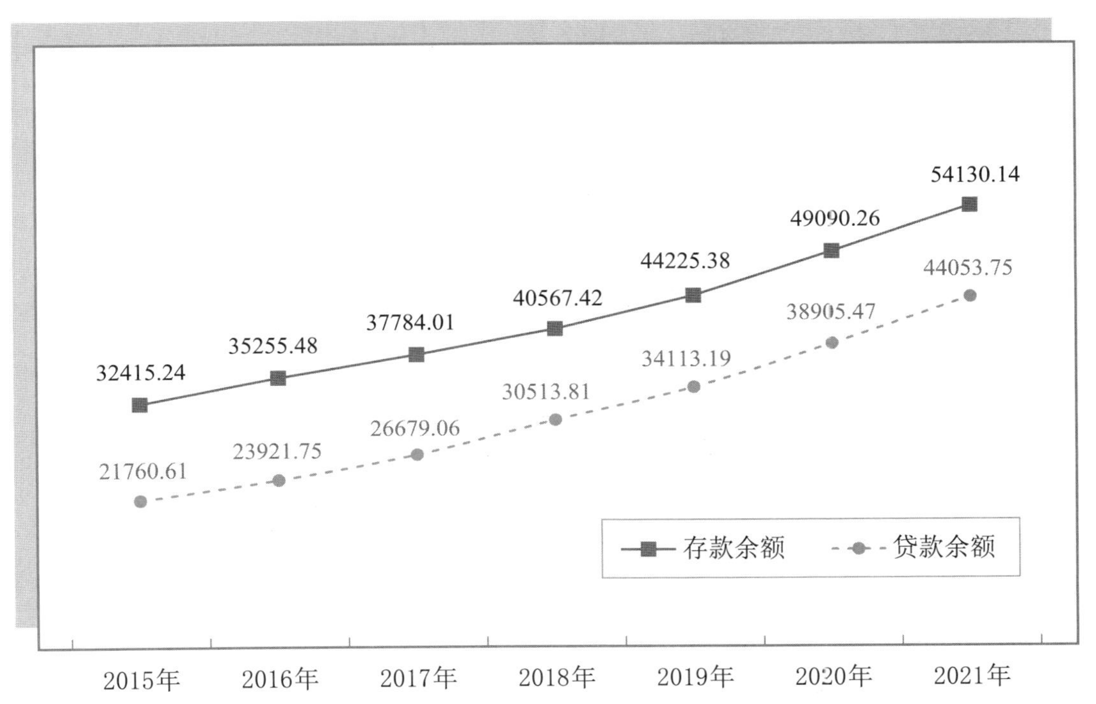

8-1 财政分项目收入
Government Revenue by Item

单位：亿元 (100 million yuan)

项　　目	Item	2016	2017	2018	2019	2020	2021
一般公共预算收入	**General Public Budget Revenue**	**1833.99**	**2006.69**	**2243.14**	**2287.90**	**2257.31**	**2775.42**
税收收入	**Total Tax Revenue**	**1204.39**	**1485.58**	**1774.29**	**1846.11**	**1752.14**	**2237.04**
增值税	Value-added Tax	394.13	690.85	776.91	782.64	677.45	824.94
营业税	Business Tax	202.92					
企业所得税	Corporate Income Tax	130.74	176.54	228.28	250.52	244.14	339.53
个人所得税	Individual Income Tax	58.85	79.05	102.58	74.44	84.24	105.14
资源税	Resource Tax	82.67	144.66	181.31	230.42	235.37	373.06
城市维护建设税	City Maintenance and Construction Tax	85.71	100.36	118.07	112.42	110.00	130.36
房产税	House Property Tax	42.84	44.72	59.57	65.80	64.97	81.29
印花税	Stamp Tax	18.42	23.91	27.55	29.61	32.36	42.07
城镇土地使用税	Urban Land Use Tax	27.69	36.71	40.79	45.12	46.58	56.16
土地增值税	Land Appreciation Tax	34.89	44.82	87.82	80.50	70.76	80.64
车船税	Tax on Vehicles and Boat Operation	17.72	19.01	21.52	25.41	27.24	29.33
耕地占用税	Farm Land Occupation Tax	54.75	51.15	34.19	45.04	39.28	25.41
契　税	Deed Tax	50.81	72.56	90.67	97.32	113.55	143.33
烟叶税	Tobacco Leaf Tax	2.24	1.24	1.76	1.65	1.73	1.80
环境保护税	Environment Protection Tax					4.14	3.85
其他税收收入	Other Tax Revenue			3.29	5.22	0.33	0.12
非税收入	**Total Non-tax Revenue**	**629.60**	**521.11**	**468.85**	**441.79**	**505.17**	**538.39**
专项收入	Special Program Receipts	156.66	159.59	175.94	167.81	162.00	179.69
行政事业性收费收入	Charge of Administrative and Institutional Units	117.98	103.17	78.11	78.15	99.11	97.04
罚没收入	Penalty Receipts	39.48	41.60	43.07	47.21	56.77	67.93
国有资本经营收入	Operation Income of State-owned Capital	95.64	32.57	0.99	0.85	5.93	4.29
国有资源(资产)有偿使用收入	Income from Use of State-owned Resources (Assets)	159.14	136.18	133.86	111.95	110.14	146.53
其他收入	Other Non-tax Revenue	60.70	48.00	36.88	35.83	71.22	42.91

8-2 财政分项目支出
Government Expenditure by Item

单位：亿元 (100 million yuan)

项　目	Item	2020	2021
一般公共预算支出	**General Pubilc Budget Expenditure**	**5924.28**	**6069.22**
一般公共服务支出	Expenditure for General Public Services	528.47	543.87
外交支出	Expenditure for Foreign Affairs		
国防支出	Expenditure for National Defense	7.04	4.15
公共安全支出	Expenditure for Public Security	283.08	289.72
教育支出	Expenditure for Education	998.58	1025.00
科学技术支出	Expenditure for Science and Technology	56.45	93.00
文化旅游体育与传媒支出	Expenditure for Culture,Tourism, Sport and Media	140.57	161.76
社会保障和就业支出	Expenditure for Social Security and Employment	994.13	957.51
卫生健康支出	Expenditure for Health Care	509.17	565.72
节能环保支出	Expenditure for Energy Conservation and Environment Protection	190.34	176.25
城乡社区支出	Expenditure for Urban and Rural Community Affairs	494.06	471.07
农林水支出	Expenditure for Agriculture, Forestry and Water Conservancy	739.73	694.26
交通运输支出	Expenditure for Transportation	295.21	325.83
资源勘探工业信息等支出	Expenditures for Resource Exploration and Information	117.60	129.93
商业服务业等支出	Expenditure of Commerce and Services	42.40	47.42
金融支出	Expenditure for Financial Affairs	44.50	37.53
自然资源海洋气象等支出	Expenditure for Nature Resources,Ocean and Weather	77.92	91.52
住房保障支出	Expenditure for Housing Security	175.46	208.85
粮油物资储备支出	Expenditure for Reserve of Grain,Oil and Other Materials	26.19	17.54
援助其他地区支出	Expenditure for Assistance to Other Regions	0.44	0.07
灾害防治及应急管理支出	Expenditure for Prevention of Disasters and Emergency Management	39.90	51.86
债务付息支出	Expenditure for Interest Payments on Debts	137.64	141.81
#地方政府一般债券付息支出	Expenditure for Local Government Interest Payments on Debts	137.03	141.81
债务发行费用支出	Expenditure for Issuing Debts	0.80	1.02
其他支出	Other Expenditure	24.60	33.52

8-3 各市、县(市、区)财政收支(2021年)
Government Revenue and Expenditure by City and County (City and District) (2021)

单位：万元 (10 000 yuan)

地区	Region	一般公共预算收入 General Public Budget Revenue	一般公共预算支出 General Public Budget Expenditure	地区	Region	一般公共预算收入 General Public Budget Revenue	一般公共预算支出 General Public Budget Expenditure
全　省	**Shaanxi**	**27754239**	**60692200**	陇　县	Longxian	15790	239293
省本级	Provincial Level	7371515	9674434	千阳县	Qianyang	7462	124965
西安市	**Xi'an**	**8559990**	**14746219**	麟游县	Linyou	43675	151324
市本级	City Level	5715635	9712051	凤　县	Fengxian	21796	171647
新城区	Xincheng	226272	342964	太白县	Taibai	8053	115186
碑林区	Beilin	410933	310000	**咸阳市**	**Xianyang**	**1076810**	**4287010**
莲湖区	Lianhu	400385	394009	市本级	City Level	440276	905584
灞桥区	Baqiao	201166	296719	秦都区	Qindu	102594	266631
未央区	Weiyang	341533	390285	渭城区	Weicheng	51820	127589
雁塔区	Yanta	492942	375501	三原县	Sanyuan	45144	295015
阎良区	Yanliang	88991	237076	泾阳县	Jingyang	28156	257998
临潼区	Lintong	140817	475822	乾　县	Qianxian	21660	327276
长安区	Chang'an	239588	518904	礼泉县	Liquan	50015	343535
高陵区	Gaoling	141552	345484	永寿县	Yongshou	7896	190750
鄠邑区	Huyi	88595	374032	长武县	Changwu	79527	225480
蓝田县	Lantian	45132	537650	旬邑县	Xunyi	31613	252963
周至县	Zhouzhi	26449	435722	淳化县	Chunhua	8252	224792
铜川市	**Tongchuan**	**265624**	**1241944**	武功县	Wugong	24106	269491
市本级	City Level	115903	421894	兴平市	Xingping	70643	318002
王益区	Wangyi	24335	166781	彬州市	Binzhou	115108	281904
印台区	Yintai	17434	175159	**渭南市**	**Weinan**	**953989**	**4681619**
耀州区	Yaozhou	86009	330615	市本级	City Level	190591	819731
宜君县	Yijun	21943	147495	临渭区	Linwei	91942	487185
宝鸡市	**Baoji**	**951538**	**3651057**	华州区	Huazhou	34769	249693
市本级	City Level	535020	1143475	潼关县	Tongguan	12084	156609
渭滨区	Weibin	58816	202605	大荔县	Dali	28859	420136
金台区	Jintai	41945	211040	合阳县	Heyang	33610	345123
陈仓区	Chencang	43702	303165	澄城县	Chengcheng	37620	295568
凤翔区	Fengxiang	57848	253079	蒲城县	Pucheng	75021	505140
岐山县	Qishan	49100	268999	白水县	Baishui	14141	219978
扶风县	Fufeng	31773	246208	富平县	Fuping	73104	491378
眉　县	Meixian	36558	220071	韩城市	Hancheng	331822	475529

8-3 续表 continued

单位：万元 (10 000 yuan)

地　区	Region	一般公共预算收入 General Public Budget Revenue	一般公共预算支出 General Public Budget Expenditure	地　区	Region	一般公共预算收入 General Public Budget Revenue	一般公共预算支出 General Public Budget Expenditure
华阴市	Huayin	30426	215549	靖边县	Jingbian	173935	451226
延安市	**Yan'an**	**1500558**	**4168249**	定边县	Dingbian	148465	483539
市本级	City Level	525876	1095974	绥德县	Suide	36350	441600
宝塔区	Baota	136139	334359	米脂县	Mizhi	11429	262109
安塞区	Ansai	82923	266937	佳　县	Jiaxian	13963	304973
延长县	Yanchang	24722	213126	吴堡县	Wubu	3319	167011
延川县	Yanchuan	31557	230157	清涧县	Qingjian	8890	271303
子长市	Zichang	95720	286061	子洲县	Zizhou	13078	292560
志丹县	Zhidan	100006	269247	神木市	Shenmu	1310414	1336718
吴起县	Wuqi	122872	332593	**安康市**	**Ankang**	**324817**	**3475569**
甘泉县	Ganquan	11489	139193	市本级	City Level	150491	588704
富　县	Fuxian	31377	177288	汉滨区	Hanbin	68671	656605
洛川县	Luochuan	13175	188481	汉阴县	Hanyin	14635	255000
宜川县	Yichuan	10179	172856	石泉县	Shiquan	10982	218040
黄龙县	Huanglong	10856	154439	宁陕县	Ningshan	6022	145318
黄陵县	Huangling	303667	307538	紫阳县	Ziyang	11303	343931
汉中市	**Hanzhong**	**525053**	**3674119**	岚皋县	Langao	9003	237918
市本级	City Level	148482	729304	平利县	Pingli	8811	231154
汉台区	Hantai	130237	309145	镇坪县	Zhenping	3804	123562
南郑区	Nanzheng	82212	375994	白河县	Baihe	8213	295048
城固县	Chenggu	27550	360158	旬阳市	Xunyang	32882	380289
洋　县	Yangxian	31882	302463	**商洛市**	**Shangluo**	**268209**	**2742863**
西乡县	Xixiang	24521	289045	市本级	City Level	75041	559938
勉　县	Mianxian	39089	275982	商州区	Shangzhou	42017	330218
宁强县	Ningqiang	9516	277397	洛南县	Luonan	36265	362289
略阳县	Lueyang	15074	248707	丹凤县	Danfeng	16746	288395
镇巴县	Zhenba	9519	301825	商南县	Shangnan	19116	267326
留坝县	Liuba	3969	112340	山阳县	Shanyang	34294	390366
佛坪县	Foping	3002	91759	镇安县	Zhen'an	24707	331255
榆林市	**Yulin**	**5873143**	**8005243**	柞水县	Zhashui	20023	213076
市本级	City Level	2757666	2084790	**杨凌示范区**	**Yangling**	**82993**	**343874**
榆阳区	Yuyang	788819	911612	区本级	District Level	60776	221909
横山区	Hengshan	121443	443564	杨陵区	Yangling	22217	121965
府谷县	Fugu	485372	554238				

8−4 金融机构人民币信贷收支(年底余额)

Summary of Sources & Uses of Funds of Financial Institutions in RMB at Year-end

单位：亿元 (100 million yuan)

项　　目	Item	2020	2021
资金来源总计	**Total Funds Sources**	**50391.40**	**54707.35**
一、各项存款合计	Total Deposits	49090.26	54130.14
(一)境内存款	Domestic Deposits	49070.15	54105.15
1、住户存款	Household Deposits	26384.86	29177.26
2、非金融企业存款	Non Financial Enterprise Deposits	14021.43	15641.62
3、机关团体存款	Broad Government Deposits	6595.94	6728.34
4、财政性存款	Fiscal Deposits	763.26	959.84
5、非银行金融机构存款	Non-bank Financial Institution Deposits	1304.66	1598.08
(二)境外存款	Overseas Deposits	20.12	24.99
二、金融债券	Financial Bond	162.97	226.86
三、卖出回购资产	Sell Buy Back Assets	8.84	
四、借款及非银行业金融机构拆入	Loan and Non-bank Financial Institution Borrowing	21.42	0.54
五、联行往来(净)	Interbank Transactions(net)		
六、应付及暂收款	Accounts Payable and Suspense Credits	1125.57	1259.35
七、各项准备	All Provisions	1052.92	1183.43
八、所有者权益	Owner's Equity	1982.64	2220.95
九、其他	Others	-3053.22	-4313.92
资金运用总计	**Total Use of Funds**	**50391.40**	**54707.36**
一、各项贷款合计	Total Loans	38905.47	44053.75
(一)境内贷款	Domestic Loans	38904.86	44053.03
1、住户贷款	Household Loans	11835.55	13794.42
2、企(事)业单位贷款	Non Financial Enterprise and Organizations and Communities Loans	27069.13	30254.44
3、非银行业金融机构贷款	Non-bank Financial Institution Loans	0.17	4.17
(二)境外贷款	Overseas Loans	0.61	0.72
二、债券投资	Investment in Bonds	3564.52	3904.64
三、股权及其他资产	Equity and Other Assets	1086.54	937.97
四、买入返售资产	Buying Back the Sale of Assets	28.22	33.55
五、存放非银行业金融机构款项	Deposit of Non-bank Financial Institution	2.35	29.61
六、联行往来(净)	Interbank Transactions(net)	6100.60	5061.38
七、金银占款	Position for Bullion and Silver Purchase		
八、外汇买卖	Foreign Exchange Trading		
九、应收及预付款	Accounts receivable and Advance Payment	379.13	338.84
十、投资性房地产	Investment Real Estates	0.80	0.44
十一、固定资产	Fixed Assets	323.78	347.18

8-5 证券业主要情况
General Statistics on Securities Markets

指　　标		Item		2020	2021
上市公司情况		**Listed Companies**			
上市公司	(户)	Number of Listed Companies	(accounts)	59	66
# A　股	(只)	A Shares	(number)	59	66
上市公司总股本	(亿股)	Total Issued Capital of Listed Companies	(100 million shares)	858	1039.06
# 流通股本		Negotiable Shares		678.51	870.85
上市公司股票市价总值	(亿元)	Total Market Capitalization of Listed Companies	(100 million yuan)	12690.45	15929.67
# 股票流通市值		Negotiable Market Capitalization		10674.05	13773.43
证券公司及交易情况		**Securities Companies and Trading**			
证券公司	(个)	Number of Securities Companies	(number)	3	3
证券营业部	(个)	Security Exchange	(number)	252	248
(含外地公司在陕营业部)		(include Nonlocal Exchange in Shaanxi)			
证券交易开户数	(万户)	Total Stock Investors	(10 000 accounts)	620.20	685.24
证券交易额	(亿元)	Trading Volume	(100 million yuan)	80239.60	87745.76
# 股票、基金		Stocks and Funds		54104.99	56851.24
期货交易情况		**Futures Trading**			
期货代理交易额	(亿元)	Agent's Turnover of Futures	(100 million yuan)	131406.94	120459.84

8-6 保险业保费收入(2021年)
Premium of Insurance Transactions (2021)

单位：亿元　　(100 million yuan)

地　区	Region	保费收入　Premium		赔款与给付　Payment	
		人身险 Life Insurance	财产险 Property Insurance	人身险 Life Insurance	财产险 Property Insurance
全　省	**Shaanxi**	**797.67**	**254.71**	**168.88**	**169.67**
省本级	The Same Level	0.06	0.43	0.09	1.48
西安市	Xi'an	418.67	121.37	84.51	75.34
铜川市	Tongchuan	9.53	4.42	2.08	3.34
宝鸡市	Baoji	56.02	15.77	14.35	10.02
咸阳市	Xianyang	68.26	23.71	16.34	15.25
渭南市	Weinan	66.27	21.75	14.92	15.30
延安市	Yan'an	30.97	13.89	5.85	12.18
汉中市	Hanzhong	53.80	13.32	9.19	9.14
榆林市	Yulin	44.31	25.89	7.74	16.72
安康市	Ankang	32.28	8.89	7.62	7.00
商洛市	Shangluo	17.50	5.27	6.20	3.90

主要统计指标解释

财政收入 指国家财政参与社会产品分配所取得的收入，是实现国家职能的财力保证。主要包括：

（1）各项税收：包括国内增值税、国内消费税、进口货物增值税和消费税、出口货物退增值税和消费税、营业税、企业所得税、个人所得税、资源税、城市维护建设税、房产税、印花税、城镇土地使用税、土地增值税、车船税、船舶吨税、车辆购置税、关税、耕地占用税、契税、烟叶税等。

（2）非税收入：包括专项收入、行政事业性收费、罚没收入和其他收入。

财政支出 指国家财政将筹集起来的资金进行分配使用，以满足经济建设和各项事业的需要。主要包括：

（1）一般公共服务：指政府提供基本公共管理与服务的支出，包括人大事务、政协事务、政府办公厅（室）及相关机构事务、发展与改革事务、统计信息事务、财政事务、税收事务、审计事务、海关事务、人力资源事务、纪检监察事务、人口与计划生育事务、商贸事务、知识产权事务、工商行政管理事务、国土资源事务、海洋管理事务、测绘事务、地震事务、气象事务、民族事务、宗教事务、港澳台侨事务、档案事务、共产党事务、民主党派事务及工商联事务、群众团体事务、彩票事务等。

（2）外交：指政府外交事务支出，包括外交行政管理、驻外机构、对外援助、国际组织、对外合作与交流、边界勘界联检等方面的支出。

（3）国防：指政府用于国防方面的支出，包括用于现役部队、预备役部队、民兵、国防科研事业、专项工程、国防动员等方面的支出。

（4）公共安全：指政府维护社会公共安全方面的支出，包括武装警察、公安、国家安全、检察、法院、司法行政、监狱、劳教、国家保密、缉私警察等。

（5）教育：指政府教育事务支出，包括教育行政管理、学前教育、小学教育、初中教育、普通高中教育、普通高等教育、初等职业教育、中专教育、技校教育、职业高中教育、高等职业教育、广播电视教育、留学生教育、特殊教育、干部继续教育、教育机关服务等。

（6）科学技术：指用于科学技术方面的支出，包括科学技术管理事务、基础研究、应用研究、技术研究与开发、科技条件与服务、社会科学、科学技术普及、科技交流与合作等。

（7）文化教育与传媒：指政府在文化、文物、体育、广播影视、新闻出版等方面的支出。

（8）社会保障和就业：指政府在社会保障与就业方面的支出，包括社会保障和就业管理事务、民政管理事务、财政对社会保险基金的补助、补充全国社会保障基金、行政事业单位离退休、企业改革补助、就业补助、抚恤、退役安置、社会福利、残疾人事业、城市居民最低生活保障、其他城镇社会救济、农村社会救济、自然灾害生活救助、红十字事务等。

（9）医疗卫生：指政府医疗卫生方面的支出，包括医疗卫生管理事务支出、医疗服务支出、医疗保障支出、疾病预防控制支出、卫生监督支出、妇幼保健支出、农村卫生支出等。

（10）环境保护：指政府环境保护支出，包括环境保护管理事务支出、环境监测与监察支出、污染治理支出、自然生态保护支出、天然林保护工程支出、退耕还林支出、风沙荒漠治理支出、退牧还草支出、已垦草原退耕还草、能源节约利用、污染减排、可再生能源和资源综合利用等支出。

（11）城乡社区事务：指政府城乡社区事务支出，包括城乡社区管理事务支出、城乡社区规划与管理支出、城乡社区公共设施支出、城乡社区住宅支出、城乡社区环境卫生支出、建设市场管理与监督支出等。

（12）农林水事务：指政府农林水事务支出，包括农业支出、林业支出、水利支出、扶贫支出、农业综合开发支出等。

（13）交通运输：指政府交通运输和邮政业方面的支出，包括公路运输支出、水路运输支出、铁路运输支出、民用航空运输支出、邮政业支出等。

（14）工业商业金融等事务：指政府对工业、商业及金融等方面的支出，包括采掘业支出、制造业支出、建筑业支出、工业和信息产业监管支出、国有资产监管支出、商业流通事务支出、金融业监管支出、旅游业管理与服务支出等。

中央财政收入和地方财政收入 指按现行分税制财政体制划分的中央本级收入和地方本级收入。属于中央财政的收入包括关税，进口货物增值税和消费税，出口货物退增值税和消费税，消费税，铁道部门、各银行总行、各保险公司总公司等集中交纳的营业税和城市维护建设税，增值税75%部分，纳入共享范围的企业所得税60%部分，未纳入共享范围的中央企业所得税、中央企业上交的利润，个人所得税60%部分，车辆购置税，船舶吨税，证券交易印花税97%部分，海洋石油资源税，中央非税收入等。属于地方财政的收入包括营业税（不含铁道部门、各银行总行、各保险公司总公司集中交纳的营业税），地方企业上交利润，城市维护建设税（不含铁道部门、各银行总行、各保险公司总公司集中交纳的部分），房产税，城镇土地使用税，土地增值税，车船税，耕地占用税，契税，烟叶税，印花税，增值税25%部分，纳入共享范围的企业所得税40%部分，个人所得税40%部分，证券交易印花税 3%部分，海洋石油资源税以外的其他资源税，地方非税收入等。

信贷资金 指金融机构以信用方式积聚和分配的货币资金。金融机构信贷资金的来源有各项存款、金融债券、对国际金融机构负债、流通中现金、其他项目等；信贷资金的运用有各项贷款、有价证券及投资、金银占款、外汇占款、财政借款及在国际金融机构中的资产等。

存款 指企业、机关、团体或居民根据资金必须收回的原则，把货币资金存入银行或其他信贷机构保管并取得一定利息的一种信用活动形式。根据存款对象或性质的不同可划分为单位存款、个人存款、财政性存款、临时性存款、委托存款、其他存款等科目。它是银行信贷资金的主要来源。

贷款 指银行或其他信贷机构根据资金必须归还的原则，按一定利率，为企业、个人等提供资金的一种信用活动形式。银行贷款分为境内贷款和境外贷款，境内贷款有短期贷款、中长期贷款、融资租赁、票据融资等。

保险公司 在中国境内的、经过保险监督管理部门批准设立，并依法登记注册的各类商业保险公司。

保险金额 指保险人承担赔偿或者给付保险金责任的最高限额。

保费 指投保人为取得保险人在约定范围内所承担赔偿责任而支付给保险人的费用。

赔款 指保险人根据保险合同的规定，向被保险人支付的赔偿保险责任损失的金额。

给付 包括死伤医疗给付和满期给付。死伤医疗给付是指保险人根据人寿保险及长期健康保险合同的规定，因被保险人在保险期内发生保险责任范围内的保险事故支付给被保险人(或受益人)的金额。满期给付是指被保险人生存期满，保险人按人寿保险合同规定支付给被保险人的满期保险金额。

Explanatory Notes on Main Statistical Indicators

Government Revenue refers to income for the government finance through participating in the distribution of social products. It is the financial guarantee to ensure government functioning. The contents of government revenue include the following main items:

(1) Various tax revenues, including domestic value added tax (VAT), domestic consumption tax, VAT and consumption tax from imports, VAT and consumption tax rebate for exports, business tax, corporate income tax, individual income tax, resource tax, city maintenance and construct tax, house property tax, stamp tax, urban land use tax, land appreciation tax, tax on vehicles and boat operation, ship tonnage tax, vehicle purchase tax, tariffs, farm land occupation tax, deed tax, and tobacco leaf tax, etc.

(2) Non-tax revenue, including special program receipts, charge of administrative and institutional units, penalty receipts and others non-tax receipts.

Government Expenditure refers to the distribution and use of the funds which the government finance has raised, so as to meet the needs of economic construction and various causes. It includes the following main items:

(1) Expenditure for general public services: It refers to the spending on the basic public management and services which provided by governments, including the expense on affairs of People's Congress, affairs of People's Political Consultative Conference, affairs of government general office and relative institutions, affairs of development and reform, affairs of statistics, affairs of finance, affairs of taxation, affairs of audit, affairs of customs, affairs of human resources and social security, affairs of discipline inspection and supervision, affairs of population and family planning, affairs of commerce and trade, affairs of intellectual property, affairs of administration for industry and commerce, affairs of land and resources, affairs of oceanic administration, affairs of surveying and mapping, affairs of earthquake, ethnic affairs, religious affairs, affairs of Hong Kong, Macao, Taiwan, and Overseas Chinese, affairs of archives administration, affairs of Chinese Communist Party, affairs of democratic parties and federation of industry and commerce, affairs of mass organization, and affairs of lottery, etc.

(2) Expenditure for foreign affairs: It refers to the spending of government on foreign affairs, including the expense on administration of foreign affairs, missions overseas, external assistance, international organizations, foreign cooperation and communication, surveying and joint inspection on borderline, etc.

(3) Expenditure for national defence: It refers to the spending of government on national defence, including the expense on active force, reserve force, militia, scientific research on national defence, special projects, mobilization of national defence, etc.

(4) Expenditure for public security: It refers to the spending of government on maintaining social and public security, including the expense on armed police force, public security, state security, prosecution, courts, justice, prison, labour education and rehabilitation, protection of state secrecy, anti-smuggling police, etc.

(5) Expenditure for education: It refers to the spending of government on education, including the expense on the administration of education, pre-primary education, primary education, secondary education, high school education, regular higher education, primary vocational education, secondary vocational education, technical school education, vocational high school education and higher vocational education, radio and television education, student abroad education, special education, on the job training of cadres, education authorities services, etc.

(6) Expenditure for science and technology: It refers to the spending of government on science and technology (S&T), including the expense on the administration of S&T, basic research, applied research, research and development, conditions and services of S&T, popularization of social science, science and technology, exchanges and cooperation of S&T, etc.

(7) Expenditure for culture, sport and media: It refers to the spending of government on culture, cultural heritage, sports, radio, film, television, press and publication, etc.

(8) Expenditure for social safety net and employment effort: It refers to the spending of government on social safety net and employment, including the expense on administration of social safety net and employment, civil affairs, budgetary subsidy on the social insurance funds, subsidy on National Social Security Fund, retirees of administrative units and institutions, subsidy on enterprise reform, subsidy on employment effort, pension, placement of ex-serviceman, social welfare, the handicapped undertakings, the system of cost of living allowances for urban residents, other urban social relief, rural social relief, living relief of natural disasters, affairs of Red Cross Society, etc.

(9) Expenditure for medical and health care: It refers to the spending of government on medical and health care, including the expense on administration of medical and health care, medical services, health care, disease prevention and control, health inspection and supervision, women and children's health, rural health care, etc.

(10) Expenditure for environment protection: It refers to the spending of government on environment protection, including the expense on administration of environment protection, environment monitoring and supervision, pollution control, natural ecology protection, project of virgin forests protection, reforesting farmland, controlling the sources of dust storms, returning pastureland to grassland, returning pastureland to grassland, returning cultivated land to grassland, energy conservation, emissions reduction, comprehensive utilization of

renewable energy and resources, etc.

(11) Expenditure for urban and rural community affairs: It refers to the spending of government on urban and rural community affairs, including the expense on administration of urban and rural community, planning and management of urban and rural community, public facilities of urban and rural community, housing of urban and rural community, sanitation of urban and rural community, management and supervision on the construction market, etc.

(12) Expenditure for agriculture, forestry and water conservancy: It refers to the spending of government on agriculture, forestry and water conservancy, including the expense on agriculture, forestry, water conservancy, poverty alleviation, comprehensive agricultural development, etc.

(13) Expenditure for transportation: It refers to the spending of government on transportation and postal services, including the expense on road transportation, waterway transportation, railway transportation, civil aviation transportation, and postal services.

(14) Expenditure for industry, commerce and banking: It refers to the spending of government on industry, commerce and banking, including the expense on mining, manufacturing, construction, industry and information technology supervision and administration, State-owned assets supervision and administration, commerce and circulation affairs, financial intermediation supervision and administration, tourism administration and service, etc.

Revenue of the Central Government and Revenue of the Local Governments refers to the revenue collected by the Central Government and that by the local governments as defined by the decentralized taxation system. In accordance with this system, the revenue of the Central Government includes tariff, VAT and consumption tax from imports, VAT and consumption tax rebate for exports, consumption tax, business tax and city maintenance and construct tax from the Ministry of Railways, head offices of banks, head offices of insurance company, which are handed over to the government in a centralized way, 75% of the value added tax, 60% the share part of the corporate income tax, unshared part of corporate income tax of the central enterprises, profit handed in by the central enterprises, 60% of individual income tax, vehicle purchase tax, ship tonnage tax, 97% of stamp tax on securities transactions, resource tax on the offshore petroleum resources. The revenue of the local governments includes business tax (excluding the part of the Ministry of Railways, head offices of banks, head offices of insurance company, which are handed over to the government in a centralized way), profit handed in by the local enterprises, city maintenance and construct tax (excluding the part of the Ministry of Railways, head offices of banks, head offices of insurance company, which are handed over to the government in a centralized way), house property tax, urban land use tax, land appreciation tax, tax on vehicles and boat operation, farm land occupation tax, deed tax, and tobacco leaf tax, stamp tax, 25% of the value added tax, 40% the share part of the corporate income tax, 40% of individual income tax, 3% of stamp tax on securities transactions, resource tax other than the tax on offshore petroleum resources, local non-tax revenue, etc.

Credit Funds refer to the monetary funds accumulated and distributed in the means of credit by the financial institutions. The sources of credit funds include various deposits, financial bonds, liabilities to international financial institutions, currency in circulation, other items. The uses of credit funds include loans, securities and investment, position for bullion and silver purchase, position for foreign exchange purchase, advances to treasury, and assets with international financial institutions.

Deposit is a form of credit by which enterprises, institutions, organizations or households can put money into banks and other credit institutions for safekeeping and interest earning under the principle of free withdrawal. According to different depositors, deposits are divided into corporate deposits, personal deposits, fiscal deposits, temporary deposits, entrusted deposits, other deposits and etc. Deposits are major sources of the credit funds of banks.

Loan is a form of credit by which banks and other credit institutions provide funds at certain interest rate to enterprises and individuals in the light of the principle of unconditional repayment. Loans from Chinese banks include short-term loan, medium- term and long-term loans, entrusted loans, and other loans.The bank loans are divided into domestic loans and overseas loans. The domestic loans include short-term loans, medium & long-term loans, financial lease, bill financing and etc.

Insurance Companies refer to commercial insurance companies of various forms registered by law and established in China with the approval of insurance regulatory agencies.

Amount Insured refers to the maximum that the insurant will get for the claim of the case insured.

Premium is the fee paid by the insurant to the insurer to obtain the obligation of compensation from the insurance within the agreed terms.

Settled Claim is the compensation paid by the insurer to the insurant in accordance with the insurance contract.

Payment includes payment for death, injury or medical treatment and payment at maturity. Payment for death, injury or medical treatment refers to the money paid to the insurant (or the beneficiary) in accordance with the life or health insurance contract when the insurant encounters accidents within the insured period covered in the contract. Payment at maturity refers to the payment to the insurant in accordance with the life insurance contract at the end of the insured period.

九、价格指数

Price Indices

资料整理：黄 洁 周 丹 沈小梅 赵 萌
姚小清 杨晨光 康 敏 王凌霜

简 要 说 明

一、本篇资料反映生产、流通、消费与投资等环节的价格变动情况。主要包括居民消费价格指数、商品零售价格指数、工业生产者价格指数、农产品生产价格指数、住宅销售价格指数。

二、本篇资料由国家统计局陕西调查总队提供。

三、居民消费价格指数、商品零售价格指数采用抽样调查和重点调查相结合的方法编制，即选择不同经济区域的市、县以及有代表性的商品和服务项目作为样本，对其市场价格进行定期调查，以样本推断总体。

四、工业生产者价格指数采用重点调查与典型调查相结合的方法统计。重点调查对象为年主营业务收入2000万元及以上的工业法人企业，典型调查对象为年主营业务收入2000万元以下的工业法人企业。

五、农产品生产价格指数采用抽样调查和重点调查相结合的调查方法进行统计。

Brief Introduction

I. This chapter reflects price changes in production, circulation, consumption and investment, mainly including consumer price indices, retail price indices, industrial producers’ price indices, producers’ price indices for farm products, home sales price index.

II. The data are provided by NBS Survey Office in Shaanxi.

III. The data for the calculation of consumer price indices and retail price indices in the province are collected through stratified random sampling. Cities and counties distributed in different economic regions of the province are selected as sample areas, and representative commodities and services are selected as sample commodities and services. Regular surveys are conducted to collect data on market prices. The data on the population are estimated on the basis of the sample.

IV. The industrial producers price indices are collected through key-point survey combined with typical survey. The key investigation objects are the industrial enterprises above designated size. The typical investigation objects are the industrial enterprises below designated size.

V. The data for the calculation of producers’ price indices of farm products are collected through sampling survey combined with key-point survey.

9.价格指数

2021年全省	
居民消费价格指数(上年=100)	101.5
#城　市	101.5
工业生产者出厂价格指数(上年=100)	116.9
工业生产者购进价格指数(上年=100)	116.3

居民消费价格指数
（上年=100）

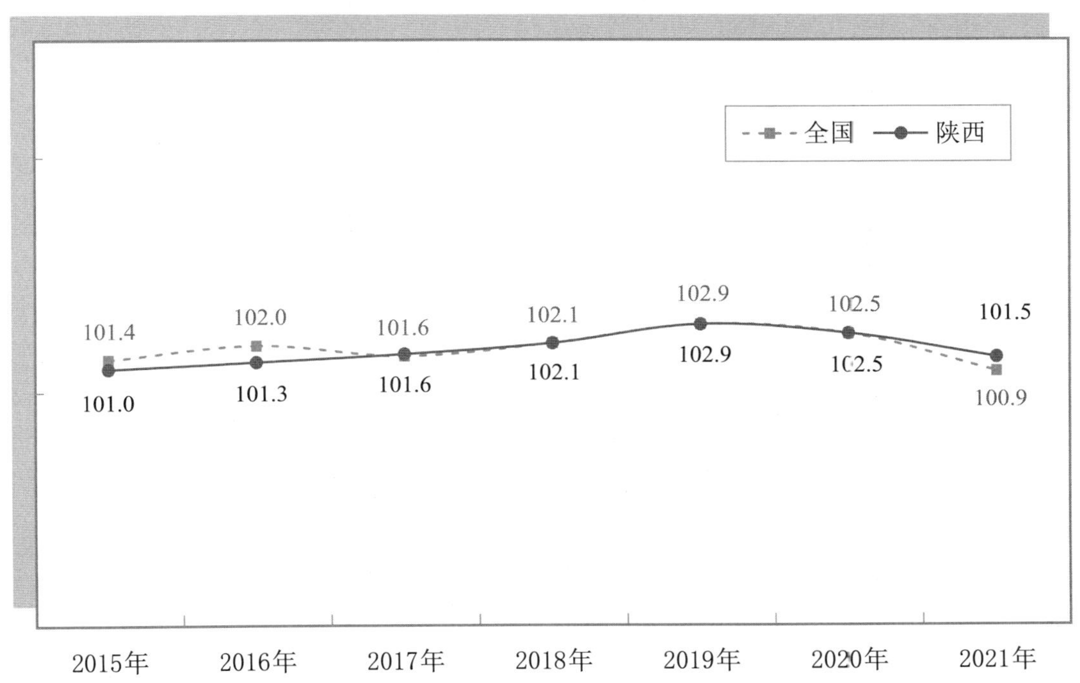

9-1 商品零售价格和居民消费价格指数
Retail Price Indices and Consumer Price Indices

年份 Year	上年价格=100 preceding year=100			1978年价格=100 1978=100		
	商品零售价格指数 Retail Price Index	居民消费价格指数 Consumer Price Index	# 城市居民 Urban Household	商品零售价格指数 Retail Price Index	居民消费价格指数 Consumer Price Index	# 城市居民 Urban Household
1979	101.6	101.7	101.4	101.6	101.7	101.4
1980	104.7	105.3	105.4	106.4	107.1	106.9
1981	103.0	103.6	103.6	109.6	111.0	110.7
1982	101.0	101.4	100.4	110.7	112.6	111.7
1983	101.5	101.5	102.2	112.4	114.3	113.5
1984	103.9	103.0	103.4	116.8	117.7	117.4
1985	106.5	107.0	107.6	124.4	125.9	126.3
1986	105.2	106.0	106.6	130.9	133.5	134.6
1987	108.6	108.6	109.2	142.2	145.0	147.0
1988	119.0	119.1	120.1	169.2	172.7	176.5
1989	118.8	118.3	117.6	201.0	204.3	207.6
1990	101.6	101.3	102.6	204.2	207.0	213.0
1991	105.8	106.0	107.3	216.0	219.4	228.5
1992	109.5	109.7	111.2	236.5	240.7	254.1
1993	111.8	111.8	114.0	264.4	269.1	289.7
1994	125.9	126.7	128.2	332.9	340.9	371.4
1995	117.0	119.0	118.0	389.5	405.7	438.3
1996	108.1	109.7	110.3	421.0	445.1	483.4
1997	101.6	104.8	105.2	427.7	466.5	508.6
1998	96.2	98.4	97.7	411.4	459.0	496.9
1999	97.5	97.8	97.2	401.1	448.9	483.0
2000	98.3	99.5	100.3	394.3	446.7	484.4
2001	99.1	101.0	100.1	390.8	451.2	484.9
2002	98.6	98.9	98.2	385.3	446.2	476.2
2003	100.5	101.7	100.8	387.2	453.8	480.0
2004	102.5	103.1	103.0	396.9	467.9	494.4
2005	100.1	101.2	100.9	397.3	473.5	498.8
2006	101.8	101.5	102.1	404.5	480.6	509.3
2007	105.0	105.1	105.2	424.7	505.1	535.8
2008	106.9	106.4	106.2	454.0	537.4	569.0
2009	99.9	100.5	100.0	453.5	540.1	569.0
2010	103.6	104.0	103.7	469.8	561.7	590.1
2011	104.8	105.7	105.7	492.4	593.7	623.7
2012	102.3	102.8	102.6	503.7	610.3	639.9
2013	101.8	103.0	102.8	512.8	628.6	657.8
2014	100.7	101.6	101.6	516.4	638.7	668.3
2015	99.8	101.0	100.9	515.4	645.1	674.3
2016	100.3	101.3	101.3	516.9	653.5	683.1
2017	101.3	101.6	101.8	523.6	664.0	695.4
2018	102.1	102.1	102.0	534.6	677.9	709.3
2019	102.4	102.9	102.9	547.3	697.4	729.8
2020	101.9	102.5	102.5	557.4	714.9	748.0
2021	101.6	101.5	101.5	566.4	725.6	759.2

9-2 商品零售价格分类指数(2021年)
Retail Price Indices by Category (2021)

(上年价格=100) (preceding year=100)

项目	Item	全省 Provincial Indices	城市 Urban Indices	农村 Rural Indices
商品零售价格指数	**Retail Price Index**	**101.6**	**101.6**	**101.6**
一、食品	**Food**	**101.3**	**101.4**	**100.8**
1.粮食	Grain	103.7	103.8	103.0
2.薯类	Potato	93.6	93.5	94.4
3.豆类	Beans	105.2	104.8	107.5
4.食用油	Edible Oil	110.9	110.8	111.4
5.菜及食用菌	Vegetables and Edible Fungi	106.9	107.1	106.0
6.畜肉类	Livestock Meat	85.7	85.9	84.3
7.禽肉类	Poultry	94.0	93.6	96.5
8.水产品	Aquatic Products	113.3	112.9	117.5
9.蛋类	Eggs	118.6	120.0	110.1
10.奶类	Milk	101.1	101.1	100.6
11.干鲜瓜果类	Dried and Fresh Melons and Fruits	101.4	101.4	101.9
12.糖果糕点类	Candy and Cake	100.4	100.4	100.3
13.调味品	Flavoring	101.2	101.3	100.7
14.其他食品类	Other Foods	102.6	102.4	103.8
15.餐饮业零售	Catering Retail	103.8	104.0	101.7
二、饮料、烟酒	**Beverages, Tobacco and Liquor**	**101.6**	**101.5**	**102.7**
1.茶及饮料	Tea and Beverages	100.6	100.3	102.3
茶叶	Tea	99.4	99.2	100.9
2.卷烟	Cigarette	100.6	100.5	101.7
3.酒类	Liquor	104.4	104.3	104.8
三、服装、鞋帽	**Garments, Shoes and Hats**	**100.7**	**100.7**	**100.5**
1.服装	Garments	100.5	100.5	99.9
(1)男士服装	Man's Garments	100.5	100.6	99.6
(2)女士服装	Woman's Garments	101.1	101.2	100.3
(3)儿童服装	Children's Garments	98.4	98.2	99.3
2.鞋帽袜	Footgear and Hats	100.9	100.8	102.0
(1)鞋	Shoes	100.9	100.8	102.1
(2)袜子	Socks and Stockings	99.5	99.4	99.8
(3)帽子	Hats	102.6	102.8	101.0
3.其他衣着配件	Other Clothing Accessories	102.4	102.4	102.5
四、纺织品	**Textiles**	**100.9**	**100.7**	**102.4**
1.服装材料	Clothing Material	100.8	100.6	102.5
2.床上用品	Bedding	101.0	100.7	102.4

9-2 续表 continued

(上年价格=100) (preceding year=100)

项　　目	Item	全省 Provincial Indices	城市 Urban Indices	农村 Rural Indices
五、家用电器及音像器材	**Household Appliances, Music and Video Equipment**	**100.3**	**100.0**	**102.2**
1.家庭设备	Household Facilities	100.3	100.3	101.0
2.文娱用耐用消费品	Durable Consumer Goods for Recreation	99.1	98.4	103.7
3.专业音像器材	Professional Audiovisual Equipment	106.9	107.1	104.4
六、文化办公用品	**Cultural and Office Appliances**	**101.4**	**101.4**	**100.9**
七、日用品	**Articles for Daily Use**	**99.9**	**99.9**	**100.6**
1.日用百货	General Merchandise for Daily Use	100.4	100.2	101.9
2.厨具餐具茶具	Kitchenware, Tableware and Tea set	97.9	97.9	98.0
3.清洗用品	Washing Products	101.7	101.7	101.3
4.其他日用品	Others	100.0	100.0	100.2
八、体育娱乐用品	**Sports and Recreation Articles**	**100.9**	**100.9**	**101.1**
1.体育户外用品	Outdoor Sporting Goods	101.6	101.7	100.0
2.娱乐用品	Recreational Articles	100.6	100.5	101.4
九、交通、通信用品	**Transportation and Communication Appliances**	**101.0**	**101.1**	**100.3**
1.交通运输机械	Means of Transportation	99.0	99.0	99.5
2.通信器材	Communication Appliances	106.0	106.7	101.6
十、家具	**Furniture**	**103.1**	**103.4**	**100.5**
十一、化妆品	**Cosmetics**	**98.8**	**98.8**	**98.5**
十二、金银饰品	**Gold and Silver Jewellery**	**100.2**	**100.1**	**100.6**
十三、中西药品及医疗保健用品	**Traditional Chinese and Western Medicines and Health Care Articles Care Articles**	**96.7**	**96.4**	**99.4**
1.医疗卫生器具	Medical Instruments	95.1	95.6	89.8
2.中药	Traditional Chinese Medicine	99.9	99.7	101.2
3.西药	Western Medicines	94.7	94.2	99.2
4.保健器具及用品	Health Care Appliances and Articles	99.5	99.3	102.0
十四、书报杂志及电子出版物	**Books, Newspapers, Magazines and Electronic Publications**	**100.6**	**100.7**	**100.3**
1.教材及参考书	Teaching Materials and Reference Books	101.2	101.2	100.4
2.书报杂志	Newspapers and Magazines	100.0	100.0	100.6
3.计算机办公软件	Computer Office Software	100.0	100.1	98.5
十五、燃料	**Fuels**	**110.9**	**111.0**	**109.9**
1.煤炭及制品	Coal and Coal Products	113.1	113.4	111.7
2.石油及制品	Petroleum and its Products	110.4	110.5	109.1
十六、建筑材料及五金电料	**Building Materials and Hardware**	**100.4**	**100.2**	**101.6**
1.建筑装璜材料	Building Decoration Materials	100.4	100.3	101.1
2.五金水暖	Hardware and Plumbing	100.5	100.2	102.9

9-3 居民消费价格分类指数(2021年)
Consumer Price Indices by Category (2021)

(上年价格=100) (preceding year=100)

项　目	Item	全　省 Provincial Indices	城　市 Urban Indices	农　村 Rural Indices
居民消费价格总指数	**Consumer Price Index**	**101.5**	**101.5**	**101.3**
非食品烟酒价格指数	Non-food Alcohol and Tobacco Price Index	101.5	101.5	101.4
非食品价格指数	Non-food Price Index	101.7	101.7	101.4
服务价格指数	Services Price Index	101.7	101.8	101.4
消费品价格指数	Consumer Price Index	101.3	101.3	101.2
一、食品烟酒	**Food,Alcohol and Tobacco**	**101.4**	**101.5**	**101.0**
1.食品	Food	100.5	100.5	100.6
(1)粮食	Grain	103.7	104.1	103.0
(2)薯类	Potato	93.7	93.1	95.2
(3)豆类	Beans	105.2	104.6	106.5
(4)食用油	Edible Oil	111.3	111.0	111.8
(5)菜及食用菌	Vegetables and Edible Fungi	107.4	107.4	107.4
(6)畜肉类	Livestock Meat	85.6	86.0	84.4
(7)禽肉类	Poultry	94.3	93.3	97.5
(8)水产品	Aquatic Products	113.5	112.6	117.1
(9)蛋类	Eggs	117.5	120.1	111.6
(10)奶类	Milk	100.9	101.1	100.3
(11)干鲜瓜果类	Dried and Fresh Melons and Fruits	101.7	101.6	102.3
(12)糖果糕点类	Candy and Cake	100.1	100.3	99.6
(13)调味品	Flavoring	101.2	101.0	101.7
(14)其他食品类	Other Foods	102.5	102.4	102.6
2.茶及饮料	Tea and Beverages	101.1	100.7	102.0
茶叶	Tea	100.1	100.0	100.4
3.烟酒	Tobacco and Liquor	101.9	101.7	102.3
(1)卷烟	Cigarette	100.7	100.5	101.2
(2)酒类	Liquor	104.5	104.3	104.8
4.在外餐饮	Dining Out	103.2	103.5	101.7
二、衣着	**Clothing**	**100.5**	**100.6**	**100.1**
1.服装	Garments	100.4	100.5	99.8
(1)男式服装	Man's Garments	100.4	100.6	99.4
(2)女式服装	Woman's Garments	100.9	101.1	100.3
(3)儿童服装	Children's Garments	98.5	98.4	98.8

9−3 续表 1 continued

(上年价格=100) (preceding year=100)

项　目	Item	全　省 Provincial Indices	城　市 Urban Indices	农　村 Rural Indices
(4)衣着材料及配件	Clothing Materials and Accessories	100.3	100.4	100.1
袜子	Socks	98.8	98.8	98.7
帽子	Hats	100.9	100.8	101.5
(5)衣着服务费	Dress service fee	100.3	100.3	100.2
2.鞋类	Footwear	100.9	100.8	101.2
(1)鞋	Shoes	100.9	100.8	101.2
(2)鞋类服务	Footwear Services	100.6	100.8	100.0
三、居住	**Residence**	**101.9**	**101.9**	**101.8**
1.租赁房房租	Rent	102.0	101.9	102.5
2.住房保养维修及管理	Housing Maintenance and Management	102.4	102.3	102.5
3.水电燃料	Water, Electricity and Fuels	102.2	102.8	100.9
4.自有住房	Private Housing	101.5	101.4	101.8
四、生活用品及服务	**Articles and Services for Daily Use**	**100.3**	**100.3**	**100.4**
1.家具及室内装饰品	Furniture and Interior Decorations	102.1	102.5	100.6
(1)家具	Furniture	102.5	103.0	100.7
(2)室内装饰品	Interior Decorations	99.2	99.0	99.6
2.家用器具	Household Appliances	100.3	100.3	100.5
3.家用纺织品	Home Textiles	100.9	100.6	102.3
(1)床上用品	Bed Articles	101.0	100.6	102.4
(2)窗帘门帘	The curtains and curtain	101.4	100.9	102.7
4.家庭日用杂品	Daily Use Household Articles	99.5	99.4	99.9
5.个人护理用品	Personal Care Products	98.8	98.9	98.6
化妆品	Cosmetics	97.9	98.0	97.6
6.家庭服务	Household Services	100.7	100.5	103.2
五、交通和通信	**Transportation and Communication**	**102.9**	**102.9**	**102.7**
1.交通	Transportation	103.4	103.3	103.8
(1)交通工具	Transportation Facility	98.6	98.3	99.7
(2)交通工具用燃料	fuels for vehicles	116.5	116.5	116.5
(3)交通工具使用和维修	Vehicles Use and Maintenance	101.1	101.2	100.8
(4)交通费	Traffic Fare	102.2	102.6	100.5
市内公共交通	Incity Traffic Fare	99.7	99.7	100.0
2.通信	Communication	101.7	102.1	100.6
(1)通信工具	Communication Facility	105.6	106.8	101.7
(2)通信服务	Communication Service	100.1	100.0	100.2
(3)邮递服务	Mail Service	99.2	99.0	100.0

9-3 续表 2 continued

(上年价格=100) (preceding year=100)

项目	Item	全省 Provincial Indices	城市 Urban Indices	农村 Rural Indices
六、教育文化娱乐	**Education , Culture ,Recreation**	**102.9**	**103.1**	**102.4**
1.教育	Education	103.5	103.8	102.6
(1)教育用品	Educationsupplies	100.9	101.4	99.7
(2)教育服务	Education Services	103.9	104.2	103.1
2.文化娱乐	Cultural and Recreational Articles	101.5	101.5	101.9
(1)文娱耐用消费品	Durable Consumer Goods for Cultural and Recreational Use	101.0	100.5	102.5
(2)其他文娱用品	Other Cultural and Recreational Articles	100.6	100.4	101.2
书报杂志及音像制品	Newspapers and Magazines, Audio and Video Products	100.1	100.0	100.4
(3)文化娱乐服务	Cultural and Recreational services	100.8	100.6	101.7
(4)旅游	Touring and Outing	103.0	103.2	102.0
七、医疗保健	**Health Care**	**99.3**	**99.2**	**99.4**
1.药品及医疗器具	Medicines and Medical Instruments	97.6	97.0	99.2
(1)中药	Traditional Chinese Medicine	100.3	99.7	101.8
(2)西药	Western Medicine	96.1	94.9	99.0
(3)滋补保健品	Dietary Supplements	99.6	98.8	102.6
(4)医疗卫生器具	Medical Instruments	93.7	96.0	86.7
(5)保健器具	Health Care Appliances	100.3	100.4	99.9
2.医疗服务	Medical Services	100.1	100.3	99.5
(1)综合医疗类	ComprehensiveMedical	100.8	100.9	100.6
(2)诊断类	Diagnosis	99.7	100.1	98.4
(3)治疗类	Treatments	99.9	100.2	99.3
(4)康复类	Rehabilitations	101.2	101.9	99.1
(5)中医医疗服务类	ChineseMedicalservices	99.7	99.4	100.2
(6)其他医疗保健服务	Other Health Care Services	100.7	100.2	101.6
八、其他用品及服务	**Other Supplies and Services**	**101.0**	**100.9**	**101.5**
1.其他用品	Other Articles	100.0	99.7	101.2
(1)首饰手表	Jewelry andWatches	100.7	100.1	102.7
(2)母婴用品	Mother and Baby Products	98.4	98.1	99.1
(3)其他杂项用品	Other Miscellaneous Articles	100.1	100.2	99.5
箱包	Bags	100.2	100.1	100.3
2.其他服务	Other Services	101.8	101.8	101.8
(1)在外住宿	Hotel Accommodations	102.8	103.0	102.1
(2)美容美发洗浴	Beauty Salons and Baths	103.5	103.2	104.9
(3)养老服务	Pension Services	100.3	100.3	100.0
(4)金融及保险服务	Financial and Insurance Services	101.4	101.4	101.3
(5)中介法律及其他服务	Intermediary Legal and Other Services	99.2	98.7	100.8
中介服务	Intermediary services	98.4	97.7	101.4

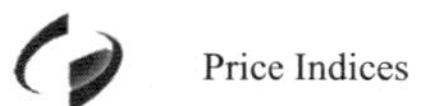

9-4 十六个市、县商品零售价格分类指数(2021年)
Retail Price Indices by Category of 16 Cities and Counties(2021)

(上年价格=100) (preceding year=100)

地区	Region	总指数 General Index	一、食品 Food	二、饮料烟酒 Beverages, Tobacco and Liquor	三、服装鞋帽 Garments, Shoes and Hats	四、纺织品 Textiles	五、家用电器及音像器材 Household Appliances, Music and Video Equipment	六、文化办公用品 Cultural and Office Appliances	七、日用品 Articles for Daily Use	八、体育娱乐用品 Sports and Recreation Articles
全 省	**Shaanxi**	**101.6**	**101.3**	**101.6**	**100.7**	**100.9**	**100.3**	**101.4**	**99.9**	**100.9**
西安市	Xi'an	101.4	101.9	101.9	101.2	100.8	99.6	101.9	100.6	100.9
鄠邑区	Huyi	101.1	101.9	102.4	102.0	106.5	97.6	100.8	99.9	99.1
铜川市	Tongchuan	101.5	102.8	103.4	95.5	99.6	99.0	100.9	99.9	99.2
宝鸡市	Baoji	101.7	100.4	99.8	99.6	102.6	103.5	100.8	100.0	103.5
咸阳市	Xianyang	102.4	102.8	103.7	100.4	99.2	100.2	101.4	97.1	101.3
三原县	Sanyuan	101.7	100.5	103.2	101.1	101.3	101.6	99.0	100.0	103.0
临渭区	Linwei	102.0	102.0	101.1	100.7	99.5	100.9	103.4	99.9	100.7
蒲城县	Pucheng	102.2	100.8	101.0	99.2	102.4	103.9	102.9	99.9	100.0
宝塔区	Baota	101.7	99.5	102.5	98.3	100.8	105.8	103.1	98.9	100.1
汉台区	Hantai	101.4	100.1	101.6	102.7	102.1	101.3	100.4	99.3	99.1
略阳县	Lueyang	101.3	98.9	104.4	101.0	100.7	102.2	102.8	100.0	101.1
榆阳区	Yuyang	100.8	100.5	100.1	99.5	100.5	98.0	96.6	99.2	100.1
绥德县	Suide	101.6	100.3	104.4	100.6	107.7	103.3	100.3	101.7	100.2
汉滨区	Hanbin	101.8	98.0	100.8	101.9	99.1	107.5	111.8	99.9	100.2
商州区	Shangzhou	102.1	101.3	100.0	100.5	100.8	101.4	105.2	99.3	99.0
洛南县	Luonan	102.6	103.7	103.5	98.9	99.9	100.3	100.1	101.0	100.7

9-4 续表 continued

(上年价格=100) (preceding year=100)

地区	Region	九、交通通信用品 Transportation and Communication Appliances	十、家具 Furniture	十一、化妆品 Cosmetics	十二、金银饰品 Gold and Silver Jewellery	十三、中西药品及医疗保健用品 Traditional Chinese and Western Medicines and Health	十四、书报杂志及电子出版物 Books, Newspapers, Magazines and Electronic Publications	十五、燃料 Fuels	十六、建筑材料及五金电料 Building Materials and Hardware
全 省	**Shaanxi**	**101.0**	**103.1**	**98.8**	**100.2**	**96.7**	**100.6**	**110.9**	**100.4**
西安市	Xi'an	100.0	104.0	98.9	99.1	95.1	100.5	110.0	99.4
鄠邑区	Huyi	100.0	99.6	98.1	101.4	96.2	98.4	107.7	101.0
铜川市	Tongchuan	100.8	98.4	97.2	99.6	98.0	100.9	110.1	101.3
宝鸡市	Baoji	101.1	106.2	98.8	101.1	98.2	100.9	111.5	103.5
咸阳市	Xianyang	101.5	104.5	98.3	99.4	98.7	101.5	112.1	99.4
三原县	Sanyuan	100.7	99.3	98.6	99.7	99.2	100.3	111.1	102.1
临渭区	Linwei	101.4	99.6	98.3	99.7	101.4	100.3	108.7	100.7
蒲城县	Pucheng	101.7	100.2	98.2	97.2	101.6	100.7	113.3	102.8
宝塔区	Baota	100.4	99.8	99.3	102.5	104.6	102.6	109.5	100.7
汉台区	Hantai	99.3	101.1	99.1	103.5	99.2	100.9	109.3	101.3
略阳县	Lueyang	100.1	100.2	99.0	101.2	99.6	99.6	110.4	102.7
榆阳区	Yuyang	100.6	99.2	98.3	99.5	98.7	100.5	114.4	99.8
绥德县	Suide	93.9	103.8	99.2	98.4	98.9	102.4	114.6	100.7
汉滨区	Hanbin	101.8	94.5	97.9	98.1	100.9	101.0	109.3	102.6
商州区	Shangzhou	100.1	100.3	98.1	101.8	100.7	100.1	111.7	100.9
洛南县	Luonan	100.5	103.3	97.8	109.0	100.1	99.9	112.4	100.3

9-5 十六个市、县居民消费价格分类指数(2021年)
Consumer Price Indices by Category and Region of 16 Cities and Counties(2021)

(上年价格=100) (preceding year=100)

地区	Region	总指数 General Index	一、食品烟酒 Food, Alcohol and Tobacco	二、衣着 Clothing	三、居住 Residence	四、生活用品及服务 Articles and Services for Daily Use	五、交通和通信 Transportation and Communication	六、教育文化和娱乐 Education, Culture and Recreation	七、医疗保健 Health Care	八、其他用品和服务 Other Articles and Services
全省	**Shaanxi**	**101.5**	**101.4**	**100.5**	**101.9**	**100.3**	**102.9**	**102.9**	**99.3**	**101.0**
西安市	Xi'an	101.7	101.9	101.1	102.0	100.3	102.8	103.7	98.3	101.5
鄠邑区	Huyi	100.9	101.1	102.2	100.3	99.4	103.1	100.9	99.3	101.4
铜川市	Tongchuan	101.9	103.1	95.6	103.8	99.2	103.9	102.7	99.0	99.6
宝鸡市	Baoji	101.4	100.5	99.9	101.5	102.4	103.1	102.9	100.6	101.2
咸阳市	Xianyang	101.5	102.9	100.2	101.1	100.1	102.5	100.9	100.4	98.9
三原县	Sanyuan	102.3	101.1	100.8	106.3	99.8	103.9	102.8	98.2	100.4
临渭区	Linwei	101.2	101.5	100.7	101.2	99.6	102.4	101.5	100.7	99.7
蒲城县	Pucheng	101.2	100.4	98.6	101.0	101.7	102.8	104.5	100.0	99.4
宝塔区	Baota	100.7	99.7	98.6	101.4	99.8	101.5	102.7	101.7	98.8
汉台区	Hantai	101.0	99.9	102.8	101.2	100.9	101.0	103.1	99.5	101.7
略阳县	Lueyang	100.5	99.3	101.2	100.5	100.8	102.0	102.1	99.8	102.1
榆阳区	Yuyang	101.3	101.2	99.5	101.3	99.3	102.7	104.0	99.5	99.8
绥德县	Suide	101.0	101.8	100.9	101.0	101.3	101.2	101.9	99.0	100.4
汉滨区	Hanbin	100.6	98.5	101.6	100.8	100.4	104.0	101.4	100.3	100.2
商州区	Shangzhou	102.1	101.3	100.7	102.4	99.6	103.3	101.9	104.6	100.7
洛南县	Luonan	101.7	102.1	98.9	102.9	100.4	103.0	101.3	99.7	103.1

9-6 农产品生产价格指数
Producers' Price Indices for Farm Products

(上年价格=100) (preceding year=100)

类别	Item	2020	2021
总指数	**General Index**	**112.3**	**99.3**
一、农业产品	Planting Products	108.5	103.8
#小麦	Wheat	99.8	108.7
玉米	Corn	110.1	113.6
油料	Oil-bearing Crops	115.2	111.0
水果	Fruit	108.0	93.1
二、林业产品	Forestry Products	93.2	90.4
三、饲养动物及其产品	Animal Feeding and Products	121.2	90.9
#活猪	Live pigs	144.0	68.2
鸡蛋	Eggs	92.1	106.8
四、渔业产品	Fishery Products	104.2	113.4

9-7 工业生产者出厂价格指数
Producer Price Index for Industrial Products

(上年价格=100) (preceding year=100)

类　别	Item	2020	2021
总指数	**General Index**	**95.1**	**116.9**
按轻重工业分	Grouped by Light & Heavy Industries		
轻工业	Light Industry	101.3	102.3
以农产品为原料	Agricultural Products as Raw Materials	102.0	102.6
以非农产品为原料	Non-agricultural Products as Raw Materials	98.2	101.7
重工业	Heavy Industry	93.9	120.7
采掘工业	Mining & Quarrying Industry	86.1	149.1
原料工业	Raw Materials Industry	92.6	119.9
加工工业	Processing Industry	99.2	103.7
按用途分	Grouped by Use		
生产资料	Means of Production	93.6	120.4
采掘工业	Mining & Quarrying Industry	86.1	149.1
原料工业	Raw Materials Industry	92.3	120.1
加工工业	Processing Industry	98.8	104.2
生活资料	Consumer Goods	102.1	101.0
食　品	Food	102.9	101.2
衣　着	Clothing	100.8	99.4
一般日用品	Articles for Daily Use	100.4	101.8
耐用消费品	Durable Consumer Goods	100.5	99.5
按工业部门分	By Department of Industry		
1.冶金工业	Metallurgical Industry	98.8	116.3
2.电力工业	Power Industry	96.0	95.8
3.煤炭及炼焦工业	Coal and Coking Industry	91.2	161.7
4.石油工业	Petroleum Industry	80.2	132.5
5.化学工业	Chemical Industry	99.0	114.1
6.机械工业	Machine Industry	100.3	100.6
7.建筑材料工业	Building Materials Industry	95.6	98.9
8.森林工业	Forestry Industry	106.1	100.2
9.食品工业	Food Industry	103.3	101.8
10.纺织工业	Textile Industry	90.3	111.4
11.缝纫工业	Tailoring Industry	100.7	99.4
12.造纸工业	Paper Making Industry	100.7	100.7
13.文教艺术用品工业	Cultural, Education & Handicrafts Article	97.0	102.8
14.其它工业	Other Industry	101.8	108.1

9−8　工业生产者购进价格指数
Purchasing Price Index for Industrial Products

(上年价格=100) (preceding year=100)

类　别	Item	2020	2021
总指数	**General Index**	**97.6**	**116.3**
一、燃料、动力类	Fuels	93.1	136.7
二、黑色金属材料类	Ferrous Metal Materials	100.9	116.9
钢　材	Steel	98.8	117.1
其　它	Others	103.7	116.6
三、有色金属材料类和电线类	Non-ferrous Metals	96.9	113.2
四、化工原材料类	Chemical Raw Materials	98.7	112.1
五、木材及纸浆类	Timber and Paper Pulp	100.2	104.4
六、建筑材料类及非金属矿类	Building Materials and Non-metal Mineral	98.4	101.3
七、其它工业原材料及半成品	Other Industrial Raw Materials and Half-products	100.1	104.2
八、农副产品类	Farm Products	104.2	105.4
九、纺织原材料类	Textile Raw Materials	101.3	116.0

9−9　西安市住宅销售价格指数
Sales Price Index of Residential Buildings in Xi'an

(上年价格=100) (preceding year=100)

类　别	Item	2020	2021
新建商品住宅销售价格指数	**New Commercialized Residential Buildings**	**108.9**	**107.5**
1.90平方米以下	Less Than 90 Sq.m	112.0	108.0
2.90－144平方米	90-144 Sq.m	108.4	107.5
3.144平方米以上	144 Sq.m and more	106.9	107.2
二手住宅销售价格指数	**Sales Price Index of Second-hand House**	**99.7**	**106.3**
1.90平方米以下	Less Than 90 Sq.m	100.0	106.2
2.90－144平方米	90-144 Sq.m	98.8	106.4
3.144平方米以上	144 Sq.m and more	101.2	106.3

主要统计指标解释

居民消费价格指数 是反映一定时期内城乡居民所购买的生活消费品和服务项目价格变动趋势和程度的相对数，是对城市居民消费价格指数和农村居民消费价格指数进行综合汇总计算的结果。通过该指数可以观察和分析消费品的零售价格和服务项目价格变动对城乡居民实际生活费支出的影响程度。

城市居民消费价格指数 是反映一定时期内城市居民家庭所购买的生活消费品价格和服务项目价格变动趋势和程度的相对数。通过该指数可以观察和分析消费品的零售价格和服务项目价格变动对城镇居民收入和消费支出的影响。

农村居民消费价格指数 是反映一定时期内农村居民家庭所购买的生活消费品价格和服务项目价格变动趋势和程度的相对数。该指数可以观察农村消费品的零售价格和服务项目价格变动对农村居民收入和生活消费支出的影响。

商品零售价格指数 是反映一定时期内城乡商品零售价格变动趋势和程度的相对数。商品零售价格的变动与国家的财政收入、市场供需的平衡、消费与积累的比例关系有关。因此，该指数可以从一个侧面对上述经济活动进行观察和分析。

农业生产资料价格指数 指反映一定时期内农业生产资料价格变动趋势和程度的相对数。其编制目的是了解农业生产中投入物质资料价格的变动状况，服务于国民经济核算。1994 年以前，农业生产资料价格指数仅仅是商品零售价格指数的一个类别，此后，从商品零售价格指数中分离出来，单独编制。

农产品生产者价格指数 是反映一定时期内，农产品生产者出售农产品价格水平变动趋势及幅度的相对数。该指数可以客观反映全国农产品生产价格水平和结构变动情况，满足农业与国民经济核算需要。其中某代表品生产价格指数是通过对全部有出售该产品行为的调查单位的个体指数进行几何平均求得的，类价格指数是通过对其所属的类（或代表品）的价格指数进行加权平均求得的。季度累计价格指数的计算方法与分季指数的计算方法相同。

工业生产者出厂价格指数 是反映一定时期内全部工业产品第一次出售时的出厂价格总水平的变动趋势和变动幅度的相对数。

工业生产者购进价格指数 是反映作为中间投入的原材料、燃料、动力购进价格总水平的变动趋势和变动幅度的相对数。

固定资产投资价格指数 是反映一定时期内固定资产投资品及取费项目的价格变动趋势和变动幅度的相对数。该指数可以准确地反映固定资产投资中涉及的各类投资品和取费项目价格变动趋势和变动幅度，消除按现价计算的固定资产投资指标中的价格变动因素，真实地反映固定资产投资的规模、速度、结构和效益。

Explanatory Notes on Main Statistical Indicators

Consumer Price Indices reflect the trend and degree of changes in prices of consumer goods and services purchased by urban and rural households during a given period. They are obtained by combining Consumer Price Indices of Urban Household and Consumer Price Indices of Rural Household. The Indices enable the observation and analysis of the degree of impact of the changes in the prices of retailed goods and services on the actual living expenses of urban and rural residents.

Consumer Price Indices of Urban Household reflect the trend and degree of changes in prices of consumer goods and services purchased by urban households during a given period. It can be used to observe and analyze the impact of price changes in consumer goods and services on urban household income and consumption expenditure.

Consumer Price Indices of Rural Household reflect the trend and degree of changes in prices of consumer goods and services purchased by rural households during a given period. It can be used to observe the impact of change in retail prices of consumer goods and service prices on rural household income and consumption expenditure on living.

Retail Price Indices reflect the trend and degree of change in retail prices of commodities during a given period. The change in retail prices of commodities is related to government revenue, the equilibrium of market supply and demand, and the ratio of consumption to accumulation. Therefore, the retail price indices are useful from an oblique perspective for observing and analyzing the changes of the above economic activities.

Price Indices for Means of Agricultural Production reflect the trend and degree of changes in the prices of the means of agricultural production during a given period. Compilation of these indices helps to understand the price changes of material input in agricultural production and facilitate the compilation of national accounts. Before 1994, price indices for means of agricultural production were a sub-category in the retail price indices for commodities, and it has been compiled separately since 1994.

Producer Prices Indices for Farm Products reflect the trend and degree of changes in producers' prices received by farmers when they sell farm products during a given period. These indices depict the change in the level and structure of producer prices for farm products of the country and meet the needs of agricultural statistics and national accounts statistics. The producer price index for a given product is calculated as the geometrical mean of individual indices for all surveyed units which sell such product, and the indices for a product category is obtained as the weighted mean of price indices for all products in the category. Method for calculating accumulative quarterly indices is the same as for calculating the individual quarterly indices.

Producer Price Indices for Industrial Products reflect the trend and degree of changes in general ex-factory prices of all manufactured goods for first sale during a given period.

Purchasing Price Indices for Industrial Producers reflect changes in the level and degree of purchasing prices such as intermediate input such as raw materials, fuels and power.

Price Indices for Investment in Fixed Assets reflect the trend and degree of changes in prices of investment goods and projects in fixed assets during a given period. Removing the factor of price change in the aggregates of investment at current prices, this indicator shows the changes in the prices of commodities and fees involved in the investment of fixed assets, and can be used to observe the actual size, growth, structure, and efficiency of investment in fixed assets.

十、人民生活

People's Livelihood

资料整理：高　宇　李晓利　马　瑞　武德朋

简 要 说 明

一、本篇资料反映陕西城乡居民生活状况，主要包括全省居民家庭常住人口、可支配收入、生活消费支出、主要商品购买数量、耐用消费品拥有情况、居住情况等。

二、本篇资料来源：

全省居民、城镇居民和农村居民收支和生活状况、来源于国家统计局陕西调查总队城乡一体化住户收支与生活状况抽样调查。

三、从2012年四季度起，国家统计局对分别进行的城乡住户调查实施了一体化改革，统一了城乡居民收入指标名称、分类和统计标准，建立了城乡统一的一体化住户调查《住户收支与生活状况调查》。由于2013年调查样本为全新抽取样本，且与往年城镇居民、农村居民抽选总体、方法不同，调查范围更广，统计口径发生变化，与老口径数据存在差异。本年鉴2013年起为新口径数据，2013年以前为按新口径回溯计算数据。

Brief Introduction

I. This chapter reflects the people's living conditions in Shaanxi, consisting of the resident population, disposable income, living expenditure, the main commodity purchase quantity, consumer durables situation, the inhabit situation and etc.

II. Sources of Data:

The data on the income, expenditure and livelihood of province residents, urban residents and rural residents are obtained from sample surveys on income, expenditure and living conditions by urban and rural household integration under Shaanxi Survey Office of the National Bureau of Statistics.

III. In the fourth quarter of 2012, the NBS launched its reform on the household survey programme in order to produce aggregates with the same concepts and definitions for the urban and rural population. This new survey programme is an integrated one whereas there had existed two separate household surveys for the urban and rural households. The reform took a number of measures, including the integration of concepts, classifications and standards, which provided a basis for producing data covering all households. Because of investigation samples in 2013 are brand new samples, the selected population and methods are different from urban and rural residents chosen in previous years. The field of investigation are broader, statistics range have been changed, they are different from the old range data. Since 2013, the data of this yearbook are new range data, and the data of new calibre retrospective calculation before 2013.

10.人民生活

2021 年全省

居民人均可支配收入	28568	元	比上年增长	8.9%
农村居民人均可支配收入	14745	元	比上年增长	10.7%
城镇居民人均可支配收入	40713	元	比上年增长	7.5%

居民人均可支配收入（元）

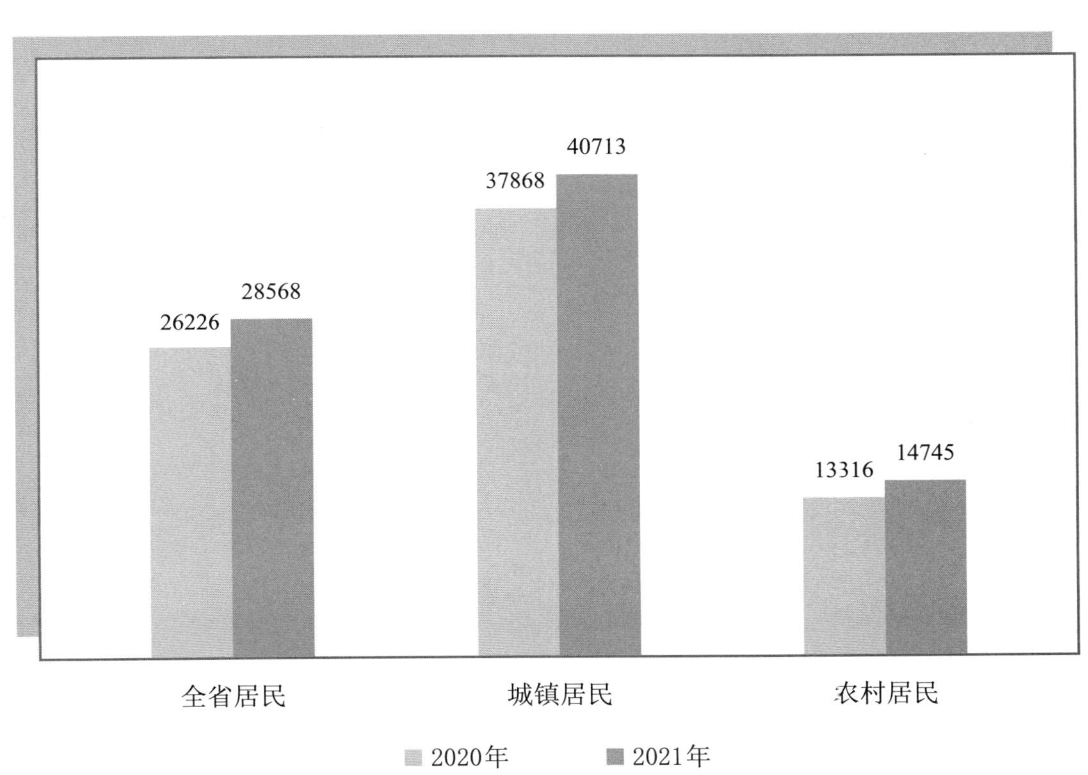

10-1 城乡居民人均可支配收入
Per Capita Disposable Income of Urban and Rural Households

年 份 Year	城镇居民人均可支配收入 Per Capita Disposable Income of Urban Households			农村居民人均可支配收入 Per Capita Disposable Income of Rural Households		
	绝对数(元) Value (yuan)	指数 Index (上年=100) (preceding year=100)	指数 Index (1978年=100) (year of 1978=100)	绝对数(元) Value (yuan)	指数 Index (上年=100) (preceding year=100)	指数 Index (1978年=100) (year of 1978=100)
1978	310		100.0	133		100.0
1979				150	111.0	111.0
1980	407		122.8	142	92.6	102.8
1981	427	101.3	124.4	177	122.8	126.1
1982	452	104.9	130.5	218	121.6	153.4
1983	488	106.3	138.7	236	107.4	164.8
1984	552	109.4	151.7	263	108.9	179.5
1985	650	109.5	166.0	295	106.7	191.4
1986	814	117.5	195.1	299	96.8	185.3
1987	905	101.8	198.6	329	103.8	192.5
1988	1040	95.7	190.1	404	106.6	205.3
1989	1239	101.3	192.5	434	89.7	184.1
1990	1369	107.7	207.3	530	104.2	191.9
1991	1498	102.0	211.5	534	96.3	184.7
1992	1705	102.4	216.5	559	98.2	181.4
1993	2102	108.1	234.1	653	106.2	192.6
1994	2684	99.6	233.1	805	97.3	187.4
1995	3310	104.5	243.6	963	99.4	186.2
1996	3810	104.4	254.2	1165	110.0	204.8
1997	4001	99.8	253.8	1273	102.4	209.6
1998	4213	108.0	274.0	1415	113.1	237.1
1999	4638	113.5	310.8	1475	106.6	252.7
2000	5098	109.8	341.2	1472	103.3	261.0
2001	5447	106.9	364.8	1529	101.3	264.3
2002	6277	117.6	428.9	1648	104.6	276.5
2003	6737	106.6	457.4	1741	102.2	282.6
2004	7403	106.9	488.9	1953	106.3	300.4
2005	8159	109.4	534.9	2162	106.9	321.1
2006	9125	109.7	586.9	2396	107.9	346.5
2007	10578	110.5	648.5	2824	110.0	381.1
2008	12613	112.5	729.6	3373	110.6	421.5
2009	13836	109.9	801.8	3722	109.2	460.3
2010	15343	107.1	858.7	4477	112.0	515.5
2011	17836	110.0	944.6	5484	114.3	589.3
2012	20269	110.8	1046.6	6285	111.2	655.3
2013	22346	107.2	1122.0	7092	109.4	716.8
2014	24366	107.3	1203.9	7932	109.9	787.8
2015	26420	107.5	1294.2	8689	108.3	853.2
2016	28440	106.3	1375.7	9396	106.9	912.1
2017	30810	106.4	1463.7	10265	108.1	986.0
2018	33319	106.0	1551.6	11213	106.8	1053.0
2019	36098	105.3	1633.8	12326	106.8	1124.6
2020	37868	102.3	1671.4	13316	105.4	1185.4
2021	40713	106.1	1773.3	14745	109.1	1293.2

注：1.本表绝对数按当年价格计算，指数按可比价格计算。
2.本表为城乡住户调查一体化数据，2013年及以后为新口径调查数据，2013年以前为按新口径回溯计算数据。

a) Level data in this table are calculated at current prices while indices at constant prices.

b) This table is the integrated data of urban and rural household survey,the data of new caliber survey in 2013 and later,and the data of new caliber retrospective calculation before 2013.

10–2 各市(区)城乡居民人均可支配收入
Per Capita Disposable Income of Urban and Rural Households by City (District)

单位：元 (yuan)

地 区 Region	城镇居民人均可支配收入 Per Capita Disposable Income of Urban Households			农村居民人均可支配收入 Per Capita Disposable Income of Rural Households		
	2020	2021	2021年比2020年增长% Increase of 2021 over 2020 (%)	2020	2021	2021年比2020年增长% Increase of 2021 over 2020(%)
西安市 Xi'an	43713	46931	7.4	15749	17389	10.4
铜川市 Tongchuan	34143	36588	7.2	11054	12248	10.8
宝鸡市 Baoji	36209	38741	7.0	14189	15694	10.6
咸阳市 Xianyang	37975	40846	7.6	12879	14283	10.9
渭南市 Weinan	35304	37772	7.0	13741	15184	10.5
延安市 Yan'an	36577	39306	7.5	12845	14258	11.0
汉中市 Hanzhong	34417	37123	7.9	11937	13274	11.2
榆林市 Yulin	35682	38451	7.8	14319	15852	10.7
安康市 Ankang	28247	30496	8.0	11288	12464	10.4
商洛市 Shangluo	26616	28655	7.7	10773	11969	11.1
杨凌示范区 Yangling	39615	42349	6.9	14523	16117	10.2

注：本表西安市数据含西咸新区。
a)Data of Xi'an include Xixian new district in this table.

10—3 全省居民家庭基本情况
Basic Conditions of All Households

指标	Item	2017	2018	2019	2020	2021
调查户数 (户)	Number of Households Surveyed (household)	4304	4800	4800	4800	4800
调查户人口 (人)	Number of Residents in the Household Surveyed(person)					
1.常住人口	Permanent Residents	13370	14752	14348	14174	14138
2.平均每户常住人口	Average Household Size	3.1	3.1	3.0	3.0	2.9
3.平均每户劳动力人数	Labours Per Households	2.2	2.1	2.1	2.1	2.1
平均每户整劳动力人数	Ablebodied Labours Per Households	1.0	1.0	0.9	0.8	0.8
平均每户半劳动力人数	Semiablebodied Labours Per Households	1.2	1.2	1.2	1.3	1.3
4.平均每劳动力负担人口	Average Number of Persons Supported by a Laborer	1.4	1.4	1.4	1.4	1.4
平均每人可支配收入 (元)	Annual Per Capita Disposable Income (yuan)	20635	22528	24666	26226	28568
工资性收入	Wages Income	11254	12161	13309	14044	15228
经营净收入	Net Income from Business	2630	3034	3256	3459	3701
财产净收入	Property Income	1180	1351	1476	1608	1840
转移净收入	Transfer Income	5571	5982	6625	7115	7798
平均每人生活消费支出 (元)	Annual Per Capita Consumption Expenditure (yuan)	14900	16160	17465	17418	19347
食品、烟酒	Food,Tobacco and Alcohol	4124	4293	4672	4820	5332
衣　着	Clothing	1084	1141	1228	1157	1265
居　住	Residence	2979	3388	3625	3858	4402
生活用品及服务	Living Articles and Services	1036	1201	1151	1179	1267
交通通信	Transportation and Communications	1761	2006	2155	2194	2284
教育文化娱乐	Recreation, Education and Culture Services	1858	2009	2243	1757	2111
医疗保健	Medicine and Medical Services	1705	1749	1978	2078	2265
其他用品和服务	Others	354	373	413	376	422
平均每人年末现住房建筑面积 (平方米)	Floor Area per Capita at Year-end (sq.m)	39.3	39.8	40.3	40.6	42.5

10-4 全省居民人均可支配收入
Per Capita Disposable Income of All Households

单位：元 (yuan)

指　标	Item	2020	2021
可支配收入	**Disposable Income**	**26226.0**	**28568.0**
一、工资性收入	**Wages Income**	**14044.0**	**15228.0**
(一)工资	Wage	13291.1	14409.1
1.按月发放的工资	The wages by monthly	9774.1	10461.3
2.补发工资	Retroactive pay	264.9	275.8
3.不按月发放的奖金、津贴、过节费等	The Bonus, allowance, holiday fee etc.by no-monthly	3252.2	3672.1
(二)实物福利	Benefits in kind	51.5	56.7
1.从单位或雇主得到的实物产品折价	The Discount of Real Products from the Company or Employer	20.6	22.8
2.从单位或雇主得到的服务折价	The Discount of Services from the Company or Employer	30.8	33.9
3.单位或雇主实物福利报销所得	The Reimbursement Income in kind from the Company or Employer		
(三)其他	Others	701.4	762.2
1.住房公积金	Housing Funds	567.7	725.8
2.辞退金	Dismissal Payments		0.4
3.自由职业劳动所得(如稿费、翻译费)	Income by liberal work (Such as Remuneration, Translation Fee)	67.9	32.1
4.安家费	Settling-in Allowance		0.4
5.股票期权	Stock Options		
6.其他劳动所得	Others	65.8	3.5
二、经营净收入	**Net Income from Business**	**3459.2**	**3701.4**
(一)第一产业经营净收入	Net Income from Primary Industry Business	1707.3	1796.4
1.农业	Agricultural	1468.3	1550.4
2.林业	Forestry	39.5	47.4
3.牧业	Animal Husbandry	201.4	199.8
4.渔业	Fishery	-1.9	-1.2
(二)第二产业经营净收入	Net Income from Secondary Industry Business	170.0	182.6
(三)第三产业经营净收入	Net Income from Tertiary Industry Business	1581.9	1722.4
1.批发和零售业	Wholesale and Retail Trades	843.7	953.9
2.交通运输、仓储和邮政业	Transport, Storage and Post	216.5	252.3
3.住宿和餐饮业	Hotels and Catering Services	321.7	290.8
4.房地产业	Real Estate	-0.3	-3.8
5.租赁和商务服务业	Leasing and Business Services	11.8	8.6
6.居民服务、修理和其他服务业	Services to Households and Other Services	143.6	157.9
7.农林牧渔服务业	Services to Agriculture, Forestry, Animal Husbandry and Fishery	20.8	33.6
8.其他	Others	23.9	29.1

10-4 续表 continued

单位：元 (yuan)

指 标	Item	2020	2021
三、财产净收入	**Net Income from Properties**	**1607.5**	**1840.4**
# 利息净收入	Net Interests	100.6	115.3
红利收入	Bonus	250.3	194.7
储蓄性保险净收益	Net Benefits of Savings Insurance	5.3	7.6
转让承包土地经营权租金净收入	The Rent Income by Transfer of Land Rights	54.5	58.0
出租房屋财产性收入	The Property Income by Renting House	465.5	487.0
出租机械、专利、版权等资产的收入	The Income by Renting Assets like Mechanical, Patents, Copyright ect.	23.6	18.9
四、转移净收入	**Net Income from Transfer**	**7115.2**	**7798.3**
(一)转移性收入	Income from Transfer	8285.6	9004.6
1.养老金或离退休金	Pension or Retired Pension	5340.5	5637.9
2.社会救济和补助	Social Relief and Aid	162.4	164.9
3.政策性生活补贴	Policy Allowance	102.6	111.6
4.报销医疗费	Reimbursement of Medical treatment	405.0	467.3
5.家庭外出从业人员寄回带回收入	Income from Family Outings Employees	1576.3	1802.5
6.赡养收入	Alimony Income	489.9	602.3
7.其他经常转移收入	Others Recurring Income from Transfer	42.9	51.1
8.从政府和组织得到的实物产品和服务折价	The Discount of Real Products and Services from the Governments and Organizations	38.8	43.8
9.现金政策性惠农补贴	The Cash Policy Subsidies for Agricultural	127.1	123.3
(二)转移性支出	Transfer Expenditure	1170.4	1206.4
1.个人所得税	Personal Income Tax	50.2	46.5
2.社会保障支出	Expenditure for Social Security	955.7	999.3
3.外来从业人员寄给家人的支出	Expenditure for Family from Migrant Workers	5.1	4.4
4.赡养支出	Expenditure for Alimony	113.2	116.5
5.其他	Others	46.1	39.7

10-5 全省居民人均生活消费支出
Per Capita Consumption Expenditure of All Households

单位：元 (yuan)

指　　标	Item	2020	2021
生活消费支出	**Total Consumption Expenditure**	**17417.6**	**19346.5**
一、食品、烟酒	**Food,Tobacco and Alcohol**	**4819.5**	**5331.6**
1.食　品	Food	3126.8	3313.5
# 谷　物	Grain	486.3	549.9
薯　类	Potato	88.6	87.0
豆　类	Beans	58.5	65.1
食用油	Edible Oil	146.0	168.8
蔬菜和食用菌	Vegetables and Edible Mushrooms	422.0	443.9
肉　类	Meat	712.5	735.6
禽　类	Poultry	93.2	90.0
水产品	Aquatic Products	80.2	82.1
蛋　类	Eggs	88.1	103.3
奶　类	Milk	281.7	298.7
干鲜瓜果类	Fresh and Dried Fruits	356.9	380.8
糖果糕点类	Candy and Pastry	108.9	119.7
2.烟　酒	Tobacco and Alcohol	530.2	589.6
# 烟　草	Tobacco	391.6	434.4
酒　类	Alcohol	138.5	155.3
3.饮　料	Beverages	116.2	127.9
4.饮食服务	Catering Services	1046.3	1300.5
二、衣　着	**Clothing**	**1156.6**	**1264.6**
# 衣　类	Garments	924.4	1006.0
鞋　类	Footwear	232.2	258.6
三、居　住	**Residence**	**3857.6**	**4401.5**
# 租赁房房租	Rental Housing Rent	179.5	143.7
住房维修及管理	Housing Repair and Management	790.6	758.0
水电燃料及其他	Water,Electric Power Fuel and Others	842.0	977.6
四、生活用品及服务	**Living Articles and Services**	**1179.3**	**1267.1**
# 家具及室内装饰品	Furniture and External Decorations	233.7	231.9
家用器具	Household Appliances	270.4	295.3
家用纺织品	Household textile	94.6	103.0
家庭日用杂品	Household Articles of Daily Use	277.5	284.4
个人用品	Personal Items	251.8	287.7
家庭服务	Household Services	51.3	64.9
五、交通通信	**Transportation and Communications**	**2194.0**	**2284.2**
# 交　通	Transportation	1505.3	1540.3
通　信	Communications	688.8	743.9
六、教育文化娱乐	**Recreation, Education and Culture Services**	**1756.6**	**2110.7**
# 教　育	Education	1321.5	1659.3
文化娱乐	Recreation	435.2	451.3
七、医疗保健	**Medicine and Medical Services**	**2078.4**	**2264.6**
医疗器具及药品	Medical Instruments and Medicines	620.6	648.5
医疗服务	Medical Services	1457.8	1616.0
八、其他用品和服务	**Others**	**375.6**	**422.2**

10–6 全省居民家庭人均购买主要商品数量
Per Capita Purchases of Major Commodities of All Households

品名		Item		2020	2021
小 麦	(公斤)	Wheat	(kg)	0.8	0.7
面 粉	(公斤)	Flour	(kg)	34.0	34.7
大 米	(公斤)	Rice	(kg)	18.1	20.2
薯 类	(公斤)	Potato	(kg)	18.5	18.0
豆 类	(公斤)	Beans	(kg)	10.5	11.7
食用植物油	(公斤)	Edible Vegetable Oil	(kg)	10.7	11.0
鲜 菜	(公斤)	Fresh Vegetables	(kg)	73.5	81.3
猪 肉	(公斤)	Pork	(kg)	9.7	13.8
牛 肉	(公斤)	Beef	(kg)	1.2	1.2
羊 肉	(公斤)	Mutton	(kg)	1.2	1.1
鸡	(公斤)	Chicken	(kg)	2.8	2.8
鸭	(公斤)	Duck	(kg)	0.1	0.1
鱼 类	(公斤)	Fish	(kg)	2.0	2.1
虾 类	(公斤)	Shrimp	(kg)	0.4	0.4
鲜 蛋	(公斤)	Fresh Eggs	(kg)	9.6	10.4
鲜 奶	(公斤)	Fresh Milk	(kg)	9.4	10.5
酸 奶	(公斤)	Yogurt	(kg)	3.7	3.3
奶 粉	(公斤)	Milk Powder	(kg)	0.7	0.7
鲜瓜果	(公斤)	Fresh Fruits	(kg)	45.2	49.8
糕 点	(公斤)	Cake	(kg)	3.6	4.1
茶 叶	(公斤)	Tea	(kg)	0.3	0.3
卷 烟	(盒)	Cigarette	(box)	35.0	36.0
啤 酒	(公斤)	Beer	(kg)	3.0	3.0
白 酒	(公斤)	Liquor	(kg)	1.4	1.3
果 酒	(公斤)	Wine	(kg)	0.2	0.1
鞋	(双)	Footwear	(pair)	2.4	2.5
水	(吨)	Water	(ton)	23.8	27.3
电	(度)	Electricity	(kwh)	640.2	711.8
煤 炭	(公斤)	Coal	(kg)	97.0	65.3
管道天燃气	(立方米)	Pipeline Natural Gas	(cu.m)	60.8	70.7
罐装液化石油气	(公斤)	Bottled LPG	(kg)	2.5	2.6

10-7 全省居民家庭平均每百户年末耐用消费品拥有量
Main Durable Goods Owned Per 100 All Households

指　标		Item		2020	2021
家用汽车	(辆)	Automobile	(unit)	31.4	33.1
摩托车	(辆)	Motorcycle	(unit)	33.9	31.9
助力车	(台)	Strength-aid Cycle	(unit)	43.9	50.0
洗衣机	(台)	Washing Machine	(unit)	97.0	98.2
电冰箱(柜)	(台)	Refrigerator	(unit)	93.3	96.7
微波炉	(台)	Microwave Oven	(unit)	27.5	27.3
彩色电视机	(台)	Color TV Set	(unit)	105.8	105.9
空　调	(台)	Air Conditioner	(unit)	89.9	99.9
热水器	(台)	Water Heater	(unit)	75.5	73.3
洗碗机	(台)	Dish Washer	(unit)	0.9	1.0
排油烟机	(台)	Exhauster	(unit)	47.9	50.9
固定电话	(线)	Ordinary Telephone	(unit)	5.8	6.1
移动电话	(部)	Mobile Telephone	(unit)	249.1	254.4
# 接入互联网		Access to the Internet		221.2	223.9
计算机	(台)	Computer	(unit)	40.2	34.3
# 接入互联网		Access to the Internet		30.0	28.1
照相机	(台)	Camera	(unit)	10.2	6.9
中高档乐器	(架)	High-end Instruments	(unit)	3.7	3.7
健身器材	(台)	Setting-up Apparatus	(unit)	4.5	2.9
空气净化器(含新风系统)	(台)	Air Cleaner(Including Fresh Air System)	(unit)	4.8	5.4
吸尘器	(台)	Vacuum Cleaners	(unit)	5.1	5.2

10-8 全省居民家庭年末居住情况
Housing Conditions of All Households

指　标		Item		2020	2021
调查户数	(户)	Number of Households Surveyed	(household)	4800	4800
平均每户居住人口	(人)	Average Number of Resident Population	(person)	3.0	2.9
平均每人建筑面积	(平方米)	The Average Floor Area Per Person	(sq.m)	40.6	42.5
一、按住户居住空间样式分	(%)	By Style of Living Space	(%)	100.0	100.0
单栋楼房		Dependent Building		15.6	17.8
单栋平房		Single-storey House		35.9	39.3
四居室及以上单元房		Four Bedrooms		0.6	0.9
三居室单元房		Three Bedrooms		17.1	17.9
二居室单元房		Two Bedrooms		20.5	20.1
一居室单元房		One Bedroom		1.5	1.2
筒子楼或连片平房		Tube-shaped Apartment or Lace Single-storey Houses		5.1	2.2
其他		Others		3.9	0.6
二、按主要建筑材料分	(%)	By Main Building Materials	(%)	100.0	100.0
钢筋混凝土		Reinforced Concrete		38.3	40.0
砖混材料		Brick-and-concrete Buildings		49.2	50.9
砖瓦砖木		Brick and Brick-wood Structure		8.1	9.1
竹草土坯		Bamboo Grass and Sun-dried Mud Brick		0.9	0.0
其他		Others		3.5	
三、按现住房房屋来源分	(%)	By Source of Housing	(%)	100.0	100.0
租赁公房		Public-rent Housing		1.2	1.4
租赁私房		Private-rent Housing		4.8	3.6
自建住房		Self-establish Housing		57.2	57.3
购买商品房		Commercial Residential Housing		21.7	24.2
购买房改住房		Private Housing through Housing Reform		7.9	6.4
购买保障性住房		Indemnificatory Housing		2.1	2.8
拆迁安置房		Resettlement Housing		2.4	2.6
继承或获赠住房		Inheriting and Donation Housing		1.1	0.7
免费借用房		Free Housing		0.8	0.6
雇主提供免费住房		Free Housing from Employer		0.0	0.1
其他		Others		0.7	0.2
四、按住宅外道路路面情况分	(%)	By Pavement Condition Outside	(%)	100.0	100.0
水泥或柏油路面		Cement or Asphalt Pavement		88.7	90.0
沙石或石板等硬质路面		Hard Sand or Stone Pavement		7.5	10.0
其他		Others		3.8	
五、按住户主要饮用水来源情况分	(%)	By Source of main Drinking Water	(%)	100.0	100.0
经过净化处理的自来水		Purified Tap Water		78.0	86.5
受保护的井水和泉水		Protected Wells and Springs		15.6	12.3
不受保护的井水和泉水		Unprotected Wells and Springs		3.0	
江河湖泊水		Rivers and Lakes Water		0.4	
收集雨水		Collected Rainwater		2.3	1.0
桶装水		Barrels Water		0.6	0.2
其他		Others		0.1	
六、按住户厕所类型分	(%)	By Household Lavatory Type	(%)	100.0	100.0
水冲式卫生厕所		Sanitary Water Closet		62.7	70.4
水冲式非卫生厕所		Insanitary Water Closet		19.6	1.7
卫生旱厕		Sanitary Latrine		7.6	18.4
普通旱厕		Latrine		10.0	9.5
无厕所		No Lavatory		0.1	
七、按住户主要取暖设备状况分	(%)	By Heating Facilities Condition	(%)	100.0	100.0
由市政或小区集中供暖		Central Heating		23.7	23.8
自行供暖		Self Heating		61.8	73.5
无取暖设备		Without Heating Equipment		14.5	2.6
八、按主要炊用能源状况分	(%)	By Cooking Fuel Condition	(%)	100.0	100.0
柴草		Firewood		23.3	19.9
煤炭		Coal		7.9	5.9
罐装液化石油气		Canned Liquified Petroleum Gas		6.8	8.4
管道液化石油气		Pipeline Liquified Petroleum Gas		0.2	0.3
管道煤气		Pipeline Gas		0.1	0.1
管道天然气		Pipeline Natural Gas		37.2	39.2
电		Electricity		24.2	26.1
其他		Others		0.2	

10-9 城镇居民家庭基本情况
Basic Conditions of Urban Households

指 标	Item	2017	2018	2019	2020	2021
调查户数 (户)	Number of Households Surveyed (household)	1715	2330	2830	2830	2830
调查户人口 (人)	Number of Residents in the Household Surveyed(person)					
1.常住人口	Permanent Residents	4939	8638	8424	8368	8408
2.平均每户常住人口	Average Household Size	2.9	3.1	3.0	3.0	3.0
3.平均每户劳动力人数	Labours Per Households	2.1	2.1	2.1	2.1	2.1
平均每户整劳动力人数	Ablebodied Labours Per Households	1.0	1.1	1.0	1.0	0.9
平均每户半劳动力人数	Semiablebodied Labours Per Households	1.0	1.0	1.1	1.2	1.2
4.平均每劳动力负担人口	Average Number of Persons Supported by a Laborer	1.4	1.4	1.4	1.4	1.4
平均每人可支配收入 (元)	Annual Per Capita Disposable Income (yuan)	30810	33319	36098	37868	40713
工资性收入	Wages Income	18106	19352	20983	21850	23245
经营净收入	Net Income from Business	2029	2582	2760	2836	3058
财产净收入	Property Income	2156	2451	2644	2851	3239
转移净收入	Transfer Income	8520	8934	9711	10330	11171
平均每人生活消费支出 (元)	Annual Per Capita Consumption Expenditure (yuan)	20388	21966	23514	22866	24784
食品、烟酒	Food,Tobacco and Alcohol	5799	5929	6376	6296	6664
衣 着	Clothing	1627	1728	1816	1650	1739
居 住	Residence	3797	4301	4641	4888	5589
生活用品及服务	Living Articles and Services	1487	1740	1611	1622	1701
交通通信	Transportation and Communications	2395	2753	2891	2855	2835
教育文化娱乐	Recreation, Education and Culture Services	2618	2730	3037	2387	2880
医疗保健	Medicine and Medical Services	2141	2233	2528	2608	2759
其他用品和服务	Others	526	552	614	560	616
平均每人年末现住房建筑面积 (平方米)	Floor Area per Capita at Year-end (sq.m)	32.7	38.2	38.8	38.7	38.5

10-10 城镇居民人均可支配收入
Per Capita Disposable Income of Urban Households

单位：元 (yuan)

指 标	Item	2020	2021
可支配收入	**Disposable Income**	**37868.2**	**40713.1**
一、工资性收入	**Wages Income**	**21850.4**	**23244.6**
(一)工资	Wage	20565.0	21773.6
1.按月发放的工资	The wages by monthly	16821.2	17625.3
2.补发工资	Retroactive pay	350.3	388.2
3.不按月发放的奖金、津贴、过节费等	The Bonus,allowance,holiday fee etc.by no-monthly	3393.5	3760.1
(二)实物福利	Benefits in kind	78.0	85.4
1.从单位或雇主得到的实物产品折价	The Discount of Real Products from the Company or Employer	34.9	35.6
2.从单位或雇主得到的服务折价	The Discount of Services from the Company or Employer	43.1	49.8
(三)其他	Others	1207.4	1385.7
1.住房公积金	Housing Funds	1079.6	1333.5
2.辞退金	Dismissal Payments		0.8
3.自由职业劳动所得(如稿费、翻译费)	Income by liberal work (Such as Remuneration, Translation Fee)	67.5	47.1
4.安家费	Settling-in Allowance		0.8
5.股票期权	Stock Options		
6.其他劳动所得	Others	60.3	3.6
二、经营净收入	**Net Income from Business**	**2836.3**	**3058.4**
(一)第一产业经营净收入	Net Income from Primary Industry Business	441.9	443.5
(二)第二产业经营净收入	Net Income from Secondary Industry Business	282.5	293.1
(三)第三产业经营净收入	Net Income from Tertiary Industry Business	2111.9	2321.8
1.批发和零售业	Wholesale and Retail Trades	1296.8	1427.2
2.交通运输、仓储和邮政业	Transport, Storage and Post	229.2	249.8
3.住宿和餐饮业	Hotels and Catering Services	304.3	334.3
4.房地产业	Real Estate	-0.1	-4.7
5.租赁和商务服务业	Leasing and Business Services	10.0	11.3
6.居民服务、修理和其他服务业	Services to Households and Other Services	238.5	255.3
7.农林牧渔服务业	Services to Agriculture, Forestry, Animal Husbandry and Fishery	10.4	23.6
8.其他	Others	22.9	25.0

10-10 续表 continued

单位：元 (yuan)

指 标	Item	2020	2021
三、财产净收入	**Net Income from Properties**	**2851.0**	**3239.5**
# 利息净收入	Net Interests	186.2	211.6
红利收入	Bonus	409.6	299.2
储蓄性保险净收益	Net Benefits of Savings Insurance	8.9	10.2
出租房屋财产性收入	The Property Income by Renting House	852.6	879.1
出租机械、专利、版权等资产的收入	The Income by Renting Assets like Mechanical,Patents,Copyright ect.	27.7	22.6
四、转移净收入	**Net Income from Transfer**	**10330.5**	**11170.6**
(一)转移性收入	Income from Transfer	12138.5	12988.1
1.养老金或离退休金	Pension or Retired Pension	9301.3	9725.7
# 离退休金	Retired Pension	9046.8	9465.4
城镇居民社会养老保险	Urban Employee Social Pension Insurance	46.5	60.9
2.社会救济和补助	Social Relief and Aid	83.1	83.6
3.政策性生活补贴	Policy Allowance	99.3	110.9
4.报销医疗费	Reimbursement of Medical treatment	520.9	594.8
5.家庭外出从业人员寄回带回收入	Income from Family Outings Employees	1472.0	1663.7
6.赡养收入	Alimony Income	547.2	657.8
7.其他经常转移收入	Others Recurring Income from Transfer	41.7	55.1
8.从政府和组织得到的实物产品和服务折价	The Discount of Real Products and Services from the Governments and Organizations	42.7	46.2
9.现金政策性惠农补贴	The Cash Policy Subsidies for Agricultural	30.2	50.2
10.其他	Others		
(二)转移性支出	Transfer Expenditure	1808.0	1817.5
1.个人所得税	Personal Income Tax	92.2	78.1
2.社会保障支出	Expenditure for Social Security	1446.3	1503.0
(1)个人缴纳的养老保险	Pension Insurance Personal Rendered	931.0	959.9
(2)个人缴纳的医疗保险	Medical Care Insurance Personal Rendered	432.4	413.2
(3)个人缴纳的失业保险	Unemployment Insurance Personal Rendered	36.3	50.2
(4)其他社会保障支出	Others	46.6	79.6
3.外来从业人员寄给家人的支出	Expenditure for Family from Migrant Workers	6.8	5.9
4.赡养支出	Expenditure for Alimony	187.9	169.4
5.其他	Others	74.8	61.2

10-11 城镇居民人均生活消费支出
Per Capita Consumption Expenditure of Urban Households

单位：元 (yuan)

指　　标	Item	2020	2021
生活消费支出	**Total Consumption Expenditure**	**22866.4**	**24783.7**
一、食品、烟酒	**Food,Tobacco and Alcohol**	**6295.8**	**6664.4**
1.食　品	Food	3898.4	3924.0
#谷　物	Grain	520.3	572.5
薯　类	Potato	83.8	73.9
豆　类	Beans	69.5	71.9
食用油	Edible Oil	145.3	157.1
蔬菜和食用菌	Vegetables and Edible Mushrooms	542.2	535.2
肉　类	Meat	885.4	900.1
禽　类	Poultry	126.9	117.9
水产品	Aquatic Products	132.6	130.3
蛋　类	Eggs	108.0	117.5
奶　类	Milk	357.4	364.8
干鲜瓜果类	Fresh and Dried Fruits	528.7	519.2
糖果糕点类	Candy and Pastry	153.8	158.6
2.烟　酒	Tobacco and Alcohol	601.9	617.3
#烟　草	Tobacco	424.0	426.5
酒　类	Alcohol	177.9	190.7
3.饮　料	Beverages	157.0	165.3
4.饮食服务	Catering Services	1638.4	1957.8
二、衣　着	**Clothing**	**1649.8**	**1738.9**
#衣　类	Garments	1333.9	1403.8
鞋　类	Footwear	315.9	335.1
三、居　住	**Residence**	**4887.6**	**5589.5**
#租赁房房租	Rental Housing Rent	239.9	186.5
住房维修及管理	Housing Repair and Management	847.4	873.0
水电燃料及其他	Water,Electric Power Fuel and Others	1125.9	1221.2
四、生活用品及服务	**Living Articles and Services**	**1622.3**	**1701.4**
#家具及室内装饰品	Furniture and External Decorations	305.8	323.4
家用器具	Household Appliances	362.6	375.0
家用纺织品	Household textile	127.3	140.0
家庭日用杂品	Household Articles of Daily Use	358.7	345.2
个人用品	Personal Items	384.9	419.7
家庭服务	Household Services	82.9	98.1
五、交通通信	**Transportation and Communications**	**2855.2**	**2835.3**
#交　通	Transportation	1974.0	1962.6
通　信	Communications	881.2	872.7
六、教育文化娱乐	**Recreation, Education and Culture Services**	**2387.2**	**2880.0**
#教　育	Education	1708.7	2207.7
文化娱乐	Recreation	678.5	672.3
七、医疗保健	**Medicine and Medical Services**	**2608.4**	**2758.6**
医疗器具及药品	Medical Instruments and Medicines	856.6	851.6
医疗服务	Medical Services	1751.7	1907.0
八、其他用品和服务	**Others**	**560.2**	**615.7**

10-12 城镇居民家庭人均购买主要商品数量
Per Capita Purchases of Major Commodities of Urban Households

指 标		Item		2020	2021
小 麦	(公斤)	Wheat	(kg)	0.5	0.7
面 粉	(公斤)	Flour	(kg)	26.1	28.1
大 米	(公斤)	Rice	(kg)	17.5	19.6
薯 类	(公斤)	Potato	(kg)	21.4	19.5
豆 类	(公斤)	Beans	(kg)	11.6	12.6
食用植物油	(公斤)	Edible Vegetable Oil	(kg)	9.9	10.1
鲜 菜	(公斤)	Fresh Vegetables	(kg)	92.5	97.0
猪 肉	(公斤)	Pork	(kg)	11.4	15.8
牛 肉	(公斤)	Beef	(kg)	2.0	1.9
羊 肉	(公斤)	Mutton	(kg)	1.5	1.4
鸡	(公斤)	Chicken	(kg)	3.6	3.6
鸭	(公斤)	Duck	(kg)	0.1	0.1
鱼 类	(公斤)	Fish	(kg)	3.0	3.0
虾 类	(公斤)	Shrimp	(kg)	0.7	0.7
鲜 蛋	(公斤)	Fresh Eggs	(kg)	11.8	12.1
鲜 奶	(公斤)	Fresh Dairy Products	(kg)	12.8	13.3
酸 奶	(公斤)	Yogurt	(kg)	5.7	4.6
奶 粉	(公斤)	Milk Powder	(kg)	0.8	0.7
鲜瓜果	(公斤)	Fresh Fruit	(kg)	61.2	61.8
糕 点	(公斤)	Cake	(kg)	4.8	5.2
茶 叶	(公斤)	Tea	(kg)	0.4	0.4
卷 烟	(盒)	Cigarette	(box)	29.9	28.9
啤 酒	(公斤)	Beer	(kg)	3.0	2.7
白 酒	(公斤)	Liquor	(kg)	1.4	1.4
果 酒	(公斤)	Wine	(kg)	0.2	0.1
鞋	(双)	Footwear	(pair)	2.5	2.5
水	(吨)	Water	ton)	33.0	36.2
电	(度)	Electricity	(kwh)	745.7	775.6
煤 炭	(公斤)	Coal	(kg)	43.4	26.6
管道天燃气	(立方米)	Pipeline Natural Gas	(cu.m)	107.1	117.9
罐装液化石油气	(公斤)	Bottled LPG	(kg)	1.9	1.8

10-13 城镇居民家庭平均每百户年末耐用消费品拥有量
Main Durable Goods Owned Per 100 Urban Households

指 标		Item		2020	2021
家用汽车	(辆)	Automobile	(unit)	40.5	42.6
摩托车	(辆)	Motorcycle	(unit)	18.2	17.5
助力车	(台)	Strength-aid Cycle	(unit)	36.3	41.3
洗衣机	(台)	Washing Machine	(unit)	100.5	100.0
电冰箱(柜)	(台)	Refrigerator	(unit)	98.4	99.8
微波炉	(台)	Microwave Oven	(unit)	43.5	43.2
彩色电视机	(台)	Color TV Set	(unit)	105.6	105.7
空 调	(台)	Air Conditioner	(unit)	123.3	132.2
热水器	(台)	Water Heater	(unit)	90.9	84.7
洗碗机	(台)	Dish Washer	(unit)	1.2	1.7
排油烟机	(台)	Exhauster	(unit)	75.1	75.8
固定电话	(线)	Ordinary Telephone	(unit)	7.8	8.1
移动电话	(部)	Mobile Telephone	(unit)	240.3	244.2
# 接入互联网		Access to the Internet		219.7	218.1
计算机	(台)	Computer	(unit)	59.5	49.5
# 接入互联网		Access to the Internet		45.4	41.5
照相机	(台)	Camera	(unit)	17.8	11.8
中高档乐器	(架)	High-end Instruments	(unit)	6.2	6.4
健身器材	(台)	Setting-up Apparatus	(unit)	7.7	5.1
空气净化器(含新风系统)	(台)	Air Cleaner (Including Fresh Air System)	(unit)	8.5	9.6
吸尘器	(台)	Vacuum Cleaners	(unit)	9.1	9.1

10－14　城镇居民家庭年末居住情况
Housing Conditions of Urban Households

指　　标	Item	2020	2021
调查户数　(户)	Number of Households Surveyed　(household)	2830	2830
平均每户居住人口　(人)	Average Number of Resident Population　(person)	3.0	3.0
平均每人建筑面积　(平方米)	The Average Floor Area Per Person　(sq.m)	38.7	38.5
一、按住户居住空间样式分　(%)	By Style of Living Space　(%)	100.0	100.0
单栋楼房	Dependent Building	11.5	12.2
单栋平房	Single-storey House	13.1	14.1
四居室及以上单元房	Four Bedrooms	1.0	1.5
三居室单元房	Three Bedrooms	30.3	31.7
二居室单元房	Two Beedrooms	36.7	36.5
一居室单元房	One Beedroom	2.6	2.1
筒子楼或连片平房	Tube-shaped Apartment or Lace Single-storey Houses	3.6	1.7
其他	Others	1.2	0.2
二、按主要建筑材料分　(%)	By Main Building Materials　(%)	100.0	100.0
钢筋混凝土	Reinforced Concrete	58.4	61.3
砖混材料	Brick-and-concrete Buildings	37.5	36.4
砖瓦砖木	Brick and Brick-wood Structure	2.6	2.3
竹草土坯	Bamboo Grass and Sun-dried Mud Brick	0.1	
其他	Others	1.3	
三、按现住房房屋来源分　(%)	By Source of Housing　(%)	100.0	100.0
租赁公房	Public-rent Housing	2.2	2.5
租赁私房	Private-rent Housing	7.2	4.9
自建住房	Self-establish Housing	26.4	26.6
购买商品房	Commercial Residential Housing	38.9	44.1
购买房改住房	Private Housing through Housing Reform	14.5	12.0
购买保障性住房	Indemnificatory Housing	3.7	4.5
拆迁安置房	Resettlement Housing	3.5	3.4
继承或获赠住房	Inheriting and Donation Housing	1.2	0.8
免费借用房	Free Housing	1.2	1.0
雇主提供免费住房	Free Housing from Employer	0.1	0.0
其他	Others	1.1	0.2
四、按住宅外道路路面情况分　(%)	By Pavement Condition Outside　(%)	100.0	100.0
水泥或柏油路面	ement or Asphalt Pavement	96.2	97.4
沙石或石板等硬质路面	Hard Sand or Stone Pavement	3.2	2.6
其他	Others	0.5	
六、按住户主要饮用水来源情况分　(%)	By Source of main Drinking Water　(%)	100.0	100.0
经过净化处理的自来水	Purified Tap Water	91.3	95.6
受保护的井水和泉水	Protected Wells and Springs	5.7	3.8
不受保护的井水和泉水	Unprotected Wells and Springs	1.1	
江河湖泊水	Rivers and Lakes Water	0.4	
收集雨水	Collected Rainwater	0.2	0.2
桶装水	Barrels Water	1.1	0.4
其他	Others	0.1	
七、按住户厕所类型分　(%)	By Household Lavatory Type　(%)	100.0	100.0
水冲式卫生厕所	Sanitary Water Closet	87.0	89.4
水冲式非卫生厕所	Insanitary Water Closet	7.6	0.4
卫生旱厕	Sanitary Latrine	1.9	6.1
普通旱厕	Latrine	3.5	4.1
无厕所	No Lavatory	0.0	0.0
八、按住户主要取暖设备状况分　(%)	By Heating Facilities Condition　(%)	100.0	100.0
由市政或小区集中供暖	Central Heating	42.8	43.5
自行供暖	Self Heating	48.1	54.8
无取暖设备	Without Heating Equipment	9.1	1.7
九、按主要炊用能源状况分　(%)	By Cooking Fuel Condition　(%)	100.0	100.0
柴草	Firewood	5.0	3.4
煤炭	Coal	3.0	2.0
罐装液化石油气	Canned Liquified Petroleum Gas	6.2	7.0
管道液化石油气	Pipeline Liquified Petroleum Gas	0.4	0.4
管道煤气	Pipeline Gas	0.2	0.3
管道天然气	Pipeline Natural Gas	63.2	66.5
电	Electricity	21.9	20.4
其他	Others	0.2	

10－15 农村居民家庭基本情况
Basic Conditions of Rural Households

指　　标	Item	2017	2018	2019	2020	2021
调查户数 (户)	Number of Households Surveyed (household)	2589	1970	1970	1970	1970
调查户人口 (人)	Number of Residents in the Household Surveyed(person)					
1.常住人口	Permanent Residents	8432	6114	5924	5806	5731
2.平均每户常住人口	Average Household Size	3.3	3.1	3.0	2.9	2.9
3.平均每户劳动力人数	Labours Per Households	2.3	2.1	2.1	2.1	2.1
平均每户整劳动力人数	Ablebodied Labours Per Households	0.9	0.8	0.7	0.7	0.6
平均每户半劳动力人数	Semiablebodied Labours Per Households	1.3	1.3	1.4	1.4	1.4
4.平均每劳动力负担人口	Average Number of Persons Supported by a Laborer	1.4	1.5	1.4	1.4	1.4
平均每人可支配收入 (元)	Annual Per Capita Disposable Income (yuan)	10265	11213	12326	13316	14745
工资性收入	Wages Income	4272	4621	5025	5388	6104
经营净收入	Net Income from Business	3242	3508	3792	4150	4433
财产净收入	Property Income	185	197	214	229	248
转移净收入	Transfer Income	2566	2887	3295	3550	3960
平均每人生活消费支出 (元)	Annual Per Capita Consumption Expenditure (yuan)	9306	10071	10935	11376	13158
食品、烟酒	Food,Tobacco and Alcohol	2417	2577	2832	3183	3815
衣　着	Clothing	531	526	592	610	725
居　住	Residence	2145	2431	2529	2715	3049
生活用品及服务	Living Articles and Services	577	635	655	688	773
交通通信	Transportation and Communications	1114	1223	1360	1461	1657
教育文化娱乐	Recreation, Education and Culture Services	1083	1253	1387	1057	1235
医疗保健	Medicine and Medical Services	1260	1241	1383	1491	1702
其他用品和服务	Others	178	185	197	171	202
平均每人年末现住房建筑面积 (平方米)	Floor Area per Capita at Year-end (sq.m)	46.0	41.5	41.8	42.7	47.0

10-16 农村居民人均可支配收入
Per Capita Disposable Income of Rural Households

单位：元 (yuan)

指　　标	Item	2020	2021
可支配收入	**Disposable Income**	**13316.5**	**14744.8**
一、工资性收入	**Wages Income**	**5387.8**	**6103.5**
(一)工资	Wage	5225.4	6027.1
1.按月发放的工资	The wages by monthly	1959.8	2307.3
2.补发工资	Retroactive pay	170.2	147.9
3.不按月发放的奖金、津贴、过节费等	The Bonus, allowance, holiday fee etc.by no-monthly	3095.4	3571.9
(二)实物福利	Benefits in kind	22.0	24.0
1.从单位或雇主得到的实物产品折价	The Discount of Real Products from the Company or Employer	4.8	8.3
2.从单位或雇主得到的服务折价	The Discount of Services from the Company or Employer	17.2	15.8
(三)其他	Others	140.4	52.4
1.住房公积金	Housing Funds		34.1
2.辞退金	Dismissal Payments		
3.自由职业劳动所得(如稿费、翻译费)	Income by liberal work (Such as Remuneration,Translation Fee)	68.5	15.0
4.安家费	Settling-in Allowance		
5.股票期权	Stock Options		
6.其他劳动所得	Others	71.9	3.4
二、经营净收入	**Net Income from Business**	**4150.0**	**4433.1**
(一)第一产业经营净收入	Net Income from Primary Industry Business	3110.6	3336.2
1.农业	Agricultural	2706.9	2920.8
2.林业	Forestry	82.5	92.4
3.牧业	Animal Husbandry	321.4	325.7
4.渔业	Fishery	-0.1	-2.7
(二)第二产业经营净收入	Net Income from Secondary Industry Business	45.3	56.8
(三)第三产业经营净收入	Net Income from Tertiary Industry Business	994.1	1040.2
1.批发和零售业	Wholesale and Retail Trades	341.3	415.3
2.交通运输、仓储和邮政业	Transport, Storage and Post	202.5	255.2
3.住宿和餐饮业	Hotels and Catering Services	341.0	241.4
4.房地产业	Real Estate	-0.4	-2.8
5.租赁和商务服务业	Leasing and Business Services	13.8	5.4
6.居民服务、修理和其他服务业	Services to Households and Other Services	38.4	47.0
7.农林牧渔服务业	Services to Agriculture, Forestry, Animal Husbandry and Fishery	32.4	44.9
8.其他	Others	25.1	33.8

10-16 续表 continued

单位：元 (yuan)

指　　标	Item	2020	2020
三、财产净收入	**Net Income from Properties**	**228.6**	**248.1**
# 利息净收入	Net Interests	5.6	5.7
红利收入	Bonus	73.6	75.7
储蓄性保险净收益	Net Benefits of Savings Insurance	1.3	4.6
转让承包土地经营权租金净收入	The Rent Income by Transfer of Land Rights	84.3	95.0
出租房屋财产性收入	The Property Income by Renting House	36.3	40.8
出租机械、专利、版权等资产的收入	The Income by Renting Assets like Mechanical,Patents,Copyright ect.	19.1	14.6
四、转移净收入	**Net Income from Transfer**	**3550.0**	**3960.0**
(一)转移性收入	Income from Transfer	4013.3	4470.7
1.养老金或离退休金	Pension or Retired Pension	948.6	985.2
# 离退休金	Retired Pension	375.6	440.7
新型农村养老保险	Urban Employee Social Pension Insurance	480.5	458.9
2.社会救济和补助	Social Relief and Aid	250.4	257.3
3.政策性生活补贴	Policy Allowance	106.3	112.4
4.报销医疗费	Reimbursement of Medical treatment	276.5	322.3
5.家庭外出从业人员寄回带回收入	Income from Family Outings Employees	1691.9	1960.4
6.赡养收入	Alimony Income	426.3	539.1
7.其他经常转移收入	Others Recurring Income from Transfer	44.2	46.6
8.从政府和组织得到的实物产品和服务折价	The Discount of Real Products and Services from the Governments and Organizations	34.6	41.0
9.现金政策性惠农补贴	The Cash Policy Subsidies for Agricultural	234.6	206.4
(二)转移性支出	Transfer Expenditure	463.3	510.8
1.个人所得税	Personal Income Tax	3.6	10.5
2.社会保障支出	Expenditure for Social Security	411.7	426.0
(1)个人缴纳的养老保险	Pension Insurance Personal Rendered	71.4	148.6
(2)个人缴纳的医疗保险	Medical Care Insurance Personal Rendered	338.0	275.4
(3)个人缴纳的失业保险	Unemployment Insurance Personal Rendered	1.1	0.7
(4)其他社会保障支出	Others	1.2	1.4
3.外来从业人员寄给家人的支出	Expenditure for Family from Migrant Workers	3.2	2.8
4.赡养支出	Expenditure for Alimony	30.5	56.3
5.其他	Others	14.3	15.1

10-17　农村居民人均生活消费支出
Per Capita Consumption Expenditure of Rual Households

单位：元　　　　(yuan)

指　　标	Item	2020	2021
生活消费支出	**Total Consumption Expenditure**	**11375.7**	**13158.0**
一、食品、烟酒	**Food,Tobacco and Alcohol**	**3182.6**	**3814.6**
1.食　品	Food	2271.2	2618.6
# 谷　物	Grain	448.6	524.1
薯　类	Potato	93.9	102.0
豆　类	Beans	46.4	57.3
食用油	Edible Oil	146.8	182.2
蔬菜和食用菌	Vegetables and Edible Mushrooms	288.7	340.0
肉　类	Meat	520.8	548.4
禽　类	Poultry	55.9	58.1
水产品	Aquatic Products	22.1	27.2
蛋　类	Eggs	65.9	87.2
奶　类	Milk	197.9	223.5
干鲜瓜果类	Fresh and Dried Fruits	166.4	223.3
糖果糕点类	Candy and Pastry	59.1	75.5
2.烟　酒	Tobacco and Alcohol	450.6	558.2
# 烟　草	Tobacco	355.7	443.3
酒　类	Alcohol	94.9	114.9
3.饮　料	Beverages	71.0	85.4
4.饮食服务	Catering Services	389.8	552.4
二、衣　着	**Clothing**	**609.6**	**724.8**
# 衣　类	Garments	470.3	553.2
鞋　类	Footwear	139.4	171.6
三、居　住	**Residence**	**2715.4**	**3049.5**
# 租赁房房租	Rental Housing Rent	112.6	95.1
住房维修及管理	Housing Repair and Management	727.5	627.1
水电燃料及其他	Water,Electric Power Fuel and Others	527.2	700.3
四、生活用品及服务	**Living Articles and Services**	**688.1**	**772.9**
# 家具及室内装饰品	Furniture and External Decorations	153.7	127.8
家用器具	Household Appliances	168.2	204.5
家用纺织品	Household textile	58.3	60.8
家庭日用杂品	Household Articles of Daily Use	187.5	215.3
个人用品	Personal Items	104.2	137.4
家庭服务	Household Services	16.2	27.1
五、交通通信	**Transportation and Communications**	**1460.9**	**1657.0**
# 交　通	Transportation	985.5	1059.7
通　信	Communications	475.4	597.3
六、教育文化娱乐	**Recreation, Education and Culture Services**	**1057.4**	**1235.1**
# 教　育	Education	892.1	1035.2
文化娱乐	Recreation	165.3	199.9
七、医疗保健	**Medicine and Medical Services**	**1490.7**	**1702.3**
医疗器具及药品	Medical Instruments and Medicines	358.9	417.4
医疗服务	Medical Services	1131.8	1284.9
八、其他用品和服务	**Others**	**170.9**	**201.9**

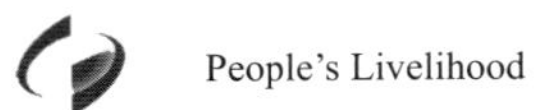

10–18 农村居民家庭人均购买主要商品数量

Per Capita Purchases of Major Commodities of Rural Households

指　　标		Item		2020	2021
小　麦	(公斤)	Wheat	(kg)	1.2	0.6
面　粉	(公斤)	Flour	(kg)	42.8	42.2
大　米	(公斤)	Rice	(kg)	18.7	20.9
薯　类	(公斤)	Potato	(kg)	15.2	16.2
豆　类	(公斤)	Beans	(kg)	9.2	10.8
食用植物油	(公斤)	Edible Vegetable Oil	(kg)	11.4	12.1
鲜　菜	(公斤)	Fresh Vegetables	(kg)	52.4	63.6
猪　肉	(公斤)	Pork	(kg)	7.8	11.6
牛　肉	(公斤)	Beef	(kg)	0.3	0.4
羊　肉	(公斤)	Mutton	(kg)	0.9	0.7
鸡	(公斤)	Chicken	(kg)	2.0	1.9
鸭	(公斤)	Duck	(kg)	0.0	0.1
鱼　类	(公斤)	Fish	(kg)	0.9	1.1
虾　类	(公斤)	Shrimp	(kg)	0.1	0.1
鲜　蛋	(公斤)	Fresh Eggs	(kg)	7.1	8.5
鲜　奶	(公斤)	Fresh Dairy Products	(kg)	5.6	7.2
酸　奶	(公斤)	Yogurt	(kg)	1.6	1.8
奶　粉	(公斤)	Milk Powder	(kg)	0.7	0.7
鲜瓜果	(公斤)	Fresh Fruit	(kg)	27.5	36.1
糕　点	(公斤)	Cake	(kg)	2.2	2.8
茶　叶	(公斤)	Tea	(kg)	0.3	0.3
卷　烟	(盒)	Cigarette	(box)	40.7	44.2
啤　酒	(公斤)	Beer	(kg)	2.9	3.3
白　酒	(公斤)	Liquor	(kg)	1.5	1.2
果　酒	(公斤)	Wine	(kg)	0.1	0.1
鞋	(双)	Footwear	(pair)	2.2	2.4
水	(吨)	Water	ton)	13.7	17.0
电	(度)	Electricity	(kwh)	523.3	639.1
煤　炭	(公斤)	Coal	(kg)	156.3	109.4
管道天燃气	(立方米)	Pipeline Natural Gas	(cu.m)	9.5	16.9
罐装液化石油气	(公斤)	Bottled LPG	(kg)	3.1	3.4

10-19 农村居民家庭平均每百户年末耐用消费品拥有量
Main Durable Goods Owned Per 100 Rural Households

指 标		Item		2020	2021
家用汽车	(辆)	Automobile	(unit)	20.3	22.3
摩托车	(辆)	Motorcycle	(unit)	53.0	48.3
助力车	(台)	Strength-aid Cycle	(unit)	53.1	59.9
洗衣机	(台)	Washing Machine	(unit)	92.8	96.1
电冰箱(柜)	(台)	Refrigerator	(unit)	87.2	93.1
微波炉	(台)	Microwave Oven	(unit)	8.1	9.1
彩色电视机	(台)	Color TV Set	(unit)	106.1	106.2
空 调	(台)	Air Conditioner	(unit)	49.2	63.0
热水器	(台)	Water Heater	(unit)	56.8	60.3
洗碗机	(台)	Dish Washer	(unit)	0.5	0.3
排油烟机	(台)	Exhauster	(unit)	14.8	22.4
固定电话	(线)	Ordinary Telephone	(unit)	3.4	3.8
移动电话	(部)	Mobile Telephone	(unit)	259.9	266.1
# 接入互联网		Access to the Internet		223.2	230.5
计算机	(台)	Computer	(unit)	16.7	16.9
# 接入互联网		Access to the Internet		11.1	12.8
照相机	(台)	Camera	(unit)	0.9	1.3
中高档乐器	(架)	High-end Instruments	(unit)	0.6	0.6
健身器材	(台)	Setting-up Apparatus	(unit)	0.7	0.5
空气净化器(含新风系统)	(台)	Air Cleaner(Including Fresh Air System)	(unit)	0.3	0.5
吸尘器	(台)	Vacuum Cleaners	(unit)	0.1	0.6

10−20 农村居民家庭年末居住情况
Housing Conditions of Rural Households

指 标		Item		2020	2021
调查户数	(户)	Number of Households Surveyed	(household)	1970	1970
平均每户居住人口	(人)	Average Number of Resident Population	(person)	2.9	2.9
平均每人建筑面积	(平方米)	The Average Floor Area Per Person	(sq.m)	42.7	47.0
一、按住户居住空间样式分	(%)	By Style of Living Space	(%)	100.0	100.0
单栋楼房		Dependent Building		20.5	24.2
单栋平房		Single-storey House		63.6	68.1
四居室及以上单元房		Four Bedrooms			0.3
三居室单元房		Three Bedrooms		1.1	2.0
二居室单元房		Two Beedrooms		0.7	1.4
一居室单元房		One Beedroom		0.1	0.1
筒子楼或连片平房		Tube-shaped Apartment or Lace Single-storey Houses		6.8	2.8
其他		Others		7.2	1.1
二、按主要建筑材料分	(%)	By Main Building Materials	(%)	100.0	100.0
钢筋混凝土		Reinforced Concrete		13.8	15.6
砖混材料		Brick-and-concrete Buildings		63.4	67.4
砖瓦砖木		Brick and Brick-wood Structure		14.8	16.9
竹草土坯		Bamboo Grass and Sun-dried Mud Brick		1.9	0.1
其他		Others		6.1	
三、按现住房房屋来源分	(%)	By Source of Housing	(%)	100.0	100.0
租赁公房		Public-rent Housing		0.0	0.1
租赁私房		Private-rent Housing		1.8	2.2
自建住房		Self-establish Housing		94.8	92.5
购买商品房		Commercial Residential Housing		0.7	1.6
购买房改住房		Private Housing through Housing Reform			0.0
购买保障性住房		Indemnificatory Housing		0.2	0.9
拆迁安置房		Resettlement Housing		1.0	1.7
继承或获赠住房		Inheriting and Donation Housing		0.9	0.6
免费借用房		Free Housing		0.3	0.2
雇主提供免费住房		Free Housing from Employer			0.1
其他		Others		0.2	0.1
四、按住宅外道路路面情况分	(%)	By Pavement Condition Outside	(%)	100.0	100.0
水泥或柏油路面		Cement or Asphalt Pavement		79.6	81.4
沙石或石板等硬质路面		Hard Sand or Stone Pavement		12.7	18.6
其他		Others		7.8	
五、按住户主要饮用水来源情况分	(%)	By Source of main Drinking Water	(%)	100.0	100.0
经过净化处理的自来水		Purified Tap Water		61.8	76.0
受保护的井水和泉水		Protected Wells and Springs		27.6	22.1
不受保护的井水和泉水		Unprotected Wells and Springs		5.3	
江河湖泊水		Rivers and Lakes Water		0.3	
收集雨水		Collected Rainwater		4.9	1.9
桶装水		Barrels Water			0.0
其他		Others		0.1	
六、按住户厕所类型分	(%)	By Household Lavatory Type	(%)	100.0	100.0
水冲式卫生厕所		Sanitary Water Closet		33.0	48.7
水冲式非卫生厕所		Insanitary Water Closet		34.3	3.2
卫生旱厕		Sanitary Latrine		14.7	32.5
普通旱厕		Latrine		17.9	15.6
无厕所		No Lavatory		0.1	
七、按住户主要取暖设备状况分	(%)	By Heating Facilities Condition	(%)	100.0	100.0
由市政或小区集中供暖		Central Heating		0.4	1.3
自行供暖		Self Heating		78.6	94.9
无取暖设备		Without Heating Equipment		21.0	3.8
八、按主要炊用能源状况分	(%)	By Cooking Fuel Condition	(%)	100.0	100.0
柴草		Firewood		45.7	38.9
煤炭		Coal		13.9	10.3
罐装液化石油气		Canned Liquified Petroleum Gas		7.6	10.1
管道液化石油气		Pipeline Liquified Petroleum Gas		0.1	0.1
管道煤气		Pipeline Gas			
管道天然气		Pipeline Natural Gas		5.4	8.0
电		Electricity		27.1	32.5
沼气		Methane			
其他		Others		0.3	0.1

主要统计指标解释

住户 指居住在一个住宅内，共同分享生活开支或收入的一群人。居住在同一房间内、不共同分享生活开支的人群，每个人都视为一个住户。住家保姆、住家家庭帮工视为单独的住户。

常住居民 指住户成员中，经常在家居住、或者调查期内居住时间超过一半的人员，以及本住户供养的学生。常住居民是住户收支的调查对象。

整、半劳动力 整劳动力是指男子 18 周岁到 50 周岁，女子 18 周岁到 45 周岁；半劳动力是指男子 16 周岁到 17 周岁，51 周岁到 60 周岁；女子 16 周岁到 17 周岁，46 周岁到 55 周岁，同时具有劳动能力的人。虽然在劳动年龄之内，但已丧失劳动能力的人，不应算为劳动力；超过劳动年龄，但能经常参加劳动，计入半劳动力数内。常住人口中的职工，若这些职工为劳动力，就包括在本户的整半劳动力中。

居民可支配收入 指居民可用于最终消费支出和储蓄的总和，即居民可用于自由支配的收入。既包括现金收入，也包括实物收入。按照收入的来源，可支配收入包含四项，分别为：工资性收入、经营净收入、财产净收入和转移净收入。

工资性收入 指就业人员通过各种途径得到的全部劳动报酬和各种福利，包括受雇于单位或个人、从事各种自由职业、兼职和零星劳动得到的全部劳动报酬和福利。

经营净收入 指住户或住户成员从事生产经营活动所获得的净收入，是全部经营收入中扣除经营费用、生产性固定资产折旧和生产税之后得到的净收入。计算公式为：

经营净收入 = 经营收入 - 经营费用 - 生产性固定资产折旧 - 生产税

财产净收入 指住户或住户成员将其所拥有的金融资产、住房等非金融资产和自然资源交由其他机构单位、住户或个人支配而获得的回报并扣除相关的费用之后得到的净收入。财产净收入包括利息净收入、红利收入、储蓄性保险净收益、转让承包土地经营权租金净收入、出租房屋净收入、出租其他资产净收入和自有住房折算净租金等。财产净收入不包括转让资产所有权的溢价所得。

转移净收入 计算公式为：转移净收入=转移性收入-转移性支出

转移性收入 指国家、单位、社会团体对住户的各种经常性转移支付和住户之间的经常性收入转移。包括养老金或退休金、社会救济和补助、政策性生产补贴、政策性生活补贴、救灾款、经常性捐赠和赔偿、报销医疗费、住户之间的赡养收入，本住户非常住成员寄回带回的收入等。转移性收入不包括住户之间的实物馈赠。

转移性支出 指调查户对国家、单位、住户或个人的经常性或义务性转移支付。包括缴纳的税款、各项社会保障支出、赡养支出、经常性捐赠和赔偿支出以及其他经常转移支出等。

居民消费支出 指居民用于满足家庭日常生活消费需要的全部支出，既包括现金消费支出，也包括实物消费支出。消费支出可划分为食品烟酒、衣着、居住、生活用品及服务、交通通信、教育文化娱乐、医疗保健以及其他用品及服务八大类。

Explanatory Notes on Main Statistical Indicators

Households refer to persons living and sharing economically together in one house. When people don't share living expenses, every single person are deemed to be one household. Live-in Nanny and family helpers are deemed to be one household.

Usual Resident Population refers to persons staying at home regularly or for over half of time in survey period and students provided by the household. Usual resident population is the respondent of household living expenses.

Full/Semi Labour Force Full labour force refers to persons capable of work, aged 18-50 for males and 18-45 for females. Semi labour force refers to persons capable of work, aged 16-17 and 51-60 for males and 16-17 and 46-55 for females. Persons at their working ages but not capable of work are not to be included as labour force. Persons not at working ages but participating regularly in work are included in semi labour force. For staff and workers who are usual residents, are included as full or semi labour force of the household if they are in the labour force.

Disposable Income of Resident refers to the income of households for purpose of final expenditure and savings. It includes income both in cash and in kind. By sources of income, disposable income includes four categories: income from wages and salaries, net business income, net income from properties and net income from transfer.

Income from Wages and Salaries refers to remuneration of labour and salaries from all kinds of sources, including those employed by other units or individuals, freelance work, part-time jobs, and sporadic labour.

Net Business Income refers to net income earned by households and their members engaged in production and business activities. It refers to the net income of operating revenue minus operating costs, depreciation of productive fixed assets, and production tax. The formula is:

Net Business Income=Operating Revenue-Operating Costs-Depreciation of Productive Fixed Assets-Production Tax

Net Income from Properties refers to the net income received as returns by households or members of financial assets, non-financial assets such as housing, to other institutions, households or individuals, and minus relevant costs. Net income from properties includes net income of interest, bonus income, net income of saving insurance, net income of rents of transferring management right of contract land, income of renting housing, income of renting other assets, net converted rents of self-owned housing. Net income from properties do not include premium of transferring ownership of assets.

Net Income from Transfer The formula is:

Net Income from Transfer=Income from Transfers-Expenditure from Transfer

Income from Transfer refers to the regular transfer from country, institutions, social communities to households and between households. It includes old-age and retirement pension, disaster relief funds, regular donation and compensation, applying for medical fees, supporting income between households, income from non-usual-residing members of households, etc. Income from transfer do not include presents in kinds between households.

Expenditure from Transfer refers to regular or deontic transfer from households to country, institutions, households or individuals. It includes taxes paid, expenditure of all kinds of social security, supporting expenditure, regular donation and compensation and other regular transfer expenditure, etc.

Consumption Expenditure of Residents refers to all expenditure of households for living expenditure to satisfy family daily living. It includes expenditure in cash and in kind. It includes eight categories: food, tobacco and liquor; clothing; residence; household facilities, articles and services; transport and communications; education, cultural and recreational activities; health care and medical services, and miscellaneous goods and services.

十一、环境和城市

Environment and Cities

资料整理：冉妮平　白　彬

简 要 说 明

一、本篇资料主要反映陕西环境保护事业发展情况和城市公用事业基本情况。

环境保护事业发展情况主要包括供水、用水情况以及工业废水和生活污水的排放及治理情况；城市空气质量，废气排放及处理情况；工业固体废物的产生、处理及利用情况；城市生活垃圾清运及处理情况；城市道路交通和区域环境噪声监测情况；造林及自然保护基本情况；地质、地震、海洋、森林灾害及突发环境事件情况；环境污染治理投资等情况。

城市公用事业基本情况主要包括城市建设、供水、供气、供热、市政设施、城市绿化、环境卫生等情况。

二、本篇资料由省自然资源厅、省生态环境厅、省住房和城乡建设厅、省水利厅、省林业局等提供。

Brief Introduction

I. This chapter reflects the development of environment protection and public utilities in Shaanxi Province.

The development of environment protection mainly include water supply and utilization, discharge and treatment of industrial and other waste water; urban air quality, emission and treatment of waste gas; production, treatment and utilization of industrial solid wastes, collection and disposal of consumption wastes in cities; national monitoring of road traffic noise and urban environmental noise in key cities; forestation, grassland construction and natural protection; incidences of geological, seismic, marine and forest disasters, environmental emergency investment in environment pollution treatment, etc.

The public utilities mainly include urban construction, water supply, gas supply, heat supply, public facilities, urban greening and environmental hygiene, etc.

II. The data resources are provided by Shaanxi Provincial Department of Natural Resources, Shaanxi Provincial Department of Ecology and Environment, Shaanxi Provincial Department of Housing and Urban-Rural Construction, Shaanxi Provincial Department of Water Resources and Shaanxi Provincial Bureau of Forestry.

11.环境和城市

2021年全省城市		
人均公园绿地面积	12.90	平方米
人均城市道路面积	17.60	平方米
人均日生活用水量	161.31	升
供水普及率	98.16	%
燃气普及率	98.77	%

人均公园绿地面积（平方米）
（2021年）

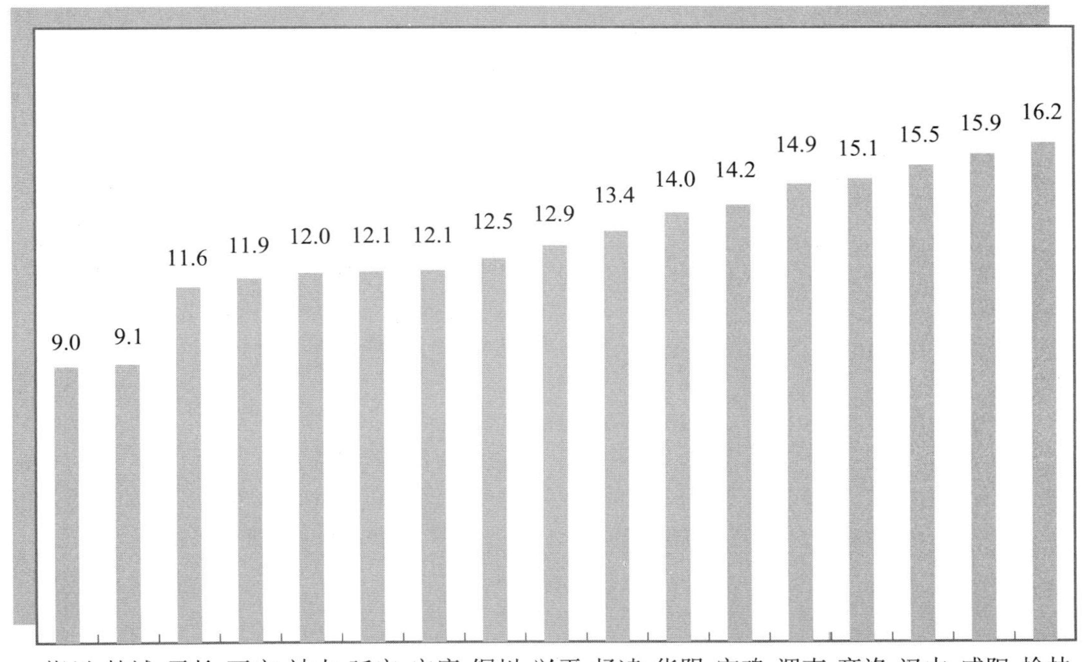

11－1 环境保护基本情况
Basic Statistics on Environmental Protection

指　　标	Item	2020	2021
水环境	**Water Environment Conditions**		
水资源总量 (亿立方米)	Total Amount of Water Resources (100 million cu. m)	419.62	852.49
地表水资源量	Surface Water	385.62	810.95
地下水资源量	Ground-Water	146.71	200.02
地表水与地下水资源重复量	Duplicated Measurement between Surface and Underground	112.71	158.48
人均水资源量 立方米/人)	Per Capita Water Resources (cu.m/person)	1071.95	2155.75
用水总量 (亿立方米)	Water Consumption (100 million cu. m)	90.56	91.76
# 农业用水	Water Consumption of Agriculture	55.61	54.63
工业用水	Water Consumption of Industry	10.87	10.90
生活用水	Water Consumption of Consumption	18.88	20.30
生态环境补水	Water Consumption of Ecological Protection	5.21	5.92
废水排放总量 (万吨)	Total Volume of Waste Water Discharged (10 000 tons)	173492.33	184335.86
# 工业废水排放量	Volume of Industrial Waste Water Discharged	26080.38	31690.42
城镇生活污水排放量	Volume of Consumption Waste Water Discharged	147306.20	152527.17
集中式治理设施污水排放量	Volume of Sewage Discharged from Centralized Treatment Facilities	105.75	118.27
化学需氧量(COD)排放量 (吨)	COD Discharge (ton)	488770	507436
# 工业废水中COD排放量	COD Discharge by Industrial Waste Water	9461	7121
农业COD排放量	COD Discharge by Agriculture	204190	220296
城镇生活污水中COD排放量	COD Discharge by Consumption Waste Water	274908	279747
集中式治理设施COD排放量	Volume of COD Discharged by Centralized Treatment Facilities	212	272
氨氮排放量 (吨)	Ammonia Nitrogen Discharge (ton)	25258	27122
# 工业废水中氨氮排放量	Ammonia Nitrogen Discharge by Industrial Waste Water	328	297
农业氨氮排放量	Ammonia Nitrogen Discharge by Agriculture	2641	2892
生活污水中氨氮排放量	Ammonia Nitrogen Discharge by Consumption Waste Water	22249	23884
集中式治理设施氨氮排放量	Volume of Ammonia Nitrogen Discharged by Centralized Treatment Facilities	39	49
大气环境	**Atmospheric Environment Conditions**		
二氧化硫(SO2)排放量 (吨)	Sulphur Dioxide (SO2) Emission (ton)	167590	81120
# 工业SO2排放量	Volume of Sulphur Dioxide Emission by Industry	63981	55788
城镇生活SO2排放量	Volume of Sulphur Dioxide Emission by Consumption	103534	25279
集中式治理设施SO2排放量	Volume of SO2 Discharged by Centralized Treatment Facilities	74	53
氮氧化物排放量 (吨)	Volume of Nitrogen oxides (ton)	282743	124439
# 工业氮氧化物排放量	Volume of Nitrogen oxides by Industry	128902	108646
城镇生活氮氧化物排放量	Volume of Nitrogen oxides by Consumption	38376	14990
机动车氮氧化物排放量	Volume of Nitrogen oxides by Motor Vehicles	115058	
集中式治理设施氮氧化物排放量	Volume of Nitrogen oxides by Centralized Treatment Facilities	407	804
烟(粉)尘排放量 (吨)	Volume of Soot Emission (ton)	495297	230487
# 工业烟(粉)尘排放量	Volume of Industrial Soot Emission	196601	157591
城镇生活烟尘排放量	Volume of Consumption Soot Emission	296338	72864
机动车烟尘排放量	Volume of Soot Emission by Motor Vehicles	2349	
集中式治理设施烟尘排放量	Volume of Soot Emission by Centralized Treatment Facilities	9	32

11-1 续表 1 continued

指　　标		Item		2020	2021
固体废物		**Solid Wastes**			
一般工业固体废物产生量	(万吨)	Volume of Industrial Solid Wastes Produced	(10 000 tons)	12430.05	13065.87
一般工业固体废物综合利用量	(万吨)	Volume of Industrial Solid Wastes Utilized	(10 000 tons)	6443.38	6463.46
# 综合利用往年贮存量		The Comprehensive Utilization Stored Quantity in Early Years		468.63	33.82
一般工业固体废物综合利用率	(%)	Ratio of Industrial Solid Wastes Utilized	(%)	49.95	49.40
一般工业固体废物处置量	(万吨)	Volume of Industrial Solid Wastes Treated	(10 000 tons)	4902.54	5009.91
# 处置往年贮存量		Stored Quantity Treated in Early Years		192.69	156.40
一般工业固体废物处置率	(%)	Ratio of Industrial Solid Wastes Treated	(%)	38.84	37.94
一般工业固体废物贮存量	(万吨)	Industrial Solid Wastes Stored Quantity	(10 000 tons)	1745.22	1766.45
危险废物产生量	(吨)	Volume of Hazardous Wastes	(ton)	1609580	2143159
危险废物利用处置量	(吨)	Volume of Hazardous Wastes Utilized	(ton)	1679396	2259103
# 利用处置往年贮存量		The Comprehensive Utilization Stored Quantity in Early Years		153304	13865
危险废物利用处置率	(%)	Ratio of Hazardous Wastes Utilized	(%)	95.26	96.67
生态环境		**Ecological Environment Conditions**			
累计水土流失治理面积	(千公顷)	Accumulative Area of Water and Soil Conservation	(1 000 hectares)	8163.74	8350.48
当年造林面积	(公顷)	Total Area of Afforestation	(hectare)	324453	400347
人工造林		Manual Planting		148897	114688
飞播造林		Airplane Planting		20281	53595
当年新封山(沙)育林面积		New Cloring Hillsides for Afforestation		84979	189144
退化林修复		Restoration of Degraded Forest		70296	42920
人工更新		Artificial Regeneration			
自然保护区数	(个)	Number of Nature Reserves	(unit)	61	61
# 国家级		Nation Level		26	26
自然保护区面积	(万公顷)	Area of Nature Reserves	(10 000 hectares)	114.56	114.56
自然灾害		**Natural Disasters**			
地质灾害次数	(次)	Number of Geologic Hazards	(time)	161	22
地质灾害失踪及死亡人数	(人)	Number of Missing and Dead in Geological Disasters	(person)	8	21
地质灾害直接经济损失	(万元)	Direct Economic Losses of Geologic Hazard	(10 000 yuan)	4668	51690
森林火灾次数	(次)	Number of Forest Fires	(time)	77	17
森林火灾受害森林面积	(公顷)	Danaged Forest Area	(hectare)	238	45

11-1 续表 2 continued

指 标	Item	2020	2021
环境污染与治理	**Investment in the Treatment of Environmental Pollution**		
突发环境事件次数 (次)	Environmental Disasters (time)	10	9
工业污染防治投资	Investment in the Treatment of Industrial Pollution	194957	64420
治理废水	Treatment of Waste Water	3204	5380
治理废气	Treatment of Waste Gas	88916	26483
治理固体废物	Treatment of Solid Waste	3560	73
治理噪声	Treatment of Noise Pollution	15	2
治理其他	Treatment of Other Pollution	99262	32483
完成环保验收项目环保投资 (万元)	Investment in Completion Acceptance of Environmental Protection (10 000 yuan)	482234	188327
本年林业投资完成额 (万元)	Investment Completed This Year for Afforestation (10 000 yuan)	1127137	973695
生态修复治理	Ecological Construction and Protection	731791	610756
林(草)产品加工制造	Forestry Support and Protection	29897	21404
林业草原服务、保障和公共管理	Development of Forestry	365449	341535
城市环境	**Urban Environmental**		
城市供水总量 (万立方米)	Total Water Supply (10 000 cu.m)	129087.24	136333.14
城市供水普及率 (%)	Coverage Rate of Urban Population with Access to Tap Water (%)	97.88	98.16
城市污水排放量 (万立方米)	Volume of City Sewage (10 000 cu.m)	131968	167263
城市污水处理量 (万立方米)	Disposal of City Sewage (10 000 cu.m)	127737	162417
城市污水处理厂集中处理率 (%)	Treatment Rate of City Sewage (%)	96.79	97.10
城市生活垃圾清运量 (万吨)	Urban Consumption Wastes Collected and Transported (10 000 tons)	550.01	669.40
城市生活垃圾无害化处理量 (万吨)	Volume of City Consumption Wastes (10 000 tons)	549.64	669.39
城市生活垃圾无害化处理率 (%)	Treatment Rate of City Consumption Wastes (%)	99.93	100.00
城市燃气普及率 (%)	Coverage Rate of Urban Population with Access to Gas (%)	98.62	98.77
城市集中供热面积 (万平方米)	Area of Centralized Heating in Urban (10 000 sq.m)	41685	49252
城市人均公园绿地面积 (平方米)	Per Capita Public Green Area (sq.m)	12.79	12.90
建成区绿化覆盖率 (%)	Green Covered Area as % of Completed Area (%)	40.80	41.76

注：城市环境部分，统计范围为全省设区市本级和杨凌示范区，及兴平、华阴、韩城、神木、彬州、子长6个县级市。

a)For the urban environment,the statistical scope covers the district-municipal-level and Yangling demonstration Zone and the six county-level cities of Xingping, Huayin, Hancheng, Shenmu, Binzhou and Zichang.

11-2 各市(区)工业固体废物排放及处理情况(2021年)
Production and Treatment of Industrial Solid Wastes by City(District)(2021)

单位：万吨 (10 000 tons)

地区	Region	一般工业固体废物产生量 Volume of Industrial Solid Wastes Produced	危险废物产生量 Volume of Hazardous Wastes Produced	一般工业固体废物贮存量 Volume of Industrial Solid Wastes in Stocks	危险废物贮存量 Volume of Hazardous Wastes in Stocks	一般工业固体废物处置量 Volume of Industrial Solid Wastes Disposed	#处置往年贮存量 Storage Capacity Disposed in Former Years	危险废物利用处置量 Volume of Hazardous Wastes Disposed	一般工业固体废物综合利用量 Volume of Industrial Solid Wastes Utilized
全省	**Shaanxi**	**13049.63**	**214.32**	**1766.45**	**107.37**	**5009.91**	**156.40**	**225.91**	**6463.46**
西安市	Xi'an	178.12	13.02	0.06	0.25	23.65	0.04	16.55	154.49
铜川市	Tongchuan	280.29	0.27	0.14	0.01	28.47	0.10	0.60	251.96
宝鸡市	Baoji	846.60	5.24	230.24	0.38	161.52	0.02	5.29	455.09
咸阳市	Xianyang	1099.48	5.47	19.37	0.26	441.60	0.02	5.57	642.82
渭南市	Weinan	2915.22	23.20	192.63	0.76	1721.80	65.37	24.93	1066.19
#韩城市	Hancheng	819.66	9.99	102.27	0.05	95.06	65.01	9.97	687.34
延安市	Yan'an	735.55	46.15	103.51	0.54	319.44		46.57	312.59
汉中市	Hanzhong	738.75	48.04	190.39	99.58	240.19	17.16	51.81	333.15
榆林市	Yulin	5519.52	47.12	783.58	0.89	2046.61	73.44	51.20	2781.83
安康市	Ankang	43.61	2.06	14.18	0.54	5.95	0.02	1.93	24.10
商洛市	Shangluo	509.40	21.81	232.31	4.14	15.09	0.21	19.55	263.74
杨凌示范区	Yangling	43.51	0.24	0.00	0.01	1.83	0.00	0.23	41.68
西咸新区	Xixian	139.57	1.69	0.03	0.01	3.76	0.03	1.69	135.81

11-3 各市(区)工业废水排放及处理量(2021年)
Discharge and Treatment of Industrial Waste Water by City(District)(2021)

地区	Region	工业用水总量(万吨) Total Water Use in Industry (10 000 tons)	工业废水排放总量(万吨) Total Volume of Industrial Waste Water Discharged (10 000 tons)	化学需氧量排放量(吨) COD Discharge (ton)	氨氮排放量(吨) Ammonia Nitrogen Discharge (ton)	工业废水处理量(万吨) Volume of Treated Industrial Waste Water (10 000 tons)	废水治理设施数(套) Number of Facilities for Treatment of Waste Water (set)	废水治理设施处理能力(万吨/日) Treatment Capacity of Facilities for Treatment of Waste Water (10 000 tons/day)
全省	**Shaanxi**	**73343.83**	**31690.42**	**7121.18**	**296.78**	**57527.00**	**1366**	**331.92**
西安市	Xi'an	7884.09	3812.82	956.23	45.44	4356.43	250	28.67
铜川市	Tongchuan	2207.61	692.60	101.55	1.03	844.55	32	4.69
宝鸡市	Baoji	4717.62	1460.61	470.27	44.59	2943.11	157	25.11
咸阳市	Xianyang	5822.79	9978.43	2019.20	73.96	10019.99	131	60.22
渭南市	Weinan	11971.96	3518.67	1229.50	70.99	8398.26	153	46.16
#韩城市	Hancheng	3641.76	761.50	145.79	5.75	4107.45	42	18.12
延安市	Yan'an	9707.24	2208.59	901.72	13.11	5649.38	88	20.83
汉中市	Hanzhong	1792.35	234.82	203.85	10.13	1151.95	79	19.82
榆林市	Yulin	25122.84	9279.79	1022.28	28.13	22700.79	340	111.91
安康市	Ankang	136.39	51.91	94.96	2.94	76.03	43	1.92
商洛市	Shangluo	1409.36	153.36	54.85	3.33	789.20	38	8.04
杨凌示范区	Yangling	487.31	111.30	25.56	0.70	113.80	31	1.02
西咸新区	Xixian	2084.28	187.53	41.22	2.44	483.51	24	3.54

11-4 各市(区)工业废气排放及处理情况(2021年)
Emission and Treatment of Industrial Waste Gas by City(District)(2021)

地 区	Region	工业废气排放总量(亿立方米) Total Volume of Industrial Waste Gas Emission (100 million cu.m)	二氧化硫排放量(吨) Volume of Industrial Sulphur Dioxide Emission (ton)	氮氧化物排放量(吨) Volume of Nitrogen Oxides Emission (ton)	颗粒物排放量(吨) Particulate matter Emission (ton)	废气治理设施数(套) Number of Facilities for Treatment of Waste Gas (set)	废气治理设施处理能力(万立方米/时) Treatment Capacity of Facilities for Treatment of Waste Gas (10 000 cu.m/hour)	空气日报优良率(%) Air Quality Fine Rate (%)
全 省	**Shaanxi**	**27083.01**	**55787.78**	**108645.85**	**157590.89**	**5821**	**77682.53**	**79.6**
西安市	Xi'an	1372.78	1154.29	2595.05	801.54	1189	10775.59	72.6
铜川市	Tongchuan	1449.81	3156.86	8137.31	3969.54	316	4492.41	78.6
宝鸡市	Baoji	1404.47	2501.62	7597.01	3709.41	769	6714.96	80.8
咸阳市	Xianyang	2911.02	2865.04	5925.03	6201.06	709	5876.91	67.1
渭南市	Weinan	4904.56	9319.26	21136.82	108602.67	848	14655.81	66.3
# 韩城市	Hancheng	2842.35	6424.48	15228.82	10321.77	201	8621.44	70.1
延安市	Yan'an	4388.09	4038.89	5456.36	6044.14	134	1300.22	89.0
汉中市	Hanzhong	1172.45	3898.74	6355.92	3972.45	259	2508.90	83.3
榆林市	Yulin	8008.00	26051.69	44868.71	19153.63	738	27729.97	85.8
安康市	Ankang	149.98	943.27	1432.32	1969.20	206	582.28	94.0
商洛市	Shangluo	481.84	1211.49	2835.12	2814.84	177	702.28	91.8
杨凌示范区	Yangling	155.23	110.09	447.46	124.20	181	170.97	75.6
西咸新区	Xixian	684.77	536.55	1858.74	228.22	295	2172.23	78.9

注：空气日报优良率渭南市数据未含韩城市。
a)Air daily excellent rate of Weinan city data does not include Hancheng city.

11－5　城市设施水平(2021年)
Level of Public Facilities in Cities(2021)

城　市	City	人均公园绿地面积(平方米) Per Capita Public Green Area (sq.m)	人均城市道路面积(平方米) Per Capita Area of Paved Roads (sq.m)	人均日生活用水量(升) Per Capita Daily Consumption of Tap Water for Residential Use (liter)	供水普及率(%) Coverage Rate of Population with Access to Tap Water (%)	燃气普及率(%) Coverage Rate of Population with Access to Gas (%)
全　省	**Shaanxi**	**12.90**	**17.60**	**161.31**	**98.16**	**98.77**
西安市	Xi'an	11.85	19.63	173.99	99.40	99.99
铜川市	Tongchuan	12.48	13.93	104.44	95.40	97.35
宝鸡市	Baoji	14.22	15.92	137.21	96.34	98.92
咸阳市	Xianyang	15.89	4.86	225.13	99.32	99.45
彬州市	Binzhou	9.02	16.75	106.10	93.44	71.72
兴平市	Xingping	12.90	15.08	115.59	97.54	100.00
渭南市	Weinan	14.92	11.68	148.67	100.00	97.43
韩城市	Hancheng	9.09	17.09	125.48	100.00	99.48
华阴市	Huayin	13.97	15.01	94.34	99.05	94.06
延安市	Yan'an	12.07	20.36	118.79	95.11	99.15
子长市	Zichang	11.57	11.36	71.09	95.68	99.85
汉中市	Hanzhong	15.52	14.75	157.53	98.68	99.29
榆林市	Yulin	16.24	26.24	118.83	87.34	89.24
神木市	Shenmu	12.02	25.39	110.99	100.00	98.90
安康市	Ankang	12.10	16.70	140.31	98.65	99.61
商洛市	Shangluo	15.08	11.87	133.89	96.30	98.60
杨凌示范区	Yangling	13.38	29.40	176.05	99.70	100.00

 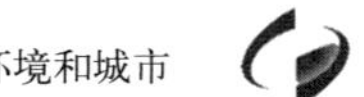

11-6 城市市政设施(2021年)
Municipal Infrastructure in Cities(2021)

城 市	City	道路长度 (公里) Length of Paved Roads (km)	道路面积 (万平方米) Area of Paved Roads (10 000 sq.m)	城市桥梁 (座) City Bridges (set)	# 立交桥 Flyover	城市道路照明灯盏数 (盏) Number of Street Lights (unit)	城市排水管道长度 (公里) Length of City Sewage Pipes (km)
全 省	**Shaanxi**	**10495.13**	**24555.69**	**861**	**178**	**852919**	**13946.05**
西安市	Xi'an	5733.19	14532.64	453	115	457822	7610.05
铜川市	Tongchuan	253.96	572.31	35	5	27133	526.99
宝鸡市	Baoji	760.22	1680.41	59	4	91085	801.48
咸阳市	Xianyang	332.59	533.03	17	14	43813	504.15
彬州市	Binzhou	78.23	204.35	7	1	3972	127.74
兴平市	Xingping	211.30	306.90	13	4	13011	96.17
渭南市	Weinan	400.17	649.04	12	4	35302	531.16
韩城市	Hancheng	145.92	296.99	3		4321	180.57
华阴市	Huayin	115.86	174.23	21		6728	125.98
延安市	Yan'an	412.76	983.33	78	2	32032	656.41
子长市	Zichang	89.20	147.37	10		1300	84.50
汉中市	Hanzhong	387.12	825.71	9	1	32266	478.47
榆林市	Yulin	651.74	1699.87	48	13	37153	1189.74
神木市	Shenmu	288.91	577.63	18	3	21104	144.38
安康市	Ankang	269.40	592.80	21	1	28451	392.20
商洛市	Shangluo	201.20	289.00	32	2	10891	253.46
杨凌示范区	Yangling	163.36	490.08	25	9	6535	242.60

11-7 城市供水情况(2021年)
Basic Statistics on Tap Water Supply in Cities (2021)

城市	City	综合生产能力(万立方米/日) Production Capacity (10 000 cu.m/day)	#地下水 Groundwater	全年供水总量(万立方米) Annual Volume of Tap Water Supply (10 000 cu.m)	#生产运营用水 Water Consumption of Production and Operations	#公共服务用水 Water Consumption of Public Services	#居民家庭用水 Water Consumption of Household
全省	**Shaanxi**	**645.93**	**232.48**	**136333.14**	**35128.60**	**6822.25**	**73794.09**
西安市	Xi'an	354.53	112.45	81084.56	22682.19	1112.18	45628.33
铜川市	Tongchuan	18.38	4.14	2788.65	1008.92	433.09	1061.30
宝鸡市	Baoji	40.95	14.45	6957.46	1234.62	813.94	4278.27
咸阳市	Xianyang	82.80	28.00	13910.43	2414.74	478.28	8467.04
彬州市	Binzhou	1.80		607.00	101.20	126.10	312.40
兴平市	Xingping	11.80	11.80	3235.36	2146.02	211.29	626.21
渭南市	Weinan	34.15	18.95	6195.13	1787.12	969.80	2046.28
韩城市	Hancheng	7.00	3.20	1297.00	104.00	27.00	769.00
华阴市	Huayin	8.45	8.45	800.00	240.00	68.00	328.00
延安市	Yan'an	15.00		3527.95	1037.34	87.30	1904.16
子长市	Zichang	1.50	0.05	374.00	29.00	52.00	270.00
汉中市	Hanzhong	15.16	15.16	4130.37	128.21	706.56	2457.13
榆林市	Yulin	18.75	8.75	3731.72	592.07	626.31	1827.25
神木市	Shenmu	4.66	0.08	1839.61	688.00	300.01	621.60
安康市	Ankang	14.00		2798.88	662.12	266.79	1526.74
商洛市	Shangluo	7.00	7.00	1427.02	58.05	298.60	847.38
杨凌示范区	Yangling	10.00		1628.00	215.00	245.00	823.00

11–8 城市园林绿化情况(2021年)

Basic Statistics on Parks, Gardens and Green Areas in Cities(2021)

城市	City	园林绿化覆盖面积(公顷) Covered area of Gardening and Greening (hectare)	#建成区 Developed Areas	园林绿地面积(公顷) Areas of Green Land (hectare)	#建成区 Developed Areas	公园绿地面积(公顷) Capita Public Green Area (hectare)	公园个数(个) Number of Parks (unit)	公园面积(公顷) Area of Parks (hectare)
全　省	**Shaanxi**	**84057**	**63774**	**76176**	**57466**	**17998**	**410**	**11798**
西安市	Xi'an	45671	34641	43222	31151	8774	155	5857
铜川市	Tongchuan	2246	1954	1951	1762	513	15	145
宝鸡市	Baoji	6044	4933	5292	4599	1502	37	1164
咸阳市	Xianyang	5601	3012	5228	2622	1741	6	731
彬州市	Binzhou	448	381	368	356	110	11	139
兴平市	Xingping	886	856	794	794	263	3	153
渭南市	Weinan	3302	2808	2595	2465	829	13	772
韩城市	Hancheng	950	727	706	636	158	7	36
华阴市	Huayin	806	689	611	610	162	5	49
延安市	Yan'an	2894	2762	2568	2538	583	52	562
子长市	Zichang	507	486	428	428	150	2	141
汉中市	Hanzhong	3070	2403	2459	2084	869	16	303
榆林市	Yulin	5331	2988	4638	2741	1052	20	882
神木市	Shenmu	1448	1191	1288	1074	273	6	144
安康市	Ankang	2320	1813	1757	1674	430	37	398
商洛市	Shangluo	1396	1160	1305	1081	367	20	300
杨凌示范区	Yangling	1137	970	968	854	223	5	22

11-9 城市环境卫生情况(2021年)
Basic Statistics on Urban Sanitation in Cities(2021)

城　市	City	道路清扫保洁面积(万平方米) Area of Paved Roads under Cleaning Program (10 000 sq.m)	#机　械 Machinery Cleaning	生活垃圾清运量(万吨) Consumption Wastes Collected and Transported (10 000 tons)	公厕数量(座) Number of Public Lavatories (set)	#三类以上 Third Grade and Above	市容环卫专用车辆设备总数(台) Number of Special Vehicles for Environmental Sanitation (unit)
全　省	**Shaanxi**	**24121.27**	**20910.33**	**669.40**	**6475**	**6183**	**5572**
西安市	Xi'an	13310.86	11815.30	393.87	3315	3315	3144
铜川市	Tongchuan	567.79	492.72	16.60	256	256	156
宝鸡市	Baoji	1801.82	1496.71	41.89	652	559	274
咸阳市	Xianyang	1025.88	933.67	33.79	185	141	310
彬州市	Binzhou	201.44	168.00	4.73	58	29	49
兴平市	Xingping	269.24	246.72	9.36	28	28	72
渭南市	Weinan	745.92	631.88	20.06	332	332	330
韩城市	Hancheng	336.57	302.91	7.60	68	68	72
华阴市	Huayin	130.00	78.00	5.77	55	44	67
延安市	Yan'an	770.22	715.93	26.93	278	271	179
子长市	Zichang	184.00	140.00	4.46	53	53	55
汉中市	Hanzhong	626.90	540.15	18.56	207	172	136
榆林市	Yulin	2173.63	1737.34	41.32	514	466	217
神木市	Shenmu	728.00	626.00	9.59	196	196	201
安康市	Ankang	783.00	549.00	19.30	156	131	180
商洛市	Shangluo	180.00	154.00	8.28	68	68	88
杨凌示范区	Yangling	286.00	282.00	7.30	54	54	42

11-10 城市燃气情况(2021年)
Basic Statistics on Supply of Gas in Cities(2021)

城市	City	天然气 Natural Gas 供气总量(万立方米) Volume of Gas Supply (10 000 cu.m)	销售气量(万立方米) Volume of Gas Sold (10 000 cu.m)	#居民家庭 Consumption for Residential Use	用气人口(万人) Population with Access to Gas (10 000 persons)	液化石油气 Liquefied Petroleum Gas 供气总量(吨) Volume of Gas Supply (ton)	销售气量(吨) Volume of Gas Sold (ton)	#居民家庭 Consumption for Residential Use	用气人口(万人) Population with Access to Gas (10 000 persons)
全　省	**Shaanxi**	**589725**	**580383**	**223520**	**1284.97**	**82073**	**81769**	**47698**	**93.00**
西安市	Xi'an	359901	352297	102583	700.10	52681	52544	25374	40.22
铜川市	Tongchuan	18939	18930	6439	40.00	565	551	204	
宝鸡市	Baoji	34776	34229	20500	103.96	256	250	161	0.48
咸阳市	Xianyang	33668	33655	17807	108.20	3320	3290	3100	0.80
彬州市	Binzhou	920	880	355	7.33	787	786	178	1.42
兴平市	Xingping	3979	3816	2389	15.00	2280	2280	2120	5.35
渭南市	Weinan	19018	18898	12360	50.80	1982	1967	1925	3.35
韩城市	Hancheng	9476	9317	8587	16.27	902	894	260	1.02
华阴市	Huayin	1137	1127	650	7.72	463	458	458	3.20
延安市	Yan'an	34219	33784	12636	41.61	5946	5946	3940	6.27
子长市	Zichang	3048	3015	2631	10.77	582	580	302	2.18
汉中市	Hanzhong	9980	9970	7035	46.89	3380	3331	3331	8.69
榆林市	Yulin	34971	34938	16706	57.80	1200	1200		
神木市	Shenmu	7594	7590	4415	20.70	520	500	420	1.80
安康市	Ankang	5334	5296	3360	23.15	5173	5155	5155	12.21
商洛市	Shangluo	8944	8829	3921	18.00	2036	2036	770	6.01
杨凌示范区	Yangling	3820	3813	1146	16.67				

主要统计指标解释

水资源总量 指当地降水形成的地表和地下产水总量，即地表径流量与降水入渗补给量之和。

地表水资源量 指河流、湖泊以及冰川等地表水体中可以逐年更新的动态水量，即天然河川径流量。

地下水资源量 指地下饱和含水层逐年更新的动态水量，即降水和地表水入渗对地下水的补给量。

地表水与地下水资源重复量 指地表水和地下水相互转化的部分，即天然河川径流量中的地下水排泄量和地下水补给量中来源于地表水的入渗补给量。

用水总量 指各类用水户取用的包括输水损失在内的毛水量。

农业用水 包括农田灌溉用水、林果地灌溉用水、草地灌溉用水、鱼塘补水和畜禽用水。

工业用水 指工矿企业在生产过程中用于制造、加工、冷却、空调、净化、洗涤等方面的用水，按新水取用量计，不包括企业内部的重复利用水量。

生活用水 包括城镇生活用水和农村生活用水。城镇生活用水由居民用水和公共用水（含第三产业及建筑业等用水）组成；农村生活用水指居民生活用水。

生态环境补水 仅包括人为措施供给的城镇环境用水和部分河湖、湿地补水，而不包括降水、径流自然满足的水量。

工业废水排放量 指经过企业厂区所有排放口排到企业外部的工业废水量。包括生产废水、外排的直接冷却水、超标排放的矿井地下水和与工业废水混排的厂区生活污水，不包括外排的间接冷却水(清污不分流的间接冷却水应计算在内)。

生活污水排放量 指城镇居民每年排放的生活污水。用人均系数法测算。测算公式为：

$$\frac{\text{生活污水}}{\text{排放量}}=\frac{\text{城镇生活污水}}{\text{排放系数}}\times\frac{\text{市镇非}}{\text{农业人口}}\times 365$$

化学需氧量(COD) 指用化学氧化剂氧化水中有机污染物时所需的氧量。COD值越高，表示水中有机污染物污染越重。

工业废气排放量 指报告期内企业厂区内燃料燃烧和生产工艺过程中产生的各种排入大气的含有污染物的气体的总量，以标准状态(273K，101325Pa)计算。测算公式为：

$$\frac{\text{工业废气}}{\text{排放量}}=\frac{\text{燃料燃烧过程}}{\text{中废气排放量}}+\frac{\text{生产工艺过程}}{\text{中废气排放量}}$$

生活及其他 SO_2 排放量 以生活及其他煤炭消费量和其含硫量为基础，根据以下公式计算：

$$\frac{\text{生活及其他}}{SO_2\text{排放量}}=\frac{\text{生活及其他}}{\text{煤炭消费量}}\times\text{含硫量}\times 0.8\times 2$$

工业 SO_2 排放量 指报告期内企业在燃料燃烧和生产工艺过程中排入大气的 SO_2 总量，计算公式为：

$$\frac{\text{工业}SO_2}{\text{排放量}}=\frac{\text{燃料燃烧过程}}{\text{中}SO_2\text{排放量}}+\frac{\text{生产工艺过程}}{\text{中}SO_2\text{排放量}}$$

工业烟尘排放量 指企业厂区内燃料燃烧过程中产生的烟气中夹带的颗粒物排放量。

生活及其他烟尘排放量 指除工业生产活动以外的所有社会、经济活动及公共设施的经营活动中燃烧所排放的烟尘纯重量。以生活及其他煤炭消费量为基础进行测算。

工业粉尘排放量 指企业在生产工艺过程中排放的能在空气中悬浮一定时间的固体颗粒物排放量。如钢铁企业的耐火材料粉尘、焦化企业的筛焦系统粉尘、烧结机的粉尘、石灰窑的粉尘、建材企业的水泥粉尘等。不包括电厂排入大气的烟尘。

一般工业固体废物产生量 指未被列入《国家危险废物名录》或者根据国家规定的危险废物鉴别标准（GB5085）、固体废物浸出毒性浸出方法（GB5086）及固体废物浸出毒性测定方法（GB／T 15555）鉴别方法判定不具有危险特性的工业固体废物。计算公式是：

一般工业固体废物产生量=（一般工业固体废物综合利用量－其中：综合利用往年贮存量）+一般工业固体废物贮存量+（一般工业固体废物处置量－其中：处置往年贮存量）+一般工业固体废物倾倒丢弃量

一般工业固体废物综合利用量 指报告期内企业通过回收、加工、循环、交换等方式，从固体废物中提取或者使其转化为可以利用的资源、能源和其他原材料的固体废物量（包括当年利用的往年工业固体废物累计贮存量）。如用作农业肥料、生产建筑材料、筑路等。综合利用量由原产生固体废物的单位统计。

一般工业固体废物处置量 指报告期内企业将工业固体废物焚烧和用其他改变工业固体废物的物理、化学、生物特性的方法，达到减少或者消除其危险成分的活动，或者将工业固体废物最终置于符合环境保护规定要求的填埋场的活动中，所消纳固体废物的量。

一般工业固体废物贮存量 指报告期内企业以综合利用或处置为目的，将固体废物暂时贮存或堆存在专设的贮存设施或专设的集中堆存场所内的量。专设的固体废物贮存场所或贮存设施必须有防扩散、防流失、防渗漏、防止污染大气、水体的措施。

危险废物 指列入国家危险废物名录或根据国家规定的危险废物鉴别标准和鉴别方法认定的，具有爆炸性、易燃性、易氧化性、毒性、腐蚀性、易传染疾病等危险特性之一的废物。

自然保护区 指为了保护自然环境和自然资源，促进国民经济的持续发展，将一定面积的陆地和水体划分出来，并

经各级人民政府批准而进行特殊保护和管理的区域个数。根据保护对象，自然保护区分为自然生态系统类、野生生物类、自然遗迹类。风景名胜区、文物保护区不计在内。

环境突发事件 指由于违反环境保护法规的经济、社会活动与行为，以及意外因素的影响或不可抗拒的自然灾害等原因，致使环境受到污染，国家重点保护的野生动植物、自然保护区受到破坏，人体健康受到危害，社会经济和人民财产受到损失，造成不良社会影响的突发性事件。

环境污染治理投资 指在污染源治理和城市环境基础设施建设的资金投入中，用于形成固定资产的资金，其中污染源治理投资包括工业污染源治理投资和“三同时”项目环保投资两部分。环境污染治理投资为城市环境基础设施投资、工业污染源治理投资与“三同时”项目环保投资之和。

城市桥梁 指为跨越天然或人工障碍物而修建的构筑物。包括跨河桥、立交桥、人行天桥以及人行地下通道等。按使用年限分为永久性桥和半永久性桥。

城市园林绿地面积 指报告期末用作园林和绿化的各种绿地面积。包括公园绿地、生产绿地、防护绿地、附属绿地和其他绿地的面积。

Explanatory Notes on Main Statistical Indicators

Total Water Resources refers to total volume of surface water and groundwater and is measured as run-off for surface water and replenishment of groundwater with rainfall in local area.

Surface Water Resources refers to total volume of year by year renewable dynamic resources which exist in rivers, lakes, glaciers and other surface water and are the natural run-off of rivers.

Groundwater Resources refers to total volume of year by year renewable dynamic resources which exist in saturation acquifers of groundwater and are measured as replenishment of groundwater with rainfall and surface water.

Duplicated Measurement between Surface Water and Groundwater refers to mutual exchange between surface water and groundwater, i.e. run-off of rivers includes some depletion into groundwater while groundwater includes some replenishment from surface water.

Water Use refers to gross water used by various water users, including losses during distribution.

Water Use by Agriculture includes uses of water by irrigation of farming fields, forestry and orchards, irrigation of grassland, replenishment of fishing farms and water used by animal husbandry.

Water Use by Industry refers to new withdrawals of water, excluding reuse of water within enterprises.

Water Use by Living Consumption includes use of water for living consumption in both urban and rural areas. Urban water use by living consumption is composed of household use and public use (including tertiary industry and construction). Rural water use by living consumption includes water used by households.

Water Use by Ecological and Environmental Protection includes replenishment of rivers and lakes and use for urban environment.

Waste Water Discharged by Industry refers to the volume of waste water discharged by industrial enterprises through all their outlets, including waste water from production process, directly cooled water, groundwater from mining wells which does not meet discharge standards and sewage from households mixed with waste water produced by industrial activities, but excluding indirectly cooled water discharged (It should be included if the discharge is not separated from waste water).

Urban Non-industrial Waste Water Discharge refers to annual discharge of non-industrial waste water by urban households. It is estimated by per capita coefficient using the formula:

$$\begin{array}{c}\text{Urban non - industrial}\\ \text{waste water discharge}\end{array} = \begin{array}{c}\text{urban non - industrial waste}\\ \text{water discharge coefficient}\end{array} \times \begin{array}{c}\text{urban non - agricultural}\\ \text{population}\end{array} \times 365$$

Chemical Oxygen Demand (COD) refers to the amount of oxygen required when chemical oxidants are used to oxidize organic pollutants in water. A higher value of COD corresponds to more serious pollution by organic pollutants.

Industrial Waste Air Emission refers to the discharge into atmosphere of waste air containing pollutants generated from fuel burning and production processes in enterprises within a given period of time. It is calculated at standard status (273K, 101325Pa) as:

$$\begin{array}{c}\text{Industrial waste}\\ \text{air emission}\end{array} = \begin{array}{c}\text{emission through}\\ \text{fuel burning}\end{array} + \begin{array}{c}\text{emission through}\\ \text{production process}\end{array}$$

SO_2 Emission through Non-industrial and Other Activities is calculated on the basis of consumption of coal by households and other activities and the sulphur content of coal with the following formula:

$$\begin{array}{c}SO_2\text{ emission}\\ \text{through non -}\\ \text{industrial and}\\ \text{other activities}\end{array} = \begin{array}{c}\text{of coal by}\\ \text{households}\\ \text{and other}\\ \text{activities}\end{array} \times \begin{array}{c}\text{sulphur}\\ \text{content}\end{array} \times 0.8 \times 2$$

SO_2 Emission through Industrial Activities refers to volume of sulphur dioxide emission from fuel burning and production process by enterprises during a given period of time. It is calculated as:

$$\begin{array}{c}SO_2\text{ emission}\\ \text{through industrial}\\ \text{activities}\end{array} = \begin{array}{c}SO_2\text{ emission from}\\ \text{fuel burning}\end{array} + \begin{array}{c}SO_2\text{ emission from}\\ \text{production process}\end{array}$$

Industrial Soot Emission refers to the volume of soot in smoke emitted in the process of fuel burning in the premises of enterprises.

Soot Emission by Consumption and Others refers to the net volume of soot emitted by fuel burning from all social and economic activities and operations of public facilities other than industrial activities. It is calculated on the basis of coal consumption by households and others.

Industrial Dust Emission refers to volume of dust emitted by production process of enterprises and suspended in the air for a given period of time, including dust from refractory material of iron and steel works, dust from coke-screening systems and sintering machines of coke plants, dust from lime kilns and dust from cement production in building material enterprises, but excluding soot and dust emitted from power plants.

Common Industrial Solid Wastes Produced refers to the industrial solid wastes that are not listed in the 《National Catalogue of Hazardous Wastes》, or not regarded as hazardous according to the national hazardous waste identification standards (GB5085), solid waste-Extraction procedure for leaching toxicity (GB5086) and solid waste-Extraction procedure for leaching toxicity (GB/T 15555). The calculation formula is as followed:

Common Industrial Solid Wastes Produced = (common

industrial solid wastes utilized – the proportion of utilized stock of previous years) + common industrial solid waste stock + (common industrial solid wastes disposed – the proportion of disposed stock of previous years) + common industrial solid wastes discharged.

Common Industrial Solid Wastes Comprehensively Utilized refers to volume of solid wastes from which useful materials can be extracted or which can be converted into usable resources, energy or other materials by means of reclamation, processing, recycling and exchange (including utilizing in the year the stocks of industrial solid wastes of the previous year) during the report period, e.g. being used as agricultural fertilizers, building materials or as material for paving road. Examples of such utilizations include fertilizers, building materials and road materials. The information shall be collected by the producing units of the wastes.

Common Industrial Solid Wastes Disposed refers to the quantity of industrial solid wastes which are burnt or specially disposed using other methods to alter the physical, chemical and biological properties and thus to reduce or eliminate the hazard, or placed ultimately in the sites meeting the requirements for environmental protection during the report period.

Stock of Common Industrial Solid Wastes refers to the volume of solid wastes placed in special facilities or special sites by enterprises for purposes of utilization or disposal during the report period. The sites or facilities should take measures against dispersion, loss, seepage, and air and water contamination.

Hazardous Wastes refers to those included in the national hazardous wastes catalogue or specified as any one of the following properties in the national hazardous wastes identification standards: explosive, ignitable, oxidizable, toxic, corrosive or liable to cause infectious diseases or lead to other dangers.

Natural Reserves refer to certain areas of land, waters or sea demarked and approved by relevant governments at all levels to put under special protection and management in order to protect the natural environment and natural resources and to promote the sustainable development of the national economy. According to the objects be protected, the natural reserves are classified into classes of natural ecosystem, wild life and natural heritage. Scenic spots and cultural preservation zones are not included.

Sudden Accidents Effecting Environment refer to sudden accidents, due to economic or social activities that are contrary to environment protection laws or due to unforeseen factors or natural disasters, that lead to environment pollution, destruction of protected wild animals, plants or nature reserves, damage to human health, economic and property losses, and other negative impacts on the society.

Investment in Environment Pollution Harnessing Projects refers to the proportion of investment in fixed assets in the total investment in harnessing pollution and in the construction of urban environment infrastructure facilities. The investment in harnessing pollution It includes investment in harnessing sources of industrial pollution and investment in environment protection facilities designed concurrently with construction projects. Investment in environment pollution harnessing is the total of investment in harnessing pollution and investment in urban environment infrastructure facilities.

Urban Bridges refer to bridges built to cross over natural or man-made barriers, including bridges over rivers, overpasses for traffic and for pedestrians, underpasses for pedestrians, etc. Both permanent and semi-permanent bridges are included.

Area of Parks and Green Land refers to the total area occupied for green projects at the end of the reference period, including park green land, production green land, protection green land, green land attached to institutions, and other green areas.

十二、农　业

Agriculture

资料整理：陈　伟　赵胜利　孔庆惠　郑月霞　姜亦武
畅　通　田中谷　史宝成　靳璐岩　邢学勤

简 要 说 明

一、本篇资料反映陕西农业生产和农村经济的基本情况，内容主要包括耕地、农林牧渔业产值、主要农产品产量、造林、畜牧业和渔业生产情况、农业机械拥有量、农业基地县等方面的统计资料。

二、农村经济统计范围包括除县城关镇以外所有乡镇的社会经济活动。

三、粮食播种面积及产量、主要畜禽产品产量全省为抽样调查数。

四、本篇资料中，渔业及农业现代化情况由省农业农村厅提供，造林情况及2010年以后林产品产量由省林业局提供，灾情由省应急管理厅提供。

五、根据第三次全国农业普查结果，对2007–2017年部分数据进行了修订。

Brief Introduction

I. This chapter reflects the basic conditions of agricultural production and rural economy of Shaanxi Province, mainly including cultivated land, output of agriculture, forestry, animal husbandry and fishery, output of major products, forestation, animal husbandry and fishery production, quantity of agricultural machinery and agricultural base county.

II. Rural social and economic statistics cover social and economic activities in all townships except county towns.

III. The sown area and output of grain and output of main animal products of Shaanxi Province are collected with sample survey.

IV. The fishery and agricultural modernization situation are provided by Shaanxi Provincial Department of Agriculture and Rural Affairs. The forestation situation and output of forest product after 2010 are provided by Shaanxi Province Forestry Department. The data on disasters are provided by Shaanxi Provincial Department of Civil Affairs.

V. According to the results of the third national agricultural census, some data from 2007 to 2017 have been revised.

12.农 业

2021年全省

农林牧渔业总产值	4313.44	亿 元	比上年增长	6.6%
粮食作物播种面积	3004.34	千公顷	比上年增长	0.1%
粮食产量	1270.43	万 吨	比上年下降	0.3%
园林水果产量	1896.46	万 吨	比上年增长	4.9%
# 苹果产量	1242.46	万 吨	比上年增长	4.8%

果园面积和水果产量

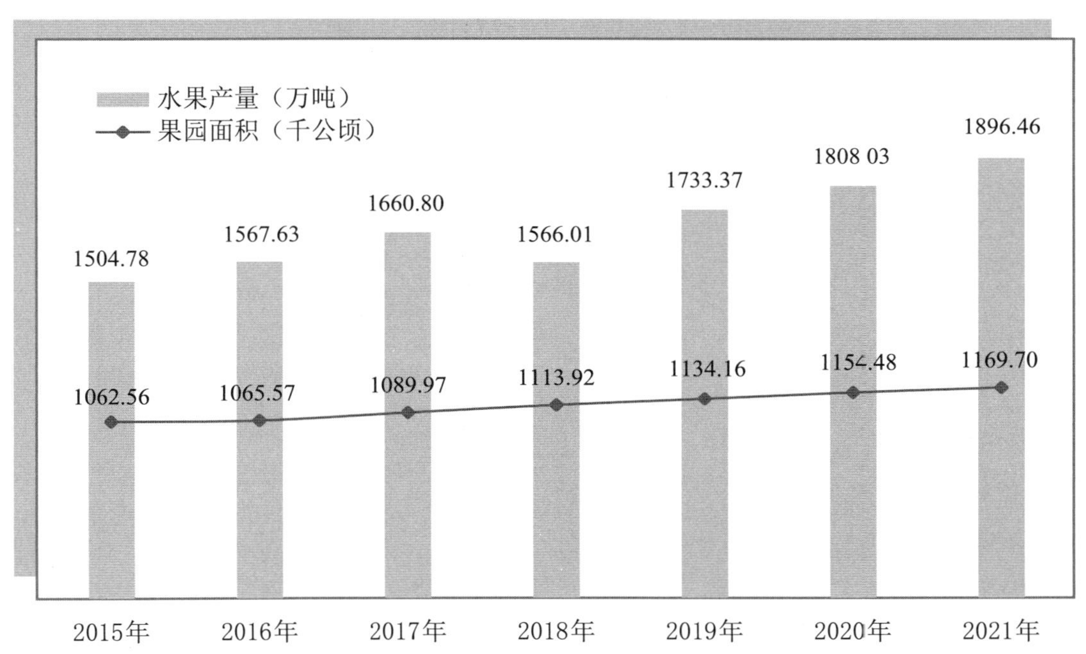

12-1 农林牧渔业总产值
Gross Output Value of Agriculture, Forestry, Animal Husbandry and Fishery

单位：万元 (10 000 yuan)

年 份 Year	农林牧渔业总产值 Total	农 业 Farming	林 业 Forestry	牧 业 Animal Husbandry	渔 业 Fishery	农林牧渔服务业 Service in Support of Agriculture
1978	362748	309084	11717	41802	145	
1980	418773	349984	16625	51996	168	
1985	795777	611883	50751	131815	1328	
1990	1699568	1243236	90170	357676	8486	
1995	3816465	2578674	168848	1046501	22442	
2000	4648889	3277761	272175	1063900	35053	
2005	7307239	4729047	250070	1989982	54879	283261
2010	16690774	11007085	351824	4445412	82909	803544
2011	20638446	13506811	423402	5686233	106000	916000
2012	23095463	15128048	584353	6185338	146109	1051615
2013	25697795	16971378	676185	6685979	177625	1186628
2014	27485936	18487935	735734	6770387	198949	1292931
2015	28215621	18854577	757926	6988090	236132	1378896
2016	29948305	19978146	855406	7347476	262453	1504824
2017	30776241	20952939	968798	6952206	274518	1627780
2018	32399874	22449583	1046155	6828276	298331	1777530
2019	35368034	24458323	1060581	7572377	313813	1962940
2020	40566086	28070708	1168942	8933500	300088	2092848
2021	43134389	30356463	999745	9177593	349904	2250684

注：1.2002年及以前农林牧渔业总产值含农民家庭兼营工业产值，按当年市场价格计算。
2.2003年及以后不含农民家庭兼营工业产值，按生产者价格计算，2004年及以后含农林牧渔服务业产值.

a) Before 2002 Gross Output Value of Agriculture, Forestry, Animal Husbandry and Fishery included commodity industry run by Rural Household, Data in this table are calculated at current prices.

b) Since 2003 it exclude commodity industry run by Rural Household,Data in this table are calculated at producer's price. Since 2004 it include services for Agriculture, Forestry,Animal Husbandry and Fishery.

12-2 各市(区)农林牧渔业总产值(2021年)
Gross Output Value of Agriculture, Forestry, Animal Husbandry and Fishery by City(District)(2021)

单位：万元 (10 000 yuan)

地 区	Region	农林牧渔业总产值 Total	农 业 Farming	林 业 Forestry	牧 业 Animal Husbandry	渔 业 Fishery	农林牧渔服务业 Service in Support of Agriculture
全 省	**Shaanxi**	**43134389**	**30356463**	**999745**	**9177593**	**349904**	**2250684**
西安市	Xi'an	5605906	3904610	193903	837389	25576	644428
铜川市	Tongchuan	604325	468179	8127	100291	3451	24277
宝鸡市	Baoji	3917637	2579034	135661	1004408	17054	181480
咸阳市	Xianyang	6813054	5224437	83930	1059500	18391	426796
渭南市	Weinan	7158583	5330036	68324	1391001	80485	288737
# 韩城市	Hancheng	512463	422868	8599	40064	1798	39134
延安市	Yan'an	3704630	3156334	61624	403826	9650	73196
汉中市	Hanzhong	4846358	3231308	134597	1251617	81334	147502
榆林市	Yulin	5128279	3224864	84893	1584254	23790	210478
安康市	Ankang	2950676	1834028	85968	833468	77825	119387
商洛市	Shangluo	2222667	1281001	130883	677481	12348	120954
杨凌示范区	Yangling	180385	122632	11835	31458		14460

注：本表按当年价格计算。

a) Data in this table are calculated at current prices.

12-3　农林牧渔业总产值指数(1978年=100)

Indices of Gross Output Value of Agriculture, Forestry, Animal Husbandry and Fishery (year of 1978=100)

年　份 Year	农林牧渔业总产值 Total	农　业 Farming	林　业 Forestry	牧　业 Animal Husbandry	渔　业 Fishery	农林牧渔服务业 Service in Support of Agriculture
1978	100.0	100.0	100.0	100.0	100.0	
1980	97.0	92.0	123.3	107.7	113.7	
1985	148.2	152.7	189.0	159.6	303.5	
1990	191.7	204.0	176.7	231.9	992.9	
1995	250.8	250.8	251.7	364.6	1834.7	
2000	320.0	336.8	322.1	403.7	2795.2	
2005	432.2	448.9	359.7	587.1	3844.6	
2010	583.1	605.7	512.4	789.1	5540.0	
2011	615.8	645.7	562.1	788.3	6925.0	
2012	652.7	683.8	617.2	831.7	8213.1	
2013	684.0	709.8	719.0	875.8	9592.9	
2014	718.9	748.1	764.3	905.6	10772.8	
2015	754.8	793.7	864.4	911.0	12076.3	
2016	785.7	832.6	990.6	908.3	13126.9	
2017	821.8	877.6	1129.3	914.7	13573.2	
2018	848.9	905.7	1324.7	923.8	14346.9	
2019	885.4	962.8	1421.4	896.1	15021.2	
2020	916.4	1001.3	1619.0	901.5	15111.3	
2021	976.9	1039.3	1840.8	1034.9	15987.8	

注：本表按可比价格计算。
a) Data in this table are calculated at constant prices.

12-4　农林牧渔业总产值指数(上年=100)

Indices of Gross Output Value of Agriculture, Forestry, Animal Husbandry and Fishery (preceding year=100)

年　份 Year	农林牧渔业总产值 Total	农　业 Farming	林　业 Forestry	牧　业 Animal Husbandry	渔　业 Fishery	农林牧渔服务业 Service in Support of Agriculture
1978	102.7	101.6	94.4	100.5	94.3	
1980	85.9	81.2	109.2	95.7	100.6	
1985	102.8	100.8	113.7	115.6	148.9	
1990	106.1	107.6	93.8	108.6	115.3	
1995	104.0	104.8	100.0	102.8	113.1	
2000	104.6	103.8	105.5	106.8	99.7	
2005	108.1	107.7	93.8	111.6	110.4	104.2
2010	105.8	106.5	102.7	104.5	109.0	105.2
2011	105.6	106.6	109.7	99.9	125.0	107.0
2012	106.0	105.9	109.8	105.5	118.6	107.6
2013	104.8	103.8	116.5	105.3	116.8	107.8
2014	105.1	105.4	106.3	103.4	112.3	108.2
2015	105.0	106.1	113.1	100.6	112.1	105.3
2016	104.1	104.9	114.6	99.7	108.7	106.8
2017	104.6	105.4	114.0	100.7	103.4	106.2
2018	103.3	103.2	117.3	101.0	105.7	105.8
2019	104.3	106.3	107.3	97.0	104.7	105.7
2020	103.5	104.0	113.9	100.6	100.6	103.8
2021	106.6	103.8	113.7	114.8	105.8	105.1

注：本表按可比价格计算。
a) Data in this table are calculated at constant prices.

12-5 农林牧渔业分项产值

Gross Output Value of Agriculture, Forestry, Animal Husbandry and Fishery by Item

单位：万元 (10 000 yuan)

指　　标	Item	2019	2020	2021
农林牧渔业总产值	**Gross Output Value of Agriculture, Forestry, Animal Husbandry and Fishery**	**35368034**	**40566076**	**43134389**
一、农业总产值	Output Value of Farming	24458323	28070702	30356463
(一) 谷物及其他作物	Cereals and Other Crops	4491247	4862199	5039098
1.谷　物	Cereal	2629397	3006054	3183168
2.薯　类	Tubers	693861	697446	678057
3.豆　类	Beans	213592	223989	238261
4.油　料	Oil-bearing	483543	462860	475039
5.棉　花	Cotton	7724	936	401
6.麻　类	Fiber Crops	715	731	737
7.糖　料	Sugar Crops	594	1737	1251
8.烟　草	Tobacco	106404	118923	125340
9.其他农作物	Others	355417	349523	336844
(二)蔬菜、园艺作物	Vegetables Gardening Crops	7671423	9070516	9965948
# 1.蔬　菜	Vegetables	7256548	8696751	9513957
2.花　卉	Flowers	257752	245733	246941
(三)水果、坚果、茶叶和香料作物	Fruits,Nuts Tea and Spices Crops	11225429	12948433	14083649
1.水　果	Fruits	9472740	11108674	12203699
2.坚　果	Nuts	625357	646121	642193
3.茶　叶	Tea	607638	682878	729070
4.香料作物	Spices Crops	519694	510760	508687
(四)中药材	Chinese Herbal Medicines	1070224	1189554	1267768
二、林业产值	Output Value of Forestry	1060581	1168942	999745
(一)林木的培育和种植	Cultivation and Planting of Trees	827442	943230	827919
(二)竹木采运	Logging andTransport of Bamboo	39836	38848	30838
(三)林产品	Forestry Products	193303	186864	140988
三、牧业产值	Output Value of Animal Husbandry	7572377	8933500	9177593
(一)牲畜的饲养	Stock Breeding	2842314	3286374	3144220
1.牛的饲养	Cattle	764021	957333	910399
2.羊的饲养	Sheep	1043936	1274425	1237117
3.其他牲畜饲养	Others	56897	52665	18967
4.奶产品	Milk Products	923420	940708	896136
5.毛绒产品	Feather and Cashmere Products	54040	61243	81601
(二)猪的饲养	Pigs Breeding	3219205	4044383	4380676
(三)家　禽	Poultry Breeding	1202425	1224611	1250637
(四)狩猎和捕捉动物	Animal Hunting and Trapping	6410	4924	5614
(五)其它畜牧业	Other Animal Husbandry	302023	373208	396446
四、渔业产值	Output Value of Fishery	313813	300087	349904
五、农林牧渔服务业	Service in Support of Agriculture	1962940	2092845	2250684

注：本表按当年生产者价格计算。
a) Data in this table are calculated at producer's price.

12–6 农林牧渔业增加值
Value Added of Agriculture, Forestry, Animal Husbandry and Fishery

单位：万元 (10 000 yuan)

指　　标	Item	2016	2017	2018	2019	2020	2021
农林牧渔业增加值	**Total**	**17788719**	**18306150**	**19273148**	**20980142**	**23816420**	**25321528**
农　　业	Farming	12332059	12928562	13807718	15013455	17087067	18457493
林　　业	Forestry	519105	583763	625374	639103	701947	599343
牧　　业	Animal Husbandry	3965572	3747972	3701845	4080408	4703114	4824135
渔　　业	Fishery	147563	154117	166942	176321	183218	212858
农林牧渔服务业	Service in Support of Agriculture	824420	891736	971269	1070855	1141074	1227699

12–7 各市(区)农林牧渔业增加值(2021年)
Value Added of Farming, Forestry, Animal Husbandry Fishery by City(District)(2021)

单位：万元 (10 000 yuan)

地　区	Region	农林牧渔业 Total	农　业 Farming	林　业 Forestry	牧　业 Animal Husbandry	渔　业 Fishery	农林牧渔服务业 Service in Support of Agriculture	农林牧渔业增加值比上年增长% Growth Rate as Last Year (%)
全　省	**Shaanxi**	**25321528**	**18457493**	**599343**	**4824135**	**212858**	**1227699**	**6.3**
西安市	Xi'an	3437031	2501890	116713	455032	14609	348787	6.0
铜川市	Tongchuan	347138	272167	4590	55040	2020	13321	6.6
宝鸡市	Baoji	2270895	1542202	80543	539010	9376	99764	6.7
咸阳市	Xianyang	4068958	3239166	48172	536964	11719	232937	6.4
渭南市	Weinan	4155764	3172190	39200	742333	45890	156151	6.5
# 韩城市	Hancheng	294889	244096	4597	24399	1051	20746	5.2
延安市	Yan'an	2132356	1844727	36004	205093	5696	40836	7.1
汉中市	Hanzhong	2817985	1935204	84853	665476	50483	81969	6.3
榆林市	Yulin	3021582	1980476	50444	857072	14537	119053	5.5
安康市	Ankang	1703777	1105124	52618	434219	51441	60375	5.9
商洛市	Shangluo	1253023	778195	82417	317322	7087	68002	6.0
杨凌示范区	Yangling	113019	86152	3789	16574		6504	6.2

注：本表按当年价格计算，增长速度按可比价计算。
a) Data in this table are calculated at current prices. Growth rate are calculated at constant prices.

12–8 粮食作物播种面积
Sown Area of Grain Crops

单位：千公顷 (1 000 hectares)

年 份 Year	粮食作物播种面积 Sown Area of Grain Crops	夏 粮 Summer Grain	#小 麦 Wheat	秋 粮 Autumn Grain	#稻 谷 Rice	#玉 米 Corn	#大 豆 Soja
1978	4488.00	1949.33	1604.67	2493.33	160.00	1090.67	206.00
1980	4310.37	1906.67	1590.67	2404.00	162.67	1076.67	211.33
1985	3965.33	1928.00	1693.33	2037.33	156.67	950.67	202.00
1990	4134.67	1925.33	1690.67	2209.33	159.33	1024.67	288.67
1995	3807.73	1805.33	1600.23	2002.40	139.35	902.63	240.51
2000	3821.59	1716.62	1537.26	2104.97	144.81	1056.96	246.96
2005	3453.33	1389.53	1211.53	2063.77	133.79	1148.37	232.51
2010	3199.35	1282.18	1119.73	1917.18	115.29	1257.54	201.74
2011	3145.51	1236.54	1089.23	1908.97	113.14	1252.65	201.09
2012	3147.38	1227.06	1078.72	1920.32	113.86	1241.59	198.24
2013	3086.09	1163.62	1021.66	1922.47	114.30	1225.98	189.52
2014	3029.64	1139.42	1000.60	1890.22	108.68	1212.84	143.47
2015	3018.91	1140.18	1002.60	1878.72	107.45	1203.89	142.87
2016	3143.96	1118.77	980.78	2025.19	107.42	1341.75	151.18
2017	3019.40	1105.50	963.15	1913.90	105.64	1196.88	151.90
2018	3005.98	1108.29	967.31	1897.69	105.39	1179.47	151.61
2019	2998.92	1104.35	965.93	1894.57	105.32	1177.05	151.11
2020	3001.05	1103.65	964.19	1897.39	105.09	1179.44	151.34
2021	3004.34	1104.68	955.07	1899.66	106.05	1182.47	151.36

注：2009年及以后为抽样调查数。
a) Data in this table are sample survey data since 2009.

12–9 各市(区)粮食作物播种面积(2021年)
Sown Area of Grain Crops by City(District)(2021)

单位：千公顷 (1 000 hectares)

地 区	Region	粮食作物播种面积 Sown Area of Grain Crops	夏 粮 Summer Grain	# 小 麦 Wheat	秋 粮 Autumn Grain	# 稻 谷 Rice	# 玉 米 Corn	# 大 豆 Soja
全 省	**Shaanxi**	**3004.34**	**1104.68**	**955.07**	**1899.66**	**106.05**	**1182.47**	**151.36**
西 安 市	Xi'an	257.63	141.51	140.23	116.11	0.17	110.80	2.89
铜 川 市	Tongchuan	67.07	21.83	21.82	45.25	0.03	43.19	1.39
宝 鸡 市	Baoji	300.68	187.01	186.13	113.67	0.10	96.84	7.98
咸 阳 市	Xianyang	343.13	196.29	196.14	146.84		137.31	3.85
渭 南 市	Weinan	515.36	285.08	284.81	230.28		217.77	4.42
# 韩城市	Hancheng	14.21	7.47	7.47	6.74		6.00	0.05
延 安 市	Yan'an	146.61	2.76	0.30	143.84	1.22	75.02	15.03
汉 中 市	Hanzhong	252.41	76.78	38.51	175.63	81.26	68.26	17.06
榆 林 市	Yulin	728.01		0.30	728.01	2.88	290.22	63.85
安 康 市	Ankang	221.77	80.95	29.10	140.81	20.10	82.48	14.29
商 洛 市	Shangluo	158.82	66.16	35.98	92.66	0.18	68.71	18.58
杨凌示范区	Yangling	1.50	0.61	0.61	0.89		0.88	

12-10 主要经济作物播种面积
Sown Areas of Major Cash Crops

单位：千公顷 (1 000 hectares)

年 份 Year	棉 花 Cotton	油 料 Oil-bearing	#油菜籽 Rapeseeds	#花 生 Peanuts	麻 类 Fiber Crops	糖 料 Sugar Crops	烤 烟 Flue-cured Tobacco	蔬 菜 Vegetables	瓜 类 Melon
1978	252.67	130.00	73.33	4.7	7.13	2.60	7.60	78.67	14.67
1980	242.00	160.00	89.33	8.73	3.73	3.30	3.33	79.33	20.27
1985	94.67	240.00	114.00	47.67	2.20	4.33	34.67	121.33	30.60
1990	112.67	269.33	132.00	39.56	2.88	3.53	72.13	145.33	22.87
1995	72.75	302.18	169.77	32.87	1.50	2.28	48.33	174.23	27.63
2000	30.09	303.63	163.75	33.45	0.91	1.43	47.08	228.71	33.49
2005	70.23	276.86	178.71	29.55	1.06	0.10	32.58	331.70	51.04
2010	38.51	288.23	191.90	33.03	0.41	0.07	26.51	439.77	65.99
2011	35.50	284.69	192.29	34.90	0.39	0.05	29.32	452.97	72.37
2012	31.81	285.60	187.43	36.45	0.37	0.06	31.55	443.04	68.76
2013	22.55	276.61	188.80	36.17	0.35	0.05	27.75	449.40	70.07
2014	17.79	277.41	184.19	38.86	0.33	0.07	23.83	455.35	73.52
2015	14.66	273.83	184.48	37.95	0.33	0.09	21.61	463.93	75.73
2016	12.03	272.77	179.81	39.02	0.33	0.11	20.52	465.83	71.85
2017	8.47	278.96	180.12	39.45	0.33	0.09	17.09	480.65	71.47
2018	6.92	284.64	176.70	39.86	0.90	0.09	14.66	495.06	75.36
2019	5.46	273.94	175.50	39.64	0.86	0.09	22.26	507.13	76.51
2020	0.72	266.72	175.72	37.99	0.40	0.20	22.18	522.47	76.43
2021	0.30	263.82	178.43	37.95	0.40	0.09	22.62	538.48	74.22

12-11 各市(区)主要经济作物播种面积(2021年)
Sown Area of Major Cash Crops by City(District)(2021)

单位：千公顷 (1 000 hectares)

地 区	Region	棉 花 Cotton	油 料 Oil-bearing	#油菜籽 Rapeseeds	#花 生 Peanuts	麻 类 Fiber Crops	糖 料 Sugar Crops	烤 烟 Flue-cured Tobacco	蔬 菜 Vegetables
全 省	**Shaanxi**	**0.30**	**263.82**	**178.43**	**37.95**	**0.40**	**0.09**	**22.62**	**538.48**
西 安 市	Xi'an	0.05	3.65	3.57	0.06				71.06
铜 川 市	Tongchuan		1.61	1.60					2.87
宝 鸡 市	Baoji		8.83	6.71		0.20		2.71	46.48
咸 阳 市	Xianyang		14.36	14.18	0.06			0.61	79.19
渭 南 市	Weinan	0.02	23.59	13.35	6.56				91.17
#韩城市	Hancheng		0.79	0.64	0.01				3.85
延 安 市	Yan'an	0.16	4.35	0.91	0.71			1.07	25.29
汉 中 市	Hanzhong		79.27	73.72	4.94	0.01	0.01	3.59	67.69
榆 林 市	Yulin		48.07	1.00	15.04	0.06	0.03	0.06	46.57
安 康 市	Ankang	0.07	69.38	57.05	7.76	0.12	0.05	7.68	83.53
商 洛 市	Shangluo		10.67	6.29	2.83	0.01		6.90	21.82
杨凌示范区	Yangling		0.03	0.03					1.82

12-12 粮食产量
Output of Grain Products

单位：万吨 (10 000 tons)

年份 Year	粮食 Grain	夏粮 Summer Grain	#小麦 Wheat	秋粮 Autumn Grain	#稻谷 Rice	#玉米 Corn	#大豆 Soja
1978	800.00	293.50	251.00	542.00	81.50	292.00	19.95
1980	757.00	264.00	229.90	493.00	75.70	274.70	17.86
1985	951.90	459.20	423.30	492.70	88.30	291.60	18.35
1990	1070.70	501.70	463.70	569.00	100.40	333.80	30.75
1995	913.40	457.80	410.40	455.60	64.20	282.30	20.46
2000	1089.10	445.50	418.60	643.60	94.70	413.70	22.20
2005	1139.50	436.80	401.20	702.70	79.30	470.10	31.79
2010	1185.98	436.76	393.55	749.21	76.81	566.02	44.85
2011	1207.39	429.77	393.75	777.62	79.06	585.70	43.49
2012	1255.92	453.79	416.62	802.13	80.64	602.93	42.80
2013	1210.55	397.55	363.76	813.01	84.02	616.79	30.88
2014	1183.53	419.54	385.54	763.99	80.02	567.21	23.11
2015	1204.67	456.60	423.07	748.07	80.37	567.70	15.79
2016	1263.96	437.29	403.18	826.67	80.47	636.21	24.31
2017	1194.20	442.13	406.41	752.07	80.57	551.15	23.91
2018	1226.31	438.30	401.34	788.01	80.69	584.46	23.93
2019	1231.13	420.31	382.04	810.82	80.37	609.58	23.39
2020	1274.83	453.49	413.25	821.34	80.52	620.16	23.64
2021	1270.43	470.60	424.60	799.83	72.85	601.69	25.10

注：2009年及以后为抽样调查数。
a)Data in this table are sample survey data since 2009.

12-13 各市(区)粮食产量(2021年)
Output of Grain Products by City(District)(2021)

单位：万吨 (10 000 tons)

地区	Region	粮食 Grain	夏粮 Summer Grain	#小麦 Wheat	秋粮 Autumn Grain	#稻谷 Rice	#玉米 Corn	#大豆 Soja
全省	**Shaanxi**	**1270.43**	**470.60**	**424.60**	**799.83**	**72.85**	**601.69**	**25.10**
西安市	Xi'an	141.92	72.34	71.82	69.58	0.11	67.56	0.62
铜川市	Tongchuan	32.06	6.88	6.88	25.18	0.02	24.47	0.31
宝鸡市	Baoji	145.09	87.15	86.86	57.95	0.06	53.14	1.47
咸阳市	Xianyang	181.55	91.46	91.38	90.09		87.05	1.09
渭南市	Weinan	249.20	125.49	125.37	123.71		119.34	0.88
#韩城市	Hancheng	5.52	2.87	2.87	2.65		2.28	0.01
延安市	Yan'an	69.83	1.11	0.12	68.72	0.84	48.53	3.38
汉中市	Hanzhong	110.50	27.00	14.11	83.50	55.86	22.30	2.53
榆林市	Yulin	223.72		0.02	223.72	1.65	129.04	10.57
安康市	Ankang	77.92	24.59	8.52	53.33	14.18	29.31	2.58
商洛市	Shangluo	52.14	19.76	9.93	32.38	0.10	27.26	3.24
杨凌示范区	Yangling	1.07	0.42	0.42	0.64		0.64	

12-14 主要经济作物产品产量
Output of Major Cash Products

单位：万吨 (10 000 tons)

年 份 Year	棉 花 Cotton	油 料 Oil-bearing	# 油菜籽 Rapeseeds	# 花 生 Peanuts	麻 类 Fiber Crops	糖 料 Sugar Crops	烤 烟 Flue-cured Tobacco	蔬 菜 Vegetables
1978	10.54	5.65	4.01	0.51	0.50	1.89	1.38	
1980	8.08	10.97	7.72	1.15	0.27	3.11	0.57	
1985	4.30	29.86	16.40	10.05	0.24	7.85	6.26	297.16
1990	7.78	33.39	19.25	7.03	0.18	5.92	12.32	367.30
1995	3.99	38.15	25.45	6.02	0.11	1.03	6.34	362.86
2000	2.74	38.76	22.40	7.33	0.09	1.79	7.36	556.53
2005	7.78	45.35	30.33	7.58	0.09	0.30	5.88	869.93
2010	5.26	53.61	35.41	9.51	0.05	0.20	5.77	1294.49
2011	4.74	55.94	36.34	10.10	0.05	0.16	6.29	1342.71
2012	4.44	56.98	37.11	10.82	0.05	0.17	7.19	1412.45
2013	3.55	55.18	36.53	10.63	0.05	0.16	6.45	1485.60
2014	2.43	56.22	37.57	11.60	0.05	0.15	5.25	1556.16
2015	2.07	56.91	39.02	11.33	0.04	0.15	5.06	1613.45
2016	1.69	57.28	37.49	12.29	0.05	0.16	4.52	1666.93
2017	1.20	59.82	38.33	12.46	0.05	0.17	3.82	1733.99
2018	0.99	61.03	37.01	12.60	0.07	0.13	3.36	1808.44
2019	0.76	60.10	37.26	12.30	0.16	0.13	5.28	1897.38
2020	0.07	59.11	37.51	12.39	0.06	0.75	5.29	1957.66
2021	0.03	58.33	38.97	11.29	0.06	0.29	5.09	2012.82

12-15 各市(区)主要经济作物产量(2021年)
Output of Major Cash Products by City(District)(2021)

地 区	Region	棉 花 (吨) Cotton (ton)	油 料 (吨) Oil-bearing (ton)	# 油菜籽 Rapeseeds	# 花 生 Peanuts	麻 类 (吨) Fiber Crops (ton)	糖 料 (吨) Sugar Crops (ton)	烤 烟 (吨) Flue-cured Tobacco (ton)	蔬 菜 (万吨) Vegetables (10 000 tons)
全 省	**Shaanxi**	**339**	**583317**	**389738**	**112923**	**555**	**2850**	**50873**	**2012.82**
西 安 市	Xi'an	70	7909	7585	283				362.80
铜 川 市	Tongchuan		2730	2723					7.82
宝 鸡 市	Baoji		18587	13105		224		5319	164.59
咸 阳 市	Xianyang		32212	31485	163			1422	359.04
渭 南 市	Weinan	39	62969	29009	24742				320.26
# 韩城市	Hancheng		1764	1368	10				14.15
延 安 市	Yan'an	117	9316	2570	1823			2763	127.96
汉 中 市	Hanzhong		191718	174321	16274	2	279	11627	289.50
榆 林 市	Yulin		89210	2067	36945	127	551	75	124.08
安 康 市	Ankang	113	149241	117117	24629	194	2020	16895	178.71
商 洛 市	Shangluo		19340	9671	8064	8		12772	61.85
杨凌示范区	Yangling		85	85					16.20

12—16 粮食单位面积产量
Output of Grain Products Per Hectare

单位：公斤／公顷 (kg/hectare)

年份 Year	粮食 Grain	夏粮 Summer Grain	#小麦 Wheat	秋粮 Autumn Grain	#稻谷 Rice	#玉米 Corn	#大豆 Soja
1978	1785	1395	1470	2175	5130	2520	970
1980	1755	1380	1440	2055	4650	2550	844
1985	2400	2385	2550	2415	5640	3060	908
1990	2595	2610	2745	2580	6300	3255	1066
1995	2399	2536	2565	2275	4609	3128	851
2000	2850	2595	2723	3057	6540	3914	899
2005	3300	3144	3312	3405	5927	4094	1367
2010	3707	3406	3515	3908	6662	4501	2223
2011	3838	3476	3615	4074	6988	4676	2163
2012	3990	3698	3862	4177	7082	4856	2159
2013	3923	3416	3560	4229	7351	5031	1629
2014	3907	3682	3853	4042	7363	4677	1611
2015	3990	4005	4220	3982	7480	4716	1105
2016	4020	3909	4111	4082	7491	4742	1608
2017	3955	3999	4220	3930	7627	4605	1574
2018	4080	3955	4149	4152	7656	4955	1578
2019	4105	3806	3955	4280	7631	5179	1548
2020	4248	4109	4286	4329	7662	5258	1562
2021	4229	4260	4446	4210	6869	5088	1658

注：2009年及以后为抽样调查数。
a) Data in this table are sample survey data since 2009.

12—17 各市(区)粮食单位面积产量(2021年)
Output of Grain Products Per Hectare by City(District)(2021)

单位：公斤／公顷 (kg/hectare)

地区	Region	粮食 Grain	夏粮 Summer Grain	#小麦 Wheat	秋粮 Autumn Grain	#稻谷 Rice	#玉米 Corn	#大豆 Soja
全省	**Shaanxi**	**4229**	**4260**	**4446**	**4210**	**6869**	**5088**	**1658**
西安市	Xi'an	5509	5112	5122	5993	6539	6098	2141
铜川市	Tongchuan	4780	3154	3154	5565	6509	5665	2243
宝鸡市	Baoji	4825	4660	4667	5098	6035	5487	1839
咸阳市	Xianyang	5291	4659	4659	6135		6340	2830
渭南市	Weinan	4836	4402	4402	5372		5480	1991
#韩城市	Hancheng	3887	3842	3842	3936		3794	2000
延安市	Yan'an	4763	4010	3986	4777	6854	6469	2251
汉中市	Hanzhong	4378	3517	3663	4755	6875	3267	1481
榆林市	Yulin	3073		559	3073	5721	4446	1656
安康市	Ankang	3514	3038	2927	3787	7055	3553	1808
商洛市	Shangluo	3283	2987	2761	3494	5849	3967	1747
杨凌示范区	Yangling	7100	6988	6988	7176		7272	

12–18 主要经济作物单位面积产量
Output of Major Cash Products Per Hectare

单位：公斤/公顷 (kg/hectare)

年 份 Year	棉 花 Cotton	油 料 Oil-bearing	#油菜籽 Rapeseeds	#花 生 Peanuts	麻 类 Fiber Crops	糖 料 Sugar Crops	烤 烟 Flue-cured Tobacco	蔬 菜 Vegetables
1978	420	435	555	1080	1065	7260	1815	
1980	330	690	855	1320	735	9600	1712	
1985	450	1245	1440	2155	1095	18210	1815	24492
1990	690	1245	1455	1770	615	16755	1710	25274
1995	548	1263	1499	1830	726	4531	1312	20827
2000	911	1277	1368	2192	985	12578	1564	24334
2005	1107	1638	1697	2563	883	29208	1805	26227
2010	1366	1860	1845	2879	1220	28571	2177	29436
2011	1335	1965	1890	2894	1282	32000	2145	29642
2012	1396	1995	1980	2968	1351	28333	2279	31881
2013	1574	1995	1935	2939	1429	32000	2325	33057
2014	1366	2027	2040	2985	1515	21429	2203	34175
2015	1412	2078	2115	2986	1212	16667	2342	34778
2016	1405	2100	2085	3150	1515	14545	2203	35784
2017	1417	2144	2128	3158	1515	18889	2235	36076
2018	1431	2144	2094	3160	778	14202	2289	36530
2019	1398	2194	2123	3102	1816	15070	2372	37414
2020	1030	2216	2135	3261	1384	37713	2384	37469
2021	1130	2211	2184	2976	1388	31667	2249	37380

12–19 各市(区)主要经济作物单位面积产量(2021年)
Output of Major Cash Products Per Hectare by City(District)(2021)

单位：公斤／公顷 (kg/hectare)

地 区	Region	棉 花 Cotton	油 料 Oil-bearing	#油菜籽 Rapeseeds	#花 生 Peanuts	麻 类 Fiber Crops	糖 料 Sugar Crops	烤 烟 Flue-cured Tobacco	蔬 菜 Vegetables
全 省	**Shaanxi**	**1130**	**2211**	**2184**	**2976**	**1388**	**31667**	**2249**	**37380**
西安市	Xi'an	1400	2167	2125	4717				51055
铜川市	Tongchuan		1696	1702					27247
宝鸡市	Baoji		2105	1953		1120		1963	35411
咸阳市	Xianyang		2243	2220	2717			2331	45339
渭南市	Weinan	1950	2669	2173	3772				35128
#韩城市	Hancheng		2233	2138	1000				36753
延安市	Yan'an	731	2142	2824	2568			2582	50597
汉中市	Hanzhong		2419	2365	3294	200	27900	3239	42769
榆林市	Yulin		1856	2067	2456	2117	18367	1250	26644
安康市	Ankang	1614	2151	2053	3174	1617	40400	2200	21395
商洛市	Shangluo		1813	1538	2849	800		1851	28346
杨凌示范区	Yangling		2833	2833					89011

12-20 茶、桑、果面积及产量
Areas and Output of Tea Plantation, Cocoon, Orchards

年 份 Year	茶园面积 (千公顷) Area of Tea Plantations (1 000 hectares)	茶叶产量 (吨) Output of Tea (ton)	桑园面积 (千公顷) Area of Mulberry Field (1 000 hectares)	果园面积 (千公顷) Area of Orchards (1 000 hectares)	水果产量 (万吨) Output of Fruits (10 000 tons)	# 苹 果 Apples	# 柑 桔 Citrus
1978	31.07	1408	12.00	98.60	33.41	9.92	0.12
1980	24.00	1428	17.40	104.27	28.00	8.93	0.30
1985	26.16	2822	46.75	109.93	33.53	14.09	0.52
1990	29.19	4548	37.31	304.78	62.03	34.93	0.89
1995	30.64	5252	76.83	685.35	283.96	233.76	1.12
2000	35.28	6126	58.76	664.76	493.79	388.57	3.52
2005	59.47	11382	79.83	817.45	765.74	560.12	16.76
2010	80.64	24890	48.37	1001.90	1195.06	834.57	26.91
2011	84.53	28199	41.25	1019.61	1274.51	874.75	31.66
2012	89.16	34852	33.91	1037.23	1362.77	929.06	33.45
2013	99.31	40195	28.52	1050.28	1397.29	901.89	42.67
2014	108.29	48491	20.71	1060.39	1445.68	939.14	44.35
2015	112.16	54055	17.81	1062.56	1504.78	979.76	46.05
2016	118.03	61131	14.91	1065.57	1567.63	1033.16	43.56
2017	126.57	66672	13.90	1089.97	1660.80	1092.46	45.75
2018	135.89	71038	18.91	1113.92	1566.01	1008.69	46.91
2019	145.16	79264	19.96	1134.16	1733.37	1135.58	50.36
2020	152.72	86965	20.68	1154.48	1808.03	1185.21	51.88
2021	156.53	93171	21.18	1169.70	1896.46	1242.46	54.16

12-21 水果生产情况
Production of Fruit

品 种	Item	2019		2020		2021	
		面 积 (公顷) Area of Orchards (hectare)	产 量 (吨) Output (ton)	面 积 (公顷) Area of Orchards (hectare)	产 量 (吨) Output (ton)	面 积 (公顷) Area of Orchards (hectare)	产 量 (吨) Output (ton)
水果合计	**Total**	**1134160**	**17333682**	**1154480**	**18080292**	**1169700**	**18964635**
1.苹 果	Apples	614573	11355809	620182	11852143	621131	12424610
2.柑 桔	Citrus	23734	503587	23570	518775	23401	541629
3.梨	Pears	44648	1046067	44495	1043042	44053	1045654
4.葡 萄	Grapes	46970	767406	48766	806990	50588	851466
5.桃	Peach	34802	783282	36037	755531	36194	788078
6.红 枣	Jujube	207684	999314	212651	1099137	215733	1190322
7.杏	Apricot	34643	136615	34736	133143	39220	138344
8.柿 子	Persimmon	22262	287434	23400	312845	23247	293309
9.猕猴桃	Kiwi	58455	1072439	61213	1158336	65295	1294288
10.石 榴	Pomegranate	4151	56712	4487	70634	4529	65875
11.其他水果	Others	42237	325017	44944	329716	46308	331060

12-22　各市(区)茶、桑、果面积及产量(2021年)

Areas and Output of Tea Plantation, Cocoon, Orchards by City(District)(2021)

地　区	Region	茶园面积 (公顷) Area of Tea Plantations (Hectare)	茶叶产量 (吨) Output of Tea (ton)	桑园面积 (公顷) Area of Orchards (Hectare)	果园面积 (公顷) Area of Orchards (Hectare)	水果产量 (吨) Output of Fruits (ton)	苹果 Apples	柑桔 Citrus
全　省	**Shaanxi**	**156529**	**93171**	**21182**	**1169700**	**18964635**	**12424610**	**541629**
西安市	Xi'an			108	49234	1010078	40769	
铜川市	Tongchuan				39820	659061	633814	
宝鸡市	Baoji			136	66363	1476764	759014	
咸阳市	Xianyang				208045	4896621	4076300	
渭南市	Weinan				212582	3742113	1814282	
# 韩城市	Hancheng				4631	81394	67610	
延安市	Yan'an			34	250070	4098510	4005272	
汉中市	Hanzhong	76318	51994	1956	35355	676459	16016	448871
榆林市	Yulin			1449	274068	2091826	1068349	
安康市	Ankang	62862	36830	15018	29215	239643	5224	92234
商洛市	Shangluo	17349	4347	2481	3505	32670	4004	524
杨凌示范区	Yangling			**2**	1443	40890	1566	

12-22　续表　continued

地　区	Region	梨 Pears	葡萄 Grapes	桃 Peach	红枣 Jujube	杏 Apricot	柿子 Persimmon	猕猴桃 Kiwi	石榴 Pomegranate	其它水果 Others
全　省	**Shaanxi**	**1045654**	**851466**	**788078**	**1190322**	**138344**	**293309**	**1294288**	**65875**	**331060**
西安市	Xi'an	16599	186344	103825	5084	25657	5242	502264	36623	87671
铜川市	Tongchuan	1195	4052	6715	63	154	940			12128
宝鸡市	Baoji	3308	51093	41550		2387	8289	595384	25	15714
咸阳市	Xianyang	215150	103640	311860	10041	10689	76488	43793	21505	27155
渭南市	Weinan	597147	450730	241909	369191	17592	154912	44445	7549	44356
# 韩城市	Hancheng		2638	8286	152	480	1832		111	285
延安市	Yan'an	34876	4825	6733	27854	18076	5			869
汉中市	Hanzhong	60087	12051	28104	421	2507	15450	64098	37	28817
榆林市	Yulin	110667	27002	16054	776326	59127				34301
安康市	Ankang	5724	5937	26695	1069	1637	19068	7032	136	74887
商洛市	Shangluo	901	4220	4309	273	518	12693	976		4252
杨凌示范区	Yangling		1572	324			222	36296		910

12−23 各市(区)主要林产品面积及产量(2021年)
Areas and Output of Major Forest Products by City(District)(2021)

地 区	Region	核 桃 Walnut 面 积 (公顷) Area of Orchards (hectare)	核 桃 Walnut 产 量 (吨) Output (ton)	板 栗 Chestnut 面 积 (公顷) Area of Orchards (hectare)	板 栗 Chestnut 产 量 (吨) Output (ton)	花 椒 Pepper 面 积 (公顷) Area of Orchards (hectare)	花 椒 Pepper 产 量 (吨) Output (ton)
全 省	**Shaanxi**	**375077**	**428837**	**132033**	**96996**	**84127**	**89550**
西安市	Xi'an	8716	33318	1162	7929	235	719
铜川市	Tongchuan	12719	25138			5663	8778
宝鸡市	Baoji	70143	68432	4104	4309	12100	11318
咸阳市	Xianyang	10160	34218			2625	1445
渭南市	Weinan	26648	57834	137	223	55837	60948
# 韩城市	Hancheng	2341	1488	32	68	23765	25856
延安市	Yan'an	18707	20379	159	497	3238	2430
汉中市	Hanzhong	36014	41964	17697	26730	1353	1344
榆林市	Yulin	32821	6799			368	58
安康市	Ankang	50642	31798	27062	29330	2639	2015
商洛市	Shangluo	108503	108944	81713	27978	68	494
杨凌示范区	Yangling	3	13			1	1

12−24 各市(区)造林情况(2021年)
Area of Afforestation by City(District)(2021)

地 区	Region	造林面积 (公顷) Afforestation Area (hectare)	按造林方式分 By Approach: #人工造林 Manual Planting	按造林方式分 By Approach: #飞播造林 Airplane Planting	按林种用途分 By Function of Forest: #经济林 By-product Forests	按林种用途分 By Function of Forest: #防护林 Protection Forests	森林抚育面积 (公顷) Area of Tending Forest (hectare)
全 省	**Shaanxi**	**400347**	**114688**	**53595**	**32580**	**277322**	**148526**
西安市	Xi'an	502	502			502	
铜川市	Tongchuan	8660	1960	2667		8493	567
宝鸡市	Baoji	29010	919	4959		11878	26116
咸阳市	Xianyang	28313	7540	6000	280	23313	8427
渭南市	Weinan	42718	16951	3334	4259	33959	7192
# 韩城市	HanCheng	4147	1480			3480	600
延安市	Yan'an	77577	22063	15967		72971	62746
汉中市	Hanzhong	22628	5480		3048	6338	5821
榆林市	Yulin	54539	40873	5334	4533	35207	8169
安康市	Ankang	69254	7886	9001	18006	28415	14888
商洛市	Shangluo	39066	8867	6333	2454	30200	8200
杨凌示范区	Yangling	134	67			67	

12–25　畜牧业生产情况
Production of Animal Husbandry

指　　标		Item		2016	2017	2018	2019	2020	2021
一、牲畜年末头数		**Number of Large Animals**	**(year-end)**						
(一)大牲畜	(万头)	Large Animals	(10 000 heads)	161.09	154.51	153.12	153.55	154.88	152.84
1.牛		Cattle and Buffaloes		157.71	151.23	149.87	150.17	151.18	149.30
# 奶　牛		Muich Cows		25.85	28.42	27.89	27.40	27.55	26.40
2.马		Horses		0.22	0.22	0.23	0.23	0.25	0.28
3.驴		Donkeys		2.78	2.70	2.65	2.78	3.11	2.98
4.骡		Mules		0.38	0.35	0.36	0.36	0.34	0.28
(二)猪存栏数	(万头)	Hogs	(10 000 heads)	923.75	854.42	839.04	795.70	849.78	885.30
# 母　猪		Sow		88.15	82.25	84.74	74.93	81.93	85.10
(三)羊存栏数	(万只)	Sheep and Goats	(10 000 heads)	1160.45	868.52	866.76	815.05	871.67	881.10
1.山　羊		Goats		949.78	712.04	715.73	676.49	722.53	723.90
2.绵　羊		Sheep		210.67	156.48	151.03	138.56	149.14	157.20
(四)家禽存栏数	(万只)	Poultry	(10 000 heads)	7995.11	7315.58	7255.05	7760.16	7738.26	7695.50
(五)家兔存栏数	(万只)	Rabbit	(10 000 heads)	100.73	90.00	116.13	118.23	117.03	115.74
二、畜产品产量		**Output of Livestock Products**							
肉类总产量	(万吨)	Output of Meat	(10 000 tons)	128.71	113.41	114.46	109.53	107.09	127.97
# 猪　肉		Pork		95.84	85.83	86.57	80.94	77.70	97.60
牛　肉		Beef		8.03	8.33	8.24	8.49	8.70	8.95
羊　肉		Mutton		13.67	9.80	9.57	9.25	9.71	10.15
奶类产量	(万吨)	Milk	(10 000 tons)	160.49	156.93	159.73	159.66	161.50	161.90
# 牛　奶		Cow Milk		111.56	107.28	109.75	107.77	108.70	104.60
山羊毛产量	(吨)	Goat Wool	(ton)	4119.00	3236.29	3225.57	3128.05	3176.47	3328.45
# 羊　绒		Cashmere		1887.00	1492.53	1478.26	1438.00	1475.93	1536.93
绵羊毛产量	(吨)	Sheep Wool	(ton)	5016.00	3108.00	3059.31	2962.85	3050.69	3350.78
禽蛋产量	(万吨)	Poultry Eggs	(10 000 tons)	71.57	60.08	61.58	64.11	64.21	63.40
蜂蜜产量	(吨)	Honey	(ton)	4653.62	5647.21	5677.49	6921.34	8080.86	11694.19
蚕茧产量	(吨)	Silkworm Cocoon	(ton)	6414	7218	7452	6488	6539.10	6047.95

注：本表主要畜禽存栏和畜禽产品产量为抽样调查数。
a) The number of main livestock and the output of livestock products are sample survey data.

12–26 各市(区)牲畜存栏情况（2021年）
Livestock by City(District)(2021)

地区	Region	大牲畜年末头数(头) Large Animals (year-end) (head)	牛 Cattle and Buffaloes	马 Horses	驴 Donkeys	骡 Mules
全省	**Shaanxi**	**1528393**	**1493000**	**2837**	**29774**	**2782**
西安市	Xi'an	52639	52563	76		
铜川市	Tongchuan	13464	13364		100	
宝鸡市	Baoji	294544	291167	2187	1110	80
咸阳市	Xianyang	134664	133022	25	1141	476
渭南市	Weinan	211423	211356	25	38	4
延安市	Yan'an	78998	64724	32	13477	765
汉中市	Hanzhong	260758	260512	166		80
榆林市	Yulin	205788	193853	181	10408	1346
安康市	Ankang	193409	193250	130		29
商洛市	Shangluo	74379	70862	15	3500	2
杨凌示范区	Yangling	8210	8210			

12–26 续表 continued

地区	Region	猪年末头数(头) Hogs (year-end) (head)	# 母猪 Sow	羊(只) Sheep and Goats (head)	家禽(万只) Poultry (10 000 heads)	兔(万只) Rabbit (10 000 heads)
全省	**Shaanxi**	**8853000**	**851000**	**8811000**	**7695.50**	**115.74**
西安市	Xi'an	320018	38253	74822	572.22	3.00
铜川市	Tongchuan	77882	8141	34178	253.24	17.50
宝鸡市	Baoji	700754	61955	570758	601.54	6.19
咸阳市	Xianyang	1304565	120635	428295	838.77	15.17
渭南市	Weinan	1455882	132857	590242	1642.51	9.83
延安市	Yan'an	420826	45311	628545	300.38	10.19
汉中市	Hanzhong	1668225	162790	289240	859.43	9.64
榆林市	Yulin	1011050	78653	5517882	771.56	6.96
安康市	Ankang	1272152	130185	580882	743.34	4.81
商洛市	Shangluo	553247	66850	231284	1101.7	30.96
杨凌示范区	Yangling	64524	5696	1994	9.52	1.50

注：本表全省主要畜禽存栏为抽样调查数。
a) The number of main livestock of Shaanxi in this table are sample survey data.

12–27 各市(区)主要畜产品产量(2021年)
Output of Livestock Products by City(District)(2021)

单位：吨 (ton)

地 区	Region	猪肉产量 Output of Pork	牛肉产量 Output of Beef	羊肉产量 Output of Mutton	禽肉产量 Output of Poultry
全 省	**Shaanxi**	**976000**	**89500**	**101500**	**107200**
西安市	Xi'an	34004	3321	1100	10548
铜川市	Tongchuan	6920	1351	589	1733
宝鸡市	Baoji	72506	20340	5572	10599
咸阳市	Xianyang	123801	9606	8056	11264
渭南市	Weinan	157519	11601	8177	12417
延安市	Yan'an	44098	3952	5386	3895
汉中市	Hanzhong	199835	14825	3607	16728
榆林市	Yulin	109579	9537	56022	5439
安康市	Ankang	151901	10334	9516	15232
商洛市	Shangluo	70852	4091	3762	19211
杨凌示范区	Yangling	5090	556	13	132

12–27 续表 continued

地 区	Region	山羊毛 (吨) Goat Wool (ton)	#山羊绒 Cashmere	绵羊毛 (吨) Sheep Wool (ton)	禽 蛋 (吨) Poultry Eggs (ton)	蜂 蜜 (公斤) Honey (kg)	蚕 茧 (吨) Silkworm Cocoon (ton)
全 省	**Shaanxi**	**3328**	**1537**	**3351**	**634000**	**11694187**	**6048**
西安市	Xi'an				47693	318588	
铜川市	Tongchuan				23666	11110	
宝鸡市	Baoji	6		3	52275	1921430	
咸阳市	Xianyang	13	6	26	72290	267000	
渭南市	Weinan	4	1	59	145821	339145	
延安市	Yan'an	296	102	137	27020	4063920	180
汉中市	Hanzhong				68017	2018210	332
榆林市	Yulin	3010	1428	3125	69881	465950	32
安康市	Ankang				54064	1109177	5083
商洛市	Shangluo				71893	1179660	422
杨凌示范区	Yangling				1170		

注：本表全省主要畜禽产品产量为抽样调查数。
a) The output of livestock products of Shaanxi in this table are sample survey data.

12–28 渔业生产情况
Fishery Production

地 区	Region	2018		2019		2020		2021	
		水产品产量(吨) Output of Aquatic Products (ton)	水产养殖面积(公顷) Cultivatable area of Aquatic Products (hectare)	水产品产量(吨) Output of Aquatic Products (ton)	水产养殖面积(公顷) Cultivatable area of Aquatic Products (hectare)	水产品产量(吨) Output of Aquatic Products (ton)	水产养殖面积(公顷) Cultivatable area of Aquatic Products (hectare)	水产品产量(吨) Output of Aquatic Products (ton)	水产养殖面积(公顷) Cultivatable area of Aquatic Products (hectare)
全 省	**Shaanxi**	**184843**	**52844**	**189264**	**51395**	**188887**	**48593**	**170700**	**49836**
西安市	Xi'an	13528	1485	13614	1213	11102	1029	11361	963
铜川市	Tongchuan	2003	574	2090	574	2100	574	1817	569
宝鸡市	Baoji	7643	3119	7505	3185	7011	3144	6131	3178
咸阳市	Xianyang	8590	1861	8220	1872	7184	1797	6298	1927
渭南市	Weinan	50838	5932	55184	6039	56414	5966	50979	5954
延安市	Yan'an	3145	2613	3197	2985	3220	3104	2810	3140
汉中市	Hanzhong	44086	7248	46490	7280	48665	5753	44805	5753
榆林市	Yulin	8903	14837	6140	14837	6005	14043	5273	14043
安康市	Ankang	41421	14444	41551	12223	41625	11885	35966	12488
商洛市	Shangluo	4866	731	5273	1188	5561	1298	5260	1821
杨凌示范区	Yangling								

12-29 苹果基地县情况

Base County of Apple

县 区	Region	2019		2020		2021	
		苹果园面积 (公顷) Area of Apple Orchards (hectare)	产 量 (吨) Output (ton)	苹果园面积 (公顷) Area of Apple Orchards (hectare)	产 量 (吨) Output (ton)	苹果园面积 (公顷) Area of Apple Orchards (hectare)	产 量 (吨) Output (ton)
全 省	**Shaanxi**	**614573**	**11355809**	**620182**	**11852143**	**621131**	**12424610**
基地县合计	Total of Base Counties	467241	9528605	467567	9838522	468150	10320153
基地县占全省%	As Percentage of Shaanxi	76.0	83.9	75.4	83.0	75.4	83.1
印台区	Yintai	8747	121434	8747	130175	8757	135603
耀州区	Yaozhou	19760	306904	17708	280408	17715	307357
宜君县	Yijun	7613	112055	7624	117359	7779	125213
陈仓区	Chencang	3770	33905	3896	26902	3973	30232
凤翔区	Fengxiang	9364	140296	9892	149481	9876	156666
岐山县	Qishan	3424	98844	3404	100340	3315	106873
扶风县	Fufeng	8042	314395	8056	318800	7965	310531
陇 县	Longxian	3101	31988	3870	35379	4040	39682
千阳县	Qianyang	4215	41328	4322	51301	4182	53512
乾 县	Qianxian	22275	422316	22275	429756	24262	448813
礼泉县	Liquan	28730	874012	28598	896524	28359	901558
永寿县	Yongshou	19638	388843	19629	403318	19611	423561
彬州市	Binzhou	18710	364468	19344	378837	19696	423295
长武县	Changwu	16056	335000	16776	337900	15342	359697
旬邑县	Xunyi	21976	478471	19831	485990	20480	500963
淳化县	Chunhua	25333	600000	25333	613540	24000	665225
合阳县	Heyang	15050	314732	15057	337735	14974	331815
澄城县	Chengcheng	16040	323795	16073	321644	16076	330340
蒲城县	Pucheng	11994	252976	12010	263154	12543	266590
白水县	Baishui	26706	500818	26879	518662	26950	535891
富平县	Fuping	7575	125854	7307	128117	7307	134088
韩城市	Hancheng	3523	65397	3519	67637	3519	67610
宝塔区	Baota	21303	365000	21437	370008	21437	382496
延长县	Yanchang	20907	296500	21073	322716	21073	348112
延川县	Yanchuan	14772	131320	15159	165000	15127	183406
安塞县	Ansai	14146	171328	14705	218394	14705	252898
富 县	Fuxian	24860	574000	24937	580000	24937	600650
洛川县	Luochuan	35515	900626	35762	924445	35652	984954
宜川县	Yichuan	20350	500000	20410	510000	20410	534339
黄陵县	Huangling	13744	342000	13933	355000	14088	378183

12-30 梨基地县情况
Base County of Pear

县 区	Region	2019		2020		2021	
		梨园面积 (公顷) Area of Pears Orchards (hectare)	产 量 (吨) Output (ton)	梨园面积 (公顷) Area of Pears Orchards (hectare)	产 量 (吨) Output (ton)	梨园面积 (公顷) Area of Pears Orchards (hectare)	产 量 (吨) Output (ton)
全 省	**Shaanxi**	**44648**	**1046067**	**44495**	**1043042**	**44053**	**1045654**
基地县合计	Total of Base Counties	25285	589554	25324	647667	25826	673495
基地县占全省%	As Percentage of Shaanxi	56.6	56.4	56.9	62.1	58.6	64.4
秦都区	Qindu	259	8462	237	8200	360	12709
乾 县	Qianxian	1294	30174	1294	32645	1462	31088
礼泉县	Liquan	3271	139679	3269	147031	3263	140460
彬州市	Binzhou	1288	11423	1341	9833	1352	10690
临渭区	Linwei	2087	43330	2087	44327	2067	44513
蒲城县	Pucheng	15098	310422	15101	353392	15301	381120
富平县	Fuping	358	7823	358	7876	358	8044
子长市	Zichang	192	3178	192	3382	192	3102
宜川县	Yichuan	170	1550	170	5000	170	4320
洋 县	Yangxian	1268	33513	1277	35981	1301	37449

12-31 猕猴桃基地县情况
Base County of Kiwi

县 区	Region	2019		2020		2021	
		猕猴桃园面积 (公顷) Area of Kiwi Orchards (hectare)	产 量 (吨) Output (ton)	猕猴桃园面积 (公顷) Area of Kiwi Orchards (hectare)	产 量 (吨) Output (ton)	猕猴桃园面积 (公顷) Area of Kiwi Orchards (hectare)	产 量 (吨) Output (ton)
全 省	**Shaanxi**	**58455**	**1072439**	**61213**	**1158336**	**65295**	**1294288**
基地县合计	Total of Base Counties	35746	830503	36357	892105	38703	991283
基地县占全省%	As Percentage of Shaanxi	61.2	77.4	59.4	77.0	59.3	76.6
灞桥区	Baqiao	449	14369	446	15266	367	12852
长安区	Chang'an	99	2809	102	2737	102	2675
周至县	Zhouzhi	16617	347884	17016	368328	19055	421203
鄠邑区	Huyi	633	13726	665	16288	666	16522
眉 县	Meixian	15439	430500	15618	456756	15969	497465
城固县	Chenggu	2510	21215	2510	32730	2543	40566

12-32 各市(区)灾情(2021年)
Conditions in Natural Disaster by City(District)(2021)

地 区	Region	受灾人口(万人次) Disaster Population Covered (10 000 persons-times)	死亡失踪人口(人) Population of Death and Abscondence (person)	农作物受灾面积(千公顷) Disaster Areas of Farm Crops (1 000 hectares)	农作物绝收面积(千公顷) Disaster Areas of Farm Crops of No Harvest (1 000 hectares)	倒塌房屋户数(间) Broken Civil Buildings (household)	直接经济损失(亿元) Direct Economic Losses (100 million yuan)
全 省	**Shaanxi**	**833.87**	**56**	**972.70**	**192.61**	**23055**	**323.84**
西安市	Xi'an	25.73	18	23.22	4.67	2641	38.79
铜川市	Tongchuan	12.64		15.60	0.07	750	4.60
宝鸡市	Baoji	30.90	4	24.22	1.07	1794	13.23
咸阳市	Xianyang	34.46		28.50	0.07	930	2.18
渭南市	Weinan	152.76		184.18	16.75	7532	17.62
延安市	Yan'an	123.14	16	190.99	33.78	3149	61.70
汉中市	Hanzhong	146.09	4	46.56	6.80	933	47.49
榆林市	Yulin	148.70		411.57	115.35	5	26.32
安康市	Ankang	93.33	12	24.73	6.74	2781	58.89
商洛市	Shangluo	66.12	2	23.14	7.32	2540	53.03
杨凌示范区	Yangling						

12-33 农业现代化情况
Agriculture Modernization

指 标		Item		2019	2020	2021
农业机械总动力合计	**(万千瓦)**	**Total Agricultural Machinery Power**	**(10 000 kw)**	**2331.49**	**2387.96**	**2431.21**
大中型拖拉机	(万台)	Large and Medium Tractors	(10 000 units)	10.40	13.75	11.56
小型拖拉机	(万台)	Small Tractors	(10 000 units)	21.65	27.67	20.30
拖拉机配套农具	(万部)	Tractors Towing Farm Machinery	(10 000 units)	55.59	56.84	56.61
粮食作物联合收割机	(台)	Combine Harvesters for Food Crops	(unit)	45490	45213	45749
其他作物联合收割机	(台)	Combine Harvesters for Other Crops	(unit)	8996	9282	9502
机动脱粒机	(万台)	Mobile Thresher	(10 000 units)	50.22	50.36	50.56
节水灌溉类机械	(套)	Watersaving Irrigation Machinery	(unit)	61629	61206	61400
农用水泵	(万台)	Number of Agricultural Pumps	(10 000 units)	33.59	32.32	32.63
当年机耕地面积	(千公顷)	Area Cultivated by Mechanical	(1 000 hectares)	3053.70	3327.24	3174.48
当年机械播种面积	(千公顷)	Area Sown by Mechanical	(1 000 hectares)	2122.14	2277.78	2313.57
当年机械收获面积	(千公顷)	Mechanical harvest Area	(1 000 hectares)	1899.22	2015.42	2054.64
农用化肥施用量(折纯量)	(万吨)	Consumption of Chemical Fertilizers	(10 000 tons)	202.52	201.91	200.70
氮 肥		Nitrogenous Fertilizer		80.36	79.80	78.05
磷 肥		Phosphate Fertilizer		17.40	17.36	17.13
钾 肥		Potash Fertilizer		23.13	22.98	23.05
复合肥		Compound Fertilizer		81.63	81.76	82.29
农用塑料薄膜使用量	(吨)	Plastic Film Consumption	(ton)	44780	44724	44294
#地膜使用量		Film Consumption		21912	21656	21493
地膜覆盖面积	(千公顷)	Film Coverage Area	(1 000 hectares)	425.21	422.67	417.25
农用柴油使用量	(万吨)	Diesel Consumption	(10 000 tons)	93.84	93.36	91.93
农药使用量	(吨)	Pesticides Consumption	(ton)	12240	11951	11643

12—34 各市(区)农业现代化情况 (2021)
Agriculture Modernization by City(District) (2021)

地区	Region	农用机械总动力合计(万千瓦) Total Agricultural Machinery Power (10 000 kw)	大中型拖拉机(台) Large and Medium Tractors (unit)	小型拖拉机(台) Small Tractors (unit)	拖拉机机配农具(部) Tractors Towing Machinery (unit)	粮食作物联合收割机(台) Combine Harvesters for Food Crops (unit)	其他作物联合收割机(台) Combine Harvesters for Other Crops (unit)	机动脱粒机(台) Mobile Thresher (unit)
全省	**Shaanxi**	**2431.21**	**115583**	**202994**	**566152**	**45749**	**9502**	**505571**
西安市	Xi'an	247.61	8587	5771	47591	7819	142	12665
铜川市	Tongchuan	37.65	4995	4040	20828	627	15	2195
宝鸡市	Baoji	260.06	17022	23927	88254	8044	189	47908
咸阳市	Xianyang	300.47	19786	12807	62092	9220	304	15692
渭南市	Weinan	576.48	28366	63970	165802	13956	358	24226
延安市	Yan'an	175.21	5738	45387	73479	556	2106	7339
汉中市	Hanzhong	195.89	4624	5602	8222	1375	3915	97285
榆林市	Yulin	322.76	24139	27532	77308	3721	2049	47015
安康市	Ankang	231.20	1304	10276	13141	226	361	182609
商洛市	Shangluo	73.17	291	3551	6824	52	46	68532
杨凌示范区	Yangling	8.812	616	66	2223	98	5	73

12—34 续表 continued

地区	Region	节水灌溉类机械(套) Watersaving Irrigation Machinery (unit)	农用水泵(台) Pumps (unit)	秸秆粉碎还田机械(台) Straw Crushing Return-to-field Machine (unit)	饲养机械(台/套) Feeding Machine (unit)	畜产品采集加工机械设备(台/套) Livestock Products Collecting and Processing Machine (unit)	化肥施用折纯量(吨) Consumption of Chemical Fertilizers (ton)	农用塑料薄膜使用量(吨) Plastic Film Consumption (ton)
全省	**Shaanxi**	**61400**	**326270**	**26848**	**15204**	**6367**	**2007011**	**44294**
西安市	Xi'an	1884	52597	6138	1831	915	252739	3317
铜川市	Tongchuan	1692	1082	544	222	21	51285	306
宝鸡市	Baoji	342	20513	1156	1182	942	245806	1529
咸阳市	Xianyang	9350	31788	3925	2600	1792	417168	6191
渭南市	Weinan	13631	42892	12640	1046	549	445238	15574
延安市	Yan'an	6849	23288	1276	775	216	145993	4477
汉中市	Hanzhong	3373	37493	233	967	311	131066	3043
榆林市	Yulin	1191	60868	494	2666	1558	159004	4821
安康市	Ankang	3159	30703	122	2034	9	103724	2960
商洛市	Shangluo	3123	23782	47	1852	12	50673	1425
杨凌示范区	Yangling	16680	504	213	16	36	4315	650

主要统计指标解释

农林牧渔业总产值 指以货币表现的农、林、牧、渔业全部产品和对农林牧渔业生产活动进行的各种支持性服务活动的价值总量，它反映一定时期内农林牧渔业生产总规模和总成果。1957年以前的农林牧渔业总产值中包括了厩肥和农民自给性手工业(如农民自制衣服、鞋、袜，自己从事粮食初步加工等)。1958 年及以后，林业中增加了村及村以下竹木采伐产值；牧业中取消了厩肥产值；副业中取消了农民自给性手工业产值，增加了村及村以下办的工业产值；渔业中增加了海洋捕捞水产品产值。1980年及以后，在副业中增加了农民家庭兼营工业商品部分的产值。从 1984 年起村及村以下工业产值划归工业。从 1993 年起取消副业，将野生动物的捕猎划入牧业，野生植物采集和农民家庭兼营商品性工业划归农业。从 2003 年起，执行新的国民经济行业分类标准，农林牧渔业总产值中包括了农林牧渔服务业产值，2018年以后农林牧渔服务业产值改称农林牧渔专业及辅助性活动产值。林业中增加了森林采运业产值。农业中取消了家庭兼营商品性工业产值，将野生林产品的采集划归林业。第一、二、三次农业普查以后，根据农业普查结果，对农业、畜牧业、渔业年报数据和农业、畜牧业、渔业产值进行了修订。

农林牧渔业总产值的计算方法通常是按农、林、牧、渔业产品及其副产品的产量分别乘以各自单位产品价格求得；少数生产周期较长，当年没有产品或产品产量不易统计的，则采用间接方法匡算其产值；然后将四业产品产值及农林牧渔专业及辅助性活动产值相加即为农林牧渔业总产值。

粮食产量 指农业生产经营者日历年度内生产的全部粮食数量。按收获季节包括夏收粮食、早稻和秋收粮食，按作物品种包括谷物、薯类和豆类。其产量计算方法：谷物按脱粒后的原粮计算，豆类按去豆荚后的干豆计算；薯类(包括甘薯和马铃薯，不包括芋头和木薯)1963 年以前按每 4 公斤鲜薯折 1 公斤粮食计算，从 1964 年开始改为按 5 公斤鲜薯折 1 公斤粮食计算；城市郊区作为蔬菜的薯类(如马铃薯等)按鲜品计算，并且不作粮食统计。

棉花产量 指全社会的产量。包括春播棉和夏播棉。产量按皮棉计算。不包括木棉。

油料产量 指全部油料作物的生产量。包括花生、油菜籽、芝麻、向日葵籽、胡麻籽（亚麻籽）和其他油料。不包括大豆、木本油料和野生油料。花生以带壳干花生计算。

水产品产量 指渔业（捕捞和养殖）生产活动的最终有效成果，包括全部海水和淡水鱼类、甲壳类（虾、蟹）、贝类、头足类、藻类和其他类渔业产品的最终产量。水产品产量是通过各级水产部门逐级上报取得数据。1995 年及以前，贝类中牡蛎按鲜肉计算；蚶、蛤、蛏按 5 斤鲜品折 1 斤计算。1996 年以后则统一按鲜品计算。

猪、牛、羊肉产量 指当年出栏并已屠宰、除去头蹄下水后带骨肉(即胴体重)的重量。包括全社会范围内的产量。1996 年以前为全面统计并逐级上报数据。1996 年第一次农业普查以后，根据普查结果，对畜牧业主要年报数据进行了修正。1999 年以后，国家统计局在部分地区开展了猪、牛、羊、禽等主要畜禽品种的抽样调查，并用抽样数据作为国家定案数据使用。未开展抽样调查的地区和品种，仍使用各级统计部门逐级上报数据。2008 年，建立了主要畜禽监测调查制度，猪、牛、羊、禽等主要畜禽数据均以抽样调查数为法定数据。

期初(末)畜禽存栏头(只)数 指报告期初(末)农村各种合作经济组织和国营农场、农民个人、机关、团体、学校、工矿企业、部队等单位以及城镇居民饲养的大牲畜、猪、羊、家禽等畜禽的存栏数。数据上报方式及数据调整情况同猪、牛、羊肉产量。

农作物播种面积 指农业生产经营者应在日历年度内收获农作物在全部土地（耕地或非耕地）上的播种或移植面积。凡是本年内收获的农作物，无论是本年还是上年播种，都算为播种面积，但不包括本年播种，下年收获的农作物面积。

农用化肥施用量 指本年内实际用于农业生产的化肥数量，包括氮肥、磷肥、钾肥和复合肥。化肥施用量要求按折纯量计算数量。折纯量是指把氮肥、磷肥、钾肥分别按含氮、含五氧化二磷、含氧化钾的百分之百成份进行折算后的数量。复合肥按其所含主要成分折算。公式为：

折纯量=实物量×某种化肥有效成份含量的百分比

农业机械总动力 指主要用于农、林、牧、渔业的各种动力机械的动力总和。包括耕作机械、排灌机械、收获机械、农用运输机械、植物保护机械、牧业机械、林业机械、渔业机械和其他农业机械〔内燃机按引擎马力折成瓦(特)计算、电动机按功率折成瓦(特)计算〕。不包括专门用于乡、镇、村、组办工业、基本建设、非农业运输、科学试验和教学等非农业生产方面用的动力机械与作业机械。这个指标的统计数据主要来源于农机部门。

Explanatory Notes on Main Statistical Indicators

Gross Output Value of Agriculture, Forestry, Animal Husbandry and Fishery refers to the total value of products of agriculture, forestry, animal husbandry and fishery, and total value of services in support of agriculture, forestry, animal husbandry and fishery activities. It reflects the total scale and results of agricultural production during a given period. Prior to 1957, China's gross agricultural output value included barnyard manure and handicraft products for self-consumption (clothes, shoes, stockings, and initial grain processing undertaken by peasants). Since 1958, cutting and felling of bamboo and trees by villages and other cooperative organizations under villages have been included in forestry; value of barnyard manure has been excluded from animal husbandry; self consumed handicrafts have not been included from sideline occupations, while the output value of industries run by villages and cooperative organizations under village has been included in sideline occupations; and the output value of fish catches by motor fishing boats has been added to fishery. Since 1980, the value of handicraft products made for sale by individuals in households has been added to sideline occupations. Since 1984, industries run by villages and under villages have been included in the sector of industry. Since 1993, the subdivision of sideline occupations has been cancelled, and the hunting of wild animals has been classified into animal husbandry, and the gathering of wild plants and commodity industry run by rural household have been included in farming. A new industrial classification of economic activities was introduced in 2003. Under the new classification, value of services to agriculture, forestry, animal husbandry and fishery is included in the gross output value of agriculture. In 2018, the output value of agriculture, forestry, animal husbandry and fishery services was renamed the output value of professional and auxiliary activities in support of agriculture, forestry, animal husbandry and fishery, value of wood felling and transport is included in forestry, value of industrial output by rural households is not included in agriculture. According to the result of the first, second, third Agriculture Census, efforts were made to adjust the annual reports of animal husbandry and fishery output and the output value of agriculture, animal husbandry and fishery output to make the figures from the annual reports consistent with the census data.

Gross output value of agriculture is obtained by multiplying the output of each product or by-product by its price, resulting in the output value of each single item. For a small number of products, annual output of which is not available or difficult to get due to the long production (growing) process involved, the output value is estimated through an indirect approach. The sum of output values of all products of agriculture, forestry, animal husbandry and fishery and professional and auxiliary activities in support of agriculture, forestry, animal husbandry and fishery is then equal to the gross output value of agriculture.

Grain Output refers to the total output of grains produced by agricultural producers within a calendar year. It includes summer grain, early rice and autumn grain if classified by harvest seasons; it covers cereal, tubers and beans if classified by type of crops. Output of cereal should be limited to husked grain only. Output of beans refers to dry beans without pods. The output of tubers (sweet potatoes and potatoes, not including taros and cassava) are converted into that of grain at the ratio 4:1, i.e. 4 kilograms of fresh tubers were equivalent to 1 kilogram of grain up to 1963. Since 1964 the ratio for conversion has been 5:1. Tubers supplied as vegetables (such as potatoes) in cities and suburbs are calculated as fresh vegetables and their output is not included in the output of grain.

Cotton Output refers to cotton production in the whole country including cotton planted in spring and in autumn. Output is measured as the weight of ginned cotton. Ceiba is not included.

Output of Oil-bearing Crops refers to the total production of oil-bearing crops of various kinds, including peanuts (dry, in shell), rapeseeds, sesame, sunflower seeds, flax seeds, and other oil-bearing crops. Soybeans, oil-bearing woody plants, and wild oil-bearing crops are not included.

Output of Aquatic Products refers to final output actually yielded from fishing production (fishery and breeding), including all output of marine and freshwater fish, crustaceans (shrimps, crabs), shellfish, cephalopod, seaweed and other fishery products. Data on output of aquatic products are reported by aquatic product agencies level by level. Before 1995, among the shellfish, oyster was counted as fresh meat; 5 kilograms of ark shell, clams and frogs are equivalent to 1 kilogram of fresh aquatic products; they have all been counted as fresh aquatic products since 1996.

Output of Pork, Beef, and Mutton refers to the meat of slaughtered hogs, cattle, sheep and goats with head, feet, and offal taken away. Data refers to the production of the whole country. Before 1996, it was a comprehensive reporting from the lower level to the upper one. The First Agricultural Census of China in 1996 revealed some discrepancy between the production of animal products from the annual reports and that from the census. Efforts were made to adjust the output value of animal husbandry to make the figures from the annual reports consistent with the census data. Since 1999, the NBS conducted sample surveys for the major animal husbandry products, such as hogs, cattle, sheep and goats and fowls, and the data from sample surveys are used as national finalized data. Those products, which are not covered by the sample survey, are still reported by statistical agencies level by level. In 2008, A Monitoring and Survey Program was set up on main livestock, the data on the main livestock such as hog, cattle, sheep and poultry became the official data based on the sampling survey.

Number of Livestock or Poultry in Stock at Beginning (or End) of Period refers to the total number of large animals, pigs, sheep, fowls, etc. raised by rural cooperative organizations, State farms, rural individuals, government agencies, schools, industrial and mining enterprises, army, and urban residents at the beginning (or end) of the reference period. Data reporting system and data adjustment are the same as that in the output of pork, beef and mutton.

Sown Area of Crops refers to area of all land (cultivated or non-cultivated area) sown or transplanted with crops that are harvested within the calendar year by agricultural producers. All crops harvested within the year are counted as sown area, regardless of being sown in this year or the previous year. Crops sown this year but will be harvested in the coming year are excluded.

Consumption of Chemical Fertilizers in Agriculture refers to the quantity of chemical fertilizers applied in agriculture in the year, including nitrogenous fertilizer, phosphate fertilizer, potash fertilizer, and compound fertilizer. The consumption of chemical fertilizers is calculated in terms of volume of effective components by means of converting the gross weight of the respective fertilizers into weight containing effective component (e.g. nitrogen content in nitrogenous fertilizer, phosphorous pentoxide contents in phosphate fertilizer, and potassium oxide contents in potash fertilizer). Compound fertilizer is converted in regard to its major components. The formula is:

Volume of effective component= physical quantity × effective component of certain chemical fertilizer (%)

Total Power of Agricultural Machinery refers to total mechanical power of machinery used in agriculture, forestry, animal husbandry and fishery, including machinery for ploughing, irrigation and drainage, harvesting, transport, plant protection, animal husbandry, forestry and fishery and other agricultural machineries. (For the power of internal combustion engines, it is converted from its horsepower into watts while for electric motors the output power is converted into watts.) Machinery employed for non-agricultural purposes, such as the machines used in township-run and village-run industry, construction, non-agricultural transport, scientific experiments and teaching, are not included. Data are mainly from agricultural machinery agencies.

十三、工　业

Industry

资料整理：潘英杰　袁星伟

简 要 说 明

一、本篇资料反映陕西工业经济方面的基本情况，内容包括规模以上工业企业按企业登记注册类型、轻重工业、企业规模、工业行业大类分组的主要经济指标和经济效益指标，主要工业产品产量。

二、规模以上工业企业统计范围

1998年至2006年为全部国有及年主营业务收入500万元以上的非国有工业法人单位。

2007至2010年为年主营业务收入500万元及以上的工业法人单位。

2011年起提高到年主营业务收入2000万元及以上的工业法人单位。

三、按照2011年《统计上大中小微型企业划分办法》，工业企业大中小微型划分标准是：

大型：从业人员1000人及以上、营业收入40000万元及以上。

中型：从业人员300—1000人、营业收入2000—40000万元。

小型：从业人员20—300人、营业收入300—2000万元。

微型：从业人员20人以下、营业收入300万元以下。

Brief Introduction

I. This chapter reflects the basic conditions of the industrial sector, mainly including economic indicators of industrial enterprises above designated size; as well as their economic indicators, efficiency indicators, output and production capacity of key industrial products classified by type of registration, by light and heavy industries, by size of enterprise, by branch of industry.

II. The Scopes of Industrial Statistics

The scopes of industrial statistics are all State-owned industrial enterprises and non-State-owned industrial enterprises with revenue from principal business over 5 million yuan from 1998 to 2006.

The scopes of industrial statistics are all industrial enterprises with revenue from principal business over 5 million yuan form 2007 to 2010.

The scopes of industrial statistics are raised to all industrial enterprises with revenue from principal business over 20 million yuan from 2011.

III. According to "*the Division Standard of Large/Medium/Small/Mini Sized Enterprises*" in 2011, the division standard of large/medium/small/mini sized enterprises is:

Large sized enterprises:

Number of employed persons:1000 person and above.

Amount of operating revenue:400 million yuan and above.

Medium sized enterprises:

Number of employed persons: 300-1000 person.

Amount of operating revenue: 20-400 million yuan.

Small sized enterprises:

Number of employed persons: 20-300 person.

Amount of operating revenue: 3-20 million yuan.

Mini sized enterprises:

Number of employed persons: 20 person and below.

Amount of operating revenue: 3 million yuan and below.

13.工　业

2021年全省		
规模以上工业企业单位数	7509	个
# 大中型工业企业	786	个
规模以上工业利润总额	3650.50	亿元

规模以上工业企业利润总额（亿元）

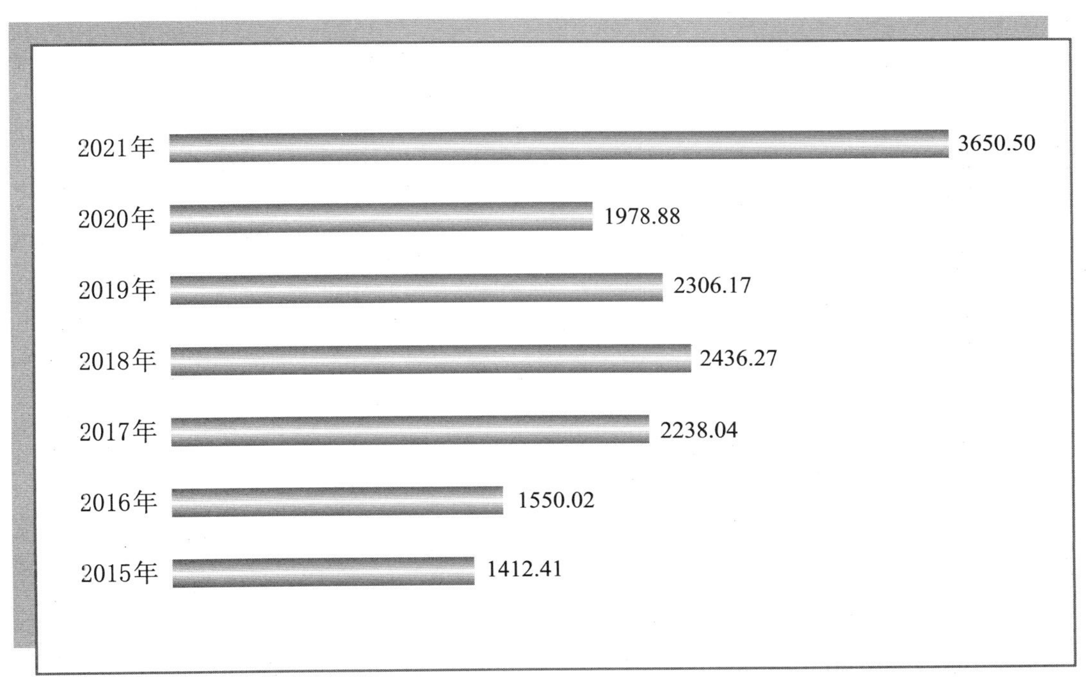

13-1 规模以上工业企业主要经济指标(1998-2021年)

Main Indicators of Industrial Enterprises above Designated Size (1998-2021)

单位：亿元 (100 million yuan)

年 份 Year	企业单位数 (个) Number of Enterprises (unit)	资产总计 Total Assets	营业收入 Business Revenue	利润总额 Total Profits
1998	2685	2158.36	867.48	-11.40
1999	2589	2514.49	950.36	6.92
2000	2553	2683.07	1133.82	63.80
2001	2440	3071.06	1292.71	62.96
2002	2461	3227.24	1503.30	93.18
2003	2493	3672.72	1843.33	158.62
2004	3012	4432.45	2632.18	253.90
2005	2997	5085.90	3302.50	400.70
2006	3375	6130.02	4380.18	523.95
2007	3372	7494.03	5512.63	691.83
2008	3526	9163.02	6944.88	872.63
2009	4480	12119.26	8188.52	854.11
2010	4564	14688.70	10888.80	1469.57
2011	3684	17234.61	13790.12	1933.92
2012	4284	20591.16	16328.25	2057.22
2013	4489	22443.11	17763.00	1973.32
2014	5017	24371.44	18622.14	1846.98
2015	5350	26393.17	18823.01	1412.41
2016	5799	28939.56	20110.64	1550.02
2017	6208	30642.94	22090.99	2238.04
2018	6426	32432.48	23060.35	2436.27
2019	6974	35958.91	24961.57	2306.17
2020	7145	36879.34	23319.56	1978.88
2021	7509	41680.72	30063.97	3650.50

注：2019年以前营业收入为主营业务收入数据。

a) The Business Revenue before 2019 is the Revenue from Principal Business.

13-2 规模以上工业企业主要经济效益指标(1998-2021年)
Main Indicators on Economic Benefit of Industrial Enterprises above Designated Size(1998-2021)

年 份 Year	总资产贡献率 (%) Ratio of Profits, Taxes and Interests to Average Assets (%)	资产负债率 (%) Ratio of Debts to Assets (%)	流动资产周转次数 (次/年) Turnover of Current Assets (times/year)	成本费用利润率 (%) Ratio of Profits to Total Industrial Costs (%)
1998	4.96	71.53	0.99	-1.31
1999	6.06	68.86	1.03	0.74
2000	7.83	68.17	1.12	6.06
2001	7.58	66.01	1.15	5.19
2002	8.40	65.75	1.29	6.74
2003	10.40	63.94	1.34	9.71
2004	14.10	65.40	1.60	10.90
2005	15.38	62.15	1.72	14.46
2006	16.60	59.80	1.90	14.00
2007	17.27	57.35	1.97	14.54
2008	17.30	55.80	1.90	14.80
2009	13.60	56.00	1.60	12.30
2010	17.11	56.84	1.67	16.14
2011	18.84	56.61	1.82	16.97
2012	18.03	56.91	1.87	14.95
2013	16.00	56.06	2.02	12.86
2014	15.67	56.79	2.19	11.50
2015	12.20	56.04	2.08	8.44
2016	11.11	56.08	1.98	8.62
2017	13.48	54.13	1.99	11.48
2018	14.13	53.92	1.92	12.17
2019	11.85	53.96	1.85	10.53
2020	9.97	55.13	1.58	9.52
2021	14.71	54.85	1.66	14.41

13-3 规模以上工业企业主要经济指标(2021年)

单位：万元

分　组	Item	企业单位数(个) Number of Enterprises (unit)	#亏损企业 Unprofitable Enterprises
总　计	**Total**	**7509**	**1160**
按登记注册类型分	**By Status of Registration**		
内资企业	Domestic Funded	7259	1103
国有企业	State-owned Enterprises	129	35
中央企业	Central	33	4
地方企业	Local	96	31
集体企业	Collective-owned Enterprises	34	7
股份合作企业	Cooperative Enterprises	17	4
联营企业	Joint Ownership Enterprises	4	2
国有联营企业	State Joint Ownership Enterprises	1	1
国有与集体联营企业	Joint State-collective Enterprises	1	1
其他联营企业	Other Joint Ownership Enterprises	2	
有限责任公司	Limited Liability Corporations	1874	392
国有独资公司	State Sole Funded Corporations	182	50
其他有限责任公司	Other Limited Liability Corporations	1692	342
股份有限公司	Share-holding Corporations Limited	214	44
私营企业	Private Enterprises	4974	619
私营独资企业	Private-funded Enterprises	135	20
私营合伙企业	Private Partnership Enterprises	30	6
私营有限责任公司	Private Limited Liability Corporations	4651	565
私营股份有限公司	Private Share-holding Corporations Ltd.	158	28
其他企业	Other Enterprises	13	
港、澳、台商投资企业	Enterprises with Funds from Hong Kong, Macao and Taiwan	56	12
合资经营企业(港或澳、台资)	Joint-venture Enterprises	20	5
合作经营企业(港或澳、台资)	Cooperative Enterprises	2	1
港澳台商独资经营企业	Enterprises with Sole Investment	31	6
港澳台商投资股份有限公司	Share-holding Corporations Ltd.	1	
其他港澳台商投资企业	Other Enterprises with Funds from Hong Kong,Macao and Taiwan	2	
外商投资企业	Foreign Funded Enterprises	194	45
中外合资经营企业	Joint-venture Enterprises	84	21
中外合作经营企业	Cooperation Enterprises	1	
外资企业	Enterprises with Sole Funds	93	19
外商投资股份有限公司	Share-holding Corporations Ltd.	9	2
其他外商投资企业	Other Foreign Funded Enterprises	7	3

Main Indicators of Industrial Enterprises above Designated Size(2021)

(10 000 yuan)

资产总计 Total Assets	流动资产 合计 Total Current Assets	#应收账款 Accounts Receivable	#存货 Inventories	#产成品 Finished products	负债合计 Total Liabilities
416807248	**180833800**	**40947594**	**27589329**	**11612362**	**228627720**
386389159	168305437	37071636	24697563	10647203	214508989
23610764	7528207	2142397	1198629	296936	14972825
11005103	1706455	863085	134280	32161	6888932
12605661	5821753	1279313	1064350	264775	8083893
810398	541562	31181	21112	9885	304790
323613	204614	41732	34677	13001	205322
136292	80029	59418	8079	5863	119540
18010	1734	122	802	202	22461
9281	8761	2713	5238	5009	8710
109001	69534	56583	2039	652	88369
223688040	97477522	17397801	14173466	5728012	126149930
84165922	34649837	4747173	4096669	1422313	48152340
139522118	62827685	12650628	10076797	4305698	77997591
65438300	18815521	4023839	2215089	1012379	32825236
72368004	43649486	13374005	7044354	3579747	39928976
1751839	1075339	462503	109342	82501	1021479
1381179	835092	39349	14178	5100	810485
64047395	38877475	12148630	6342040	3229751	36217566
5187591	2861580	723522	578794	262396	1879446
13750	8495	1264	2156	1381	2372
3341907	1735978	474308	226515	92975	1863780
1542558	796043	132496	102432	38846	1120862
8959	7729	930	1606	86	2665
1416208	774829	309541	108367	48902	552323
141602	71740	7303	7162	3347	94539
232580	85636	24038	6949	1794	93391
27076182	10792385	3401650	2665251	872183	12254951
10891928	6596505	2310162	1288196	663502	6816975
21964	16737	12723	3725	544	10227
14837202	3475755	994871	1297758	185536	4851496
1040062	559756	59070	46342	20845	444933
285027	143632	24825	29230	1757	131320

13-3 续表 1

单位：万元

分　组	Item	企业单位数 (个) Number of Enterprises (unit)	#亏损企业 Unprofitable Enterprises
按经济组织类型分	**By Economic Type of Orgnization**		
独资企业	Appropratorship		
国有企业	State-owned Enterprises	129	35
集体企业	Collective-owned Enterprises	34	7
私营独资企业	Private-funded Enterprises	135	20
港澳台商独资经营企业	Enterprises with Sole Investment	31	6
外资企业	Enterprises with Sole Funds	93	19
合作、合伙企业	Partnership		
股份合作企业	Cooperative Enterprises	17	4
国有联营企业	State Joint Ownership Enterprises	1	1
国有与集体联营企业	Joint State-collective Enterprises	1	1
其他联营企业	Other Joint Ownership Enterprises	2	
私营合伙企业	Private Partnership Enterprises	30	6
合作经营企业(港或澳、台资)	Cooperative Enterprises	2	1
中外合作经营企业	Cooperation Enterprises	1	
其他企业(内资)	Other Enterprises	13	
其他港澳台商投资企业	Other Enterprises with Funds from Hong Kong,Macao and Taiwan	2	
其他外商投资企业	Other Foreign Funded Enterprises	7	3
股份有限公司	Share-holding Corporations Limited		
股份有限公司(内资)	Share-holding Corporations Ltd.	214	44
私营股份有限公司	Private Share-holding Corporations Ltd.	158	28
港澳台商投资股份有限公司	Share-holding Corporations Ltd.with Funds from Hong Kong, Macao and Taiwan	1	
外商投资股份有限公司	Share-holding Corporations Ltd.with Foreign Investment	9	2
有限责任公司	Limited Liability Corporations		
国有独资公司	State Sole Funded Corporations	182	50
私营有限责任公司	Private Limited Liability Corporations	4651	565
合资经营企业(港或澳、台资)	Joint-venture Enterprises	20	5
中外合资经营企业	Joint-venture Enterprises	84	21
其他有限责任公司	Other Corporations	1692	342
按轻重工业分	**Grouped by Light & Heavy Industries**		
轻工业	Light Industry	2329	263
重工业	Heavy Industry	5180	897
按企业规模分	**Grouped by Size of Enterprises**		
大型企业	Large Enterprises	178	27
中型企业	Medium-sized Enterprises	608	104
小型企业	Small Enterprises	5607	800
微型企业	Mini Enterprises	1116	229

continued

(10 000 yuan)

资产总计 Total Assets	流动资产合计 Total Current Assets	#应收账款 Accounts Receivable	#存货 Inventories	#产成品 Finished products	负债合计 Total Liabilities
23610764	7528207	2142397	1198629	296936	14972825
810398	541562	31181	21112	9885	304790
1751839	1075339	462503	109342	82501	1021479
1416208	774829	309541	108367	48902	552323
14837202	3475755	994871	1297758	185536	4851496
323613	204614	41732	34677	13001	205322
18010	1734	122	802	202	22461
9281	8761	2713	5238	5009	8710
109001	69534	56583	2039	652	88369
1381179	835092	39349	14178	5100	810485
8959	7729	930	1606	86	2665
21964	16737	12723	3725	544	10227
13750	8495	1264	2156	1381	2372
232580	85636	24038	6949	1794	93391
285027	143632	24825	29230	1757	131320
65438300	18815521	4023839	2215089	1012379	32825236
5187591	2861580	723522	578794	262396	1879446
141602	71740	7303	7162	3347	94539
1040062	559756	59070	46342	20845	444933
84165922	34649837	4747173	4096669	1422313	48152340
64047395	38877475	12148630	6342040	3229751	36217566
1542558	796043	132496	102432	38846	1120862
10891928	6596505	2310162	1288196	663502	6816975
139522118	62827685	12650628	10076797	4305698	77997591
38169550	21149306	4372726	6228573	2602984	18131405
378637699	159684494	36574868	21360755	9009377	210496316
235341056	90364591	16562209	12875197	5134303	128301774
72081004	36276230	8403217	5928116	2576416	37089889
89128438	46135250	13599497	8050299	3591967	49635647
20256750	8057729	2382670	735716	309676	13600409

13-3 续表 2

单位：万元

分组	Item	所有者权益合计 Owners' Equity	营业收入 Business Revenue
总计	**Total**	**188179468**	**300639729**
按登记注册类型分	By Status of Registration		
内资企业	Domestic Funded	171880110	279397643
国有企业	State-owned Enterprises	8637938	15106533
中央企业	Central	4116172	8885984
地方企业	Local	4521766	6220549
集体企业	Collective-owned Enterprises	505608	1021887
股份合作企业	Cooperative Enterprises	118290	272513
联营企业	Joint Ownership Enterprises	16752	44997
国有联营企业	State Joint Ownership Enterprises	-4451	7042
国有与集体联营企业	Joint State-collective Enterprises	571	8482
其他联营企业	Other Joint Ownership Enterprises	20632	29474
有限责任公司	Limited Liability Corporations	97538096	139491616
国有独资公司	State Sole Funded Corporations	36013580	36580340
其他有限责任公司	Other Limited Liability Corporations	61524516	102911276
股份有限公司	Share-holding Corporations Limited	32613062	31982187
私营企业	Private Enterprises	32438986	91450418
私营独资企业	Private-funded Enterprises	730360	2034115
私营合伙企业	Private Partnership Enterprises	570694	1370385
私营有限责任公司	Private Limited Liability Corporations	27829787	85041365
私营股份有限公司	Private Share-holding Corporations Ltd.	3308144	3004554
其他企业	Other Enterprises	11379	27491
港、澳、台商投资企业	Enterprises with Funds from Hong Kong, Macao and Taiwan	1478127	2029879
合资经营企业(港或澳、台资)	Joint-venture Enterprises	421697	838696
合作经营企业(港或澳、台资)	Cooperative Enterprises	6294	6028
港澳台商独资经营企业	Enterprises with Sole Investment	863885	1069078
港澳台商投资股份有限公司	Share-holding Corporations Ltd.	47063	77662
其他港澳台商投资企业	Other Enterprises with Funds from Hong Kong,Macao and Taiwan	139188	38415
外商投资企业	Foreign Funded Enterprises	14821232	19212208
中外合资经营企业	Joint-venture Enterprises	4074953	10512824
中外合作经营企业	Cooperation Enterprises	11736	49654
外资企业	Enterprises with Sole Funds	9985706	8202488
外商投资股份有限公司	Share-holding Corporations Ltd.	595130	258091
其他外商投资企业	Other Foreign Funded Enterprises	153707	189150

continued

(10 000 yuan)

营业成本 Cost of Business	销售费用 Operating Expenses	管理费用 Manage-ment Expenses	财务费用 Financial Expenses	利润总额 Total Profits	亏损企业亏损额 Losses of Unprofitable Enterprises	平均用工人数(人) Average number of employed worker (person)
230292341	**6018239**	**10119325**	**3700942**	**36504983**	**2857208**	**1476187**
212740344	5247791	9412699	3562854	34217393	2705460	1380271
13348159	90859	526389	193220	664998	124416	97338
8448413	8993	166145	80213	180154	43093	38309
4899745	81866	360244	113007	484845	81323	59029
365440	7260	35474	1011	512441	1320	3489
179391	5231	7475	4759	62837	639	1589
33510	897	4815	652	2835	4206	380
9388	17	941	551	-3972	3972	188
8142	174	297	99	-234	234	53
15979	707	3577	2	7041		139
100837747	2301997	4635530	2352652	20502105	1844778	623853
26140946	670641	1212273	828351	3255730	539898	163496
74696801	1631356	3423256	1524301	17246376	1304879	460357
23693277	348119	1139633	372547	3769285	253364	155080
74262456	2491075	3061878	637989	8699828	476737	498105
1668275	34680	85356	7240	179954	10183	11757
499202	5487	115873	13011	564896	8905	5990
69796296	2269226	2726101	577864	7627858	442268	458537
2298683	181682	134548	39876	327120	15381	21821
20365	2353	1506	24	3064		437
1659189	99271	88266	15986	226139	69302	13326
776060	21548	48599	5568	7594	64470	5593
3914	239	327	14	227	282	113
850287	57461	33380	8898	113533	4550	6681
12894	8676	3698	-6	97686		344
16035	11347	2261	1512	7098		595
15892808	671178	618360	122102	2061451	82446	82590
8850551	478447	363098	62098	559540	48649	47912
41534	2123	2154	167	3704		220
6660264	182193	227765	54955	1423644	23307	31164
187338	5427	17334	5726	48053	9529	1833
153121	2988	8009	-844	26509	962	1461

13–3 续表 3

单位：万元

分　组	Item	所有者权益合　计 Owners' Equity	营业收入 Business Revenue
按经济组织类型分	**By Economic Type of Orgnization**		
独资企业	Appropratorship		
国有企业	State-owned Enterprises	8637938	15106533
集体企业	Collective-owned Enterprises	505608	1021887
私营独资企业	Private-funded Enterprises	730360	2034115
港澳台商独资经营企业	Enterprises with Sole Investment	863885	1069078
外资企业	Enterprises with Sole Funds	9985706	8202488
合作、合伙企业	Partnership		
股份合作企业	Cooperative Enterprises	118290	272513
国有联营企业	State Joint Ownership Enterprises	-4451	7042
国有与集体联营企业	Joint State-collective Enterprises	571	8482
其他联营企业	Other Joint Ownership Enterprises	20632	29474
私营合伙企业	Private Partnership Enterprises	570694	1370385
合作经营企业(港或澳、台资)	Cooperative Enterprises	6294	6028
中外合作经营企业	Cooperation Enterprises	11736	49654
其他企业(内资)	Other Enterprises	11379	27491
其他港澳台商投资企业	Other Enterprises with Funds from Hong Kong,Macao and Taiwan	139188	38415
其他外商投资企业	Other Foreign Funded Enterprises	153707	189150
股份有限公司	Share-holding Corporations Limited		
股份有限公司(内资)	Share-holding Corporations Ltd.	32613062	31982187
私营股份有限公司	Private Share-holding Corporations Ltd.	3308144	3004554
港澳台商投资股份有限公司	Share-holding Corporations Ltd.with Funds from Hong Kong, Macao and Taiwan	47063	77662
外商投资股份有限公司	Share-holding Corporations Ltd.with Foreign Investment	595130	258091
有限责任公司	Limited Liability Corporations		
国有独资公司	State Sole Funded Corporations	36013580	36580340
私营有限责任公司	Private Limited Liability Corporations	27829787	85041365
合资经营企业(港或澳、台资)	Joint-venture Enterprises	421697	838696
中外合资经营企业	Joint-venture Enterprises	4074953	10512824
其他有限责任公司	Other Corporations	61524516	102911276
按轻重工业分	**Grouped by Light & Heavy Industries**		
轻工业	Light Industry	20038131	45465391
重工业	Heavy Industry	168141336	255174338
按企业规模分	**Grouped by Size of Enterprises**		
大型企业	Large Enterprises	107039280	148506685
中型企业	Medium-sized Enterprises	34991111	55547713
小型企业	Small Enterprises	39492743	90005471
微型企业	Mini Enterprises	6656333	6579861

continued

(10 000 yuan)

营业成本 Cost of Business	销售费用 Operating Expenses	管理费用 Management Expenses	财务费用 Financial Expenses	利润总额 Total Profits	亏损企业亏损额 Losses of Unprofitable Enterprises	平均用工人数（人） Average number of employed worker (person)
13348159	90859	526389	193220	664998	124416	97338
365440	7260	35474	1011	512441	1320	3489
1668275	34680	85356	7240	179954	10183	11757
850287	57461	33380	8898	113533	4550	6681
6660264	182193	227765	54955	1423644	23307	31164
179391	5231	7475	4759	62837	639	1589
9388	17	941	551	-3972	3972	188
8142	174	297	99	-234	234	53
15979	707	3577	2	7041		139
499202	5487	115873	13011	564896	8905	5990
3914	239	327	14	227	282	113
41534	2123	2154	167	3704		220
20365	2353	1506	24	3064		437
16035	11347	2261	1512	7098		595
153121	2988	8009	-844	26509	962	1461
23693277	348119	1139633	372547	3769285	253364	155080
2298683	181682	134548	39876	327120	15381	21821
12894	8676	3698	-6	97686		344
187338	5427	17334	5726	48053	9529	1833
26140946	670641	1212273	828351	3255730	539898	163496
69796296	2269226	2726101	577864	7627858	442268	458537
776060	21548	48599	5568	7594	64470	5593
8850551	478447	363098	62098	559540	48649	47912
74696801	1631356	3423256	1524301	17246376	1304879	460357
35134234	2701659	1805523	266335	3721363	195938	312200
195158107	3316580	8313801	3434607	32783620	2661271	1163987
113795787	2068864	4515274	1856963	17036506	902429	622648
39307647	1456281	1907558	554814	9963741	999312	310505
71803916	2368222	3431006	1015980	9050752	786118	503666
5384991	124872	265487	273185	453984	169349	39368

13-4 规模以上工业企业分行业主要经济指标(2021年)

单位：万元

分 组	Item	企业单位数(个) Number of Enterprises (unit)	#亏损企业 Unprofitable Enterprises
总 计	**Total**	**7509**	**1160**
煤炭开采和洗选业	Mining and Washing of Coal	543	122
石油和天然气开采业	Extraction of Petroleum and Natural Gas	7	1
黑色金属矿采选业	Mining and Processing of Ferrous Metal Ores	36	8
有色金属矿采选业	Mining and Processing of Non-Ferrous Metal Ores	56	13
非金属矿采选业	Mining and Processing of Non-metal Ores	107	7
开采专业及辅助性活动	Professional and Support Activities for Mining	132	10
农副食品加工业	Processing of Food from Agricultural Products	581	47
食品制造业	Manufacture of Foods	287	36
酒、饮料和精制茶制造业	Manufacture of Liquor, Beverages and Refined Tea	370	33
烟草制品业	Manufacture of Tobacco	3	
纺织业	Manufacture of Textile	105	17
纺织服装、服饰业	Manufacture of Textile, Wearing Apparel and Accessories	97	11
皮革、毛皮、羽毛及其制品和制鞋业	Manufacture of Leather, Fur, Feather and Related Products and Footwear	21	1
木材加工和木、竹、藤、棕、草制品业	Processing of Timber, Manufacture of Wood, Bamboo, Rattan, Palm and Straw Products	48	4
家具制造业	Manufacture of Furniture	49	6
造纸及纸制品业	Manufacture of Paper and Paper Products	69	9
印刷和记录媒介复制业	Printing and Reproduction of Recording Media	99	11
文教、工美、体育和娱乐用品制造业	Manufacture of Articles for Culture, Education, Arts and Crafts, Sport and Entertainment Activities	77	5
石油、煤炭及其他燃料加工业	Processing of Petroleum, Coal and Other Fuel	121	34
化学原料及化学制品制造业	Manufacture of Raw Chemical Materials and Chemical Products	371	55
医药制造业	Manufacture of Medicines	246	48
化学纤维制造业	Manufacture of Chemical Fibres	5	
橡胶和塑料制品业	Manufacture of Rubber and Plastics Products	187	19
非金属矿物制品业	Manufacture of Non-metallic Mineral Products	1004	168
黑色金属冶炼和压延加工业	Smelting and Pressing of Ferrous Metals	80	17
有色金属冶炼和压延加工业	Smelting and Pressing of Non-ferrous Metals	268	35
金属制品业	Manufacture of Metal Products	299	37
通用设备制造业	Manufacture of General Purpose Machinery	270	46
专用设备制造业	Manufacture of Special Purpose Machinery	325	51
汽车制造业	Manufacture of Automobiles	204	54
铁路、船舶、航空航天和其他运输设备制造业	Manufacture of Railway, Ship, Aerospace and Other Transport Equipments	130	12
电气机械和器材制造业	Manufacture of Electrical Machinery and Apparatus	324	49
计算机、通信和其他电子设备制造业	Manufacture of Computers, Communication and Other Electronic Equipment	251	20
仪器仪表制造业	Manufacture of Measuring Instruments and Machinery	101	14
其他制造业	Other Manufacture	18	3
废弃资源综合利用业	Utilization of Waste Resources	66	8
金属制品、机械和设备修理业	Repair Service of Metal Products, Machinery and Equipment	23	4
电力、热力生产和供应业	Production and Supply of Electric Power and Heat Power	338	99
燃气生产和供应业	Production and Supply of Gas	122	22
水的生产和供应业	Production and Supply of Water	69	24

Main Indicators of Industrial Enterprises above Designated Size by Industrial Sector (2021)

(10 000 yuan)

资产总计 Total Assets	流动资产合计 Total Current Assets	#应收账款 Accounts Receivable	#存货 Inventories	#产成品 Finished products	负债合计 Total Liabilities
416807248	**180833800**	**40947594**	**27589329**	**11612362**	**228627720**
74889127	36872332	3801592	1115137	419287	33337869
29953449	1872990	83391	135141	83227	16125398
1087021	446750	70857	53190	36843	637472
3951303	1149285	111965	266495	120842	1274989
1074080	419470	92510	87482	59808	547693
2915821	1977618	629399	56371	7310	1545884
6003653	3282234	457799	1078270	496008	2560862
3324738	1634794	451425	442964	209321	1543635
5250545	2445861	373837	713007	351558	2258768
2110363	1521742	36820	1051097	34544	506865
1756730	584339	86889	228226	120418	845466
431680	261393	67851	71061	38815	199674
241329	103879	17775	36682	20870	106867
463038	187512	59099	46893	27892	146753
262582	133772	30735	53291	22360	95644
667438	282271	82393	86055	40593	374217
1301052	712972	124903	173740	66929	517786
253193	144192	50099	45907	18833	92100
47839141	18640915	1706985	1471514	806025	28402696
30712397	8427871	1078177	1415281	628050	16235815
8053407	4901867	1193763	1202433	711597	3824239
177523	100505	5082	33262	19384	52588
4362591	2592324	741971	525425	296325	2710202
15615999	8780662	4310815	1243194	508477	9092167
5729917	2673306	370814	842000	390693	4359459
14413921	7477218	1055511	2644648	585153	8231289
3686733	2634769	774398	609417	263588	2069905
6300940	4792046	1146711	967374	469625	3863430
10456584	7464453	2236501	1987887	909713	6521083
19509921	14049976	4345970	2418415	1747216	13063305
6298098	4239497	1410967	1115644	232490	2663822
16635526	11824045	4937498	2028178	1158309	11655393
29655082	10868387	3863048	2075549	486270	11698119
1572039	1286794	476566	271710	63475	769043
252616	140759	68545	30044	12336	101663
1186271	714582	217236	86518	52004	666982
870660	486134	140117	37523	6217	438217
47011718	11421589	3895790	545317	28705	32848741
6395254	2333418	259278	252522	58805	3839237
4133772	949274	82512	44467	2448	2802385

13-4 续表

单位：万元

分　　组	Item	所有者权益合　计 Owners' Equity	营业收入 Business Revenue
总　　计	**Total**	**188179468**	**300639729**
煤炭开采和洗选业	Mining and Washing of Coal	41551253	50285939
石油和天然气开采业	Extraction of Petroleum and Natural Gas	13828052	10313277
黑色金属矿采选业	Mining and Processing of Ferrous Metal Ores	449548	819928
有色金属矿采选业	Mining and Processing of Non-Ferrous Metal Ores	2676314	2424669
非金属矿采选业	Mining and Processing of Non-metal Ores	526387	1760736
开采专业及辅助性活动	Professional and Support Activities for Mining	1369935	2195725
农副食品加工业	Processing of Food from Agricultural Products	3442788	12007252
食品制造业	Manufacture of Foods	1781102	5030160
酒、饮料和精制茶制造业	Manufacture of Liquor, Beverages and Refined Tea	2991776	5818356
烟草制品业	Manufacture of Tobacco	1603498	2571630
纺织业	Manufacture of Textile	911264	2503981
纺织服装、服饰业	Manufacture of Textile, Wearing Apparel and Accessories	232005	716283
皮革、毛皮、羽毛及其制品和制鞋业	Manufacture of Leather, Fur, Feather and Related Products and Footwear	134462	210584
木材加工和木、竹、藤、棕、草制品业	Processing of Timber, Manufacture of Wood, Bamboo, Rattan, Palm and Straw Products	316285	357532
家具制造业	Manufacture of Furniture	166937	360020
造纸及纸制品业	Manufacture of Paper and Paper Products	293220	855271
印刷和记录媒介复制业	Printing and Reproduction of Recording Media	783264	1443291
文教、工美、体育和娱乐用品制造业	Manufacture of Articles for Culture, Education, Arts and Crafts, Sport and Entertainment Activities	161093	528034
石油、煤炭及其他燃料加工业	Processing of Petroleum, Coal and Other Fuel	19436443	25083114
化学原料及化学制品制造业	Manufacture of Raw Chemical Materials and Chemical Products	14476576	16423475
医药制造业	Manufacture of Medicines	4229168	6870946
化学纤维制造业	Manufacture of Chemical Fibres	124935	266081
橡胶和塑料制品业	Manufacture of Rubber and Plastics Products	1652387	2310702
非金属矿物制品业	Manufacture of Non-metallic Mineral Products	6523821	16623835
黑色金属冶炼和压延加工业	Smelting and Pressing of Ferrous Metals	1370457	12695645
有色金属冶炼和压延加工业	Smelting and Pressing of Non-ferrous Metals	6182631	14381152
金属制品业	Manufacture of Metal Products	1616827	4037320
通用设备制造业	Manufacture of General Purpose Machinery	2437507	4594278
专用设备制造业	Manufacture of Special Purpose Machinery	3935500	6612689
汽车制造业	Manufacture of Automobiles	6446614	22535020
铁路、船舶、航空航天和其他运输设备制造业	Manufacture of Railway, Ship, Aerospace and Other Transport Equipments	3634276	3488158
电气机械和器材制造业	Manufacture of Electrical Machinery and Apparatus	4980130	15064318
计算机、通信和其他电子设备制造业	Manufacture of Computers, Communication and Other Electronic Equipment	17956961	19951585
仪器仪表制造业	Manufacture of Measuring Instruments and Machinery	802995	950218
其他制造业	Other Manufacture	150953	170379
废弃资源综合利用业	Utilization of Waste Resources	519289	1843107
金属制品、机械和设备修理业	Repair Service of Metal Products, Machinery and Equipment	432443	394275
电力、热力生产和供应业	Production and Supply of Electric Power and Heat Power	14162974	20582026
燃气生产和供应业	Production and Supply of Gas	2556014	4967963
水的生产和供应业	Production and Supply of Water	1331386	590773

continued

(10 000 yuan)

营业成本 Cost of Business	销售费用 Operating Expenses	管理费用 Manage-ment Expenses	财务费用 Financial Expenses	利润总额 Total Profits	亏损企业亏损额 Losses of Unprofitable Enterprises	平均用工人数（人） Average number of employed worker (person)
230292341	**6018239**	**10119325**	**3700942**	**36504983**	**2857208**	**1476187**
20941282	402770	2359615	551757	21122679	227303	169303
6581117	5206	480291	221755	1386315	123931	75912
657944	9712	42032	14407	78386	3843	7688
1935647	29575	142587	19845	213806	14849	17455
1436422	93237	81716	13627	95088	2948	9438
1975305	9736	132410	-7102	-45284	79246	31728
10733094	264168	278803	60453	601370	25675	52849
4096685	267833	201299	24416	354762	33710	41318
4370917	455562	274857	20481	546194	24128	44882
748797	42024	187616	-5675	152865		7312
2265282	21258	37633	23889	145395	21184	25235
602444	33719	37151	3693	36439	2560	10406
163839	10806	10160	1228	16293	828	2963
294760	12822	13127	2867	23137	2710	3691
281885	16844	24292	2921	27817	656	4545
725379	16999	24767	8034	59459	1070	6718
1205852	38510	76395	10971	91361	6269	12229
437563	14075	26531	2606	44883	979	8578
19716476	356190	561363	586762	723669	229753	59472
13231118	217615	591517	404826	1619831	188633	69598
4233861	1218465	401920	39647	841956	41106	44748
218730	1256	6776	-151	35385		882
1937792	74288	90076	28904	152145	13568	23158
13696817	526223	633544	143334	1317947	69097	97611
12040126	63574	139071	67772	243061	15935	35819
12966319	100899	334317	173431	619055	40752	60792
3443452	88976	135115	28545	329451	13835	31368
3897676	117968	201868	11020	274793	24927	42954
5094776	284346	331921	70645	653906	57507	52973
20736781	368470	456549	-15227	603020	167980	89560
2662721	93455	185020	9719	387448	4228	32715
13628613	388750	380429	122245	247332	242072	74910
17096914	162231	434086	150905	2278085	84798	82225
648614	62079	66000	10011	124541	6055	12282
128340	5624	7857	-521	22049	1859	1612
1617961	16120	45203	13975	76491	3252	6130
313977	2044	39483	5756	14045	6725	4014
18724751	20354	437694	751482	614284	943595	90456
4356053	83613	143728	53057	391776	63067	18400
446263	20846	64507	74633	-16251	66581	12258

13-5 国有控股工业企业主要经济指标(2021年)

单位：万元

分　组	Item	企业单位数(个) Number of Enterprises (unit)	#亏损企业 Unprofitable Enterprises
总　计	**Total**	**1015**	**238**
煤炭开采和洗选业	Mining and Washing of Coal	76	11
石油和天然气开采业	Extraction of Petroleum and Natural Gas	5	1
黑色金属矿采选业	Mining and Processing of Ferrous Metal Ores	5	1
有色金属矿采选业	Mining and Processing of Non-Ferrous Metal Ores	17	5
非金属矿采选业	Mining and Processing of Non-metal Ores	11	
开采专业及辅助性活动	Professional and Support Activities for Mining	7	2
农副食品加工业	Processing of Food from Agricultural Products	17	6
食品制造业	Manufacture of Foods	15	4
酒、饮料和精制茶制造业	Manufacture of Liquor, Beverages and Refined Tea	10	1
烟草制品业	Manufacture of Tobacco	2	
纺织业	Manufacture of Textile	9	6
纺织服装、服饰业	Manufacture of Textile, Wearing Apparel and Accessories	4	1
皮革、毛皮、羽毛及其制品和制鞋业	Manufacture of Leather, Fur, Feather and Related Products and	1	1
印刷和记录媒介复制业	Printing and Reproduction of Recording Media	9	3
文教、工美、体育和娱乐用品制造业	Manufacture of Articles for Culture, Education, Arts and Crafts, Sport and Entertainment Activities	1	
石油、煤炭及其他燃料加工业	Processing of Petroleum, Coal and Other Fuel	15	6
化学原料及化学制品制造业	Manufacture of Raw Chemical Materials and Chemical Products	64	19
医药制造业	Manufacture of Medicines	22	10
化学纤维制造业	Manufacture of Chemical Fibres	2	
橡胶和塑料制品业	Manufacture of Rubber and Plastics Products	15	3
非金属矿物制品业	Manufacture of Non-metallic Mineral Products	65	11
黑色金属冶炼和压延加工业	Smelting and Pressing of Ferrous Metals	12	5
有色金属冶炼和压延加工业	Smelting and Pressing of Non-ferrous Metals	42	8
金属制品业	Manufacture of Metal Products	29	5
通用设备制造业	Manufacture of General Purpose Machinery	37	8
专用设备制造业	Manufacture of Special Purpose Machinery	51	3
汽车制造业	Manufacture of Automobiles	36	11
铁路、船舶、航空航天和其他运输设备制造业	Manufacture of Railway, Ship, Aerospace and Other Transport Equipments	32	
电气机械和器材制造业	Manufacture of Electrical Machinery and Apparatus	44	5
计算机、通信和其他电子设备制造业	Manufacture of Computers, Communication and Other Electronic Equipment	40	4
仪器仪表制造业	Manufacture of Measuring Instruments and Machinery	15	1
废弃资源综合利用业	Utilization of Waste Resources	11	1
金属制品、机械和设备修理业	Repair Service of Metal Products, Machinery and Equipment	10	2
电力、热力生产和供应业	Production and Supply of Electric Power and Heat Power	205	65
燃气生产和供应业	Production and Supply of Gas	24	6
水的生产和供应业	Production and Supply of Water	55	23

Main Indicators of State-owned and State-holding Industrial Enterprises (2021)

(10 000 yuan)

资产总计 Total Assets	流动资产合计 Total Current Assets	#应收账款 Accounts Receivable	#存货 Inventories	#产成品 Finished products	负债合计 Total Liabilities
262972745	**96393310**	**16395195**	**13759686**	**5456644**	**148695000**
49484243	21716862	2498423	482497	61519	21319190
29920949	1866445	82126	130894	81913	16112031
335849	56099	11410	14766	14381	228665
3132432	753469	57696	146987	72154	855849
321984	71885	21188	10400	6496	181899
2030378	1317999	286690	37013	3621	1023581
416188	194336	21443	74136	31975	237795
313086	155354	59851	19723	10963	208830
1555089	913136	22733	217582	55515	795448
2085572	1510602	36152	1045563	29863	500234
835731	264792	15446	115566	63517	429589
44654	27311	10066	5532	2411	17550
63528	39751	6656	16222	7824	21189
571054	348774	20719	73511	22070	128921
4335	3978	303	1365	569	1352
41637699	15672627	1178693	881181	492880	24703753
23802051	4887639	391165	751142	316354	12858154
567754	274363	80403	54856	33309	317046
94326	63233	3439	14935	4614	11711
3089157	1772530	461035	352545	198564	2029686
3865380	1843515	847032	278441	124166	2214090
4052144	1709951	206429	601076	273658	3129599
10468913	5084819	613781	1945179	289127	6186449
1248505	965605	313363	271019	106812	884715
4323022	3565157	729883	649853	342676	2914857
5806629	4343730	1500714	1224236	615720	4169313
9290181	7337346	1183559	1755118	1521992	5847862
3876819	2515171	838652	714774	111333	1738251
3795040	2747075	940246	634478	300091	2221082
6021649	1997788	436887	375998	145988	3385942
494098	412347	175444	80183	25480	287675
426926	275959	85315	17240	10740	291622
728798	422066	118455	24536	2618	372679
40342716	9065686	2945469	501562	20343	28007962
4074985	1346091	140305	201835	54544	2416725
3850883	849820	54025	37744	846	2643707

13-5 续表

单位：万元

分　组	Item	所有者权益 合 计 Owners' Equity	营业收入 Business Revenue
总　计	**Total**	**114277740**	**142643930**
煤炭开采和洗选业	Mining and Washing of Coal	28165052	28318658
石油和天然气开采业	Extraction of Petroleum and Natural Gas	13808918	10305574
黑色金属矿采选业	Mining and Processing of Ferrous Metal Ores	107184	285840
有色金属矿采选业	Mining and Processing of Non-Ferrous Metal Ores	2276583	1062824
非金属矿采选业	Mining and Processing of Non-metal Ores	140085	156591
开采专业及辅助性活动	Professional and Support Activities for Mining	1006797	1555594
农副食品加工业	Processing of Food from Agricultural Products	178393	926723
食品制造业	Manufacture of Foods	104256	393053
酒、饮料和精制茶制造业	Manufacture of Liquor, Beverages and Refined Tea	759641	1191425
烟草制品业	Manufacture of Tobacco	1585338	2554882
纺织业	Manufacture of Textile	406143	290033
纺织服装、服饰业	Manufacture of Textile, Wearing Apparel and Accessories	27104	29532
皮革、毛皮、羽毛及其制品和制鞋业	Manufacture of Leather, Fur, Feather and Related Products and	42339	20772
印刷和记录媒介复制业	Printing and Reproduction of Recording Media	442132	360842
文教、工美、体育和娱乐用品制造业	Manufacture of Articles for Culture, Education, Arts and Crafts, Sport and Entertainment Activities	2982	3263
石油、煤炭及其他燃料加工业	Processing of Petroleum, Coal and Other Fuel	16933946	16908325
化学原料及化学制品制造业	Manufacture of Raw Chemical Materials and Chemical Products	10943896	10367570
医药制造业	Manufacture of Medicines	250708	371318
化学纤维制造业	Manufacture of Chemical Fibres	82615	139094
橡胶和塑料制品业	Manufacture of Rubber and Plastics Products	1059470	742662
非金属矿物制品业	Manufacture of Non-metallic Mineral Products	1651290	2357687
黑色金属冶炼和压延加工业	Smelting and Pressing of Ferrous Metals	922545	7984748
有色金属冶炼和压延加工业	Smelting and Pressing of Non-ferrous Metals	4282465	7803938
金属制品业	Manufacture of Metal Products	363791	869532
通用设备制造业	Manufacture of General Purpose Machinery	1408165	2307797
专用设备制造业	Manufacture of Special Purpose Machinery	1637316	2864360
汽车制造业	Manufacture of Automobiles	3442320	11108727
铁路、船舶、航空航天和其他运输设备制造业	Manufacture of Railway, Ship, Aerospace and Other Transport Equipments	2138568	1948131
电气机械和器材制造业	Manufacture of Electrical Machinery and Apparatus	1573957	2869391
计算机、通信和其他电子设备制造业	Manufacture of Computers, Communication and Other Electronic Equipment	2635708	2462108
仪器仪表制造业	Manufacture of Measuring Instruments and Machinery	206423	289419
废弃资源综合利用业	Utilization of Waste Resources	135303	960867
金属制品、机械和设备修理业	Repair Service of Metal Products, Machinery and Equipment	356118	331220
电力、热力生产和供应业	Production and Supply of Electric Power and Heat Power	12334753	19237703
燃气生产和供应业	Production and Supply of Gas	1658260	2744721
水的生产和供应业	Production and Supply of Water	1207177	519008

continued

(10 000 yuan)

营业成本 Cost of Business	销售费用 Operating Expenses	管理费用 Management Expenses	财务费用 Financial Expenses	利润总额 Total Profits	亏损企业亏损额 Losses of Unprofitable Enterprises	平均用工人数（人） Average number of employed worker (person)
103609152	**1594773**	**4990337**	**2376127**	**19292169**	**1956498**	**660214**
9819990	187889	1479937	283377	13435940	128962	112796
6575091	5193	479727	221571	1383563	123931	75720
219069	1584	14486	7932	35323	96	2539
788569	4693	88583	13510	111628	10422	12549
93057	24257	12768	2536	16490		1524
1436858	570	78853	-15295	-72584	78379	19906
853079	33104	26809	4763	12046	5070	2339
333603	20875	19565	4375	8732	10722	3955
659543	179890	46336	-8319	229439	109	9398
736343	41831	184093	-5703	152620		7183
287817	4476	12398	9166	-14090	18423	10141
20715	619	6364	582	1563	682	1245
17726	974	1339	38	-828	828	585
278871	5557	38314	1466	29594	3691	3864
2009		510	-1	887		114
12458219	247276	398397	514308	262456	175328	32532
8426164	67711	359123	295073	942749	161001	38361
241987	21376	16629	5572	83838	12237	3445
116106	483	4340	-261	15920		521
648270	26328	25781	17273	23910	9300	10516
1840923	37696	119308	37383	308342	10173	13878
7552740	47998	87361	39713	130650	5914	21471
7017345	38431	188344	122308	327994	23761	29299
758643	20824	31268	9671	26534	4375	7005
1998743	49177	99409	-12742	135208	10431	20524
2375923	103046	148725	45443	116429	18852	25051
10344624	209365	156261	-35877	235569	102773	37555
1558893	41894	98066	5687	149588		18331
2483430	67772	121899	17733	55923	31433	14783
1797831	28050	86663	84103	369783	13616	12969
221781	7775	19746	727	33839	576	2936
836518	3282	9470	2974	27106	977	1389
270933	901	31470	5384	6127	5396	3005
17707821	10056	377196	602176	496485	873796	80988
2422767	36921	63766	28373	246786	48731	10442
407152	16901	57035	71111	-33389	66515	11355

13-6 外商及港澳台商投资工业企业主要经济指标(2021年)

单位：万元

分　组	Item	企业单位数（个）Number of Enterprises (unit)	#亏损企业 Unprofitable Enterprises
总　计	**Total**	**250**	**57**
煤炭开采和洗选业	Mining and Washing of Coal	1	
黑色金属矿采选业	Mining and Processing of Ferrous Metal Ores	1	1
非金属矿采选业	Mining and Processing of Non-Ferrous Metal Ores	1	
农副食品加工业	Processing of Food from Agricultural Products	16	3
食品制造业	Manufacture of Foods	13	3
酒、饮料和精制茶制造业	Manufacture of Liquor, Beverages and Refined Tea	19	8
纺织服装、服饰业	Manufacture of Textile, Wearing Apparel and Accessories	2	
皮革、毛皮、羽毛及其制品和制鞋业	Manufacture of Leather, Fur, Feather and Related Products and Footwear	2	
造纸及纸制品业	Manufacture of Paper and Paper Products	3	
印刷和记录媒介复制业	Printing and Reproduction of Recording Media	2	
文教、工美、体育和娱乐用品制造业	Manufacture of Articles for Culture, Education, Arts and Crafts, Sport and Entertainment Activities	2	
石油、煤炭及其他燃料加工业	Processing of Petroleum, Coal and Other Fuel	1	
化学原料及化学制品制造业	Manufacture of Raw Chemical Materials and Chemical Products	20	6
医药制造业	Manufacture of Medicines	9	4
化学纤维制造业	Manufacture of Chemical Fibres	2	
橡胶和塑料制品业	Manufacture of Rubber and Plastics Products	2	
非金属矿物制品业	Manufacture of Non-metallic Mineral Products	24	2
有色金属冶炼和压延加工业	Smelting and Pressing of Non-ferrous Metals	4	3
金属制品业	Manufacture of Metal Products	5	
通用设备制造业	Manufacture of General Purpose Machinery	9	5
专用设备制造业	Manufacture of Special Purpose Machinery	16	5
汽车制造业	Manufacture of Automobiles	16	4
铁路、船舶、航空航天和其他运输设备制造业	Manufacture of Railway, Ship, Aerospace and Other Transport Equipments	5	
电气机械和器材制造业	Manufacture of Electrical Machinery and Apparatus	17	3
计算机、通信和其他电子设备制造业	Manufacture of Computers, Communication and Other Electronic Equipment	24	1
仪器仪表制造业	Manufacture of Measuring Instruments and Machinery	5	1
其他制造业	Other Manufacture	3	1
废弃资源综合利用业	Utilization of Waste Resources	2	
金属制品、机械和设备修理业	Repair Service of Metal Products, Machinery and Equipment	8	3
电力、热力生产和供应业	Production and Supply of Electric Power and Heat Power	10	2
燃气生产和供应业	Production and Supply of Gas	5	2
水的生产和供应业	Production and Supply of Water	1	

Main Indicators of Industrial Enterprises with Hong Kong, Macao, Taiwan and Foreign Funds (2021)

(10 000 yuan)

资产总计 Total Assets	流动资产合计 Total Current Assets	#应收账款 Accounts Receivable	#存货 Inventories	#产成品 Finished products	负债合计 Total Liabilities
30418089	**12528363**	**3875958**	**2891766**	**965158**	**14118731**
184748	147727	8071	1183	134	17841
4916	1555	93	53		4212
32745	1225	1190	35		31807
504484	332165	64369	184878	97546	312436
671876	369234	168710	61584	28175	283148
865420	412691	117733	67239	49379	426061
10642	4802	325	478	12	7805
5375	3030	1122	371	100	1623
91909	43246	24779	16729	3374	55388
4260	3722	1321	1518	875	1242
7592	6767	423	612	127	137
217990	187284	2548			186439
1321871	485463	65633	53339	25006	475642
1296736	785092	120961	335710	290350	745020
115563	64685		24235	17719	44587
23749	12092	5575	2544	1605	10364
1730972	760728	154756	102700	32068	770160
220997	76491	8214	51010	26466	51041
92023	55208	15488	22725	12379	61094
210463	136169	32016	43831	19444	90339
1139971	902245	158448	225351	79830	601597
5382299	3779122	1677570	367919	112406	3804759
273552	242241	95998	39782	15205	72478
1163746	691187	201271	189319	77358	657731
12613541	2143943	701057	1012197	45435	3898922
137016	117510	35176	10285	3094	33479
93359	64431	50866	1903	507	33917
17331	2232	1367	6	5	6917
127065	67224	21686	12399	3005	60928
819056	166187	94091	791	13	573324
1011369	457195	43247	61035	23544	783645
25457	5471	1857	7		14649

13–6 续表

单位：万元

分　组	Item	所有者权益合　计 Owners' Equity	营业收入 Business Revenue
总　计	**Total**	**16299358**	**21242087**
煤炭开采和洗选业	Mining and Washing of Coal	166908	103075
黑色金属矿采选业	Mining and Processing of Ferrous Metal Ores	704	12744
非金属矿采选业	Mining and Processing of Non-Ferrous Metal Ores	938	8230
农副食品加工业	Processing of Food from Agricultural Products	192047	933182
食品制造业	Manufacture of Foods	388728	974756
酒、饮料和精制茶制造业	Manufacture of Liquor, Beverages and Refined Tea	439358	537903
纺织服装、服饰业	Manufacture of Textile, Wearing Apparel and Accessories	2837	14933
皮革、毛皮、羽毛及其制品和制鞋业	Manufacture of Leather, Fur, Feather and Related Products and Footwear	3752	13159
造纸及纸制品业	Manufacture of Paper and Paper Products	36521	106695
印刷和记录媒介复制业	Printing and Reproduction of Recording Media	3018	5008
文教、工美、体育和娱乐用品制造业	Manufacture of Articles for Culture, Education, Arts and Crafts, Sport and Entertainment Activities	7455	5816
石油、煤炭及其他燃料加工业	Processing of Petroleum, Coal and Other Fuel	31551	361642
化学原料及化学制品制造业	Manufacture of Raw Chemical Materials and Chemical Products	846229	807631
医药制造业	Manufacture of Medicines	551716	1152467
化学纤维制造业	Manufacture of Chemical Fibres	70975	132408
橡胶和塑料制品业	Manufacture of Rubber and Plastics Products	13385	13886
非金属矿物制品业	Manufacture of Non-metallic Mineral Products	960812	1224002
有色金属冶炼和压延加工业	Smelting and Pressing of Non-ferrous Metals	169956	87199
金属制品业	Manufacture of Metal Products	30930	125640
通用设备制造业	Manufacture of General Purpose Machinery	120124	152821
专用设备制造业	Manufacture of Special Purpose Machinery	538374	484004
汽车制造业	Manufacture of Automobiles	1577540	5847094
铁路、船舶、航空航天和其他运输设备制造业	Manufacture of Railway, Ship, Aerospace and Other Transport Equipments	201074	158741
电气机械和器材制造业	Manufacture of Electrical Machinery and Apparatus	506016	1209670
计算机、通信和其他电子设备制造业	Manufacture of Computers, Communication and Other Electronic Equipment	8714619	5692063
仪器仪表制造业	Manufacture of Measuring Instruments and Machinery	103536	121161
其他制造业	Other Manufacture	59442	51344
废弃资源综合利用业	Utilization of Waste Resources	10415	5387
金属制品、机械和设备修理业	Repair Service of Metal Products, Machinery and Equipment	66137	71168
电力、热力生产和供应业	Production and Supply of Electric Power and Heat Power	245732	114443
燃气生产和供应业	Production and Supply of Gas	227724	710063
水的生产和供应业	Production and Supply of Water	10808	3753

continued

(10 000 yuan)

营业成本 Cost of Business	销售费用 Operating Expenses	管理费用 Manage-ment Expenses	财务费用 Financial Expenses	利润总额 Total Profits	亏损企业亏损额 Losses of Unprofitable Enterprises	平均用工人数（人） Average number of employed worker (person)
17551997	**770449**	**706626**	**138088**	**2287589**	**151749**	**95916**
14635	208	2741	22	71095		280
12506		162	48	-2	2	18
5924		7	-1	894		22
859342	21537	17223	1951	25863	2503	2660
808997	83300	30436	483	40856	9007	7161
400105	88717	22043	2618	21847	12080	5049
13353	559	376	193	379		364
9880	886	940	269	1140		217
91250	3027	2409	857	11707		686
4054	187	237	17	503		68
4959	91	227	20	622		230
344197		2614	-311	15224		413
567677	23460	28215	1012	223149	3522	1535
710419	239870	133700	5052	61077	2617	5603
101393	929	4742	-194	23408		394
12186	474	860	67	230		150
839109	18035	51508	10854	301658	4777	6644
83211	474	2719	851	-1316	1999	572
112143	2066	5281	1354	3135		689
136864	7261	8124	1459	-4727	9149	1771
373366	15013	29877	8057	44464	16727	3172
5269939	123015	133594	4149	169862	4835	30556
113403	5641	6073	-300	26481		1236
967179	84853	42252	8486	118865	8368	4034
4735600	23550	137692	78006	1068826	21234	15893
84845	6783	2503	568	25984	182	1065
35198	111	934	-1988	14337	282	96
3097	229	578	-5	1639		81
61785	257	8009	556	-885	6615	681
49100	851	5149	14520	40188	1482	498
725123	19065	25298	-958	-20993	46368	4054
1158		106	377	2083		24

13-7 大中型工业企业主要经济指标(2021年)

单位：万元

分组	Item	企业单位数(个) Number of Enterprises (unit)	#亏损企业 Unprofitable Enterprises
总　计	**Total**	**786**	**131**
煤炭开采和洗选业	Mining and Washing of Coal	109	9
石油和天然气开采业	Extraction of Petroleum and Natural Gas	3	1
黑色金属矿采选业	Mining and Processing of Ferrous Metal Ores	9	1
有色金属矿采选业	Mining and Processing of Non-Ferrous Metal Ores	12	3
非金属矿采选业	Mining and Processing of Non-metal Ores	3	
开采专业及辅助性活动	Professional and Support Activities for Mining	7	3
农副食品加工业	Processing of Food from Agricultural Products	22	
食品制造业	Manufacture of Foods	33	6
酒、饮料和精制茶制造业	Manufacture of Liquor, Beverages and Refined Tea	16	3
烟草制品业	Manufacture of Tobacco	2	
纺织业	Manufacture of Textile	18	8
纺织服装、服饰业	Manufacture of Textile, Wearing Apparel and Accessories	3	
皮革、毛皮、羽毛及其制品和制鞋业	Manufacture of Leather, Fur, Feather and Related Products and Footwear	1	1
木材加工和木、竹、藤、棕、草制品业	Processing of Timber, Manufacture of Wood, Bamboo, Rattan, Palm and Straw Products	1	
家具制造业	Manufacture of Furniture	2	
造纸及纸制品业	Manufacture of Paper and Paper Products	4	
印刷和记录媒介复制业	Printing and Reproduction of Recording Media	7	3
文教、工美、体育和娱乐用品制造业	Manufacture of Articles for Culture, Education, Arts and Crafts, Sport and Entertainment Activities	4	
石油、煤炭及其他燃料加工业	Processing of Petroleum, Coal and Other Fuel	34	4
化学原料及化学制品制造业	Manufacture of Raw Chemical Materials and Chemical Products	47	10
医药制造业	Manufacture of Medicines	33	
化学纤维制造业	Manufacture of Chemical Fibres	1	
橡胶和塑料制品业	Manufacture of Rubber and Plastics Products	11	1
非金属矿物制品业	Manufacture of Non-metallic Mineral Products	51	3
黑色金属冶炼和压延加工业	Smelting and Pressing of Ferrous Metals	15	5
有色金属冶炼和压延加工业	Smelting and Pressing of Non-ferrous Metals	41	7
金属制品业	Manufacture of Metal Products	18	2
通用设备制造业	Manufacture of General Purpose Machinery	20	4
专用设备制造业	Manufacture of Special Purpose Machinery	37	4
汽车制造业	Manufacture of Automobiles	40	11
铁路、船舶、航空航天和其他运输设备制造业	Manufacture of Railway, Ship, Aerospace and Other Transport Equipments	22	1
电气机械和器材制造业	Manufacture of Electrical Machinery and Apparatus	36	7
计算机、通信和其他电子设备制造业	Manufacture of Computers, Communication and Other Electronic Equipment	49	2
仪器仪表制造业	Manufacture of Measuring Instruments and Machinery	9	1
废弃资源综合利用业	Utilization of Waste Resources	1	
金属制品、机械和设备修理业	Repair Service of Metal Products, Machinery and Equipment	3	
电力、热力生产和供应业	Production and Supply of Electric Power and Heat Power	44	26
燃气生产和供应业	Production and Supply of Gas	10	2
水的生产和供应业	Production and Supply of Water	8	3

Main Indicators of Large and Medium-sized Industrial Enterprises(2021)

(10 000 yuan)

资产总计 Total Assets	流动资产合计 Total Current Assets	#应收账款 Accounts Receivable	#存货 Inventories	#产成品 Finished products	负债合计 Total Liabilities
307422060	**126640821**	**24965426**	**18803313**	**7710719**	**165391664**
57037807	27980176	2675121	702861	158465	23957633
29909784	1864017	82102	129340	80360	16093514
747178	288825	40835	34187	26511	441275
3120021	814980	68039	181023	95742	659041
202561	31401	5996	5013	2986	86789
2025287	1301576	254638	39417	3421	977463
1247074	813180	65653	249841	139908	481374
1779708	842922	267366	211630	90481	931530
2511830	1321596	113707	344414	127392	1368744
2085572	1510602	36152	1045563	29863	500234
1094657	316946	33952	125525	64997	564617
46661	31006	13687	8566	5177	19525
63528	39751	6656	16222	7824	21189
57298	15463	4892	3033	1843	6037
58530	46507	6007	25994	6042	21072
158776	64712	20287	29319	11230	90951
557565	327956	20961	76401	22336	141876
18466	10668	642	2602	1212	8418
45161114	17424771	1437999	1220236	661000	26394368
24830175	5548361	393819	880968	363352	13506408
5331517	3452536	900377	855958	547868	2390580
51259	30535	3439	7183	557	4766
1540876	743944	229387	224497	167421	741435
5023522	2242561	779045	342419	173075	2483200
4836207	2125388	273940	697731	319280	3765519
12077957	6027960	742596	2161237	356747	6922693
1371042	1047844	271660	294120	113622	972064
4020237	3298982	642361	588401	324060	2625238
6458838	4774299	1512492	1360575	690437	4274112
17458209	12954093	3899467	2161568	1611314	11911447
4337314	2925198	931565	801034	163710	1890617
13293883	9508954	4015700	1559116	936277	10026469
26593069	9177832	3347020	1670821	334140	10237267
439044	390752	147421	81240	25329	180220
115795	96593	18678	6338	3992	45331
579387	341909	86880	13612	126	322023
26552280	5278258	1461539	428044	8971	17690103
3767719	1356029	133743	193218	33362	2039224
860315	271741	19609	24047	295	597299

13−7 续表

单位：万元

分　组	Item	所有者权益合　计 Owners' Equity	营业收入 Business Revenue
总　计	**Total**	**142030391**	**204054398**
煤炭开采和洗选业	Mining and Washing of Coal	33080173	35846827
石油和天然气开采业	Extraction of Petroleum and Natural Gas	13816270	10291017
黑色金属矿采选业	Mining and Processing of Ferrous Metal Ores	305903	500651
有色金属矿采选业	Mining and Processing of Non-Ferrous Metal Ores	2460980	1251886
非金属矿采选业	Mining and Processing of Non-metal Ores	115772	101505
开采专业及辅助性活动	Professional and Support Activities for Mining	1047824	1542484
农副食品加工业	Processing of Food from Agricultural Products	765700	2610437
食品制造业	Manufacture of Foods	848178	2411126
酒、饮料和精制茶制造业	Manufacture of Liquor, Beverages and Refined Tea	1143085	1913453
烟草制品业	Manufacture of Tobacco	1585338	2554882
纺织业	Manufacture of Textile	530040	1074701
纺织服装、服饰业	Manufacture of Textile, Wearing Apparel and Accessories	27136	42503
皮革、毛皮、羽毛及其制品和制鞋业	Manufacture of Leather, Fur, Feather and Related Products and Footwear	42339	20772
木材加工和木、竹、藤、棕、草制品业	Processing of Timber, Manufacture of Wood, Bamboo, Rattan, Palm and Straw Products	51261	53934
家具制造业	Manufacture of Furniture	37458	88971
造纸及纸制品业	Manufacture of Paper and Paper Products	67825	189108
印刷和记录媒介复制业	Printing and Reproduction of Recording Media	415689	398376
文教、工美、体育和娱乐用品制造业	Manufacture of Articles for Culture, Education, Arts and Crafts, Sport and Entertainment Activities	10048	77871
石油、煤炭及其他燃料加工业	Processing of Petroleum, Coal and Other Fuel	18766746	21497437
化学原料及化学制品制造业	Manufacture of Raw Chemical Materials and Chemical Products	11323766	11086004
医药制造业	Manufacture of Medicines	2940936	4524588
化学纤维制造业	Manufacture of Chemical Fibres	46493	83532
橡胶和塑料制品业	Manufacture of Rubber and Plastics Products	799441	710394
非金属矿物制品业	Manufacture of Non-metallic Mineral Products	2540321	4750937
黑色金属冶炼和压延加工业	Smelting and Pressing of Ferrous Metals	1070688	10627336
有色金属冶炼和压延加工业	Smelting and Pressing of Non-ferrous Metals	5155264	11118867
金属制品业	Manufacture of Metal Products	398978	1283070
通用设备制造业	Manufacture of General Purpose Machinery	1394999	2151454
专用设备制造业	Manufacture of Special Purpose Machinery	2184727	3208265
汽车制造业	Manufacture of Automobiles	5546762	19918429
铁路、船舶、航空航天和其他运输设备制造业	Manufacture of Railway, Ship, Aerospace and Other Transport Equipments	2446698	2256573
电气机械和器材制造业	Manufacture of Electrical Machinery and Apparatus	3267414	11819709
计算机、通信和其他电子设备制造业	Manufacture of Computers, Communication and Other Electronic Equipment	16355803	17665868
仪器仪表制造业	Manufacture of Measuring Instruments and Machinery	258824	270750
废弃资源综合利用业	Utilization of Waste Resources	70464	55398
金属制品、机械和设备修理业	Repair Service of Metal Products, Machinery and Equipment	257364	260725
电力、热力生产和供应业	Production and Supply of Electric Power and Heat Power	8862177	17218924
燃气生产和供应业	Production and Supply of Gas	1728495	2384676
水的生产和供应业	Production and Supply of Water	263016	190961

continued

(10 000 yuan)

营业成本 Cost of Business	销售费用 Operating Expenses	管理费用 Manage-ment Expenses	财务费用 Financial Expenses	利润总额 Total Profits	亏损企业亏损额 Losses of Unprofitable Enterprises	平均用工人数（人） Average number of employed worker (person)
153103434	**3525145**	**6422832**	**2411776**	**27000247**	**1901741**	**933153**
12673020	213360	1762813	389744	16930805	98873	134253
6565407	5193	479526	221491	1380412	123931	75652
368101	3147	31717	10267	74035	343	5446
940369	15491	92887	10700	131070	10441	13541
56651	23327	10127	924	4597		1066
1419412	3252	79950	-15105	-72474	78392	21054
2358686	55642	50985	8636	147880		11866
1984370	166210	74448	9191	155572	25289	20518
1195665	273473	77024	71	277094	14290	16123
736343	41831	184093	-5703	152620		7183
973017	7018	15358	13963	72617	16499	15369
34665	1083	2579	692	3087		1419
17726	974	1339	38	-828	828	585
34271	7011	76	264	3036		371
64891	4306	6247	594	7144		1044
144654	3550	8243	613	11366		1867
311471	7832	37612	3165	31769	2125	4518
64409	1399	3218	263	7394		1722
16486471	294792	465207	555384	656954	154057	49858
8889075	85573	397612	338144	1103866	142376	44344
2534014	970225	272004	15320	663905		25383
74682	214	1782	-41	4944		332
577841	22524	23894	10275	55971	6226	7362
3647091	126956	191792	42159	615937	3256	30561
10096225	52751	112526	59388	176900	10102	29712
10115148	66474	233182	141866	471657	21125	44783
1062804	28117	33150	8257	115767	3469	10925
1849984	52435	95897	-13165	141632	7932	21692
2454059	145300	190488	45438	279993	26612	28790
18409633	310908	375856	-33988	516691	139890	73809
1785911	57328	105492	5748	201007	1668	20384
10882389	287761	249978	97301	73456	198177	53366
15316281	108111	292625	137488	2085228	33949	62161
171846	20347	15634	1549	50763	1459	3848
41933	2750	5962	557	14911		701
207403	431	24745	4968	8157		2321
16317048	7588	332387	329050	212985	731957	73528
2083065	39465	62754	11759	231246	47339	10128
157406	10997	21624	4514	1082	1139	5568

13－8 规模以上工业企业主要经济效益指标(2021年)

Main Indicators on Economic Benefit of Industrial Enterprises above Designated Size (2021)

分组	Item	总资产贡献率(%) Ratio of Profits, Taxes and Interests to Average Assets (%)	资产负债率(%) Ratio of Debts to Assets (%)	流动资产周转率(次/年) Turnover of Current Assets (times/year)	成本费用利润率(%) Ratio of Profits to Total Industrial Cost (%)
总计	**Total**	**14.71**	**54.85**	**1.66**	**14.41**
按登记注册类型分	**By Status of Registration**				
内资企业	Domestic Funded	15.10	55.52	1.66	14.64
国有企业	State-owned Enterprises	6.20	63.42	2.01	4.66
中央企业	Central	4.80	62.60	5.21	2.06
地方企业	Local	7.42	64.13	1.07	8.76
集体企业	Collective-owned Enterprises	86.89	37.61	1.89	122.97
股份合作企业	Cooperative Enterprises	28.81	63.45	1.33	31.86
联营企业	Joint Ownership Enterprises	6.68	87.71	0.56	7.11
国有联营企业	State Joint Ownership Enterprises	-17.77	124.72	4.06	-36.45
国有与集体联营企业	Joint State-collective Enterprises	-0.80	93.84	0.97	-2.68
其他联营企业	Other Joint Ownership Enterprises	11.35	81.07	0.42	34.74
有限责任公司	Limited Liability Corporations	16.10	56.40	1.43	18.39
国有独资公司	State Sole Funded Corporations	11.82	57.21	1.06	11.13
其他有限责任公司	Other Limited Liability Corporations	18.68	55.90	1.64	20.97
股份有限公司	Share-holding Corporations Limited	11.66	50.16	1.70	14.59
私营企业	Private Enterprises	17.18	55.17	2.10	10.69
私营独资企业	Private-funded Enterprises	17.05	58.31	1.89	10.00
私营合伙企业	Private Partnership Enterprises	62.61	58.68	1.64	89.16
私营有限责任公司	Private Limited Liability Corporations	16.90	56.55	2.19	10.01
私营股份有限公司	Private Share-holding Corporations Ltd.	8.55	36.23	1.05	11.94
其他企业	Other Enterprises	26.52	17.25	3.24	12.57
港、澳、台商投资企业	Enterprises with Funds from Hong Kong, Macao and Taiwan	8.60	55.77	1.17	11.97
合资经营企业(港或澳、台资)	Joint-venture Enterprises	2.26	72.66	1.05	0.88
合作经营企业(港或澳、台资)	Cooperative Enterprises	5.13	29.75	0.78	3.93
港澳台商独资经营企业	Enterprises with Sole Investment	10.03	39.00	1.38	11.80
港澳台商投资股份有限公司	Share-holding Corporations Ltd.	72.03	66.76	1.08	353.90
其他港澳台商投资企业	Other Enterprises with Funds from Hong Kong, Macao and Taiwan	3.51	40.15	0.45	22.13
外商投资企业	Foreign Funded Enterprises	9.93	45.26	1.78	11.63
中外合资经营企业	Joint-venture Enterprises	8.58	62.59	1.59	5.68
中外合作经营企业	Cooperation Enterprises	18.40	46.56	2.97	8.06
外资企业	Enterprises with Sole Funds	11.17	32.70	2.36	19.12
外商投资股份有限公司	Share-holding Corporations Ltd.	6.08	42.78	0.46	21.55
其他外商投资企业	Other Foreign Funded Enterprises	9.89	46.07	1.32	16.06

13—8 续表 continued

分组	Item	总资产贡献率(%) Ratio of Profits, Taxes and Interests to Average Assets (%)	资产负债率(%) Ratio of Debts to Assets (%)	流动资产周转率(次/年) Turnover of Current Assets (times/year)	成本费用利润率(%) Ratio of Profits to Total Industrial Cost (%)
按经济组织类型分	**By Economic Type of Orgnization**				
独资企业	Appropratorship				
国有企业	State-owned Enterprises	6.20	63.42	2.01	4.66
集体企业	Collective-owned Enterprises	86.89	37.61	1.89	122.97
私营独资企业	Private-funded Enterprises	17.05	58.31	1.89	10.00
港澳台商独资经营企业	Enterprises with Sole Investment	10.03	39.00	1.38	11.80
外资企业	Enterprises with Sole Funds	11.17	32.70	2.36	19.12
合作、合伙企业	Partnership				
股份合作企业	Cooperative Enterprises	28.81	63.45	1.33	31.86
国有联营企业	State Joint Ownership Enterprises	-17.77	124.72	4.06	-36.45
私营合伙企业	Private Partnership Enterprises	62.61	58.68	1.64	89.16
合作经营企业(港或澳、台资)	Cooperative Enterprises	5.13	29.75	0.78	3.93
中外合作经营企业	Cooperation Enterprises	18.40	46.56	2.97	8.06
其他企业(内资)	Other Enterprises	26.52	17.25	3.24	12.57
其他港澳台商投资企业	Other Enterprises with Funds from Hong Kong, Macao and Taiwan	3.51	40.15	0.45	22.13
其他外商投资企业	Other Foreign Funded Enterprises	9.89	46.07	1.32	16.06
股份有限公司	Share-holding Corporations Limited				
股份有限公司(内资)	Share-holding Corporations Ltd.	11.66	50.16	1.70	14.59
私营股份有限公司	Private Share-holding Corporations Ltd.	8.55	36.23	1.05	11.94
港澳台商投资股份有限公司	Share-holding Corporations Ltd.with Funds from Hong Kong, Macao and Taiwan	72.03	66.76	1.08	353.90
外商投资股份有限公司	Share-holding Corporations Ltd.with Foreign Investment	6.08	42.78	0.46	21.55
有限责任公司	Limited Liability Corporations				
国有独资公司	State Sole Funded Corporations	11.82	57.21	1.06	11.13
私营有限责任公司	Private Limited Liability Corporations	16.90	56.55	2.19	10.01
合资经营企业(港或澳、台资)	Joint-venture Enterprises	2.26	72.66	1.05	0.88
中外合资经营企业	Joint-venture Enterprises	8.58	62.59	1.59	5.68
其他有限责任公司	Other Corporations	18.68	55.90	1.64	20.97
按轻重工业分	**Grouped by Light & Heavy Industries**				
轻工业	Light Industry	17.29	47.50	2.15	9.24
重工业	Heavy Industry	14.45	55.59	1.60	15.39
按企业规模分	**Grouped by Size of Enterprises**				
大型企业	Large Enterprises	13.92	54.52	1.64	13.77
中型企业	Medium-sized Enterprises	19.92	51.46	1.53	22.66
小型企业	Small Enterprises	12.97	57.81	1.78	11.10
微型企业	Mini Enterprises	4.32	67.14	0.82	7.47

13-9 规模以上工业企业分行业主要经济效益指标(2021年)
Main Indicators on Economic Benefit of Industrial Enterprises above Designated Size by Industrial Sector (2021)

分组	Item	总资产贡献率(%) Ratio of Profits, Taxes and Interests to Average Assets(%)	资产负债率(%) Ratio of Debts to Assets (%)	流动资产周转率(次/年) Turnover of Current Assets (times/year)	成本费用利润率(%) Ratio of Profits to Total Industrial Cost (%)
总计	**Total**	**14.71**	**54.85**	**1.66**	**14.41**
煤炭开采和洗选业	Mining and Washing of Coal	40.72	44.52	1.36	86.59
石油和天然气开采业	Extraction of Petroleum and Natural Gas	11.83	53.83	5.51	18.92
黑色金属矿采选业	Mining and Processing of Ferrous Metal Ores	12.68	58.64	1.84	10.82
有色金属矿采选业	Mining and Processing of Non-Ferrous Metal Ores	9.85	32.27	2.11	9.94
非金属矿采选业	Mining and Processing of Non-metal Ores	14.76	50.99	4.20	5.84
开采专业及辅助性活动	Professional and Support Activities for Mining	2.71	53.02	1.11	-2.09
农副食品加工业	Processing of Food from Agricultural Products	12.44	42.66	3.66	5.28
食品制造业	Manufacture of Foods	14.16	46.43	3.08	7.67
酒、饮料和精制茶制造业	Manufacture of Liquor, Beverages and Refined Tea	15.66	43.02	2.38	10.58
烟草制品业	Manufacture of Tobacco	84.27	24.02	1.69	15.62
纺织业	Manufacture of Textile	10.81	48.13	4.29	6.17
纺织服装、服饰业	Manufacture of Textile, Wearing Apparel and Accessories	11.38	46.26	2.74	5.36
皮革、毛皮、羽毛及其制品和制鞋业	Manufacture of Leather, Fur, Feather and Related Products and Footwear	10.11	44.28	2.03	8.68
木材加工和木、竹、藤、棕、草制品业	Processing of Timber, Manufacture of Wood, Bamboo, Rattan, Palm and Straw Products	6.75	31.69	1.91	7.15
家具制造业	Manufacture of Furniture	14.49	36.42	2.69	8.50
造纸及纸制品业	Manufacture of Paper and Paper Products	12.01	56.07	3.03	7.65
印刷和记录媒介复制业	Printing and Reproduction of Recording Media	10.43	39.80	2.02	6.79
文教、工美、体育和娱乐用品制造业	Manufacture of Articles for Culture, Education, Arts and Crafts, Sport and Entertainment Activities	21.68	36.38	3.66	9.31
石油、煤炭及其他燃料加工业	Processing of Petroleum, Coal and Other Fuel	10.21	59.37	1.35	3.39
化学原料及化学制品制造业	Manufacture of Raw Chemical Materials and Chemical Products	8.74	52.86	1.95	11.08
医药制造业	Manufacture of Medicines	15.26	47.49	1.40	14.03
化学纤维制造业	Manufacture of Chemical Fibres	24.66	29.62	2.65	15.51
橡胶和塑料制品业	Manufacture of Rubber and Plastics Products	5.34	62.12	0.89	7.02
非金属矿物制品业	Manufacture of Non-metallic Mineral Products	12.47	58.22	1.89	8.72
黑色金属冶炼和压延加工业	Smelting and Pressing of Ferrous Metals	8.70	76.08	4.75	1.96
有色金属冶炼和压延加工业	Smelting and Pressing of Non-ferrous Metals	7.05	57.11	1.92	4.50
金属制品业	Manufacture of Metal Products	11.78	56.14	1.53	8.79
通用设备制造业	Manufacture of General Purpose Machinery	6.39	61.32	0.96	6.32
专用设备制造业	Manufacture of Special Purpose Machinery	8.69	62.36	0.89	10.92
汽车制造业	Manufacture of Automobiles	5.23	66.96	1.60	2.76
铁路、船舶、航空航天和其他运输设备制造业	Manufacture of Railway, Ship, Aerospace and Other Transport Equipments	8.13	42.30	0.82	12.62
电气机械和器材制造业	Manufacture of Electrical Machinery and Apparatus	2.70	70.06	1.27	1.67
计算机、通信和其他电子设备制造业	Manufacture of Computers, Communication and Other Electronic Equipment	9.01	39.45	1.84	12.29
仪器仪表制造业	Manufacture of Measuring Instruments and Machinery	10.41	48.92	0.74	14.78
其他制造业	Other Manufacture	12.64	40.24	1.21	14.93
废弃资源综合利用业	Utilization of Waste Resources	10.36	56.23	2.58	4.49
金属制品、机械和设备修理业	Repair Service of Metal Products, Machinery and Equipment	4.86	50.33	0.81	3.84
电力、热力生产和供应业	Production and Supply of Electric Power and Heat Power	4.66	69.87	1.80	3.07
燃气生产和供应业	Production and Supply of Gas	8.17	60.03	2.13	8.44
水的生产和供应业	Production and Supply of Water	1.94	67.79	0.62	-2.67

13–10　国有及国有控股工业企业主要经济效益指标(2021年)
Main Indicators on Economic Benefit of State-owned and State-holding Industrial Enterprises(2021)

分　组	Item	总资产贡献率(%) Ratio of Profits, Taxes and Interests to Average Assets(%)	资　产负债率(%) Ratio of Debts to Assets (%)	流动资产周转率(次/年) Turnover of Current Assets (times/year)	成本费用利润率(%) Ratio of Profits to Total Industrial Cost (%)
总　计	**Total**	**14.09**	**56.54**	**1.48**	**16.93**
煤炭开采和洗选业	Mining and Washing of Coal	39.23	43.08	1.30	112.89
石油和天然气开采业	Extraction of Petroleum and Natural Gas	11.84	53.85	5.52	18.90
黑色金属矿采选业	Mining and Processing of Ferrous Metal Ores	17.74	68.09	5.10	14.50
有色金属矿采选业	Mining and Processing of Non-Ferrous Metal Ores	7.23	27.32	1.41	12.16
非金属矿采选业	Mining and Processing of Non-metal Ores	8.14	56.49	2.18	12.29
开采专业及辅助性活动	Professional and Support Activities for Mining	1.13	50.41	1.18	-4.68
农副食品加工业	Processing of Food from Agricultural Products	4.69	57.14	4.77	1.31
食品制造业	Manufacture of Foods	7.50	66.70	2.53	2.30
酒、饮料和精制茶制造业	Manufacture of Liquor, Beverages and Refined Tea	24.01	51.15	1.30	25.71
烟草制品业	Manufacture of Tobacco	85.20	23.99	1.69	15.86
纺织业	Manufacture of Textile	0.27	51.40	1.10	-4.47
纺织服装、服饰业	Manufacture of Textile, Wearing Apparel and Accessories	8.74	39.30	1.08	5.53
皮革、毛皮、羽毛及其制品和制鞋业	Manufacture of Leather, Fur, Feather and Related Products and Footwear	-1.37	33.35	0.52	-3.99
印刷和记录媒介复制业	Printing and Reproduction of Recording Media	9.04	22.58	1.03	8.97
文教、工美、体育和娱乐用品制造业	Manufacture of Articles for Culture, Education, Arts and Crafts, Sport and Entertainment Activities	26.76	31.20	0.82	34.57
石油、煤炭及其他燃料加工业	Processing of Petroleum, Coal and Other Fuel	9.93	59.33	1.08	1.91
化学原料及化学制品制造业	Manufacture of Raw Chemical Materials and Chemical Products	7.43	54.02	2.12	10.20
医药制造业	Manufacture of Medicines	16.68	55.84	1.35	29.17
化学纤维制造业	Manufacture of Chemical Fibres	21.52	12.42	2.20	13.03
橡胶和塑料制品业	Manufacture of Rubber and Plastics Products	1.81	65.70	0.42	3.25
非金属矿物制品业	Manufacture of Non-metallic Mineral Products	11.47	57.28	1.28	14.95
黑色金属冶炼和压延加工业	Smelting and Pressing of Ferrous Metals	7.56	77.23	4.67	1.68
有色金属冶炼和压延加工业	Smelting and Pressing of Non-ferrous Metals	5.66	59.09	1.53	4.39
金属制品业	Manufacture of Metal Products	4.84	70.86	0.90	3.17
通用设备制造业	Manufacture of General Purpose Machinery	4.27	67.43	0.65	6.13
专用设备制造业	Manufacture of Special Purpose Machinery	4.19	71.80	0.66	4.20
汽车制造业	Manufacture of Automobiles	4.00	62.95	1.51	2.17
铁路、船舶、航空航天和其他运输设备制造业	Manufacture of Railway, Ship, Aerospace and Other Transport Equipments	5.53	44.84	0.77	8.44
电气机械和器材制造业	Manufacture of Electrical Machinery and Apparatus	3.37	58.53	1.04	2.01
计算机、通信和其他电子设备制造业	Manufacture of Computers, Communication and Other Electronic Equipment	7.36	56.23	1.23	17.73
仪器仪表制造业	Manufacture of Measuring Instruments and Machinery	9.02	58.22	0.70	12.74
其他制造业	Other Manufacture				
废弃资源综合利用业	Utilization of Waste Resources	9.28	68.31	3.48	3.17
金属制品、机械和设备修理业	Repair Service of Metal Products, Machinery and Equipment	4.40	51.14	0.78	1.97
电力、热力生产和供应业	Production and Supply of Electric Power and Heat Power	4.79	69.43	2.12	2.65
燃气生产和供应业	Production and Supply of Gas	8.16	59.31	2.04	9.66
水的生产和供应业	Production and Supply of Water	1.54	68.65	0.61	-6.04

13—11 外商及港澳台商投资工业企业主要经济效益指标(2021年)

Main Indicators on Economic Benefit of Industrial Enterprises with Hong Kong, Macao, Taiwan and Foreign Funds (2021)

分组	Item	总资产贡献率(%) Ratio of Profits, Taxes and Interests to Average Assets(%)	资产负债率(%) Ratio of Debts to Assets (%)	流动资产周转率(次/年) Turnover of Current Assets (times/year)	成本费用利润率(%) Ratio of Profits to Total Industrial Cost (%)
总计	**Total**	**9.78**	**46.42**	**1.70**	**11.66**
煤炭开采和洗选业	Mining and Washing of Coal	51.08	9.66	0.70	403.82
黑色金属矿采选业	Mining and Processing of Ferrous Metal Ores	0.61	85.68	8.19	-0.01
非金属矿采选业	Mining and Processing of Non-metal Ores	7.08	97.14	6.72	15.08
农副食品加工业	Processing of Food from Agricultural Products	6.04	61.93	2.81	2.87
食品制造业	Manufacture of Foods	10.46	42.14	2.64	4.42
酒、饮料和精制茶制造业	Manufacture of Liquor, Beverages and Refined Tea	5.59	49.23	1.30	4.25
纺织服装、服饰业	Manufacture of Textile, Wearing Apparel and Accessories	3.63	73.34	3.11	2.60
皮革、毛皮、羽毛及其制品和制鞋业	Manufacture of Leather, Fur, Feather and Related Products and Footwear	27.68	30.19	4.34	9.39
造纸及纸制品业	Manufacture of Paper and Paper Products	15.17	60.26	2.47	12.00
印刷和记录媒介复制业	Printing and Reproduction of Recording Media	14.67	29.16	1.35	11.19
文教、工美、体育和娱乐用品制造业	Manufacture of Articles for Culture, Education, Arts and Crafts, Sport and Entertainment Activities	14.84	1.80	0.86	11.74
石油、煤炭及其他燃料加工业	Processing of Petroleum, Coal and Other Fuel	22.41	85.53	1.93	4.39
化学原料及化学制品制造业	Manufacture of Raw Chemical Materials and Chemical Products	19.33	35.98	1.66	35.50
医药制造业	Manufacture of Medicines	9.18	57.45	1.47	5.58
化学纤维制造业	Manufacture of Chemical Fibres	26.19	38.58	2.05	21.90
橡胶和塑料制品业	Manufacture of Rubber and Plastics Products	1.61	43.64	1.15	1.69
非金属矿物制品业	Manufacture of Non-metallic Mineral Products	22.18	44.49	1.61	32.00
有色金属冶炼和压延加工业	Smelting and Pressing of Non-ferrous Metals	0.36	23.10	1.14	-1.49
金属制品业	Manufacture of Metal Products	6.86	66.39	2.28	2.57
通用设备制造业	Manufacture of General Purpose Machinery	-1.23	42.92	1.12	-3.02
专用设备制造业	Manufacture of Special Purpose Machinery	5.24	52.77	0.54	10.01
汽车制造业	Manufacture of Automobiles	6.92	70.69	1.55	3.04
铁路、船舶、航空航天和其他运输设备制造业	Manufacture of Railway, Ship, Aerospace and Other Transport Equipments	12.33	26.50	0.66	19.97
电气机械和器材制造业	Manufacture of Electrical Machinery and Apparatus	11.38	56.52	1.75	10.67
计算机、通信和其他电子设备制造业	Manufacture of Computers, Communication and Other Electronic Equipment	9.39	30.91	2.65	20.24
仪器仪表制造业	Manufacture of Measuring Instruments and Machinery	18.81	24.43	1.03	26.93
其他制造业	Other Manufacture	20.88	36.33	0.80	39.08
废弃资源综合利用业	Utilization of Waste Resources	6.97	39.91	2.41	42.03
金属制品、机械和设备修理业	Repair Service of Metal Products, Machinery and Equipment	1.04	47.95	1.06	-1.23
电力、热力生产和供应业	Production and Supply of Electric Power and Heat Power	5.89	70.00	0.69	56.74
燃气生产和供应业	Production and Supply of Gas	-1.16	77.48	1.55	-2.73
水的生产和供应业	Production and Supply of Water	8.57	57.54	0.69	126.95

13-12　大中型工业企业主要经济效益指标(2021年)

Main Indicators on Economic Benefit of Large and Medium-sized Industrial Enterprises(2021)

分　组	Item	总资产贡献率(%) Ratio of Profits, Taxes and Interests to Average Assets(%)	资　产负债率(%) Ratio of Debts to Assets (%)	流动资产周转率(次/年) Turnover of Current Assets (times/year)	成本费用利润率(%) Ratio of Profits to Total Industrial Cost (%)
总　计	**Total**	**15.33**	**53.80**	**1.61**	**16.10**
煤炭开采和洗选业	Mining and Washing of Coal	42.60	42.00	1.28	111.56
石油和天然气开采业	Extraction of Petroleum and Natural Gas	11.82	53.81	5.52	18.89
黑色金属矿采选业	Mining and Processing of Ferrous Metal Ores	15.86	59.06	1.73	17.89
有色金属矿采选业	Mining and Processing of Non-Ferrous Metal Ores	8.10	21.12	1.54	12.10
非金属矿采选业	Mining and Processing of Non-metal Ores	4.71	42.85	3.23	4.97
开采专业及辅助性活动	Professional and Support Activities for Mining	1.23	48.26	1.19	-4.71
农副食品加工业	Processing of Food from Agricultural Products	14.83	38.60	3.21	5.96
食品制造业	Manufacture of Foods	12.11	52.34	2.86	6.93
酒、饮料和精制茶制造业	Manufacture of Liquor, Beverages and Refined Tea	18.64	54.49	1.45	17.70
烟草制品业	Manufacture of Tobacco	85.20	23.99	1.69	15.86
纺织业	Manufacture of Textile	8.58	51.58	3.39	7.17
纺织服装、服饰业	Manufacture of Textile, Wearing Apparel and Accessories	12.04	41.84	1.37	7.83
皮革、毛皮、羽毛及其制品和制鞋业	Manufacture of Leather, Fur, Feather and Related Products and Footwear	-1.37	33.35	0.52	-3.99
木材加工和木、竹、藤、棕、草制品业	Processing of Timber, Manufacture of Wood, Bamboo, Rattan, Palm and Straw Products	7.83	10.54	3.49	7.29
家具制造业	Manufacture of Furniture	16.57	36.00	1.91	9.29
造纸及纸制品业	Manufacture of Paper and Paper Products	9.08	57.28	2.92	7.18
印刷和记录媒介复制业	Printing and Reproduction of Recording Media	9.79	25.45	1.21	8.66
文教、工美、体育和娱乐用品制造业	Manufacture of Articles for Culture, Education, Arts and Crafts, Sport and Entertainment Activities	46.67	45.59	7.30	10.63
石油、煤炭及其他燃料加工业	Processing of Petroleum, Coal and Other Fuel	10.42	58.44	1.23	3.66
化学原料及化学制品制造业	Manufacture of Raw Chemical Materials and Chemical Products	8.16	54.40	2.00	11.24
医药制造业	Manufacture of Medicines	17.60	44.84	1.31	17.25
化学纤维制造业	Manufacture of Chemical Fibres	12.62	9.30	2.74	6.33
橡胶和塑料制品业	Manufacture of Rubber and Plastics Products	5.41	48.12	0.95	8.58
非金属矿物制品业	Manufacture of Non-metallic Mineral Products	16.49	49.43	2.12	15.19
黑色金属冶炼和压延加工业	Smelting and Pressing of Ferrous Metals	8.47	77.86	5.00	1.70
有色金属冶炼和压延加工业	Smelting and Pressing of Non-ferrous Metals	6.61	57.32	1.84	4.43
金属制品业	Manufacture of Metal Products	11.29	70.90	1.22	9.98
通用设备制造业	Manufacture of General Purpose Machinery	4.67	65.30	0.65	6.92
专用设备制造业	Manufacture of Special Purpose Machinery	6.59	66.17	0.67	9.48
汽车制造业	Manufacture of Automobiles	5.08	68.23	1.54	2.67
铁路、船舶、航空航天和其他运输设备制造业	Manufacture of Railway, Ship, Aerospace and Other Transport Equipments	6.24	43.59	0.77	9.92
电气机械和器材制造业	Manufacture of Electrical Machinery and Apparatus	1.44	75.42	1.24	0.63
计算机、通信和其他电子设备制造业	Manufacture of Computers, Communication and Other Electronic Equipment	9.10	38.50	1.92	12.68
仪器仪表制造业	Manufacture of Measuring Instruments and Machinery	13.16	41.05	0.69	22.64
废弃资源综合利用业	Utilization of Waste Resources	18.06	39.15	0.57	28.85
金属制品、机械和设备修理业	Repair Service of Metal Products, Machinery and Equipment	5.34	55.58	0.76	3.42
电力、热力生产和供应业	Production and Supply of Electric Power and Heat Power	4.92	66.62	3.26	1.25
燃气生产和供应业	Production and Supply of Gas	7.66	54.12	1.76	10.51
水的生产和供应业	Production and Supply of Water	1.77	69.43	0.70	0.56

13-13 主要工业产品产量
Output of Major Industrial Products

产品名称		Item		2020	2021
原　煤	(万吨)	Coal	(10 000 tons)	67942.62	69993.75
天然原油	(万吨)	Crude Petroleum Oil	(10 000 tons)	2693.72	2552.76
天然气	(亿立方米)	Natural Gas	(100 million cu.m)	527.38	294.13
铁矿石原矿	(万吨)	Crude Quantity of Iron Ore	(10 000 tons)	1355.97	1233.56
锌金属含量	(万吨)	Zinc Metal Content	(10 000 tons)	21.17	27.03
钼精矿折含量	(万吨)	Reduced Quantity of Molybdenum Concentrate	(10 000 tons)	5.21	5.02
发电量	(亿千瓦小时)	Electricity	(100 million kwh)	2293.80	2615.83
小麦粉	(万吨)	Wheat Meal	(10 000 tons)	424.36	449.70
精制食用植物油	(万吨)	Refined Edible Vegetable Oil	(10 000 tons)	188.54	185.27
饲　料	(万吨)	Feed	(10 000 tons)	442.89	475.41
乳制品	(万吨)	Dairy Products	(10 000 tons)	112.21	116.37
白　酒	(万千升)	Spirits	(10 000 kiloliter)	16.54	16.76
啤　酒	(万千升)	Beer	(10 000 kiloliter)	67.08	65.92
饮　料	(万吨)	Drinks	(10 000 tons)	843.10	923.43
卷　烟	(亿支)	Cigarettes	(100 million pieces)	798.50	823.00
化学纤维	(万吨)	Chemical Fiber	(10 000 tons)	1.60	3.83
纱	(万吨)	Yarn	(10 000 tons)	35.17	36.42
布	(万米)	Cloth	(10 000 m)	82480.14	82041.45
印染布	(万米)	Dyed Fabric	(10 000 m)	6447.30	8439.50
服　装	(万件)	Garments	(10 000 cases)	5243.40	8104.70
机制纸及纸板	(万吨)	Machine-made Paper and Paperboard	(10 000 tons)	58.34	70.26
纸制品	(万吨)	Paper Products	(10 000 tons)	135.54	145.35
原油加工量	(万吨)	Crude Runs	(10 000 tons)	1798.13	1812.53
#汽　油		Gasoline		652.11	684.04
柴　油		Diesel Oil		677.02	683.19
焦　炭	(万吨)	Coke	(10 000 tons)	4896.51	4320.78
硫酸(折100%)	(万吨)	Sulfuric Acid	(10 000 tons)	119.24	124.52
氢氧化钠(烧碱)	(万吨)	Caustic Soda	(10 000 tons)	118.77	112.08
碳化钙(电石)	(万吨)	Soda Ash	(10 000 tons)	297.75	284.44
合成氨	(万吨)	Synthetic Ammonia	(10 000 tons)	143.87	189.35

13-13 续表 continued

产品名称		Item		2020	2021
化肥总计	(万吨)	Chemical Fertilizers	(10 000 tons)	145.78	186.39
氮 肥		Nitrogen Fertilizers		119.85	145.43
磷 肥		Phosphate Fertilizers		24.89	39.38
合成洗涤剂	(万吨)	Synthetic Detergents	(10 000 tons)	8.47	6.84
化学药品原药	(万吨)	Chemical Medicines	(10 000 tons)	5.08	3.80
精甲醇	(万吨)	Extract Methanol	(10 000 tons)	586.49	510.69
中成药	(万吨)	Traditional Chinese Medicine	(10 000 tons)	11.76	9.56
塑料制品	(万吨)	Plastic Articles	(10 000 tons)	87.26	94.36
水 泥	(万吨)	Cement	(10 000 tons)	6809.85	6698.52
平板玻璃	(万重量箱)	Plain Glass	(10 000 weight cases)	2222.51	2007.29
生 铁	(万吨)	Pig Iron	(10 000 tons)	1232.21	1136.33
粗 钢	(万吨)	Crude Steel	(10 000 tons)	1521.53	1520.81
钢 材	(万吨)	Rolled Steel	(10 000 tons)	2019.98	2097.41
铝 材	(万吨)	Rolled Aluminum	(10 000 tons)	29.42	37.04
铁合金	(万吨)	Ferroalloy	(10 000 tons)	147.59	142.64
十种有色金属	(万吨)	Ten Kinds of Nonferrous Metals	(10 000 tons)	221.16	211.78
原铝(电解铝)	(万吨)	Electrolyzed Aluminum	(10 000 tons)	83.51	81.67
锌	(万吨)	Zinc Metal	(10 000 tons)	75.97	74.23
金属切削机床	(台)	Metal-cutting Machine Tools	(unit)	20690	26185
# 数控机床		Computer Numerical Control Machine Tools		11063	14638
金属成型机床(锻压设备)	(台)	Metal Forming Machines(Forging Equipment)	(unit)	11681	1542
汽 车	(万辆)	Motor Vehicles	(10 000 units)	62.83	80.10
#基本型乘用车(轿车)		Basic Type Passenger Vehicle(Car)		10.11	20.88
载货汽车		Trucks		24.39	21.00
交流电动机	(万千瓦)	Alternating Current Motors	(10 000 kw)	241.22	277.19
变压器	(万千伏安)	Transformers	(10 000 KVA)	18991.58	7476.72
光 缆	(万芯千米)	Fiber Optic Cable	(10 000 Core.km)	912.52	986.69
电子元件	(亿只)	Electronic Components	(100 million units)	88.37	472.20

13-14 各市(区)规模以上工业企业主要经济指标(2021年)

Main Indicators of Industrial Enterprises above Designated Size by City(District)(2021)

单位：万元 (10 000 yuan)

地区	Region	企业单位数(个) Number of Enterprises (unit)	#亏损企业 Unprofitable Enterprises	资产总计 Total Assets	负债合计 Total Liabilities	所有者权益合计 Owners' Equity	营业收入 Revenue from Principal Business
全省	**Shaanxi**	**7509**	**1160**	**416807248**	**228627720**	**188179468**	**300639729**
西安市	Xi'an	1699	367	103708134	58523426	45184687	74659196
铜川市	Tongchuan	207	53	8281333	5669580	2611752	4134042
宝鸡市	Baoji	907	97	31118453	18403270	12715179	31164919
咸阳市	Xianyang	781	91	30723604	16132231	14591368	29201297
渭南市	Weinan	597	117	30394042	17836207	12557828	24421640
#韩城市	Hancheng	89	22	9717475	5906629	3810846	10238422
延安市	Yan'an	315	63	59413008	34405719	25007284	22746240
汉中市	Hanzhong	751	69	9989773	6061361	3928409	13526012
榆林市	Yulin	1024	205	123735382	62053491	61681880	73772593
安康市	Ankang	787	34	7299738	2804479	4495259	12978623
商洛市	Shangluo	329	32	8089397	4434918	3654478	10969039
杨凌示范区	Yangling	107	32	2960906	1665458	1295447	1963393

13-14 续表 continued

单位：万元 (10 000 yuan)

地区	Region	营业成本 Cost of Principal Business	销售费用 Eelling Expenses	管理费用 Management Expenses	财务费用 Financial Expenses	利润总额 Total Profits	亏损企业亏损额 Losses of Unprofitable Enterprises
全省	**Shaanxi**	**230292341**	**6018239**	**10119325**	**3700942**	**36504983**	**2857208**
西安市	Xi'an	64812045	2252915	2350555	425827	4105072	842482
铜川市	Tongchuan	3289307	82235	265484	92649	448641	39978
宝鸡市	Baoji	25931007	746287	1055145	280581	1611030	214517
咸阳市	Xianyang	23169555	808196	954906	323176	2684836	232534
渭南市	Weinan	21687845	271979	629171	295164	1029928	350936
#韩城市	Hancheng	9533429	38930	153681	65104	318796	99712
延安市	Yan'an	15066460	270951	967124	649859	2504288	215440
汉中市	Hanzhong	11546143	247595	417001	142072	629582	52011
榆林市	Yulin	41972530	579117	2603262	1271305	21621752	820076
安康市	Ankang	10687687	435582	521513	86543	1062760	9431
商洛市	Shangluo	9533838	223875	261821	105353	605253	38835
杨凌示范区	Yangling	1650047	96356	62882	23717	189420	40968

主要统计指标解释

工业　指从事自然资源的开采，对采掘品和农产品进行加工和再加工的物质生产部门。具体包括：(1)对自然资源的开采，如采矿、晒盐等(但不包括禽兽捕猎和水产捕捞)；(2)对农副产品的加工、再加工，如粮油加工、食品加工、缫丝、纺织、制革等；(3)对采掘品的加工、再加工，如炼铁、炼钢、化工生产、石油加工、机器制造、木材加工等，以及电力、自来水、煤气的生产和供应等；(4)对工业品的修理、翻新，如机器设备的修理、交通运输工具(如汽车)的修理等。

国有及国有控股企业　根据企业实收资本中国有经济成分的出资人的实际投资情况，或国有经济成分的出资人对企业资产的实际控制、支配程度进行分类。以下情况为国有控股：(1）在企业的全部实收资本中，国有经济成分的出资人拥有的实收资本（股本）所占企业全部实收资本（股本）的比例大于50%的国有绝对控股。(2）在企业的全部实收资本中，国有经济成分的出资人拥有的实收资本（股本）所占比例虽未大于50%，但相对大于其他任何一方经济成分的出资人所占比例的国有相对控股；或者虽不大于其他经济成分，但根据协议规定拥有企业实际控制权的国有协议控股。(3）投资双方各占50%，且未明确由谁绝对控股的企业，若其中一方为国有经济成分的，一律按国有控股处理。

资产总计　指企业过去的交易或者事项形成的、由企业拥有或者控制的、预期会给企业带来经济利益的资源。资产一般按流动性分为流动资产和非流动资产。其中流动资产可分为货币资金、交易性金融资产、应收票据、应收账款、预付款项、其他应收款、存货等；非流动资产可分为长期股权投资、固定资产、无形资产及其他非流动资产等。来源于会计“资产负债表”中“资产总计”项目的期末余额数。

流动资产合计　资产满足以下条件之一应归为流动资产：(1）预计在一个正常营业周期中变现、出售或耗用，主要包括存货、应收账款等；(2）主要为交易目的而持有；(3）预计在资产负债表日起一年内（含一年）变现；(4）自资产负债日起一年内，交换其他资产或清偿负债的能力不受限制的现金或现金等价物。包括货币资金、应收票据、应收账款、存货等项目。来源于会计“资产负债表”中“流动资产合计”项目的期末余额数。

负债合计　指企业过去的交易或者事项形成的，预期会导致经济利益流出企业的现时义务。负债一般按偿还期长短分为流动负债和非流动负债。来源于会计“资产负债表”中“负债合计”项目的期末余额数。

应收账款　指企业因销售商品、提供劳务等经营活动所形成的债权，包括应向客户收取的货款、增值税款和为客户代垫的运杂费等。来源于会计“资产负债表”中“应收账款”项目的期末余额数。

存货　指企业在日常活动中持有以备出售的产成品或商品、处在生产过程中的在产品、在生产过程或提供劳务过程中耗用的材料或物料等，通常包括原材料、在产品、半成品、产成品、商品以及周转材料等。来源于会计“资产负债表”中“存货”项目的期末余额数。

产成品　指企业已经完成全部生产过程并验收入库，可以按照合同规定的条件送交订货单位，或者可以作为商品对外销售的产品。来源于会计“产成品”科目的借方余额。

营业收入　指企业经营主要业务和其他业务所确认的收入总额。营业收入包括“主营业务收入”和“其他业务收入”。来源于会计“利润表”中“营业收入”项目的本年累计数。

营业成本　指企业经营主要业务和其他业务所发生的成本总额。包括企业（单位）在报告期内从事销售商品、提供劳务等日常活动发生的各种耗费。包括“主营业务成本”和“其他业务成本”。来源于会计“利润表”中“营业成本”项目的本年累计数。

销售费用　指企业在销售商品和材料、提供劳务的过程中发生的各种费用，包括保险费、包装费、展览费和广告费、商品维修费、预计产品质量保证损失、运输费、装卸费等以及为销售本企业商品而专设的销售机构（含销售网点、售后服务网点等）的职工薪酬、业务费、折旧费等经营费用。

管理费用　指企业为组织和管理企业生产经营所发生的费用，包括企业在筹建期间内发生的开办费、董事会和行政管理部门在企业经营管理中发生的，或者应当由企业统一负担的公司经费等。来源于会计“利润表”中“管理费用”项目的本年累计数。

财务费用　指企业为筹集生产经营所需资金等而发生的筹资费用，包括企业生产经营期间发生的利息支出（减利息收入）、汇兑损失（减汇兑收益）以及相关的手续费等。来源于会计“利润表”中“财务费用”项目的本年累计数。

利润总额　指企业在一定会计期间的经营成果，是生产经营过程中各种收入扣除各种耗费后的盈余，反映企业在报告期内实现的盈亏总额。来源于会计“利润表”中“利润总额”项目的本年累计数。

平均用工人数　指报告期企业平均实际拥有的、参与本企业生产经营活动的人员数。

总资产贡献率　反映企业全部资产的获利能力，是企业经营业绩和管理水平的集中体现，是评价和考核企业盈利能力的核心指标。计算公式为：

$$\text{总资产贡献率(\%)}=\frac{\text{利润总额}+\text{税金总额}+\text{利息支出}}{\text{平均资金总额}}\times 100\%$$

公式中：税金总额为产品销售税金及附加与应交增值税之和；平均资产总额为期初期末资产之和的算术平均值。

资产负债率 该指标既反映企业经营风险的大小，也反映企业利用债权人提供的资金从事经营活动的能力。计算公式为：

$$资产负债率(\%)=\frac{负债总额}{资产总额}\times 100\%$$

资产与负债均为报告期期末数。

流动资产周转次数 指一定时期内流动资产完成的周转次数，反映投入工业企业流动资金的周转速度。计算公式为：

$$流动资产周转次数=\frac{产品销售收入}{全部流动资产平均余额}$$

公式中：全部流动资产平均余额为期初和期末的流动资产之和的算术平均值。

成本费用利润率 反映企业投入的生产成本及费用的经济效益，同时也反映企业降低成本所取得的经济效益。计算公式为：

$$成本费用利润率(\%)=\frac{利润总额}{成本费用总额}\times 100\%$$

公式中：成本费用总额为产品销售成本、销售费用、管理费用、财务费用之和。

Explanatory Notes on Main Statistical Indicators

Industry refers to the material production sector which is engaged in the extraction of natural resources and processing and reprocessing of minerals and agricultural products, including (1) extraction of natural resources, such as mining, salt production (but not including hunting and fishing); (2) processing and reprocessing of farm and sideline produces, such as rice husking, flour milling, wine making, oil pressing, silk reeling, spinning and weaving, and leather making; (3) manufacture of industrial products, such as steel making, iron smelting, chemicals manufacturing, petroleum processing, machine building, timber processing; water and gas production and electricity generation and supply; (4) repairing and renovating of industrial products such as the machinery.

State-owned and State-holding Enterprises They are classified according to the actual investment made by the contribor of state-owned part in the paid-in capital of the enterprises, or the degree of control or dominance of the contributor on the assets of the enterprises. The following cases are regarded as state-holding: (1) Absolute state-holding in which the contribors of state-owned parts possess more than 50% of all the paid-in capital (stocks) of the enterprises; (2) Relative state-holding in which the contribors of state-owned parts possess no more than 50% of the paid-in capital (stocks) of the enterprises, but more than that of any other contributors; or Agreed state-holding in which the contribors of state-owned parts possess no more than other contributors but have actual control over the enterprises according to agreements; (3) In the case both contributors possess 50% and it is not clear which one is in absolute holding position, the enterprise is regarded as state-holding enterprise if one of the contributor has state-owned elements.

Total Assets refer to all resources that are owned or controlled by enterprises through previous trades or transactions with expectation of making economic profits. Classified by the degree of liquidity, total assets include current assets and non-current assets. Current assets can be classified into monetary capital, trading financial assets, notes receivable, accounts receivable, advanced payments, other receivables and inventories. Non-current assets can be divided into long-term equity investment, fixed assets, intangible assets and other non-current assets. Data on this indicator can be obtained from the year-end figures of total assets in the Balance Sheet of accounting records.

Total Current Assets refer to the assets that meet one of the following requirements: (1) expected to be cashed, sold or used in a normal operation cycle, mainly including inventory and accounts receivable; (2) be owned for trading purpose mainly; (3) expected to be cashed in one year (including one year) from the day of the Balance Sheet; (4) unlimited cash or cash equivalents that can be exchanged with other assets or being capable of settling debts during one year since the day of the Balance Sheet. Included are monetary capital, notes receivable, accounts receivable and inventories. Data on this indicator can be obtained from the year-end figures of total current assets in the Balance Sheet of accounting records.

Total Liabilities refer to payable liabilities of enterprises that accumulated from previous trades or transactions with expectation of economic profits leaking out. In terms of payment, it can be divided into liquid liabilities and long-term liabilities. Data on this indicator can be obtained from the year-end figures of total liabilities in the Balance Sheet of accounting records.

Accounts Receivable refers to creditor's rights formed by business activities such as selling goods, providing labor, which include payment for goods that should be charged to the customer, value-added tax and advance freight for the clients. It comes from the ending balance of accounts receivable in balance sheet.

Inventories refers to finished goods or commodities held in preparation for sale in enterprises' daily activities, goods in the production process, material or the physical materials consumed in the production process or in the process of providing labor, usually include raw materials, goods in the production process, semi-finished products, finished products, goods and materials in flow. It comes from the ending balance of inventory in balance sheet.

Finished Goods refers to the products that the enterprises have completed all of the production process and accepted and put in storage, and can be sent to the ordering units in accordance with the contract stipulations, or can be on sale. It come from the debit balance of Finished Products of accounting.

Business Revenue refers to the total revenue recognized by an enterprise in its principal business and other business operations. Business revenue includes " revenue from principal Business" and " revenue from other business". It comes from this year's cumulative report of "business revenue" items from the "income statement".

Business Cost refers to the total cost incurred by an enterprise in its principal business and other business operations. It includes various expenditures incurred by enterprises (units) in their daily activities of selling goods and providing labour services during the reporting period. It includes "Cost of principal business" and "Cost of other business". It comes from this year's cumulative report of "operating cost" items from the "income statement".

Selling Expense refers to the cost during the sale of goods and materials, providing labour services, including insurance, packing, exhibition fees and advertising fees, merchandise maintenance costs, expected product quality guarantee loss, transportation fees, handling fees, and operating expenses for the sales of the company's products such as employee compensation, business expenses, depreciation costs for dedicated sales offices (including sales outlets, after-sales service outlets, etc.).

Administrative Expense refers to the expenses for the organization and management of enterprise operating, including the start-up costs during the construction of enterprises, funds occurred during enterprises operating by board of directors and executive management in the enterprise management, or burden by enterprises. It comes from this year's cumulative current amount of management cost in income statement.

Financial Expenses refers to cost of raising fund for enterprises to raise funds for production and operation, including interest payments (a reduction in interest income), exchange loss (less exchange gains) and related fees during the period of production. It comes from this year's cumulative current amount of financial expenses in income statement.

Total Profits refers to the operation results in a certain accounting period, and it is the balance of various incomes minus various spendings in the course of operation, reflecting the total profits and losses of enterprises in reference period. Data are obtained from the this year's cumulative amount of total profits in the profit statement of the accounting record of enterprise.

Annual Average Employees refers to the number of persons engaged in the enterprise production and operation activities in the reporting period, which are actually owned by the enterprise.

Ratio of Profits, Taxes and Interests to Average Assets reflects the profit-making capability of all assets of the enterprise and is a key indicator manifesting the performance and management and evaluating the profit-making potential of the enterprise. It is calculated as follows:

$$\text{Ratio of Profits, Taxes and Interests to Average Assets (\%)} = \frac{\text{total profits} + \text{total taxes} + \text{interest payment}}{\text{average assets}} \times 100\%$$

In the above formula, total taxes is the sum of tax and extra charges on the sales of products and value-added tax payable; and average assets is the arithmetic mean of the sum of beginning assets and ending assets.

Ratio of Debts to Assets reflects both the operation risk and the capability of the enterprise in making use of the capital from the creditors. It is calculated as follows:

$$\text{Ratio of Debts to Assets (\%)} = \frac{\text{total debts}}{\text{total assets}} \times 100\%$$

Both assets and debts are figures at the end of the reference period.

Turnover of Working Capital refers to the number of times of turnover of working capital in a given period of time, which reflects the speed of the turnover of working capital of industrial enterprises, and is calculated as follows:

$$\text{Turnover of Working Capital} = \frac{\text{sales revenue of products}}{\text{average balance of total working capital}}$$

In the above formula, average balance of total working capital refers to the arithmetic mean of the sum of working capital at the beginning and at the end of the reference period.

Ratio of Profits to Total Industrial Costs refers to the ratio of profits realized in a given period to the total costs in the same period, which reflects the economic efficiency of input cost and is calculated as follows:

$$\text{Ratio of Profits to Total Industrial Cost (\%)} = \frac{\text{total profits}}{\text{total costs}} \times 100\%$$

Total costs in the above formula are the sum of cost of products sold, marketing cost, management cost and financial cost.

十四、建筑业

资料整理：刘卫斌

简 要 说 明

一、本篇资料反映陕西建筑业概况和发展情况。内容包括：建筑业企业基本情况和生产经营情况。主要指标有企业个数、从业人员数、建筑业总产值、房屋建筑面积、利润税金、劳动生产率等。

二、本篇资料的统计范围：根据建筑业发展的实际情况，建筑业统计范围从2002年年报起由原具有建筑业资质等级四级及四级以上的独立核算的建筑业企业调整为具有建筑业资质的独立核算建筑业企业。2019年起改为具有建筑业资质等级的总承包和专业承包施工企业，劳务分包企业不再纳入常规统计。

Brief Introduction

I. This chapter reflects the general situation and the development of the construction industry of Shaanxi Province. They cover the situation of production and management of the construction enterprises, including the number of enterprises, number of employed persons, gross output value, floor space of buildings under construction, profits and taxes and labour productivity etc.

II. Scope of Statistics

In view of the development of the construction industry, starting from 2002 the scope of construction statistics has been adjusted to include all the construction enterprises of various types of ownership with qualification certificates and independent accounting systems, replacing the previous criteria that required construction enterprises of various types of ownership to have qualification certificates at or above Class 4 with independent accounting systems. since 2019 which have to the general contracting and professional contracting construction enterprises which possess qualification grades,labor subcontracting enterprises will not included in regular statistics.

14.建筑业

2021年全省具有建筑业资质等级的总承包和专业承包施工企业		
企业个数	4023	个
# 国有及国有控股企业	356	个
总产值	9175.45	亿 元
# 国有及国有控股企业	5923.53	亿 元
房屋建筑竣工面积	7164.87	万平方米
房屋建筑面积竣工率	19.6	%

建筑业总产值（亿元）

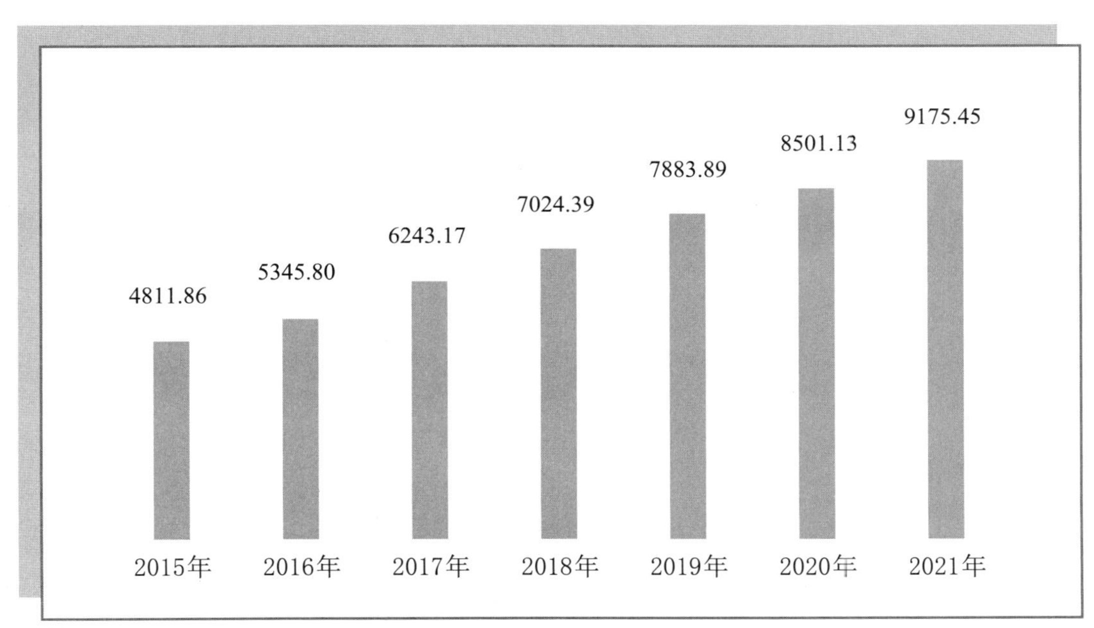

14—1 建筑业总产值
Gross Output Value of Construction

单位：万元 (10 000 yuan)

年 份 Year	建筑业总产值 Gross Output Value of Construction	# 地方属企业 Local-owned	国有企业 State-owned	集体企业 Collective-owned
1978	86642	60131	75082	11560
1979	91932	66057	77854	14078
1980	97607	71142	80505	17102
1981	82528	65171	65789	16739
1982	98176	70799	79749	18427
1983	110401	75874	85828	24573
1984	139234	92633	111271	27963
1985	164405	100322	132119	32286
1986	183081	112965	150795	38357
1987	208180	125264	165971	42209
1988	242409	134927	197920	44489
1989	273554	144417	230069	43485
1990	325034	155840	278358	46676
1991	360774	173400	306098	54676
1992	479806	228929	410445	69361
1993	751613	331449	650865	100649
1994	980260	414949	856685	121941
1995	1065612	501076	914782	143870
1996	1294502	735145	940012	335948
1997	1642493	928341	1158205	461272
1998	1879804	983440	1399161	394712
1999	2183009	1188225	1640515	432628
2000	2423046	1205275	1843456	439089
2001	2797388	1424557	1970842	479810
2002	3473536	1735125	2474524	490351
2003	4409564	2076800	3138878	456851
2004	5231639	2688405	3878423	439996
2005	6586411	3011102	5058215	443869
2006	8306966	3918215	6108524	686188
2007	11734648	5906626	7794313	931517
2008	16556239	8501607	11138979	1036447
2009	23092674	11391659	16741395	1201810
2010	28637317	15426858	20021853	2220240
2011	34984999	20712510	24518351	3152250
2012	35407509	24154390	22000114	3849886
2013	40060698	15161904	24898794	2184911
2014	45663737	17620611	28043125	2177236
2015	48118597	18562290	29556307	1986698
2016	53458015	20002390	33455625	4714710
2017	62431659	24418939	38012720	5657725
2018	70243923	19928252	43101413	5393772
2019	78838885	20963805	48919595	5928536
2020	85011279	22698547	54840868	5166786
2021	91754544	23878152	59235292	6082257

注：1.1996年以后建筑业年报统计范围由往年的县及县以上(含县级建制镇)各种经济类型的建筑企业 改为具有建筑业资质等级四级及以上的各种经济类型的建筑施工企业；2002年改为具有建筑业资质等级的各种经济类型的建筑施工企业。
2.1998年以后国有经济为国有及国有控股企业。
3.本表资料含劳务分包企业。

a) Since 1996, the statistical range of construction annual report have changed from construction enterprises of all economic types in counties and above counties level (contain county towns) to the construction enterprises of all economic types at fourth or higher quality grades, since 2002 which have changed to the all economic types construction enterprises which possess qualification grades.
b) Since 1998, the state-owned enterprises are the state-owned and the state holding enterprises.
c) Data in the table include the subcontractor of labour services.

14-2 具有资质等级的建筑业企业主要指标(2021年)

指 标	Item	企业数 (个) Number of Enterprises (unit)	总产值 (万元) Total Output Value (10 000yuan)
总 计	**Total**	**4023**	**91754544**
# 国有及国有控股企业	State-owned and State-holding Enterprises	356	59235292
按登记注册类型分	**By Status of Registration**		
内资企业	Domestic Invested Enterprises	4014	91519765
国有企业	State-owned Enterprises	72	2733880
集体企业	Collective-owned Enterprises	99	1197331
股份合作企业	Cooperative Enterprises	5	83046
联营企业	Joint Ownership Enterprises	2	7425
有限责任公司	Limited Liability Corporations	698	62090748
股份有限公司	Share-holding Corporations Ltd.	33	3660366
私营企业	Private Enterprises	3105	21746970
港、澳、台商投资企业	Enterprises with Investment from Hong Kong,Macao and Taiwan		
合资经营企业(港或澳、台资)	Joint-venture Enterprises	2	118325
港、澳、台商独资经营企业	Sole-proprietorship Enterprises	1	72436
外商投资企业	Foreign Invested Enterprises	1	45890
中外合资经营企业	Joint-venture Enterprises	7	116454
外资企业	Sole-proprietorship Enterprises	1	2072
外商投资股份有限公司	Share-holding Corporations Ltd.	6	114382
按国民经济行业分	**By Sector**		
房屋建筑业	Building	2044	46253358
住宅房屋建筑	House Building	1911	44838391
体育场馆建筑	Stadium Building	2	5574
其他房屋建筑业	Other Building	131	1409393
土木工程建筑业	Building and Civil Engineering	1308	39624653
铁路、道路、隧道和桥梁工程建筑	Railway Road Tunnel and Bridge Engineering Construction	864	30256282
水利和水运工程建筑	Water Conservancy and Inland Port	94	3400351
工矿工程建筑	Industrial and Mining Engineering	74	959450
架线和管道工程建筑	Wiring and Piping Engineering	111	1733862
节能环保工程施工	Energy Saving and Environmental Protection Engineering	14	334803
电力工程施工	Electrical Engineering	44	1482656
其他土木工程建筑	Other Civil Engineering Construction	107	1457248
建筑安装业	Construction Installation	292	3819234
电气安装	Electrical Installation	133	1167726
管道和设备安装	Piping and Equipment Installation	68	1942204
其他建筑安装业	Other Construction and Installation Industry	91	709304
建筑装饰、装修和其他建筑业	Building Decoration and Other Construction	379	2057299
建筑装饰业和装修业	Construction Decoration	270	1416719
建筑物拆除和场地准备活动	Engineering Preparation	35	139953
提供施工设备服务	Construction Equipment Services	8	27838
其他未列明建筑	Other Construction Activities Unlisted	66	472790

Main Production Indicators of Construction Enterprises Which Possess Qualification Grades(2021)

建筑工程 Construction	安装工程 Installation	其他 Others	竣工产值(万元) Output Value of Completed Construction (10 000 yuan)	从事主营业务活动从业人员平均人数(人) The Average Number of Employed Persons (person)	从事主营业务活动从业人员年末人数(人) Number of Employed Persons at Year-end (person)	# 工程技术人员 Engineers	按总产值计算劳动生产率(元/人) Overall Labor Productivity by Gross Output Value (yuan/person)
80949566	**7407777**	**3397201**	**29883191**	**1660323**	**1299980**	**212709**	**552631**
53605952	3426628	2202712	20257051	854111	656939	106854	693532
80756071	7368193	3395501	29837960	1655478	1297069	211864	552830
2432428	166366	135086	769098	72040	59565	9392	379495
1111168	61012	25151	517396	31263	31322	5737	382987
75422	7624		63047	2132	2235	280	389522
7425			1242	1097	1042	208	67685
54732671	5111003	2247074	21650617	951395	708988	115885	652628
3610866	49492	8	387745	22449	22064	2517	1630525
18786092	1972697	988182	6448814	575102	471853	77845	378141
97590	20735		27322	2221	1870	222	532756
52436	20000			1000	420	70	724360
45155	735		27322	1221	1450	152	375839
95904	18850	1700	17910	2624	1041	623	443803
2072			1812	100	104	30	207200
93832	18850	1700	16098	2524	937	593	453177
42065775	2717290	1470293	18778699	899657	704019	104100	514122
40839577	2612821	1385994	18171337	855151	668064	99914	524333
2863	2711			145	145	55	384414
1223336	101758	84299	607362	44361	35809	4131	317710
35682702	2689947	1252004	10177766	634161	511117	91860	624836
28608909	667999	979374	8771781	478654	390208	66315	632112
3294688	32713	72951	295043	45661	43081	9616	744695
785499	119759	54192	165116	22391	19352	3158	428498
628058	1069137	36667	555290	34027	27041	6602	509555
298753	5153	30898	22311	7318	7342	1205	457506
688844	744146	49666	149477	14792	12842	2376	1002336
1377950	51040	28258	218749	31318	11251	2588	465307
1731711	1715717	371806	526562	65775	45871	9759	580651
785215	359885	22627	294375	20039	17681	4210	582727
662755	1045128	234321	72589	32845	17589	3491	591324
283740	310704	114859	159599	12891	10601	2058	550232
1469379	284823	303098	400164	60730	38973	6990	338762
1150904	138564	127251	317203	30908	27781	4867	458366
125665	2701	11586	44663	3863	3608	1031	362291
12491	4724	10623	3230	696	720	266	399971
180318	138834	153638	35069	25263	6864	826	187147

14-2 续表 1

指　　标	Item	企业数 (个) Number of Enterprises (unit)	总产值 (万元) Total Output Value (10 000yuan)
按隶属关系分	**By Jurisdiction of Management**		
中　央	Central	79	32170634
地　方	Local	390	23878152
其　他	Others	3554	35705759
按企业资质等级分	**By Qualification Grade**		
施工总承包	The General Contractor	3265	86638221
特　级	Special Grade	34	31019088
一　级	First Grade	304	31689074
二　级	Second Grade	1638	19181038
三级及以下	Third Grade and Below	1289	4749022
专业承包	The Specialized Contractor	758	5116323
一　级	First Grade	224	2683056
二　级	Second Grade	308	1067217
三级及以下	Third Grade and Below	226	1366050
按运营状态分	**By Business State**		
正常运营	Operating	3859	91634821
停业(歇业)	Suspension	152	85247
当年关闭	Closure in This Year	6	12446
当年注销	Cancel in This Year	1	1712
其　他	Others	5	20317
按控股情况分	**By Holding Situation**		
国有控股	State-holding	356	59235292
集体控股	Group Holdings	152	6082257
私人控股	Private Holdings	3507	26204288
港澳台商控股	Hong Kong,Macao and Taiwan Holdings	2	118325
外商控股	Foreign Holdings	6	114382
其　他	Others		

continued

建筑工程 Construction	安装工程 Installation	其他 Others	竣工产值（万元）Output Value of Completed Construction (10 000 yuan)	从事主营业务活动从业人员平均人数(人) The Average Number of Employed Persons (person)	从事主营业务活动从业人员年末人数(人) Number of Employed Persons at Year-end (person)	# 工程技术人员 Engineers	按总产值计算劳动生产率（元/人）Overall Labor Productivity by Gross Output Value (yuan/person)
29964906	1695084	510643	8850995	465715	387897	59155	690779
20694813	2142911	1040427	9952115	337163	227046	41819	708208
30289846	3569782	1846130	11080081	857445	685037	111735	416420
77076312	6534563	3027346	28672902	1530072	1211606	196545	566236
29155599	1309130	554359	11366397	445864	305673	47449	695707
27944073	2659153	1085848	9878844	503773	415604	65055	629035
16172545	2177501	830991	5944969	459361	377653	64190	417559
3804095	388779	556148	1482692	121074	112676	19851	392241
3873254	873214	369855	1210290	130251	88374	16164	392805
2004588	594211	84256	687880	57543	40260	8435	466270
795172	171335	100710	307978	24856	20417	3906	429360
1073494	107668	184889	214432	47852	27697	3823	285474
80833392	7407777	3393652	29850046	1656086	1296658	212344	553322
81699		3549	23977	2586	1604	261	329648
12446			7308	450	413	84	276578
1712				42	37	5	407619
20317			1860	1159	1268	15	175298
53605952	3426628	2202712	20257051	854111	656939	106854	693532
4769610	1245148	67499	1563123	92466	70644	12997	657783
22382582	2696417	1125290	8019598	709001	569590	92043	369595
97590	20735		27322	2221	1870	222	532756
93832	18850	1700	16098	2524	937	593	453177

14-2 续表 2

指　　标	Item	房屋建筑施工面积（万平方米）Floor Space of Buildings under Construction (10 000 sq.m)	# 本年新开工面积 New Buildings
总　　计	**Total**	**36561.73**	**10751.62**
# 国有及国有控股企业	State-owned and State-holding Enterprises	26014.89	6944.04
按登记注册类型分	**By Status of Registration**		
内资企业	Domestic Invested Enterprises	36418.33	10734.94
国有企业	State-owned Enterprises	572.36	117.12
集体企业	Collective-owned Enterprises	705.85	339.13
股份合作企业	Cooperative Enterprises	36.81	29.66
联营企业	Joint Ownership Enterprises	1.24	
有限责任公司	Limited Liability Corporations	28113.37	7522.70
股份有限公司	Share-holding Corporations Ltd.	711.21	305.42
私营企业	Private Enterprises	6277.48	2420.90
港、澳、台商投资企业	Enterprises with Investment from Hong Kong,Macao and Taiwan		
合资经营企业(港或澳、台资)	Joint-venture Enterprises	99.68	16.17
港、澳、台商独资经营企业	Sole-proprietorship Enterprises	49.90	
外商投资企业	Foreign Invested Enterprises	49.78	16.17
中外合资经营企业	Joint-venture Enterprises	43.72	0.52
外资企业	Sole-proprietorship Enterprises	0.52	0.52
外商投资股份有限公司	Share-holding Corporations Ltd.	43.20	
按国民经济行业分	**By Sector**		
房屋建筑业	Building	31872.94	9451.75
住宅房屋建筑	House Building	31360.93	9191.23
体育场馆建筑	Stadium Building	0.49	
其他房屋建筑业	Other Building	511.52	260.52
土木工程建筑业	Building and Civil Engineering	3875.80	1020.89
铁路、道路、隧道和桥梁工程建筑	Railway Road Tunnel and Bridge Engineering Construction	2179.14	835.19
水利和水运工程建筑	Water Conservancy and Inland Port	585.70	70.47
工矿工程建筑	Industrial and Mining Engineering	154.96	13.57
架线和管道工程建筑	Wiring and Piping Engineering	4.75	3.09
节能环保工程施工	Energy Saving and Environmental Protection Engineering	46.64	4.05
电力工程施工	Electrical Engineering	276.33	7.92
其他土木工程建筑	Other Civil Engineering Construction	628.27	86.60
建筑安装业	Construction Installation	557.85	144.94
电气安装	Electrical Installation	44.69	1.49
管道和设备安装	Piping and Equipment Installation	391.75	96.89
其他建筑安装业	Other Construction and Installation Industry	121.41	46.56
建筑装饰、装修和其他建筑业	Building Decoration and Other Construction	255.14	134.04
建筑装饰业和装修业	Construction Decoration	137.39	82.13
建筑物拆除和场地准备活动	Engineering Preparation	5.32	1.92
提供施工设备服务	Construction Equipment Services	18.00	4.90
其他未列明建筑	Other Construction Activities Unlisted	94.43	45.09

continued

房屋建筑竣工面积（万平方米） Floor Space of Buildings Completed (10 000 sq.m)	# 住宅 Residential Housing	房屋建筑面积竣工率（%） Rate of Floor Space of Buildings Completed(%)	资产总计（万元） Total Assets (10 000 yuan)	# 流动资产 Circulating Funds	固定资产原价（万元） Original Value of Fixed Assets (10 000 yuan)	负债合计（万元） Total Liabilities (10 000 yuan)	所有者权益合计（万元） Owners' Equity (10 000 yuan)	# 实收资本 Paid-in Capitals
7164.87	**4802.52**	**19.6**	**113355572**	**94749384**	**7408358**	**88145565**	**25210007**	**15292346**
3901.44	2513.79	15.0	80576909	66917222	4137551	66633583	13943327	7375756
7150.18	4787.83	19.6	112993637	94388564	7406215	87911017	25082619	15281146
160.79	128.44	28.1	2905205	2648507	199273	2363841	541365	314387
277.10	204.11	39.3	989072	635519	184019	507465	481608	203324
18.27	16.95	49.6	70668	59916	6335	16132	54535	54938
1.24	1.24	100.0	62664	58317	5917	34455	28209	14200
4554.69	3089.42	16.2	83537623	69280659	4383776	68675865	14861758	8021196
189.36	127.24	26.6	1299776	1063461	167638	1021098	278679	152553
1948.73	1220.43	31.0	24128628	20642186	2459257	15292162	8836467	6520548
14.69	14.69	14.7	109584	109507	133	84832	24752	5500
			37319	37318	8	19937	17383	500
14.69	14.69	29.5	72265	72189	124	64895	7370	5000
			252352	251313	2011	149716	102636	5700
			2578	2272	38	978	1600	1600
			249773	249041	1973	148738	101036	4100
6686.66	4651.55	21.0	52496242	46810831	2376331	42158855	10337387	6459400
6534.60	4596.48	20.8	50425630	44893128	2278718	40601484	9824146	6100887
			25425	22824	3065	13062	12363	11970
152.05	55.07	29.7	2045187	1894879	94548	1544310	500878	346543
295.70	81.43	7.6	53050765	40979803	4448117	40405963	12644802	7436466
245.44	51.53	11.3	41300408	31567740	3420911	32245440	9054969	5523422
12.52	7.74	2.1	3320468	2529572	340473	2042107	1278360	561914
18.34	11.50	11.8	1849188	1503055	291749	1133207	715981	421868
0.62	0.02	13.1	2240703	1968740	170255	1677255	563449	341499
0.70		1.5	886560	462435	10099	528674	357886	152646
2.95		1.1	1589297	1370843	111714	1315213	274084	183277
15.13	10.65	2.4	1864141	1577418	102916	1464067	400074	251838
94.27	52.95	16.9	5852973	5247412	395965	4216798	1636175	935772
13.94	11.94	31.2	1834341	1576735	171142	1301592	532750	380979
18.38	13.94	4.7	2926816	2671351	182628	2196187	730629	361799
61.95	27.07	51.0	1091816	999326	42195	719019	372796	192995
88.25	16.60	34.6	1955592	1711338	187944	1363949	591643	460709
43.93	15.33	32.0	1443773	1293259	91619	1023245	420528	346451
1.78	0.07	33.5	199015	167958	23311	153951	45064	35826
1.35		7.5	37217	25918	16769	21973	15244	5159
41.20	1.21	43.6	275588	224203	56245	164781	110807	73272

14-2 续表 3

指　　标	Item	房屋建筑施工面积（万平方米）Floor Space of Buildings under Construction (10 000 sq.m)	# 本年新开工面积 New Buildings
按隶属关系分	**By Jurisdiction of Management**		
中　央	Central	7926.33	1753.26
地　方	Local	15367.91	4504.05
其　他	Others	13267.49	4494.31
按企业资质等级分	**By Qualification Grade**		
施工总承包	The General Contractor	36091.22	10613.99
特　级	Special Grade	19111.62	4814.01
一　级	First Grade	11019.03	3300.97
二　级	Second Grade	5281.14	2188.11
三级及以下	Third Grade and Below	679.44	310.90
专业承包	The Specialized Contractor	470.51	137.63
一　级	First Grade	272.80	92.66
二　级	Second Grade	64.49	19.32
三级及以下	Third Grade and Below	133.22	25.65
按运营状态分	**By Business State**		
正常运营	Operating	36503.40	10735.03
停业(歇业)	Suspension	55.21	13.47
当年关闭	Closure in This Year	3.13	3.13
当年注销	Cancel in This Year		
其　他	Others		
按控股情况分	**By Holding Situation**		
国有控股	State-holding	26014.89	6944.04
集体控股	Group Holdings	1920.21	883.45
私人控股	Private Holdings	8483.75	2907.96
港澳台商控股	Hong Kong,Macao and Taiwan Holdings	99.68	16.17
外商控股	Foreign Holdings	43.20	
其　他	Others		

continued

房屋建筑竣工面积(万平方米) Floor Space of Buildings Completed (10 000 sq.m)	# 住宅 Residential Housing	房屋建筑面积竣工率(%) Rate of Floor Space of Buildings Completed(%)	资产总计(万元) Total Assets (10 000 yuan)	# 流动资产 Circulating Funds	固定资产原价(万元) Original Value of Fixed Assets (10 000 yuan)	负债合计(万元) Total Liabilities (10 000 yuan)	所有者权益合计(万元) Owners' Equity (10 000 yuan)	# 实收资本 Paid-in Capitals
717.27	486.49	9.0	35855962	27142477	3227712	28795771	7060190	3753907
2921.97	1885.73	19.0	35902107	31787061	899510	30036439	5865668	3046452
3525.63	2430.30	26.6	41597504	35819846	3281137	29313355	12284149	8491987
7003.59	4703.60	19.4	106919718	89107611	6898048	83518291	23401427	14069426
2812.77	1943.78	14.7	48778878	39597282	1981766	40818836	7960042	3552182
2047.39	1387.95	18.6	31462692	28119825	2325491	24909474	6553218	4454558
1784.19	1205.50	33.8	20588037	17176953	2044572	14065076	6522960	4796831
359.24	166.38	52.9	6090112	4213552	546220	3724905	2365207	1265856
161.28	98.92	34.3	6435854	5641773	510310	4627274	1808580	1222920
40.85	13.47	15.0	3404864	3101342	217417	2499363	905502	588111
34.71	18.44	53.8	1475280	1268650	129624	943269	532010	397163
85.72	67.01	64.3	1555710	1271781	163269	1184642	371068	237647
7153.12	4791.18	19.6	113144166	94584392	7376172	88021812	25122354	15217767
8.60	8.27	15.6	157386	120638	19168	99048	58338	58006
3.13	3.04	100.0	16543	11880	2603	11092	5451	4960
			2503	2476	53	1363	1139	500
0.03	0.03		34975	29998	10362	12250	22725	11113
3901.44	2513.79	15.0	80576909	66917222	4137551	66633583	13943327	7375756
675.30	531.60	35.2	3799078	3004646	445892	2868433	930644	429732
2573.45	1742.45	30.3	28620228	24468970	2822810	18409980	10210249	7477259
14.69	14.69	14.7	109584	109507	133	84832	24752	5500
			249773	249041	1973	148738	101036	4100

14—2 续表 4

指 标	Item	营业收入(万元) Business Revenue (10 000 yuan)	营业成本(万元) Cost of Business (10 000 yuan)	营业利润(万元) Profits from Business (10 000 yuan)
总 计	**Total**	**87774960**	**81839414**	**2563819**
# 国有及国有控股企业	State-owned and State-holding Enterprises	59711266	55805607	1777975
按登记注册类型分	**By Status of Registration**			
内资企业	Domestic Invested Enterprises	87438121	81553344	2517125
国有企业	State-owned Enterprises	2560527	2350551	85047
集体企业	Collective-owned Enterprises	1095184	1002020	34656
股份合作企业	Cooperative Enterprises	93123	87696	834
联营企业	Joint Ownership Enterprises	52694	50533	304
有限责任公司	Limited Liability Corporations	61819470	57742291	1820569
股份有限公司	Share-holding Corporations Ltd.	1329192	1253874	43293
私营企业	Private Enterprises	20487932	19066379	532422
港、澳、台商投资企业	Enterprises with Investment from Hong Kong,Macao and Taiwan			
合资经营企业(港或澳、台资)	Joint-venture Enterprises	116513	94924	20696
港、澳、台商独资经营企业	Sole-proprietorship Enterprises	72436	50848	20695
外商投资企业	Foreign Invested Enterprises	44077	44076	1
中外合资经营企业	Joint-venture Enterprises	220326	191146	25998
外资企业	Sole-proprietorship Enterprises	2830	2707	-15
外商投资股份有限公司	Share-holding Corporations Ltd.	217496	188439	26013
按国民经济行业分	**By Sector**			
房屋建筑业	Building	39358281	36648480	1126401
住宅房屋建筑	House Building	37755409	35167658	1078847
体育场馆建筑	Stadium Building	14637	12724	-29
其他房屋建筑业	Other Building	1588234	1468098	47583
土木工程建筑业	Building and Civil Engineering	41908815	39293034	1182099
铁路、道路、隧道和桥梁工程建筑	Railway Road Tunnel and Bridge Engineering Construction	32155347	30382168	897121
水利和水运工程建筑	Water Conservancy and Inland Port	3325842	3076928	130503
工矿工程建筑	Industrial and Mining Engineering	1140524	1006009	21945
架线和管道工程建筑	Wiring and Piping Engineering	1802598	1590338	46391
节能环保工程施工	Energy Saving and Environmental Protection Engineering	376943	356453	16161
电力工程施工	Electrical Engineering	1567331	1461569	37502
其他土木工程建筑	Other Civil Engineering Construction	1540229	1419570	32477
建筑安装业	Construction Installation	4520781	4070211	214688
电气安装	Electrical Installation	1481113	1331403	56363
管道和设备安装	Piping and Equipment Installation	2171801	1982541	101583
其他建筑安装业	Other Construction and Installation Industry	867867	756267	56742
建筑装饰、装修和其他建筑业	Building Decoration and Other Construction	1987083	1827689	40631
建筑装饰业和装修业	Construction Decoration	1476613	1363138	21882
建筑物拆除和场地准备活动	Engineering Preparation	176585	167615	419
提供施工设备服务	Construction Equipment Services	31052	29028	-102
其他未列明建筑	Other Construction Activities Unlisted	302834	267908	18432

continued

利润总额 (万元) Total Profits (10 000 yuan)	税金总额 (万元) Total Tax (10 000 yuan)	税金及附加 Taxes and Other Charges	应交增值税 Value-added Tax Payable	管理费用 (万元) Management Expenses (10 000 yuan)	应付职工薪酬 (万元) Wages Payable (10 000 yuan)	产值利润率 (%) Ratio of Profit to Gross Output Value (%)	产值利税率 (%) Ratio of Pre-tax Profit to Gross Output Value (%)	资产负债率 (%) Assets-Liability Ratio (%)
2579367	**2120849**	**465295**	**1655554**	**2179408**	**6008782**	**2.8**	**2.3**	**77.8**
1793529	929208	141129	788079	1068563	3347736	3.0	1.6	82.7
2531521	2100554	463084	1637470	2173356	5979324	2.8	2.3	77.8
92138	72174	22244	49930	63365	194922	3.4	2.6	81.4
34827	77635	36794	40841	35128	129676	2.9	6.5	51.3
819	4793	3853	940	956	12049	1.0	5.8	22.8
313	1796	337	1459	1088	1453	4.2	24.2	55.0
1834331	1014246	175683	838563	1197052	3636014	3.0	1.6	82.2
43380	120883	9611	111272	43233	106806	1.2	3.3	78.6
525713	809025	214561	594464	832534	1898404	2.4	3.7	63.4
20706	3815	611	3204	1189	1173	17.5	3.2	77.4
20705	2441	389	2052	577	239	28.6	3.4	53.4
	1375	222	1153	611	934		3.0	89.8
27141	16480	1600	14880	4864	28285	23.3	14.2	59.3
-15	16	5	11	105	406	-0.7	0.8	37.9
27156	16464	1595	14869	4759	27879	23.7	14.4	59.5
1132630	1211171	310969	900202	913570	2676429	2.4	2.6	80.3
1085839	1141764	295213	846551	864939	2543053	2.4	2.5	80.5
-19	109	55	54	1389	68	-0.3	2.0	51.4
46810	69298	15701	53597	47241	133308	3.3	4.9	75.5
1191889	736135	127519	608616	994284	2764197	3.0	1.9	76.2
902232	500641	90380	410261	595648	1859155	3.0	1.7	78.1
134751	61030	12995	48035	79752	275238	4.0	1.8	61.5
21805	41511	6048	35463	58419	227252	2.3	4.3	61.3
47152	44671	7128	37543	153247	192212	2.7	2.6	74.9
16302	12069	1137	10932	14906	18572	4.9	3.6	59.6
37756	24179	4337	19842	50898	97606	2.5	1.6	82.8
31891	52036	5495	46541	41415	94164	2.2	3.6	78.5
215537	118470	17353	101117	178856	428285	5.6	3.1	72.0
60637	37502	4869	32633	73984	179642	5.2	3.2	71.0
101646	62352	8041	54311	57137	167941	5.2	3.2	75.0
53254	18616	4443	14173	47735	80702	7.5	2.6	65.9
39311	55074	9455	45619	92699	139871	1.9	2.7	69.7
20662	39324	6373	32951	73465	90532	1.5	2.8	70.9
456	6121	891	5230	7189	10963	0.3	4.4	77.4
-190	2351	868	1483	1442	3802	-0.7	8.4	59.0
18382	7277	1322	5955	10603	34574	3.9	1.5	59.8

14-2 续表 5

指 标	Item	营业收入 (万元) Business Revenue (10 000 yuan)	营业成本 (万元) Cost of Business (10 000 yuan)	营业利润 (万元) Profits from Business (10 000 yuan)
按隶属关系分	**By Jurisdiction of Management**			
中 央	Central	32510713	30790373	839814
地 方	Local	22987626	21093593	792969
其 他	Others	32276621	29955448	931036
按企业资质等级分	**By Qualification Grade**			
施工总承包	The General Contractor	82257460	76809179	2412109
特 级	Special Grade	36569285	34247196	1161473
一 级	First Grade	24401578	22991449	590485
二 级	Second Grade	17221174	15854484	479241
三级及以下	Third Grade and Below	4065423	3716050	180910
专业承包	The Specialized Contractor	5517500	5030236	151710
一 级	First Grade	3118822	2849512	97051
二 级	Second Grade	1192564	1086342	21250
三级及以下	Third Grade and Below	1206114	1094382	33410
按运营状态分	**By Business State**			
正常运营	Operating	87613858	81691282	2562557
停业(歇业)	Suspension	124852	116754	251
当年关闭	Closure in This Year	8579	8074	-334
当年注销	Cancel in This Year	1591	1432	76
其 他	Others	26080	21873	1269
按控股情况分	**By Holding Situation**			
国有控股	State-holding	59711266	55805607	1777975
集体控股	Group Holdings	3569186	3245919	101706
私人控股	Private Holdings	24160500	22504524	637430
港澳台商控股	Hong Kong,Macao and Taiwan Holdings	116513	94924	20696
外商控股	Foreign Holdings	217496	188439	26013
其 他	Others			

continued

利润总额 (万元) Total Profits (10 000 yuan)	税金总额 (万元) Total Tax (10 000 yuan)	税金及附加 Taxes and Other Charges	应交增值税 Value-added Tax Payable	管理费用 (万元) Manage-ment Expenses (10 000 yuan)	应付职工薪酬 (万元) Wages Payable (10 000 yuan)	产值利润率 (%) Ratio of Profit to Gross Output Value (%)	产值利税率 (%) Ratio of Pre-tax Profit to Gross Output Value (%)	资产负债率 (%) Assets-Liability Ratio (%)
849840	417562	54358	363204	511431	1999941	2.6	1.3	80.3
799927	498030	91326	406704	491036	1208263	3.4	2.1	83.7
929600	1205258	319612	885646	1176941	2800578	2.6	3.4	70.5
2428629	1948236	440048	1508188	1920124	5482728	2.8	2.2	78.1
1166896	426237	70992	355245	541418	1518845	3.8	1.4	83.7
594205	621645	100245	521400	506131	1922079	1.9	2.0	79.2
485951	724236	222432	501804	643564	1551770	2.5	3.8	68.3
181578	176119	46379	129740	229011	490035	3.8	3.7	61.2
150738	172613	25248	147365	259284	526054	2.9	3.4	71.9
96526	92555	13964	78591	132299	206403	3.6	3.4	73.4
20713	36164	4595	31569	70211	98115	1.9	3.4	63.9
33499	43895	6689	37206	56774	221537	2.5	3.2	76.1
2578078	2112526	462739	1649787	2171428	5973477	2.8	2.3	77.8
299	6490	1530	4960	6185	30148	0.4	7.6	62.9
-358	297	74	223	740	1887	-2.9	2.4	67.0
80	34	4	30	64	232	4.7	2.0	54.5
1269	1504	949	555	992	3038	6.2	7.4	35.0
1793529	929208	141129	788079	1068563	3347736	3.0	1.6	82.7
103522	191249	63430	127819	165747	350916	1.7	3.1	75.5
634456	980113	258530	721583	939150	2281077	2.4	3.7	64.3
20706	3815	611	3204	1189	1173	17.5	3.2	77.4
27156	16464	1595	14869	4759	27879	23.7	14.4	59.5

14–3 各市(区)建筑业企业个数(2021年)
Number of Construction Enterprises by City(District) (2021)

单位：个 (unit)

地区	Region	企业个数 Number of Enterprises	中央企业 Central	地方企业 Local	施工总承包 General Contracting	专业承包 Professional Contracting	国有及国有控股企业 State-owned and State-holding	集体企业 Collective Owned
全省	Shaanxi	**4023**	**79**	**3944**	**3265**	**758**	**356**	**152**
西安市	Xi'an	1400	61	1339	928	472	213	36
铜川市	Tongchuan	71	1	70	66	5	16	6
宝鸡市	Baoji	268	3	265	204	64	14	14
咸阳市	Xianyang	177	6	171	152	25	18	17
渭南市	Weinan	373	3	370	297	76	25	15
延安市	Yan'an	249		249	242	7	16	12
汉中市	Hanzhong	254	1	253	239	15	15	15
榆林市	Yulin	776	3	773	718	58	14	12
安康市	Ankang	274	1	273	253	21	11	10
商洛市	Shangluo	144		144	133	11	10	15
杨凌示范区	Yangling	37		37	33	4	4	

14–4 各市(区)建筑业企业总产值(2021年)
Gross Output Value of Construction Enterprises by City(District)(2021)

单位：万元 (10 000 yuan)

地区	Region	总产值 Gross Output Value	中央企业 Central	地方企业 Local	施工总承包 General Contracting	专业承包 Professional Contracting	国有及国有控股企业 State-owned and State-holding	集体企业 Collective Owned
全省	Shaanxi	**91754544**	**32170634**	**59583911**	**86638221**	**5116323**	**59235292**	**6082257**
西安市	Xi'an	54035294	25834650	28200644	50250853	3784441	42707769	1190679
铜川市	Tongchuan	607451	17202	590249	595425	12026	408867	59456
宝鸡市	Baoji	11674758	2065340	9609418	11042333	632425	4188774	3263801
咸阳市	Xianyang	8320546	3517731	4802815	8150670	169876	5933320	701561
渭南市	Weinan	3112638	703736	2408902	2911286	201352	1534583	189826
延安市	Yan'an	1650951		1650951	1622223	28728	817196	72389
汉中市	Hanzhong	3563636	3911	3559725	3528241	35395	1332160	169080
榆林市	Yulin	4434161	16064	4418098	4270998	163164	1122390	186918
安康市	Ankang	2246732	12000	2234732	2172793	73939	518506	131173
商洛市	Shangluo	1302373		1302373	1291065	11308	42421	117374
杨凌示范区	Yangling	806005		806005	802335	3670	629307	

14–5 各市(区)建筑业企业直接从事主营业务活动平均人数(2021年)

The Average Number of Employed Persons Directly Engaged in the Main Business Activities at Year-end of Construction Enterprises by City(District)(2021)

单位：人 (person)

地区	Region	直接从事建筑业活动平均人数 The Average Number of Employed Persons	中央企业 Central	地方企业 Local	施工总承包 General Contracting	专业承包 Professional Contracting	国有及国有控股企业 State-owned and State-holding	集体企业 Collective Owned
全省	**Shaanxi**	**1660323**	**465715**	**1194608**	**1530072**	**130251**	**854111**	**92466**
西安市	Xi'an	1000496	434007	566489	912813	87683	725808	16367
铜川市	Tongchuan	30335	172	30163	30121	214	6450	1947
宝鸡市	Baoji	192998	4575	188423	166209	26789	31713	34849
咸阳市	Xianyang	89583	23274	66309	85764	3819	32692	13826
渭南市	Weinan	57903	2411	55492	53417	4486	14856	4220
延安市	Yan'an	26920		26920	26787	133	9249	1734
汉中市	Hanzhong	68422	207	68215	66840	1582	11393	4552
榆林市	Yulin	80437	529	79908	77884	2553	3789	5802
安康市	Ankang	68152	540	67612	65973	2179	12041	5208
商洛市	Shangluo	33458		33458	32827	631	1728	3961
杨凌示范区	Yangling	11619		11619	11437	182	4392	

14–6 各市(区)建筑业企业年末从业人数(2021年)

Annual Average Persons of Construction Enterprises by City(District)(2021)

单位：人 (person)

地区	Region	从事主营业务活动从业人员年末人数 Number of Employed Persons at Year-end	中央企业 Central	地方企业 Local	施工总承包 General Contracting	专业承包 Professional Contracting	国有及国有控股企业 State-owned and State-holding	集体企业 Collective Owned
全省	**Shaanxi**	**1299980**	**387897**	**912083**	**1211606**	**88374**	**656939**	**70644**
西安市	Xi'an	751568	354615	396953	687091	64477	542680	12677
铜川市	Tongchuan	9973	173	9800	9767	206	5190	1829
宝鸡市	Baoji	121723	4458	117265	113887	7836	14367	16126
咸阳市	Xianyang	93739	25362	68377	89779	3960	35110	16604
渭南市	Weinan	56188	2403	53785	51520	4668	14065	4391
延安市	Yan'an	27143		27143	27029	114	12769	1216
汉中市	Hanzhong	67566	135	67431	65863	1703	11419	4596
榆林市	Yulin	64254	231	64023	61608	2646	2322	3572
安康市	Ankang	66178	520	65658	63962	2216	12960	5185
商洛市	Shangluo	30743		30743	30386	357	1665	4448
杨凌示范区	Yangling	10905		10905	10714	191	4392	

14—7 各市(区)建筑业企业房屋建筑施工面积(2021年)
Floor Space of Building under Construction in Construction Enterprises by City(District)(2021)

单位：万平方米 (10 000 sq.m)

地　区	Region	房屋建筑施工面积 Floor Space of Building under Construction	中央企业 Central	地方企业 Local	施工总承包 General Contracting	专业承包 Professional Contracting	国有及国有控股企业 State-owned and State-holding	集体企业 Collective Owned
全　省	**Shaanxi**	**36561.73**	**7926.33**	**28635.40**	**36091.22**	**470.51**	**26014.89**	**1920.21**
西安市	Xi'an	22452.11	7266.87	15185.24	22168.06	284.05	18551.83	137.96
铜川市	Tongchuan	427.70		427.70	427.59	0.12	354.15	44.88
宝鸡市	Baoji	3775.38		3775.38	3760.43	14.95	1754.05	1013.39
咸阳市	Xianyang	3234.35	377.73	2856.61	3118.61	115.74	2337.84	327.66
渭南市	Weinan	1365.55	274.11	1091.44	1330.66	34.88	899.68	17.55
延安市	Yan'an	373.43		373.43	373.43		185.94	5.22
汉中市	Hanzhong	1502.91	1.59	1501.31	1494.32	8.58	668.21	57.69
榆林市	Yulin	1643.43		1643.43	1639.71	3.73	920.72	112.56
安康市	Ankang	1279.58	6.02	1273.56	1271.14	8.44	267.89	136.53
商洛市	Shangluo	378.26		378.26	378.26		36.52	66.75
杨凌示范区	Yangling	129.03		129.03	129.02	0.02	38.05	

14—8 各市(区)建筑业企业房屋建筑竣工面积(2021年)
Floor Space of Building Completed in Construction Enterprises by City(District)(2021)

单位：万平方米 (10 000 sq.m)

地　区	Region	房屋建筑竣工面积 Floor Space of Building Completed	中央企业 Central	地方企业 Local	施工总承包 General Contracting	专业承包 Professional Contracting	国有及国有控股企业 State-owned and State-holding	集体企业 Collective Owned
全　省	**Shaanxi**	**7164.87**	**717.27**	**6447.60**	**7003.59**	**161.28**	**3901.44**	**675.30**
西安市	Xi'an	3319.74	672.32	2647.42	3225.90	93.83	2568.82	29.28
铜川市	Tongchuan	87.08		87.08	87.08		61.49	11.30
宝鸡市	Baoji	939.16		939.16	930.77	8.39	249.83	301.85
咸阳市	Xianyang	824.44	36.29	788.15	819.48	4.96	501.76	136.05
渭南市	Weinan	266.57	2.65	263.93	234.68	31.90	88.79	23.04
延安市	Yan'an	120.72		120.72	120.72		34.91	5.22
汉中市	Hanzhong	515.85		515.85	508.53	7.32	138.97	28.42
榆林市	Yulin	449.40		449.40	444.02	5.38	154.58	66.31
安康市	Ankang	444.13	6.02	438.11	434.68	9.44	76.17	49.32
商洛市	Shangluo	162.19		162.19	162.13	0.06	15.08	24.51
杨凌示范区	Yangling	35.59		35.59	35.59		11.04	

14-9 各市(区)建筑业企业竣工房屋价值(2021年)
Valuation of Building Completed in Construction Enterprises by City(District)(2021)

单位：万元 (10 000 yuan)

地区	Region	竣工房屋价值 Valuation of Building Completed	中央企业 Central	地方企业 Local	施工总承包 General Contracting	专业承包 Professional Contracting	国有及国有控股企业 State-owned and State-holding	集体企业 Collective Owned
全省	**Shaanxi**	**15549215**	**1699334**	**13849881**	**15407833**	**141382**	**10093658**	**1089803**
西安市	Xi'an	7451603	1641885	5809719	7367515	34089	6169623	50378
铜川市	Tongchuan	139341		139341	139341		88399	23570
宝鸡市	Baoji	2142330		2142330	2134219	8111	878165	492531
咸阳市	Xianyang	2199723	41515	2158209	2185386	14337	1660023	209806
渭南市	Weinan	587082	3935	583147	576116	10966	306061	34905
延安市	Yan'an	266615		266615	266615		160004	9949
汉中市	Hanzhong	974758		974758	972693	2064	389496	41595
榆林市	Yulin	620397		620397	608881	11516	211900	93541
安康市	Ankang	775538	12000	763538	765407	10131	162659	75248
商洛市	Shangluo	321505		321505	321338	167	35414	58281
杨凌示范区	Yangling	70323		70323	70323		31913	

14-10 各市(区)建筑业企业资产总计(2021年)
Total Assets of Construction Enterprises by City(District)(2021)

单位：万元 (10 000 yuan)

地区	Region	资产合计 Total Assets	中央企业 Central	地方企业 Local	施工总承包 General Contracting	专业承包 Professional Contracting	国有及国有控股企业 State-owned and State-holding	集体企业 Collective Owned
全省	**Shaanxi**	**113355572**	**35855962**	**77499611**	**106919718**	**6435854**	**80576909**	**3799078**
西安市	Xi'an	81377486	31278898	50098588	76023379	5354108	64903529	1927522
铜川市	Tongchuan	671375	13075	658301	660336	11039	392648	56621
宝鸡市	Baoji	5551611	1002919	4548692	5107801	443810	2880968	614406
咸阳市	Xianyang	6972448	3000914	3971534	6859207	113241	5756978	300262
渭南市	Weinan	2974397	521726	2452671	2803909	170488	1640010	113304
延安市	Yan'an	2898199		2898199	2856742	41457	1237290	192247
汉中市	Hanzhong	2459582	7362	2452220	2433477	26105	861727	105166
榆林市	Yulin	5907823	21558	5886265	5771680	136142	1326841	177132
安康市	Ankang	2029755	9511	2020244	1929695	100059	565933	154271
商洛市	Shangluo	1150544		1150544	1132265	18279	94214	158146
杨凌示范区	Yangling	1362353		1362353	1341227	21126	916772	

14－11 各市(区)建筑业企业固定资产原价(2021年)
Fixed Assets of Construction Enterprises by City(District)(2021)

单位：万元 (10 000 yuan)

地 区	Region	固定资产 合 计 Total Fixed Assets	中央企业 Central	地方企业 Local	施 工 总承包 General Contracting	专 业 承 包 Professional Contracting	国有及国有控股企业 State-owned and State-holding	集 体 企 业 Collective Owned
全 省	**Shaanxi**	**7408358**	**3227712**	**4180646**	**6898048**	**510310**	**4137551**	**445892**
西安市	Xi'an	4196423	2525917	1670506	3818250	378173	3055865	111741
铜川市	Tongchuan	43383	4157	39226	41559	1824	10941	13209
宝鸡市	Baoji	440324	94662	345663	392421	47904	127455	60830
咸阳市	Xianyang	826369	567951	258418	809443	16926	605916	86067
渭南市	Weinan	266859	28447	238412	248847	18012	45312	33902
延安市	Yan'an	292410		292410	285668	6742	86936	10773
汉中市	Hanzhong	207707	198	207509	202301	5405	19487	25449
榆林市	Yulin	623129	1326	621804	598605	24524	35463	26413
安康市	Ankang	205201	5055	200146	196337	8864	24809	18404
商洛市	Shangluo	171298		171298	169674	1624	12827	59106
杨凌示范区	Yangling	135255		135255	134943	312	112540	

14－12 各市(区)建筑业企业流动资产合计(2021年)
Circulating Assets of Construction Enterprises by City(District)(2021)

单位：万元 (10 000 yuan)

地 区	Region	流动资产 合 计 Circulating Assets	中央企业 Central	地方企业 Local	施 工 总承包 General Contracting	专 业 承 包 Professional Contracting	国有及国有控股企业 State-owned and State-holding	集 体 企 业 Collective Owned
全 省	**Shaanxi**	**94749384**	**27142477**	**67606908**	**89107611**	**5641773**	**66917222**	**3004646**
西安市	Xi'an	67609413	23052579	44556833	62832405	4777008	52781533	1687706
铜川市	Tongchuan	626673	10911	615762	618386	8287	384221	43536
宝鸡市	Baoji	4762770	926190	3836580	4396384	366386	2716035	468376
咸阳市	Xianyang	6208151	2646260	3561891	6112218	95933	5241229	208282
渭南市	Weinan	2634161	475254	2158907	2504090	130071	1555102	86910
延安市	Yan'an	2034840		2034840	1998088	36752	801178	34987
汉中市	Hanzhong	2157129	6297	2150832	2139732	17396	795642	86242
榆林市	Yulin	4925531	20235	4905297	4820553	104979	1229236	146689
安康市	Ankang	1741494	4751	1736743	1672602	68892	531219	131420
商洛市	Shangluo	846639		846639	831563	15076	84454	110500
杨凌示范区	Yangling	1202584		1202584	1181591	20993	797373	

14—13 各市(区)建筑业企业负债合计(2021年)
Total Liability of Construction Enterprises by City(District)(2021)

单位：万元 (10 000 yuan)

地 区	Reion	负债合计 Total Liability	中央企业 Central	地方企业 Local	施工总承包 General Contracting	专业承包 Professional Contracting	国有及国有控股企业 State-owned and State-holding	集体企业 Collective Owned
全 省	**Shaanxi**	**88145565**	**28795771**	**59349794**	**83518291**	**4627274**	**66633583**	**2868433**
西安市	Xi'an	64812178	24816822	39995356	60900997	3911181	53068885	1690969
铜川市	Tongchuan	525836	12456	513380	520151	5685	339761	42777
宝鸡市	Baoji	4623259	912339	3710920	4295404	327855	2682799	491570
咸阳市	Xianyang	5715376	2557285	3158091	5630316	85060	5015894	160387
渭南市	Weinan	2351426	473527	1877899	2246442	104984	1502402	81766
延安市	Yan'an	1821324		1821324	1797955	23369	884284	33536
汉中市	Hanzhong	1783488	4982	1778506	1771737	11751	793489	73534
榆林市	Yulin	3619888	10374	3609514	3548559	71329	1127788	120690
安康市	Ankang	1381834	7985	1373849	1314790	67043	508469	103318
商洛市	Shangluo	562287		562287	550192	12095	79169	69885
杨凌示范区	Yangling	948669		948669	941747	6922	630644	

14—14 各市(区)建筑业企业实收资本(2021年)
Contributed Capital of Construction Enterprises by City(District)(2021)

单位：万元 (10 000 yuan)

地 区	Region	实收资本 Contributed Capital	中央企业 Central	地方企业 Local	施工总承包 General Contracting	专业承包 Professional Contracting	国有及国有控股企业 State-owned and State-holding	集体企业 Collective Owned
全 省	**Shaanxi**	**15292346**	**3753907**	**11538440**	**14069426**	**1222920**	**7375756**	**429732**
西安市	Xi'an	9899791	3461981	6437810	8901314	998478	6375743	100906
铜川市	Tongchuan	111750	503	111247	109315	2435	28440	11393
宝鸡市	Baoji	592925	55775	537150	539042	53883	139504	58088
咸阳市	Xianyang	682497	181819	500678	667573	14924	324241	95768
渭南市	Weinan	472068	41352	430715	423261	48806	121599	22680
延安市	Yan'an	508945		508945	493202	15744	42564	13980
汉中市	Hanzhong	485578	2287	483292	476329	9249	52489	20964
榆林市	Yulin	1703308	10120	1693188	1657290	46018	121721	37858
安康市	Ankang	406868	70	406798	389515	17353	37212	20520
商洛市	Shangluo	217226		217226	214900	2325	12244	47575
杨凌示范区	Yangling	211390		211390	197684	13706	120000	

14－15　各市(区)建筑业营业收入(2021年)
Business Revenue of Construction Enterprises by City(District)(2021)

单位：万元　　　　(10 000 yuan)

地　区	Region	营业收入 Business Revenuel	中央企业 Central	地方企业 Local	施工总承包 General Contracting	专业承包 Professional Contracting	国有及国有控股企业 State-owned and State-holding	集体企业 Collective Owned
全　省	**Shaanxi**	**87774960**	**32510713**	**55264247**	**82257460**	**5517500**	**59711266**	**3569186**
西安市	Xi'an	60666294	27997027	32669268	56154692	4511602	47583397	1311030
铜川市	Tongchuan	564262	17202	547060	552263	11998	354775	57729
宝鸡市	Baoji	5154930	950564	4204366	4742836	412094	2325217	686536
咸阳市	Xianyang	7031970	2889235	4142736	6869747	162223	4846532	668180
渭南市	Weinan	2602062	620237	1981825	2446204	155858	1263252	151986
延安市	Yan'an	1427783		1427783	1397352	30430	545292	66977
汉中市	Hanzhong	2088863	8129	2080734	2072012	16852	679032	161754
榆林市	Yulin	4454957	19230	4435727	4317862	137095	1008845	207822
安康市	Ankang	1763379	9090	1754289	1703989	59390	415924	105650
商洛市	Shangluo	1158615		1158615	1145014	13601	39457	151522
杨凌示范区	Yangling	861846		861846	855488	6358	649544	

14－16　各市(区)建筑业企业利润总额(2021年)
Total Profits of Construction Enterprises by City(District)(2021)

单位：万元　　　　(10 000 yuan)

地　区	Region	利润总额 Total Profits	中央企业 Central	地方企业 Local	施工总承包 General Contracting	专业承包 Professional Contracting	国有及国有控股企业 State-owned and State-holding	集体企业 Collective Owned
全　省	**Shaanxi**	**2579367**	**849840**	**1729527**	**2428629**	**150738**	**1793529**	**103522**
西安市	Xi'an	1810059	774686	1035372	1703227	106831	1507369	26888
铜川市	Tongchuan	10036	-220	10256	9453	583	8825	136
宝鸡市	Baoji	151229	32228	119001	132438	18791	63809	24329
咸阳市	Xianyang	183637	40543	143094	181711	1926	118910	23204
渭南市	Weinan	57427	1889	55539	41386	16042	14087	5771
延安市	Yan'an	25273		25273	24987	286	4754	2435
汉中市	Hanzhong	55540	7	55533	54933	607	11389	6684
榆林市	Yulin	141329	100	141228	136301	5028	28354	5774
安康市	Ankang	57448	607	56842	56190	1258	10136	4338
商洛市	Shangluo	57362		57362	58052	-690	26	3963
杨凌示范区	Yangling	30027		30027	29951	76	25870	

14−17 各市(区)建筑业企业税金总额(2021年)
Total Tax of Construction Enterprises by City(District)(2021)

单位：万元 (10 000 yuan)

地 区	Region	税金总额 Total Tax	中央企业 Central	地方企业 Local	施工总承包 General Contracting	专业承包 Professional Contracting	国有及国有控股企业 State-owned and State-holding	集体企业 Collective Owned
全 省	**Shaanxi**	**2120849**	**417562**	**1703287**	**1948236**	**172613**	**929208**	**191249**
西安市	Xi'an	998005	283794	714212	860420	137585	595826	21245
铜川市	Tongchuan	26649	1093	25556	26217	431	14234	3630
宝鸡市	Baoji	237752	62707	175045	230031	7721	73975	56578
咸阳市	Xianyang	264409	50831	213578	260105	4305	125850	59812
渭南市	Weinan	97148	16958	80190	89146	8002	32445	11209
延安市	Yan'an	56726		56726	54781	1945	10218	4735
汉中市	Hanzhong	119260	108	119153	118103	1158	49020	8706
榆林市	Yulin	171684	1121	170564	165376	6308	6276	7442
安康市	Ankang	76334	951	75383	72083	4251	8265	4265
商洛市	Shangluo	54500		54500	53866	634	1915	13626
杨凌示范区	Yangling	18381		18381	18108	273	11183	

14−18 各市(区)建筑业企业年末应收工程款(2021年)
Account Receivable of Projects at Year-end of Construction Enterprises by City(District)(2021)

单位：万元 (10 000 yuan)

地 区	Region	年末应收工程款 Account Receivable of Projects at Year-end	中央企业 Central	地方企业 Local	施工总承包 General Contracting	专业承包 Professional Contracting	国有及国有控股企业 State-owned and State-holding	集体企业 Collective Owned
全 省	**Shaanxi**	**31486565**	**7757376**	**23729189**	**29593146**	**1893419**	**23610138**	**633017**
西安市	Xi'an	22080989	6015330	16065660	20380318	1700672	17843250	216240
铜川市	Tongchuan	206734	6956	199778	206067	667	133707	14586
宝鸡市	Baoji	1415192	361440	1053751	1370368	44824	889021	164994
咸阳市	Xianyang	2999027	1224662	1774365	2970397	28631	2740183	46841
渭南市	Weinan	902596	137975	764622	865961	36635	614178	35123
延安市	Yan'an	610000		610000	601835	8165	220370	8690
汉中市	Hanzhong	745219	1559	743660	738727	6492	350371	6812
榆林市	Yulin	1124620	9454	1115166	1095728	28892	26400	48832
安康市	Ankang	577207		577207	545138	32069	328642	42569
商洛市	Shangluo	304619		304619	302015	2605	41898	48331
杨凌示范区	Yangling	520361		520361	516593	3768	422119	

14-19 各市(区)建筑业企业主要经济效益指标(2021年)
Main Indicators on Economic Efficiency of Construction Enterprises by City(District)(2021)

地区	Region	人均利润(元/人) Per Capita Profits (yuan/person)	人均利税(元/人) Per Capita Pre-tax Profit (yuan/person)	劳动生产率(元/人) Overall Labor Productivity (yuan/person)	人均施工面积(平方米/人) Per Capita Floor Space of Buildings under Construction (sq.m/person)	人均竣工面积(平方米/人) Per Capita Floor Space of Buildings Completed (sq.m/person)
全省	**Shaanxi**	**19842**	**16314**	**552631**	**281.2**	**55.1**
西安市	Xi'an	24084	13279	540085	298.7	44.2
铜川市	Tongchuan	10063	26721	200247	428.9	87.3
宝鸡市	Baoji	12424	19532	604916	310.2	77.2
咸阳市	Xianyang	19590	28207	928809	345.0	88.0
渭南市	Weinan	10221	17290	537561	243.0	47.4
延安市	Yan'an	9311	20899	613280	137.6	44.5
汉中市	Hanzhong	8220	17651	520832	222.4	76.3
榆林市	Yulin	21995	26720	551259	255.8	69.9
安康市	Ankang	8681	11535	329665	193.4	67.1
商洛市	Shangluo	18659	17728	389256	123.0	52.8
杨凌示范区	Yangling	27535	16856	693696	118.3	32.6

14-19 续表 continued

地区	Region	产值利润率(%) Ratio of Profits to Output Value (%)	产值利税率(%) Ratio of Pre-tax Profit to Gross Output Value (%)	资本利润率(%) Ratio of Profits to Captitals (%)	资本利税率(%) Ratio of Pre-tax Profits to Captitals (%)	资产负债率(%) Assets-Liability Ratio (%)
全省	**Shaanxi**	**2.8**	**2.3**	**16.9**	**13.9**	**77.8**
西安市	Xi'an	3.3	1.8	18.3	10.1	79.6
铜川市	Tongchuan	1.7	4.4	9.0	23.8	78.3
宝鸡市	Baoji	1.3	2.0	25.5	40.1	83.3
咸阳市	Xianyang	2.2	3.2	26.9	38.7	82.0
渭南市	Weinan	1.8	3.1	12.2	20.6	79.1
延安市	Yan'an	1.5	3.4	5.0	11.1	62.8
汉中市	Hanzhong	1.6	3.3	11.4	24.6	72.5
榆林市	Yulin	3.2	3.9	8.3	10.1	61.3
安康市	Ankang	2.6	3.4	14.1	18.8	68.1
商洛市	Shangluo	4.4	4.2	26.4	25.1	48.9
杨凌示范区	Yangling	3.7	2.3	14.2	8.7	69.6

主要统计指标解释

建筑业统计单位 指从事房屋、构筑物建造和设备安装活动的法人企业。建筑业法人企业应具有建筑业资质并能够独立核算，同时其应具备以下条件：①依法成立，有自己的名称、组织机构和场所，能够承担民事责任；②独立拥有和使用资产，承担负债，有权与其他单位签订合同；③独立核算盈亏，能够编制资产负债表。

建筑业总产值 是以货币形式表现的建筑业企业在一定时期内生产的建筑业产品和提供的服务的总和。建筑业总产值包括：

⑴建筑工程产值：指列入建筑工程预算内的各种工程价值。

⑵安装工程产值：指设备安装工程价值，不包括被安装设备本身的价值。

⑶其他产值：建筑业总产值中除建筑工程、安装工程以外的产值。包括房屋构筑物修理产值、非标准设备制造产值、总包企业向分包企业收取的管理费以及不能明确划分的施工活动所完成的产值。

a.房屋构筑物修理产值：指房屋和构筑物修理所完成的产值，但不包括被修理房屋、构筑物本身价值和生产设备的修理价值。

b.非标准设备制造产值：指加工制造没有定型的非标准生产设备的加工费和原材料价值(如化工厂、炼油厂用的各种罐、槽，矿井生产统一使用的各种漏斗、三角槽、阀门等)以及附属加工厂为本企业承建工程制作的非标准设备的价值。

房屋建筑施工面积 指在报告期内施过工的全部房屋建筑面积，包括本期新开工的房屋面积、上期施工跨入本期继续施工的房屋面积、上期停缓建在本期恢复施工的房屋面积、本期竣工的房屋面积及本期施工后又停缓建的房屋面积。

房屋建筑竣工面积 指在报告期内房屋建筑按照设计要求全部完工，达到了使用条件，经验收鉴定合格，正式移交使用单位的房屋建筑面积。

Explanatory Notes on Main Statistical Indicators

Statistical Unit in the Construction Industry refers to a corporate enterprise engaged in the construction of buildings and structures and in the installation of equipment. A corporate construction enterprise should have qualification certificates with independent accounting system, and should meet the following 3 requirements: a) being set up in line with relevant legal basis, having its full name, organization and location, and capable of taking civil liabilities; b) independently possessing and using its assets and assuming its liabilities, and entitled to sign contracts with other institutions; and c) making independent accounts of its profits and losses, and capable of compiling its own balance sheet.

Gross Output Value of Construction refers to total of construction products and services, expressed in money terms, produced or rendered by construction and installation enterprises during a given period of time. It includes:

(1) Output value of construction projects: the value of projects covered by the project budgets;

(2) Output value of installation projects: the value of the installation of equipment, (excluding the value of the equipment to be installed);

(3) Other output values: the output value of construction industry apart from that of construction projects and installation projects. It includes: output value of repair of buildings and structures; output value of non-standard equipment manufacturing; overhead expenses received by contracted enterprises from the sub-contracted enterprises and the completed output value of construction activities for which there is no clear definition.

a. Output value of repair of buildings and structures: the value created through the repairs of buildings or structures. It does not include the value of buildings or structures being repaired and the value of the repair of production equipment;

b. Output value of manufactured non-standard equipment: the value of non-standard production equipment, including raw materials and manufacturing cost, made for the construction project (i.e., chemical plant; kettles or tanks used by refineries; various fillers, triangle tanks, valves used by mines). It also includes the output value of equipment manufactured by subsidiary workshops.

Floor Space of Buildings Under Construction refers to floor space of buildings under construction during the reference period, including the floor space of buildings for which construction has newly started; buildings for which construction has started earlier and is continuing during the reference period; and buildings for which construction has been suspended earlier but has restarted during the reference period; buildings completed during the reference period; and buildings under construction but construction has subsequently been during the reference period.

Floor Space of Buildings Completed refers to the floor space of buildings that are completed in the reference period in accordance with the requirements of the design, up to the standard for being put into use, and having been checked and accepted by departments concerned as qualified ones.

十五、运输、邮电和服务业

Transport, Post and Telecommunication Services, and Service Industry

资料整理：巨振强　李护堂　王国成

简 要 说 明

一、本篇资料反映陕西交通运输业和邮政、电信发展的基本状况，服务业及企业信息化和电子商务情况。

二、规模以上服务业统计范围：

年营业收入2000万元及以上服务业法人单位。包括：交通运输、仓储和邮政业，信息传输、软件和信息技术服务业，水利、环境和公共设施管理业三个门类和卫生行业大类。

年营业收入1000万元及以上服务业法人单位。包括：租赁和商务服务业，科学研究和技术服务业，教育三个门类，以及物业管理、房地产中介服务、房地产租赁经营和其他房地产业四个行业小类。

年营业收入500万元及以上服务业法人单位。包括：居民服务、修理和其他服务业，文化、体育和娱乐业两个门类，以及社会工作行业大类。

三、信息化及电子商务情况统计范围是2019年末营业的规模以上企业。

四、本篇的资料来源：

本篇交通运输资料来源于省交通运输厅、省公安厅车管所、省农机局、中国铁路西安局集团有限公司、西延铁路公司、东方航空公司西北分公司、长安航空有限责任公司、西安咸阳国际机场等。邮政电信资料来源于省通信管理局、省电信公司、省移动通信公司、省联通公司、省邮政管理局、省邮政公司等。

Brief Introduction

I. This chapter reflects the basic conditions of transportation industry, post and communication industry, service industry, enterprises informationization and electronic commerce of Shaanxi Province.

II. The Scopes of Service Industry above Designated Size:

Service industry activity unit with business revenue over 20 million yuan per year . include: transport, storage and post, information transmission, software and information technology, water conservancy, environment and public facilities management, and health services.

Service industry activity unit with business revenue over 10 million yuan per year. include: leasing and business services, scientific research and technical services, education, and property management, real estate intermediary services, real estate leasing and other real estate industry four sub-categories.

Service industry activity unit with business revenue over 5 million yuan per year. include: Residential service, repair and other services, culture, sports and entertainment, and social work.

III. The Scopes of enterprises informationization and electronic commerce is enterprises above designated size which have business at the end of 2019.

IV. Sources of Data:

Data on transportation industry are obtained from Department of Transport of Shaanxi Province, the DMV (department of motor vehicles) of Public Security Department of Shaanxi Province, Xi’an Railway Bureau, Xi Yan Railway Company, the Northwest Branch of China Eastern Airlines, Chang’an Airlines and Xi'an Xianyang International Airport , etc.

Data on post and telecommunication are obtained from Shaanxi Communications Administration, Shaanxi Telecommunication Company, Shaanxi Mobile Communication Company, Shaanxi Unicom Company, Shanxi Provincial Postal Administration and Shaanxi Post, etc.

15.运输、邮电和服务业

2021年全省		
客运量	21559	万人
货运量	160702	万吨
邮政业务量	168.51	亿元
电信业务量	4992.51	亿元
每百人拥有移动电话	120.8	部

货运量（亿吨）

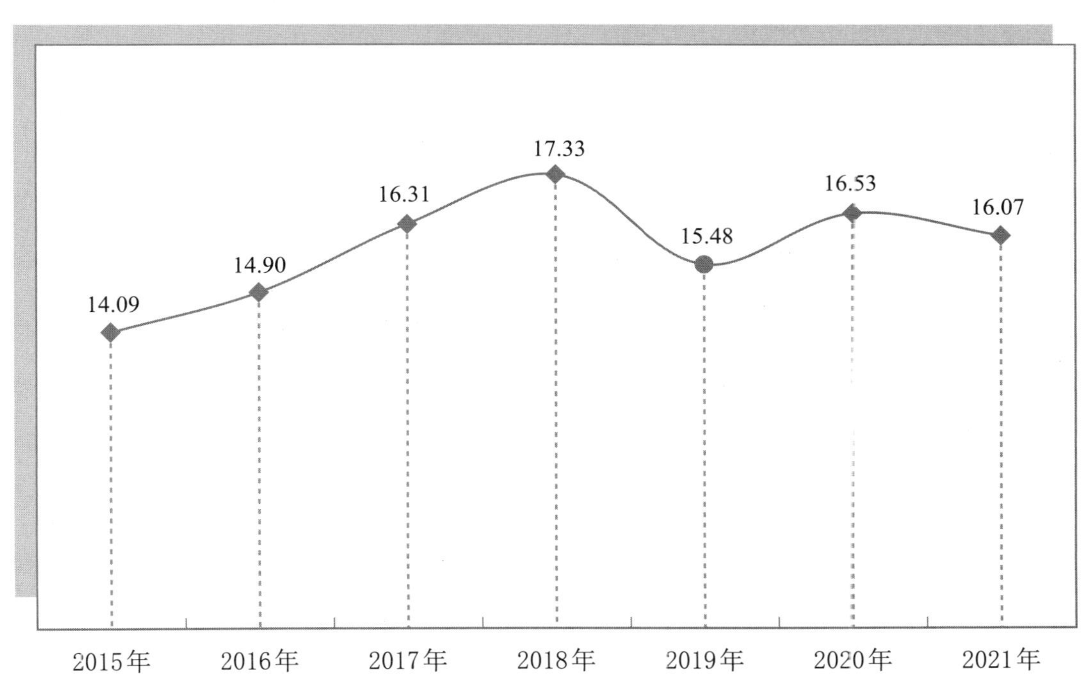

15−1 运输线路里程、质量和运输网密度
Length, Quality and Density of Transportation Routes

指　　标	Item	2017	2018	2019	2020	2021
一、运输线路里程　　（公里）	**Length of Transport Routes　　(km)**					
铁路正线延展里程	Extension Length of the Trunk Lines	8655	8714	10911	11339	11359
营业里程	Railways in Operation	5108	5140	6224	6423	6424
公路通车里程	Total Length of Highways	174395	177128	180070	180660	183414
内河航道里程	Navigable Inland Waterways	1066	1066	1066	1066	1066
# 机动船航道	Motor Vessels	558	558	558	558	558
二、运输线路质量	**Quality of Transport Routes**					
铁路营业里程　　(公里)	Length of Railways in Operation　　(km)	5108	5140	6224	6423	6424
# 复线里程	Double-Tracking Length	3445	3474	4792	4990	4991
复线里程比重　　(%)	Proportion　　(%)	67.4	67.6	77.0	77.7	77.7
公路线路里程　　(公里)	Length of Highways　　(km)	174395	177128	180070	180660	183414
# 等级公路	Expressway and Class I to IV Highways	159026	161028	166132	167476	173045
等级公路比重　　(%)	Proportion　　(%)	91.2	90.9	92.3	92.7	94.3
内河航道里程　　(公里)	Length of Navigable Inland Waterways　　(km)	1066	1066	1066	1066	1066
# 水深一米以上	Depth of Water Above 1 m	558	558	558	558	558
水深一米以上比重 (%)	Proportion　　(%)	50.7	50.7	50.7	50.7	50.7
三、运输网密度	**Transport Density**					
1.铁　路	Railways					
营业里程　　(公里)	Length of Railways in Operation　　(km)	5108	5140	6224	6423	6424
密　度　(公里/平方公里)	Density　　(km/sq.km)	0.025	0.025	0.030	0.031	0.031
2.公　路	Highways					
线路长度　　(公里)	Length of Routes　　(km)	174395	177128	180070	180071	183414
密　度　(公里/平方公里)	Density　　(km/sq.km)	0.848	0.862	0.876	0.876	0.892
3.水　路	Waterways					
通航里程　　(公里)	Length of Waterways in Operation　　(km)	1066	1066	1066	1066	1066
密　度　(公里/平方公里)	Density　　(km/sq.km)	0.005	0.005	0.005	0.005	0.005

注：铁路线路为西安铁路局管线路。
a) The transport routes are managed by Xi'an Railway Bureau.

15−2 铁路、公路线路长度及民航航线
Length of Railways, Highways and Civil Aviation

指 标	Item	2017	2018	2019	2020	2021
一、铁路线路长度	**Railways**					
正线延展里程 (公里)	Extension Length (km)	8655	8714	10911	11339	11359
省境内正线延展里程	In Shaanxi	8315	8739	9454	9758	10186
营业里程 (公里)	Length of Railways in operation (km)	5108	5140	6224	6423	6424
省境内营业里程	In Shaanxi	4972	5002	5419	5589	5630
二、公路线路长度	**Highways**					
公路线路里程 (公里)	Length of Highways (km)	174395	177128	180070	180660	183414
# 高级路面	High Class and Sub-senior Class Pavement	120312	124608	133193	146748	156863
等级公路 (公里)	Expressway and Class Ⅰ to Ⅳ Highways (km)	159026	161028	166132	167476	173045
# 高速公路	Expressway	5279	5475	5593	6171	6484
一级公路	Class Ⅰ Highway	1575	1641	1919	2114	2180
二级公路	Class Ⅱ Highway	9393	9734	10121	10037	10359
三级公路	Class Ⅲ Highway	15776	15891	15117	15416	15371
四级公路	Class Ⅳ Highway	127003	128288	133382	133738	138652
三、民用航空	**Civil Aviation**					
航线条数 (条)	Numbers of Routes (line)	337	345	370	383	321
# 国际航线	International Routes	57	64	88	92	28
通航城市 (个)	Number of Cities (unit)	198	211	235	228	198
# 国 际	International Routes	46	53	71	56	28

注：1.铁路线路省境内长度为国家反馈陕西省境内数据。民用航空数据取自西安咸阳国际机场。
2.2021年机场航线数为在营数，2021年前为历史累积数。

a) Data of the length of railways in Shaanxi province refer to those responsed to Shaanxi.
Data of Civil Aviation is provided by Xi'an Xianyang International Airport.

b) The number of airport routes in 2021 was in camp.

15—3 运 输 工 具
Transportation

指标		Item		2017	2018	2019	2020	2021
一、铁路运输工具		**Means of Railway Transportations**						
机　车	(台)	Locomotives	(unit)	1271	1285	1305	1359	1394
#蒸　汽		Steam Locomotives						
内　燃		Diesel Locomotives		225	224	224	224	227
电　力		Electric Locomotives		1046	1061	1081	1135	1167
客　车	(辆)	Passenger Coaches	(coach)	3083	3113	3015	3110	3130
二、公路运输工具		**Means of Highway Transportations**						
民用汽车	(辆)	Civil Vehicles	(coach)	5573292	6234239	6818868	7395446	8003691
#新注册		New Registrations		850467	776512	781129	712007	750682
载客汽车	(辆)	Passenger Vehicles	(coach)	4896337	5499397	6085915	6603351	7137612
载货汽车	(辆)	Trucks	(coach)	560368	626066	686768	741455	810581
汽车挂车	(辆)	Trailer Trucks	(coach)	63402	72218	80177	93480	105369
拖拉机	(辆)	Tractors	(coach)	337354	319632	320520	320951	318577
三、水运运输工具		**Means of Waterway Transportations**						
机动船	(艘)	Motor Vessels	(unit)	1159	1135	1072	1134	1039
客船载客量	(客位)	Passenger Capacity of Passenger Ships	(seat)	18915	18520	17983	16753	16237
货船净载重量	(吨)	Dead Weight Tonnage of Cargo Ships	(ton)	22430	22430	26553	34046	31347
拖轮功率	(千瓦)	Drawing Power	(kw)	395	395	395	495	495
驳　船	(艘)	Barges	(unit)	196	198	198	183	183

15—4 各市(区)公路里程(2021年末)
Length of Highways by City(District)(2021)

单位：公里 (km)

地区	Region	公路里程 Length of Highways	#等级公路 Expressway and Class Ⅰ to Ⅳ Highways	#高速公路 Expressway	#一级公路 Class Ⅰ Highway	#二级公路 Class Ⅱ Highway	#三级公路 Class Ⅲ Highway
全　省	**Shaanxi**	**183414**	**173045**	**6484**	**2180**	**10359**	**15371**
西安市	Xi'an	13640	13339	541	430	1284	1081
铜川市	Tongchuan	4056	3867	271	30	345	310
宝鸡市	Baoji	18131	17192	541	177	1156	1543
咸阳市	Xianyang	16149	14791	582	251	950	1642
渭南市	Weinan	19862	19137	494	515	932	1395
#韩城市	Hancheng	1871	1746	37	62	76	37
延安市	Yan'an	18599	17229	1111	55	1631	2547
汉中市	Hanzhong	21572	20602	647	127	815	1471
榆林市	Yulin	29364	28609	1157	492	1816	3038
安康市	Ankang	26032	23133	637	9	821	1275
商洛市	Shangluo	15621	14764	492	84	526	987
杨凌示范区	Yangling	389	382	12	9	82	82

15–5 客运量、旅客周转量及构成
Passenger Traffic, Passenger-Kilometers and Composition

指　标	Item	2017	2018	2019	2020	2021
一、客运量　（万人）	**Passenger Traffic　(10 000 persons)**	**71138**	**72773**	**72318**	**37793**	**21559**
铁　路	Railways	8908	10953	11461	7044	7728
公　路	Highways	60724	60269	59015	29581	12794
水　运	Waterways	393	361	285	173	66
民用航空	Civil Aviation	1113	1190	1558	996	971
二、旅客周转量（百万人公里）	**Passenger-Kilometers (million passenger-km)**	**90765**	**95771**	**102166**	**58944**	**57288**
铁　路	Railways	47103	51036	52362	30346	33342
公　路	Highways	28915	28698	27971	14884	10197
水　运	Waterways	68	52	50	28	14
民用航空	Civil Aviation	14679	15975	21783	13686	13734
三、客运量构成　(%)	**Composition of Passenger Traffic　(%)**	**100.00**	**100.00**	**100.00**	**100.00**	**100.00**
铁　路	Railways	12.52	15.05	15.85	18.64	35.84
公　路	Highways	85.36	82.82	81.60	78.27	59.34
水　运	Waterways	0.55	0.50	0.39	0.46	0.31
民用航空	Civil Aviation	1.56	1.63	2.15	2.64	4.51
四、旅客周转量构成　(%)	**Composition of passenger-Kilometers　(%)**	**100.00**	**100.00**	**100.00**	**100.00**	**100.00**
铁　路	Railways	51.90	53.29	51.25	51.48	58.20
公　路	Highways	31.86	29.97	27.38	25.25	17.80
水　运	Waterways	0.07	0.06	0.05	0.05	0.02
民用航空	Civil Aviation	16.17	15.68	21.32	23.22	23.97

注：本表资料为国家返馈陕西省境数。
a) Data in this table refer to those responsed to Shaanxi.

15-6 货运量、货物周转量及构成

Freight Traffic, Freight Ton-Kilometers and Composition

指　　标	Item	2017	2018	2019	2020	2021
一、货运量　(万吨)	**Freight Traffic　(10 000 tons)**	**163086**	**173253**	**154758**	**165268**	**160702**
铁　路	Railways	39162	42245	44751	49056	37894
公　路	Highways	123721	130823	109801	116057	122716
水　运	Waterways	196	177	197	147	85
民用航空	Civil Aviation	6	7	9	8	7
二、货物周转量(百万吨公里)	**Freight Ton-Kilometers　(million ton-km)**	**376163**	**402599**	**348345**	**369845**	**394614**
铁　路	Railways	164177	172300	175015	186562	212607
公　路	Highways	211821	230137	173142	183111	181867
水　运	Waterways	66	52	59	62	31
民用航空	Civil Aviation	99	110	130	109	110
三、货运量构成　(%)	**Composition of Freight Traffic　(%)**	**100.00**	**100.00**	**100.00**	**100.00**	**100.00**
铁　路	Railways	24.01	24.38	28.92	29.68	23.58
公　路	Highways	75.86	75.51	70.95	70.22	76.36
水　运	Waterways	0.12	0.10	0.13	0.09	0.05
民用航空	Civil Aviation	…	…	0.01	…	…
四、货物周转量构成　(%)	**Composition of Freight Ton-Kilometers　(%)**	**100.00**	**100.00**	**100.00**	**100.00**	**100.00**
铁　路	Railways	43.65	42.80	50.24	50.44	53.88
公　路	Highways	56.31	57.16	49.70	49.51	46.09
水　运	Waterways	0.02	0.01	0.02	0.02	0.01
民用航空	Civil Aviation	0.03	0.03	0.04	0.03	0.03

注：本表资料为国家返馈陕西省境数。
a) Data in this table refer to those responsed to Shaanxi.

15-7 民用车辆拥有量(2021年末)
Possession of Civil Vehicles(2021)

单位：辆 (unit)

地 区	Region	民用汽车总计 Total	# 新注册 New Registrations	载客汽车 Passenger Vehicles	载货汽车 Trucks	专项作业车 Special Motor Vehicle	摩托车 Motorcycles	# 普通 Normal Motorcycles
全 省	**Shaanxi**	**8003691**	**750682**	**7137612**	**810581**	**55498**	**1866110**	**1560157**
西安市	Xi'an	4090977	430180	3747923	320945	22109	351274	298028
铜川市	Tongchuan	111429	8669	93151	17284	994	39079	27788
宝鸡市	Baoji	470320	41525	428294	39102	2924	114639	90732
咸阳市	Xianyang	487556	26305	443087	40728	3741	82337	76509
渭南市	Weinan	667837	50336	565974	98218	3645	122454	97083
延安市	Yan'an	443919	35754	372237	62804	8878	38981	32781
汉中市	Hanzhong	403230	39702	364781	37002	1447	421166	351515
榆林市	Yulin	875707	76025	724625	143151	7931	107159	71865
安康市	Ankang	242860	25380	208100	33011	1749	469374	418215
商洛市	Shangluo	127115	11754	110841	15283	991	102160	86426
杨凌示范区	Yangling	67195	3897	63839	2563	793	12783	4577

15-8 私人车辆拥有量(2021年末)
Possession of Private Vehicles(2021)

单位：辆 (unit)

地 区	Region	汽车总计 Total	# 载客汽车 Passenger Vehicles	# 载货汽车 Trucks	摩托车 Motorcycles	# 普通 Normal Motorcycles
全 省	**Shaanxi**	**7229643**	**6647703**	**561895**	**1849206**	**1544158**
西安市	Xi'an	3690747	3463198	219147	347382	294269
铜川市	Tongchuan	96541	85970	10148	38901	27635
宝鸡市	Baoji	420114	396166	22944	114032	90192
咸阳市	Xianyang	442310	415742	24944	81918	76139
渭南市	Weinan	607049	541692	63592	121034	95705
延安市	Yan'an	398077	350576	45343	37996	31822
汉中市	Hanzhong	377095	347488	29063	420244	350687
榆林市	Yulin	795796	687562	105076	106234	71032
安康市	Ankang	224832	195941	28320	467308	416335
商洛市	Shangluo	115122	102332	12456	101467	85824
杨凌示范区	Yangling	61958	61034	862	12689	4517

15-9 公路部门营运载客车拥有量(2021年末)
Possession of Vehicles in Operation for Highway Transportation(2021)

地 区	Region	载客汽车合计(辆) Total (unit)	班车客运车辆 Scheduled Coach		高级 Senior	
			辆数 (unit)	客位 (seat)	辆数 (unit)	客位 (seat)
全 省	**Shaanxi**	**17063**	**11352**	**296524**	**3974**	**139874**
西安市	Xi'an	5363	1704	59782	762	31209
铜川市	Tongchuan	356	345	8260	102	4082
宝鸡市	Baoji	1414	822	21395	159	4728
咸阳市	Xianyang	1363	1051	31645	472	17448
渭南市	Weinan	1673	1500	36939	328	12929
# 韩城市	Hancheng	169	159	3841	19	796
延安市	Yan'an	1364	1003	23275	298	8462
汉中市	Hanzhong	1026	934	25453	364	12367
榆林市	Yulin	1607	1393	31258	654	19659
安康市	Ankang	1477	1450	25205	418	12624
商洛市	Shangluo	1071	1057	30212	380	14769
杨凌示范区	Yangling	72	61	1820	18	697
西咸新区	Xixian	277	32	1280	19	900

15-9 续表 continued

地 区	Region	中级 Medium		普通 Ordinary		旅游、包车客车 Tourist Bus	
		辆数 (unit)	客位 (seat)	辆数 (unit)	客位 (seat)	辆数 (unit)	客位 (seat)
全 省	**Shaanxi**	**5281**	**115714**	**2097**	**40936**	**5711**	**217893**
西安市	Xi'an	557	11290	385	17283	3659	136282
铜川市	Tongchuan	141	2559	102	1619	11	423
宝鸡市	Baoji	475	13215	188	3452	592	21256
咸阳市	Xianyang	422	10108	157	4089	312	12939
渭南市	Weinan	960	19450	212	4560	173	7000
# 韩城市	Hancheng	115	2433	25	612	10	340
延安市	Yan'an	571	13343	134	1470	361	15600
汉中市	Hanzhong	555	12801	15	285	92	3195
榆林市	Yulin	580	9668	159	1931	214	8800
安康市	Ankang	376	7281	656	5300	27	914
商洛市	Shangluo	588	14496	89	947	14	361
杨凌示范区	Yangling	43	1123			11	483
西咸新区	Xixian	13	380			245	10640

注：本表数字为在运管部门注册登记的全社会载客汽车数。
a) Data in this table refers to the whole society's for-hire vehicles registered in operation administration departments.

15–10 公路部门营运载货车拥有量(2021年末)

Possession of Vehicles in Operation for Highway Transportation(2021)

地 区 Region	货车合计 Total		普通载货车辆 Ordinary Trucks		# 大 型 Heavy		# 重 型 Heavy		# 中 型 Medium	
	辆 数 (unit)	吨 位 (ton)	辆 数 (unit)	吨 位 (ton)	辆 数 (unit)	吨 位 (ton)	辆 数 (unit)	吨 位 (ton)	辆 数 (unit)	吨 位 (ton)
全 省 Shaanxi	**267023**	**3811706**	**97482**	**1157200**	**94247**	**1150804**	**83717**	**1085527**	**1007**	**3500**
西 安 市 Xi'an	72011	901659	48840	588414	48322	587113	43895	559334	232	799
铜 川 市 Tongchuan	13884	240514	2067	31998	2055	31951	1996	31603	12	47
宝 鸡 市 Baoji	17513	286848	6038	66066	5898	65716	5272	61584	73	262
咸 阳 市 Xianyang	22433	341086	6305	86480	6261	86418	5830	84215	5	19
渭 南 市 Weinan	40606	636453	11944	150964	11773	150624	10953	145890	37	132
# 韩城市 Hancheng	4873	77492	291	4002	291	4002	285	3971		
延 安 市 Yan'an	10961	148552	3204	41328	3198	41307	2725	38120	6	21
汉 中 市 Hanzhong	9898	142536	4494	55479	4090	54189	3523	50336	327	1142
榆 林 市 Yulin	71151	1025603	9462	94334	9145	93354	6463	77351	254	869
安 康 市 Ankang	4265	39110	3066	21090	1513	19209	1164	17229	40	129
商 洛 市 Shangluo	1459	18747	692	9003	690	8996	650	8686	2	7
杨凌示范区 Yangling	1060	18959	441	5031	423	4970	381	4740	14	54
西咸新区 Xixian	1782	11639	929	7015	879	6958	805	6440	5	19

15–10 续表 continued

地 区 Region	专用载货车辆 Dedicated Trucks		# 集装箱 Container		牵引车 Tractors	挂 车 Trailers	
	辆 数 (unit)	吨 位 (ton)	辆 数 (unit)	TEU	辆 数 (unit)	辆 数 (unit)	吨 位 (ton)
全 省 Shaanxi	**14340**	**172397**	**34**	**60**	**74783**	**80418**	**2482109**
西 安 市 Xi'an	4757	44573	27	54	9616	8798	268672
铜 川 市 Tongchuan	521	3817			5257	6039	204699
宝 鸡 市 Baoji	769	8177	2	1	4289	6417	212605
咸 阳 市 Xianyang	388	2893			7980	7760	251713
渭 南 市 Weinan	747	4536	1	2	13187	14728	480953
# 韩城市 Hancheng	23	168			2366	2193	73322
延 安 市 Yan'an	3533	67511			2003	2221	39714
汉 中 市 Hanzhong	325	2325			2381	2698	84732
榆 林 市 Yulin	2413	27882	3	2	28955	30321	903387
安 康 市 Ankang	190	1020	1	1	492	517	17000
商 洛 市 Shangluo	589	8822			94	84	922
杨凌示范区 Yangling	16	181			73	530	13747
西咸新区 Xixian	92	659			456	305	3965

注：本表数字为在运管部门注册登记的全社会营运载货车数。

a) Data in this table refers to the whole society's for-hire vehicles registered in operation administration departments.

15–11 城市公共汽车情况(2021年)
Basic Statistics on Bus in Cities (2021)

地 区	Region	运营车数(辆) Number of Operations (unit)	#汽油车 Gasoline	#柴油车 Diesel Cars	#天然气车 Natural Gas Vehicles	#双燃料车 Dual-fuel Vehicles	标准运营车数(标台) Number of Standard Operations (unit)	运营线路总长度(公里) Network Length (km)	客运量(万人次) Passengers Transported (10 000 person-times)	运营里程(万公里) Operating Distance (10 000 km)
全 省	**Shaanxi**	**18617**	**12**	**796**	**3676**	**93**	**21794**	**27747**	**161773**	**95566**
西 安 市	Xi'an	9450		20	1728	2	11710	7606	82203	47012
铜 川 市	Tongchuan	483			26	32	583	318	3215	1843
宝 鸡 市	Baoji	1850	12	198	645		2051	5820	19706	10246
咸 阳 市	Xianyang	1309		4	199	10	1512	2377	9212	7223
渭 南 市	Weinan	966		81	65	1	1042	1493	5442	4771
# 韩城市	Hancheng	229		20	10	1	256	327	1925	1100
延 安 市	Yan'an	815		5	241	13	932	1347	11748	4132
汉 中 市	Hanzhong	814		221	132	15	906	2222	3487	3909
榆 林 市	Yulin	1032		56	414	20	1160	2050	14137	5725
安 康 市	Ankang	610		165	140		621	2020	5232	4100
商 洛 市	Shangluo	339		46	44		331	818	2627	1742
杨凌示范区	Yangling	80			42		76	149	259	262
西咸新区	Xixian	869					870	1528	4506	4601

15–12 城市出租汽车情况(2021年)
Basic Statistics on Taxi in Cities (2021)

地 区	Region	运营车数(辆) Number of Operations (unit)	客运量(万人次) Passengers Transported (10 000 person-times)	运营里程(万公里) Operating Distance (10 000 km)	载客里程(万公里) Passenger Milesdistance (10 000 km)
全 省	**Shaanxi**	**38592**	**92084**	**385794**	**256553**
西 安 市	Xi'an	16970	31666	159737	103199
铜 川 市	Tongchuan	1082	3671	14073	9028
宝 鸡 市	Baoji	3261	7242	36222	23544
咸 阳 市	Xianyang	3163	9424	33577	21719
渭 南 市	Weinan	3104	7537	29106	20496
# 韩城市	Hancheng	300	680	2930	1816
延 安 市	Yan'an	2696	8230	35342	24526
汉 中 市	Hanzhong	1593	3422	12325	8347
榆 林 市	Yulin	4023	11244	42388	29627
安 康 市	Ankang	1542	6055	13260	8843
商 洛 市	Shangluo	958	2980	7968	5921
杨凌示范区	Yangling	200	614	1796	1304

15−13 城市轨道交通情况
Urban Rail Transit

指　　标		Item		2017	2018	2019	2020	2021
一、运营车辆		Operating Vechicles						
运营车数	（辆）	Number of Operating Vechicles	(vechicles)	750	1050	1122	1650	2094
地　铁		Metro		750	1050	1122	1650	2094
编组列数	（列）	Number of Train Formation	(trains)	125	175	187	275	349
二、运营线路		Operating Routes						
运营线路条数	（条）	Number of Operating Routes	(line)	3	4	4	6	8
地　铁		Metro		3	4	4	6	8
运营线路总长度	（公里）	Length of Operating Routes	(km)	89	123	130	186	253
地　铁		Metro		89	123	130	186	253
三、运营服务		Operating Services						
客运量	（万人次）	Passenger Traffic	(10 000 persons)	60534	73930	94368	72561	102303
旅客周转量	（万人公里）	Total Passenger Turnover	(10 000 passengers-km)	467032	575324	707275	561135	782809
运营里程	（万车公里）	Operating Mileage	(1 0000 trains-km)	9107	10146	14137	14371	22774

15−14 各市(区)公路客货运输量(2021年)
Passenger and Freight Traffic of Highway Departments by City(District)(2021)

地　区	Region	客运量（万人） Passenger Traffic (10 000 persons)	客运周转量（万人公里） passenger-Kilometers (10 000 passenger-km)	货运量（万吨） Freight Traffic (10 000 tons)	货运周转量（万吨公里） Freight Ton-Kilometers (10 000 ton-km)
全　省	**Shaanxi**	**12794**	**1019720**	**122716**	**18186676**
西安市	Xi'an	3332	308396	26527	3705345
铜川市	Tongchuan	433	34170	8583	1020179
宝鸡市	Baoji	1209	88623	11659	1345904
咸阳市	Xianyang	1481	108600	12228	2003008
渭南市	Weinan	1512	78011	18967	2606941
# 韩城市	Hancheng	225	4958	1907	264927
延安市	Yan'an	791	74597	4202	546972
汉中市	Hanzhong	1117	63426	4369	575901
榆林市	Yulin	669	80260	28529	5482647
安康市	Ankang	1397	117702	4325	494221
商洛市	Shangluo	829	63687	3029	360233
杨凌示范区	Yangling	22	2247	299	45324

15−15 铁路客货运输量
Passenger and Freight Traffic of Railways

指　　标	Item	2017	2018	2019	2020	2021
一、路局范围	Railways Bureau					
客运量 (万人)	Passenger Traffic (10 000 persons)	9000	11046	11562	7118	7800
旅客周转量(百万人公里)	passenger-Kilometers(million passenger-km)	52382	54503	55611	32007	35035
货运量 (万吨)	Freight Traffic (10 000 tons)	14195	16715	18484	22225	26901
货物周转量(百万吨公里)	Freight Ton-Kilometers (million ton-km)	163947	171009	174487	197661	236640
二、省境内	In Shaanxi Province					
客运量 (万人)	Passenger Traffic (10 000 persons)	8908	10953	11461	7044	7728
旅客周转量(百万人公里)	Passenger-Kilometers(million passenger-km)	47103	51036	52362	30346	33342
货运量 (万吨)	Freight Traffic (10 000 tons)	39162	42245	44751	49056	37894
货物周转量(百万吨公里)	Freight Ton-Kilometers (million ton-km)	164177	172300	175015	186562	212607

注：本表路局范围为中国铁路西安局集团有限公司数字，省境内为国家反馈数。

a) The data of Railways Bureau is provided by China Railway Xi'an Group Co., Ltd. The data in Shaanxi province refer to the number responsed from nation.

15−16 铁路分品类货物发送量
Volume of Freight Dispatched of Railways by Category of Cargo

单位：万吨　　(10 000 tons)

品　种	Item	2017	2018	2019	2020	2021
合　计	**Total**	**14195**	**16715**	**18484**	**22225**	**26901**
煤	Coal	10191	12648	13872	16278	19719
焦　炭	Coke	688	615	648	714	716
石　油	Petroleum	800	819	890	948	1014
钢铁及有色金属	Steel and Iron, and Non-Ferrous Metal	611	610	765	823	822
金属矿石	Metal Ores	68	57	91	126	62
非金属矿石	Non-metal Ores	105	111	110	92	95
矿建材料	Mineral Building Materials	176	189	276	222	245
水　泥	Cement	1	0	0	0	0
木　材	Timber	14	5	3	1	1
化肥及农药	Chemical Fertilizers and Pesticides	234	186	192	181	211
粮　食	Grain	78	110	91	105	95
其　他	Others	1228	1365	1548	2735	3920

15－17 铁路运输主要经济技术指标

Principal Economic and Technical Indicators of Railway Transport

指　　标	Item	2017	2018	2019	2020	2021
货车平均静载重 (吨)	Average Static Load of Freight Cars (ton)	63.3	63.5	63.6	63.3	64.0
货车周转时间 (天)	Turning Around Time of Freight Cars (day)	2.2	2.2	2.2	2.0	1.8
货运机车日产量 (万吨公里)	Average Daily Ton-kilometers of Freight Locomotives (10 000 ton-km)	103.4	103.0	103.4	109.5	120.8
内燃机车耗油 (公斤/万吨公里)	Oil Consumption of Diesel Locomotives (kg/10 000 ton-km)	66.8	60.0	48.4	64.6	43.2
电力机车耗电 (千瓦小时/万吨公里)	Electricity Consumption of Electric Locomotives (kwh/10 000 ton-km)	138.2	140.7	136.8	150.7	152.2
货物列车出发正点率 (%)	Punctuality Rate of Freight Trains at Departure (%)	99.1	98.4	98.0	98.2	98.3
货物列车运行正点率 (%)	Punctuality Rate of Freight Trains in Running (%)	99.3	98.6	98.1	98.3	98.6
旅客列车出发正点率 (%)	Punctuality Rate of Passenger Trains at Departure(%)	100.0	100.0	100.0	100.0	100.0
旅客列车运行正点率 (%)	Punctuality Rate of Passenger Trains in Running (%)	99.9	100.0	100.0	100.0	100.0
客运密度 (万人公里/公里)	Density of Passenger Traffic (10 000 person-km/km)	1025.5	1060.3	893.5	498.3	545.4
每万名旅客拥有座卧车数 (辆)	Number of Seat Trains and Sleeping Trains Per 10 000 Passengers (unit)	5.8	6.5	7.0	2.3	2.5
每百万旅客人公里拥有座卧车数 (辆)	Number of Seat Trains and Sleeping Trains Per million Passenger-km (unit)	17.0	17.5	18.4	10.3	11.2
货物列车旅行速度 (公里/小时)	Running Speed of Freight Trains (km/hr)	35.6	37.1	38.7	42.4	45.7
货运密度 (万吨公里/公里)	Density of Freight Traffic (10 000 ton-km/km)	3209.7	3326.8	2803.6	3077.5	3683.8
一次货物作业时间 (小时)	Handling Time of Freigh (hour)	16.0	16.7	17.2	20.8	21.3

15-18 邮电业务总量
Total Business Volume of Post and Telecommunication Services

年 份 Year	邮电业务总量 (万元) Business Volume of Postal and Telecommunication Services (10 000 yuan)	函 件 (万件) Number of Letters (10 000 pcs)	报 刊期发数 (万份) Issue of Newspapers and Magazines (10 000 copies)	快 递 (万件) Pieces of Express Mail Services (10 000 pcs)	移动电话用 户 (户) Number of Mobile Telephone Subscribers (subscriber)	固定电话用 户 (户) Number of Fixed Telephone Subscribers (subscriber)	互联网宽带用 户 (户) Broadband Subscribers of Internet (subscriber)
1978	5025	9188	319			46456	
1980	5595	10386	494			51189	
1985	7871	13275	869			69806	
1990	16936	15955	506			117757	
1995	145408	24277	1017			679380	
2000	850392	17444	454	227	1516687	3452449	198744
2005	3311322	15119	286	397	9381001	8593167	2369000
2010	9028500	9734	517	2600	25182317	7818853	3688265
2011	3482544	5877	335	3942	29071848	7754819	3890780
2012	3855369	6061	337	5085	32647663	7720686	4395866
2013	4174992	4914	346	9552	35124609	7692876	5062419
2014	5666602	3310	375	13762	36072076	7507857	5524403
2015	7570868	2499	379	20351	36496502	7232758	6054228
2016	12038145	2176	316	36902	38132907	6798596	8029617
2017	9523115	1908	302	45751	42206130	6227910	9032156
2018	23547914	2194	302	56877	46886203	6507170	10573968
2019	35606185	1290	272	72892	46404960	6417378	11976613
2020	43855149	1127	275	91750	45897184	6370200	13689647
2021	51610141	995	284	111807	47777555	6610337	15673637

注：邮电业务总量按不变价格计算。
a) The total amount of post and telecommunications services is calculated at the constant price.

15-19 邮电通信水平(2021年)
Level of Post and Telecommunication Services(2021)

指 标	Item		2021
邮政通信水平	**Postal Services Available**		
平均每一营业网点服务面积(平方公里)	Average Area Served by Every Postal Office	(sq.km)	109.95
平均每一营业网点服务人口 (万人)	Average People Served by Every Postal Office	(10 000 persons)	2.11
平均每人每年发函件数 (件)	Annual Number of Letters Mailed per Capita	(piece)	0.30
平均每百人订有报刊数 (份)	Number of Newspaper and Magazine Subscribed per 100 Persons	(copy)	7.00
电信通信水平	**Telecommunication Services Available**		
电话普及率(包括移动电话)(部/百人)	Popularization Rate of Telephone	(sets/100 persons)	137.52
固定电话普及率 (部/百人)	Popularization Rate of Fixed Telephone	(sets/100 persons)	16.71
移动电话数普及率 (部/百人)	Popularization Rate of Mobile Telephone	(sets/100 persons)	120.80

15-20 各市(区)邮政业务量(2021年)

Total Business Volume of Post Services by City(District)(2021)

地 区	Region	邮政业务总量(万元) Business Volume of Postal cation Services (10 000 yuan)	函 件(万件) Number of Letters (10 000 pcs)	包 裹(万件) Package (10 000 pcs)	快 递(万件) Pieces of Express Mail Services (10 000 pcs)	报刊累计数(万份) Number of Total Newspapers and Magazines (10 000 copies)
全 省	**Shaanxi**	**1685055**	**995**	**39**	**111807**	**46141**
西安市	Xi'an	887199	810	26	78686	16476
铜川市	Tongchuan	18911	10	1	554	1814
宝鸡市	Baoji	104591	30	2	4364	4000
咸阳市	Xianyang	203242	31	2	15028	3377
渭南市	Weinan	119257	22	2	5081	4330
延安市	Yan'an	53089	12	1	1782	2790
汉中市	Hanzhong	113618	35	2	2069	3290
榆林市	Yulin	77910	18	3	2067	4611
安康市	Ankang	63452	13		1295	2212
商洛市	Shangluo	43787	15	1	883	3241

15-21 各市(区)电信业务量(2021年)

Total Business Volume of Telecommunication Services by City(District)(2021)

地 区	Region	电信业务总量(万元) Business Volume of Telecommunication Services (10 000 yuan)	移动电话用户(户) Number of Mobile Telephone Subscribers (subscriber)	固定电话用户(户) Number of Fixed Telephone Subscribers (subscriber)	互联网宽带用户(户) Broadband Subscribers of Internet (subscriber)
全 省	**Shaanxi**	**49925086**	**47777555**	**6610337**	**15673637**
西安市	Xi'an	19502959	17699608	2714843	5626606
铜川市	Tongchuan	791395	816062	76259	291476
宝鸡市	Baoji	3545677	3745994	548105	1330125
咸阳市	Xianyang	4869705	5054156	393252	1672342
渭南市	Weinan	4804384	5310595	654154	1761045
延安市	Yan'an	3207655	2762382	451636	867397
汉中市	Hanzhong	3387919	3468380	560683	1186958
榆林市	Yulin	4815048	4305917	634050	1378749
安康市	Ankang	2854627	2727397	402665	993424
商洛市	Shangluo	1853788	1887064	174690	565515

15－22 规模以上服务业主要经济指标(2021年)

单位：万元

分 组	Item	单位数(个) Number of Enterprises (unit)	资产总计 Total Assets	负债合计 Total Liabilities	所有者权益合计 Owners' Equity
总 计	**Total**	**4135**	**164312392**	**93544632**	**70767760**
按登记注册类型分	**By Status of Registration**				
内资企业	Domestic Invested Enterprises	4033	160367211	91293472	69073739
国有企业	State-owned Enterprises	203	35609465	14074604	21534861
集体企业	Collective-owned Enterprises	23	135112	81053	54058
股份合作企业	Cooperative Enterprises	4	5287	2710	2578
联营企业	Joint Ownership Enterprises	5	102057	50455	51602
国有联营企业	State Joint Ownership Enterprises	4	89816	45692	44124
国有与集体联营企业	Joint State-collective Enterprises	1	12241	4763	7478
有限责任公司	Limited Liability Corporations	1391	99720999	63672113	36048886
国有独资公司	State Sole-proprietorship Corporations	206	34806935	20791673	14015262
其他有限责任公司	Other Limited Liability Corporations	1185	64914064	42880440	22033624
股份有限公司	Share-holding Corporations Ltd.	102	8640595	2248069	6392526
私营企业	Private Enterprises	2198	15476341	10747913	4728428
私营独资企业	Private Sole-proprietorship Enterprises	66	132433	64358	68076
私营合作企业	Private Partnership Enterprises	21	138185	81448	56737
私营有限责任公司	Private Limited Liability Corporations	2055	14077805	9911474	4166331
私营股份有限公司	Private Share-holding Corporations Ltd.	56	1127917	690633	437284
其他企业	Other Enterprises	107	677356	416556	260800
港、澳、台商投资企业	Enterprises with Investment from Hong Kong, Macao and Taiwan	41	2446039	1345800	1100238
合资经营企业(港或澳、台资)	Joint-venture Enterprises	10	422965	256683	166282
合作经营企业(港或澳、台资)	Cooperative Enterprises	2	18573	17317	1256
港澳台商独资经营企业	Sole-proprietorship Enterprises	24	1726817	915567	811250
港澳台商投资股份有限公司	Share-holding Corporations Ltd.	3	232690	115536	117155
其他港、澳、台商投资企业	Other Enterprises with Investment from Hong Kong, Macao and Taiwan	2	44994	40698	4296
外商投资企业	Foreign Invested Enterprises	61	1499143	905360	593783
中外合资经营企业	Joint-venture Enterprises	15	300385	151732	148653
中外合作经营企业	Cooperation Enterprises	2	7157	2814	4343
外资企业	Sole-proprietorship Enterprises	34	834635	500648	333987
外商投资股份有限公司	Share-holding Corporations Ltd.	4	165251	115731	49521
其他外商投资企业	Other Foreign Invested Enterprises	6	191715	134436	57279

Main Indicators of Service Industry Enterprises above Designated Size(2021)

(10 000 yuan)

营业收入 Business Revenue	营业成本 Cost of Business	销售费用 Operating Expenses	管理费用 Manage-ment Expenses	财务费用 Financial Expenses	投资收益 Investment Income	营业利润 Operating Profit	利润总额 Total Profits	应付职工薪酬 Accrued Employee Payroll	平均用工人数（人） Average number of employed worker (person)
50149522	**41752723**	**1559196**	**3548390**	**1409680**	**1298456**	**2636696**	**2815496**	**10722240**	**845106**
48363795	40532736	1461900	3422226	1372439	1141250	2246951	2424817	10336448	822985
8252194	8060950	96365	469581	156150	529904	274546	282570	2646118	158086
112595	75970	12000	21950	-574	30	2174	2111	47386	6097
5283	2834	176	792	6		441	573	1597	326
90737	83820	3788	6124	2178	116	-8886	-8840	11105	1066
90737	83397	3788	5540	2182		-8350	-8304	11105	1066
	423		585	-3	116	-537	-537		
22497495	18887710	529172	1408775	1030997	569659	803227	903503	4543992	307160
4387082	3876622	129317	287396	451902	244730	37549	72966	834598	65992
18110413	15011087	399854	1121379	579096	324929	765678	830537	3709394	241168
4328012	3136161	280518	251343	30425	9257	562880	553061	795057	45307
12598697	9926512	520138	1173505	133075	32261	623074	701445	2104946	286059
121998	85172	5175	18271	1335	2	12080	12516	30051	4930
137365	84471	2136	32791	3424	20	14606	14476	39396	3728
11655676	9306793	472057	1072575	121606	30469	496205	524806	1906690	266319
683659	450077	40770	49869	6710	1769	100184	149647	128809	11082
478782	358779	19744	90156	20182	24	-10505	-9606	186248	18884
844216	581566	64810	62137	18793	155565	239228	238424	120573	7984
132221	107883	5222	10092	6419		-5195	-7559	26086	2628
235			728	673		-1167	-1167	96	6
409681	230889	40246	39469	7252	155565	227530	228737	61976	3196
205209	151297	18884	10282	4265		14910	14822	27522	1497
96870	91497	458	1566	184		3152	3592	4893	657
941511	638421	32487	64027	18447	1641	150517	152255	265219	14137
93433	55917	2431	9216	6535	15	9629	9625	21829	1958
6176	2879	171	1090	-1		2030	2005	1528	162
496891	347555	14541	41880	10975	1488	53621	55426	180660	8063
152137	100433	7033	4720	583	138	39944	40087	20830	1733
192874	131637	8311	7120	355		45293	45111	40372	2221

15-22 续表

单位：万元

分　组	Item	单位数（个）Number of Enterprises (unit)	资产总计 Total Assets	负债合计 Total Liabilities	所有者权益合　计 Owners' Equity
按国民经济行业分	**By Sector**				
铁路运输业	Railway Transport	15	30105400	10833257	19272143
道路运输业	Road Transport	442	22709616	14312711	8396905
航空运输业	Air Transport	16	4829662	2189740	2639923
管道运输业	Transport Via Pipelines	4	129938	51840	78098
装卸搬运和运输代理业	Loading,Unloading and Forwarding Agency	60	423694	273330	150364
仓储业	Storage	120	2668063	1887091	780972
邮政业	Post	31	625687	481055	144631
电信、广播电视和卫星传输服务	Telecommunication, Radio and Television and Satellite Transmission Service	65	6647223	2061190	4586033
互联网和相关服务	Internet and Related Service	97	1505676	887807	617869
软件和信息技术服务业	Software and Information Technology	276	5770330	3254689	2515641
物业管理	Property Management	284	2331802	1427252	904551
房地产中介服务	Real Estate Intermediary Service	23	165638	110993	54644
房地产租赁经营	Real Estate Leasing Operation	95	6267086	4567378	1699708
其他房地产业	Other Real Estate	1	23003	13003	10000
租赁业	Leasing	60	402690	322228	80463
商务服务业	Business Services	661	30697354	18723642	11973712
研究和试验发展	Research and Experimental Development	31	1814553	752873	1061680
专业技术服务业	Professional Technical Services	516	16768960	10382082	6386877
科技推广和应用服务业	Science and Technology Popularization and Application Services	41	730224	435157	295068
水利管理业	Management of Water Conservancy	5	140630	31596	109034
生态保护和环境治理业	Ecological Protection and Environmental	14	283030	148382	134648
公共设施管理业	Management of Public Facilities	150	5224153	3660274	1563879
土地管理业	Management of Land	6	13438385	9429694	4008692
居民服务业	Services to Households	86	198127	149436	48691
机动车、电子产品和日用产品修理业	Repair of Motor Vehicle,Electronics and Household Products	98	144419	85497	58922
其他服务业	Other Services	35	64862	38813	26048
教　育	Education	118	629766	431692	198074
卫　生	Health	158	2418609	1694503	724106
社会工作	Social Service	15	26082	7994	18087
新闻和出版业	Journalism and Publishing Activities	43	566687	264824	301863
广播、电视、电影和影视录音制作业	Radio, Television, Motion Picture and Videotape Programme Production Services	187	1362207	904449	457758
文化艺术业	Cultural and Art Activities	171	3235024	2248563	986461
体　育	Sports Activities	16	67468.7	62182.7	5286
娱乐业	Entertainment	195	1896343.9	1419416	476927.9

continued

(10 000 yuan)

营业收入 Business Revenue	营业成本 Cost of Business	销售费用 Operating Expenses	管理费用 Management Expenses	财务费用 Financial Expenses	投资收益 Investment Income	营业利润 Operating Profit	利润总额 Tctal Profits	应付职工薪酬 Accrued Employee Payroll	平均用工人数(人) Average number of employed worker (person)
6412397	6320961	3297	153877	166330	93515	-135805	-184674	1956896	95040
5053304	5030428	43081	298671	402128	4081	-235566	-169229	782938	86397
424521	537856	13398	59227	17743	25171	-120995	-123264	225164	11631
137979	114532	64	4869	123	105	17711	17824	12472	747
1366448	1321071	7144	28936	2382	1212	6105	17763	34121	4075
1633792	1497842	37000	93931	33555	6295	15548	28421	88398	10415
1606535	1438083	12862	107135	4249	242	40918	48661	377467	36852
4620453	3094593	396486	239731	47646	18	756479	746816	578024	36006
1487906	1028689	67791	107254	5432	3261	239783	238998	185856	14989
5448826	3909309	186412	342293	8549	83746	397612	413378	2296418	102236
1489773	1209028	25878	177869	7729	2629	68736	74880	414380	74392
232714	165714	22098	35292	282	1402	10012	10252	66087	3946
454401	214329	32088	110480	77389	53552	132248	181354	60963	4756
2714		150	330	2821		-600	-613	264	54
173219	150802	5357	18588	2046	-30	-6951	-5774	24422	3108
5816006	4821216	176305	431200	283766	679363	764500	773060	770383	119258
645415	464127	7808	69966	5995	6067	13662	21029	188953	6823
8090643	6567499	149091	547840	55011	256048	778403	797493	1422483	83480
138769	107027	5839	18462	6414	2516	-1267	-1254	18662	1871
11700	10627	97	2443	391		8521	8566	4223	723
165083	133167	5230	9464	963	146	15499	16837	13754	1497
721150	546867	38775	106882	64285	5842	-23370	-18339	173754	33765
302588	208324	49	17037	105325	60874	29024	29074	11094	364
127321	69544	28733	23820	157	22	4733	4754	27322	6386
95527	70855	8308	10800	866	-232	3742	3971	15756	3096
74164	56129	2716	12821	187	2	1460	1887	34018	7346
487820	336726	58985	102944	8438	3434	-19067	-26103	262906	22754
1464556	1155644	82385	202196	46609	7479	-22839	-15716	442475	43977
11315	5057	915	3179	417	0	1681	1983	3007	730
364507	279782	26985	47402	-1847	1021	10343	20137	64034	4631
319403	243242	34308	49330	14883	5384	-12649	-9531	40866	4836
230276	175486	41864	67374	19391	1644	-55084	-47433	75188	10705
16156	6029.7	5391.4	3491.4	724.9		451.6	473.3	4948.5	742
522140.5	462138.4	32308.9	43256	19300.3	-6351.5	-46283.4	-40183.8	44541.5	7478

15-23 各市(区)规模以上服务业主要经济指标(2021年)

单位：万元

地 区	Region	单位数（个）Number of Enterprises (unit)	资产总计 Total Assets	负债合计 Total Liabilities	所有者权益合 计 Owners' Equity	营业收入 Business Revenue	营业成本 Cost of Business
全 省	**Shaanxi**	**4135**	**164312392**	**93544632**	**70767760**	**50149522**	**41752723**
西安市	Xi'an	2366	106956192	66376517	40579675	33673403	27008664
铜川市	Tongchuan	80	484532	368425	116107	354959	308003
宝鸡市	Baoji	210	2076361	1364730	711631	1303371	1086266
咸阳市	Xianyang	138	1498019	848433	649586	1080540	853015
渭南市	Weinan	162	3056127	1934441	1121686	1243152	1045463
延安市	Yan'an	260	5829792	3480736	2349056	1118263	867398
汉中市	Hanzhong	242	2428199	1618934	809265	871532	678331
榆林市	Yulin	277	15240895	8194919	7045976	4628860	3914334
安康市	Ankang	272	1360759	765375	595385	690715	509786
商洛市	Shangluo	109	2411243	1585162	826082	628978	538194
杨凌示范区	Yangling	18	128923	72153	56770	105489	96521
省 直	Directly under the Provincial	1	22841350	6934807	15906544	4450260	4846747

Main Indicators of Service Industry Enterprises above Designated Size by City(District)(2021)

(10 000 yuan)

销售费用 Operating Expenses	管理费用 Manage-ment Expenses	财务费用 Financial Expenses	投资收益 Investment Income	营业利润 Operating Profit	利润总额 Total Profits	应付职工薪酬 Accrued Employee Payroll	平均用工人数（人） Average number of employed worker (person)
1559196	**3548390**	**1409680**	**1298456**	**2636696**	**2815496**	**10722240**	**845106**
1145402	2510557	968131	848883	2370532	2509159	7255601	534987
14379	30337	1848	-417	51	-2543	63826	9353
54604	92655	27601	506	39100	52150	186995	24454
50708	97958	16366	117	54666	64575	149500	21545
48658	94573	40498	1998	29289	43270	189011	29200
68234	162013	32848	105309	96536	107779	204425	29491
39984	89258	22141	32	37113	41571	206237	29835
68472	209474	219469	245302	417835	439030	524267	45951
44891	90838	10957	1171	33557	38297	131114	20825
18350	50437	24527	2118	-6054	-4121	90826	12061
2784	6590	603	54	436	2550	8575	1075
2730	113699	44690	93382	-436364	-476222	1711862	86329

15—24 按行业分企业信息化及电子商务情况(2021年)

行业	Industry	企业数 (个) Number of Enterprises (unit)	期末使用计算机数 (台) Computers Used at the End of Period (unit)
总计	**Total**	**27327**	**1339243**
采矿业	Mining	815	86710
制造业	Manufacturing	5756	307084
电力、热力、燃气及水生产和供应业	Production and Supply of Electricity, Heat, Gas and Water	516	93195
建筑业	Construction	3807	134723
批发和零售业	Wholesale and Retail Trades	7230	139112
交通运输、仓储和邮政业	Transport, Storage and Post	662	83393
住宿和餐饮业	Hotels and Catering Services	2537	36667
信息传输、软件和信息技术服务业	Information Transmission, Software and Information Technology	431	213837
房地产业	Real Estate	3110	64179
租赁和商务服务业	Leasing and Business Services	689	28824
科学研究和技术服务业	Scientific Research and Technical Services	577	81282
水利、环境和公共设施管理业	Management of Water Conservancy, Environment and Public Facilities	163	6691
居民服务、修理和其他服务业	Service to Households, Repair and Other Services	198	2648
教育	Education	111	20838
卫生和社会工作	Health and Social Service	162	25668
文化、体育和娱乐业	Culture, Sports and Entertainment	563	14392

15—25 各市(区)企业信息化及电子商务情况(2021年)

地区	Region	企业数 (个) Number of Enterprises (unit)	期末使用计算机数 (台) Computers Used at the End of Period (unit)	每百人使用计算机数 (台) Computers Used Per 100 Persons (unit)	企业拥有网站数 (个) Websites of Enterprises (unit)
全省	**Shaanxi**	**27327**	**1339243**	**39**	**13132**
西安市	Xi'an	9257	779957	54	5721
铜川市	Tongchuan	645	16916	26	280
宝鸡市	Baoji	2695	75835	27	1407
咸阳市	Xianyang	2160	63975	23	936
渭南市	Weinan	2096	54917	24	875
延安市	Yan'an	1616	42611	23	564
汉中市	Hanzhong	2443	40297	21	847
榆林市	Yulin	2810	85406	28	1079
安康市	Ankang	2395	32829	20	764
商洛市	Shangluo	938	21681	23	469
杨凌示范区	Yangling	266	8067	32	182
省直管	Directly under the Provincial	6	116752	67	8

注：有电子商务交易活动的企业是指通过互联网开展电子商务销售或电子商务采购的企业。

Informatization and E-Commerce of Enterprises by Industrial Sector(2021)

每百人使用计算机数(台) Computers Used Per 100 Persons (unit)	企业拥有网站数(个) Websites of Enterprises (unit)	每百家企业拥有网站数(个) Websites Per 100 Enterprises (unit)	有电子商务交易活动 With Ecommerce Transactions		电子商务销售额(万元) Sales of Ecommerce (10 000 yuan)	# 大陆以外区域销售 Sourcing Outside Mainland Area	电子商务采购额(万元) Perchases of Ecommerce (10 000 yuan)	# 大陆以外区域采购 Sourcing Outside Mainland Area
			企业数(个) Enterprises (unit)	比重(%) Proportion (%)				
39	**13132**	**48.1**	**3252**	**11.9**	**30486198**	**133820**	**18135970**	**56080**
27	261	32.0	30	3.7	227773		67084	
31	3860	67.1	694	12.1	4895856	52557	1185180	37844
79	238	46.1	22	4.3	40377		149198	
21	1571	41.3	125	3.3	1219	1	5018452	
45	2611	36.1	1145	15.8	22997997	55025	11381456	17600
32	282	42.6	51	7.7	1272772		68685	
25	955	37.6	833	32.8	416998	37	4749	22
151	414	96.1	69	16	383451	25469	188900	
41	1362	43.8	65	2.1	8610	400	10483	
25	438	63.6	55	8.0	118200		52371	
89	459	79.5	34	5.9	19340	332	4030	613
19	96	58.9	24	14.7	14493		1442	
15	81	40.9	14	7.1	3246		132	
74	72	64.9	10	9.0	42563		3055	
59	139	85.8	8	4.9	6366		113	
52	293	52.0	73	13	36938		640	

Informatization and E-Commerce of Enterprises by City(District)(2021)

每百家企业拥有网站数(个) Websites Per 100 Enterprises (unit)	有电子商务交易活动 With E-commerce Transactions		电子商务销售额(万元) Sales of Ecommerce (10 000 yuan)	# 大陆以外区域销售 Sourcing Outside Mainland Area	电子商务采购额(万元) Perchases of Ecommerce (10 000 yuan)	# 大陆以外区域采购 Sourcing Outside Mainland Area
	企业数(个) Enterprises (unit)	比重(%) Proportion (%)				
48.1	**3252**	**11.9**	**30486198**	**133820**	**18135970**	**56080**
61.8	1244	13.4	18931464	84324	12837376	54108
43.4	73	11.3	586948		102745	
52.2	409	15.2	1038422	29792	682909	800
43.3	207	9.6	1717189	6	2156410	930
41.7	211	10.1	889240	2514	553917	13
34.9	152	9.4	452487		232974	
34.7	337	13.8	627046	16235	404067	55
38.4	160	5.7	1612694	600	668025	
31.9	258	10.8	440818		207756	
50.0	145	15.5	279740	334	161225	160
68.4	53	19.9	149333	15.1	67713	13
133.3	3	50.0	3760817		60853	

a) Enterprises with E-Commerce Transactions refers to those enterprises which performed sales or purchases through Internet.

主要统计指标解释

铁路营业里程 又称营业长度，指投入客货运输营业或临时营业的线路长度。

公路里程 指报告期末公路的实际长度。统计范围：包括城间、城乡间、乡（村）间能行驶汽车的公共道路，公路通过城镇街道的里程，公路桥梁长度、隧道长度、渡口宽度。不包括城市街道里程，断头路里程，农（林）业生产用道路里程，工（矿）企业等内部道路里程。统计原则：按已竣工验收或交付使用的实际里程计算；两条或多条公路共同经由同一路段的重复里程，只计算一次。

内河航道里程 指在一定时期内，能通航运输船舶及排筏的天然河流、湖泊水库、运河及通航渠道的长度。包括全年季节性通航累计三个月以上的航道，不包括仅供零散流放竹、木排的河道。两省以河为界的航道里程，双方均按一半计算，以免重复。

货(客)运量 指在一定时期内，各种运输工具实际运送的货物重量(旅客数量)。货运按吨计算，客运按人计算。货物不论运输距离长短、货物类别，均按实际重量统计。旅客不论行程远近或票价多少，均按一人一次客运量统计；半价票、儿童票也按一人统计。

货物(旅客)周转量 指在一定时期内，由各种运输工具运送的货物(旅客)数量与其相应运输距离的乘积之总和。该指标可以反映运输业生产的总成果，也是编制和检查运输生产计划，计算运输效率、劳动生产率以及核算运输单位成本的主要基础资料。计算货物周转量通常按发出站与到达站之间的最短距离，也就是计费距离计算。计算公式为：

货物（旅客）周转量=Σ（货物（旅客）运输量×运输距离）

铁路货车平均静载重 指铁路货车在始发站静止状态下平均每车装载的货物重量，用以分析货车完成装车时车辆载重力的利用情况。计算公式为：

$$货车平均静载量=\frac{货物发送吨数}{装车数}$$

静载重的多少取决于运送货物的性质、种类、车辆的类型和装载技术的高低。根据货车的平均标记载重与静载重进行对比，可以反映货车载重能力的利用程度。计算公式为：

$$货车载重力利用率(\%)=\frac{货车平均静载重}{货车平均标记载重}\times 100\%$$

铁路货运机车日产量 指在一定时期内，平均每台货运机车在一昼夜内所完成的总重吨公里数，包括载运货物的重量和车辆本身的自重。该指标从时间和牵引能力两方面反映了机车运用效率。计算公式为：

$$货运机车平均日产量=\frac{货运总重吨公里数}{货运机车台日数}$$

民用汽车拥有量 指报告期末，在公安交通管理部门按照《机动车注册登记工作规范》，已注册登记领有民用车辆牌照的全部汽车数量。汽车拥有量统计的主要分类：根据汽车结构分为载客汽车、载货汽车及其他汽车；根据汽车所有者不同分为个人(私人)汽车、单位汽车；根据汽车的使用性质分为营运汽车、非营运汽车；根据汽车大小规格不同载客汽车分为大型、中型、小型和微型，载货汽车分为重型、中型、轻型和微型。

邮电业务总量 指以货币形式表示的邮电企业为社会提供各类邮电服务的总数量，是用于观察邮电业务发展变化总趋势的综合性总量指标。分别按邮政业务总量和电信业务总量统计。邮电业务总量是以各类业务的实物量分别乘以相应的不变单价，得出各类业务的货币量再加总求得。

移动电话用户 指在电信运营企业营业网点办理开户登记手续，通过移动电话交换机进入移动电话网，占用移动电话号码的各类电话用户。包括各类签约用户、智能网预付费用户、无线上网卡用户。

固定电话用户 指在电信企业营业网点办理开户登记手续并已接入固定电话网上的全部电话用户。包括普通电话用户、无线市话用户、公用电话用户、窄带综合业务数字网（N—ISDN）用户、智能网专用接入终端用户等。

Explanatory Notes on Main Statistical Indicators

Length of Railways in Operation refers to the total length of the trunk line for passenger and freight transportation in full operation or temporary operation.

Length of Highways refers to the actual length of highways at the end of reference period. It covers public roads running vehicles among cities, city and rural areas, township (villages), highways passing through streets at small cities and towns, length of bridges and tunnels, width of ferry piers. It does not include the length of streets in cities, dead end highways, the length of streets built for agricultural (forest) production and inside factories (mines). It can only be calculated with the actual mileage having been completed, checked and accepted or put into operation. If two or more highways go the same section of the way, the length of the section is only calculated for once.

Length of Navigable Inland Waterways refers to the length of natural rivers, lakes, reservoirs and canals that are open to navigation for ships and rafts during a given period. It includes the channels with annual seasonal navigation for more than three months other than the waterways only for scattered bamboo and wooden rafts. If two provinces share one river as the border, the length of waterways will be half divided for each province to avoid duplication.

Freight (Passenger) Traffic refers to the volume of freight (passenger) transported with various means within a specific period of time. This indicator reflects the service of the transport industry towards the national economy and people's living conditions, as well as an important indicator used in formulating and monitoring transport production plans and research into the scale and pace of transport development. Freight transport is calculated in tons and passenger traffic is calculated in terms of number of persons. Freight transport is calculated in terms of the actual weight of the goods and takes no account of the type of freight and distance of travel. Passenger traffic is calculated by the principle that one person can be counted only once in one trip and takes no account of the travelling distance and ticket price. The passengers who travel with a half price ticket or a child's ticket is also calculated as one person.

Freight Ton-kilometres (Passenger-kilometres) refers to the sum of the product of the volume of transported cargo (passengers) multiplied by the transport distance. It is an important indicator to reflect the achievement of the transportation industry. This is an important indicator to show the total results of the transport industry; to prepare and examine the transport plan; and to serve as the main basic data for calculating the efficiency, labour productivity and unit cost of transport. Normally, the shortest distance between the departure station and the destination station (i.e., the payable distance) is the basis in calculating the freight ton-kilometres. The formula is as follows:

$$\begin{matrix}\text{Freight ton-kilometres} \\ \text{(passenger-kilometres)}\end{matrix} = \sum \begin{matrix}\text{freight} \\ \text{(passenger) traffic}\end{matrix} \times \begin{matrix}\text{distance of} \\ \text{transportation}\end{matrix}$$

Average Static Load of Freight Cars refers to the average cargo weight as loaded by each freight car under the static condition at the departure station. It is used to show the utilization extent of the loading capacity of the freight cars. The formula is:

$$\begin{matrix}\text{Static load (ton)} \\ \text{of freight car}\end{matrix} = \frac{\text{tonnage of goods dispatched}}{\text{number of freight cars loaded}}$$

The static load of freight cars is determined by the nature and type of goods loaded the type of vehicles, and the technique of loading. Comparison of the average marked load with the static load of freight cars provides indication on the degree of utilization of loading capacity of freight cars. For its calculation the following formula is applied:

$$\begin{matrix}\text{Utilization rate of} \\ \text{capacity of freight cars (\%)}\end{matrix} = \frac{\text{Average static load}}{\text{Average marked load}} \times 100\%$$

Average Daily Haul of Freight Locomotives refers to the average total ton-kilometres accomplished by each freight transport locomotive over one day and night during a given period of time. It includes both the weight of the goods carried and the dead weight of the train itself. It is a comprehensive indicator reflecting the locomotive efficiency in terms of both time and the pulling force.

$$\begin{matrix}\text{Average daily haul of} \\ \text{freight transport locomotive} \\ \text{(ton-kilometre)}\end{matrix} = \frac{\begin{matrix}\text{Total ton-kilometres} \\ \text{of freight}\end{matrix}}{\begin{matrix}\text{Daily number of freight} \\ \text{transport locomotive}\end{matrix}}$$

Possession of Civil Motor Vehicles refer to the total numbers of vehicles that are registered and received vehicles license tags according to the *Work Standard for Motor Vehicles Registration* formulated by the Transport Management Office under the department of public security at the end of the reference period. They are divided into categories. According to the structure of motor vehicles, they are divided into passenger vehicles, trucks and others; according to ownership into private vehicles and vehicles for the unit's use; according to kind of usage into working vehicles and non-working vehicles; and according to size of vehicles into large passenger vehicles, medium-sized passenger vehicles, small passenger vehicles and mini passenger vehicles, heavy trucks, light-heavy trucks, light trucks and mini-trucks.

Business Volume of Post and Telecommunications refers to the total amount of postal and telecommunication services, expressed in value terms, provided by the post and telecommunications departments for society. This indicator reflects the overall results of development of postal and telecommunication services. It can be classificated as postal services and telecommunication services. Business volume of post and telecommunications is the sum of all services in kind multiplying with the unit price (constant price) to get the total business value.

Mobile Telephone Subscribers refer to persons who have gone through registration procedures in the operation points of enterprises engaged in telecommunications and are hence connected with the mobile telephone communication network through the mobile telephone switchboards and occupy mobile phone numbers. Included are various types of subscriber, prepaid users for intelligent network and wireless network card users.

Local Telephone Subscribers refer to all subscribers who have gone through registration procedures in the operation points of enterprises engaged in telecommunications and are hence connected to the local telecommunications service provider through fixed line network. Included are general subscribers, wireless local telephone subscribers, public telephones subscribers, N-ISDN subscribers and intelligent network terminal subscribers.

十六、批发和零售业、住宿和餐饮业

Wholesale and Retail Trades, Hotels and Catering Services

资料整理：贾佩佩

简 要 说 明

一、本篇资料反映陕西批发和零售业、住宿和餐饮业的发展与经营状况，主要内容包括：社会消费品零售总额，限额以上批发和零售业、住宿和餐饮业基本情况、连锁经营情况，重点交易市场情况等。

二、限额以上企业指年主营业务收入2000万元及以上的批发企业（单位）；500万元及以上的零售业企业（单位）；200万元及以上的住宿和餐饮业企业（单位）。

三、批发业、零售业、住宿业、餐饮业大中小微型划分标准按照2011年《统计上大中小微型企业划分办法》标准执行。

Brief Introduction

I. This chapter reflects the management and development of wholesale and retail trades, hotels and catering services, mainly including: total retail sales of consumer goods, the basic conditions of enterprises above designated size in wholesale and retail trades, hotels and catering services, the conditions of chain stores, focus on transaction markets, etc.

II. Enterprises above designated size cover wholesale enterprises with revenue from principal business over 20 million yuan, retail enterprises with revenue from principal business over 5 million yuan, wholesale and retail enterprises with revenue from principal business over 2 million yuan.

III. The division standard of large/medium/small/mini sized enterprises of wholesale, retail trades,hotels and catering services is based on *the Division Standard of Large/Medium/Small/Mini Sized Enterprises* in 2011.

16.批发和零售业、住宿和餐饮业

2021年全省				
限额以上法人企业数	10795	个		
批发业	2922	个		
零售业	5073	个		
住宿业	1274	个		
餐饮业	1526	个		
社会消费品零售总额	10250.50	亿元	比上年增长	6.7%
商品零售	9101.73	亿元	比上年增长	5.5%
餐饮收入	1148.76	亿元	比上年增长	17.4%

社会消费品零售总额构成

（2021年）

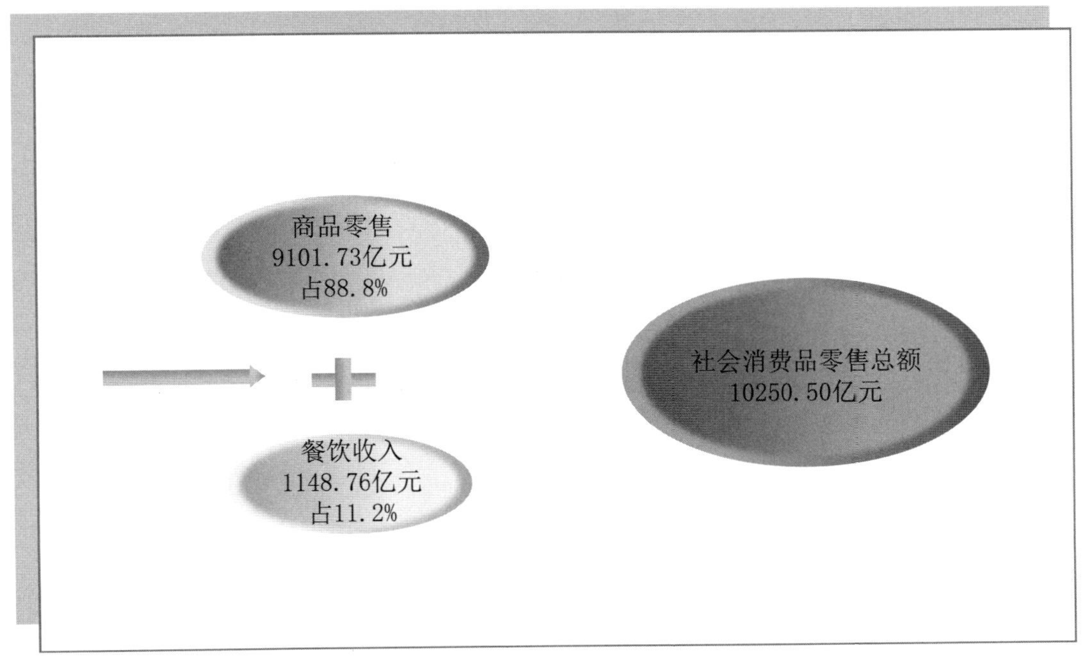

16-1 限额以上批发和零售业、住宿和餐饮业法人企业数和从业人员数(2021年)

Number of Corporation Enterprises above Designated Size in Wholesale and Retail Trades, Hotels and Catering Services (2021)

地区	Region	法人企业数(个) Number of Corporation Enterprises (unit)	批发业 Wholesale Trade	零售业 Retail Trade	住宿业 Hotels	餐饮业 Catering Service
全省	**Shaanxi**	**10795**	**2922**	**5073**	**1274**	**1526**
西安市	Xi'an	3201	1495	906	448	352
铜川市	Tongchuan	267	96	111	31	29
宝鸡市	Baoji	1237	247	696	130	164
咸阳市	Xianyang	1026	131	620	59	216
渭南市	Weinan	860	130	535	75	120
# 韩城市	Hancheng	258	8	54	75	121
延安市	Yan'an	751	221	331	121	78
汉中市	Hanzhong	1053	150	569	129	205
榆林市	Yulin	750	217	401	91	41
安康市	Ankang	1160	138	651	126	245
商洛市	Shangluo	382	64	201	53	64
杨凌示范区	Yangling	108	33	52	11	12

16-1 续表 continued

地区	Region	从业人员数(人) Number of Employed Persons (person)	批发业 Wholesale Trade	零售业 Retail Trade	住宿业 Hotels	餐饮业 Catering Service
全省	**Shaanxi**	**459366**	**107833**	**202080**	**68780**	**80673**
西安市	Xi'an	229991	61227	91997	31136	45631
铜川市	Tongchuan	6817	1702	3084	1267	764
宝鸡市	Baoji	38329	7090	19223	6028	5988
咸阳市	Xianyang	33847	7691	16616	2799	6741
渭南市	Weinan	26851	4469	14747	3980	3655
# 韩城市	Hancheng	10324	566	2123	3980	3655
延安市	Yan'an	21212	5440	8345	4475	2952
汉中市	Hanzhong	29886	5123	15507	5236	4020
榆林市	Yulin	29556	8286	11500	6976	2794
安康市	Ankang	28626	3686	15443	4075	5422
商洛市	Shangluo	12051	2523	4767	2383	2378
杨凌示范区	Yangling	2200	596	851	425	328

16-2 社会消费品零售总额
Total Retail Sales of Consumer Goods in the Whole Province

单位：亿元 (100 million yuan)

年 份 Year	社会消费品零售总额 Total Retail Sales of Consumer Goods	按地区分 By Region			按行业分 By Sector	
		市的零售额 City	县的零售额 County	县以下的零售额 Under County Level	# 批发和零售业 Wholesale and Retail TradesTrades	# 住宿和餐饮业 Hotels and Catering Services
1978	33.37	11.93	9.79	11.65	28.29	1.32
1980	43.38	17.47	12.18	13.73	35.86	1.78
1985	80.01	39.83	19.45	20.73	61.23	3.84
1990	159.67	91.21	34.29	34.17	118.55	7.99
1991	176.60	102.21	36.98	37.41	126.83	9.29
1992	227.53	132.25	47.31	47.97	156.17	16.22
1993	260.34	154.59	52.44	53.31	172.84	19.76
1994	319.85	193.04	62.76	64.05	204.55	24.90
1995	401.03	244.02	80.43	76.57	254.96	31.84
1996	478.30	291.68	94.12	92.49	310.72	40.55
1997	557.35	347.00	104.39	105.97	361.52	51.82
1998	608.40	374.99	114.67	118.74	390.20	64.88
1999	666.12	412.52	125.24	128.36	432.39	73.17
2000	736.13	460.67	136.40	139.07	482.29	85.66
2001	822.50	521.68	148.53	152.29	544.13	100.88
2002	924.09	594.49	163.21	166.39	625.47	112.24
2003	1031.11	660.89	184.72	185.51	879.66	122.41
2004	1193.08	776.36	207.91	208.82	1032.47	136.98
2005	1368.82	899.15	233.80	235.87	1187.57	154.60
2006	1588.86	1036.57	278.01	274.29	1374.76	183.93
2007	1896.19	1260.20	314.46	321.53	1635.92	225.49
2008	2396.18	1594.96	404.72	396.50	2063.55	292.11

年 份 Year	社会消费品零售总额 Total Retail Sales of Consumer Goods	按销售单位所在地分 By Location of Establishments			按消费形态分 By Consumption Patterns	
		城 镇 Urban Areas	# 城 区 Urban District	乡 村 Rural Areas	商品零售 Retail Sales	餐饮收入 Catering income
2009	2822.53	2426.68	1628.03	395.84	2497.84	324.69
2010	3376.14	2906.62	1984.61	469.52	2991.61	384.53
2011	4044.28	3545.95	2556.79	498.32	3599.51	444.77
2012	4756.54	4180.15	3190.92	576.39	4233.91	522.63
2013	5452.65	4809.43	3697.94	643.22	4892.99	559.66
2014	6159.27	5473.42	4101.07	685.85	5553.78	605.50
2015	6859.09	6095.91	4519.09	763.18	6156.99	702.10
2016	7680.75	6839.96	5151.59	840.79	6898.24	782.51
2017	8611.22	7665.95	5585.38	945.27	7719.63	891.58
2018	9510.29	8482.17	6062.84	1028.13	8504.18	1006.12
2019	10213.02	9089.59	6434.20	1123.43	9101.78	1111.24
2020	9605.92	8543.65	5972.07	1062.27	8627.06	978.86
2021	10250.50	8997.77	6349.24	1252.72	9101.73	1148.76

注：根据第四次全国经济普查结果对1993—2018年数据进行了修订。
a) Data from 1993 to 2018 were adjusted according to the 4rd national economic census.

16-3 各市(区)社会消费品零售总额
Total Retail Sales of Consumer Goods by City(District)

单位：亿元 (100 million yuan)

年 份 Year	全 省 Shaanxi	西安市 Xi'an	铜川市 Tongchuan	宝鸡市 Baoji	咸阳市 Xianyang	渭南市 Weinan
2000	736.13	368.96	13.49	70.75	68.70	56.95
2001	822.50	416.95	14.28	79.15	77.06	60.46
2002	924.09	473.12	15.52	89.32	86.19	64.39
2003	1031.11	518.67	17.19	102.68	98.22	70.44
2004	1193.08	601.12	19.35	120.36	115.27	78.53
2005	1368.82	698.37	21.05	134.29	128.34	89.19
2006	1588.86	819.32	23.25	151.22	143.10	103.75
2007	1896.19	979.18	26.49	174.65	165.75	125.46
2008	2396.18	1233.44	32.11	214.01	202.90	165.74
2009	2822.53	1469.37	38.70	251.33	238.23	191.26
2010	3376.14	1765.42	46.69	296.06	280.44	225.91
2011	4044.28	2146.43	55.90	343.34	324.80	264.98
2012	4756.54	2530.95	66.93	394.36	375.87	310.99
2013	5452.65	2898.62	79.45	451.05	432.08	358.49
2014	6159.27	3277.33	90.36	512.89	492.14	407.05
2015	6859.09	3620.90	102.70	581.76	558.65	462.28
2016	7680.75	4012.44	117.46	664.39	636.73	524.83
2017	8611.22	4422.72	130.27	752.10	732.75	603.83
2018	9510.29	4854.70	144.30	828.46	818.90	664.63
2019	10213.02	5140.93	156.50	904.31	900.39	718.81
2020	9605.92	4989.33	133.10	801.94	836.18	633.58
2021	10250.50	4963.42	149.09	922.55	1073.57	684.57

16-3 续表 continued

单位：亿元 (100 million yuan)

年 份 Year	延安市 Yan'an	汉中市 Hanzhong	榆林市 Yulin	安康市 Ankang	商洛市 Shangluo	杨凌示范区 Yangling
2000	23.92	43.84	38.23	29.68	19.41	2.22
2001	27.90	46.30	43.53	32.31	21.96	2.59
2002	32.97	49.59	49.97	35.29	24.61	3.12
2003	37.74	54.22	60.82	39.65	27.66	3.81
2004	44.81	59.28	72.12	45.88	31.60	4.77
2005	52.15	67.78	85.25	52.50	34.63	5.26
2006	60.40	79.15	103.51	60.93	38.37	5.85
2007	73.15	95.65	131.54	73.15	44.15	7.02
2008	94.79	121.80	176.07	92.84	53.96	8.52
2009	108.96	139.17	203.47	108.48	63.33	10.23
2010	132.39	164.95	247.62	129.36	74.73	12.58
2011	159.58	193.20	302.14	152.42	86.50	14.99
2012	192.26	226.61	361.23	179.32	100.23	17.78
2013	221.07	260.84	412.04	204.94	113.39	20.69
2014	252.52	296.68	446.80	232.44	126.98	24.08
2015	281.14	337.21	476.98	266.29	143.11	28.08
2016	310.52	390.81	511.44	317.99	161.16	32.98
2017	341.67	454.35	580.31	372.96	180.89	39.38
2018	380.84	507.82	644.04	421.27	200.10	45.22
2019	411.13	554.33	695.62	466.66	214.62	49.72
2020	384.60	519.84	654.30	437.09	172.80	43.16
2021	414.72	598.67	703.25	502.64	191.57	46.44

注：1.根据第四次全国经济普查结果对2000—2018年数据进行了修订。
2.2017年起西安市数据含西咸新区，2016年西安市、咸阳市为同口径修订数。

a) Data from 2000 to 2018 were adjusted according to the 4rd national economic census.
b) Data of Xi'an city included xixian new area since 2017, while in 2016, Xi'an city and xianyang city were revised for the same caliber.

16-4 各市(区)按销售单位所在地和消费形态分的社会消费品零售总额(2021年)

Total Retail Sales of Consumer Goods by Location of Establishments and Consumption Patterns by City(District)(2021)

单位：万元 (10 000 yuan)

地区	Region	社会消费品零售总额 Total Retail Sales of Consumer Goods	# 限额以上消费品零售额 Retail Sales of Enterprises above Designated Size	按销售单位所在地分 By Location of Establishments 城镇 Urban Areas	# 城区 Urban District	乡村 Rural Areas	按消费形态分 By Consumption Patterns 商品零售 Retail Sales	餐饮收入 Catering Income
全省	**Shaanxi**	**102504961**	**49841754**	**89977719**	**63492412**	**12527241**	**91017327**	**11487634**
西安市	Xi'an	49634236	24198214	48060699	41359185	1573537	45559751	4074485
铜川市	Tongchuan	1490947	632432	1143919	833249	347028	1167224	323723
宝鸡市	Baoji	9225472	5918492	7882489	5590870	1342984	8043999	1181474
咸阳市	Xianyang	10735708	5570234	8068939	3796517	2666769	8633438	2102270
渭南市	Weinan	6845742	3392386	5448361	3008988	1397381	6094145	751597
# 韩城市	Hancheng	630911	218801	484347	386822	146564	555737	75174
延安市	Yan'an	4147158	1730858	3313726	1492177	833432	3747164	399994
汉中市	Hanzhong	5986741	2280973	4867962	1829937	1118779	5156135	830605
榆林市	Yulin	7032513	2437780	4992425	3355671	2040088	6310727	721786
安康市	Ankang	5026431	2850534	4365898	1484972	660533	4216929	809502
商洛市	Shangluo	1915658	623970	1435483	356901	480175	1703713	211945
杨凌示范区	Yangling	464357	205882	397820	383945	66537	384101	80256

16-5 各市、县(市、区)社会消费品零售总额
Total Retail Sales of Consumer Goods by City and County(City and District)

单位：万元 (10 000 yuan)

地 区	Region	2020	2021	地 区	Region	2020	2021
全 省	**Shaanxi**	**96059224**	**102504961**	千阳县	Qianyang	153589	173920
西安市	**Xi'an**	**49893328**	**49634236**	麟游县	Linyou	96620	114178
新城区	Xincheng	2524965	2533647	凤 县	Fengxian	261632	309389
碑林区	Beilin	5560027	5920463	太白县	Taibai	145297	172194
莲湖区	Lianhu	4823742	5185478	**咸阳市**	**Xianyang**	**8361759**	**10735708**
灞桥区	Baqiao	5166645	5303192	秦都区	Qindu	1648374	2780370
未央区	Weiyang	9094902	8270393	渭城区	Weicheng	200638	234234
雁塔区	Yanta	11444004	11391994	三原县	Sanyuan	899408	1085587
阎良区	Yanliang	372198	315927	泾阳县	Jingyang	566018	544046
临潼区	Lintong	550855	630861	乾 县	Qianxian	715323	862027
长安区	Chang'an	2324593	2293767	礼泉县	Liquan	801666	969986
高陵区	Gaoling	1778617	1806820	永寿县	Yongshou	312229	378407
鄠邑区	Huyi	412482	461072	长武县	Changwu	262762	316202
蓝田县	Lantian	391970	418224	旬邑县	Xunyi	262527	312325
周至县	Zhouzhi	343255	380327	淳化县	Chunhua	276381	321032
西咸新区	Xixian	5105073	4722070	武功县	Wugong	742909	896096
铜川市	**Tongchuan**	**1331036**	**1490947**	兴平市	Xingping	1102853	1342516
王益区	Wangyi	588382	664577	彬州市	Binzhou	570671	692880
印台区	Yintai	138171	155442	**渭南市**	**Weinan**	**6335770**	**6845742**
耀州区	Yaozhou	528901	585628	临渭区	Linwei	1729285	1865164
宜君县	Yijun	75583	85300	华州区	Huazhou	242420	256883
宝鸡市	**Baoji**	**8019424**	**9225472**	潼关县	Tongguan	178026	191605
渭滨区	Weibin	2589199	2932340	大荔县	Dali	765304	834530
金台区	Jintai	1595805	1871064	合阳县	Heyang	432230	469645
陈仓区	Chencang	800843	883338	澄城县	Chengcheng	391740	423078
凤翔区	Fengxiang	520859	600551	蒲城县	Pucheng	726351	793229
岐山县	Qishan	603790	680717	白水县	Baishui	272699	299290
扶风县	Fufeng	484385	593442	富平县	Fuping	725375	778458
眉 县	Meixian	518144	598918	韩城市	Hancheng	589836	630911
陇 县	Longxian	249261	295421	华阴市	Hancheng	282503	302950

16-5 续表 continued

单位：万元 (10 000 persons)

地　区	Region	2020	2021	地　区	Region	2020	2021
延安市	**Yan'an**	**3846016**	**4147158**	靖边县	Jingbian	785973	849342
宝塔区	Baota	2161247	2327912	定边县	Dingbian	427215	460178
安塞区	Ansai	158704	171262	绥德县	Suide	229700	247411
延长县	Yanchang	83601	90785	米脂县	Mizhi	126539	133501
延川县	Yanchuan	139109	151442	佳　县	Jiaxian	97858	104292
志丹县	Zhidan	135924	146745	吴堡县	Wubu	130656	139704
吴起县	Wuqi	195305	208622	清涧县	Qingjian	162630	175705
甘泉县	Ganquan	59145	63925	子洲县	Zizhou	93873	96203
富　县	Fuxian	138224	147042	神木市	Shenmu	941087	1015129
洛川县	Luochuan	255441	276842	**安康市**	**Ankang**	**4370853**	**5026431**
宜川县	Yichuan	88349	94162	汉滨区	Hanbin	1650787	1899860
黄龙县	Huanglong	40760	43834	汉阴县	Hanyin	440859	506988
黄陵县	Huangling	180862	195842	石泉县	Shiquan	296570	342835
子长市	Zichang	209346	228742	宁陕县	Ningshan	87286	98895
汉中市	**Hanzhong**	**5198383**	**5986741**	紫阳县	Ziyang	386846	440618
汉台区	Hantai	1980492	2280339	岚皋县	Langao	146783	172470
南郑区	Nanzheng	500131	563535	平利县	Pingli	278554	318666
城固县	Chenggu	512762	599959	镇坪县	Zhenping	76497	89348
洋　县	Yangxian	358030	412078	白河县	Baihe	207096	240439
西乡县	Xixiang	460099	521871	旬阳市	Xunyang	799576	916314
勉　县	Mianxian	460080	540286	**商洛市**	**Shangluo**	**1728039**	**1915658**
宁强县	Ningqiang	285825	329772	商州区	Shangzhou	529453	584335
略阳县	Lueyang	253267	288776	洛南县	Luonan	287127	319947
镇巴县	Zhenba	291520	338851	丹凤县	Danfeng	237443	263325
留坝县	Liuba	61630	71795	商南县	Shangnan	147989	163524
佛坪县	Foping	34547	39479	山阳县	Shanyang	259352	288399
榆林市	**Yulin**	**6543025**	**7032513**	镇安县	Zhen'an	169990	188519
榆阳区	Yuyang	2542067	2750421	柞水县	Zhashui	96685	107610
横山区	Hengshan	461235	486844	**杨凌示范区**	**Yangling**	**431593**	**464357**
府谷县	Fugu	544192	573782				

16-6 限额以上批发和零售企业(单位)商品零售类值(2021年)
Total Sales of Enterprises above Designated Size in Retail Trades by Category of Commodities (2021)

单位：万元 (10 000 yuan)

类 别	Item	2021
合 计	**Total**	**49841754**
1.粮油、食品类	Food	6283890
# 粮油类	Grain and Oil	1395908
肉禽蛋类	Meat, Poultry and Eggs	652186
水产品类	Aquatic Products	186054
蔬菜类	Vegetables	623917
干鲜果品类	Dried and Fresh Melons and Fruits	1987331
2.饮料类	Beverages	996569
3.烟酒类	Tobacco and Liquor	1432464
4.服装、鞋帽、针纺织品类	Garments, Shoes and Hats, Knitwear and Textiles	4154635
(1)服装类	Garments	3085635
(2)鞋帽类	Shoes and Hats	755330
(3)针纺织品类	Knitwear and Textiles	313671
5.化妆品类	Cosmetics	1050161
6.金银珠宝类	Gold, Silver and Jewellery	958184
7.日用品类	Daily Consumer Articles	1615015
# 可穿戴智能设备	Wearable Intelligent Devices	39857
8.五金、电料类	Hardware	305586
9.体育、娱乐用品类	Sports and Recreation Articles	391862
# 照相机类	Cameras	149722
10.书报杂志类	Newspapers and Magazines	594196
11.电子出版物及音像制品类	E-journals and Video Products	22781
12.家用电器和音像器材类	Household Appliances and Audio/Video Equipments	2670382
# 能效等级为1级和2级的商品	Products with Energy Efficiency Index in 1 and 2	585157
智能家用电器和音像器材	Intelligent Household Appliances and Audio/Video Equipments	802646
13.中西药品类	Traditional Chinese and Western Medicines	2171889
# 西药类	Western Medicine	1426899
中草药及中成药类	Traditional Chinese Medicines	491247
14.文化办公用品类	Cultural and Office Appliances	1159540
# 计算机及其配套产品	Computers and Accessories	982209
15.家具类	Furniture	678136
16.通讯器材类	Communication Appliances	1053583
# 智能手机	Smartphones	430590
17.煤炭及制品类	Coal and Related Products	209959
18.木材及制品类	Wood and Wooden Products	
19.石油及制品类	Petroleum and Related Products	7666693
20.化工材料及制品类	Chemical Materials and Related Products	
21.金属材料类	Metal Materials	
22.建筑及装潢材料类	Building and Decoration Materials	671287
23.机电产品及设备类	Mechanical and Electrical Products	213338
24.汽车类	Automobiles	11474566
# 新能源汽车	New Energy Vehicles	890627
25.种子饲料类	Seeds and Feedstuff	
26.棉麻类	Cotton and Hemp	1900
27.其他类	Others	1067512

16-7 限额以上批发业商品购进、销售、库存总额(2021年)

单位：万元

指　　标	Item	商品购进总额 Total Purchases Value	# 进口 Imports
总　　计	**Total**	**178598460**	**5387089**
按登记注册类型分	**By Status of Registration**		
内资企业	Domestic Invested Enterprises	164411877	2867234
国有企业	State-owned Enterprises	37885972	2423880
集体企业	Collective-owned Enterprises	82068	
股份合作企业	Cooperative Enterprises	85650	
有限责任公司	Limited Liability Corporations	79536735	202551
国有独资公司	State Sole-proprietorship Corporations	30613585	31954
其他有限责任公司	Other Limited Liability Corporations	48923150	170598
股份有限公司	Share-holding Corporations Ltd.	14162187	278
私营企业	Private Enterprises	32484444	240525
私营独资企业	Private Sole-proprietorship Enterprises	173475	2100
私营合伙企业	Private Partnership Enterprises	27027	
私营有限责任公司	Private Limited Liability Corporations	32058353	238425
私营股份有限公司	Private Share-holding Corporations Ltd.	225589	
其他企业	Other Enterprises	174822	
港、澳、台商投资企业	Enterprises with Investment from Hong Kong, Macao and Taiwan	799968	
与港澳台商合资经营企业	Joint-venture Enterprises	361251	
港澳台商独资企业	Sole-proprietorship Enterprises	375446	
其他港澳台投资企业	Other Enterprises with Investment from Hong Kong, Macao and Taiwan	63271	
外商投资企业	Foreign Invested Enterprises	13386615	2519855
中外合资经营企业	Joint-venture Enterprises	10557559	20474
外资企业	Sole-proprietorship Enterprises	2777199	2493229
外商投资股份有限公司	Share-holding Corporations Ltd.	45675	
其他外商投资企业	Other Foreign Invested Enterprises	6181	6152
按批发行业分	**By Wholesale Trade Sector**		
农、林、牧产品批发	Wholesale of Farming, Forestry, Animal Husbandry Products	645080	9336
谷物、豆及薯类批发	Wholesale of Cereals, Beans and Tubers	341739	6042
种子批发	Wholesale of Seeds and Forages	60007	
畜牧渔业饲料批发	Wholesale of Animal Husbandry and Fishery Feeds	112587	
棉、麻批发	Wholesale of Cotton and Hemp	10980	
林业产品批发	Wholesale of Forestry Products	40314	2858
牲畜批发	Wholesale of Livestock	18856	
其他农牧产品批发	Others	60598	436
食品、饮料及烟草制品批发	Wholesale of Food, Beverages and Tobaccos	8607835	7813

Total Purchases, Sales and Inventory of Enterprises above Designated Size in Wholesale Trades(2021)

(10 000 yuan)

商品销售总额 Total Sales	# 公共网络商品销售额 Sales of Public Network	# 通过非自营平台实现的商品销售额 Sales of Non-self-supporting Platform	# 批发 Wholesale Trades	# 出口 Exports	年末库存 Stock at Year-end
187193202	**10853400**	**2559224**	**180112315**	**2900330**	**5637500**
172176243	10851973	2559206	165413489	998901	5251950
40065311	2847082	1628794	39849935	24382	998569
98016			86916		4437
79764			79764		12808
81843007	2083801	108558	79008495	608376	2600806
30772148	3351	2862	29613062	118731	689257
51070859	2080451	105696	49395434	489646	1911549
15053062	5158217	682871	13049044	20455	71342
34843521	762222	138982	33250069	345687	1558485
177568	7764		155133		25258
27631	68		27563	3250	747
34395613	754204	138982	32831296	342436	1514167
242710	187		236077		18312
193562	650		89266		5504
1004613	1409		915389	29451	146884
438823			349600		133766
470858			470858	29451	4477
94931	1409		94931		8641
14012346	18	18	13783437	1871978	238666
10829008			10791916		195316
2882666			2876636	1871978	30749
294942	18	18	109155		3049
5731			5731		9552
740107	3433	94	664519	8894	74638
344241	3309		310164	759	52162
62065	30		61117		6171
133481			133481		3571
26547			26547		100
68798			29540	7790	6780
20709			20031		5426
84267	94	94	83640	345	427
10757781	2597737	1654519	9970541	28400	784462

16-7 续表 1

单位：万元

指标	Item	商品购进总额 Total Purchases Value	# 进口 Imports
米、面制品及食用油批发	Wholesale of Rice, Flour and Edible Oil	1249561	
糕点、糖果及糖批发	Wholesale of Cake and Sugar	175915	
果品、蔬菜批发	Wholesale of Vegetables and Fruits	1182792	5553
肉禽蛋奶及水产品批发	Wholesale of Poultry, Egg and Milk & Marine Products	440341	360
盐及调味品批发	Wholesale of Salt and Condiments	46363	
营养和保健品批发	Wholesale of Nutrition and Health Products	26460	1900
酒、饮料及茶叶批发	Wholesale of Wines, Beverages and Tea	1775779	
烟草制品批发	Wholesale of Tobaccos	3492930	
其他食品批发	Others	217695	
纺织服装及家庭用品批发	Wholesale of Textiles, Garments and Daily Consumer Articles	1863151	44658
纺织品、针织品及原料批发	Wholesale of Textiles, Knitwear and Textile Materials	61427	842
服装批发	Wholesale of Garments	684495	23185
鞋帽批发	Wholesale of Shoes and Hats	17317	5716
化妆品及卫生用品批发	Wholesale of Cosmetics and Health Consumer Articles	176415	
厨具卫具及日用杂货批发	Wholesale of Kitchen and Washroom Appliance and Various Household Supplies	22956	
灯具、装饰物品批发	Wholesale of Lamps and Lanterns, Decorative Articles	19049	14758
家用视听设备批发	Wholesale of Domestic Audio-visual equipments	48357	
日用家电批发	Wholesale of Domestic Appliances	766191	158
其他家庭用品批发	Others	66944	
文化、体育用品及器材批发	Wholesale of Culture, Sports Appliances and Equipment	1194581	12236
文具用品批发	Wholesale of Stationary	357924	3913
体育用品及器材批发	Wholesale of Sports Goods and Equipments	15247	
图书批发	Wholesale of Books	229857	
报刊批发	Wholesale of Newspapers	3109	
首饰、工艺品及收藏品批发	Wholesale of Jewelry, Artwork and Collections	509536	
其他文化用品批发	Others	78908	8324
医药及医疗器材批发	Wholesale of Medicines and Medical Appliances	6767596	37632
西药批发	Wholesale of Western Medicine	5250333	3623
中药批发	Wholesale of Traditional Chinese Medicinal	631601	
动物用药品批发	Wholesale of Animal Drugs	3005	
医疗用品及器材批发	Wholesale of Medical Treatment and Equipment	882657	34009
矿产品、建材及化工产品批发	Wholesale of Mineral Products, Building Materials and Chemical Products	148617020	2557073
煤炭及制品批发	Wholesale of Coal and Related Products	54263271	866037
石油及制品批发	Wholesale of Petroleum and Related Products	23142438	
非金属矿及制品批发	Wholesale of Metal Materials	164306	
金属及金属矿批发	Wholesale of Metal Mine and Its Manufacture	55568387	1632131

continued

(10 000 yuan)

商品销售总额 Total Sales	# 公共网络商品销售额 Sales of Public Network	# 通过非自营平台实现的商品销售额 Sales of Non-self-supporting Platform	# 批发 Wholesale Trades	# 出口 Exports	年末库存 Stock at Year-end
1294444	18972	1060	1210967		141196
179946	6377	6377	132238		17494
1308820	53195	23369	902181	11060	90152
473770	7247	1180	457339		27483
51251	5011		49413		10594
29997	3945	3945	27384	17340	2668
2237848	8689	162	2066675		265249
4929270	2483756	1616974	4929270		206054
252435	10545	1452	195075		23572
2129512	112125	7365	1993456	222663	419445
64586			64428	21545	1897
781963	1657	658	677117	183276	179839
75593			72408		55167
206464	18645		203729		35948
32364	16431	2721	27746		9982
19753			19753		427
54998			52882		2765
820970	71405		807483	88	129135
72822	3987	3987	67910	17755	4285
1313493	8621	7017	1297757	26667	67419
389588	5935	5935	383653	2445	13819
15247			14879		2
293660	528	528	285993		25393
4810	105		4706		133
524519	2054	554	522856	11651	22063
85670			85670	12571	6010
7407499	339276	130429	7220647	23628	658756
5576390	260652	73073	5461395	12260	486021
749592	42984	41269	693727	81	67065
3279			3279		
1078238	35640	16088	1062246	11287	105670
153442473	7632598	700972	147892188	345739	2968147
56413935	111080		56123311	68989	1128268
24656117	427679	720	20676155	3250	258370
165650			137397	39370	8668
56333855	5364640	685507	55775211	122934	1087277

16－7 续表 2

单位：万元

指　　标	Item	商品购进总额 Total Purchases Value	# 进口 Imports
建材批发	Wholesale of Building Materials	7102315	2581
化肥批发	Wholesale of Garments	518279	
农药批发	Wholesale of Pesticides	150403	3410
农用薄膜批发	Wholesale of Agricultural Film	7868	
其他化工产品批发	Others	7699753	52914
机械设备、五金交电及电子产品批发	Wholesale of Machinery, Hardware and Electronic Equipmen	9725844	2618209
农业机械批发	Wholesale of Agricultural Machinery	126034	
汽车及零配件批发	Wholesale of Motor Vehicles and Parts	2571266	
摩托车及零配件批发	Wholesale of Motorcycles and Motorcycle Parts	74982	
五金产品批发	Wholesale of Hardware Products	263987	201
电气设备批发	Wholesale of Electrical Equipments	1088311	512
计算机、软件及辅助设备批发	Wholesale of Computer, Software and Peripherals	276652	1852
通讯设备批发	Wholesale of Communication Equipments	648301	
广播影视设备批发	Wholesale of Radio and Television Equipments	27355	
其他机械设备及电子产品批发	Others	4648955	2615645
贸易经纪与代理	Trade Broker and Agency	246493	28179
贸易代理	Trade Agency	246493	28179
其他批发	Others	930860	71952
再生物资回收与批发	Recovery and Wholesale of Regeneration Material	55043	
互联网批发	E-commerce Wholesale	147735	3588
其他未列明的批发	Any Other Wholesale	728083	68364
按经营形式分	**By Form of Management**		
独立门店	Independent Stores	81436196	2728841
连锁总店(总部)	General Chain Stores	603866	
连锁直营店	Chain Direct Store	98092	
连锁加盟店	Chain Franchise	11261	
其　他	Others	96449046	2658248
按单位规模分	**By Scale**		
大　型	Large	35001674	1442364
中　型	Medium	95174806	1133329
小　型	Small	39677862	356779
微　型	Mini	8744118	2454616
按经营地分	**By Location of Establishments**		
城　镇	Urban Areas	171062537	5387089
乡　村	Rural Areas	7535924	

continued

(10 000 yuan)

商品销售总额 Total Sales	# 公共网络商品销售额 Sales of Public Network	# 通过非自营平台实现的商品销售额 Sales of Non-self-supporting Platform	# 批发 Wholesale Trades	# 出口 Exports	年末库存 Stock at Year-end
7227963	344873		7131936	2581	328935
537038	2874	207	483425	3573	18351
184324	11215		184124		5186
9138	9138	9138	9138	9030	8
7914454	1361101	5401	7371492	96011	133084
10194847	51792	15189	9921781	2103699	372677
124966			111442		12557
2609675	8827		2448233	39683	88547
79986			78046		6436
296357	120	120	290515	50833	35074
1119476	5193	0	1114499	141757	13243
292784	4116	688	269946	2710	34781
685895	7667	2942	666039	312	29245
28493			28493		1013
4957216	25869	11438	4914568	1868405	151781
264785	700	39	263478	135494	12048
264785	700	39	263478	135494	12048
942707	107117	43600	887950	5146	279908
52910	3393		49094		7907
153287	98732	43600	152215	694	5931
736510	4992		686640	4453	266071
85974611	1102813	171818	80429432	2596918	2300030
663371	45		296440		21118
98037			38195		659
12740			12740		4595
100444443	9750542	2387406	99335509	303411	3311099
38664455	2674217	1707812	34921850	1048	1027804
98513494	7332301	789368	96507460	715107	3116884
40948012	505060	49907	39973951	363566	1344923
9067241	341822	12136	8709054	1820608	147889
179109607	10843712	2556651	172269148	2865231	5497163
8083595	9688	2573	7843168	35099	140337

16-8 限额以上零售业商品购进、销售、库存总额(2021年)

单位：万元

指标	Item	商品购进总额 Total Purchases Value	#进口 Imports
总计	**Total**	**32642377**	**615221**
按登记注册类型分	**By Status of Registration**		
内资企业	Domestic Invested Enterprises	26443087	353255
国有企业	State-owned Enterprises	639600	
集体企业	Collective-owned Enterprises	398939	
股份合作企业	Cooperative Enterprises	22715	
联营企业	Joint Ownership Enterprises	615	
其他联营企业	Other Joint Ownership Enterprises	615	
有限责任公司	Limited Liability Corporations	8038621	148169
国有独资公司	State Sole-proprietorship Corporations	709390	15184
其他有限责任公司	Other Limited Liability Corporations	7329231	132985
股份有限公司	Share-holding Corporations Ltd.	335770	
私营企业	Private Enterprises	16966181	205086
私营独资企业	Private Sole-proprietorship Enterprises	621972	
私营合伙企业	Private Partnership Enterprises	145823	
私营有限责任公司	Private Limited Liability Corporations	16067980	205086
私营股份有限公司	Private Share-holding Corporations Ltd.	130407	
其他企业	Other Enterprises	40646	
港、澳、台商投资企业	Enterprises with Investment from Hong Kong,Macao and Taiwan	2091219	62239
与港澳台商合资经营企业	Joint-venture Enterprises	262429	
港澳台商独资企业	Sole-proprietorship Enterprises	1731728	61600
港澳台商投资股份有限公司	Share-holding Corporations Ltd.	17862	
其他港澳台投资企业	Other Enterprises with Investment from Hong Kong, Macao and Taiwan	79199	639
外商投资企业	Foreign Invested Enterprises	4108071	199727
中外合资经营企业	Joint-venture Enterprises	1601247	
外资企业	Sole-proprietorship Enterprises	2302981	181047
外商投资股份有限公司	Share-holding Corporations Ltd.	181458	
其他外商投资企业	Other Foreign Invested Enterprises	22385	18680
按零售行业分	**By Retail Trades Sector**		
综合零售	Integrated Retail	6802960	555
百货零售	Retail of General Merchandise	2926031	
超级市场零售	Retail of Supermarkets	3464137	337
便利店零售	Retail of Convenience Stores	70441	20
其他综合零售	Others	342351	199
食品、饮料及烟草制品专门零售	Special Retail of Food, Beverages and Tobaccos	1469321	8563
粮油零售	Retail of Grain and Oil	148046	
糕点、面包零售	Retail of Cake and Bread	30733	
果品、蔬菜零售	Retail of Melons and Fruits,Vegetables	513634	3876
肉、禽、蛋及水产品零售	Retail of Meat, Poultry, Eggs and Aquatic Products	189685	431
营养和保健品零售	Retail of Nourishment and Health Products	9527	
酒、饮料及茶叶零售	Retail of Beverages and Tea	338193	1016
烟草制品零售	Retail of Tobaccos	51843	
其他食品零售	Others	187661	3240
纺织、服装及日用品专门零售	Special Retail of Textiles, Garments and Daily Consumer Articles	979034	4055

Total Purchases, Sales and Inventory of Enterprises above Designated Size in Retail Trades (2021)

(10 000 yuan)

商品销售总额 Total Sales	# 公共网络商品销售额 Sales of Public Network	# 通过非自营平台实现的商品销售额 Sales of Non-self-supporting Platform	# 批发 Wholesale Trades	# 出口 Exports	年末库存 Stock at Year-end
40706472	**8269501**	**797617**	**1462336**	**1949**	**2967379**
29468374	2962579	673522	1376801	1949	2612242
777213	55044	43878	46027		221016
437888	9133		902		6950
25816			142		565
606	606				60
606	606				60
9086522	649206	167861	366415	160	871908
725476	2448	1132	20136	18	103856
8361046	646758	166729	346280	142	768052
429246	18885	198	21827		18345
18665315	2229687	461564	939947	1789	1492593
671640	33054	3756	40190		43380
155999	1352				3737
17698909	2192332	457809	894993	1789	1428737
138766	2948		4763		16739
45769	20	20	1542		805
5899487	3895229	314	19831		208380
489149	2562				30099
5276123	3868813	314	17445		165029
60060					8512
74155	23854		2385		4741
5338610	1411693	123781	65705		146757
1692247			2457		40586
3437077	1410759	123781	44636		100670
185055	934		18612		4309
24232					1192
8670439	398781	7695	119926		742107
4756970	100765	4617	74673		471151
3467206	274518	2311	28239		245734
88379	8292	50	5562		6789
357884	15206	717	11452		18433
1738813	190398	76395	231864		134363
163927	14586	3792	24186		19072
46708	2743	1350	1171		1818
619440	108846	49757	58525		26397
209890	4527	1050	4491		29931
10354			988		394
404901	38063	15484	79054		44057
56129			29651		1511
227464	21632	4961	33799		11185
1340834	34101	185	13844		159732

16-8 续表 1

单位：万元

指标	Item	商品购进总额 Total Purchases Value	#进口 Imports
纺织品及针织品零售	Retail of Textiles and Knitwear	24903	
服装零售	Retail of Garments	697775	
鞋帽零售	Retail of Shoes and Hats	67686	
化妆品及卫生用品零售	Retail of Cosmetics and Health Consumer Articles	83368	
厨具卫具及日用杂品零售	Retail of Livestock Kitchen, Bathroom Appliances and Groceries	11517	
钟表、眼镜零售	Retail of Clocks and Watches,Spectacles	36900	4055
箱包零售	Retail of Luggage and Bags	292	
自行车等代步设备零售	Retail of Working Equipments such as Bicycle	2774	
其他日用品零售	Others	53819	
文化、体育用品及器材专门零售	Special Retail of Culture, Sports Appliances and Equipments	783191	15184
文具用品零售	Retail of Stationery	29933	0
体育用品及器材零售	Retail of Sports Goods	12296	
图书、报刊零售	Retail of Books	575303	15184
珠宝首饰零售	Retail of Jewelry	60324	
工艺美术品及收藏品零售	Retail of Artwork and Collections	54474	
乐器零售	Retail of Musical Instrument	14595	
照相器材零售	Retail of Photographic Equipment	2352	
其他文化用品零售	Others	33913	
医药及医疗器材专门零售	Special Retail of Medicines and Medical Appliances	1623036	98
西药零售	Retail of Western Medicine	1470764	98
中药零售	Retail of Traditional Chinese Medicinal	75657	
医疗用品及器材零售	Retail of Medical Supplies and Appliances	76615	
汽车、摩托车、零配件和燃料及其他动	Special Retail of Motor Vehicles, Motorcycles, Fuel and Parts	14722397	540825
汽车新车零售	Retail of New Motor Vehicles	11131342	528997
汽车旧车零售	Retail of Old Motor Vehicles	89886	
汽车零配件零售	Retail of Motor Vehicles and Parts	230165	1445
摩托车及零配件零售	Retail of Motorcycles and Parts	121167	10383
机动车燃油零售	Retail of Fuel of Motor Vehicles	2804900	
机动车燃气零售	Retail of Gas of Motor Vehicles	344938	
机动车充电销售	Retail of Motor Vehicle Charging		
家用电器及电子产品专门零售	Special Retail of Household Appliances and Electronic Products	1936741	28862
家用视听设备零售	Retail of Home Audio-visual Equipment	80940	
日用家电零售	Retail of Household Appliances	1130124	28452
计算机、软件及辅助设备零售	Retail of Computer, Software and Peripherals	197374	
通信设备零售	Retail of Communication Equipment	462566	
其他电子产品零售	Others	65736	410
五金、家具及室内装修材料专门零售	Special Retail of Hardware, Furniture and Decoration Materials	1117395	0
五金零售	Retail of Hardware	170096	0
灯具零售	Retail of Light Fittings	10682	
家具零售	Retail of Furniture	401061	
涂料零售	Retail of Dope	1795	
卫生洁具零售	Retail of Sanitary	13621	
木质装饰材料零售	Retail of Wooden Decorating Materials	17128	

continued

(10 000 yuan)

商品销售总额 Total Sales	# 公共网络商品销售额 Sales of Public Network	# 通过非自营平台实现的商品销售额 Sales of Non-self-supporting Platform	# 批发 Wholesale Trades	# 出口 Exports	年末库存 Stock at Year-end
33442	5317		97		1338
977715	16953	20	3865		76063
114853			5105		35490
96878	187	0	2049		11322
14350			548		1354
39495	11644	165	2170		23222
441					3381
3284					151
60377			10		7412
824309	20990	5535	44423	33	160461
31909			2368	15	3044
27223	2792	1556	783		11713
582864	9018	3629	25990	18	111812
61747			4546		19840
64467	9179	350	9817		4799
16137			484		3935
2453					200
37509			434		5118
2004176	42071	4048	90569		226140
1796620	41806	4048	69021		202733
98334	259				16872
109222	6		21548		6536
15641859	595961	218040	405796		1258843
11846561	546242	216420	247794		1152818
100449	8712		8712		5002
239277	13707		8551		26484
125890	7337		7115		11495
2963114	5305	1017	117704		57860
364301	14658	603	15921		5184
2268					
2065335	165601	9352	199688		163008
85385	151	151	339		6077
1253184	143286	571	81879		67734
218211	8585	1233	5292		23497
424573	12484	7387	105518		57052
83982	1095	11	6661		8648
1276190	22617	1	54656	1454	41975
192457	5787	1	23505	1223	9072
13057			172		368
488237	16661		11254		14504
1860			115		269
15640			2271		4615
17658					1030

16-8 续表 2

单位：万元

指　　标	Item	商品购进总额 Total Purchases Value	#进口 Imports
陶瓷、石材装饰材料零售	Retail of Porcelainou Sand Stone Finishing Decorating Materials	37116	
其他室内装修材料零售	Other Domestic Decorating Materials	465897	
货摊、无店铺及其他零售业	Non-shop and Other non-mentiones-above Retails	3208302	17080
互联网零售	E-commerce Retails	3080523	17080
自动售货机零售	Vending Machine Retails	847	
生活用燃料零售	Retail of Life Fuels	109978	
其他未列明的零售	Other Retail Not Classified Elsewhere	16954	
按经营形式分	**By Form of Management**		
独立门店	Independent Stores	25846878	593028
连锁总店(总部)	General Chain Stores	1367164	4055
连锁直营店	Chain Direct Store	799192	
连锁加盟店	Chain Franchise	15920	20
其　他	Others	4613223	18119
按单位规模分	**By Scale**		
大　型	Large	6283855	
中　型	Medium	14827373	500942
小　型	Small	8498685	104040
微　型	Mini	3032463	10239
按零售业态分	**By Business Categories**		
有店铺零售	Shop Retails	29087246	582957
食杂店	Grocery Store	136387	
便利店	Convenience Store	405587	20
折扣店	Discount Store	5460	
超　市	Supermarket	2135385	3557
大型超市	Hypermarket	2756011	
仓储会员店	Warehouse Club	14105	
百货店	Department Store	2332883	
专业店	Specialty Store	10037606	187401
专卖店	Franchised Store	10118630	390979
家居建材商店	Building Material Store	644764	
购物中心	Shopping Center	330130	
厂家直销中心	Factory Outlets Center	170298	1000
无店铺零售	Non-shop Retails	3555130	32263
邮　购	Mail-order	11636	
网上商店	Web Storefronts	3023389	17080
电话购物	Telephone Shopping	2589	
其　他	Others	517517	15184
按经营地分	**By Location of Establishments**		
城　镇	Urban Areas	30974837	569441
乡　村	Rural Areas	1667540	45779

continued

(10 000 yuan)

商品销售总额 Total Sales	# 公共网络商品销售额 Sales of Public Network	# 通过非自营平台实现的商品销售额 Sales of Non-self-supporting Platform	# 批发 Wholesale Trades	# 出口 Exports	年末库存 Stock at Year-end
68375	117		1206		3642
478904	53		16133	230	8476
7144518	6798982	476365	301571	462	80750
6997932	6791513	476365	266991	462	77986
1596	1596				57
124186	5873		32994		1201
20805			1586		1507
29407929	1626375	261099	861670	280	2518845
1686137	71545	16166	21769		153647
891432	118732	2302	53190		48616
17245	945		1355		2074
8703729	6451904	518050	524353	1669	244197
7763394	593734	43824	71692		726853
20145481	5457430	303538	489731	18	1396779
9287901	1130279	205021	540697	588	688702
3509696	1088059	245234	360216	1343	155045
33149665	1454716	314180	1086843	15	2844072
151990	11001	5078	10907		3699
482625	38710	2070	38241		24651
6364					703
2411637	28940	1660	87392		158403
2658436	282153	1548	13317		211859
15785	36		284		1794
4026830	80185	3300	45473		398333
10899617	330644	64626	424787		902060
10926317	653295	235325	428513	15	1087114
749885	7129		26471		19709
613796	337		715		25506
206383	22286	571	10746		10241
7556807	6814785	483437	375493	1934	123308
12518	11918	4133	4111		1767
6931926	6763596	471330	260181	462	71856
2743					330
609619	39272	7974	111202	1472	49355
38904708	8140834	780960	1329001	1845	2863941
1801764	128667	16656	133335	104	103438

16−9 各市(区)限额以上批发业商品购进总额(2021年)
Total Purchases of Enterprises above Designated Size in Wholesale Trades by City(District)(2021)

单位：亿元 (100 million yuan)

地区	Region	合计 Total	# 国有控股 State-holding	内资企业 Domestic Funded Enterprises	国有企业 State-owned Enterprises	集体企业 Collective-owned Enterprises	股份合作企业 Cooperative Enterprises
全省	**Shaanxi**	**17859.85**	**10756.37**	**16441.19**	**3788.60**	**8.21**	**8.56**
西安市	Xi'an	11233.74	6601.72	9825.89	2358.70	1.73	6.71
铜川市	Tongchuan	207.74	68.60	207.74	20.77		
宝鸡市	Baoji	1042.93	309.34	1042.93	62.86	1.13	
咸阳市	Xianyang	263.84	149.33	263.71	82.77		
渭南市	Weinan	953.68	606.91	948.21	428.72	0.20	
# 韩城市	Hancheng	15.58	1.62	15.58	1.13		
延安市	Yan'an	340.81	142.33	340.81	91.92		
汉中市	Hanzhong	236.11	135.93	236.11	31.73	0.19	
榆林市	Yulin	3355.58	2638.42	3350.57	660.34	3.59	1.85
安康市	Ankang	142.51	61.71	142.51	19.32	1.37	
商洛市	Shangluo	61.95	37.51	61.95	28.36		
杨凌示范区	Yangling	20.96	4.57	20.75	3.11		

16−9 续表 continued

单位：亿元 (100 million yuan)

地区	Region	联营企业 State Joint Ownership Enterprises	有限责任公司 Limited Liability Corporations	股份有限公司 Share-holding Corporations Ltd.	私营企业 Private Enterprises	港、澳、台商投资企业 Enterprises with Funds from Hong Kong, Macao & Taiwan	外商投资企业 Enterprises with Foreign Investment
全省	**Shaanxi**		**7953.67**	**1416.22**	**3248.44**	**80.00**	**1338.66**
西安市	Xi'an		3820.34	1254.81	2382.83	80.00	1327.85
铜川市	Tongchuan		80.05	20.92	85.46		
宝鸡市	Baoji		818.51	27.13	121.15		
咸阳市	Xianyang		52.36	21.81	106.78		0.13
渭南市	Weinan		458.66	1.67	58.31		5.46
# 韩城市	Hancheng		3.17		11.28		
延安市	Yan'an		98.95	16.92	130.95		
汉中市	Hanzhong		116.50		87.70		
榆林市	Yulin		2469.42	41.33	172.74		5.00
安康市	Ankang		29.90	21.23	70.70		
商洛市	Shangluo		8.61	8.94	16.04		
杨凌示范区	Yangling		0.39	1.50	15.79		0.21

16—10 各市(区)限额以上零售业商品购进总额(2021年)

Total Purchases of Enterprises above Designated Size in Retail Trades by City(District)(2021)

单位：亿元 (100 million yuan)

地区	Region	合计 Total	# 国有控股 State-holding	内资企业 Domestic Funded Enterprises	国有企业 State-owned Enterprises	集体企业 Collective-owned Enterprises	股份合作企业 Cooperative Enterprises
全省	**Shaanxi**	**3264.24**	**407.93**	**2644.31**	**63.96**	**39.89**	**2.27**
西安市	Xi'an	1640.35	314.87	1062.24	45.58	1.74	
铜川市	Tongchuan	34.21	2.32	34.21	0.43	0.19	
宝鸡市	Baoji	347.81	30.13	339.17	9.68	21.60	0.36
咸阳市	Xianyang	385.93	18.66	367.35	4.13	11.47	0.95
渭南市	Weinan	181.18	7.30	176.74	1.99	1.41	
# 韩城市	Hancheng						
延安市	Yan'an	89.41	6.49	85.01	0.98	0.12	
汉中市	Hanzhong	162.62	13.52	160.17	0.13	0.54	0.14
榆林市	Yulin	164.76	5.47	161.75	0.35	0.45	0.82
安康市	Ankang	214.14	4.24	213.83	0.25	2.36	
商洛市	Shangluo	29.94	4.26	29.94	0.42		
杨凌示范区	Yangling	13.89	0.67	13.89			

16—10 续表 continued

单位：亿元 (100 million yuan)

地区	Region	联营企业 State Joint Ownership Enterprises	有限责任公司 Limited Liability Corporations	股份有限公司 Share-holding Corporations Ltd.	私营企业 Private Enterprises	港、澳、台商投资企业 Enterprises with Funds from Hong Kong, Macao & Taiwan	外商投资企业 Enterprises with Foreign Investment
全省	**Shaanxi**	**0.06**	**803.86**	**33.58**	**1696.62**	**209.12**	**410.81**
西安市	Xi'an		380.29	2.51	631.58	180.73	397.38
铜川市	Tongchuan		17.71	0.50	15.10		
宝鸡市	Baoji	0.06	132.16	16.30	155.95	0.23	8.41
咸阳市	Xianyang		95.70	1.15	253.95	17.70	0.88
渭南市	Weinan		63.78	5.73	103.83	2.47	1.97
# 韩城市	Hancheng						
延安市	Yan'an		26.71	0.11	56.93	2.53	1.87
汉中市	Hanzhong		21.29		138.05	2.45	
榆林市	Yulin		34.19	4.93	120.96	3.01	
安康市	Ankang		20.84	1.71	188.66		0.30
商洛市	Shangluo		9.31	0.28	19.93		
杨凌示范区	Yangling		1.87	0.35	11.67		

16−11 各市(区)限额以上批发业商品销售总额(2021年)
Total Sales of Enterprises above Designated Size in Wholesale Trades by City(District)(2021)

单位：亿元 (100 million yuan)

地区	Region	合计 Total	# 国有控股 State-holding	内资企业 Domestic Funded Enterprises	国有企业 State-owned Enterprises	集体企业 Collective-owned Enterprises	股份合作企业 Cooperative Enterprises
全省	**Shaanxi**	**18719.32**	**11197.79**	**17217.62**	**4006.53**	**9.80**	**7.98**
西安市	Xi'an	11665.60	6762.81	10200.73	2423.16	3.12	5.54
铜川市	Tongchuan	223.48	75.52	223.48	25.35		
宝鸡市	Baoji	1099.39	349.78	1099.39	73.88	1.47	
咸阳市	Xianyang	302.35	183.43	302.09	102.87		
渭南市	Weinan	1006.99	632.15	1000.52	453.86	0.21	
# 韩城市	Hancheng	638.17	394.56	638.17	394.56		
延安市	Yan'an	392.12	178.60	392.12	99.91		
汉中市	Hanzhong	257.40	147.16	257.40	40.59	0.21	
榆林市	Yulin	3507.69	2737.18	3477.82	714.73	3.41	2.44
安康市	Ankang	164.30	76.24	164.30	32.54	1.38	
商洛市	Shangluo	76.86	49.37	76.86	35.63		
杨凌示范区	Yangling	23.17	5.54	22.94	4.00		

16−11 续表 continued

单位：亿元 (100 million yuan)

地区	Region	联营企业 State Joint Ownership Enterprises	有限责任公司 Limited Liability Corporations	股份有限公司 Share-holding Corporations Ltd.	私营企业 Private Enterprises	港、澳、台商投资企业 Enterprises with Funds from Hong Kong, Macao & Taiwan	外商投资企业 Enterprises with Foreign Investment
全省	**Shaanxi**		**8184.30**	**1505.31**	**3484.35**	**100.46**	**1401.23**
西安市	Xi'an		3926.57	1289.49	2552.07	100.46	1364.41
铜川市	Tongchuan		84.98	21.14	91.52		
宝鸡市	Baoji		846.29	30.61	133.10		
咸阳市	Xianyang		56.97	32.28	109.97		0.26
渭南市	Weinan		482.11	1.73	61.96		6.47
# 韩城市	Hancheng		239.79		3.82		
延安市	Yan'an		114.27	36.61	138.88		
汉中市	Hanzhong		122.58		94.02		
榆林市	Yulin		2505.39	57.59	193.28		29.87
安康市	Ankang		33.59	22.49	74.30		
商洛市	Shangluo		11.13	11.84	18.25		
杨凌示范区	Yangling		0.42	1.53	16.99		0.22

16－12 各市(区)限额以上零售业商品销售总额（2021年）
Total Sales of Enterprises above Designated Size in Retail Trades by City(District)(2021)

单位：亿元 (100 million yuan)

地 区	Region	合 计 Total	# 国有控股 State-holding	内资企业 Domestic Funded Enterprises	国有企业 State-owned Enterprises	集体企业 Collective-owned Enterprises	股份合作企业 Cooperative Enterprises
全 省	**Shaanxi**	**4070.65**	**454.08**	**2946.84**	**77.72**	**43.79**	**2.58**
西安市	Xi'an	2278.39	350.16	1198.28	57.17	2.24	
铜川市	Tongchuan	37.98	3.12	37.98	0.43	0.20	
宝鸡市	Baoji	388.78	34.31	379.22	10.77	23.39	0.36
咸阳市	Xianyang	424.35	20.64	405.64	4.67	12.84	1.26
渭南市	Weinan	201.01	8.35	196.13	2.20	1.43	
# 韩城市	Hancheng	17.67	1.79	17.67	1.29		
延安市	Yan'an	98.66	8.32	94.04	1.13	0.17	
汉中市	Hanzhong	182.44	14.91	180.05	0.14	0.55	0.14
榆林市	Yulin	177.30	5.41	174.09	0.53	0.50	0.83
安康市	Ankang	233.39	3.99	233.06	0.29	2.48	
商洛市	Shangluo	33.51	4.26	33.51	0.41		
杨凌示范区	Yangling	14.84	0.62	14.84			

16－12 续表 continued

单位：亿元 (100 million yuan)

地 区	Region	联营企业 State Joint Ownership Enterprises	有限责任公司 Limited Liability Corporations	股份有限公司 Share-holding Corporations Ltd.	私营企业 Private Enterprises	港、澳、台商投资企业 Enterprises with Funds from Hong Kong, Macao & Taiwan	外商投资企业 Enterprises with Foreign Investment
全 省	**Shaanxi**	**0.06**	**908.65**	**42.92**	**1866.53**	**589.95**	**533.86**
西安市	Xi'an		440.60	9.29	688.42	560.79	519.32
铜川市	Tongchuan		18.33	0.52	18.02		
宝鸡市	Baoji	0.06	148.64	17.52	175.14	0.39	9.17
咸阳市	Xianyang		104.43	1.09	281.36	17.73	0.99
渭南市	Weinan		70.09	6.07	116.34	2.84	2.04
# 韩城市	Hancheng		3.94		12.44		
延安市	Yan'an		28.71	0.16	63.75	2.61	2.01
汉中市	Hanzhong		24.81		154.41	2.39	
榆林市	Yulin		39.05	5.71	127.43	3.21	
安康市	Ankang		21.74	1.68	206.86		0.33
商洛市	Shangluo		10.32	0.57	22.21		
杨凌示范区	Yangling		1.93	0.32	12.59		

16-13 各市(区)限额以上批发业商品库存总额(2021年)

Total Inventory of Enterprises above Designated Size in Wholesale Trades by City(District)(2021)

单位：亿元 (100 million yuan)

地区	Region	合计 Total	# 国有控股 State-holding	内资企业 Domestic Funded Enterprises	国有企业 State-owned Enterprises	集体企业 Collective-owned Enterprises	股份合作企业 Cooperative Enterprises
全省	**Shaanxi**	**563.75**	**270.50**	**525.19**	**99.86**	**0.44**	**1.28**
西安市	Xi'an	377.13	179.81	339.94	72.26	0.01	1.25
铜川市	Tongchuan	6.77	2.11	6.77	1.50		
宝鸡市	Baoji	48.02	3.70	48.02	2.12	0.03	
咸阳市	Xianyang	6.87	2.11	6.87	1.71		
渭南市	Weinan	13.41	6.64	13.33	6.30	0.02	
# 韩城市	Hancheng						
延安市	Yan'an	9.98	3.81	9.98	2.44		
汉中市	Hanzhong	10.65	5.91	10.65	3.34	0.01	
榆林市	Yulin	75.53	60.90	74.27	5.73	0.37	0.03
安康市	Ankang	9.35	1.86	9.35	1.05		
商洛市	Shangluo	4.83	3.48	4.83	3.25		
杨凌示范区	Yangling	1.20	0.19	1.19	0.17		

16-13 续表 continued

单位：亿元 (100 million yuan)

地区	Region	联营企业 State Joint Ownership Enterprises	有限责任公司 Limited Liability Corporations	股份有限公司 Share-holding Corporations Ltd.	私营企业 Private Enterprises	港、澳、台商投资企业 Enterprises with Funds from Hong Kong, Macao & Taiwan	外商投资企业 Enterprises with Foreign Investment
全省	**Shaanxi**		**260.08**	**7.13**	**155.85**	**14.69**	**23.87**
西安市	Xi'an		148.82	4.41	113.16	14.69	22.50
铜川市	Tongchuan		2.19	0.53	2.49		
宝鸡市	Baoji		37.43	0.40	7.68		
咸阳市	Xianyang		0.41	0.41	4.34		
渭南市	Weinan		3.24	0.02	3.76		0.08
# 韩城市	Hancheng						
延安市	Yan'an		2.33	0.51	4.63		
汉中市	Hanzhong		3.09		4.21		
榆林市	Yulin		60.97	0.42	6.73		1.26
安康市	Ankang		0.97	0.28	7.04		
商洛市	Shangluo		0.54	0.14	0.90		
杨凌示范区	Yangling		0.10	0.02	0.90		0.02

16-14 各市(区)限额以上零售业商品库存总额(2021年)

Total Inventory of Enterprises above Designated Size in Retail Trades by City(District)(2021)

单位：亿元 (100 million yuan)

地 区	Region	合 计 Total	# 国有控股 State-holding	内资企业 Domestic Funded Enterprises	国有企业 State-owned Enterprises	集体企业 Collective-owned Enterprises	股份合作企业 Cooperative Enterprises
全 省	**Shaanxi**	**296.74**	**51.03**	**261.22**	**22.10**	**0.69**	**0.06**
西安市	Xi'an	186.31	39.80	152.02	21.09	0.08	
铜川市	Tongchuan	3.92	0.15	3.92			
宝鸡市	Baoji	20.12	1.80	19.88	0.33	0.26	0.01
咸阳市	Xianyang	15.03	2.08	14.72	0.08	0.07	0.03
渭南市	Weinan	11.76	0.93	11.35	0.03	0.03	
# 韩城市	Hancheng						
延安市	Yan'an	8.64	1.08	8.39	0.22	0.07	
汉中市	Hanzhong	15.46	2.30	15.46	0.02		0.01
榆林市	Yulin	19.12	1.17	19.10	0.01	0.01	0.01
安康市	Ankang	12.44	0.80	12.44	0.03	0.17	
商洛市	Shangluo	3.49	0.86	3.49	0.28		
杨凌示范区	Yangling	0.45	0.08	0.45			

16-14 续表 continued

单位：亿元 (100 million yuan)

地 区	Region	联营企业 State Joint Ownership Enterprises	有限责任公司 Limited Liability Corporations	股份有限公司 Share-holding Corporations Ltd.	私营企业 Private Enterprises	港、澳、台商投资企业 Enterprises with Funds from Hong Kong, Macao & Taiwan	外商投资企业 Enterprises with Foreign Investment
全 省	**Shaanxi**	**0.01**	**87.19**	**1.83**	**149.26**	**20.84**	**14.68**
西安市	Xi'an		55.05	0.46	75.34	20.21	14.08
铜川市	Tongchuan		2.63	0.02	1.26		
宝鸡市	Baoji	0.01	5.49	0.26	13.45	0.04	0.20
咸阳市	Xianyang		5.75	0.12	8.68	0.22	0.08
渭南市	Weinan		3.94	0.02	7.32	0.13	0.27
# 韩城市	Hancheng						
延安市	Yan'an		2.67	0.01	5.42	0.21	0.04
汉中市	Hanzhong		3.00		12.43		
榆林市	Yulin		5.71	0.82	12.53	0.02	
安康市	Ankang		1.56	0.05	10.63		
商洛市	Shangluo		1.31	0.03	1.87		
杨凌示范区	Yangling		0.09	0.03	0.33		

16-15 限额以上住宿业经营情况(2021年)

指　　标	Item	企业数（个） Number of Enterprises (unit)	营业额（万元） Business Value (10 000 yuan)	#客房收入 From Hotel Rooms
总　　计	**Total**	**1273**	**1459083**	**750518**
按登记注册类型分	**By Status of Registration**			
内资企业	Domestic Invested Enterprises	1256	1386588	717565
国有企业	State-owned Enterprises	40	80792	22872
集体企业	Collective-owned Enterprises	4	3899	1222
股份合作企业	Cooperative Enterprises	2	16981	2006
有限责任公司	Limited Liability Corporations	238	399762	200438
国有独资公司	State Sole-proprietorship Corporations	26	58632	25156
其他有限责任公司	Other Limited Liability Corporations	212	341130	175281
股份有限公司	Share-holding Corporations Ltd.	13	13313	4164
私营企业	Private Enterprises	959	871840	486864
私营独资企业	Private Sole-proprietorship Enterprises	74	54122	21323
私营合伙企业	Private Partnership Enterprises	9	6537	2721
私营有限责任公司	Private Limited Liability Corporations	866	795562	456245
私营股份有限公司	Private Share-holding Corporations Ltd.	10	15620	6575
港、澳、台商投资企业	Enterprises with Investment from Hong Kong,Macao and Taiwan	7	30338	13549
与港澳台商合资经营企业	Joint-venture Enterprises	3	14845	6470
与港澳台商合作经营企业	Cooperative Enterprises	1		
港澳台商独资企业	Sole-proprietorship Enterprises	2	14174	6728
其他港澳台投资企业	Other Enterprises with Investment from Hong Kong, Macao and Taiwan	1	1319	351
外商投资企业	Foreign Invested Enterprises	10	42157	19404
中外合资经营企业	Joint-venture Enterprises	2	10845	1694
外资企业	Sole-proprietorship Enterprises	7	30584	17046
其他外商投资企业	Other Foreign Invested Enterprises	1	728	664
按行业分	**By Sector**			
旅游饭店	Tour Restaurant	596	912104	411485
一般旅馆	General Restaurant	619	480505	308273
经济型连锁酒店	Chain Economical Hotel	154	136240	105587
其他一般旅馆	Others	465	344265	202686
民宿服务	Bed and Breakfast Services	11	5026	3849
露营地服务	Camp Services	2	1320	934
其他住宿业	Other Hotel Services	45	60128	25977
按经营形式分	**By Form of Management**			
独立门店	Independent Stores	1068	1274171	619877
连锁总店(总部)	General Chain Stores	2	844	844
连锁直营店	Chain Direct Store	26	21411	17752
连锁加盟店	Chain Franchise	118	91088	81898
其　　他	Others	59	71569	30147
按单位规模分	**By Scale**			
大　型	Large	7	91096	37589
中　型	Medium	119	509246	202447
小　型	Small	968	809431	472695
微　型	Mini	179	49309	37787
按星级分	**By Star Rating**			
五　星	Five-star Level	24	121560	52082
四　星	Four-star Level	82	137427	69213
三　星	Three-star Level	138	201010	73531
二　星	Two-star Level	28	30599	10418
一　星	One-star Level	9	2007	1800
其　他	Others	992	966480	543474
按经营地分	**By Location of Establishments**			
城　镇	Urban Areas	1224	1433483	735039
乡　村	Rural Areas	49	25599	15479

Management of Enterprises above Designated Size of Hotels(2021)

#公共网络客房收入 Public Network Income	#通过非自营平台实现的客房收入 Sales of Non-self-supporting Platform	#餐费收入 From Meals	#公共网络餐费收入 Public Network Income	#通过非自营平台实现的餐费收入 Sales of Non-self-supporting Platform	#商品销售收入 From Commodities	客房间数 (间) Number of Hotel Rooms (unit)	床位数 (个) Number of Beds (unit)	餐位数 (位) Number of Dining-seats (seat)	餐饮营业面积 (平方米) Operating Area (sq.m)
111710	**38892**	**604067**	**13551**	**5421**	**25340**	**167982**	**267546**	**338636**	**3595059**
107173	35933	575774	10810	2750	24065	163073	260161	325824	3459159
2536	164	47098	6	6	1194	4550	7999	22057	109638
		2124			19	285	555	640	7620
		14975				76	130	92	3964
27212	8301	157628	5619	1255	4554	46504	76609	85167	943758
3586	762	25045	2398	51	1012	12592	20756	14855	117349
23626	7539	132582	3222	1204	3542	33912	55853	70312	826409
648		8654			225	1349	2437	4358	49095
76777	27469	345296	5184	1489	18072	110309	172431	213510	2345084
1400	859	31309	144	118	1064	4557	7947	14572	128616
59	48	3293			97	590	984	2005	15208
74957	26562	302878	4389	1371	16696	104165	161921	193311	2154974
361		7816	651		216	997	1579	3622	46286
1300	1188	11250	68	12	250	1838	2786	6182	18068
571	460	3944	56		178	1013	1620	2982	12195
728	728	6454	12	12	13	717	987	1900	4723
		852			59	108	179	1300	1150
3238	1770	17043	2673	2659	1025	3071	4599	6630	117832
586		5212	8		697	499	908	2468	2560
2282	1508	11831	2666	2659	328	2456	3533	4162	115272
371	263					116	158		
53410	13864	418316	10857	4381	15578	91103	150843	231016	2269657
56520	24690	151857	2474	1006	9071	71602	108003	84120	1141239
27569	11070	26780	1255	428	2193	19244	28696	13660	299180
28951	13620	125077	1219	578	6878	52358	79307	70460	842059
450	177	1080	15	11	49	532	873	942	20478
		222			22	107	203	210	953
1330	162	32592	205	23	620	4638	7624	22348	162732
78118	24950	566420	12992	5093	21826	141572	227490	301114	3066114
						588	992		7980
4516	2526	1444	176	152	186	4028	5732	1217	49755
25253	10885	6510	262	89	410	15258	22485	4918	199307
3823	531	29693	121	87	2918	6536	10847	31387	271903
3858	1638	33499	3539	2513	817	4321	6637	11983	95535
22184	5939	265376	4625	1189	6530	31442	50175	91926	908006
80613	30414	295611	5207	1719	16771	125764	199913	229969	2488725
5056	901	9581	181		1222	6455	10821	4758	102793
10251	2327	59583	4558	927	1290	7552	11885	23651	122370
4944	1121	57722	314	117	2776	15161	24757	43714	527882
3870	727	117016	385	82	3171	15566	27532	61917	513996
788	565	19387	304	253	630	2122	3799	15184	64947
6		183			24	383	581	316	9838
91852	34152	350177	7990	4043	17449	127158	198992	193854	2356026
110165	38092	594909	13494	5388	25016	162213	256772	327532	3389444
1545	800	9158	57	33	324	5769	10774	11104	205615

16-16 限额以上餐饮业经营情况(2021年)

指标	Item	企业数(个) Number of Enterprises (unit)	营业额(万元) Business Value (10 000 yuan)	#客房收入 From Hotel Rooms
总计	**Total**	**1526**	**2454170**	**122200**
按登记注册类型分	**By Status of Registration**			
内资企业	Domestic Invested Enterprises	1509	2182790	121961
国有企业	State-owned Enterprises	8	14239	2847
集体企业	Collective-owned Enterprises	3	3828	513
股份合作企业	Cooperative Enterprises	1	210	126
联营企业	Joint Ownership Enterprises	1	3067	
有限责任公司	Limited Liability Corporations	200	646262	30225
国有独资公司	State Sole-proprietorship Corporations	6	13927	2414
其他有限责任公司	Other Limited Liability Corporations	194	632336	27811
股份有限公司	Share-holding Corporations Ltd.	9	90556	2898
私营企业	Private Enterprises	1285	1424019	85194
私营独资企业	Private Sole-proprietorship Enterprises	100	73642	4253
私营合伙企业	Private Partnership Enterprises	7	2769	
私营有限责任公司	Private Limited Liability Corporations	1171	1341521	80941
私营股份有限公司	Private Share-holding Corporations Ltd.	7	6087	
其他企业	Other Enterprises	2	609	159
港、澳、台商投资企业	Enterprises with Investment from Hong Kong,Macao and Taiwan	5	87633	
与港澳台商合资经营企业	Joint-venture Enterprises	2	2954	
港澳台商独资企业	Sole-proprietorship Enterprises	3	84679	
外商投资企业	Foreign Invested Enterprises	12	183747	240
中外合资经营企业	Joint-venture Enterprises	1	2862	
外资企业	Sole-proprietorship Enterprises	9	161505	
外商投资股份有限公司	Share-holding Corporations Ltd.	1	17419	
其他外商投资企业	Other Foreign Invested Enterprises	1	1961	240
按行业分	**By Sector**			
正餐服务	Restaurant	1434	2054386	121716
快餐服务	Fast Food	32	234505	
饮料及冷饮服务	Beverages and Cold Drinks	16	113603	
#茶馆服务	Tea	2	1156	
咖啡馆服务	Café	4	67314	
酒吧服务	Bar	4	3275	
餐饮配送及外卖送餐服务	Catering Distribution And Delivery Services	21	26593	
餐饮配送服务	Catering Distribution	20	24589	
外卖送餐服务	Delivery Services	1	2004	
其他餐饮服务	Others	23	25083	485
#小吃服务	Snack	18	23800	485
按经营形式分	**By Form of Management**			
独立门店	Independent Stores	1403	1767140	117522
连锁总店	General Chain Stores	21	377296	
连锁直营店	Chain Direct Store	24	89967	
连锁加盟店	Chain Franchise	10	8588	
其他	Others	68	211180	4678
按单位规模分	**By Scale**			
大型	Large	17	571065	6643
中型	Medium	75	671163	25965
小型	Small	1108	1078204	80551
微型	Mini	326	133738	9042
按经营地分	**By Location of Establishments**			
城镇	Urban Areas	1421	2388256	118413
乡村	Rural Areas	105	65914	3787

Management of Enterprises above Designated Size of Catering Services(2021)

#公共网络客房收入 Public Network Income	#通过非自营平台实现的客房收入 Sales of Non-self-supporting Platform	#餐费收入 From Meals	#公共网络餐费收入 Public Network Income	#通过非自营平台实现的餐费收入 Sales of Non-self-supporting Platform	#商品销售收入 From Commodities	客房间数(间) Number of Hotel Rooms (unit)	床位数(个) Number of Beds (unit)	餐位数(位) Number of Dining-seats (seat)	餐饮营业面积(平方米) Operating Area (sq.m)
3117	**576**	**2163309**	**137538**	**45519**	**118935**	**24692**	**43573**	**861623**	**2763208**
3103	576	1911757	95596	31397	109528	24627	43445	822704	2639301
134		9752	350	1	1031	609	1211	3086	14721
		3310			5	82	156	570	1853
		84				152	322	350	1800
		3067						120	1200
165	10	569693	36201	11309	35156	5634	9534	140902	577603
		9555	141	141	1367	632	897	3208	58734
165	10	560139	36060	11168	33789	5002	8637	137694	518869
		67776	9560	9560	6415	512	951	25508	192906
2804	566	1257776	49484	10528	66771	17622	31245	651518	1848418
2		64741	165	72	4501	1139	2083	27210	100726
		2732			23			2188	5304
2802	566	1184392	47740	10304	62236	16483	29162	621325	1737626
		5911	1579	152	11			795	4762
		300			151	16	26	650	800
		78361	36238	10577	7409			13484	38190
		2535	986	46				106	752
		75826	35252	10531	7409			13378	37438
14		173191	5704	3545	1997	65	128	25435	85717
		2240	2	2				1850	3411
		154540	5702	3543	62			23205	79786
		16136			496			50	510
14		276			1440	65	128	330	2010
2946	406	1790042	48709	22961	103652	24538	43314	792225	2568683
		225161	29728	3452	1385			52159	130077
		104547	48722	18472	7373			11557	34593
		1135			21			294	1660
		59240	10531	10531	6985			7385	12920
		3018	428		178			806	2797
		20288	9309		5899			1735	13950
		18284	9309		5899			1735	13950
		2004							
171	171	23271	1069	635	627	154	259	3947	15905
171	171	21988	1069	635	627	154	259	3641	13645
3117	576	1528773	45942	13156	89240	23640	41784	674892	2352534
		369744	72595	18190	4053			87273	232030
		82391	15265	12961	6512			15640	36630
		8505	1504	2	50			802	6366
		173896	2231	1210	19081	1052	1789	83016	135648
29	10	520358	74519	30426	22934	686	1099	159885	513661
875		583914	29519	8713	43214	5088	8928	144185	444821
2155	566	938991	27225	3881	48465	17780	31511	524976	1670095
58		120046	6275	2500	4323	1138	2035	32577	134631
2851	576	2106187	136042	45209	114118	23452	41088	823572	2657774
266		57122	1496	310	4817	1240	2485	38051	105434

16-17 各市(区)限额以上住宿业和餐饮业经营情况(2021年)

地　区	Region	企业数(个) Number of Enterprises (unit)	营业额(万元) Business Value (10 000 yuan)	#客房收入 From Hotel Rooms	#公共网络客房收入 Public Network Income	#通过非自营平台实现的客房收入 Sales of Non-self-supporting Platform
一、住宿业	**Hotels**					
全　省	**Shaanxi**	**1273**	**1459083**	**750518**	**111710**	**38892**
西安市	Xi'an	447	658781	400130	82047	32414
铜川市	Tongchuan	31	44096	16097	1236	439
宝鸡市	Baoji	130	163317	62263	4528	975
咸阳市	Xianyang	59	91841	31919	1391	164
渭南市	Weinan	75	70264	27035	1350	115
#韩城市	Hancheng					
延安市	Yan'an	121	66915	41540	4891	1492
汉中市	Hanzhong	129	101017	48647	6546	1329
榆林市	Yulin	91	112032	44856	1970	185
安康市	Ankang	126	112949	60117	4986	974
商洛市	Shangluo	53	32466	14649	1676	622
杨凌示范区	Yangling	11	5406	3265	1089	184
二、餐饮业	**Catering Services**					
全　省	**Shaanxi**	**1526**	**2454170**	**122200**	**3117**	**576**
西安市	Xi'an	352	1008742	13062	710	453
铜川市	Tongchuan	29	15285	1763	45	
宝鸡市	Baoji	164	236212	15109	244	
咸阳市	Xianyang	216	637745	34152	135	
渭南市	Weinan	120	114038	8860	33	
#韩城市	Hancheng					
延安市	Yan'an	78	45551	5357	284	
汉中市	Hanzhong	205	84289	5419	243	114
榆林市	Yulin	41	46060	7520	302	
安康市	Ankang	245	215379	26641	636	10
商洛市	Shangluo	64	32338	3859	486	
杨凌示范区	Yangling	12	18531	457		

Management of Enterprises above Designated Size in Hotels and Catering Services by City(District)(2021)

#餐费收入 From Meals	#公共网络餐费收入 Public Network Income	#通过非自营平台实现的餐费收入 Sales of Non-self-supporting Platform	#商品销售收入 From Commodities	客房间数(间) Number of Hotel Rooms (unit)	床位数(个) Number of Beds (unit)	餐位数(位) Number of Dining-seats (seat)	餐饮营业面积(平方米) Operating Area (sq.m)
604067	**13551**	**5421**	**25340**	**167982**	**267546**	**338636**	**3595059**
195827	8852	3332	6924	70769	109528	93367	1161599
26477	901	848	862	2857	5022	7263	110629
96165	1083	197	2906	24226	34972	53036	470668
52893	595	113	2578	5937	9733	21660	152948
41222	58		587	7957	13288	24995	248739
23313	568	258	543	12863	23010	20764	279063
48482	502	2	2399	10495	16939	34655	287943
57126	253	186	1752	9474	15292	43939	390217
46752	471	327	3905	17115	28595	25267	298407
13870	268	159	2817	5084	9022	11550	179556
1941			67	1205	2145	2140	15290
2163309	**137538**	**45519**	**118935**	**24692**	**43573**	**861623**	**2763208**
917073	118571	44370	38951	2525	4208	422812	1167895
13054			317	242	439	8948	34649
208994	3575	562	11587	3997	7543	93071	310134
551521	1798	221	47364	4610	7923	75644	258494
98960	8		6127	2686	4869	37267	134549
38768	350		288	1290	2343	41362	154387
73913	706	291	4521	1579	2569	53983	183747
37199	9324		389	1987	3700	21699	104967
178743	553	75	8220	4001	6865	52679	270684
27139	2092		1044	1584	2688	42742	100677
17946	561		128	191	326	11416	43025

16—18 限额以上批发业主要财务指标(2021年)

单位：万元

指　　标	Item	企业数(个) Number of Enterprises (unit)	资产合计 Total Assets
总　计	**Total**	**2806**	**59489457**
按登记注册类型分	**By Status of Registration**		
内资企业	Domestic Invested Enterprises	2767	51977948
国有企业	State-owned Enterprises	97	9878503
集体企业	Collective-owned Enterprises	15	54164
股份合作企业	Cooperative Enterprises	3	84678
有限责任公司	Limited Liability Corporations	569	27806452
国有独资公司	State Sole-proprietorship Corporations	64	5186774
其他有限责任公司	Other Limited Liability Corporations	505	22619678
股份有限公司	Share-holding Corporations Ltd.	39	2449773
私营企业	Private Enterprises	2017	11645754
私营独资企业	Private Sole-proprietorship Enterprises	34	86984
私营合伙企业	Private Partnership Enterprises	3	8496
私营有限责任公司	Private Limited Liability Corporations	1959	11409552
私营股份有限公司	Private Share-holding Corporations Ltd.	21	140723
其他企业	Other Enterprises	27	58625
港、澳、台商投资企业	Enterprises with Investment from Hong Kong, Macao and Taiwan	10	614721
合资经营企业(港或澳、台资)	Joint-venture Enterprises	2	278239
港澳台商独资经营企业	Sole-proprietorship Enterprises	7	290570
其他港澳台投资企业	Other Enterprises with Investment from Hong Kong, Macao and Taiwan	1	45913
外商投资企业	Foreign Invested Enterprises	29	6896788
中外合资经营企业	Joint-venture Enterprises	7	5728278
外资企业	Sole-proprietorship Enterprises	18	915533
外商投资股份有限公司	Share-holding Corporations Ltd.	3	235441
其他外商投资企业	Other Foreign Invested Enterprises	1	17536
按行业分	**By Sector**		
农、林、牧、渔产品批发	Wholesale of Farm Produce and Livestock Products	75	542204
谷物、豆及薯类批发	Wholesale of Cereals,Beans and Tubers	22	271781
种子批发	Wholesale of Seeds and Forages	15	55907
畜牧渔业饲料批发	Wholesale of Animal Husbandry and Fishery Feeds	11	15458
棉、麻批发	Wholesale of Cotton and Hemp	2	32602
林业产品批发	Wholesale of Forestry Products	9	118118
牲畜批发	Wholesale of livestock	4	26775
其他农牧产品批发	Others	12	21565
食品、饮料及烟草制品批发	Wholesale of Food, Beverages and Tobaccos	488	5313599

Main Financial Indicators of Enterprises above Designated Size in Wholesale Trades(2021)

(10 000 yuan)

# 流动资产 Working Capital	负债合计 Total Liabilities	营业收入 Business Revenue	营业成本 Cost of Business	销售费用 Business Expenditure	营业利润 Profits from Business	利润总额 Total Profits
49176813	**43219151**	**163863040**	**157501591**	**2461383**	**2081665**	**2079946**
42523117	36628513	149803155	143748188	2319996	1975405	1972558
8524854	6684311	36087936	34432121	291578	486006	493715
34066	31717	70159	64063	2033	120	477
50456	38134	69696	64874	406	973	943
21969995	18778826	73160372	71111929	869269	1062007	1032363
4107457	3869969	27373780	26892008	147048	214267	213689
17862538	14908857	45786592	44219921	722221	847740	818674
1652605	2188875	8656769	8358177	239868	-23507	-20592
10253325	8885585	31570519	29546004	910852	444171	459960
55758	48480	306934	154989	13673	95277	95388
5340	6845	24532	23567	352	90	109
10079034	8765165	31020771	29170837	885449	346730	362213
113193	65095	218282	196610	11379	2075	2251
37815	21065	187704	171019	5990	5635	5693
544296	306783	901461	759945	77697	67687	69324
265374	81832	390876	302637	62185	10572	11208
233009	184200	425092	375255	14478	58062	59063
45913	40752	85493	82053	1033	-947	-947
6109401	6283855	13158424	12993458	63690	38574	38065
5128001	5351936	10087088	10015791	21400	782	799
889306	660525	2853986	2762262	23396	56384	55854
74692	254408	212279	211549	17420	-18679	-18692
17403	16986	5071	3857	1474	88	104
400410	351325	680041	636165	15192	5370	7934
239371	234189	328388	314457	6096	15	1441
24084	16370	58201	50036	1803	1470	1931
15283	11987	129524	125004	2156	967	968
17310	15198	6222	4661	321	32	59
69551	52200	59514	53207	2435	2615	3137
22415	16664	20709	21313	580	-1788	-1736
12397	4718	77483	67487	1802	2059	2134
4338143	2162205	9894292	7806267	535773	643560	654770

16-18 续表 1

单位：万元

指　　标	Item	企业数(个) Number of Enterprises (unit)	资产合计 Total Assets
米、面制品及食用油批发	Wholesale of Rice, Flour and Edible Oil	62	885395
糕点、糖果及糖批发	Wholesale of Cake and Sugar	12	28515
果品、蔬菜批发	Wholesale of Vegetables and Fruits	198	814696
肉、禽、蛋、奶及水产品批发	Wholesale of Meat, Poultry, Eggs and AquaticProducts	50	161325
盐及调味品批发	Wholesale of Salt and Condiments	14	84575
营养和保健品批发	Wholesale of Nutrition and Health Products	6	21677
酒、饮料及茶叶批发	Wholesale of Beverages and Tea	98	1676421
烟草制品批发	Wholesale of Tobaccos	11	1557446
其他食品批发	Others	37	83549
纺织、服装及家庭用品批发	Wholesale of Textiles, Garments and Daily Consumer Articles	100	1195903
纺织品、针织品及原料批发	Wholesale of Textiles, Knitwear and Textile Materials	11	18029
服装批发	Wholesale of Garments	23	421900
鞋帽批发	Wholesale of Shoes and hats	4	55004
化妆品及卫生用品批发	Wholesale of Cosmetics and Health Consumer Articles	16	117326
厨具卫具及日用杂品批发	Wholesale of Livestock Kitchen, Bathroom Appliances and Groceries	7	17106
灯具、装饰物品批发	Wholesale of Lamps and Lanterns, Decorative Articles	2	11447
家用视听设备批发	Wholesale of Domestic Audio-visual equipments	4	11520
日用家电批发	Wholesale of Household Appliances	27	502075
其他家庭用品批发	Others	6	41495
文化、体育用品及器材批发	Wholesale of Culture, Sports Appliances and Equipment	52	646347
文具用品批发	Wholesale of Stationary	16	179822
体育用品及器材批发	Wholesale of Sports Goods	1	3231
图书批发	Wholesale of Books	17	319771
报刊批发	Wholesale of Newspapers	1	2057
首饰、工艺品及收藏品批发	Wholesale of Jewelry, Artwork and Collections	9	92919
其他文化用品批发	Others	8	48547
医药及医疗器材批发	Wholesale of Medicines and Medical Appliances	283	4923479
西药批发	Wholesale of Western Medicine	120	3560064
中药批发	Wholesale of Traditional Chinese Medicinal Materials and Medicines	51	507653
动物用药品批发	Wholesale of Animal Drugs	1	1344
医疗用品及器材批发	Wholesale of Medical Materials and Medical Instruments	111	854418
矿产品、建材及化工产品批发	Wholesale of Mineral Products, Building Materials and Chemical Products	1319	41236030
煤炭及制品批发	Wholesale of Coal and Related Products	276	13709801
石油及制品批发	Wholesale of Petroleum and Related Products	191	3664617
非金属矿及制品批发	Wholesale of Metal Materials	13	36505
金属及金属矿批发	Wholesale of Metal Materials	370	18144959
建材批发	Wholesale of Building Materials	243	2725941

continued

(10 000 yuan)

# 流动资产 Working Capital	负债合计 Total Liabilities	营业收入 Business Revenue	营业成本 Cost of Business	销售费用 Business Expenditure	营业利润 Profits from Business	利润总额 Total Profits
727541	280697	1233962	1178915	27386	7875	8920
25679	22609	162823	150046	5042	654	618
458037	450116	1228071	1115845	37618	18896	19890
130020	166803	447914	412784	22358	-2689	-2118
55335	31702	46730	40037	2954	873	1435
18608	15171	28767	25255	1335	568	601
1470991	877581	2040314	1546507	253830	201573	206417
1373682	249104	4465743	3124349	171778	412762	415443
78249	68423	239967	212529	13473	3049	3562
1065911	779570	2071571	1712065	161811	107954	109200
14680	13956	56639	54480	553	263	280
385087	219261	716851	602950	78230	11241	11908
18945	11718	66996	50756	11220	2203	2217
102010	70537	186317	162790	21201	-454	-417
16868	13972	29974	22317	4946	-414	-85
11397	9276	19254	18383	441	226	226
11490	9765	46625	43980	2692	93	150
484517	406183	737645	693383	26788	1544	1640
20917	24902	211272	63027	15740	93253	93282
501516	438489	1203500	1109054	32193	19926	19965
128545	120161	345236	336235	3571	928	989
3219	2185	13515	12574	591	27	27
231234	193819	294655	225228	20963	18031	17843
1996	1741	4415	2801	1117	256	259
91842	82387	467604	458532	3966	472	500
44679	38196	78074	73685	1985	212	348
4593853	4071216	6656809	6085228	262292	95741	100292
3330628	3061714	4996414	4695877	134288	42681	46543
465786	415381	680123	588084	61389	5158	6450
1344	1327	3279	3005	3	28	28
796095	592794	976993	798262	66612	47875	47272
33472888	31050379	132759629	130083012	1210458	1097431	1071768
10285373	8664969	50460575	49352188	507266	918752	888857
2217609	3283031	21866449	21178216	414250	74771	76059
35743	26770	154943	139712	10904	1949	1866
15969252	15207055	46046957	45611607	125945	17970	18413
2549216	2226524	6505253	6332827	59619	33279	34403

16-18 续表 2

单位：万元

指　　标	Item	企业数(个) Number of Enterprises (unit)	资产合计 Total Assets
化肥批发	Wholesale of Garments	53	149195
农药批发	Wholesale of Pesticides	13	123634
农用薄膜批发	Wholesale of Agricultural Film	1	2880
其他化工产品批发	Others	159	2678499
机械设备、五金交电及电子产品批发	Wholesale of Machinery, Hardware and Electronic Equipment	412	5005367
农业机械批发	Wholesale of Agricultural Machinery	23	54640
汽车及零配件批发	Wholesale of Motor Vehicles and Parts	107	1288378
摩托车及零配件批发	Hardware	8	21193
五金产品批发	Wholesale of Household Appliances	29	154581
电气设备批发	Wholesale of Electrical Appliance	30	765397
计算机、软件及辅助设备批发	Wholesale of Computer, Software and Peripherals	31	108358
通讯设备批发	Wholesale of Communication Equipments	28	427529
广播影视设备批发	Wholesale of Radio and Television Equipments	3	7425
其他机械设备及电子产品批发	Others	153	2177866
贸易经纪与代理	Trade Broker and Agency	9	111154
贸易代理	Trade Agency	9	111154
其他批发	Others	68	515375
再生物资回收与批发	Recovery and Wholesale of Regeneration Material	11	25090
互联网批发	E-commerce Wholesale	12	84823
其他未列明的批发	Any other Wholesale	45	405462
按经营形式分	**By Form of Management**		
独立门店	Independent Stores	1720	28987978
连锁总店(总部)	General Chain Stores	7	182525
连锁直营店	Chain Direct Store	1	32219
连锁加盟店	Chain Franchise	1	6984
其　　他	Others	1077	30279752
按单位规模分	**By Scale**		
大　型	Large	68	12606119
中　型	Medium	673	32888928
小　型	Small	1533	9803695
微　型	Mini	532	4190716
按经营地分	**By Location of Establishments**		
城　镇	Urban Areas	2576	57518165
乡　村	Rural Areas	230	1971292

continued

(10 000 yuan)

# 流动资产 Working Capital	负债合计 Total Liabilities	营业收入 Business Revenue	营业成本 Cost of Business	销售费用 Business Expenditure	营业利润 Profits from Business	利润总额 Total Profits
130754	92085	500403	471775	14006	5597	6750
90959	62662	181324	150674	15944	9511	9758
1891	2658	9138	7868	577	68	87
2192092	1484625	7034588	6838146	61948	35535	35577
4408774	3878217	9497334	9025511	215625	116522	120685
48575	26978	117985	105994	5312	7314	7282
1241116	1237704	2332331	2242772	61950	-10744	-10250
19532	16206	71105	67805	1848	364	389
145029	89282	272575	246822	9686	9856	10352
718149	562044	1020363	985910	13291	59	355
86194	65017	265380	247748	6591	2321	2508
143104	93007	615887	577166	28107	33994	34540
7268	2988	25575	23350	1644	107	117
1999807	1784993	4776134	4527943	87199	73251	75392
105469	94966	245821	232254	7069	1875	1860
105469	94966	245821	232254	7069	1875	1860
289850	392784	854043	812034	20969	-6715	-6528
21843	18106	47927	45616	851	-298	-269
80939	83783	138031	125953	8264	-2542	-2291
187067	290895	668086	640465	11855	-3875	-3967
23768943	22358067	77908730	74695388	1320030	1199909	1184085
51282	96695	590207	565910	18000	-2838	-2715
1480	42271	74737	68292	8388	-2473	-2470
6273	6781	12740	11261	69	-61	-60
25348834	20715336	85276626	82160739	1114896	887128	901106
9568545	8641559	34558794	31833347	949250	751390	721001
27297284	24932893	84367990	82217041	852673	863451	882936
8807346	7324469	36671671	35379873	598340	335089	343054
3503639	2320230	8264585	8071330	61120	131736	132956
47646914	41980901	156492009	150407162	2385326	1983876	1976485
1529899	1238249	7371031	7094429	76057	97789	103462

16–19 限额以上零售业主要财务指标(2021年)

单位：万元

指　　标	Item	企业数(个) Number of Enterprises (unit)	资产合计 Total Assets
总　　计	**Total**	**4972**	**19509578**
按登记注册类型分	**By Status of Registration**		
内资企业	Domestic Invested Enterprises	4888	15468283
国有企业	State-owned Enterprises	57	553696
集体企业	Collective-owned Enterprises	60	45406
股份合作企业	Cooperative Enterprises	6	5304
联营企业	Joint Ownership Enterprises	1	323
其他联营企业	Collective Joint Ownership Enterprises	1	323
有限责任公司	Limited Liability Corporations	781	5056365
国有独资公司	State Sole-proprietorship Corporations	74	597898
其他有限责任公司	Other Limited Liability Corporations	707	4458467
股份有限公司	Share-holding Corporations Ltd.	34	656812
私营企业	Private Enterprises	3931	9131567
私营独资企业	Private Sole-proprietorship Enterprises	339	192348
私营合伙企业	Private Partnership Enterprises	28	34094
私营有限责任公司	Private Limited Liability Corporations	3535	8850444
私营股份有限公司	Private Share-holding Corporations Ltd.	29	54681
其他企业	Other Enterprises	18	18810
港、澳、台商投资企业	Enterprises with Investment from Hong Kong, Macao and Taiwan	36	1931282
合资经营企业(港或澳、台资)	Joint-venture Enterprises	7	456520
港澳台商独资经营企业	Sole-proprietorship Enterprises	23	1438420
港澳台商投资股份有限公司	Share-holding Corporations Ltd.	2	18219
其他港澳台投资企业	Other Enterprises with Investment from Hong Kong, Macao and Taiwan	4	18123
外商投资企业	Foreign Invested Enterprises	48	2110013
中外合资经营企业	Joint-venture Enterprises	6	1031543
外资企业	Sole-proprietorship Enterprises	37	988728
外资投资股份有限公司	Share-holding Corporations Ltd.	3	81860
其他外商投资企业	Other Foreign Invested Enterprises	2	7882
按行业分	**By Sector**		
综合零售	Integrated Retail	970	5096372
百货零售	Retail of General Merchandise	461	3439755
超级市场零售	Retail of Supermarkets	386	1514180
便利店零售	Retail of Convenience Stores	25	43726
其他综合零售	Others	98	98711
食品、饮料及烟草制品专门零售	Special Retail of Food, Beverages and Tobaccos	589	1659258
粮油零售	Retail of Grain and Oil	70	108689
糕点、面包零售	Retail of Cake and Bread	18	18463
果品、蔬菜零售	Retail of Melons and Fruits, Vegetables	152	259337
肉、禽、蛋及水产品零售	Retail of Meat, Poultry, Eggs and Aquatic Products	51	84456
营养和保健品零售	Retail of Nourishment and Health Products	15	10872
酒、饮料及茶叶零售	Retail of Beverages and Tea	153	249693
烟草制品零售	Retail of Tobaccos	18	14930
其他食品零售	Others	112	912818
纺织、服装及日用品专门零售	Special Retail of Textiles, Garments and Daily Consumer Articles	185	748301

Main Financial Indicators of Enterprises above Designated Size in Retail Trades(2021)

(10 000 yuan)

# 流动资产 Working Capital	负债合计 Total Liabilities	营业收入 Business Revenue	营业成本 Cost of Business	销售费用 Business Expenditure	营业利润 Profits from Business	利润总额 Total Profits
13278042	**13580613**	**37626072**	**32913957**	**2533618**	**533731**	**571474**
11203476	10628062	27381512	23840314	1712099	425664	444415
468741	234672	717393	607781	45042	28815	29696
32183	27715	398984	335357	23586	5703	5585
3798	3435	24815	23221	598	248	252
315	292	606	506	23	39	39
315	292	606	506	23	39	39
3247464	3779655	8089957	7112030	488255	71509	81605
423243	357844	717738	615990	45190	14529	16726
2824222	3421811	7372219	6496040	443066	56980	64879
365645	180301	360986	330743	12541	14356	21447
7074683	6393383	17744277	15391182	1140151	304458	305237
135623	104787	622722	554499	23678	15279	15105
17231	11633	136784	106421	8969	5015	4854
6878334	6251197	16854137	14620081	1095528	281294	282480
43495	25766	130635	110181	11976	2870	2798
10647	8610	44495	39495	1904	535	554
1198047	1544702	5390225	4807922	443217	18328	36480
367006	283317	470587	411409	24853	16418	17301
803189	1238831	4796143	4281392	413726	-2229	15062
16886	8852	53151	49444	1655	1315	1292
10965	13701	70345	65677	2984	2824	2826
876520	1407849	4854335	4265720	378302	89740	90579
221960	552930	1507324	1310291	98390	55014	56217
631908	774593	3141103	2764835	266736	36383	35966
17579	74419	182422	170129	11588	-2245	-2214
5073	5907	23485	20465	1588	588	611
2842700	3762009	7750750	6485208	677245	84810	108701
2010151	2489668	4136836	3467791	319854	65492	74091
742530	1206565	3210015	2689760	324154	14802	29691
32404	16240	77876	61429	8012	-982	-609
57615	49537	326022	266228	25225	5498	5529
1400100	1280574	2292335	1826675	273731	76011	68868
78782	71213	147842	133180	5714	1770	2635
12386	14105	47773	32705	8600	562	478
149189	134431	588224	509107	28125	30425	30999
54536	62318	206465	185897	9008	3216	3275
7103	9195	9798	8170	1087	-326	-391
214476	162382	366071	304093	20274	21703	21780
12518	8212	50371	37227	1598	10307	10310
871111	818718	875791	616296	199326	8354	-218
445982	476963	1133033	830038	127789	20880	22226

16—19 续表 1

单位：万元

指　　标	Item	企业数（个） Number of Enterprises (unit)	资产合计 Total Assets
纺织品及针织品零售	Retail of Textiles and Knitwear	19	10785
服装零售	Retail of Garments	98	576880
鞋帽零售	Retail of Shoes and Hats	8	47760
化妆品及卫生用品零售	Retail of Cosmetics and Health Consumer Articles	22	35563
厨具卫具及日用杂品零售	Retail of Livestock Kitchen, Bathroom Appliances and Groceries	8	2660
钟表、眼镜零售	Retail of Clocks and Watches,Spectacles	11	37756
箱包零售	Retail of Luggage and Bags	1	4329
自行车等代步设备零售	Retail of Working Equipments such as bicycle	3	186
其他日用品零售	Others	15	32383
文化、体育用品及器材专门零售	Special Retail of Culture, Sports Appliances and Equipments	270	822801
文具用品零售	Retail of Stationery	35	14674
体育用品及器材零售	Retail of Sports Goods	10	27178
图书、报刊零售	Retail of Books	135	667520
珠宝首饰零售	Retail of Jewelry	35	47558
工艺美术品及收藏品零售	Retail of Artwork and Collections	39	36061
乐器零售	Retail of Musical Instrument	5	4854
照相器材零售	Retail of Photographic Equipment	2	922
其他文化用品零售	Others	9	24035
医药及医疗器材专门零售	Special Retail of Medicines and Medical Appliances	295	1298113
西药零售	Retail of Western Medicine	257	912546
中药零售	Retail of Traditional Chinese Medicinal	19	325698
医疗用品及器材零售	Retail of Medical Supplies and Appliances	19	59869
汽车、摩托车、零配件和燃料及其他动力销售	Special Retail of Motor Vehicles, Motorcycles, Fuel and Parts	1451	6852312
汽车新车零售	Retail of New Motor Vehicles	852	5067784
汽车旧车零售	Retail of Old Motor Vehicles	14	45761
汽车零配件零售	Retail of Motor Vehicles and Parts	33	113004
摩托车及零配件零售	Retail of Motorcycles and Parts	46	61414
机动车燃油零售	Retail of Fuel Oil of Motor Vehicles	429	1355600
机动车燃气零售	Retail of Gas of Motor Vehicles	76	197897
机动车充电销售	Retail of Motor Vehicle Charging	1	10853
家用电器及电子产品专门零售	Special Retail of Household Appliances and Electronic Products	497	1049473
家用视听设备零售	Retail of Domestic Audio-visual Equipment	27	64830
日用家电零售	Retail of Household Appliances	252	646036
计算机、软件及辅助设备零售	Retail of Computer, Software and Peripherals	103	144457
通信设备零售	Retail of Communication Equipment	81	138395
其他电子产品零售	Others	34	55756
五金、家具及室内装修材料专门零售	Special Retail of Hardware, Furniture and Decoration Materials	309	715407
五金零售	Retail of Hardware	89	90985
灯具零售	Retail of Light Fittings	10	7326
家具零售	Retail of Furniture	120	382030
涂料零售	Retail of Dope	2	1129
卫生洁具零售	Retail of Sanitary	7	11194
木质装饰材料零售	Retail of Dooden Decorating Materials	12	5489

continued

(10 000 yuan)

# 流动资产 Working Capital	负债合计 Total Liabilities	营业收入 Business Revenue	营业成本 Cost of Business	销售费用 Business Expenditure	营业利润 Profits from Business	利润总额 Total Profits
7924	5332	27860	22375	3209	620	624
303504	349117	803593	592417	69180	12178	13363
42503	35911	102251	68197	19423	3334	3519
27573	17577	86857	62756	16977	2942	2858
1925	1914	13342	9446	928	584	726
32260	27434	36963	23768	9802	742	663
4318	4434	392	318	54	-142	-138
120	81	3106	2254	200	197	196
25855	35163	58669	48507	8017	425	415
596000	444377	815440	654444	75318	28958	33713
12358	5005	29642	24124	1156	2846	2921
16193	17770	24684	17887	4867	-225	-221
476369	361613	588517	470677	52397	25799	27691
39464	28181	57860	52250	3008	100	158
24514	18658	63519	48946	7299	530	1614
4475	2106	14779	10988	1217	299	430
707	304	2183	2051		28	33
21919	10739	34256	27521	5375	-420	1087
1107513	815705	1827926	1481366	212997	30154	32006
746372	701452	1662327	1353100	188492	26255	27775
317893	80274	86703	68086	13551	1496	1523
43248	33980	78897	60180	10954	2402	2707
4566768	4765940	14369194	13200290	563933	191342	198793
3898424	3762451	10918560	10136749	379260	107796	112801
39312	37762	113297	108395	2020	-657	-650
82890	70105	219012	199629	9763	1205	1304
30894	34520	115485	99111	6246	5013	5167
423174	717877	2654147	2343020	154521	75481	76815
91312	137490	346426	312929	12074	1519	2374
762	5734	2268	457	50	986	983
875195	675255	1874997	1666763	133515	-6310	-5083
41633	39011	81970	69127	6259	453	502
552677	452044	1133150	1015125	90647	-15423	-14904
114472	61671	201975	173333	7911	7777	8122
121505	90856	389241	349977	25338	-364	-87
44909	31672	68661	59202	3360	1246	1284
461168	506379	1119418	935064	51232	54979	56054
78352	39766	175953	152821	6717	5895	5912
6244	2596	11940	9244	378	1008	1010
174827	322008	418452	324370	28944	24772	25815
1107	805	1702	1411	21	40	43
9758	4053	14080	11230	1386	701	698
4172	710	16280	9790	786	3338	3336

16−19 续表 2

单位：万元

指　　标	Item	企业数(个) Number of Enterprises (unit)	资产合计 Total Assets
陶瓷、石材装饰材料零售	Retail of Porcelainous, Stone Finishing Decorating Materials	21	20537
其他室内装修材料零售	Others	48	196718
货摊、无店铺及其他零售业	Non-shop and Other Retails	406	1267541
互联网零售	E-commerce Retails	366	983259
自动售货机零售	Vending Machine Retails	2	1675
生活用燃料零售	Retail of Life Fuels	27	270676
其他未列明的零售业	Other Retail not Classified Elsewhere	11	11932
按经营形式分	**By Form of Management**		
独立门店	Independent Stores	4394	15399939
连锁总店(总部)	General Chain Stores	80	1212981
连锁直营店	Chain Direct Store	44	450724
连锁加盟店	Chain Franchise	9	14811
其　他	Others	445	2431122
按单位规模分	**By Scale**		
大　型	Large	48	4452123
中　型	Medium	799	8072943
小　型	Small	2466	4600874
微　型	Mini	1659	2383638
按零售业态分	**By Business Categories**		
有店铺零售	Shop Retails	4490	18000821
食杂店	Grocery Store	44	46764
便利店	Convenience Store	122	225561
折扣店	Discount Store	4	8518
超　市	Supermarket	653	724622
大型超市	Hypermarket	65	1434027
仓储会员店	Warehouse Club	12	10095
百货店	Department Store	310	2967631
专业店	Specialty Store	1671	6113684
专卖店	Franchised Store	1382	5437387
家居建材商店	Building Material Store	136	423440
购物中心	Shopping Center	39	522693
厂家直销中心	Factory Outlets Center	52	86400
无店铺零售	Non-shop Retails	482	1508756
邮　购	Mail-order	5	6931
网上商店	Web Storefronts	330	958729
电话购物	Telephone Shopping	2	2588
其　他	Others	145	540509
按经营地分	**By Location of Establishments**		
城　镇	Urban Areas	4529	18574698
乡　村	Rural Areas	443	934879

continued

(10 000 yuan)

# 流动资产 Working Capital	负债合计 Total Liabilities	营业收入 Business Revenue	营业成本 Cost of Business	销售费用 Business Expenditure	营业利润 Profits from Business	利润总额 Total Profits
14286	12095	38951	33425	1717	1830	1835
172422	124346	442061	392774	11283	17394	17405
982616	853412	6442979	5834109	417859	52909	56196
909625	784274	6299113	5707843	410603	50074	53417
1011	3971	1421	995	749	-1371	-1364
63312	57831	123277	108585	4634	4567	4591
8670	7336	19168	16686	1873	-360	-447
10078929	10338129	27524613	23924686	1732980	509075	528275
857693	754621	1517340	1255741	187814	-3888	5646
380441	398258	809672	695348	104637	-9524	-7308
9330	12730	16095	12824	2766	-1312	-1187
1951649	2076875	7758353	7025358	505422	39381	46047
2472750	3308195	7050697	5929245	754496	67012	82182
5552011	5868133	18120090	16193541	1105604	153073	178283
3329183	2798960	8621167	7537647	388201	218702	216986
1924099	1605325	3834118	3253524	285317	94945	94024
11934167	12416661	30815075	26775287	2089693	474920	508911
28205	22131	134612	95913	19488	1536	1753
131545	138873	437895	375162	27860	6663	-1943
4468	3666	5780	4957	929	-566	-449
506608	386334	2214335	1855681	135403	93127	94587
636034	1275989	2478293	2075263	310122	-33594	-20166
7502	8636	15690	13349	1440	90	49
1831139	2157958	3380038	2877250	247174	23821	33729
4055163	3674650	9993712	8764220	664094	167813	175997
4279019	4057181	10795562	9639035	635501	150281	157961
209381	351491	635690	513163	29511	41203	42152
175181	274786	527377	388825	11148	10468	11000
69922	64967	196090	172468	7022	14079	14239
1343875	1163952	6810997	6138670	443926	58811	62563
5508	5617	11257	9957	940	64	104
896959	777632	6235139	5652635	407837	47548	50844
2553	1087	2550	2017	230	66	52
438855	379617	562051	474060	34919	11133	11563
12681677	12874953	36004898	31480151	2475853	487270	533866
596366	705660	1621174	1433806	57766	46461	37608

16-20 限额以上住宿业主要财务指标(2021年)

单位：万元

指标	Item	企业数(个) Number of Enterprises (unit)	资产合计 Total Assets
总计	**Total**	**1271**	**5317924**
按登记注册类型分	**By Status of Registration**		
内资企业	Domestic Invested Enterprises	1254	4604417
国有企业	State-owned Enterprises	40	275363
集体企业	Collective-owned Enterprises	4	11655
股份合作企业	Cooperative Enterprises	2	399
有限责任公司	Limited Liability Corporations	238	2381913
国有独资公司	State Sole-proprietorship Corporations	26	243533
其他有限责任公司	Other Limited Liability Corporations	212	2138381
股份有限公司	Share-holding Corporations Ltd.	13	30395
私营企业	Private Enterprises	957	1904692
私营独资企业	Private Sole-proprietorship Enterprises	74	43187
私营合伙企业	Private Partnership Enterprises	9	9179
私营有限责任公司	Private Limited Liability Corporations	864	1815369
私营股份有限公司	Private Share-holding Corporations Ltd.	10	36958
港、澳、台商投资企业	Enterprises with Investment from Hong Kong, Macao and Taiwan	7	183663
与港澳台商合资经营企业	Joint-venture Enterprises	3	109923
与港澳台商合作经营企业	Cooperative Enterprises	1	2553
港澳台商独资企业	Sole-proprietorship Enterprises	2	68445
其他港澳台投资企业	Other Enterprises with Investment from Hong Kong, Macao and Taiwan	1	2741
外商投资企业	Foreign Invested Enterprises	10	529845
中外合资经营企业	Joint-venture Enterprises	2	86603
外资企业	Sole-proprietorship Enterprises	7	442355
其他外商投资企业	Other Foreign Invested Enterprises	1	887
按行业分	**By Sector**		
旅游饭店	Tour Restaurant	595	4217692
一般旅馆	General Restaurant	618	974324
# 经济型连锁酒店	Chain Economical Hotel	153	375825
民宿服务	Bed and Breakfast Services	11	10616
露营地服务	Camp Services	2	27810
其他住宿服务	Other Hotel Services	45	87482
按经营形式分	**By Form of Management**		
独立门店	Independent Stores	1066	4574542
连锁总店(总部)	General Chain Store	2	571
连锁直营店	Chain Direct Store	26	67881
连锁加盟店	Chain Franchise	118	209313
其他	Others	59	465619
按单位规模分	**By Scale**		
大型	Large	7	1051381
中型	Medium	119	1968663
小型	Small	968	2179601
微型	Mini	177	118280
按星级分	**By Star Rating**		
五星	Five-star Level	24	630454
四星	Four-star Level	82	728853
三星	Three-star Level	138	302930
二星	Two-star Level	28	31915
一星	One-star Level	9	2140
其他	Others	990	3621633
按经营地分	**By Location of Establishments**		
城镇	Urban Areas	1222	5166455
乡村	Rural Areas	49	151469

Main Financial Indicators in Hotels above Designated Size(2021)

(10 000 yuan)

# 流动资产 Working Capital	负债合计 Total Liabilities	营业收入 Business Revenue	营业成本 Cost of Business	销售费用 Business Expenditure	营业利润 Profits from Business	利润总额 Total Profits
1851327	**4513211**	**1435660**	**775121**	**347222**	**-185883**	**-176907**
1551978	3779988	1348617	734471	330760	-168858	-160308
45479	184105	78743	35340	24197	-15221	-15502
8827	21850	3844	2467	509	-231	-326
193	234	16981	15454	3110	-654	-654
655563	2040050	391904	216039	107144	-117437	-114159
64081	141731	59668	28736	19719	-24304	-23939
591482	1898319	332235	187303	87425	-93133	-90220
5110	15030	12848	5865	6117	-1332	-1197
836806	1518719	844298	459306	189683	-33983	-28469
16971	18283	52896	36118	7547	399	546
4073	3238	6638	4735	989	347	301
802254	1459637	769561	411678	177761	-35148	-29758
13508	37561	15203	6775	3385	419	442
75109	168824	28741	14418	7295	-6711	-6864
43162	132873	14014	8217	3587	-6881	-7020
159	18867				-5	-5
30131	16633	13408	5615	3275	121	107
1657	452	1319	586	433	54	54
224240	564399	58302	26233	9167	-10314	-9736
63357	87767	10678	8076	1001	2025	2156
160695	475395	46932	17590	8152	-12307	-11866
187	1237	692	567	14	-32	-26
1326408	3700147	902854	470669	218498	-159214	-153835
480357	730919	467830	266847	109673	-18247	-14716
223014	331199	130630	62099	36190	-6437	-5637
4806	11027	4826	2596	537	168	189
17316	24582	1320	881	408	-496	-498
22439	46536	58829	34129	18107	-8093	-8046
1378082	3896967	1256341	692544	302563	-175665	-167890
378	109	821	265	15	11	9
38043	53153	21020	8262	8235	-3149	-3065
106166	166623	88412	37849	21116	-5593	-5256
328659	396359	69067	36201	15294	-1488	-706
287422	1067745	103063	75036	12733	-42606	-41968
696899	1714793	500021	237483	142173	-83307	-81339
800084	1615699	787587	432412	186227	-57469	-51816
66922	114973	44989	30190	6088	-2501	-1784
193751	692137	117171	64452	25833	-25492	-24757
184598	543587	134750	50761	42921	-26534	-25609
112551	254942	193140	111533	38670	-587	-392
11219	18849	30990	19480	5021	1245	1519
1420	1436	1994	852	629	58	72
1347787	3002261	957615	528043	234148	-134573	-127740
1796629	4421217	1410690	755662	342370	-181380	-172516
54698	91994	24970	19460	4852	-4503	-4391

16-21 限额以上餐饮业主要财务指标(2021年)

单位：万元

指 标	Item	企业数(个) Number of Enterprises (unit)	资产合计 Total Assets
总 计	**Total**	**1526**	**1796898**
按登记注册类型分	**By Status of Registration**		
内资企业	Domestic Invested Enterprises	1509	1602943
国有企业	State-owned Enterprises	8	15795
集体企业	Collective-owned Enterprises	3	306
股份合作企业	Cooperative Enterprises	1	750
联营企业	Joint Ownership Enterprises	1	54
有限责任公司	Limited Liability Corporations	200	487383
国有独资公司	State Sole-proprietorship Corporations	6	121851
其他有限责任公司	Other Limited Liability Corporations	194	365532
股份有限公司	Share-holding Corporations Ltd.	9	221985
私营企业	Private Enterprises	1285	875299
私营独资企业	Private Sole-proprietorship Enterprises	100	41636
私营合伙企业	Private Partnership Enterprises	7	1278
私营有限责任公司	Private Limited Liability Corporations	1171	825890
私营股份有限公司	Private Share-holding Corporations Ltd.	7	6495
其他企业	Other Enterprises	2	1372
港、澳、台商投资企业	Enterprises with Investment from Hong Kong, Macao and Taiwan	5	86691
与港澳台商合资经营企业	Joint-venture Enterprises	2	1744
港澳台商独资企业	Sole-proprietorship Enterprises	3	84947
外商投资企业	Foreign Invested Enterprises	12	107264
中外合资经营企业	Joint-venture Enterprises	1	1358
外资企业	Sole-proprietorship Enterprises	9	102866
外商投资股份有限公司	Share-holding Corporations Ltd.	1	2646
其他外商投资企业	Other Foreign Invested Enterprises	1	393
按行业分	**By Sector**		
正餐服务	Restaurant	1434	1552241
快餐服务	Fast Food	32	145172
饮料及冷饮服务	Beverages and Cold Drinks	16	77851
#茶馆服务	Tea	2	1411
咖啡馆服务	Café	4	59560
酒吧服务	Bar	4	1637
餐饮配送及外卖送餐服务	Catering Distribution And Delivery Services	21	9383
餐饮配送服务	Catering Distribution	20	8507
外卖送餐服务	Delivery Services	1	876
其他餐饮服务	Others	23	12250
#小吃服务	Snack	18	11494
按经营形式分	**By Form of Management**		
独立门店	Independent Stores	1403	1390095
连锁总店(总部)	General Chain Stores	21	199939
连锁直营店	Chain Direct Store	24	73564
连锁加盟店	Chain Franchise	10	6335
其 他	Others	68	126965
按单位规模分	**By Scale**		
大 型	Large	17	484010
中 型	Medium	75	468155
小 型	Small	1108	718677
微 型	Mini	326	126056
按经营地分	**By Location of Establishments**		
城 镇	Urban Areas	1421	1732250
乡 村	Rural Areas	105	64647

Main Financial Indicators of Enterprises above Designated Size in Catering Services(2021)

(10 000 yuan)

# 流动资产 Working Capital	负债合计 Total Liabilities	营业收入 Business Revenue	营业成本 Cost of Business	销售费用 Business Expenditure	营业利润 Profits from Business	利润总额 Total Profits
778464	**1189773**	**2320652**	**1519579**	**442067**	**58400**	**62362**
704874	1076128	2065755	1395227	357865	34416	38955
5641	4338	14107	8089	3300	-1246	-1131
96	192	3707	2905	409	242	242
750	67	210	191	0	14	14
26	21	350	210	8	115	115
178787	402461	617793	404158	100614	-6295	-5428
7271	72321	12920	8239	2721	-2201	-2216
171516	330141	604873	395918	97894	-4094	-3212
67411	122881	85681	51481	34388	-11042	-10410
451529	545550	1343394	927881	219090	52595	55522
20838	15337	69309	49264	8528	4346	4311
570	905	2758	1613	823	157	131
426906	527428	1265585	873682	207586	48130	51095
3215	1881	5742	3322	2153	-38	-15
635	619	515	313	55	31	31
44879	33849	82546	23602	45276	10830	11022
630	622	2787	821	1753	765	763
44249	33227	79760	22780	43523	10065	10259
28712	79795	172350	100750	38926	13155	12386
677	726	2689	1207	1123	206	202
25527	68094	151492	84278	37752	11009	10248
2203	10227	16404	13663	25	1993	1983
305	748	1766	1603	26	-53	-47
673971	1040884	1940450	1318380	327726	32357	36896
38745	101270	222451	122339	63834	11473	10675
53620	31009	107208	42311	46234	12827	12846
979	628	1116	913	74	-13	27
44901	15961	63361	25670	23347	12596	12934
639	125	3228	1839	556	420	422
6949	4099	25979	21676	1922	833	955
6091	3962	24087	21067	976	503	605
858	136	1892	610	946	331	349
5181	12511	24565	14874	2351	910	991
5086	12403	23288	13736	2335	858	939
564470	905270	1685878	1189414	234097	25358	29322
70971	184522	352728	184066	121502	13270	12954
51325	20301	84585	31030	33851	11736	11957
4161	1941	8193	3828	3446	495	507
87537	77739	189268	111242	49170	7542	7622
203007	297859	552270	310354	176504	16281	17082
163918	377043	632097	415787	108634	-8629	-8555
341464	446516	1012817	706167	143899	43352	46096
70076	68354	123468	87273	13030	7397	7739
758071	1161995	2258907	1472537	436023	55119	58958
20393	27777	61745	47042	6044	3282	3405

16—22 批发和零售业、住宿和餐饮业连锁经营情况(2021年)
Chain Management of Enterprises of Wholesale, Retail Trades, Hotels and and Catering Services(2021)

类别	Item	合计 Total	直营店 Regular Chain	加盟店 Franchise Chain
批发和零售业	**Wholesale and Retail Trades**			
门店总数 (个)	Number of Stores (unit)	6552	5785	767
年末零售营业面积 (平方米)	Retail Operating Area at year-end (sq.m)	4542697	4444417	98280
年末从业人员数 (人)	Number of Employed Persons at year-end (person)	57181	53989	3192
连锁门店商品购进总额 (万元)	Total Purchases Value of General Chain Stores(10 000 yuan)	9187786	9093673	94113
# 统一配送商品购进额	Centralized Purchase and Delivery	6421407	6368978	52430
# 自有配送商品购进额	Self Centralized Purchase and Delivery	2814364	2807339	7025
非自有配送商品购进额	Non-self Centralized Purchase and Delivery	682594	657970	24624
连锁门店商品销售额 (万元)	Total Sale of General Chain Stores (10 000 yuan)	10691956	10528206	163749
# 零售额	Retail Value	6980645	6870293	110353
住宿和餐饮业	**Hotels and Catering Services**			
门店总数 (个)	Number of Stores (unit)	836	836	
年末餐饮营业面积 (平方米)	Retail Operating Area at year-end (sq.m)	227734	227734	
年末从业人员数 (人)	Number of Employed Persons at year-end (person)	17657	17657	
餐位数 (位)	Number of Dining-seats (seat)	88106	88106	
连锁门店商品购进总额 (万元)	Total Purchases Value of General Chain Stores (10 000 yuan)	162490	162490	
# 统一配送商品购进额	Centralized Purchase and Delivery	144708	144708	
# 自有配送商品购进额	Self Centralized Purchase and Delivery	81796	81796	
非自有配送商品购进额	Non-self Centralized Purchase and Delivery	44700	44700	
连锁门店营业额 (万元)	Business Revenue of General Chain Stores (10 000 yuan)	406469	406469	
# 餐费收入	Revenue From Meals	388279	388279	
商品销售额	Total Sales of Commodities	10772	10772	

16-23 重点交易市场情况(2021年)
Focus on Transaction Markets(2021)

分　　类	Item	市场数(个) Number of Markets (unit)	摊位数(个) Number of Booths (unit)	年末出租摊位数(个) Number of Rented Stall(unit)	营业面积(平方米) Operating Area (sq.m)	成交额(万元) Turnover (10 000 yuan)
总　计	**Total**	**48**	**47128**	**43436**	**5636161**	**9913702**
按市场类别分	**By Type of Markets**					
1.综合市场	Integrated Markets	10	9066	8384	800897	748057
综合贸易市场	Comprehensive Trade Markets	10	9066	8384	800897	748057
工业消费品综合市场	Industrial Consumable Comprehensive Markets	1	1800	1283	64000	20376
农产品综合市场	Farm Produce Comprehensive Markets	6	5435	5270	567897	441051
其他综合市场	Other Comprehensive Markets	3	1831	1831	169000	286630
2.专业市场	Special Markets	38	38062	35052	4835264	9165645
生产资料市场	Production Markets	9	7965	7466	1570763	3404471
建材市场	Building Material Markets	7	7012	6607	1511191	2864215
金属材料市场	Metallic Material Markets	1	128	128	7395	399405
机械设备市场	Mechanical Equipment Markets	1	825	731	52177	140851
农产品市场	Farm Produce Markets	9	10122	8817	871817	4034881
粮油市场	Grain and Oil Markets	1	273	273	15315	250000
水产品市场	Aquatic Product Markets	1	1102	1102	77922	461860
蔬菜市场	Vegetables Markets	3	2099	1905	288000	680079
干鲜果品市场	Dried and Fresh Melons and Fruits Markets	3	5468	4841	450580	2551952
其他农产品市场	Others	1	1180	696	40000	90990
纺织、服装、鞋帽市场	Textiles, Clothing, Shoes and Hats Markets	5	7750	6852	374772	380495
服装市场	Clothing Markets	4	5864	5087	231200	195176
鞋帽市场	Shoes and Hats Markets	1	1886	1765	143572	185319
电器、通讯器材、电子设备市场	Electrical Appliances, Communication Appliances and Electronical Appliances Markets	4	2306	2208	109021	207447
通讯器材市场	Communication Appliances Markets	1	330	325	25800	10960
计算机及辅助设备市场	Computer and Auxillary Equipments Markets	3	1976	1883	83221	196487
家具、五金及装饰材料市场	Furniture,Hardware and Decoration Materials Markets	9	8410	8250	1858958	971405
家具市场	Furniture Markets	4	1441	1428	288615	256115
装饰材料市场	Decoration Materials Markets	3	1280	1133	320744	180658
五金材料市场	Light Fittings Markets	1	5163	5163	1112687	436174
其他装修市场	Others	1	526	526	136912	98458
汽车、摩托车及零配件市场	Cars, Motorcycles and Spare Parts Markets	2	1509	1459	49933	166946
汽车市场	Cars Markets	1	1009	959	35933	115946
机动车零配件市场	Motor Vehicle Spare Parts Markets	1	500	500	14000	51000
按营业状态分	**By Operating Status**					
常年营业	Perennial Operating	48	47128	43436	5636161	9913702
按经营方式分	**By Mode of Management**					
以批发为主	Wholesale Trade	30	35794	33177	4243978	8835550
以零售为主	Retail Trade	18	11334	10259	1392183	1078152
按经营环境分	**By Environment of Management**					
露天式	Open air	11	8719	8574	1197607	3906868
封闭式	Closed	34	31991	28504	4062974	3439804
其　他	Others	3	6418	6358	375580	2567030

16-24 重点交易市场商品销售类值(2021年)
Total Sales at Main Trade Markets by Category of Commodities(2021)

类　别	Item	年末出租摊位数(个) Number of Rented Stall(unit)	成交额(万元) Turnover (10 000 yuan)
总　计	**Total**	**43436**	**9913702**
粮油、食品类	Food	14006	4589547
# 粮油类	Grain and Oil	1258	385867
肉禽蛋类	Meat, Poultry and Eggs	1548	442718
水产品类	Aquatic Products	1274	416382
蔬菜类	Vegetables	4877	1014155
干鲜果品类	Dried and Fresh Melons and Fruits	5011	2327875
饮料类	Beverages	123	65333
烟酒类	Tobacco and Liquor	290	46825
服装、鞋帽、针纺织品类	Garments, Shoes and Hats, Knitwear and Textiles	7314	353677
服装类	Garments	5128	174551
鞋帽类	Shoes and Hats	1197	119200
针纺织品类	Knitwear and Textiles	989	59926
化妆品类	Cosmetics	184	6970
金银珠宝类	Gold, Silver and Jewellery	8	1320
日用品类	Daily Consumer Articles	379	26007
# 可穿戴智能设备	Wearable Intelligent Devices	62	725
五金、电料类	Hardware	4507	381127
体育、娱乐用品类	Sports and Recreation Articles	201	17490
# 照相器材类	Photographic Equipments	108	12273
书报杂志类	Newspapers and Magazines	8	65
电子出版物及音像制品类	E-journals and Video Products	1	4
家用电器和音像器材类	Household Appliances and Audio/Video Equipments	282	38171
# 智能家用电器和音像器材	Intelligent Household Appliances and Audio/Video Equipments	14	216
中西药品类	Western and Traditional Chinese Medicine	1	90
# 西药类	Western Medicine	1	90
文化办公用品类	Cultural and Office Appliances	1714	164754
# 计算机及其配套产品	Computer and Auxillary Equipments	1447	140566
家具类	Furniture	2198	382522
通讯器材类	Communication Appliances	353	33649
# 智能手机	Smartphones	242	21042
化工材料及制品类	Chemical Materials and Products	147	173965
金属材料类	Metal Materials	106	240380
建筑及装潢材料类	Building and Decoration Materials	7278	2974994
机电产品及设备类	Mechanical and Electrical Products and Equipments	1605	214695
汽车类	Automobiles	1459	166946
其他类	Others	1272	35171

16–25 重点交易市场成交情况(2021年)
Turnover of Main Commodity Transaction Markets(2021)

市 场 Market	年末出租摊位数(个) Number of Rented Stall(unit)	成交额(万元) Turnover (10 000 yuan)	市 场 Market	年末出租摊位数(个) Number of Rented Stall(unit)	成交额(万元) Turnover (10 000 yuan)
陕西银邦经营管理有限公司	2299	79723	大明宫建材家居含光路店	526	98458
丹尼尔商城(陕西丹尼尔市场股份有限公司)	528	10471	三森家居建材城	680	191716
康复路交易广场	1340	42000	欣桥市场	1556	389345
(陕西丹尼尔康复路大卖场有限公司)			西安朱雀农副产品物流中心	696	90990
锦绣国际商贸城有限公司	1765	185319	西安市鄠邑区城北蔬菜瓜果市场有限公司	308	58000
西安粮油批发交易市场	273	250000	西安雨润农产品全球采购有限公司	4582	2504267
西安东新科技贸易中心	1091	101870	西安海荣赛格电子市场有限公司	325	10960
西安赛格电脑城(西安赛格商贸有限公司)	417	46047	西安华南城五金机电交易中心	5163	436174
百脑汇电脑城	375	48570	(华南城商业管理(西安)有限公司)		
西安市方欣冷冻市场	1102	461860	咸阳市秦都区嘉惠商业区	920	62982
西安蔚蓝机电市场有限公司	731	140851	咸阳天元建材市场	600	98788
西安市玉林汽配批发市场有限责任公司	500	51000	陕西惠源现代农业发展有限公司	1650	26478
西安海纳汽车服务有限公司西安汽配市场	959	115946	(MA6Y25TQ0)		
陕西三盟庆安建材市场	360	13600	向阳沟蔬菜批发市场	149	107880
西安国亨市场	900	72000	(延安兴延贸易有限公司向阳沟蔬菜批发市场)		
陕西省生产资料第一交易市场	128	399405	欧凯罗商城	133	11400
西安大明宫灞桥建材家具股份有限公司	472	34762	(延安市宝塔区慧丰通企业管理有限公司)		
西安摩尔农产品有限责任公司	1295	157100	居然之家(延安居然之家建材家居有限公司)	113	11673
大明宫建材家居北二环店	570	126816	中国供销延安农产品批发市场	189	98000
(西安大明宫现代家居有限责任公司)			(延安新农商大市场有限公司)		
明珠家居(西安明珠家居有限公司)	351	19376	大明宫建材家居延安新区店	240	11300
红星美凯龙辛家庙商场	284	33350	(延安恒通佳业商业运营管理有限公司)		
(陕西鸿瑞家居生活广场有限公司)			汉中市多联水果批发市场	126	36285
大明宫钻石店	287	41882	陕西省汉中市汽车运输总公司运达批发市场	1283	20376
(西安大明宫家居实业有限公司)			汉中皇冠过街楼蔬菜批发市场	200	182854
和生国际商品交易中心	800	11000	汉中华夏建材城	460	30400
西安新北城农副产品交易市场	1028	90473	汉中汉森建材城	230	13146
新生活农贸仓储物流交易中心	632	200000	绥德县五一商城综合批发市场	299	14630
北三环大明宫建材家居市场	4100	2539583	安康市满意建材市场有限公司	421	134596
(西安大明宫建材家居有限公司)					

主要统计指标解释

批发业 指向其他批发或零售单位（含个体经营者）及其他企事业单位、机关团体等批量销售生活用品、生产资料的活动，以及从事进出口贸易和贸易经纪与代理的活动，包括拥有货物所有权，并以本单位(公司)的名义进行交易活动，也包括不拥有货物的所有权，收取佣金的商品代理、商品代售活动；还包括各类商品批发市场中固定摊位的批发活动，以及以销售为目的的收购活动。

零售业 指百货商店、超级市场、专门零售商店、品牌专卖店、售货摊等主要面向最终消费者（如居民等）的销售活动，以互联网、邮政、电话、售货机等方式的销售活动，还包括在同一地点，后面加工生产，前面销售的店铺（如面包房）；谷物、种子、饲料、牲畜、矿产品、生产用原料、化工原料、农用化工产品、机械设备（乘用车、计算机及通信设备除外）等生产资料的销售不作为零售活动；多数零售商对其销售的货物拥有所有权，但有些则是充当委托人的代理人，进行委托销售或以收取佣金的方式进行销售。

住宿业 指为旅行者提供短期留宿场所的活动，有些单位只提供住宿，也有些单位提供住宿、饮食、商务、娱乐一体的服务，不包括主要按月或按年长期出租房屋住所的活动。

餐饮业 指通过即时制作加工、商业销售和服务性劳动等，向消费者提供食品和消费场所及设施的服务。

社会消费品零售总额 企业（单位、个体户）通过交易直接售给个人、社会集团非生产、非经营用的实物商品金额，以及提供餐饮服务所取得的收入金额。个人包括城乡居民和入境人员，社会集团包括机关、社会团体、部队、学校、企事业单位、居委会或村委会等。

批发和零售业商品购进、销售、库存总额 指各种登记注册类型的批发和零售业企业(单位)以本企业(单位)为总体的，从国内、国外市场购进的商品总量，销售和出口的商品总量、库存的商品总量等情况。该指标可以反映商品流转过程中商品的购进、销售、库存之间的比例关系和存在的问题。

商品购进总额 从本企业以外的单位和个人购进（包括从国外直接进口）作为转卖或加工后转卖的商品金额（含增值税）。商品购进包括：(1）从工农业生产者、批发和零售业、住宿和餐饮业、出版社或报社的出版发行部门和其他服务业等企事业单位和个体经营户购进的商品；(2）从机关、社会团体购进的商品；(3）从海关、市场管理部门购进的缉私和没收的商品；(4）从居民收购的废旧商品等。不包括：(1）企业为本单位自身经营用，不是作为转卖而购进的商品，如材料物资、包装物、低值易耗品、办公用品等；(2）未通过买卖行为而收入的商品，如接受其他部门移交的商品、借入的商品、收入代其他单位保管的商品、其他单位赠送的样品、加工回收的成品等；(3）经本单位介绍，由买卖双方直接结算，本单位只收取手续费的业务；(4）销售退回和买方拒付货款的商品；(5）商品溢余；(6）期货交易商品。

进口 直接从国外进口或委托外贸企业代理进口的商品金额，不包括从国内有关单位购进的进口商品。对外贸易企业只统计自主经营进口的商品，不统计受托代理进口的商品。

商品销售总额 指对本单位以外的单位和个人出售的商品金额（包括售给本单位消费用的商品，含增值税)。商品销售包括：(1）售给个人和社会集团消费用的商品；(2）售给农业、工业、建筑业、服务业等国民经济各行业用于生产、经营用的商品，包括售予批发和零售业作为转卖或加工后转卖的商品；(3）对国（境）外直接出口的商品。不包括：(1）未通过买卖行为付出的商品，如因机构变动移交给其他企业单位的商品、借出的商品、归还受其他单位委托代保管的商品、付出的加工原料和赠送给其他单位的样品等；(2）促销返券所销售的、不计入营业收入的商品；(3）经本单位介绍，由买卖双方直接结算，本单位只收取手续费的业务；(4）未发生所有权转移的商品预付卡销售，如加油卡；(5）汽车维修、电话卡销售等服务性经济活动；(6）购货退回的商品；(7）商品损耗和损失；(8）出售本单位自用的废旧物资；(9）期货交易商品；(10）自来水供应企业、电力企业、天然气供应企业提供的水、电、气。

出口 直接向国（境）外出口商品和委托外贸企业代理出口的商品金额，商品出口不包括售给外贸企业出口或加工后出口的商品，以及在国内市场以外币销售的商品。外贸企业只统计自主经营出口的商品，不包括受托代理出口的商品。

库存总额 指报告期末各种登记注册类型的批发和零售业企业(单位)已取得所有权的商品。它反映批发和零售业企业(单位)的商品库存情况和对市场商品供应的保证程度。商品库存包括：(1)存放在批发和零售业经营单位(如门市部、批发站、经营处)仓库、货场、货柜和货架中的商品；(2)挑选、整理、包装中的商品；(3)已记入购进而尚未运到本单位的商品，即发货单或银行承兑凭证已到而货未到的商品；(4)寄放他处的商品，如因购货方拒绝承付而暂时存放在购货方的商品和已办完加工成品收回手续而未提回的商品；(5)委托其他单位代销(未作销售或调出)尚未售出的商品；(6)代其他单位购进尚未交付的商品。不包括所有权不属于本单位的商品、委托外单位加工生产尚未收回成品的商品、外贸企业代理其他单位从国外进口尚未付给订货单位的商品、代国家物资储备部门保管的商品等。

住宿和餐饮业营业额 指住宿和餐饮业单位在经营活动中，因提供服务或销售商品等取得的全部收入（含增值税)，收入主要来源于提供客房、餐费服务、商品销售和其他服务，如商务服务。不包括多产业法人企业附营的其他行业产业活动单位的餐费收入、商品销售收入等各项收入。其中，客房收入指住宿和餐饮业单位在经营活动中因提供住宿服务取得的收入（含增值税）。不包括多产业法人企业附营的其他行业产业活动单位的客房收入。餐费收入指本单位为顾客提供就餐服务取得的收入（含增值税）。包括：经烹饪、调制加工后出售的各种食品，如主食、炒菜、凉拌菜等的收入。不包括多产业法人企业附营的其他行业产业活动单位的餐费收入。

连锁总店（总部） 指负责连锁企业资源（商号、商誉、经营模式、服务标准、管理模式等）的开发、配置、控制或使用等功能的企业核心管理机构。连锁经营是指经营同类商品或服务，使用统一商号的若干店铺，在同一总店（总部）的管理下，采取统一采购或特许经营等方式，实现规模效益的组织形式，包括直营连锁、特许连锁和自愿连锁三种形式。其中，直营连锁是指连锁店铺由连锁公司全资或控股开设，在总部的直接控制下，开展统一经营的连锁经营形式；特许连锁是指拥有注册商标、企业标志、专利、专有技术等经营资源的企业（特许人），以合同形式将其拥有的经营资源许可其他经营者（被特许人）使用，被特许人按合同约定在统一的经营模式下开展经营，并向特许人支付特许经营费用的连锁经营形式；自愿连锁是指若干个店铺或企业自愿组合起来，在不改变各自资产所有权关系的情况下，以同一个品牌形象面对消费者，以共同进货为纽带开展的连锁经营形式。

Explanatory Notes on Main Statistical Indicators

Wholesale Trade refers to the activities of selling wholesale commodities for daily use and capital goods to enterprises of wholesale and retail trades (including self-employed individuals) and other enterprises, institutions and government organs and organizations, and the activities of engaging in import and export and acting as a trade agent. The wholesaler may have the ownership of the commodities for wholesale and trade in the name of its own (a company), and the wholesaler can act as commission agent or commodity broker without the ownership of commodities. Also included are the wholesale activities at the fixed stalls in wholesale market and the acquisition for sales purpose.

Retail Trade refers to the activities of department store, supermarket, franchised store, brand store, retail stall and on-the-spot-making-selling store selling commodities to the final consumers (residents) by any means including internet, post, telephone, sales machine. It also includes shops with sales and production located in the same places (such as bakeries). Retail trade excludes the activities of sales of capital goods such as grain, seed, feed, livestock, mineral products, raw material for production, industrial chemicals, chemical products for agricultural use, machine and equipment (excluding vehicles, computers and communication equipment). Most retailers have the ownership of commodities to sell, but some are acting as agents or brokers to make transactions for a commission.

Hotel Services refer to the accommodation services provided to visitors. Some units may provide only accommodation while others provide a combination of accommodation, meals, business services and/or recreational facilities. It excludes activities related to the provision of long-term primary residences in facilities such as apartments typically leased on a monthly or annual basis.

Catering Services refer to the activities of providing foods, serving locations and facilities to customers through instant processing, commercial sales and service-type labor.

Total Retail Sales of Consumer Goods refer to the amount obtained by enterprises (units, self-employed individuals) through direct sales of non-production and non-business physical commodity to individuals, social institutions, and revenue from providing catering services. Individuals include rural and urban households, population from abroad, social institutions include government agencies, social organizations, military units, schools, institutions, neighbourhood (village) committees.

Purchase, Sales and Stock of Commodities by Wholesale and Retail Trades refer to the total volume of commodities purchased, total volume of sales and exports, and the stock of commodities by wholesale and retail enterprises (establishments) of different status of registration from domestic and overseas markets. This indicator reflects the relationship among purchase, sales and stock of commodities in the circulation of goods and reveals the existing problems.

Total Purchases of Commodities refer to the total value of purchases of commodities by enterprises (establishments) from other establishments or individuals (including direct import from abroad) for the purpose of re-selling, either with or without further processing of the commodities purchased. The commodities include: (1) commodities purchased from agricultural and industrial producer, wholesaler, retailer, publishing house and other enterprises, institutions and individual operators of service business; (2) commodities purchased from institutions and government departments; (3) confiscated goods purchased from the customs authorities or market management agencies; (4) second-hand goods and wastes purchased from residents; The commodities exclude (1) commodities purchased by enterprises (establishments) for use in their own business operation, commodities obtained without buying or selling procedures such as materials, consumable goods of low value, office appliance, etc. (2) received goods without trading, such as goods handed over from others, borrowed goods, preserved goods for others, donated goods from others, processed and retrieved goods, etc. (3) goods of direct settlement between buyer and seller with handling fees introduced by others, (4) goods returned or refused to pay by the buyer, (5) excessive goods, (6) futures trading commodities.

Import refers to the amount of goods imported directly from abroad or imported entrusted to foreign trade enterprises as agents, excluding imports purchased from relevant domestic units. Foreign trade enterprises only count imported goods independently, not imported goods entrusted by agents.

Total Sales of Commodities refer to value of commodities sold by the establishments to other establishments and individuals (including goods sold for self consumption, including the value-added tax). The commodities include: (1) commodities sold to individuals and social groups for their consumption; (2) commodities sold to establishments in all industries for their production and operation, including agriculture, industry, construction, and catering services including commodities sold to wholesale and retail establishments for re-selling, with or without further processing; and (3) commodities for direct export to abroad. Excluded are (1) extended commodities without trading, such as goods handed over to other enterprises and institutions because of the change of organizations, lent goods, returned goods preserved for others, extended processing materials and samples donated to others, (2) goods sold by coupon rebates that are not included in business income, (3) goods of direct settlement between buyer and seller with handling fees introduced by others, (4) prepaid cards for goods without transfer of ownership, such as gas cards, (5) Service-oriented economic activities such as automobile maintenance and telephone card sales, (6) goods returned after purchase, (7) damaged and spoiled goods, (8) waste and used

goods of self use, (9) futures trading commodities, (10) water, electricity and gas supplied by water supply enterprises, electric power enterprises and natural gas supply enterprises.

Export refers to the amount of goods exported directly to foreign countries (borders) or exported entrusted to foreign trade enterprises as agents. Commodity export does not include goods sold to foreign trade enterprises for export or exported after processing, as well as goods sold in foreign currencies in the domestic market. Foreign trade enterprises only count the goods they export independently, excluding those exported by trusted agents.

Total Stock of Commodities refers to total commodities possessed by wholesaler and retailer of various types of registration status at the end of the reference period, reflecting the commodity stock level of various wholesaler and retailer and the potential for market supply. It includes: (1) Commodities located in storage, garages, counters, and shelves of operating places (such as sale stores, wholesale centres, and operating offices); (2) Commodities in the process of being selected, sorted, and packed; (3) Commodities not arrived but recorded as purchase in the account, i.e. commodities not arrived but payment receipts for the commodities from the sellers or the banks arrived; (4)Commodities deposited in other places rather than places mentioned above, for instance: commodities in the hold of purchasers temporarily due to the refusal of payment and commodities not taken back after going through the formalities; (5) Commodities entrusted to other units to sell but not sold yet; (6) Commodities purchased for other units but not delivered yet. Commodities not included as stock are those not owned by the enterprises (units), commodities on commission for processing but not yet delivered, imported commodities of agency of foreign trade enterprise but not yet delivered to ordering units and finally those put in stock on behalf of the state material reserves units.

Business Revenue of Hotels and Catering Services refers to total revenue (including VAT) of hotels and catering services received from providing services or selling commodities through business activities, income comes mainly from providing hotels, catering services, selling of commodities and other services, such as commodity services. It does not include revenue such as meal fees, selling of commodities of other industrial units affiliated with multi industrial legal entities. Income from hotels refers to income (including VAT) of hotels and catering services by providing lodging services through business activities. Income from catering services refers to income (including VAT) from providing catering services, including selling of cooked or prepared foods, such as staple food, cooked dishes, or cold dishes. It does not include meal fees of other industrial units affiliated with multi industrial legal entities.

Chain Head Stores (headquarter) refer to the core leading stores responsible for development, allocation, administration and utilization of resources (name of stores, brand of stores, operation model, service standard, management way, etc.) of chain stores. Chain stores refers to the stores engaged in providing homogeneous commodities or services, with the central leadership of head store (headquarters) and guided by common policies, conduct centralized purchase and distributed selling of commodities, in order to gain better efficiency through standardized operation. The chain stores include regular chain stores, franchise chain stores and voluntary chain stores.

Regular Chain store refers to chain stores that are invested or controlled by the headquarters. They operate under direct and unified management from the headquarters.

Franchise chain store refers to the chain stores (franchisees) which are franchised with operation resources such as trade marks, names, patent and operation know-how by the franchisors in form of contract and pay the operation fees to the franchisors.

Voluntary chain store refers to the stores operate jointly on the voluntary bases while maintaining their status of independent legal entities with full ownership of their assets. They sell goods of same brand from same channel of resource to the consumers.

十七、对外经济贸易和旅游

Foreign Trade and Tourism

资料整理：杜康凯

简 要 说 明

一、本篇资料反映陕西对外贸易和旅游业发展状况，内容包括进出口总值，进出口货物的品种、数(重)量、金额，利用外资、旅游人数和旅游收入，星级饭店基本情况等。

二、进出口商品总值按收发货人所在地统计。收发货人所在地是指境内进出口企业报关注册的登记地。

三、本篇资料由西安海关、省商务厅、省文化和旅游厅提供。

Brief Introduction

I. This chapter reflects development of international trades and tourism of Shaanxi, including kind, quantity(weight) and value of imported and exported products, utilization of foreign funds, tourist number and tourism revenue, basic conditions of star hotels, etc.

II. Total value of imported and exported commodities are calculated according to the location of consignors and consignees. The location of consignors and consignees is the place of registration where the resident imported and exported enterprises declare and register at customs.

III. The data sources are provided by Xi'an Customs District, Shaanxi Provincial Department of Commerce and Shaanxi Provincial Department of Culture and Tourism.

17.对外经济贸易和旅游

2021年全省				
进出口总值	4757.75	亿　元	比上年增长	26.0%
#出　口	2566.07	亿　元	比上年增长	33.0%
实际利用外商投资	102.46	亿美元	比上年增长	21.4%
国内旅游人数	39058	万人次		
国内旅游收入	3434	亿　元		

国内旅游人数（万人次）

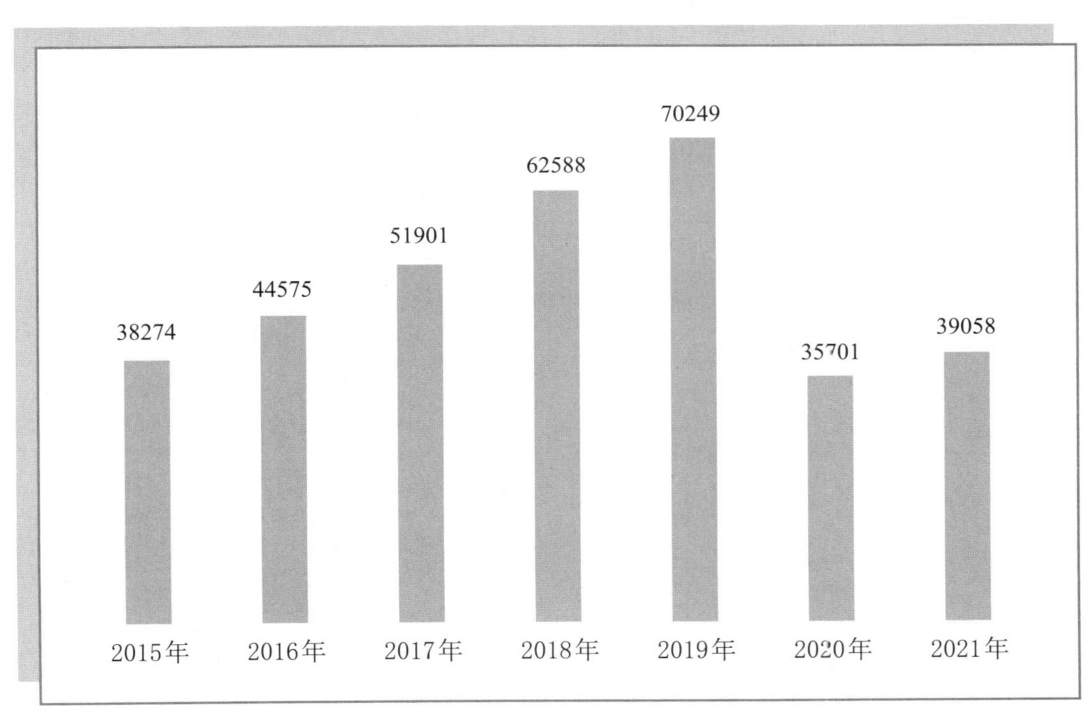

17–1 外贸进出口总值
Total Value of Imports and Exports in Foreign Trade

年 份 Year	进出口总值(万美元) Total Value of Imports and Exports (USD 10 000)	出 口 Exports	进 口 Imports
1978		1190	
1980		973	
1985	15712	10359	5353
1990	57728	46059	11669
1991	81359	60502	20857
1992	111885	76531	35354
1993	149599	99347	50252
1994	160061	121615	38446
1995	173323	128261	45062
1996	178406	126922	51484
1997	173413	123120	50293
1998	205148	117668	87480
1999	200834	115225	85609
2000	214009	131003	83006
2001	206444	111044	95400
2002	222517	137717	84800
2003	278371	173523	104848
2004	364238	239658	124580
2005	457684	307581	150103
2006	536025	362960	173065
2007	688804	467244	221560
2008	832867	538066	294801
2009	840539	398815	441724
2010	1208283	620773	587510
2011	1462344	701085	761258
2012	1479854	865178	614677
2013	2012881	1022617	990265
年 份 Year	进出口总值(万元人民币) Total Value of Imports and Exports (10 000 yuan)	出 口 Exports	进 口 Imports
2014	16807150	8554836	8252314
2015	18952493	9184651	9767842
2016	19763020	10450661	9312360
2017	27196506	16597326	10599180
2018	35128162	20783306	14344855
2019	35155176	18733467	16421709
2020	37754352	19295460	18458892
2021	47577543	25660745	21916798

17–2 按贸易方式分外贸进口总值
Total Value of Imports in Foreign Trade by Type of Trade

单位：万元 (10 000 yuan)

贸易方式类别	Type of Trade	2020	2021	2021年比2020年增长(%) Growth Rate in 2021 over 2020(%)
进口总值	**Total Imports**	**18458892**	**21916798**	**18.6**
一般贸易	General Trade	4458681	6061101	35.3
国家间、国际组织间无偿援助和赠送的物资	Between Countries, International Organizations Aid and Donated Materials			
其他捐赠物资	Other Donations	1969	13	-99.3
加工贸易	Processing Trade	10010913	11021134	10.1
来料加工贸易	Trade of Processing with Customer's Materials	6327691	7200050	13.8
进料加工贸易	Processing With Imported Trade	3683221	3821084	3.7
加工贸易进口设备	Processing Trade Import Equipment		92	
对外承包工程出口货物	Exports Contracted Projects			
租赁贸易	Lease Trade		58040	
外商投资企业作为投资进口的设备、物品	Equipment and Articles Imported as Investment by Foreign-invested Enterprises		7523	
出料加工贸易	Material Processing	727	488	-32.8
易货贸易	Barter	166		-100.0
保税物流	Bonded Logistics	1858532	2162854	16.4
海关保税监管场所进出境货物	Inward and Outward Goods of Free	290282	251006	-13.5
海关特殊监管区域物流货物	Re-export Goods of Free Trade Zone	1568250	1911849	21.9
海关特殊监管区域进口设备	Export Processing Zones Imported Equipment	2061406	2527573	22.6
其他贸易	Others	66498	77979	17.3

17–3 按贸易方式分外贸出口总值
Total Value of Exports in Foreign Trade by Type of Trade

单位：万元 (10 000 yuan)

贸易方式类别	Type of Trade	2020	2021	2021年比2020年增长(%) Growth Rate in 2021 over 2020(%)
出 口 总 值	**Total Exports**	**19295460**	**25660745**	**33.0**
一般贸易	General Trade	5350431	7014074	31.1
国家间、国际组织间无偿援助和赠送的物资	Between Countries, International Organizations Aid and Donated Materials	6015	724	-88.0
其他捐赠物资	Other Donations	4294	487	-88.7
加工贸易	Processing Trade	11284979	14548252	28.9
来料加工贸易	Trade of Processing with Customer's Materials	6910200	9127630	32.1
进料加工贸易	Processing With Imported Trade	4374778	5420622	23.9
加工贸易进口设备	Processing Trade Import Equipment			
对外承包工程出口货物	Exports Contracted Projects	46895	39817	-15.1
租赁贸易	Lease Trade	1120	678	-39.5
外商投资企业作为投资进口的设备、物品	Equipment and Articles Imported as Investment by Foreign-invested Enterprises			
出料加工贸易	Material Processing	198	421	112.5
易货贸易	Barter			
保税物流	Bonded Logistics	2582126	4040459	56.5
海关保税监管场所进出境货物	Inward and Outward Goods of Free	78694	25666	-67.4
海关特殊监管区域物流货物	Re-export Goods of Free Trade Zone	2503432	4014793	60.4
海关特殊监管区域进口设备	Export Processing Zones Imported Equipment			
其他贸易	Others	19403	15833	-18.4

17–4 按国别(地区)分外贸进出口总值(2021年)
Total Value of Imports and Exports in Foreign Trade by Country (Region)(2021)

单位：万元 (10 000 yuan)

国别(地区)	Country(Region)	进出口 Total	出口 Exports	进口 Imports
总　值	**Total**	**47577543**	**25660745**	**21916798**
亚洲	**Asia**	**32685847**	**16866754**	**15819094**
阿富汗	Afghanistan	1857	1230	628
巴林	bahrain	2311	2219	93
孟加拉国	Bangladesh	59857	59046	811
文莱	Brunei	760	760	
缅甸	Myanmar	22474	21781	693
柬埔寨	Cambodia	32422	28908	3514
塞浦路斯	Cyprus	2203	2203	
朝鲜	Korea DPR	40		40
香港	Hong Kong,China	3735631	3731530	4101
印度	India	930644	765305	165339
印度尼西亚	Indonesia	589826	155095	434731
伊朗	Iran	35955	35796	159
伊拉克	Iraq	11936	11890	46
以色列	Israel	109080	41723	67357
日本	Japan	3177420	509353	2668067
约旦	Jordan	17964	16689	1275
科威特	Kuwait	18515	18513	2
老挝	Laos	31855	16936	14919
黎巴嫩	Lebanon	2107	2106	1
澳门	Macau,China	2751	2751	
马来西亚	Malaysia	1814038	1333318	480720
马尔代夫	Maldives	246	230	16
蒙古	Mongolia	19558	13669	5889
尼泊尔联邦民主共和国	Nepal	2875	2651	223
阿曼	Oman	16237	16221	16
巴基斯坦	Pakistan	128129	98254	29875
巴勒斯坦	Palestine	27	27	
菲律宾	Philippines	207028	145330	61699
卡塔尔	Qatar	13320	4970	8350
沙特阿拉伯	Saudi Arabia	34688	28161	6527
新加坡	Singapore	1245348	763877	481472
韩国	Korea Rep.	10134550	5602383	4532168
斯里兰卡	Sri Lanka	5821	5361	460
叙利亚	Syria	521	521	
泰国	Thailand	388643	347648	40995
土耳其	Turkey	94880	88858	6023
阿联酋	United Arab Emirates	112292	85800	26492
也门	Yemen	1211	1211	
越南	Vietnam	321582	264217	57365
中华人民共和国	People's Republic of China	661929		661929
台湾省	Taiwan,China	8539662	2535018	6004644
东帝汶	Timor Leste	248	248	
哈萨克斯坦	Kazakhstan	66019	34974	31045
吉尔吉斯斯坦	Kirghizia	4539	4539	
塔吉克斯坦	Tadzhikistan	17343	17343	
土库曼斯坦	Turkmenistan	335	335	
乌兹别克斯坦	Uzbekistan	69168	47756	21412

17-4 续表 1 continued

单位：万元 (10 000 yuan)

国别(地区)	Country(Region)	进出口 Total	出口 Exports	进口 Imports
非洲	**Africa**	**848545**	**476598**	**371948**
阿尔及利亚	Algeria	3196	3086	110
安哥拉	Angola	5875	5875	
贝宁	benin	711	711	
博茨瓦纳	Botswana	122	122	
布隆迪	Burundi	170	170	
喀麦隆	Cameroon	9685	9419	266
中非	Central African	14	14	
乍得	Chad	233	233	
刚果(布)	Congo	7167	7167	
吉布提	Djibouti	2026	2026	
埃及	Egypt	89152	88489	662
赤道几内亚	Eq. Guinea	62	62	
埃塞俄比亚	Ethiopia	12127	12127	1
加蓬	Gabon	7508	7508	
冈比亚	Gambia	624	623	1
加纳	Ghana	27944	24665	3279
几内亚	Guinea	12046	12046	
科特迪瓦	Cote d'lvoire	6409	6222	187
肯尼亚	Kenya	6647	6306	341
利比里亚	Liberia	1052	1052	
利比亚	Libya	3511	933	2578
马达加斯加	Madagascar	3827	3819	8
马拉维	Malawi	210	210	
马里	Mali	2055	2055	
毛里塔尼亚	Mauritania	159	159	
毛里求斯	Mauritius	1342	1333	8
摩洛哥	Morocco	14391	6847	7543
莫桑比克	Mozambique	22261	22259	2
纳米比亚	Namibia	4877	4818	60
尼日尔	Niger	1089	1089	
尼日利亚	Nigeria	100105	99052	1053
留尼汪	Reunion	67	67	
卢旺达	Rwanda	2892	2892	
圣多美和普林西比	Sao Tome & Principe	9		9
塞内加尔	Senegal	1948	1946	1
塞舌尔	Seychelles	10	10	
塞拉利昂	Sierra leone	213	213	
索马里	Somalia	256	256	
南非	South Africa	359802	54739	305062
苏丹	Sudan	11210	6598	4611
坦桑尼亚	Tanzania	6700	6580	120
多哥	Togo	5692	5692	
突尼斯	Tunisia	8953	8499	454
乌干达	Uganda	1430	1430	
布基纳法索	Burkina Faso	1877	1877	
刚果(金)	Congo DR	53471	35548	17924
赞比亚	Zambia	37053	9389	27665
津巴布韦	Zimbabwe	9099	9098	1
莱索托	Lesotho	221	221	
斯威士兰	Swaziland	4	3	1
厄立特里亚	Eritrea	864	864	
马约特	Mayotte	130	130	
南苏丹共和国	Republic of South Sudan	50	50	

17-4 续表 2 continued

单位：万元 (10 000 yuan)

国别(地区)	Country(Region)	进出口 Total	出口 Exports	进口 Imports
欧洲	**Europe**	**7018611**	**4939714**	**2078897**
比利时	Belgium	200891	70552	130340
丹麦	Denmark	49812	42995	6817
英国	United Kingdom	387354	323664	63690
德国	Germany	1520596	979939	540657
法国	France	557525	408324	149202
爱尔兰	Ireland	182389	127975	54414
意大利	Italy	261051	143175	117875
卢森堡	Luxembourg	17711	363	17348
荷兰	Netherlands	1614784	1379901	234883
希腊	Greece	34431	34378	53
葡萄牙	Portugal	14224	11438	2786
西班牙	Spain	227406	198966	28441
阿尔巴尼亚	Albania	498	339	159
奥地利	Austria	124048	85792	38255
保加利亚	Bulgaria	48705	6783	41922
芬兰	Finland	30297	8469	21828
匈牙利	Hungary	150185	73567	76618
冰岛	Iceland	350	59	292
列支敦士登	Liechtenstein	506	20	486
马耳他	Malta	954	741	213
摩纳哥	Monaco	12	3	9
挪威	Norway	39079	24528	14551
波兰	Poland	431161	346432	84728
罗马尼亚	Romania	14673	8018	6655
瑞典	Sweden	97454	31607	65847
瑞士	Switzerland	76113	13284	62829
爱沙尼亚	Estonia	2777	2689	88
拉脱维亚	Latvia	2070	1345	725
立陶宛	Lithuania	10834	6288	4546
格鲁吉亚	Georgia	2371	1443	927
亚美尼亚	Armenia	6175	5653	522
阿塞拜疆	Azerbaijan	1230	1230	1
白俄罗斯	Byelorussia	27010	25311	1699
摩尔多瓦	Moldavia	1040	258	783
俄罗斯联邦	Russia	505346	252623	252723
乌克兰	Ukraine	48779	36893	11887
斯洛文尼亚	Slovenia	129926	127730	2196
克罗地亚	Croatia	4448	4284	164
捷克	Czech	160024	129926	30097
斯洛伐克	Slovak	28097	18505	9593
北马其顿共和国	Macedonia	636	309	327
波黑	Bosnia & Herzegovina	1505	180	1325
塞尔维亚	Serbia	3980	3581	398
黑山	Montenegro	22	22	
欧洲其他国家(地区)	Other Countries (Regions) in Europe	130	130	
拉丁美洲	**Latin America**	**1957582**	**1016410**	**941171**
安提瓜和巴布达	Antigua and Barbuda	2	2	
阿根廷	Argentina	39358	27367	11991
阿鲁巴	Aruba	120	120	
巴哈马	Bahamas	374	374	

17–4 续表 3 continued

单位：万元 (10 000 yuan)

国别(地区)	Country(Region)	进出口 Total	出口 Exports	进口 Imports
巴巴多斯	Barbados	267	267	
伯利兹	Belize	135	135	
多民族玻利维亚国	Bolivia	1705	963	742
巴西	Brazil	693141	338498	354643
开曼群岛	Cayman Is.	4	4	
智利	Chile	515996	82486	433509
哥伦比亚	Colombia	33659	33647	12
多米尼克	Dominica	19	19	
哥斯达黎加	Costa Rica	3801	3725	76
古巴	Cuba	657	657	
多米尼加共和国	Dominica Rep.	6079	6001	78
厄瓜多尔	Ecuador	9968	9966	2
格林纳达	Grenada	29	29	
瓜德罗普	Guadeloupe	4	4	
危地马拉	Guatemala	7871	7730	141
圭亚那	Guyana	759	759	
海地	Haiti	197	196	1
洪都拉斯	Honduras	1074	1072	2
牙买加	Jamaica	7692	7692	
马提尼克	Martinique	33	33	
墨西哥	Mexico	470395	444266	26129
尼加拉瓜	Nicaragua	540	540	
巴拿马	Panama	4898	4898	
巴拉圭	Paraguay	5049	5030	19
秘鲁	Peru	127390	26918	100472
波多黎各	Puerto Rico	13957	614	13343
圣卢西亚	Saint Lucia	37	37	
圣文森特和格林纳丁斯	Saint Vincent & Grenadines	142	142	
萨尔瓦多	El Salvador	1377	1368	9
苏里南	Surinam	1133	1133	
特立尼达和多巴哥	Trinidad and Tobago	845	845	
特克斯和凯科斯群岛	Turks & Caicos Is.	3	3	
乌拉圭	Uruguay	7048	7047	1
委内瑞拉	Venezuela	1505	1504	1
英属维尔京群岛	Virgin Is.(E)	33	33	
圣其茨和尼维斯	St.Kitts-Nevis	22	22	
荷属安的列斯群岛	Andreas Is.(N)	3	3	
拉丁美洲其他国家(地区)	Other Countries (Regions) in Latin America	260	260	
北美洲	**North America**	**4076963**	**2188373**	**1888590**
加拿大	Canada	199457	106808	92649
美国	United States	3877506	2081565	1795941
大洋洲	**Oceania**	**985277**	**172897**	**812380**
澳大利亚	Australia	959250	154244	805005
斐济	Fiji	319	319	
新喀里多尼亚	New Caledonia (Fr)	455	455	
瓦努阿图	Vanuatu	996	102	895
新西兰	New Zealand	22190	15710	6480
巴布亚新几内亚	Papua New Guinea	697	697	
所罗门群岛	Solomon Is.	150	150	
汤加	Tonga	11	11	
萨摩亚	Samoa	550	550	
基里巴斯	Kiribati	27	27	
密克罗尼西亚联邦	Micronesia Commonwealth	41	41	
马绍尔群岛	Marshall Is.	86	86	
法属波利尼西亚	Polynesia (F)	496	496	
瓦利斯和浮图纳	Wallis and Futuna	3	3	
大洋洲其他国家(地区)	Other Countries (Regions) in Oceania	6	6	

17–5 进出口商品分类金额(2021年)

Value of Imports and Exports by HS Section and Division(2021)

单位：万元 (10 000 yuan)

商品分类	HS Section and Division	出口 Exports	进口 Imports
总　值	**Total**	**25660745**	**21916798**
第1章 活动物	Live Animals	1458	
第2章 肉及食用杂碎	Meat and Edible Meat Offal		5472
第3章 鱼、甲壳动物、软体动物及其他水生无脊椎动物	Fish and Crustaceans Molluscs and Other Aquatic Invertebrates	58	623
第4章 乳品；蛋品；天然蜂蜜；其他食用动物产品	Dairy Produce; Birds' Eggs; Natural Honey; Edible Products of Animal Origin, not ElsewhereSpecified or Included	1239	3349
第5章 其他动物产品	Products of Animal Origin, not Elsewhere Specified or Included	27	120
第6章 活树及其他活植物；鳞茎、根及类似品；插花及装饰用簇叶	Live Tree and Other Plants; Bulbs, Roots and the Like; Cut Flowers and Ornamental Foliage	77	58
第7章 食用蔬菜、根及块茎	Edible Vegetables and Certain Roots and Tubers	13242	19339
第8章 食用水果及坚果；甜瓜或柑桔属水果的果皮	Edible Fruit and Nuts; Peel of Citrus Fruit or Melons	41676	9166
第9章 咖啡、茶、马黛茶及调味香料	Coffee, Tea, Mate and Spices	5013	7791
第10章 谷物	Cereals	298	176
第11章 制粉工业产品；麦芽；淀粉；菊粉；面筋	Products of The Milling Industry; Malt; Starches;Inulin; Wheat Gluten	6495	614
第12章 含油子仁及果实；杂项子仁及果实；工业用或药用植物；稻草、秸秆及饲料	Oil Seeds and Oleaginous Fruits; Miscellaneous Grains, Seeds and Fruit; Industrial or Medicinal Plants; Straw and Fodder	7047	418615
第13章 虫胶；树胶、树脂及其他植物液、汁	Lac; Gums, Resins And Other Vegetable Saps and Extracts	177160	1827
第14章 编结用植物材料；其他植物产品	Vegetable Plaiting Materials; Vegetable Products Not Elsewhere Specified or Included	177	4
第15章 动、植物油、脂及其分解产品；精制的食用油脂；动、植物蜡	Animal or Vegetable Fats and Oils and Their Products; Prepared Edible Fats; Animal or Vegetable Waxes	601	43961
第16章 肉、鱼、甲壳动物、软体动物及其他水生无脊椎动物、昆虫的制品	Preparations of Meat, of Fish or of Crustaceans, Molluscs or other Aquatic Invertebrates	118	
第17章 糖及糖食	Sugars and Sugar Confectionery	934	298
第18章 可可及可可制品	Cocoa and Cocoa Preparations	2	473
第19章 谷物、粮食粉、淀粉或乳的制品；糕饼点心	Preparations of Cereals, Flour, Starch or Milk; Pastry-Cooks' Products	1105	31160
第20章 蔬菜、水果、坚果或植物其他部分的制品	Preparations of Vegetables, Fruit, Nuts or Other Parts of Plants	67648	2100
第21章 杂项食品	Miscellaneous Edible Preparations	11011	4718
第22章 饮料、酒及醋	Beverages, Spirits and Vinegar	416	2747
第23章 食品工业的残渣及废料；配制的动物饲料	Residues and Waste from The Food Industries; Prepared Animal Fodder	1129	538
第24章 烟草、烟草及烟草代用品的制品	Tobacco and Manufactured Tobacco Substitutes	11167	

17–5 续表 1 continued

单位：万元 (10 000 yuan)

商品分类	HS Section and Division	出口 Exports	进口 Imports
第25章 盐；硫磺；泥土及石料；石膏料、石灰及水泥	Salt; Sulphur; Earths and Stone; Plastering Materials, Lime and Cement	15979	17385
第26章 矿砂、矿渣及矿灰	Ores, Slag and Ash	9344	1160192
第27章 矿物燃料、矿物油及其蒸馏产品；沥青物质；矿物蜡	Mineral Fuels, Mineral Oils and Products of Their Distillation; Bituminous Substances; Mineral Waxes	34152	849333
第28章 无机化学品；贵金属、稀土金属、放射性元素及其同位素的有机及无机化合物	Inorganic Chemicals; Organic or Inorganic Compounds of Precious Metals, of Rare-Earth Metals, of Radioactive Elements or of Isotopes	77284	591772
第29章 有机化学品	Organic Chemicals	332231	190425
第30章 药品	Pharmaceutical Products	8002	300976
第31章 肥料	Fertilizers	825	51
第32章 鞣料浸膏及染料浸膏；鞣酸及其衍生物；染料、颜料及其他着色料；油漆及清漆；油灰及其他类似胶粘剂；墨水、油墨	Tanning or Dyeing Extracts; Tannins and Their Derivatives; Dyes, Pigments and Other Colouring Matter;Paints and Varnishes; Putty and Other Mastics; Inks	10881	26165
第33章 精油及香膏；芳香料制品及化妆盥洗品	Essential Oils and Retinoid; Perfumery, Cosmetic or Toilet Preparations	3023	16552
第34章 肥皂、有机表面活性剂、洗涤剂、润滑剂、人造蜡、调制蜡、光洁剂、蜡烛及类似品、塑型用膏、“牙科用蜡”及牙科用熟石膏制剂	Soap,Organic Surface-Active Agents,Washing Preparations,Lubricating Preparations, Waxes, Polishing or Scouring Preparations, Candles and Similar Articles, Modelling Pastes, "Dental Waxes" And Dental Preparations With a Basis of Plast	2083	60347
第35章 蛋白类物质；改性淀粉；胶；酶	Albuminoidal Substances; Modified Starches; Glues; Enzymes	20097	12391
第36章 炸药；烟火制品；引火合金；易燃材料制品	Explosives; Pyrotechnic Products;Pyrophoric Alloys; Certain Combustible Preparations	836	7486
第37章 照相及电影用品	Photographic or Cinematographic Goods	972	79103
第38章 杂项化学产品	Miscellaneous Chemical Products	220474	287580
第39章 塑料及其制品	Plastics and Articles Thereof	179754	226114
第40章 橡胶及其制品	Rubber and Articles Thereof	89412	41154
第41章 生皮(毛皮除外)及皮革	Raw Hides and Skins(Other Than Fur Skins) and Leather	1	978
第42章 皮革制品；鞍具及挽具；旅行用品、手提包及类似容器；动物肠线(蚕胶丝除外)制品	Articles of Leather; Saddlery and Harness; Travel Goods, Handbags and Similar Containers; Articles of Animal Gut(Other Than Silk-Worm Gut)	15424	60982
第43章 毛皮、人造毛皮及其制品	Fur Skins and Artificial Fur; Manufactures Thereof	214	1
第44章 木及木制品；木炭	Wood and Articles of Wood; Wood Charcoal	11369	5359
第45章 软木及软木制品	Cork and Articles of Cork	1425	169
第46章 稻草、秸秆、针茅或其他编结材料制品；篮筐及柳条编结品	Manufactures of Straw, of Esparto or of Other Plaiting Materials; Basket Ware and Wickerwork	809	1
第47章 木浆及其他纤维状纤维素浆；回收(废碎)纸或纸板	Pulp of Wood or of Other Fibrous Cellulosic Material; Waste and Scrap of Paper or Paperboard	1040	260

17-5 续表 2 continued

单位：万元 (10 000 yuan)

商品分类	HS Section and Division	出口 Exports	进口 Imports
第48章 纸及纸板；纸浆、纸或纸板制品	Paper and Paperboard; Articles of Paper Pulp, of Paper or Paperboard	13163	6915
第49章 书籍、报纸、印刷图画及其他印刷品；手稿、打字稿及设计图纸	Printed Books, Newspapers, Pictures and Other Products of The Printing Industry; Manuscripts, Typescripts and Plans	2124	12533
第50章 蚕丝	Silk	138	4
第51章 羊毛、动物细毛或粗毛；马毛纱线及其机织物	Wool, Fine or Coarse Animal Hair; Horsehair Yarn and Woven Fabric	5934	1262
第52章 棉花	Cotton	27360	939
第53章 其他植物纺织纤维；纸纱线及其机织物	Other Vegetable Textile Fibres; Paper Yarn and Woven Fabrics of Paper Yarn	240	19
第54章 化学纤维长丝；化学纤维纺织材料制扁条及类似品	Chemical fiber filament; Flat strips and similar articles made of chemical fibre textile materials	6238	4264
第55章 化学纤维短纤	Man-Made Short Fibres	45793	3765
第56章 絮胎、毡呢及无纺织物；特种纱线；线、绳、索、缆及其制品	Wadding, Felt and Nonwoven; Special Yarns; Twine, Cordage, Ropes and Cables and Articles Thereof	11303	2305
第57章 地毯及纺织材料的其他铺地制品	Carpets and Other Textile Floor Coverings	12194	9716
第58章 特种机织物；簇绒织物；花边；装饰毯；装饰带；刺绣品	Special Woven Fabrics; Tufted Textile Fabrics; Lace; Tapestries; Trimmings; Embroidery	1185	183
第59章 浸渍、涂布、包覆或层压的纺织物；工业用纺织制品	Impregnated, Coated, Covered or Laminated Textile Fabrics; Textile Articles of a Kind Suitable for Industrial Use	4457	3053
第60章 针织物及钩编织物	Knitted or Crocheted Fabrics	38052	179
第61章 针织或钩编的服装及衣着附件	Articles of Apparel and Clothing Accessories, Knitted or Crocheted	48087	2351
第62章 非针织或非钩编的服装及衣着附件	Articles of Apparel and Clothing Accessories, not Knitted or Crocheted	74564	2234
第63章 其他纺织制成品；成套物品；旧衣着及旧纺织品；碎织物	Other Made Up Textile Articles; Sets; Worn Clothing And Worn Textile Articles; Rags Articles; Rags	106937	2091
第64章 鞋靴、护腿和类似品及其零件	Footwear, Gaiters and The Like; Parts of Such Articles	36530	3388
第65章 帽类及其零件	Headgear and Parts Thereof	3864	484
第66章 雨伞、阳伞、手杖、鞭子、马鞭及其零件	Umbrellas, Sun Umbrellas, Walking-Sticks, Seat-Sticks, Whips, Riding-Crops And Parts Thereof	729	92
第67章 已加工羽毛、羽绒及其制品；人造花；人发制品	Prepared Feathers and Down and Articles Made of Feathers or of Down; Artificial Flowers; Articles of Human Hair	2666	14
第68章 石料、石膏、水泥、石棉、云母及类似材料的制品	Articles of Stone, Plaster, Cement, Asbestos, Mica or Similar Materials; Ceramic Products; Glass and Glassware	13964	23618
第69章 陶瓷产品	Ceramic Products	12373	64212
第70章 玻璃及其制品	Glass and Glassware	73389	59872
第71章 天然或养殖珍珠、宝石或半宝石、贵金属、包贵金属及其制品；仿首饰；硬币	Natural or Cultured Pearls, Precious or Semi-Precious Stones, Precious Metals, Metals Clad With Precious Metal and Articles Thereof; Imitation Jewellery; Coin	10020	84755

17-5 续表 3 continued

单位：万元 (10 000 yuan)

商品分类	HS Section and Division	出口 Exports	进口 Imports
第72章 钢铁	Iron and Steel	52305	27710
第73章 钢铁制品	Articles of Iron or Steel	212193	123546
第74章 铜及其制品	Copper and Articles Thereof	26028	1139756
第75章 镍及其制品	Nickel and Articles Thereof	3808	30994
第76章 铝及其制品	Aluminium and Articles Thereof	43554	78607
第78章 铅及其制品	Lead and Articles Thereof	11	4533
第79章 锌及其制品	Zinc and Articles Thereof	244	2405
第80章 锡及其制品	Tin and Articles Thereof	43	161
第81章 其他贱金属、金属陶瓷及其制品	Other Base Metals; Cermets; Articles Thereof	274781	47259
第82章 贱金属工具、器具、利口器、餐匙、餐叉及其零件	Tools, Implements, Cutlery, Spoons and Forks, of Base Metal; Parts Thereof of Base Metal	68153	10053
第83章 贱金属杂项制品	Miscellaneous Articles of Base Metal	35509	14882
第84章 核反应堆、锅炉、机器、机械器具及其零件	Nuclear Reactors, Boilers, Machinery and Mechanical Appliances; Parts Thereof	5407968	4893248
第85章 电机、电气设备及其零件；录音机及放声机、电视图像、声音的录制和重放设备及其零件、附件	Electrical Machinery and Equipment and Parts Thereof; Sound Recorders and Reproducers, Television Image and Sound Recorders and Reproducers, and Parts and Accessories of Such Articles	15389335	9761756
第86章 铁道及电车道机车、车辆及其零件；铁道及电车轨道固定装置及其零件、附件；各种机械(包括电动机械)交通信号设备	Railway or Tramway Locomotives, Rolling-Stock and Parts Thereof; Railway or Tramway Track Fixtures And Fittings and Parts Thereof; Mechanical(Including Electro-Mechanical) Traffic Signalling Equipment of All Kinds	7918	30245
第87章 车辆及其零件、附件，但铁道及电车道车辆除外	Vehicles Other Than Railway or Tramway Rolling-Associated Stock, and Parts and Accessories Thereof	655491	54995
第88章 航空器、航天器及其零件	Aircraft, Spacecraft, and Parts Thereof	23483	84315
第89章 船舶及浮动结构体	Ships, Boats and Floating Structures	668	215
第90章 光学、照相、电影、计量、检验、医疗或外科用仪器及设备、精密仪器及设备；上述物品的零件、附件	Optical, Photographic, Cinematographic, Measuring, Checking, Precision Medical or Surgical Instruments and Apparatus; Parts and Accessories Thereof	797272	719500
第91章 钟表及其零件	Clocks and Watches and Parts Thereof	1287	975
第92章 乐器及其零件、附件	Musical Instruments; Parts and Accessories of Such Articles	2538	130
第93章 武器、弹药及其零件、附件	Arms and Ammunition; Parts and Accessories Thereof	419	5
第94章 家具；寝具、褥垫、弹簧床垫、软坐垫及类似的填充制品；未列名灯具及照明装置；发光标志、发光名牌及类似品；活动房屋	Furniture; Bedding, Mattresses, Mattress Supports, Cushions and Similar Stuffed Furnishings; Lamps and Lighting Fittings, not Elsewhere Specified or Included; Illuminated Signs, Illuminated	56289	10057
第95章 玩具、游戏品、运动用品及其零件、附件	Toys, Games and Sports Requisites; Parts and Accessories Thereof	538286	23359
第96章 杂项制品	Miscellaneous Manufactured Articles	16935	4736
第97章 艺术品、收藏品及古物	Works of Art, Collectors' Pieces and Antiques	120	3166
第98章 特殊交易品及未分类商品	Commodities and Transactions not Classified According to Kind	43537	74023
跨境电商B2B简化申报商品	Cross-border E-commerce B2B Simplified Declaration of Goods	67538	

17-6 主要出口商品数量、金额(2021年)
Main Export Commodities in Volume and Value(2021)

商品名称		Item		数量 Volume	金额(万元) Value (10000 yuan)
农产品		Agricultural Products			357365
水产品	(千克)	Aquatic Products	(kg)	147287	716
食用水产品		Edible Aquatic Products / Aquatic Food Products		147287	716
蔬菜及食用菌	(千克)	Vegetables and Edible Fungi	(kg)	4240089	7987
#鲜或冷藏蔬菜		Fresh or Frozen Vegetables		903532	565
干鲜瓜果及坚果	(千克)	Dry fresh Melon Fruit and Nuts	(kg)	54000406	40957
#苹果		Apples		37248393	25733
茶叶	(千克)	Tea	(kg)	479852	2179
粮食	(千克)	Grain	(kg)	10669420	11502
罐头	(千克)	Can	(kg)	3213589	10539
#蔬菜罐头		Canned Vegetables		3161781	10446
酒类及饮料	(千克)	Liquor and Beverages	(kg)		51443
#果蔬汁		Vegetable and Fruit Juice		78166014	51055
烟草及其制品	(千克)	Tobacco and any Tobacco Products	(kg)	8552178	11167
#烤烟		Flue-cured Tobacco		4801895	6518
制盐	(千克)	Salt Production	(kg)	8000	6
水泥及水泥熟料	(千克)	Cement and Cement Clinkers	(kg)	37821	8
钨品	(千克)	Tungsten Products	(kg)	201802	10388
焦炭及半焦炭	(千克)	Coke and Semi-coke	(kg)	192481056	22674
成品油	(千克)	Petroleum Products Refined	(kg)	167153	251
氧化铝	(千克)	Aluminium Oxide	(kg)		
稀土及其制品	(千克)	Rare Earth and its Products	(kg)	201357	1156
#稀土		Rare Earth		188207	490
基本有机化学品	(千克)	Basic Organic Chemicals	(kg)	16571065	200776
#柠檬酸		Citric Acid		27000	33
医药材及药品	(千克)	Medicinal materials and drugs	(kg)	4434371	98378
#中药材		Medical Materials		1668524	4822
中式成药		Medicaments of Chinese Type		55853	2009
抗菌素(制剂除外)		Antibiotics(Except Preparations)		364772	10957
医用敷料		Pharmaceutical Goods		87971	1065
肥料	(千克)	Fertilizers	(kg)	1856343	824
#尿素		Urea		623800	169
硫酸铵		Ammonium Sulfate		20000	3
磷酸氢二铵		Diammonium Hydrogen Phosphate		1000	1
合成有机染料	(千克)	Synthetic Organic Dye	(kg)	16958	156
美容化妆品及洗护用品	(千克)	Beauty Cosmetics and Toiletries	(kg)	64584	408
塑料制品	(千克)	Plastic Products	(kg)	26039923	77870
橡胶轮胎	(千克)	Rubber Tires	(kg)	45039366	68477
#新的充气橡胶轮胎		New Pneumatic Rubber Tires		44953187	68311
皮革、毛皮及其制品	(千克)	Leather, Fur and their Products	(kg)		4049
#裘皮服装		Fur Garment		1067	53
箱包及类似容器	(千克)	Luggage and Similar Containers	(kg)	1383122	12268
#皮革箱包及类似容器		Leather Bags and Similar Containers		132881	1406

17-6 续表 1 continued

商品名称		Item		数量 Volume	金额（万元） Value (10000 yuan)
木及其制品	(千克)	Wood and its Products	(kg)	8654262	11343
#家用或装饰用木制品		Wooden Products for Household or Decoration		5886841	8188
胶合板及类似多层板		Plywood and Similar Laminated Boards		584629	488
植物材料编结品	(千克)	Knitted Products of Plant Materials	(kg)	125818	809
纸浆、纸及其制品	(千克)	Pulp, Paper and its Products	(kg)	5354440	14203
纺织原料	(千克)	Textile raw Materials	(kg)	1181622	7389
#化学纤维纺织原料		Chemical Fiber Textile Raw Materials		1114718	1580
纺织纱线、织物及其制品		Textile Yarns, Fabrics and Articles			252442
纺织纱线	(千克)	Textile Yarn	(kg)	2032146	4464
纺织织物		Textile Fabric			112758
纺织制品		Textile Products			135220
服装及衣着附件		Clothing and Accessories			147349
#服装		Clothing			115938
鞋靴	(千克)	Footwear	(kg)	5152188	36160
帽类	(个)	Hats	(unit)	4116412	3807
伞	(千克)	Umbrella	(kg)	57769	240
花岗岩石材及其制品	(千克)	Granite Stone and its Products	(kg)	586492	341
陶瓷产品	(千克)	Ceramic Products	(kg)	7849338	12373
#日用陶瓷		Ceramics for Daily Use		1021124	4361
建筑用陶瓷		Building Ceramics		6642339	2039
玻璃及其制品		Glass and its Products			73537
珍珠、宝石及半宝石		Pearls,Gems and Semi-gems			8969
贵金属或包贵金属的首饰	(克)	Precious Metals or Jewelry Containing Precious Metals	(g)	20160	12
铁合金	(千克)	Ferroalloy	(kg)	9916436	25703
钢材	(千克)	Rolled Steel	(kg)	138666912	140397
#钢铁棒材		Steel Bar		1168345	1498
角钢及型钢		Angle Steel and Section Steel		1283093	1023
钢铁板材		Steel Plate		9045586	15345
钢铁线材		Steel Wire		5660803	8720
未锻轧铜及铜材	(千克)	Unwrought Copper and its Alloys	(kg)	3926271	24359
未锻轧铝及铝材	(千克)	Unwrought Aluminum and its Alloys	(kg)	10368267	23623
家具及其零件		Furniture and Parts			8836
玩具		Toys			24604
体育用品及设备		Sporting Goods and Equipments			14942
笔及其零件		Pen and its Parts			3524
机电产品		Mechanical and Electronic Products			23188075
机械基础件		Mechanical Basic Parts			86246
#紧固件	(千克)	Fastener	(kg)	33528737	31033
轴承	(套)	Bearing	(unit)	57475117	29926
手用或机用工具	(千克)	Hand or Machine Tools	(kg)	18979923	63747
农业机械		Agricultural Machinery			8961
#拖拉机	(辆)	The Tractor	(unit)	63	679
食品加工机械	(台)	Food Processing Machinery	(unit)	32513	1279
包装机械	(台)	Packaging Machinery	(unit)	41768	4770
印刷、装订机械及其零件		Printing and Binding Machinery and its Parts			14110
#打印机、复印机及一体机	(台)	Printers, Copiers and all-in-one Machine	(unit)	43361	13035

17-6 续表 2 continued

商品名称		Item		数 量 Volume	金 额(万元) Value (10000 yuan)
通用机械设备		General Mechanical Equipment			118388
#泵	(台)	Pump	(unit)	3676810	10366
压缩机	(台)	Compressor	(unit)	1685660	49513
分离设备		Separation Equipment			18249
阀门及类似装置	(套)	Valves and Similar Devices	(unit)	7549230	16381
纺织机械及其零件		Textile Machinery and Parts			5309
缝制机械及其零件		Sewing Machinery and Parts			50215
机床	(台)	Machine Tool	(unit)	71364	25902
自动数据处理设备及其零部件		Automatic Data Processing Equipment and its Parts			4726899
#自动数据处理设备	(台)	Automatic Data Processing Equipment	(unit)	83810	53341
#平板电脑		Tablet Computer		2531	399
笔记本电脑		Laptop		33	59
中央处理部件	(台)	Central Processing Unit	(unit)	42722	21940
存储部件	(台)	Storage Parts	(unit)	28835342	1169543
自动数据处理设备的零件、附件	(千克)	Parts and Accessories of Automatic Data Processing Equipment	(kg)	1486879	3327499
液晶监视器	(台)	LCD Monitor	(unit)	1272826	128981
电工器材		Electrical Equipment			871030
#变压器	(个)	Transformers	(unit)	6180715	28734
原电池	(个)	Primary Battery	(unit)	1939119	1925
蓄电池	(个)	Accumulator	(unit)	19621269	533542
#锂离子蓄电池		Lithium-ion Battery		19606107	532828
电气控制装置		Electronic Control Device			175046
高压开关及控制装置		High Voltage Switch and Control Device			26615
低压开关及控制装置		Low Voltage Switch and Control Device			148431
电线及电缆	(千克)	Wire and Cable	(kg)	3956025	25221
手机	(台)	Cell Phone	(unit)	2701	298
家用电器		Household Appliances			90102
电扇	(台)	Fans	(unit)	886331	5321
空调	(台)	Air Conditioner	(unit)	10069	1025
冰箱	(台)	Refrigerator	(unit)	533384	4184
洗衣机	(台)	Washing Machine	(unit)	68	5
吸尘器	(台)	vacuum Cleaner	(unit)	149003	1653
微波炉	(个)	Microwave Oven	(unit)	1205	92
电视机	(台)	TV Sets	(unit)	349815	48919
#液晶电视机		LCD TV Sets		330613	47593
音视频设备及其零件		Audio and Video Equipment and its Parts			59084
电视摄像机，数字照相机及视频摄录一体机	(台)	TV Cameras, Digital Cameras and Video Camcorders	(unit)	246773	5169
#数字照相机		Digital Camera		3569	205
无线电广播接收设备	(台)	Radio Broadcast Receiving Equipment	(unit)	124244	2080
音视频设备的零件	(千克)	Parts of Audio and Video Equipment	(kg)		10358
有机发光二极管显示屏	(千克)	Organic Light-emitting Diode Display	(kg)	149465	5732

17-6 续表 3 continued

商品名称		Item		数 量 Volume	金 额（万元） Value (10000 yuan)
电子元件		Electronic Component			13843713
印刷电路	（块）	Printed Circuit	(unit)	111683996	57064
二极管及类似半导体器件	（个）	Diodes and Similar Semiconductor Devices	(unit)	567555504	2421100
#太阳能电池		Solar Battery		68439067	2369291
集成电路	（个）	Integrated Circuit	(unit)	8809339819	11166300
集装箱	（个）	Container	(unit)	212	107
摩托车	（辆）	Motorcycle	(unit)	5185	646
电动摩托车及脚踏车		Electric Motorcycles and Bicycles		5185	646
自行车	（辆）	Bicycle	(unit)	1299	212
摩托车及自行车的零配件		Spare Parts for Motorcycles and Bicycles			11217
汽车(包括底盘)		Motor Vehicles			493341
乘用车	（辆）	Passenger Car	(unit)	9733	48120
商用车		Commercial Vehicle			445221
#客车(十座及以上)	（辆）	Coach (10 or more seats)	(unit)	18	509
货车	（辆）	Truck	(unit)	10219	283652
专用汽车	（辆）	Special Purpose Vehicle	(unit)	795	24999
汽车零配件		Automobile Parts			219723
#车用发动机	（台）	Vehicle Engine	(unit)	1836	3302
汽车轮胎	（千克）	Auto Tyre	(kg)	44251856	66313
婴孩车及其零件	（千克）	Baby Car and Its Parts	(kg)	148432	710
船舶	（艘）	Ship		1	53
眼镜及其零件		Glasses and their Parts			1732
液晶显示板	（个）	LCD Panel	(unit)	4778746	398965
计量检测分析自控仪器及器具		Automatic Control Instrument for Measurement, Detection and Analysis and its Appliance			173137
#分析仪器	（台）	Analytical Instruments	(unit)	12225	21010
医疗仪器及器械		Medical Instruments and Apparatus			26083
钟表及其零件		Clocks and Watches and their Parts			1287
#手表	（只）	watch	(unit)	8868	148
灯具、照明装置及其零件		Lamps、Lighting Device and its Parts			36532
游戏机及其零附件		Game Machine and Its Accessories			480133
高新技术产品		High-tech Products			
生物技术	（千克）	Biotechnology	(kg)	109244	27066
生命科学技术		Life Science Technology			149367
光电技术		Optical Technology			435901
计算机与通信技术		Computer and Communication Technology			4950570
电子技术		Electronic Technology			13828924
计算机集成制造技术		Computer Integrated Manufacturing Technology			137884
材料技术	（千克）	Material Technology	(kg)	5143413	168669
航空航天技术		Aerospace Technology			134840
其他技术		Other Technologies			115381
电动载人汽车	（辆）	Electric Passenger car	(unit)	883	13448
插电式混合动力乘用车		Plug-in Hybrid Passenger Car		544	8181
纯电动乘用车		Pure Electric Passenger Car		339	5267
文化产品		Cultural Products			576357
食品		Food			154149

17—7 主要进口商品数量、金额(2021年)
Main Import Commodities in Volume and Value(2021)

商品名称		Item		数量 Volume	金额(万元) Value (10000 yuan)
农产品		Agricultural Products			555348
肉类(包括杂碎)	(千克)	Meat	(kg)	1717501	5472
牛肉及牛杂碎		Beef and Sweetbreads		1198039	4588
牛肉		Beef		1198039	4588
猪肉及猪杂碎		Pork and Sweetbreads		468462	798
#猪肉		Pork		366708	693
禽肉		Poultry		51000	86
水产品	(千克)	Aquatic Products	(kg)	52571	203
食用水产品		Edible Aquatic Products		52571	203
乳品	(千克)	The Dairy	(kg)	3965894	26209
#奶粉		Milk Powder		2833510	25392
干鲜瓜果及坚果	(千克)	Dried Fresh Fruits and Nuts	(kg)	3729577	7069
粮食	(千克)	Grain	(kg)	1074086726	416153
谷物及谷物粉		Cereals and Cereals Flour		3291084	790
#小麦		Wheat		2184484	614
大麦		Barley		1106600	176
稻谷及大米		Paddy and Rice			
豆类		Beans		1070795642	415363
#大豆		Soybean		1036263664	396024
食用油	(千克)	Cooking Oil	(kg)	60532682	43934
#食用植物油		Edible Vegetable Oil		60532433	43927
#菜子油及芥子油		Rapeseed oil and Mustard Oil		59405552	42975
酒类及饮料		Liquor and Beverages			2940
#啤酒	(升)	Beer	(liter)	237597	300
葡萄酒	(升)	Wine	(liter)	245554	1459
制盐	(千克)	Salt Production	(kg)	274500	25
金属矿及矿砂	(千克)	Metal Ore and Ore Sand	(kg)	6924718181	1160193
#铁矿砂及其精矿		Iron Ore		6329457641	633767
铜矿砂及其精矿		Copper Ores		71629078	116736
煤及褐煤	(千克)	Coal and Lignite	(kg)	9211827178	606724
原油	(千克)	Crude Oil	(kg)	109973345	41086
成品油	(千克)	Petroleum Products Refined	(kg)	101905	283
多晶硅	(千克)	Polysilicon	(kg)	24949365	311761
基本有机化学品	(千克)	Essential Organic Chemicals	(kg)	42997276	161062
#乙二醇		Ethylene Glycol		3993	7
医药材及药品	(千克)	Medical Materials and Drugs	(kg)	4277623	317294
#中药材		Medical Materials		3351454	12434
肥料	(千克)	Fertilizers	(kg)	397504	51
氯化钾		Potassium Chloride		397500	51
美容化妆品及洗护用品	(千克)	Beauty Cosmetics and Toiletries	(kg)	776813	17110
初级形状的塑料	(千克)	Plastic in primary Forms	(kg)	27828697	41288
塑料制品	(千克)	Plastic Products	(kg)	11888550	185859
天然及合成橡胶(包括胶乳)	(千克)	Natural and Synthetic Rubber (Including Latex	(kg)	548253	1439

17-7 续表 1 continued

商品名称		Item		数 量 Volume	金 额 (万元) Value (10000 yuan)
皮革、毛皮及其制品		Leather, Fur and Products			10204
#牛皮革及马皮革	(千克)	Cow Leather and Horse Leather	(kg)	320507	925
木及其制品	(千克)	Wood and its Products	(kg)	18961117	5359
#原木		Log		489458	105
锯材		Wood Sawn		15902494	3133
纸浆、纸及其制品	(千克)	Pulp, Paper and Products	(kg)	5306554	7174
#纸浆		Pulp		207891	260
纺织原料	(千克)	Textile Materials	(kg)	3106769	5088
#棉花		Cotton		479200	630
纺织纱线、织物及其制品		Textile Yarns, Fabrics and Products			22692
#纺织纱线	(千克)	Textile Yarn	(kg)	488960	3963
#棉纱线		Cotton Yarns		80030	153
合成纤维纱线		Synthetic Fiber Yarns		300618	3361
服装及衣着附件		Clothing and Accessories			8607
玻璃及其制品	(千克)	Glass and its Products	(kg)		59875
#玻璃纤维及其制品		Glass Fiber and its Products		1052039	5288
珍珠、宝石及半宝石		Pearls,Gems and Semi-gems			8252
钢材	(千克)	Rolled Steel	(kg)	10694834	60975
未锻轧铜及铜材	(千克)	Unwrought Copper and its Alloys	(kg)	191789818	1137733
未锻轧铝及铝材	(千克)	Unwrought Aluminum and its Alloys	(kg)	7888371	67106
机电产品		Mechanical and Electronic Products			15735222
#机械基础件		Mechanical Basic Parts			94386
农业机械		Agricultural Machinery		681	4522
#收获机械	(台)	Harvesting Machinery	(unit)	10	1714
食品加工机械	(台)	Food Processing Machinery	(unit)	936	2450
包装机械	(台)	Packaging Machinery	(unit)	160	13913
印刷、装订机械及其零件		Printing and Binding Machinery and its Parts			4028
#打印机、复印机及一体机	(台)	Printers, Copiers and All-in-one Machine	(unit)	78	3030
通用机械设备		General Mechanical Equipment			211500
#泵	(台)	Pump	(unit)	40036	85176
压缩机	(台)	Compressor	(unit)	19156	1838
分离设备		Separation Equipment			20977
阀门及类似装置	(套)	Valves and Similar Devices	(unit)	1768212	80570
机床	(台)	Machine Tool	(unit)	355	57352
自动数据处理设备及其零部件		Automatic Data Processing Equipment and its Parts			1360761
#自动数据处理设备	(台)	Automatic Data Processing Equipment	(unit)	207	1666
中央处理部件	(台)	Central Processing Unit	(unit)	2566	10475
存储部件	(台)	Storage Parts	(unit)	445030	63100
自动数据处理设备的零件、附件	(千克)	Parts and Accessories of Automatic Data ProcessingEquipment	(kg)	441324	1282337
半导体制造设备	(台)	Semiconductor Manufacturing Equipment	(unit)	4247	1931736
#制造单晶柱或晶圆用的机器及装置		Machines and Devices for Making Single Crystal Columns or Wafers		137	111387
制造半导体器件或集成电路用的机器及装置		Machines and Devices for Manufacturing Semiconductor Devices or Integrated Circuits		877	1593559
制造平板显示器用的机器及装置		Machines and Devices for Manufacturing Flat Panel Displays		69	68010

17-7 续表 2 continued

商品名称		Item		数量 Volume	金额（万元） Value (10000 yuan)
电工器材		Electrical Equipment			293780
#变压器	(个)	Transformers	(unit)	481613	37628
蓄电池	(个)	Accumulator	(unit)	4013	483
#锂离子蓄电池		Lithium-ion Battery		3770	257
电气控制装置		Electronic Control Device			146800
电线及电缆	(千克)	Wire and Cable	(kg)	853920	24429
家用电器		Household Appliances			9202
音视频设备及其零件		Audio and Video Equipment and its Parts			7874
#电视摄像机，数字照相机及视摄录一体机	(台)	TV cameras, Digital Cameras and Video Camcorders	(unit)	4721	2845
音视频设备的零件		Parts of Audio and Video Equipment			1259
电子元件		Electronic Component			9179320
#电容器	(千克)	Capacitor	(kg)	178408	52935
印刷电路	(块)	Printed Circuit	(unit)	406333311	79562
二极管及类似半导体器件	(个)	Diodes and Similar Semiconductor Devices	(unit)	1378344585	140401
集成电路	(个)	Integrated Circuit	(unit)	9851574216	8784567
汽车(包括底盘)	(辆)	Motor Vehicles	(unit)	56	2725
乘用车		Passenger Car		56	2725
汽车零配件		Automobile Parts			78917
#车用发动机	(台)	Vehicle Engine	(unit)	676	3085
汽车轮胎	(千克)	Auto Tyre	(kg)	4385915	21716
飞机及其他航空器	(架)	Aircraft and Other Aircraft	(unit)	6	54289
#空载重量超过2吨的飞机		An Aircraft with An Unloaded Weight of More than 2 Tons		2	51632
航空器零部件		Aircraft Parts			82288
#涡轮喷气发动机	(台)	Turbojet Engine	(unit)	7	12517
液晶显示板	(个)	LCD Panel	(unit)	56677	4357
计量检测分析自控仪器及器具		Automatic Control Instrument for Measurement, Detection and Analysis and its Appliance			588331
医疗仪器及器械		Medical Instruments and Apparatus			18851
钟表及其零件		Clocks and Watches and their Parts			975
#手表	(只)	Wrist Watches	(unit)	12326	888
电动手表		Electric Watches		11729	789
机械手表		Mechanical Watches		597	99
高新技术产品		High-tech Products			
生物技术	(千克)	Biotechnology	(kg)	62	45
生命科学技术		Life Science Technology			373048
光电技术		Optical Technology			265006
计算机与通信技术		Computer and Communication Technology			1398384
电子技术		Electronic Technology			9249326
计算机集成制造技术		Computer Integrated Manufacturing Technology			2965563
材料技术	(千克)	Material Technology	(kg)	550092	186187
航空航天技术		Aerospace Technology			165270
其他技术		Other technologies			5017
电动载人汽车	(辆)	Electric Manned Vehicle	(unit)	1	22
非插电式混合动力乘用车		Non-plug-in Hybrid Passenger Car		1	22
文化产品		Cultural Products			47561
食品		Food			533707

17–8 利用外资情况
Utilization of Foreign Capital

单位：万美元 (USD 10 000)

年 份 Year	签订合同项目（个） Number of Signed Projects (unit)	签订外商投资合同 Contracts of Direct Foreign Investments		实际利用外商投资 Amount of FDI Actually Utilized	
		金 额 Value	比上年增长% Growth Rate as Preceding Year(%)	金 额 Value	比上年增长% Growth Rate as Preceding Year(%)
1983	2	823		25	
1984	7	154	-81.3	129	416.0
1985	50	42848	27723.4	818	534.1
1986	34	34786	-18.8	942	15.2
1987	18	17381	-50.0	2890	206.8
1988	14	2096	-87.9	18007	523.1
1989	22	2650	26.4	9679	-46.2
1990	24	1134	-57.2	4191	-56.7
1991	54	2068	82.4	3159	-24.6
1992	424	52290	2428.5	4583	45.1
1993	790	92204	76.3	23432	411.3
1994	444	41142	-55.4	23809	1.6
1995	272	41518	0.9	32407	36.1
1996	280	60054	44.6	33008	1.9
1997	182	64954	8.2	61016	84.9
1998	196	37582	-42.1	30010	-50.8
1999	157	42693	13.6	24197	-19.4
2000	215	49931	17.0	28842	19.2
2001	223	73009	46.2	36455	26.4
2002	203	84060	15.1	41064	12.6
2003	229	83428	-0.8	46602	13.5
2004	271	104877	25.7	52664	13.0
2005	256	158237	50.9	62839	19.3
2006	255	203530	28.6	92489	47.2
2007	184	197311	-3.1	119516	29.2
2008	156	181781	-7.9	136954	14.6
2009	101	140117	-22.9	151053	10.3
2010	139	221030	57.8	182006	20.5
2011	138	254910	15.3	235483	29.4
2012	144	515036	102	293609	24.7
2013	204	372078	-28	367800	25.3
2014	141	585453	57.4	417557	13.5
2015	112	578208	-1.2	462118	10.7
2016	116	463330	-19.9	501178	8.5
2017	203	1002910	116.5	589437	17.6
2018	283	537672	-46.4	684794	16.2
2019	323	298131	-44.6	772947	12.9
2020	278	801964	169	844315	9.2
2021	312	223444	-72.1	1024615	21.4

17–9　外商投资情况
Foreign Investment

单位：万美元　　　　(USD 10 000)

分　组	Groups	项目数(个) Number of Projects (unit)		合同外资 Contracted Foreign Investments		实际外资 Actually Utilized Foreign Investments	
		2020	2021	2020	2021	2020	2021
总　计	**Total**	**278**	**312**	**801964**	**223444**	**844315**	**1024615**
按投资方式分	**By Investment Form**						
外商直接投资	Foreign Direct Investment	278	312	801964	223444	261661	382938
中外合资企业	Equity Joint Venture	64	131	52804	70193	52831	92360
中外合作企业	Contractural Joint Venture		1	10	16712	70	346
外资企业	Wholly Foreign-owned Enterprise	201	166	749111	126640	208760	277753
外商投资股份制	FDI Shareholding Inc.		1		396		
合作开发	Cooperative Development Enterprise						12282
合伙企业	The Partnership	4	7	39	61		
其它	Others	9	6		9442		197
外商其它投资	Other Foreign Invested Enterprises					582654	641677
境外融资	Overseas Financing					265374	335108
加工装配	Processing and Assembling					317280	306569
按国民经济行业分	**By Sector**						
农、林、牧、渔业	Agriculture, Forestry, Animal Husbandry and Fishery	8	8	33832	-14599	2875	4937
采矿业	Mining	1	2	56	5637	86721	19781
制造业	Manufacturing	31	40	324168	90776	476058	546470
电力、热力、燃气及水生产和供应业	Production and Supply of Electricity, Heat, Gas and Water	2	13	4099	38970	12114	26083
建筑业	Construction	5	8	479	1455	44303	45514
批发和零售业	Wholesale and Retail Trades	82	67	12069	22500	58440	102542
交通运输、仓储和邮政业	Transport, Storage and Post	3	2	17207	3461	21396	9725
住宿和餐饮业	Hotels and Catering Services	14	19	252	1668	1848	1189
信息传输、软件和信息技术服务业	Information Transmission, Software and Information Technology	25	31	26733	7222	1390	6068
金融业	Financial Intermediation			2814	273	9223	2580
房地产业	Real Estate	10	8	43035	4820	59742	69886
租赁和商务服务业	Leasing and Business Services	47	45	315861	28648	31351	169648
科学研究和技术服务业	Scientific Research and Technical Services	23	47	17291	20723	10649	9938
水利、环境和公共设施管理业	Management of Water Conservancy, Environment and Public Facilities	6	1	3095	1218	1569	5648
居民服务、修理和其他服务业	Service to Households, Repair and Other Services	8	8	699	890	25270	
教育	Education	2	2	9	93	1159	
卫生和社会工作	Health and Social Services	2		22			506
文化、体育和娱乐业	Culture, Sports and Entertainment	9	11	243	9689	207	4100

17-9 续表 1 continued

单位：万美元 (USD 10 000)

分 组	Groups	项目数(个) Number of Projects (unit)		合同外资 Contracted Foreign Investments		实际外资 Actually Utilized Foreign Investments	
		2020	2021	2020	2021	2020	2021
按国别(地区)分	**By Country(Region)**						
阿富汗	Afghanistan	1		14			
孟加拉国	Bangladesh	2		8			
柬埔寨	Cambodia	1		359			
塞浦路斯	Cyprus					6	
香港地区	Hong Kong, China	77	82	486399	139579	302790	441746
印 度	India	3	3	729	57		
印度尼西亚	Indonesia		1		2		
伊 朗	Iran	1	2	76	105		
日 本	Japan	3	3	1173	6734	75091	40518
约 旦	Jordan	2		74			
澳门地区	Macao, China	2	2	44	1218	2329	31989
马来西亚	Malaysia	1	2	995	23	1429	1796
巴基斯坦	Pakistan	12	5	243	106		
新加坡	Singapore	8	12	3481	-952	76474	69303
韩 国	Korea Rep.	17	19	267315	1462	66607	123403
泰 国	Thailand	1		107			
土耳其	Turkey	2		61			
阿联酋	United Arab Emirates		1		314	1430	
也 门	Yemen	3	3	25	30		
台湾地区	Taiwan, China	27	50	3095	10055	257400	214635
哈萨克斯坦	Kazakhstan	2	2	43	78		
吉尔吉斯斯坦	Kyrgyzstan		1				
土库曼斯坦	Turkmenistan	4		6			
乌兹别克斯坦	Uzbekistan	3	1	23	2759		
亚洲其他国家(地区)	Other Countries (Regions) in Asia			15			
贝 宁	Benin		1		5		
喀麦隆	Cameroon	4	3	273	38		
刚果(布)	Congo		1		2		
埃 及	Egypt		2	1	202		
赤道几内亚	Eq. Guinea	1		14			
埃塞俄比亚	Ethiopia		1		2		
加 纳	Ghana	1	1	3	167		
肯尼亚	Kenya		1		8		
利比里亚	Liberia	1		4			
摩洛哥	Morocco	1	1	1	2		
塞舌尔	Seychelles					165	
尼日利亚	Nigeria	1	2	44	4		
南 非	South Africa		1				
坦桑尼亚	South Africa	1		4			

17−9　续表 2　continued

单位：万美元　　　　(USD 10 000)

分　组	Groups	项目数(个) Number of Projects (unit)		合同外资 Contracted Foreign Investments		实际外资 Actually Utilized Foreign Investments	
		2020	2021	2020	2021	2020	2021
突尼斯	Tunisia	1	2		16		
乌干达	Uganda		1		2		
赞比亚	Zambia	1		90			
津巴布韦	Denmark	1		4			
佛得角	Cape Verde			234		234	
毛里求斯	Mauritius					299	
比利时	Belgium	1	1	22	15		
丹　麦	Denmark		1		379		
英　国	United Kingdom	10	3	1463	1502	10728	11594
德　国	Germany	5	4	875	2018	894	6538
法　国	France	2	4	12	-18	3333	9088
爱尔兰	Ireland						
意大利	Italy	2		25		63	21
卢森堡	Luxembourg					2685	1214
荷　兰	Netherlands		1		638	2	7348
芬　兰	Finland					108	
希　腊	Greece		1		989		
葡萄牙	Portugal	1		1			
波　兰	Poland		1		8		
瑞　典	Sweden		2		525		
瑞　士	Switzerland			109	383	1348	706
格鲁吉亚	Georgia		1		8		
亚美尼亚	Armenia	1	3	15	3		
白俄罗斯	Byelorussia	2	1	85	42		
俄罗斯联邦	Russian Federation	6	5	4768	468		
乌克兰	Ukraine	9	4	326	321		
阿根廷	Argentina	2	1	17	8		
巴　西	Brazil	2	1	26	21		
开曼群岛	Cayman Is.	2	1	1200	2	1508	1135
哥伦比亚	Colombia	1		1			
多米尼克	Dominica	1		15			
墨西哥	Mexico	1		2			
乌拉圭	Uruguay			132		132	
英属维尔京群岛	Virgin.Is (E)	1	3	6801	23173	1165	2760
加拿大	Canada	2	2	2978	1882	127	8547
美　国	United States	8	12	12784	17627	32049	12917
澳大利亚	Australia	5	1	2880	87	404	1549
新西兰	New Zealand	3	2	26	22		
萨摩亚	Samoa			10		877	502
国(地)别不详	Others	1		5			
创业投资公司投资	Venture Investments	4		2980		502	708
投资性公司投资	Investment Companies	5	4	-551	11323	4136	36598

17−10　旅游业发展情况
Development of Tourism

指　　标	Item	2017	2018	2019	2020	2021
入境旅游人数　（万人次）	Number of Overseas Visitor Arrivals (10 000 person-times)	383.74	437.14	465.72	8.59	
1.港澳同胞	Chinese Compatriots From Hong Kong and Macao	69.88	76.16	79.28	0.83	
2.台湾同胞	Chinese Compatriots From Taiwan Province	51.81	53.68	56.82	0.71	
3.外 国 人	Foreigners	262.06	307.30	329.62	7.05	
国际旅游收入(万美元)	Foreign Exchange Earnings from International Tourism (USD 10 000)	270440	312642	336765	4548	
1.长途交通	Long Distance Transportation	97899	72533	60281		
飞　机	Civil Aviation	78157	55963	53546		
火　车	Railway	11088	12193	5725		
汽　车	Highway	8654	4377	1010		
2.景区游览	Sightseeing	12711	28763	25594		
3.住　宿	Accommodation	42459	44395	34013		
4.餐　饮	Food and Beverage	17849	30639	20206		
5.购　物	Shopping	41107	70657	96652		
6.娱　乐	Entertainment	10547	19071	11113		
7.邮电通讯	Postal and Communication Services	7302	18759	1684		
8.市内交通	Local Transportation	7031	8129	3704		
9.其他服务	Other Service	33534	19696	83518		
入境游客在陕人均天花费（美元/人天）	Per Capita Days Spent of Visitors in Shaanxi (USD/per-day)	207	225	251	176	
国内旅游人数　（万人次）	Number of Domestic Visitors (10 000 person-times)	51901	62588	70249	35701	39058
国内旅游收入　（亿元）	Earnings from Domestic Tourism (100 million yuan)	4603	5789	6979	2762	3434

17-11 旅游总收入和总人数
Total Income and Number of Visitors

年份 Year	总收入（亿元）Total Income (100 million yuan)	国内旅游收入（亿元）Domestic Tourism (100 million yuan)	国际旅游收入（万美元）International Tourism (USD 10 000)	总人数（万人次）Total Number (10 000 persons)	国内游客 Domestic Vistiors	国际游客 International Vistiors
1991	27	23	5482	1532	1500	32
1992	31	25	7505	1594	1550	44
1993	35	28	8900	1746	1700	46
1994	39	30	11279	1794	1750	44
1995	54	42	14090	2144	2100	44
1996	77	61	19820	2350	2300	50
1997	86	67	22464	2554	2500	54
1998	95	74	24717	2604	2550	54
1999	111	88	27189	2663	2600	63
2000	150	127	28000	3131	3060	71
2001	168	142	30871	3436	3360	76
2002	187	158	35097	3818	3733	85
2003	160	144	19800	3347	3300	47
2004	301	271	36136	5312	5232	80
2005	353	316	44625	6081	5988	93
2006	418	378	51000	7056	6950	106
2007	504	458	61200	8138	8015	123
2008	607	561	66011	9182	9056	126
2009	767	715	77107	11555	11410	145
2010	984	916	101596	14566	14354	212
2011	1324	1240	129505	18406	18135	270
2012	1713	1610	159747	23276	22941	335
2013	2135	2031	167620	28514	28161	352
2014	2521	2435	141630	33219	32953	266
2015	3006	2904	200022	38567	38274	293
2016	3813	3659	233855	44913	44575	338
2017	4814	4630	270400	52284	51901	384
2018	5995	5789	312642	63025	62588	437
2019	7212	6979	336765	70714	70249	466
2020	2766	2762	4548	35710	35701	9
2021	3434	3434		39058	39058	

17—12 入境旅游人数
Number of Oversea Visitor Arrivals

单位：人次 (person-time)

国别和地区	Country and Region	2016	2017	2018	2019	2020
总　计	**Total**	**3382047**	**3837439**	**4371420**	**4657160**	**85901**
港澳同胞	Chinese Compatriots From Hong Kong and Macao	638628	698802	761647	792782	8335
台湾同胞	Chinese Compatriots From Taiwan Province	458230	518078	536781	568229	7057
日　本	Japan	115270	152810	162095	184008	4353
韩　国	Korea Rep.	401291	310739	559690	626979	15290
蒙　古	Mongolia	1758	2492	2724	3041	135
菲律宾	Philippines	5691	8439	9233	9368	221
印　度	India	32560	38765	44540	66410	511
越　南	Vietnam	4047	5851	7634	8709	301
缅　甸	Myanmar	2377	2868	3875	4455	58
朝　鲜	Korea DPR	500	1121	1018	1384	9
巴基斯坦	Pakistan	10909	22287	22061	36012	505
英　国	United Kingdom	143895	153952	148475	161860	1139
法　国	France	101837	117944	128587	121897	927
德　国	Germany	104782	130488	124033	129373	943
意大利	Italy	55928	68196	76206	81863	612
瑞　士	Switzerland	18146	20672	21339	21664	168
瑞　典	Sweden	12079	14798	12689	12729	167
俄罗斯	Russia	25319	36082	36611	40638	942
西班牙	Spain	54082	65922	75435	77214	383
美　国	United States	352475	401495	391525	388048	3219
加拿大	Canada	94364	129360	93385	63089	978
澳大利亚	Australia	115144	152027	142884	164778	1534
新西兰	New Zealand	17995	21879	30037	31286	467
泰　国	Thailand	37824	47353	59798	66521	706
新加坡	Singapore	51783	73644	71573	86182	1008
印度尼西亚	Indonesia	18289	25016	25180	26301	470
马来西亚	Malaysia	103793	124345	162589	177273	1148
其　他	Others	403051	492014	659776	705067	34315

17-13 各市(区)对外经济和国际旅游情况(2021年)
Foreign Economy Trade and International Tourism by City(District)(2021)

地区	Region	进出口总值(万元) Total Value of Imports and Exports (10 000 yuan)	#出口 Exports	外商投资 Foreign Capital 项目数(个) Number of Projects (unit)	合同外资(万美元) Contracts of Foreign Investments (USD 10 000)	实际外资(万美元) Actually Utilized Foreign Investments (USD 10 000)	星级饭店数(个) Number of Star-rated Hotel (unit)
全 省	**Shaanxi**	**47577543**	**25660745**	**312**	**223444**	**1024615**	**296**
西安市	Xi'an	43999596	23619210	221	99046	871421	85
#西咸新区	Xixian New Area			21	15577	70379	
铜川市	Tongchuan	100580	7572	31	10217	5434	8
宝鸡市	Baoji	880609	424802	11	9875	21322	15
咸阳市	Xianyang	1490865	872892	11	1765	22185	14
渭南市	Weinan	165155	150768	5	21533	10833	43
#韩城市	Hancheng				1822	4055	21
延安市	Yan'an	53521	11609	4	2349	20184	40
汉中市	Hanzhong	310515	208903	5	23907	15909	25
榆林市	Yulin	222723	161063	12	37355	17779	28
安康市	Ankang	59968	57935	11	14738	13475	24
商洛市	Shangluo	206938	78854	1	2026	8959	10
杨凌示范区	Yangling	87072	67137		533	4832	4

17-14　主要星级饭店基本情况(2021年)
Basic Conditions of Main Star-Degree-Hotels(2021)

饭店名称 Name of Hotel	地　址 Address	饭店名称 Name of Hotel	地　址 Address
五星级		西安长征华美达酒店	西安市高新区西部大道1号
西安喜来登大酒店	西安市沣镐东路262号	陕西省止园饭店	西安市青年路111号
西安君乐城堡酒店	西安市环城南路西段12号	西安富海明都酒店	西安市文艺北路228号
西安索菲特人民大厦	西安市东新街319号	名都国际酒店	西安市未央路140号
西安香格里拉大酒店	西安市科技路38号乙	西安长征米拉梭酒店	西安市纺西街222号
西安天域凯莱大酒店	西安市雁塔北路15号	道温泉酒店	周至县楼观台
西安建国饭店	西安市互助路2号	西安荣华天悦凯莱酒店	西安市鄠邑区涝滨北路与西街
西安高新希尔顿酒店	西安市高新区沣惠南路22号		交叉口东南100米
西安阳光国际大酒店	西安市解放路177号	西安天鼎酒店	西安市徐家湾渭滨路363号
西安赛瑞喜来登大酒店	西安市未央路32号	宝鸡怡和酒店	宝鸡市火炬路10号
西安富力希尔顿酒店	西安市东新街199号	宝鸡高新君悦国际酒店	宝鸡市高新区高新大道69号
西安皇冠假日酒店	西安市朱雀路中段1号	咸阳红螺湾假日酒店	咸阳市渭阳西路中段
西安威斯汀酒店	西安市慈恩路66号	咸阳国贸大酒店	咸阳市渭阳中路
西安悦豪酒店	西安市二环南路西段180号	铜川正阳国际酒店	铜川新区正阳路16号
西安西藏大厦	西安市友谊东路333号	宜君迎宾馆	宜君县宜阳中街88号
(开元名都大酒店)		陕西希顿国际假日酒店	铜川市印台区同官路81号
西安豪享来温德姆至尊酒店	西安市慈恩东路208号	延安旅游大厦	延安市中心街什字
西安凯悦酒店	西安市曲江池东路988号	延安丽森酒店	延安市双拥大道丽森路
榆林永昌国际大酒店	榆林市高新技术产业园区朝阳路	延安高第华苑大酒店	延安市大桥街6号
四星级		延安维也纳圣隆酒店	延安市火车站南侧
古都文化大酒店	西安市莲湖路172号	延安龙飞盛世国际酒店	延安市双拥大道3333号
西安宾馆	西安市长安北路58号	延安隆华花园酒店	延安市西沟隆华路1号
西安骊苑大酒店	西安市劳动南路8号	延安圣通大酒店	延安市东滨路103号
西安唐城宾馆	西安市含光路南段229号	黄陵桥山滨湖酒店	黄陵县黄帝陵西侧
陕西皇城豪门酒店	西安市东大街334号	延安延飞丽柏酒店	延安市七里铺街与南桥交汇处
西安东方大酒店	西安市朱雀大街393号	锦绣黄龙生态假日酒店	黄龙县石堡镇龙尾湾锦绣黄龙
西安润天宾馆	西安市阎良区润天大道15号		生态旅游度假区
陕西高速神州酒店	西安市环城东路南段8号	五洲国际大饭店	神木市东兴街北段
陕西奥罗国际大酒店	西安市南新街30号	神木亚华茵海瑞特酒店	神木市东兴街南段
西安锦江西京国际饭店	西安市西大街135号	天峰国际酒店	神木市中兴街中段
西安天翼新商务酒店	西安市西二环南段281号	汉中邮政大酒店	汉中市天汉大道中段
西安志诚丽柏酒店	西安市高新路46号	汉中红叶大酒店	汉中市劳动东路中段33号
西安新时代大酒店	西安市文景路南段18号	汉中金江大酒店	汉中市人民路北段123号
西安皇后大酒店	西安市兴庆路45号	安康明江国际酒店	安康市滨江大道4号
西安美丽豪酒店	西安市西大街79号	安康京康国际酒店	安康市金堂路3号
西安绿地假日酒店	西安市锦业路5号	正阳大酒店	白河县城关镇狮子山新区
陕西华山国际酒店	西安市北大街199号	天鹿酒店	商南县塘坝广场西南角
西安长庆宾馆	西安市未央路151号	杨凌国际会展中心酒店	杨凌示范区新桥北路1号

主要统计指标解释

进出口总额 指实际进出我国国境的货物总金额。包括对外贸易实际进出口货物，来料加工装配进出口货物，国家间、联合国及国际组织无偿援助物资和赠送品，华侨、港澳台同胞和外籍华人捐赠品，租赁期满归承租人所有的租赁货物，进料加工进出口货物，边境地方贸易及边境地区小额贸易进出口货物(边民互市贸易除外)，中外合资企业、中外合作经营企业、外商独资经营企业进出口货物和公用物品，到、离岸价格在规定限额以上的进出口货样和广告品(无商业价值、无使用价值和免费提供出口的除外)，从保税仓库提取在中国境内销售的进口货物，以及其他进出口货物。该指标可以观察一个国家在对外贸易方面的总规模。我国规定出口货物按离岸价格统计，进口货物按到岸价格统计。

商品收发货人所在地进、出口额 指在所在地海关注册登记的有进出口经营权的企业实际进、出口额。

商品目的地进口额和商品货源地出口额 目的地进口额指进口货物的消费、使用或最终抵运地的实际进口额；货源地出口额指出口货物的产地或原始发货地的实际出口额。

利用外资 指我国各级政府、部门、企业和其他经济组织通过对外借款、吸收外商直接投资以及用其他方式筹措的境外现汇、设备、技术等。

外商直接投资 是指外国投资者在我国境内通过设立外商投资企业、合伙企业、与中方投资者共同进行石油资源的合作勘探开发以及设立外国公司分支机构等方式进行投资。外国投资者可以用现金、实物、无形资产、股权等投资，还可以用从外商投资企业获得的利润进行再投资。

入境游客 指报告期内来中国（大陆）观光、度假、探亲访友、就医疗养、购物、参加会议或从事经济、文化、体育、宗教活动的外国人、港澳台同胞等游客（即入境旅游人数）。统计时，入境游客按每入境一次统计 1 人次。入境旅游人数包括入境过夜游客和入境一日游游客。

国内游客 指报告期内在中国（大陆）观光游览、度假、探亲访友、就医疗养、购物、参加会议或从事经济、文化、体育、宗教活动的中国（大陆）居民人数，其出游的目的不是通过所从事的活动谋取报酬。统计时，国内游客按每出游一次统计 1 人次。

国际旅游收入 指入境游客在中国（大陆）境内旅行、游览过程中用于交通、参观游览、住宿、餐饮、购物、娱乐等全部花费。

国内旅游收入(旅游总花费) 指国内游客在国内旅行、游览过程中用于交通、参观游览、住宿、餐饮、购物、娱乐等全部花费。

星级饭店 指设备、设施、服务符合《旅游饭店星级的划分与评定》（GB/T14308-2010）标准，经过有关旅游管理权威部门评定（验收）后授予“星级”称号的饭店。

Explanatory Notes on Main Statistical Indicators

Total Imports and Exports at Customs refer to the real value of commodities imported and exported across the border of China. They include the actual imports and exports through foreign trade, imported and exported goods under the processing and assembling trades and materials, supplies and gifts as aid given gratis between governments and by the United Nations and other international organizations, and contributions donated by overseas Chinese, compatriots in Hong Kong and Macao and Chinese with foreign citizenship, leasing commodities owned by tenant at the expiration of leasing period, the imported and exported commodities processed with imported materials, commodities trading in border areas (excluding mutual exchange goods), the imported and exported commodities and articles for public use of the Sino-foreign joint ventures, cooperative enterprises and ventures with sole foreign investment. Also included is import or export of samples and advertising goods for which CIF or FOB value are beyond the permitted ceiling (excluding goods of no trading or use value and free commodities for export), imported goods sold in China from bonded warehouses and other imported or exported goods. The indicator of the total imports and exports at customs can be used to observe the total size of external trade in a country. In accordance with the stipulation of the Chinese government, imports are calculated at CIF, while exports are calculated at FOB.

Import or Export Value by Location of China's Foreign Trade Managing Units refers to actual value of imports and exports carried out by corporations which have been registered by the local Customs house and are vested with right to run import export business.

Import Value of Commodities by Place of Destination and Export Value of Commodities by Place of Origin in China The former indicator refers to the value of import commodities of the places of their consumption, utilization or the places of their final destination. The latter indicator refers to the value of export commodities of the places of their origin or the places of the commodities dispatched.

Utilization of Foreign Capitals refers to remittance, equipment and technology financed from abroad, by loans, foreign direct investment and other forms undertaken by the Chinese governments at all levels, by various departments, enterprises and other economic units.

Foreign Direct Investment refers to foreign investment in China through the establishment of foreign invested enterprises, cooperative exploration and development of petroleum resources with domestic investors and the establishment of branch organizations of foreign enterprises. Foreign investment can be made in forms of cash, physical investment, intangible assets and equity, in addition with reinvestment of the foreign enterprises with the profits gained from the investment.

Overseas Visitor Arrivals refer to the number of tourists of foreigners, Chinese compatriots from Hong Kong, Macao and Taiwan who come to China (mainland) within the reference period for sight-seeing, vacation, visiting relatives, medical treatment, shopping, attending conference, or to engage in economic, cultural, sports and religious activities (namely the number of overseas visitor arrivals). In compiling statistics, each arrival is counted as one person-time. The number of overseas visitor arrivals includes inbound overnight tourists and one-day tourists.

Number of Domestic Tourists refers to the number of Chinese (mainland) residents who travel within China (mainland) for sight-seeing, vacation, visiting relatives, medical treatment, shopping, attending conference, or to engage in economic, cultural, sports and religious activities. In compiling statistics, each time of travelling is counted as one person-time.

Foreign Exchange Earnings from International Tourism refer to the total expenditure of foreigners, overseas Chinese, Chinese compatriots from Hong Kong, Macao and Taiwan during their stay in the mainland of China on transportation, sighting, accommodation, food, shopping and entertainment.

Income from Domestic Tourism refer to expenditure of domestic tourists on transportation, sighting, accommodation, food, shopping and entertainment while they travel.

Star-rated Hotels refer to hotels rated with stars as evaluated (accepted) by the relevant tourism authorities according to GB/T14308-2010 standard with reference to their infrastructure, facilities and service levels.

十八、教育、科技和文化

资料整理：董清刚　杨小侠　吕炳衡

简 要 说 明

一、本篇资料反映陕西教育、科学技术活动和文化事业的基本情况。

二、本篇资料主要包括：

1．各级各类教育基本情况，指标主要包括各级各类的学校数、在校生数、招生数、毕业生数、教职工数和专任教师数等。

2．科技活动情况，科技成果及科技人员情况，专利申请和授权，规模以上工业企业研究与试验发展（R&D）活动发展情况等。

3．文化艺术、文物、图书馆、新闻出版、广播、电影、电视等文化事业的机构、人员及业务活动开展情况等。

三、本篇资料来源：

教育统计资料由省教育厅提供。

科技统计资料由省科技厅、省人力资源和社会保障厅、省知识产权局提供（其中规模以上工业企业科技活动由统计局根据统计年报整理）。

文化统计资料由省文化和旅游厅、省新闻出版局、省广播电视局、省文物局等有关部门提供。

Brief Introduction

I. This chapter reflects the basic conditions on the development Shaanxi's education, science and technology.

II. The data in this chapter mainly include:

1. The data on tertiary, secondary, primary, and kindergarten education and various types of adult education at all levels, including the number of schools, the number of students enrolled, the number of new enrollments, the number of graduates, the number of staff and workers, and the number of full-time teachers of various levels and categories.

2. The data on scientific and technological, including personnel, achievements and prizes of scientific and technical, numbers of patent applications accepted and granted, R&D activities development of industrial enterprises above designated size, etc.

3. The data on institutions, personnel and business activities of culture and arts, cultural relics, libraries, news and publication, radio, film and television, etc.

III. Data sources:

Data on education are provided by Shaanxi Provincial Department of Education.

Data on science and technology are provided by Shaanxi Provincial Department of Science and Technology, Shaanxi Provincial Department of Human Resources and Social Security and Shaanxi Provincial Office of Intellectual Property. (Science and technology activities of industrial enterprises above designated size are processed and prepared in accordance with the annual statistical reports provided by Shaanxi Provincial Bureau of Statistics.

Data on culture are provided by Shaanxi Provincial Department of Culture and Tourism, Shaanxi Provincial Bureau of Press and Publication、Shaanxi Provincial Bureau of Radio and Television, Shaanxi Provincial Bureau of Cultural Relics and the related departments.

18.教育、科技和文化

2021年全省		
普通高等学校在校学生	128.33	万人
普通高等学校毕业生	29.19	万人
专利授权量	86272	件
各类技术合同成交金额	2343.44	亿元
制作电视节目	98147	时

专利授权量（件）

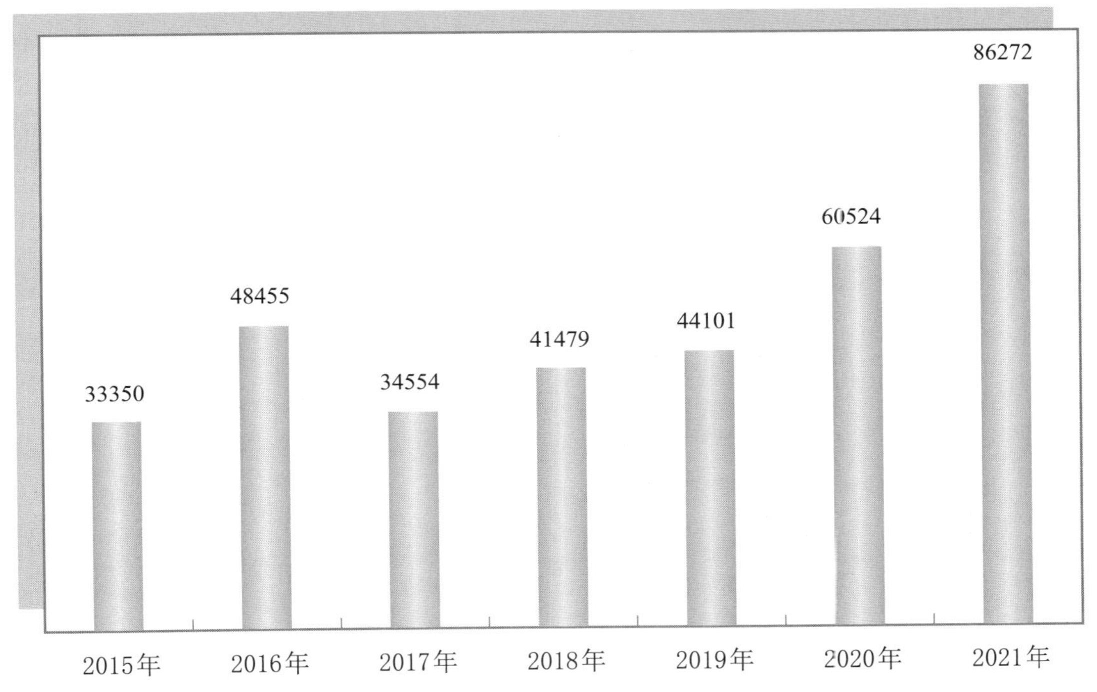

18-1 各级各类教育基本情况(2021年)
Basic Statistics on Schools by Level and Type of School(2021)

指标	Item	学校数(所) Number of Schools (unit)	毕业生数(人) Graduates (person)	招生数(人) New Enrollment (person)	在校学生数(人) Total Enrollment (person)	教职工数(人) Teachers and Staff (person)	# 专任教师 Full-time Teachers
一、高等教育	Higher Education	111	545726	639171	1980471	113997	78105
1.研究生(含科研机构)	Institutions Providing Postgraduate Programs (Include Research Institutions)	50	40759	62770	185421		23838
# 普通高校	Regular Institutions of Higher Education	28	40587	62531	184682		23197
2.普通高等教育	Regular Higher Education	97	291873	373295	1283340	111948	76277
# 地方院校	Local Universities						
(1)本　科	Enrolled in Full Undergraduate Courses	57	171857	202781	749036	88871	59398
# 地方院校	Local Universities						
(2)专　科	Enrolled in Specialized Courses	40	120016	170514	534304	23077	16879
# 地方院校	Local Universities						
3.成人高等教育	Higher Education for Adult		86572	98728	223466		
# 成人高等学校	Institutions of Higher Education for Adult	14	13177	11553	39983	2049	1187
4.网络本专科	Students Enrolled in Internet-based Courses		126522	104378	288244		
# 本　科	Enrolled in Full Undergraduate Courses		56280	79953	190549		
二、中等职业教育学校	Vocational Secondary Education	366	127045	168343	483245	33543	26273
普通中等专业学校	Regular Specialized Secondary Schools	27	16743	26138	77580	2799	1833
成人中等专业学校	Adult Specialized Secondary Schools	3	134	28	210	131	80
职业高中学校	Vocational Senior Secondary Schools	193	54445	78206	219205	18031	14205
技工学校	Technical Schools	143	55723	63971	186250	12582	10155
三、普通中学	Regular Secondary Schools	2099	604177	639209	1855123	207483	161216
高　中	Senior Secondary Schools	453	230361	226178	650421	87850	56934
初　中	Junior Secondary Schools	1646	373816	413031	1204702	119633	104282
四、小　学	Primary Schools	4559	413751	488589	2964036	179824	185039
五、幼儿园(含学前班)	Kindergartens(include Pre-schools)	8226	463684	418438	1373463	180389	101036
六、特殊教育学校	Special Education	77	921	884	6995	2078	1733
七、工读学校	Schools for Juvenile Delinquents	1	10	7	16	43	32
八、成人中、小学	Adult High and Primary Schools						
九、职业技术培训机构	Vocational and Technical Training Institution	5459	994602		1230596	40342	22443

注：1.研究生培养机构中所含普通高等学校的教职工数已计入高等学校教职工总数中。
2.普通高等学校数含独立学院。

a) Teachers and staff of regular institutions of higher education include the regular institutions of higher education in institutions providing postgraduate programs.

b) Number of regular institutions of higher education include independent colleges.

18-2 普通高等学校基本情况

Basic Statistics on Regular Institutions of Higher Education

年 份 Year	学校数 (所) Number of Schools (unit)	招生数 (万人) New Enrollment (10 000 persons)	在校学生数 (万人) Total Enrollment (10 000 persons)	毕业生数 (万人) Graduates (10 000 persons)	教职工数 (人) Teachers and Staff (person)	# 专任教师 Full-time Teachers
1978	30	1.37	3.44	0.82	27210	10699
1980	34	1.44	5.39	0.38	31694	12066
1985	45	2.86	8.21	1.47	43210	16516
1990	47	2.62	9.54	2.81	51130	19558
1995	46	4.07	12.83	3.75	52440	20200
2000	39	9.52	24.17	3.51	52220	20723
2005	72	20.89	66.69	14.06	82317	42864
2010	78	27.44	92.78	23.55	98536	58288
2011	78	29.69	96.48	25.89	99010	59171
2012	79	32.45	102.63	26.53	100881	61500
2013	80	31.13	107.76	25.38	102017	64171
2014	80	30.64	109.96	27.74	103332	64970
2015	80	30.61	109.97	29.97	103911	66506
2016	81	30.45	107.63	32.13	103453	66133
2017	81	30.48	106.94	30.51	103994	66930
2018	95	30.35	105.48	31.10	106096	68459
2019	95	37.19	112.20	29.35	107917	70318
2020	96	38.79	121.00	29.16	110130	73436
2021	97	37.33	128.33	29.19	111948	76277

注：2018年起普通高等学校数中含独立学院。

a) Number of regular institutions of higher education include since 2018 independent colleges.

18-3 中等职业学校基本情况

Basic Statistics on Vocational Secondary Schools

年 份 Year	学校数 (所) Number of Schools (unit)	招生数 (万人) New Enrollment (10 000 persons)	在校学生数 (万人) Total Enrollment (10 000 persons)	毕业生数 (万人) Graduates (10 000 persons)	教职工数 (人) Teachers and Staff (person)	# 专任教师 Full-time Teachers
1978	89	1.77	2.93	0.45	10401	3297
1980	162	2.54	6.55	0.92	15246	5699
1985	382	5.54	11.92	3.14	29279	11893
1990	499	7.48	17.99	5.89	39880	17960
1995	569	11.64	27.01	8.39	41736	20926
2000	648	13.66	36.37	11.38	40692	21693
2005	563	25.43	55.84	15.92	40698	28525
2010	663	35.20	89.93	27.35	51534	34619
2011	616	31.45	84.67	30.59	48923	33274
2012	564	24.98	73.31	29.09	44041	30063
2013	520	21.43	60.56	25.76	43440	33025
2014	491	17.71	50.26	22.43	37306	27483
2015	435	14.93	43.69	15.91	30890	21704
2016	398	15.69	41.17	15.19	31655	22643
2017	380	16.46	41.56	13.39	29990	21194
2018	369	13.80	39.97	11.50	29476	20928
2019	375	17.28	44.34	11.89	30445	21232
2020	366	16.96	45.95	12.40	31988	22777
2021	366	16.83	48.33	12.71	33543	26273

18–4 普通中学基本情况
Basic Statistics on Regular Secondary Schools

年 份 Year	学校数 (所) Number of Schools (unit)	招生数 (万人) New Enrollment (10 000 persons)	在校学生数 (万人) Total Enrollment (10 000 persons)	毕业生数 (万人) Graduates (10 000 persons)	教职工数 (人) Teachers and Staff (person)	# 专任教师 Full-time Teachers
1978	7558	90.52	193.47	73.47	116097	91701
1980	5838	52.56	180.85	31.21	127056	97643
1985	3103	56.24	170.33	41.32	122187	93102
1990	3041	47.18	132.64	45.95	127861	98272
1995	2788	55.71	145.07	37.48	129046	100084
2000	2599	88.94	230.52	56.25	149267	122279
2005	2727	102.44	304.56	97.20	191041	159138
2010	2436	83.18	259.91	93.76	198543	170482
2011	2363	79.47	246.80	89.61	210135	170878
2012	2295	73.02	225.70	83.86	207578	168822
2013	2252	68.31	210.13	77.35	206168	167457
2014	2220	63.94	196.83	71.17	203128	164374
2015	2215	61.07	187.57	66.95	200853	161752
2016	2176	61.42	183.42	64.32	198548	159395
2017	2094	59.99	180.63	61.50	197886	157291
2018	2072	60.78	180.81	59.98	197466	155892
2019	2083	60.50	180.74	60.36	200738	157396
2020	2105	61.23	182.28	59.52	204272	158334
2021	2099	63.92	185.51	60.42	207483	161216

18–5 普通小学基本情况
Basic Statistics on Regular Primary Schools

年 份 Year	学校数 (所) Number of Schools (unit)	招生数 (万人) New Enrollment (10 000 persons)	在校学生数 (万人) Total Enrollment (10 000 persons)	毕业生数 (万人) Graduates (10 000 persons)	教职工数 (人) Teachers and Staff (person)	# 专任教师 Full-time Teachers
1978	39747	117.01	450.51	67.91	180682	173003
1980	40800	87.10	452.14	58.76	198082	187394
1985	38815	59.93	367.87	61.41	186208	169225
1990	37155	58.42	353.75	42.74	193292	176756
1995	36471	86.30	451.58	50.12	200359	183152
2000	33336	68.22	480.93	77.00	199395	182297
2005	20711	43.59	340.09	72.46	203262	186644
2010	9710	40.86	261.04	50.59	190545	175184
2011	8867	40.77	253.60	46.46	173769	171011
2012	7994	37.89	234.62	44.86	169723	166822
2013	7356	38.81	227.33	40.05	163908	162841
2014	6574	40.50	226.41	37.46	160287	147511
2015	5851	42.58	233.11	34.76	155843	143064
2016	5507	46.24	241.78	35.98	156019	142761
2017	4752	48.05	252.31	35.99	157442	144065
2018	4714	51.36	265.61	37.60	161425	164159
2019	4640	51.09	277.59	39.02	167072	170709
2020	4610	51.41	289.20	39.81	173278	177084
2021	4559	48.86	296.40	41.38	179824	185039

18-6 技工学校基本情况(2021年)

Basic Statistics on Technical Schools(2021)

指标	Item	学校数(所) Number of Schools (unit)	毕业生数(人) Graduates (person)	招生数(人) New Enrollment (person)	在校学生数(人) Total Enrollment (person)	教职工数(人) Teachers and Staff (person)	#专任教师 Full-time Teachers
总计	**Total**	**143**	**55723**	**63971**	**186250**	**12582**	**10155**
一、地方人社部门办校	Run by Labour Department	8	2406	2565	6509	607	452
二、国有经济单位办校	Run by State-owned Unit	49	12694	19509	49458	3693	3085
行业办校	Run by Sector	17	5662	6477	19841	1183	989
企业办校	Run by Enterprise	32	7032	13032	29617	2510	2096
三、民办	Run by Private	86	40623	41897	130283	8282	6618

18-7 全省科技活动情况

Scientific and Technological Activities in the Whole Province

指标	Item	2019	2020
一、机构数 (个)	Number of Institutions (unit)		
1.科研院所	Research Institutions	103	95
2.高等院校	Regular Institutions of Higher Education	688	770
3.规模以上工业企业	Large and Medium-sized Industrial Enterprises	623	638
4.其他	Others	183	13
二、R&D经费内部支出 (万元)	Internal Expenditure on R&D (10 000 yuan)	5845754	6323310
1.按来源构成分	By Composition of Source		
政府资金	Government Funds	2641610	2717175
企业资金	Self-raised Funds by Enterprises	2934581	3369532
境外资金	Foreign capital	885	1936
其他资金	Others	268678	234688
2.按隶属关系分	By Jurisdiction of Management		
中央	Central	3697075	3767275
地方	Local	2148679	2556035
三、科技成果与著作情况	Achievements and Books in S&T		
1.科技论文 (篇)	Technical and Scientific Papers (piece)	97384	95411
2.出版科技著作 (种)	Kinds of Published Scientific Books (unit)	2041	2193

18-8 地方公有经济企业专业技术人才分行业情况(2021年)

单位：人

行　　业	Sector	总　计 Total
总　　计	**Total**	**189025**
农、林、牧、渔业	Agriculture, Forestry, Animal Husbandry and Fishery	3683
采矿业	Mining	46011
制造业	Manufacturing	47251
电力、燃气及水的生产和供应业	Production and Distribution of Electricity,Gas and Water	5556
建筑业	Construction	32729
批发和零售业	Wholesale and Retail Trades	3379
交通运输、仓储和邮政业	Traffic, Transport, Storage and Post	11582
住宿和餐饮业	Hotels and Catering Services	657
信息传输、软件和信息技术服务业	Information Transmission, Software and Information Services	408
金融业	Financial Intermediation	10971
房地产业	Real Estate	2875
租赁和商务服务业	Leasing and Business Services	941
科学研究和技术服务业	Scientific Research, Technology Services	8642
水利.环境和公共设施管理业	Management of Water Conservancy,Environment and Public Facilities	4572
居民服务、修理和其他服务业	Residents Service, Repair and other Services	1341
教　育	Education	189
卫生和社会工作	Health, Social Work	2870
文化、体育和娱乐业	Culture, Sports and Entertainment	5150
公共管理、社会保障和社会组织	Public Management, Social Security and Social Organization	218

Situation of Professional and Technical Personnel in Local Public Economy Enterprises(2021)

(person)

#工程技术人员 Engineering	#农业技术人员 Agriculture	#科学研究人员 Scientific Research	#卫生技术人员 Health Care	#教学人员 Teaching	#经济专业人员 Economic Professionals	#统计专业人员 Statistical Professionals
122296	**1389**	**1935**	**6596**	**2652**	**31484**	**2365**
1891	674	59	7	388	192	37
31528	206	760	368	311	8130	787
27033	165	32	2057	717	11949	830
4472	2	45	4	9	421	58
27665	16	73	17	113	2443	275
425	19	291	494	251	712	115
7348	157	79	250	191	1668	140
223	34	1	60	9	131	5
251	20	34		4	64	2
6021	20	53	30	64	3830	36
2060	41	65	22	6	222	5
456	14	21	21	6	182	6
6678		58	552	73	460	14
3866	16	39	1	8	309	16
461	5	17	5	46	467	8
7				171	8	
18		39	2705	4	22	12
1807		230	3	279	252	18
86		39		2	22	1

18-9 规模以上工业企业研究与试验发展(R&D)人员和经费支出情况(2020年)

R&D Personnel and Expenditure of Industrial Enterprises above Designated (2020)

分组	Item	R&D人员(人) R&D Personnel (person)	#研究人员 Research Personnel	R&D经费内部支出(万元) R&D Internal Expenditure (10 000 yuan)	#政府资金 Government Funds	#企业资金 Enterprises Funds	#境外资金 Foreign Funds
总计	**Total**	**70206**	**30082**	**2684020**	**309863**	**2369267**	**912**
按企业规模分	**Grouped by Size of Enterprises**						
大型	Large Enterprises	36280	17052	1609117	285626	1321173	82
中型	Medium-sized Enterprises	15726	6319	525518	14331	510487	520
小型	Small Enterprises	17727	6518	531474	9806	519797	310
微型	Micro Enterprises	473	193	17912	101	17811	
按登记注册类型分	**By Status of Registration**						
内资企业	Domestic Invested Enterprises	65209	28222	2409125	308864	2095854	429
国有企业	State-owned Enterprises	6299	3236	192740	43784	148956	
集体企业	Collective-owned Enterprises	105	12	8797		8797	
股份合作企业	Cooperativ-Enterprises	32	8	540		540	
有限责任公司	Limited Liability Corporations	39269	16715	1515219	245880	1266805	119
国有独资公司	State Sole-proprietorship Corporations	7430	3757	351260	23370	327334	
其他有限责任公司	Other Limited Liability Corporations	31839	12958	1163959	222510	939471	119
股份有限公司	Share-holding Corporations Limited	7277	3624	249820	14542	235268	
私营企业	Private Enterprises	12210	4621	441145	4582	434700	310
私营独资企业	Private Sole-proprietorship Enterprises	39	19	1261	1	1260	
私营有限责任公司	Private Limited Liability Corporations	10201	3792	384677	3754	379647	
私营股份有限公司	Private Share-holding Corporations Ltd.	1970	810	55207	827	53793	310
其他企业	Other Enterprises	17	6	864	76	788	
港、澳、台商投资企业	Enterprises with Investment from Hong Kong, Macao and Taiwan	813	261	56852	574	56277	
合资经营企业(港或澳、台资)	Joint-venture Enterprises	379	124	18227	569	17658	
港、澳、台商独资经营企业	Sole-proprietorship Enterprises	326	82	37614	6	37608	
港、澳、台商投资股份有限公司	Share-holding Corporations Ltd.	20	11	413		413	
其他港澳台投资企业	Other Enterprises with Investment from Hong Kong, Macao and Taiwan	88	44	598		598	
外商投资企业	Foreign Invested Enterprises	4184	1599	218044	425	217136	483
中外合资经营企业	Joint-venture Enterprises	1011	480	31422	425	30997	
外资企业	Sole-proprietorship Enterprises	2838	1041	179497	1	179013	483
外商投资股份有限公司	Share-holding Corporations Ltd.	208	63	5166		5166	
其他外商投资企业	Other Foreign Invested Enterprises	127	15	1960		1960	
按国民经济行业分	**By Sector**						
采矿业	Mining	4982	2322	164359	15870	148489	
煤炭开采和洗选业	Mining and Washing of Coal	1747	556	73063		73063	
石油和天然气开采业	Extraction of Petroleum and Natural Gas	2059	1174	58903	9041	49862	
黑色金属矿采选业	Mining and Processing of Ferrous Metal Ores	10	4	295	9	286	
有色金属矿采选业	Mining and Processing of Non-Ferrous Metal Ores	226	58	1843	4	1839	
非金属矿采选业	Mining and Processing of Nonmetal Ores	13	4	414		414	
开采专业及辅助性活动	Support Activities for Mining	927	526	29841	6816	23025	

18—9 续表 continued

分组	Item	R&D人员（人）R&D Personnel (person)	#研究人员 Research Personnel	R&D经费内部支出（万元）R&D Internal Expenditure (10 000 yuan)	#政府资金 Government Funds	#企业资金 Enterprises Funds	#境外资金 Foreign Funds
制造业	Manufacturing	64495	27413	2479580	293916	2180774	912
农副食品加工业	Processing of Food from Agricultural Products	578	186	21323	555	20768	
食品制造业	Manufacture of Foods	807	218	17827	302	17525	
酒、饮料和精制茶制造业	Manufacture of Wine,Beverages and Refined Tea	455	131	14173	728	13433	
烟草制品业	Manufacture of Tobacco	14	7	1135		1135	
纺织业	Manufacture of Textile	65	18	2729	84	2604	
纺织服装、服饰业	Manufacture of Textile and Clothing	79	27	2017	2	2015	
皮革、毛皮、羽毛及其制品和制鞋业	Manufacture of Leather, Fur, Feather and Related Products and Footwear	70	17	840		840	
家具制造业	Manufacture of Furniture	52	13	679		679	
造纸和纸制品业	Manufacture of Paper and Paper Products	55	12	1755	4	1750	
印刷和记录媒介复制业	Printing, Reproduction of Recording Media	474	144	11698	154	11544	
文教、工美、体育和娱乐用品制造业	Manufacture of Articles for Culture,Education, Arts and Crafts, Sport and Entertaiment Activities	83	29	1306	28	1277	
石油加工、炼焦和核燃料加工业	Processing of Petroleum, Coking, Processing Nuclear Fuel	1615	761	149366	376	148428	
化学原料和化学制品制造业	Manufacture of Chemical Raw Material and Chemical Products	3426	1445	128065	5053	122995	
医药制造业	Manufacture of Medicines	2696	1139	81991	839	81113	
化学纤维制造业	Manufacture of Chemical Fibers	64	35	1706		1706	
橡胶和塑料制品业	Manufacture of Rubber and Plastics	701	222	32190	557	31633	
非金属矿物制品业	Manufacture of Non-metallic Mineral Products	3373	559	110253	920	109333	
黑色金属冶炼和压延加工业	Smelting and Pressing of Ferrous Metals	879	281	71140	125	71015	
有色金属冶炼和压延加工业	Smelting and Pressing of Non-ferrous Metals	1973	903	132253	7591	124649	
金属制品业	Manufacture of Metal Products	1522	564	52040	17238	34803	
通用设备制造业	Manufacture of General Purpose Machinery	3871	1714	98739	13013	85717	
专用设备制造业	Manufacture of Special Purpose Machinery	5206	2349	150808	9482	141016	310
汽车制造业	Automotive Industry	5173	2498	286781	505	286276	
铁路、船舶、航空航天和其他运输设备制造业	Manufacture of Railway,Shipping,Aerospace and Other Transport Equipments	13405	5775	433123	209898	221299	82
电气机械和器材制造业	Manufacture of Electrical Machinery and Equipment	4095	1780	136402	4117	131168	37
计算机、通信和其他电子设备制造业	Manufacture of Computers,Communication and Other Electronic Equipment	9215	4301	456442	2989	452636	483
仪器仪表制造业	Manufacture of Measuring Instrument and Machinery	4139	2144	74087	19332	54728	
其他制造业	Other Manufacturing	184	75	4695	9	4686	
废弃资源综合利用业	Utilization of Waste Resources	180	44	2912	17	2895	
金属制品、机械和设备修理业	Industry of Metalwork,Machinery, and Equipment Repair	46	22	1108		1108	
电力、热力、燃气及水生产和供应业	Production and Distribution of Electricity, Gas and Water	729	347	40081	77	40004	
电力、热力生产和供应业	Production and Supply of Electric Power and Heat Power	613	302	36011	76	35934	
燃气生产和供应业	Production and Supply of Gas	57	23	3379	1	3378	
水的生产和供应业	Production and Supply of Water	59	22	692		692	

18—10 规模以上工业企业新产品开发、生产及销售情况(2020年)
Developing, Producing and Sales of Industrial Enterprises above Designated (2020)

分　　组	Item	新产品开发项目数(项) Number of New products Development Project (item)	新产品开发经费支出(万元) New products Development Expenditure (10 000 yuan)	新产品销售收入(万元) New products Sales Income (10 000 yuan)
总　　计	**Total**	**9810**	**3063227**	**24941898**
按企业规模分	**Grouped by Size of Enterprises**			
大　型	Large Enterprises	2426	1810988	16661542
中　型	Medium-sized Enterprises	2197	577221	4463677
小　型	Small Enterprises	5026	644224	3740624
微　型	Micro Enterprises	161	30793	76055
按登记注册类型分	**By Status of Registration**			
内资企业	Domestic Invested Enterprises	9333	2778345	23651248
国有企业	State-owned Enterprises	604	238360	836049
集体企业	Collective-owned Enterprises	20	8887	47337
股份合作企业	Cooperative Enterprises	15	287	5175
有限责任公司	Limited Liability Corporations	4299	1891301	14785959
国有独资公司	State Sole-proprietorship Corporations	773	299062	2656828
其他有限责任公司	Other Limited Liability Corporations	3526	1592239	12129131
股份有限公司	Share-holding Corporations Ltd.	982	182837	1433729
私营企业	Private Enterprises	3412	455997	6540663
私营独资企业	Private Sole-proprietorship Enterprises	25	2007	9817
私营合伙企业	Private Partnership Enterprises	3	112	
私营有限责任公司	Private Limited Liability Corporations	2724	393002	6198026
私营股份有限公司	Private Share-holding Corporations Ltd.	660	60877	332821
其他企业	Other Enterprises	1	676	2335
港、澳、台商投资企业	Enterprises with Investment from Hong Kong, Macao and Taiwan	118	57526	769287
合资经营企业(港或澳、台资)	Joint-venture Enterprises	58	23525	722669
港澳台商独资经营企业	Sole-proprietorship Enterprises	52	33265	30388
港、澳、台商投资股份有限公司	Share-holding Corporations Ltd.	2	64	
其他港澳台商投资企业	Other Enterprises with Investment from Hong Kong, Macao and Taiwan	6	671	16231
外商投资企业	Foreign Invested Enterprises	359	227356	521363
中外合资经营企业	Joint-venture Enterprises	228	38477	442767
外资企业	Sole-proprietorship Enterprises	112	181956	52704
外商投资股份有限公司	Share-holding Corporations Ltd.	13	5372	25460
其他外商投资企业	Other Foreign Invested Enterprises	6	1551	432
按国民经济行业分	**By Sector**			
采矿业	Mining	268	82647	137563
煤炭开采和洗选业	Mining and Washing of Coal	77	34701	80894
石油和天然气开采业	Extraction of Petroleum and Natural Gas	22	4373	
有色金属矿采选业	Mining and Processing of Non-Ferrous Metal Ores	6	1289	7049
非金属矿采选业	Mining and Processing of Nonmetal Ores	6	786	48383
开采专业及辅助性活动	Support Activities for Mining	157	41498	1238

18-10 续表 continued

分　　组	Item	新产品开发项目数（项）Number of New products Development Project (item)	新产品开发经费支出（万元）New products Development Expenditure (10 000 yuan)	新产品销售收入（万元）New products Sales Income (10 000 yuan)
制造业	Manufacturing	9449	2970474	24804287
农副食品加工业	Processing of Food from Agricultural Products	180	31609	226026
食品制造业	Manufacture of Foods	225	23826	177575
酒、饮料和精制茶制造业	Manufacture of Wine,Beverages and Refined Tea	141	20292	316438
烟草制品业	Manufacture of Tobacco	4	845	261203
纺织业	Manufacture of Textile	44	9059	29827
纺织服装、服饰业	Manufacture of Textile and Clothing	27	4231	19136
皮革、毛皮、羽毛及其制品和制鞋业	Manufacture of Leather, Fur, Feather and Related Products and Footwear	8	1119	6645
木材加工和木、竹、藤、棕、草制品业	Processing of Timber, Manufacture of Wood, Bamboo, Rattan, Palm and Straw Products	1	134	
家具制造业	Manufacture of Furniture	2	996	28871
造纸和纸制品业	Manufacture of Paper and Paper Products	4	1453	13541
印刷和记录媒介复制业	Printing, Reproduction of Recording Media	60	9738	52559
文教、工美、体育和娱乐用品制造业	Manufacture of Articles for Culture,Education, Arts and Crafts, Sport and Entertaiment Activities	8	1371	9441
石油、煤炭及其他燃料加工业	Processing of Petroleum, Coking, Processing Nuclear Fuel	100	56590	23103
化学原料和化学制品制造业	Manufacture of Chemical Raw Material and Chemical Products	676	131798	876708
医药制造业	Manufacture of Medicines	577	87846	723976
化学纤维制造业	Manufacture of Chemical Fibers	14	2657	
橡胶和塑料制品业	Manufacture of Rubber and Plastics	203	40249	383394
非金属矿物制品业	Manufacture of Non-metallic Mineral Products	475	102563	416159
黑色金属冶炼和压延加工业	Smelting and Pressing of Ferrous Metals	60	53291	377229
有色金属冶炼和压延加工业	Smelting and Pressing of Non-ferrous Metals	485	145097	1658456
金属制品业	Manufacture of Metal Products	377	87906	389557
通用设备制造业	Manufacture of General Purpose Machinery	600	136370	584962
专用设备制造业	Manufacture of Special Purpose Machinery	970	169041	1316939
汽车制造业	Automotive Industry	412	320716	7287315
铁路、船舶、航空航天和其他运输设备制造业	Manufacture of Railway,Shipping,Aerospace and Other Transport Equipments	978	804229	4131028
电气机械和器材制造业	Manufacture of Electrical Machinery and Equipment	1198	179380	4142009
计算机、通信和其他电子设备制造业	Manufacture of Computers,Communication and Other Electronic Equipment	1173	458262	1017323
仪器仪表制造业	Manufacture of Measuring Instrument and Machinery	416	85129	308892
其他制造业	Other Manufacturing	12	1599	14646
废弃资源综合利用业	Utilization of Waste Resources	17	2803	11328
金属制品、机械和设备修理业	Industry of Metalwork,Machinery, and Equipment Repair	2	278	
电力、热力、燃气及水生产和供应业	Production and Distribution of Electricity, Gas and Water	93	10106	48
电力、热力生产和供应业	Production and Supply of Electric Power and Heat Power	84	7468	
燃气生产和供应业	Production and Supply of Gas	9	2638	48

18-11 规模以上工业企业自主知识产权保护情况(2020年)
Proprietary Intellectual Property Rights of Industrial Enterprises above Designated (2020)

分组	Item	专利申请数(件) Number of Patent Application (piece)	#发明专利 Patent of Invention	有效发明专利数(件) Number of Effective Patent Invention (piece)
总计	**Total**	**15187**	**6445**	**21932**
按企业规模分	**Grouped by Size of Enterprises**			
大型	Large Enterprises	6075	2995	8532
中型	Medium-sized Enterprises	3239	1330	4727
小型	Small Enterprises	5768	2083	8393
微型	Micro Enterprises	105	37	280
按登记注册类型分	**By Status of Registration**			
内资企业	Domestic Invested Enterprises	14538	6284	20671
国有企业	State-owned Enterprises	1115	720	2254
集体企业	Collective-owned Enterprises			2
股份合作企业	Cooperative Enterprises	18	2	5
有限责任公司	Limited Liability Corporations	8457	3619	10909
国有独资公司	State Sole-proprietorship Corporations	2399	1048	2745
其他有限责任公司	Other Limited Liability Corporations	6058	2571	8164
股份有限公司	Share-holding Corporations Ltd.	1434	601	2220
私营企业	Private Enterprises	3509	1342	5281
私营独资企业	Private Sole-proprietorship Enterprises	11		
私营有限责任公司	Private Limited Liability Corporations	2793	965	4103
私营股份有限公司	Private Share-holding Corporations Ltd.	705	377	1178
其他企业	Other Enterprises	5		
港、澳、台商投资企业	Enterprises with Investment from Hong Kong, Macao and Taiwan	276	74	688
合资经营企业(港或澳、台资)	Joint-venture Enterprises	203	53	574
港、澳、台商独资经营企业	Sole-proprietorship Enterprises	73	21	95
其他港澳台商投资企业	Other Enterprises with Investment from Hong Kong, Macao and Taiwan			19
外商投资企业	Foreign Invested Enterprises	373	87	573
中外合资经营企业	Joint-venture Enterprises	283	77	451
外资企业	Sole-proprietorship Enterprises	67	6	93
外商投资股份有限公司	Share-holding Corporations Ltd.	15	2	28
其他外商投资企业	Other Foreign Invested Enterprises	8	2	1
按国民经济行业分	**By Sector**			
采矿业	Mining	1106	308	991
煤炭开采和洗选业	Mining and Washing of Coal	708	112	301
石油和天然气开采业	Extraction of Petroleum and Natural Gas	145	27	56
黑色金属矿采选业	Mining and Proncessing of Ferrous Metal Ores	6		51
有色金属矿采选业	Mining and Processing of Non-Ferrous Metal Ores	12	9	24
非金属矿采选业	Mining and Processing of Nonmetal Ores	6		11
开采专业及辅助性活动	Professional and Support Activities for Mining	229	160	548

18-11 续表 1 continued

分组	Item	专利申请数（件）Number of Patent Application (piece)	#发明专利 Patent of Invention	有效发明专利数（件）Number of Effective Patent Invention (piece)
制造业	Manufacturing	13501	5922	20337
农副食品加工业	Processing of Food from Agricultural Products	127	33	103
食品制造业	Manufacture of Foods	169	36	147
酒、饮料和精制茶制造业	Manufacture of Wine,Beverages and Refined Tea	109	28	90
烟草制品业	Manufacture of Tobacco	111	15	16
纺织业	Manufacture of Textile	16	6	47
纺织服装、服饰业	Manufacture of Textile and Clothing	24	3	7
皮革、毛皮、羽毛及其制品和制鞋业	Manufacture of Leather, Fur, Feather and Related Products and Footwear	19	5	5
家具制造业	Manufacture of Furniture	49	34	294
造纸和纸制品业	Manufacture of Paper and Paper Products	18	8	13
印刷和记录媒介复制业	Printing, Reproduction of Recording Media	124	18	158
文教、工美、体育和娱乐用品制造业	Manufactuer of Articles for Culture,Education,Arts and Crsfts,Sport and Entertainment Activities	6	2	4
石油加工、炼焦和核燃料加工业	Processing of Petroleum, Coking, Processing Nuclear Fuel	337	147	368
化学原料和化学制品制造业	Manufacture of Chemical Raw Material and Chemical Products	827	486	1238
医药制造业	Manufacture of Medicines	238	106	1024
化学纤维制造业	Manufacture of Chemical Fibers			69
橡胶和塑料制品业	Manufacture of Rubber and Plastics	184	37	358
非金属矿物制品业	Manufacture of Non-metallic Mineral Products	483	116	422
黑色金属冶炼和压延加工业	Smelting and Pressing of Ferrous Metals	166	60	153
有色金属冶炼和压延加工业	Smelting and Pressing of Non-ferrous Metals	548	311	1206
金属制品业	Manufacture of Metal Products	418	171	500
通用设备制造业	Manufacture of General Purpose Machinery	916	356	1332
专用设备制造业	Manufacture of Special Purpose Machinery	1924	826	3459
汽车制造业	Automotive Industry	993	276	695
铁路、船舶、航空航天和其他运输设备制造业	Manufacture of Railway,Shipping,Aerospace and Other Transport Equipments	2230	1341	3283
电气机械和器材制造业	Manufacture of Electrical Machinery and Equipment	1065	364	1549
计算机、通信和其他电子设备制造业	Manufacture of Computers,Communication and Other Electronic Equipment	1642	771	2382
仪器仪表制造业	Manufacture of Measuring Instrument and Machinery	624	311	1251
其他制造业	Other Manufacturing	59	23	114
废弃资源综合利用业	Utilization of Waste Resources	47	31	31
金属制品、机械和设备修理业	Industry of Metalwork,Machinery, and Equipment Repair	28	1	19
电力、热力、燃气及水生产和供应业	Production and Distribution of Electricity, Gas and Water	580	215	604
电力、热力生产和供应业	Production and Supply of Electric Power and Heat Power	536	212	558
燃气生产和供应业	Production and Supply of Gas	37	2	15
水的生产和供应业	Production and Supply of Water	7	1	31

18－11　续表 2　continued

分　组	Item	发表科技论文(篇) Pulish Technical Thesis (piece)	拥有注册商标数(件) Number of Registered Trademark (piece)	形成国家或行业标准数(项) Number of National and Trade Standards (item)
总　计	**Total**	**7554**	**16011**	**958**
按企业规模分	**Grouped by Size of Enterprises**			
大　型	Large Enterprises	5360	3494	523
中　型	Medium-sized Enterprises	1559	3399	225
小　型	Small Enterprises	510	8621	202
微　型	Micro Enterprises	125	497	8
按登记注册类型分	**By Status of Registration**			
内资企业	Domestic Invested Enterprises	7495	14633	920
国有企业	State-owned Enterprises	795	247	218
集体企业	Collective-owned Enterprises		10	
股份合作企业	Cooperative Enterprises			
有限责任公司	Limited Liability Corporations	5616	6743	446
国有独资公司	State Sole-proprietorship Corporations	1389	916	153
其他有限责任公司	Other Limited Liability Corporations	4227	5827	293
股份有限公司	Share-holding Corporations Ltd.	926	2460	166
私营企业	Private Enterprises	158	5173	90
私营独资企业	Private Sole-proprietorship Enterprises		2	
私营有限责任公司	Private Limited Liability Corporations	114	3619	65
私营股份有限公司	Private Share-holding Corporations Ltd.	44	1552	25
其他企业	Other Enterprises			
港、澳、台商投资企业	Enterprises with Investment from Hong Kong, Macao and Taiwan	3	824	
合资经营企业(港或澳、台资)	Joint-venture Enterprises		236	
港、澳、台商独资经营企业	Sole-proprietorship Enterprises	3	530	
其他港澳台商投资企业	Other Enterprises with Investment from Hong Kong, Macao and Taiwan		58	
外商投资企业	Foreign Invested Enterprises	56	554	38
中外合资经营企业	Joint-venture Enterprises	53	98	33
外资企业	Sole-proprietorship Enterprises	3	387	5
外商投资股份有限公司	Share-holding Corporations Ltd.		69	
其他外商投资企业	Other Foreign Invested Enterprises			
按国民经济行业分	**By Sector**			
采矿业	Mining	1932	109	25
煤炭开采和洗选业	Mining and Washing of Coal	1254	57	11
石油和天然气开采业	Extraction of Petroleum and Natural Gas	410	1	
黑色金属矿采选业	Mining and Proncessing of Ferrous Metal Ores	3	5	
有色金属矿采选业	Mining and Processing of Non-Ferrous Metal Ores	54	24	2
非金属矿采选业	Mining and Processing of Nonmetal Ores		6	
开采专业及辅助性活动	Professional and Support Activities for Mining	211	16	12

18-11 续表 3 continued

分 组	Item	发表科技论文(篇) Pulish Technical Thesis (piece)	拥有注册商标数(件) Number of Registered Trademark (piece)	形成国家或行业标准数(项) Number of National and Trade Standards (item)
制造业	Manufacturing	5259	15900	908
农副食品加工业	Processing of Food from Agricultural Products	17	373	16
食品制造业	Manufacture of Foods	9	1277	1
酒、饮料和精制茶制造业	Manufacture of Wine,Beverages and Refined Tea	13	639	8
烟草制品业	Manufacture of Tobacco	63	199	
纺织业	Manufacture of Textile	13	25	2
纺织服装、服饰业	Manufacture of Textile and Clothing		20	1
皮革、毛皮、羽毛及其制品和制鞋业	Manufacture of Leather, Fur, Feather and Related Products and Footwear	7	7	1
家具制造业	Manufacture of Furniture		126	
造纸和纸制品业	Manufacture of Paper and Paper Products		2	
印刷和记录媒介复制业	Printing, Reproduction of Recording Media	26	27	1
文教、工美、体育和娱乐用品制造业	Manufactuer of Articles for Culture,Education,Arts and Crsfts,Sport and Entertainment Activities		7	
石油加工、炼焦和核燃料加工业	Processing of Petroleum, Coking, Processing Nuclear Fuel	162	47	3
化学原料和化学制品制造业	Manufacture of Chemical Raw Material and Chemical Products	731	3308	86
医药制造业	Manufacture of Medicines	67	3145	19
化学纤维制造业	Manufacture of Chemical Fibers			
橡胶和塑料制品业	Manufacture of Rubber and Plastics	28	237	45
非金属矿物制品业	Manufacture of Non-metallic Mineral Products	40	55	11
黑色金属冶炼和压延加工业	Smelting and Pressing of Ferrous Metals	109	11	16
有色金属冶炼和压延加工业	Smelting and Pressing of Non-ferrous Metals	250	546	110
金属制品业	Manufacture of Metal Products	165	112	54
通用设备制造业	Manufacture of General Purpose Machinery	143	506	78
专用设备制造业	Manufacture of Special Purpose Machinery	382	870	50
汽车制造业	Automotive Industry	612	1680	38
铁路、船舶、航空航天和其他运输设备制造业	Manufacture of Railway,Shipping,Aerospace and Other Transport Equipments	1354	372	217
电气机械和器材制造业	Manufacture of Electrical Machinery and Equipment	258	622	85
计算机、通信和其他电子设备制造业	Manufacture of Computers,Communication and Other Electronic Equipment	419	1272	54
仪器仪表制造业	Manufacture of Measuring Instrument and Machinery	225	362	10
其他制造业	Other Manufacturing	9	52	2
废弃资源综合利用业	Utilization of Waste Resources		1	
金属制品、机械和设备修理业	Industry of Metalwork,Machinery, and Equipment Repair	157		
电力、热力、燃气及水生产和供应业	Production and Distribution of Electricity, Gas and Water	363	2	25
电力、热力生产和供应业	Production and Supply of Electric Power and Heat Power	357	1	25
燃气生产和供应业	Production and Supply of Gas	6		
水的生产和供应业	Production and Supply of Water		1	

18-12 专 利 项 目

Patent Items

单位：件 (piece)

指　　标	Item	2019	2020	2021
一、授权量总计	**Patents Application Granted**	**44101**	**60524**	**86272**
发明专利	Inventions	9843	12122	15516
实用新型专利	Utility Models	26574	42227	65011
外观设计专利	Designs	7684	6175	5745
二、发明专利拥有量	**Ownership of Invention Patents**	**46190**	**54646**	**67379**
每万人发明专利拥有量	Ownership of Invention Patents Per 10,000 Persons	12.043	14.098	17.045
三、高价值发明专利拥有量	**High-Value Invention Patent Ownership**	**17615**	**18072**	**25859**
每万人高价值发明专利拥有量	Ownership of High-value Invention Patents Per 10,000 Persons	4.593	4.662	6.542

18-13 各类技术合同签定情况

Statistics on Technical Contracts Signed by Type

指　　标	Item	合同数(项) Number of Contracts (unit)		成交金额(亿元) Turnover Fulfilled (100 million yuan)	
		2020	2021	2020	2021
合　　计	**Total**	**49928**	**68951**	**1533.68**	**2343.44**
技术开发合同	Technical Development Contracts	16234	23225	452.89	548.47
技术转让合同	Technology Transfer Contracts	556	1456	12.83	26.72
技术咨询合同	Technical Consultation Contracts	3951	2370	53.23	13.86
技术服务合同	Technical Service Contracts	29187	41900	1014.73	1754.40

18−14 文 化 事 业
Development of Culture Industry

指　　标	Item	2020	2021
艺术表演团体演出场次(万场次)	Number of Performance of Art Troupes (10 000 shows)	4.6	7.3
观众人次 (万人次)	Number of Spectators (10 000 person-times)	3174	4298
图书馆藏书数 (万册)	Total Collections in Public Libraries (10 000 volumes)	2155	2295
书刊文献外借人次 (万人次)	Number of Books Borrowed by the Readers (10 000 person-times)	331	380
书刊文献外借册数 (万册次)	Number of Books and Magazines Lent to Readers (10 000 volume-times)	569	751

18−15 文化事业机构和人员
Number of Institution and Personnel in Cultural Industry

指　　标	Item	2020		2021	
		机构数 (个) Number of Institutions (unit)	人　数 (人) Number of Persons (person)	机构数 (个) Number of Institutions (unit)	人　数 (人) Number of Persons (person)
总　　计	**Total**	**2015**	**21203**	**2018**	**20900**
# 一、艺术事业	Arts				
# 表演团体	Arts Performance Troupes	82	5467	85	5326
表演场所	Arts Performance Places	63	750	64	769
二、图书馆事业	Public Libraries	117	2056	117	2101
三、群众文化事业	Mass Culture	1483	6883	1477	6838
四、艺术教育事业	Culture and Education	3	131	3	127

18-16 群众艺术馆、文化馆(站)活动情况
Activities Statistics on Mass Art Centers and Cultural Centers(Stations)

指　　标	Item	2020	2021
机构数 (个)	Number of Institutions (unit)	1483	1477
举办展览次数 (次)	Number of Exhibitions (unit)	4476	5118
组织文艺活动次数 (次)	Art Performances and Story-telling Sessions (time)	24667	26693
举办训练班班次 (次)	Number of Training Courses (time)	12946	15716
举办训练班结业人数 (万人次)	Number of Training Course Completers (10 000 person-times)	97	104
总收入 (万元)	Total Income (10 000 yuan)	63531	82331
总支出 (万元)	Total Expenditure (10 000 yuan)	63454	83449

注：本表含乡镇文化站的活动情况。
a) Data in this table include those of township cultural stations.

18-17 文 物 事 业
Development of Cultural Relics

指　　标	Item	2020	2021
文物机构	**Cultural Relics Institutions**		
机构数 (个)	Number of Institutions (unit)	644	644
人员数 (人)	Number of Persons (person)	16216	15113
藏品件数 (件)	Number of Collections (piece)	4042375	4599006
# 一级品	Grade One	7273	7351
二级品	Grade Two	15048	15534
三级品	Grade Three	82474	84709
参观人次 (万人次)	Number of Spectators (10 000 person-times)	3291	3929
# **博物馆**	**Museums**		
机构数 (个)	Number of Institutions (unit)	309	312
人员数 (人)	Number of Persons (person)	9466	8511
藏品件数 (件)	Number of Collections (piece)	3852109	4387060
# 一级品	Grade One	6754	6834
二级品	Grade Two	13600	13880
三级品	Grade Three	71812	72672
参观人次 (万人次)	Number of Spectators (10 000 person-times)	2242	2782
基本陈列 (个)	Permanent Exhibition (unit)	720	852
举办展览 (个)	Exhibition Hold (unit)	400	424

18-18 广播电视基本情况
Basic Statistics on Radio and Television

指 标	Item	2020	2021
一、无线广播宣传基本情况	Radio		
广播电台 (座)	Number of Broadcasting Stations (set)	10	10
调频广播发射台 (座)	Relaying Stations of Frequency Modulation Broadcasting (unit)	165	165
调频广播发射机部数和功率 (部/千瓦)	Stations and Power of Frequency Modulation Broadcasting (unit/kw)	380/437.9	375/432.35
节目套数 (套)	Number of Radio Programs (set)	110	107
全年播出时间 (时)	Length of Public Radio Programs Broadcasted(hour:minute)	485568.9	469867.12
广播人口覆盖率 (%)	Radio Coverage of Population (%)	99.29	99.36
全年制作广播节目 (时)	Length of Radio Programs Produced (hour)	244475	235050.87
新闻节目	News Programs	40517.2	38422.12
专题节目	Special Subject Programs	74262.2	72091.33
文艺节目	General Entertainment Programs	53131.3	45667.07
其他类	Others	76564.3	78870.35
二、电视宣传基本情况	Television		
电视台 (座)	Number of TV Stations (set)	10	10
发射台及转播台 (座)	TV Transmission and Relaying Stations (unit)	165	165
发射机功率 (部/千瓦)	Power of Transmision (unit/kw)	270/388.85	261/357.42
节目套数 (套)	Number of TV Programs (set)	121	125
全年播出时间 (时)	Length of Public TV Programs Broadcasted (hour:minute)	615128	638937.65
电视人口覆盖率 (%)	TV Coverage of Population (%)	99.62	99.66
制作电视节目 (时)	Length of TV Programs Produced (hour)	101814.25	98147.15
新闻节目	News Programs	40572.8	39414.45
专题节目	Special Subject Programs	26705.2	23779.13
文艺节目	General Entertainment Programs	9904.12	6868.07
影视剧节目	TV Play Programs	626	561
其他节目	Others	24005.83	27524.5
三、县广播电视台 (个)	Number of Broadcasting Stations (unit)	88	88

注：调频广播发射台含调频广播发射台和电视发射台。
a) Number of relaying stations of frequency modulation include relaying stations of frequency modulation and TV.

18—19 各市(区)文化事业情况(2021年)
Basic Statistics on Cultural Industry by City(District)(2021)

地 区	Region	公共图书馆 (个) Public Libraries (unit)	公共图书馆藏书量 (千册) Total Collections (1000 volumes)	群众艺术馆、文化馆 (个) Art Centers Cultural Centers (unit)	文化站 (个) Cultural Stations (unit)
全 省	**Shaanxi**	**117**	**22950**	**122**	**1355**
西安市	Xi'an	14	2933	15	188
铜川市	Tongchuan	5	760	5	38
宝鸡市	Baoji	13	2072	14	114
咸阳市	Xianyang	13	2038	14	116
渭南市	Weinan	12	2001	12	136
# 韩城市	Hancheng	1	257	1	8
延安市	Yan'an	14	1387	15	131
汉中市	Hanzhong	12	1262	13	178
榆林市	Yulin	13	1949	13	212
安康市	Ankang	11	2085	11	139
商洛市	Shangluo	8	711	8	98
杨凌示范区	Yangling	1	58	1	5
省直单位	Others	1	5695	1	

注：公共图书馆藏书量不含电子图书。
a)The public library hldings don't include electronic book.

主要统计指标解释

普通高等学校 指通过国家普通高等教育招生考试，招收高中毕业生为主要培养对象，实施高等学历教育的全日制大学、独立设置的学院、独立学院和高等专科学校、高等职业学校及其他普通高教机构。

大学、独立设置的学院主要实施本科及本科层次以上的教育。独立学院主要实施本科层次的教育。高等专科学校、高等职业学校实施专科层次的教育。其他普通高教机构是指承担国家普通招生计划任务不计校数的机构，包括普通高等学校分校、大专班等。

成人高等学校 指通过国家成人高等教育招生考试，招收具有高中毕业或同等学力的人员为主要培养对象，利用函授、业余、脱产等多种形式，对其实施高等学历教育的学校。包括：职工高等学校、农民高等学校、管理干部学院、教育学院、独立函授学院、广播电视大学、其他成人高教机构等。其他成人高教机构是指承担国家成人招生计划任务不计校数的机构。

研究与试验发展(R&D) 指在科学技术领域，为增加知识总量，以及运用这些知识去创造新的应用进行的系统的创造性的活动，包括基础研究、应用研究、试验发展三类活动。国际上通常采用 R&D 活动的规模和强度指标反映一国的科技实力和核心竞争力。

R&D 人员 指参与研究与试验发展项目研究、管理和辅助工作的人员，包括项目(课题)组人员，企业科技行政管理人员和直接为项目(课题)活动提供服务的辅助人员。反映投入从事拥有自主知识产权的研究开发活动的人力规模。

R&D 人员全时当量 指全时人员数加非全时人员按工作量折算为全时人员数的总和。例如：有两个全时人员和三个非全时人员(工作时间分别为 20%、30%和 70%)，则全时当量为 2+0.2+0.3+0.7=3.2 人年。为国际上比较科技人力投入而制定的可比指标。

R&D 经费支出合计 指调查单位用于内部开展 R&D 活动（基础研究、应用研究和试验发展）的实际支出。包括用于 R&D 项目（课题）活动的直接支出，以及间接用于 R&D 活动的管理费、服务费、与 R&D 有关的基本建设支出以及外协加工费等。不包括生产性活动支出、归还贷款支出以及与外单位合作或委托外单位进行 R&D 活动而转拨给对方的经费支出。

专业技术人员 指从事专业技术工作和专业技术管理工作的人员，即企事业单位中已经聘任专业技术职务从事专业技术工作和专业技术管理工作的人员，以及未聘任专业技术职务，现在专业技术岗位上工作的人员。包括工程技术人员，农业技术人员，科学研究人员，卫生技术人员，教学人员，经济人员，会计人员，统计人员，翻译人员，图书资料、档案、文博人员，新闻出版人员，律师、公证人员，广播电视播音人员，工艺美术人员，体育人员，艺术人员及企业政治思想工作人员，共十七个专业技术职务类别。用来反映科技人力资源情况。

专利 是专利权的简称，是对发明人的发明创造经审查合格后，由专利局依据专利法授予发明人和设计人对该项发明创造享有的专有权。包括发明、实用新型和外观设计。反映拥有自主知识产权的科技和设计成果情况。

发明（专利） 指对产品、方法或者其改进所提出的新的技术方案。是国际通行的反映拥有自主知识产权技术的核心指标。

实用新型（专利） 指对产品的形状、构造或者其结合所提出的适于实用的新的技术方案。反映具有一定技术含量的技术成果情况。

外观设计（专利） 指对产品的形状、图案、色彩或者其结合所作出的富有美感并适于工业上应用的新设计。反映拥有自主知识产权的外观设计成果情况。

艺术表演团体 指由文化部门主办或实行行业管理（经文化行政部门审批或已申报登记并领取相关许可证），专门从事表演艺术等活动的各类专业艺术表演团体，含民间职业剧团。不包括群众业余文艺表演团体。

艺术表演场馆 指由文化部门主办或实行行业管理（经文化市场行政部门审批或已申报登记并领取相关许可证），有观众席、舞台、灯光设备，公开售票、专供文艺团体演出的文化活动场所。

广播/电视节目综合人口覆盖率 指根据原国家广电总局制定的《广播电视人口覆盖率统计技术标准和方法》进行统计调查的，在对象区内能接收到由中央、省、地市或县通过无线、有线或卫星等各种技术方式转播的各级广播/电视节目的人口数占总人口数的百分比。

Explanatory Notes on Main Statistical Indicators

Regular Institutions of Higher Education refer to educational establishments recruiting graduates from senior secondary schools as the main target through National Matriculation TEST. They include full-time universities, independently established colleges, colleges, and institutions of higher professional education, institutions of higher vocational education and other institutions of higher education.

Universities and independently established colleges primarily provide undergraduate and above courses; colleges mainly impart undergraduate courses, institutions of higher professional education and institutions of higher vocational education primarily provide professional trainings; and other institutions of higher education refer to educational establishments, which are responsible for enrolling higher education students under the State Plan but not enumerated in the total number of schools, including: branch schools of universities and colleges and junior colleges.

Institutions of Higher Education for Adults refer to educational establishments, enrolling personnel with senior secondary school or equivalent education through National Matriculation TEST for Adult, and providing higher education courses in forms of correspondence, spare time, or full time for adults. Institutions of higher learning for adults include schools of higher education for staff and workers, schools of higher education for peasants, colleges for management cadres, pedagogical colleges, independent correspondence colleges, radio and television universities and other educational establishments of higher education for adult. Other educational establishments of higher education for adult refer undertakings to enrol adult students but not enumerated in the number of schools under the State Plan.

Research and Development (R&D) refers to systematic and creative activities in the field of science and technology aiming at increasing the knowledge and using the knowledge for new application. R&D includes 3 categories of activities: basic research, applied research and experimentation for development. The scale and intensity of R&D are widely used internationally to reflect the strength of S&T and the core competitiveness of a country in the world.

R & D Personnel refer to persons engaged in research, management and supporting activities of R & D, including persons in the project teams, persons engaged in the management of S&T activities of enterprises and supporting staff providing direct service to the research projects. This indicator reflects the size of personnel engaged in R&D activities with independent intellectual property.

Full-time Equivalent of R&D Personnel refers to the sum of the full-time persons and the full-time equivalent of part-time persons converted by workload. For instance, if there are 2 full-time persons and 3 part-time workers (20%, 30% and 70% of working hours respectively on R&D activities), the full-time equivalent are 2+0.2+0.3+0.7=3.2 person-years. This is an internationally comparable indicator of S&T manpower input.

Total Expenditure of Funds on R&D refers to the real expenditure of surveyed units on their own R&D activities (basic research, application study, test and development) including direct expenditure on R&D activities, indirect expenditure of management and services on R&D activities, expenditure on capital construction and material processing by others. Excluding the expenditure on production activities, return of loan, and fees transferred to cooperated and entrusted agencies on R&D activities.

Professional and Technical Personnel refer to persons engaged in professional and technical work or in the management of professional and technical activities, i.e., people with professional or technical positions who are engaged in professional and technical work or in the management of professional and technical activities, and people without professional or technical positions but are working on professional or technical posts. They include professionals and technicians working in 17 categories of technical occupations including engineering, agriculture, scientific researches, medical service, teaching, economic research and application, accounting, statistics, translation, libraries, archives, cultural and museum service, journalism and publication, lawyers, notarization service, radio and television broadcasting, handicraft and fine arts, sports, performing art, and political workers in enterprises. This indicator reflects the condition of human resources in S&T.

Patent is an abbreviation for the patent right and refers to the exclusive right of ownership by the inventors or designers for the creation or inventions, given from the patent offices after due process of assessment and approval in accordance with the Patent Law. Patents are granted for inventions, utility models and designs. This indicator reflects the achievements of S&T and design with independent intellectual property.

Patented Inventions refer to new technical proposals to the products or methods or their modifications. This is universal core indicator reflecting the technologies with independent intellectual property.

Patented Utility Models refer to the practical and new technical proposals on the shape and structure of the product or the combination of both. This indicator reflects the condition of technological results with certain technical content.

Designs refer to the aesthetics and industrially applicable new designs for the shape, pattern and colour of the product, or their combinations. This indicator reflects the appearance design achievements with independent intellectual property.

Arts Performance Troupes refer to the various professional performing arts groups, which sponsored by the

cultural sectors or guided by the cultural society (approved by the cultural administration authority, or registered and permitted with the relative certificate), including non-governmental troupes. The mass amateur arts performance troupes are not included.

Arts Performance Places refer to the various sites for cultural activities, which sponsored by the cultural sectors or guided by the cultural society (approved by the cultural market administration, or registered and permitted with the relative certificate), with the facility of auditorium, stage and lighting, and selling tickets in public.

The Population Coverage Rate of Radio/Television refers to the percentage of the whole country's population who can receive radio/television programmes transmitted by national, provincial, municipal or county stations through wireless, cable or satellite techniques, according to *Statistical Standard and Method on Television and Radio Coverage of Population* established by the former State Administration of Broadcasting, Film and Television.

十九、体育、卫生和其他

Sports, Public Health and Others

资料整理：杨小侠

简 要 说 明

一、本篇资料反映陕西体育、卫生、社会福利、安全生产等情况。

二、本篇资料主要内容及资料来源：

体育部分主要包括体育系统职工人数、群众体育活动开展情况及运动竞技成绩等，资料由省体育局提供。

卫生部分主要包括卫生机构、床位及人员数，农村合作医疗情况等，资料由省卫生健康委提供。

社会福利部分主要包括各种社会福利事业的机构数、收养救济人数、婚姻登记状况等，资料由省民政厅提供。

交通、火灾、伤亡事故情况由省公安厅、省安全生产监督管理局提供。

律师、公证及人民调解工作等资料由省司法厅提供。

Brief Introduction

I. This chapter reflects the development of Shaanxi's sports, public health, social welfare, safe production and other undertakings.

II. Primary coverage and data sources:

The data on sports mainly include the number of staff and workers in sports departments, mass sports and athletics sports, etc. The data are provided by Shaanxi Provincial Bureau of Sports.

The data on public health mainly include the number of health institutions, hospital beds and personnel, situation of rural cooperative medical service and etc. The data are provided by the Provincial Health Commission.

The data on social welfare mainly include the number of institutions, the number of persons receiving social welfare relief funds and marriage registration status, etc. The data are provided by Shaanxi Provincial Department of Civil Affairs.

The data on traffic, fire and casualties accident are provided by Shaanxi Provincial Department of Public Security and Shaanxi Provincial Bureau of Work Safety.

The data on lawyer, notarization and the people's mediation work are provided by Shaanxi Province Federation of Trade Unions, Shaanxi Women's Federation and Shaanxi Provincial Department of Justice.

19.体育、卫生和其他

2021年全省		
等级运动员发展人数	2034	人
等级裁判员发展人数	2472	人
卫生机构数	34971	个
卫生技术人员	36.86	万人
# 执业(助理)医师	12.06	万人
注册护士	15.94	万人

卫生机构床位数（万张）

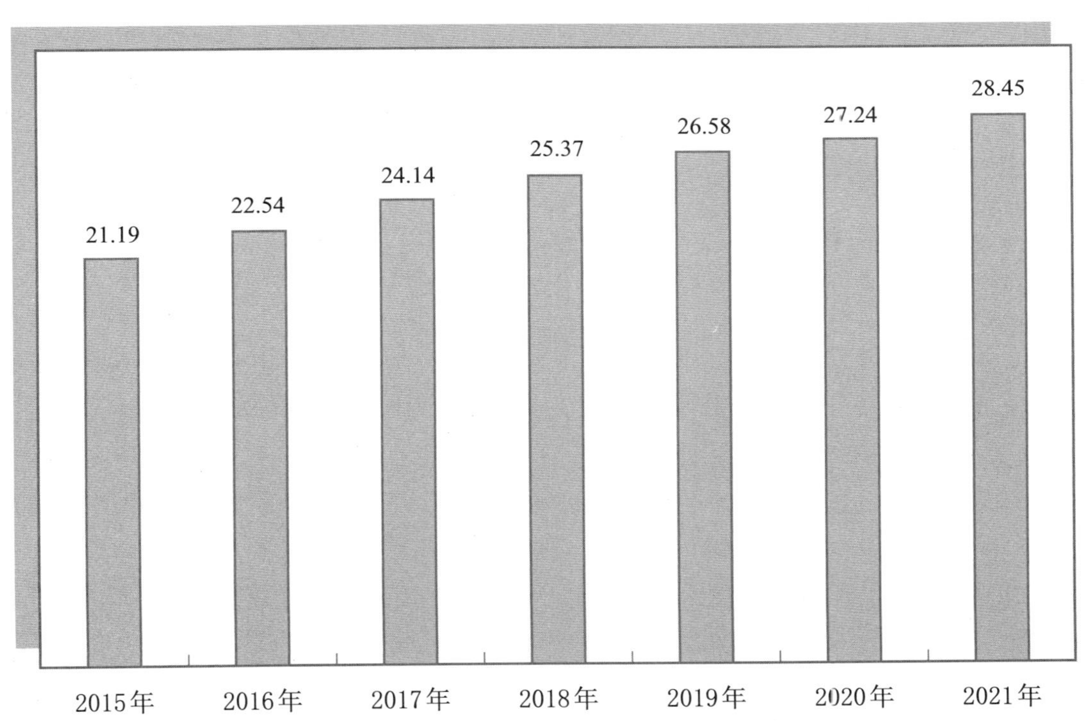

19−1 体 育 事 业
Statistics on Sports Industry

指 标	Item	2018	2019	2020	2021
一、体育系统职工人数 （人）	Employees Sports System (person)	5380	6262	6088	5850
二、等级运动员发展人数（人）	Number of Class Athlete Development (person)	1338	1800	1655	2034
#女运动员	Female Athletes	593	667	699	910
#国际健将	International Masters Sports	1	13		
运动健将	Masters of Sports	38	124	59	133
三、等级裁判员发展人数（人）	Number of Graded Referees (person)	2605	2849	2383	2472
#女裁判员	Female Referees	728	794	712	878
#国家级	National Referees	52	37	41	53
四、少年儿童业余体校 （所）	Spare-time Sports School (unit)	82	82	69	67
#重点体校	Key Sports School	31	31	31	10
在校学生 （人）	Number of Students in School (person)	16300	16390	14575	13218
五、取得冠军次数 （次）	Number of Champions (time)	65	70	28	37
世界冠军	International Champion	10	25		
亚洲冠军	Asian Champions	6	5	1	
全国冠军	National Champion	49	40	27	37

19−2 等级运动员发展人数(2021年)
Number of Athletes in Grades by Type of Sports (2021)

单位：人 (person)

地 区	Region	等级运动员 Number of Athletesin Grades	# 女 Women	# 国际级健将 International Masters Sports	# 运动健将 Masters of Sports	# 一 级 First Grade	# 二 级 Second Grade
全 省	**Shaanxi**	**2034**	**910**		**133**	**386**	**1515**
省级直属	Directly under the Provincial	656	341		133	386	137
西 安 市	Xi'an	524	214				524
铜 川 市	Tongchuan	51	23				51
宝 鸡 市	Baoji	185	100				185
咸 阳 市	Xianyang	90	41				90
渭 南 市	Weinan	115	50				115
延 安 市	Yan'an	84	28				84
汉 中 市	Hanzhong	190	68				190
榆 林 市	Yulin	70	16				70
安 康 市	Ankang	26	7				26
商 洛 市	Shangluo	43	22				43

19—3 卫生机构、床位及人员数
Number of Health Units, Beds and Staff

年份 Year	卫生机构(个) Health Institutions (unit)	# 医院 Hospitals	卫生机构床位(万张) Number of Hospital Beds (10 000 beds)	# 医院 Hospitals	卫生技术人员(万人) Medical Technical Personnel (10 000 persons)	# 执业(助理)医师 Lecensed (Assistant) Doctors	# 注册护士 Registered Nurses
1978	5598	3064	5.39	4.99	7.12	3.43	1.11
1979	5780	3078	5.78	5.32	7.58	3.60	1.17
1980	5845	3095	6.08	5.52	8.05	3.72	1.19
1981	6158	3109	6.37	5.72	8.84	4.07	1.40
1982	6369	3113	6.51	5.92	9.23	4.20	1.57
1983	6280	3106	6.66	6.06	9.57	4.38	1.73
1984	6251	3119	6.87	6.23	10.01	4.63	1.81
1985	6346	2218	7.20	6.46	10.61	4.97	1.88
1986	6309	2439	7.45	6.70	10.89	5.12	1.93
1987	6293	2559	7.68	6.95	11.22	5.29	2.04
1988	6248	2502	8.03	7.22	11.43	5.70	2.41
1989	6312	2515	8.29	7.47	11.63	5.84	2.64
1990	6416	2521	8.55	7.80	11.82	5.91	2.72
1991	6433	2577	9.02	8.22	11.99	5.87	2.81
1992	6404	2604	9.29	8.51	12.33	5.97	2.87
1993	6215	2389	9.56	8.81	12.28	5.89	2.91
1994	6227	3040	9.84	9.07	12.60	6.20	3.03
1995	6215	3313	9.88	9.05	12.80	6.28	3.10
1996	6033	3315	9.59	9.05	12.82	6.30	3.10
1997	5947	3217	9.48	9.04	12.99	6.23	3.25
1998	5639	2779	9.48	9.09	13.03	6.17	3.37
1999	5493	2753	9.68	9.22	13.28	6.37	3.48
2000	5572	2779	9.69	9.26	13.34	6.43	3.56
2001	5563	2780	9.91	9.43	13.53	6.60	3.62
2002	5240	2748	10.00	9.53	13.53	5.95	3.65
2003	5039	2740	10.27	9.89	13.47	6.03	3.72
2004	5138	2710	10.31	9.97	13.46	5.97	3.75
2005	5366	2674	10.67	10.34	13.66	6.03	3.85
2006	5385	2672	11.12	10.90	13.91	6.06	4.07
2007	4753	2645	11.78	11.42	14.17	5.93	4.25
2008	4429	2629	12.52	12.31	14.32	5.81	4.69
2009	4421	2660	13.45	13.05	16.29	6.13	5.44
2010	4638	2639	14.24	13.72	17.77	6.28	6.13
2011	36403	2611	15.38	14.69	19.73	6.57	7.02
2012	36270	2603	16.92	16.31	21.63	6.95	7.94
2013	37136	2634	18.51	17.93	23.91	7.44	8.96
2014	37247	2587	19.94	19.37	25.26	7.65	9.72
2015	37030	2612	21.19	20.63	26.54	7.95	10.43
2016	36598	2655	22.54	22.10	28.88	8.57	11.69
2017	35863	2710	24.14	23.71	31.03	9.32	12.70
2018	35300	2729	25.37	24.94	32.78	9.88	13.80
2019	35404	2841	26.58	26.12	35.38	10.87	15.04
2020	34975	2853	27.24	26.75	36.35	11.39	15.55
2021	34971	2924	28.45	27.90	36.86	12.06	15.94

注：1.本表卫生机构2011年起含诊所和村卫生室，2013年起新增计划生育技术服务机构。
2.医院、医院床位数含卫生院、妇幼保健院和专科疾病防治院。
3.执业(助理)医师、注册护士不含乡镇卫生院在村卫生室工作的人员。2002年以前执业(助理)医师为医生数，注册护士为护士(师)数。

a) The health institutions in the table include private clinics, village clinic.New family planning technical service institutions were added since 2011.
b) Hospitals and hospital beds include health center, women and children care agencies and specialized disease prevention &treatment institutes.
c) Practicing (assistant) doctors and registered nurses do not include the personnel of township health centers working in village clinics.
Before 2002,The number of practicing (assistant) physicians is the number of doctors,The number of registered nurses refers to the number of nurses (division).

19-4 各类卫生机构、床位及人员数(2021年)

Number of Various Health Units, Beds and Staff (2021)

指标	Item	机构数(个) Health Institutions (unit)	床位数(张) Beds (bed)	人员合计(人) Persons Engaged (person)	卫生技术人员 Medical Technical Personnel	其他技术人员 Other Technical Personnel	管理人员 Management	工勤人员 Support Staff
总计	**Total**	**34971**	**284545**	**445854**	**368607**	**5042**	**24887**	**28333**
一、医院	Hospitals	1270	233562	286816	244060	3105	18589	21062
综合医院	Comprehensive Hospitals	754	160972	209620	179157	2251	13129	15083
中医医院	Hospitals of Traditional Chinese Medicine	172	34926	42352	36307	466	2595	2984
中西医结合医院	Hospitals Combined by Medium Doctors	17	3505	3940	3381	15	363	181
专科医院	Specialized Hospitals	320	33551	30698	25082	369	2490	2757
护理院	Nursing homes	7	608	206	133	4	12	57
二、基层医疗卫生机构	Basic Medical and Health Institutions	33185	40915	125026	98123	843	3175	3900
社区卫生服务中心(站)	Community Health Service Center (station)	741	4527	14146	12215	206	866	859
社区卫生服务中心	Community Health Service Center	287	4424	10527	8947	181	599	800
社区卫生服务站	Community Health Service station	454	103	3619	3268	25	267	59
卫生院	Commune Hospitals	1531	35777	47601	43331	577	1604	2089
街道卫生院	Hospitals in the Streets							
乡镇卫生院	Township Hospitals	1531	35777	47601	43331	577	1604	2089
中心卫生院	Center Hospital	633	21403	26025	23644	298	819	1264
乡卫生院	Rural Hospitals	898	14374	21576	19687	279	785	825
村卫生室	Village Clinic	22394		30118	11133			
门诊部	Outpatient Departments	666	229	9046	7999	46	467	534
综合门诊部	Comprehensive Outpatient Departments	179	45	2989	2746	14	119	110
中医门诊部	Chinese Medical Outpatient Department	68		691	610	1	52	28
中西医结合门诊部	Combination of Traditional Chinese and Western Medicine Outpatient Department	6		60	57		2	1
专科门诊部	Specialist OutPatient Department	413	184	5306	4586	31	294	395
诊所、卫生所、医务室	Clinics, Health Institute, Medical Office	7853	382	24115	23445	14	238	418
诊所	Clinics	7191	362	21682	21118	11	197	356
卫生所、医务室	Health Institute, Medical Office	662	20	2433	2327	3	41	62
三、专业公共卫生机构	Specialty Public Health Agency	415	9655	30814	24272	753	2683	3106
疾病预防控制中心	Disease Prevention and Controlling Center	119		6596	5063	239	711	583
专科疾病防治院(所、站)	Specialized Disease Prevention and Treatment Centers (stations)	5	1155	991	751	15	130	95
健康教育所(站、中心)	Health Education Offices (stations or centers)	10		296	168	49	42	37
妇幼保健院(所、站)	Maternity and Child Care Centers (stations)	118	8500	18024	14821	292	1275	1636
急救中心(站)	First-aid Center (station)	5		326	161	6	60	99
采供血机构	Blood Collecting and Supply Organizations	11		1136	758	81	120	177
卫生监督所(中心)	Health Supervision Centers	118		3053	2307	54	252	440
计划生育技术服务机构	Family Planning Technical Service Institutions	29		392	243	17	93	39
四、其他卫生机构	Other Health Institutions	101	413	3198	2152	341	440	265

注：本表人员合计中含乡村医生和卫生员。

a) Summation-personnel in this table includes country doctors and medical orderlies.

19-5 法定传染病发病率和死亡率(2021年)
The Incidence and Death of Infectious Diseases(2021)

病　名	Diseases	发病率 (1/10万) Incidence (1/100 000)	死亡率 (1/10万) Death Rate (1/100 000)	病死率 (%) Mortality Rate (%)
合　计	**Total**	**369.2100**	**0.6700**	**0.1800**
鼠　疫	The Plague			
霍　乱	Cholera			
传染性非典	SARS			
艾滋病	AIDS	2.2300	0.4800	21.5700
肝　炎	Hepatitis	54.7600	0.0300	0.0500
脊　灰	Poliomyelitis			
人感染高致病性禽流感	Highly Pathogenic Avian Influenza			
麻　疹	Measles	0.0400		
出血热	Hemorrhagic Fever	7.6300	0.0400	0.5600
狂犬病	Hydrophobia	0.0100	0.0100	100.0000
乙　脑	JE	0.0500	0.0030	5.0000
登革热	Dengue Fever			
炭　疽	Anthrax	0.0100		
痢　疾	Dysentery	5.3100		
肺结核	Pulmonary Tuberculosis	40.9800	0.1000	0.2500
伤寒+副伤寒	Typhoid and Paratyphoid Fever	0.1300		
流　脑	Epidemic Encephalitis			
百日咳	Pertussis	1.8200		
白　喉	Diphtheria			
新生儿破伤风	Newborn Tetanus			
猩红热	Scarlet Fever	3.4900		
布　病	Brucellosis	3.5500		
淋　病	Gonorrhea	4.8600		
梅　毒	Syphilis	25.9700	0.0030	0.0100
钩体病	Leptospirosis			
血吸虫病	Schistosomiasis			
疟　疾	Malaria	0.0400		
人感染H7N9禽流感	HpAI H7N9			
新型冠状病毒肺炎	COVID-19			
流行性感冒	Influenza	72.9800		
流行性腮腺炎	Mumps	10.9700		
风　疹	Rubella	0.0400		
急性出血性结膜炎	Acute Hemorrhagic Conjunctivitis	1.3900		
麻风病	Leprosy	0.0100		
斑疹伤寒	Typhus	0.0700		
黑热病	Black Fever	0.0900		
包虫病	Echinococcosis	0.0300		
丝虫病	Filariasis			
其它感染性腹泻病	Other Infectious Diarrhoea	78.3600		
手足口病	Hand, Foot and Mouth Disease	49.8500		

19−6 出院病人前十位疾病构成(2021年)
Discharged Patients Diseases of the Top Ten (2021)

序号 NO.	市 City		
	疾 病	Diseases	构 成 (%) Constitute
1	循环系统疾病	Circulatory System Diseases	15.63
2	呼吸系统疾病	Respiratory System Diseases	12.89
3	妊娠、分娩和产褥期	Pregnancy, Childbirth and the Puerperium	8.79
4	消化系统疾病	Digestive Diseases	8.86
5	其它接收医疗服务	Other Medical Services	10.58
6	损伤、中毒	Injury, Poisoning	6.57
7	泌尿生殖系统疾病	Genitourinary System Diseases	4.98
8	肿 瘤	Tumor Diseases	4.90
9	眼和附器疾病	Eye and appendage diseases	4.76
10	内分泌、营养和代谢地饼、疾病小计	Musculoskeletal and Connective Tissue Diseases	3.78
	构成合计	Total	81.74

19−6 续表 continued

序号 NO.	县 County		
	疾 病	Disease	构 成 (%) Constitute
1	循环系统疾病	Circulatory System Diseases	21.55
2	呼吸系统疾病	Respiratory System Diseases	20.79
3	妊娠、分娩和产褥期	Pregnancy, Childbirth and the Puerperium	8.33
4	消化系统疾病	Digestive Diseases	9.65
5	其它接收医疗服务	Other Medical Services	3.37
6	损伤、中毒	Injury, Poisoning	8.65
7	泌尿生殖系统疾病	Genitourinary System Diseases	4.64
8	肿 瘤	Tumor Diseases	2.24
9	眼和附器疾病	Eye and appendage diseases	1.69
10	内分泌、营养和代谢疾病小计	Musculoskeletal and Connective Tissue Diseases	3.02
	构成合计	Total	83.93

19-7 各市(区)卫生机构、床位及人员数(2021年)
Number of Health Institutions, Beds and Persons Engaged by City(District) (2021)

地区	Region	机构数(个) Health Institutions (unit)	床位数(张) Beds Total (bed)	人员数(人) Total Staff (person)	卫生技术人员(人) Medical Technical Personnel (person)	# 执业(助理)医师 Lecensed (Assistant) Doctors	# 注册护士 Registered Nurses
全省	**Shaanxi**	**34971**	**284545**	**445854**	**368607**	**120558**	**159405**
西安市	Xi'an	6533	77048	144253	119690	41873	55574
铜川市	Tongchuan	834	7255	10562	8652	2612	4089
宝鸡市	Baoji	2820	29470	40057	33366	11181	14318
咸阳市	Xianyang	4478	32238	52870	45777	13822	18574
渭南市	Weinan	4184	34133	49740	40881	12382	16365
延安市	Yan'an	2355	15363	24592	19338	6053	8570
汉中市	Hanzhong	3617	27219	32912	26744	8555	11251
榆林市	Yulin	3727	22492	37190	30265	9826	12892
安康市	Ankang	2899	19261	24935	20901	6657	8610
商洛市	Shangluo	2728	16056	21690	16983	5361	6679
杨凌示范区	Yangling	206	1632	2649	2407	820	1042
西咸新区	Xixian New Area	590	2378	4404	3603	1416	1441

注：1.本表人员合计中含乡村医生和卫生员。
2.执业(助理)医师、注册护士不含乡镇卫生院在村卫生室工作的人员。

a) Summation-personnel in this table includes country doctors and medical orderlies.

b) Practicing (assistant) doctors and registered nurses do not include the personnel of township health centers working in village clinics.

19-8 农村村级卫生组织情况(2021年)
Situations of Health Institutions in Rural Village (2021)

地区	Region	村卫生室(个) Village Health Room (unit)	乡村医生和卫生员(人) Rural Doctors and Health Workers (person)	乡村医生 Rural Doctors	卫生员 Health Workers
全省	**Shaanxi**	**22394**	**18985**	**18362**	**623**
西安市	Xi'an	2438	1337	1270	67
铜川市	Tongchuan	489	318	317	1
宝鸡市	Baoji	1685	2038	2000	38
咸阳市	Xianyang	3171	2120	2120	
渭南市	Weinan	2971	3764	3319	445
延安市	Yan'an	1746	1496	1496	
汉中市	Hanzhong	2542	2072	2042	30
榆林市	Yulin	2632	1778	1762	16
安康市	Ankang	2167	1685	1675	10
商洛市	Shangluo	2097	2176	2165	11
杨凌示范区	Yangling	112	20	18	2
西咸新区	Xixian New Area	344	181	178	3

19—9 社区卫生服务中心(站)情况(2021年)

Statistics on Community Health Service Centers (Stations) (2021)

地 区	Region	社区卫生服务中心(站)(个) Community Health Service Center(station) (unit)	床位数 (张) Beds (bed)	人员数 (人) Persons Engaged (person)	卫生技术人员 (人) Medical Technical Personnel (person)	#执业(助理)医师 Lecensed (Assistant) Doctors	#注册护士 Registered Nurses
全 省	**Shaanxi**	**741**	**4527**	**14146**	**12215**	**4055**	**5090**
西 安 市	Xi'an	246	1861	7139	6073	1874	2423
铜 川 市	Tongchuan	43	548	493	411	108	222
宝 鸡 市	Baoji	70	792	1207	1074	387	473
咸 阳 市	Xianyang	126	90	1494	1349	553	607
渭 南 市	Weinan	74	352	801	687	279	267
延 安 市	Yan'an	34	273	614	547	185	216
汉 中 市	Hanzhong	22	63	349	295	101	116
榆 林 市	Yulin	85	411	1228	1073	337	449
安 康 市	Ankang	15		178	167	50	78
商 洛 市	Shangluo	5	79	141	124	56	40
杨凌示范区	Yangling	3		85	77	14	32
西咸新区	Xixian New Area	18	58	417	338	111	167

19—10 医疗保险情况

Basic Statistics of Insurance

指 标		Item		2020	2021
基金收入	(亿元)	Revenue	(100 million yuan)	608.20	695.62
职工基本医疗保险(含生育保险)		Basic Medical Insurance for Workers (Birth Insurance Included)		335.22	414.98
城乡居民基本医疗保险		Basic Medical Insurance for Urban and Rural Residents		272.88	280.64
基金支出	(亿元)	Expenses	(100 million yuan)	454.56	629.75
职工基本医疗保险(含生育保险)		Basic Medical Insurance for Workers (Birth Insurance Included)		262.37	351.04
城乡居民基本医疗保险		Basic Medical Insurance for Urban and Rural Residents		192.18	278.72
累计结余	(亿元)	Balance at Year-end	(100 million yuan)	695.99	770.68
职工基本医疗保险(含生育保险)		Basic Medical Insurance for Workers (Birth Insurance Included)		534.61	605.54
城乡居民基本医疗保险		Basic Medical Insurance for Urban and Rural Residents		161.38	165.13
城镇职工基本医疗保险参保人数	(万人)	Participants of Basic Medical Insurance for Urban Workers	(10 000 persons)	742.21	783.79
城乡居民基本医疗保险参保人数	(万人)	Participants of Basic Medical Insurance for Urban and Rural Residents	(10 000 persons)	3157.53	3107.84
生育保险参保人数	(万人)	Participants in Birth Insurance	(10 000 persons)	518.97	560.24
享受生育保险待遇人次	(万人次)	Beneficiaries	(10 000 person-times)	16.66	18.11

19–11　养老机构基本情况

Basic Statistics on Elderly Care Institutions

单位：个　　(unit)

指　　标	Item	2020	2021
总　　计	**Total**	**735**	**765**
社会福利院	Social Welfare Home	32	31
特困人员救助供养机构	Aid and Support Institutions for People in Extreme Need	346	331
养老公寓等各类养老机构	Pension Apartment and Other Pension Institutions	357	403

19–12　城镇社区服务设施

Urban Welfare Facilities

地　　区	Region	城镇社区服务设施数(个) Urban Welfare Facilities(unit)		从业人员(人) Employed Persons(person)	
		2020	2021	2020	2021
全　　省	**Shaanxi**	**12917**	**13893**	**43013**	**48613**
西 安 市	Xi'an	2199	2336	10117	11673
铜 川 市	Tongchuan	438	470	1496	1900
宝 鸡 市	Baoji	1250	1275	3840	3957
咸 阳 市	Xianyang	1812	1886	4653	5165
渭 南 市	Weinan	1237	1234	4100	4197
延 安 市	Yan'an	1035	1059	3297	3310
汉 中 市	Hanzhong	1711	1967	4857	5619
榆 林 市	Yulin	898	1019	3104	3688
安 康 市	Ankang	1625	1918	4830	6065
商 洛 市	Shangluo	518	518	2093	2131
西咸新区	Xixian New Area	194	211	626	908

19－13　工 会 工 作(2021年)
Basic Statistics on Trade Unions (2021)

项　目		Item		实有数 Number
基层工会	(个)	Basic Trade Unions	(unit)	106707
工会女职工组织	(个)	Women Workers Organization	(unit)	51152
工会经费审查委员会	(个)	Review Organization of Trade Union Funds	(unit)	58463
工会会员	(万人)	Union Members	(10 000 persons)	876.97
#女　性		Women		316.06
#农民工		Migrant Workers		360.23
专职工会工作人员	(人)	Full-time Union Staff	(person)	27243
兼职职工会工作人员	(人)	Part-time Union Staff		263389
建立职代会制度的工会	(个)	Union System Workers'Congress	(unit)	16080
职代会制度覆盖职工	(万人)	The Number of Staff and Workers covered by Workers Congress System	(10 000 persons)	354.83
#职代会中职工代表		Workers representatives of workers' congress		33.37
建立劳动争议调解委员会	(个)	Establish Labor Dispute Mediation Mommittees	(unit)	31785

19－14　律师、公证及人民调解工作(2021年)
Lawyers, Notarization and Mediation of Civil Disputes (2021)

项　目		Item		实有数 Number
一、律师工作		**Lawyers**		
律师人员	(人)	Number of Lawyers	(person)	14671
#专　职		Full-time Lawyers		11710
兼　职		Part-time Lawyers		521
刑事诉讼辩护及代理	(件)	Agent of Criminal Defense	(case)	27518
民事诉讼代理	(件)	Agent of Civil Case	(case)	145829
行政诉讼代理	(件)	Agent of Administrative Action	(case)	7249
担任法律顾问	(家)	As Legal Advisers	(unit)	17353
律师事务所	(个)	Number of Law Offices	(unit)	756
二、公证工作		**Notarial Personnel**		
公证处	(个)	Number of Notary Offices	(unit)	118
#涉外公证处		Foreign-related Notary Offices		25
公证人员	(人)	Notarial Personnel	(person)	1260
办理公证文书	(件)	Notarized Documents	(case)	190552
三、人民调解工作		**Number of People's Mediation**		
人民调解委员会	(个)	Number of People's Mediation Committees	(unit)	22627
调解委员	(人)	Member of a Mediation Committee	(person)	87865
调解民间纠纷	(件)	Number of Civil Disputes Mediated	(case)	107325

19-15 国内公证文书分类(2021年)
Domestic Notarized Documents by Type (2021)

分 类	Type	办证件数(件) Number of Notarial Documents Issued (case)	分 类	Type	办证件数(件) Number of Notarial Documents Issued (case)
合 计	**Total**	**190552**	有无违法犯罪记录	have or no Illegal and Criminal Record	6560
合同(协议)	Contracts	9585	公司章程	Corporation Constitutions	17
继 承	Inheritances	23312	保全证据	Evidence Preservation	5922
#小额继承	A Small Inheritance	7861	证书(执照)	Certificate(License)	20359
委 托	Proxy	29064	签名(印鉴)	Signatures and Seals	2275
声 明	Announcement	11641	文本相符	Text Conformity	12043
赠 与	Presentation Documents	622	赋予执行效力	Given Executory Effect	46522
遗 嘱	Testaments	376	执行证书	Execution Certificate	2226
现场监督	Field Supervision	660	抵押登记	Mortgage Registration	13
婚姻状况、亲属关系、收养关系	Marital Status, Kinship, Adoptive Relationship	3692	提 存	Drawing	90
			保 管	Reserve	6
生 存	Survival	4008	其 他	Others	8382
身份、经历、学历、学位、职务、职称	Identity, Experience, Educational Background,Degree,Position,Title	3177			

19—16 婚姻登记情况
Statistics on Marriage Registration

指 标		Item		2018	2019	2020	2021
一、登记结婚数	**(对)**	**Number of Registered Marriages**	**(couples)**	**300405**	**271861**	**236217**	**221046**
内地居民登记结婚数	(对)	Registered Marriages in the Mainland	(couples)	299897	271292	236008	220852
涉外婚姻数	(对)	Number of Marriages with Foreigner	(couples)	508	569	209	194
初婚数	(人)	Number of First Marriages	(person)	467482	409810	353397	330097
再婚数	(人)	Number of Re-marriages	(person)	133328	133912	119037	111995
# 恢复结婚数		Restoration of Marriages		14111	14189	11966	9556
二、登记离婚数	**(对)**	**Number of Registered Divorces**	**(couples)**	**100174**	**107016**	**96799**	**58906**
内地居民登记离婚数	(对)	Registered Divorces in the Mainland	(couples)	100108	106933	96757	58883
涉外婚姻数	(对)	Number of Divorces with Foreigner	(couples)	66	83	42	23

19—17 各市(区)婚姻登记情况(2021年)
Registered Marriages by City(District) (2021)

地 区	Region	登记结婚数 (对) Number of Registered Marriages (couples)	初婚数 (人) Number of First Marriages (person)	再婚数 (人) Number of Re-marriages (person)	# 恢复结婚数 Restoration of Marriages	登记离婚数 (对) Number of Registered Divorces (couples)
全 省	**Shaanxi**	**221046**	**330097**	**111995**	**9556**	**58906**
西 安 市	Xi'an	69993	104476	35510	2288	23866
铜 川 市	Tongchuan	3761	5372	2150	271	1130
宝 鸡 市	Baoji	17775	27275	8275	758	3661
咸 阳 市	Xianyang	25357	38346	12368	1305	5501
渭 南 市	Weinan	25703	36541	14865	857	6550
延 安 市	Yan'an	10662	15551	5773	972	2857
汉 中 市	Hanzhong	17692	25842	9542	640	3764
榆 林 市	Yulin	19061	29809	8313	1476	3981
安 康 市	Ankang	13979	21435	6523	383	3536
商 洛 市	Shangluo	10861	16478	5244	296	2206
西咸新区	Xixian New Area	6009	8688	3330	310	1831
厅级小计	Others	193	284	102		23

19–18 交通事故情况(2021年)
Basic Statistics on Traffic Accidents(2021)

地　区	Region	事故次数(起) Number of Accidents (case)	死亡人数(人) Number of Deaths (person)	受伤人数(人) Number of Injuries (person)	损失折款(万元) Converted into Cash Losses (10 000 yuan)
全　省	**Shaanxi**	**4886**	**946**	**5177**	**3131.00**
西安市	Xi'an	2510	321	2652	1548.48
铜川市	Tongchuan	158	14	219	27.77
宝鸡市	Baoji	512	77	547	136.56
咸阳市	Xianyang	166	46	173	151.41
渭南市	Weinan	253	63	282	147.59
延安市	Yan'an	123	100	78	76.19
汉中市	Hanzhong	245	30	296	201.89
榆林市	Yulin	419	137	385	509.23
安康市	Ankang	72	45	72	24.70
商洛市	Shangluo	139	50	157	44.21
杨凌示范区	Yangling	17	2	19	3.84
西咸新区	Xixian New Area	264	61	284	250.57
铁　路	Railway	2		3	0.07
民　航	Civil Aviation	6		10	8.50

19–19 火灾事故情况(2021年)
Basic Statistics on Fires(2021)

地　区	Region	事故次数(起) Number of Accidents (case)	死亡人数(人) Number of Deaths (person)	受伤人数(人) Number of Injuries (person)	损失折款(万元) Losses Converted into Cash (10 000 yuan)
全　省	**Shaanxi**	**23831**	**60**	**62**	**22930.23**
西安市	Xi'an	5356	23	18	4591.68
铜川市	Tongchuan	535	1	1	664.90
宝鸡市	Baoji	2769	3	1	982.40
咸阳市	Xianyang	2942	19	9	2127.72
渭南市	Weinan	3970	4	3	2706.93
延安市	Yan'an	1224			1560.95
汉中市	Hanzhong	1521	3	2	1149.24
榆林市	Yulin	2391	4	12	3444.00
安康市	Ankang	899	1	3	2341.35
商洛市	Shangluo	784		1	749.05
杨凌示范区	Yangling	168			144.5
西咸新区	Xixian New Area	1272	2	12	2467.51

19-20 各类伤亡事故情况(2021年)
Statistics on Various Fatal Accidents (2021)

类　别	Type	总　计 Total		较大事故 Larger Accidents	
		起数(起) Times (time)	死亡(人) Deaths (person)	起数(起) Times (time)	死亡(人) Deaths (person)
全　省	**Shaanxi**	**545**	**483**	**15**	**51**
农林牧渔业	Agriculture, Forestry, Animal Husbandry and Fishery	3	4		
#农业机械	Agricultural Machinery	3	4		
采矿业	Mining	24	30	2	9
煤矿	Coal Mine	11	17	2	9
金属非金属矿山	Metallic and Nonmetallic Mine	11	11		
石油天然气	Oil and Gas	2	2		
商贸制造业	Manufacturing	42	41		
#化工	Chemical Industry	5	7		
工贸	Industry and Trade	28	25		
建筑业	Construction	84	87		
#房屋建筑	Housing Construction	26	27		
土木工程	Civil Engineering	29	30		
交通运输和仓储业	Traffic, Transport, Storage and Post	373	299	12	39
#铁路运输业	Railway Transport	21	16		
道路运输业	Road Transport	351	282	12	39
其他行业	Others	19	22	1	3

19-21 收养登记情况(2021年)
Statistics on Social Donation and Adopting Registration (2021)

地　区	Region	收养登记合计(人) Number of Registered Adoption (person)	中国公民 Adoption by Chinese	外国人 Adoption by Foreigners
全　省	**Shaanxi**	**287**	**287**	
西 安 市	Xi'an	80	80	
铜 川 市	Tongchuan	5	5	
宝 鸡 市	Baoji	13	13	
咸 阳 市	Xianyang	26	26	
渭 南 市	Weinan	32	32	
延 安 市	Yan'an			
汉 中 市	Hanzhong	70	70	
榆 林 市	Yulin	5	5	
安 康 市	Ankang	44	44	
商 洛 市	Shangluo	8	8	
西咸新区	Xixian New Area	4	4	

主要统计指标解释

卫生机构　指从卫生(卫生计生)行政部门取得《医疗机构执业许可证》、《中医诊所备案证》、《计划生育技术服务许可证》，或从民政、工商行政、机构编制管理部门取得法人单位登记证书，为社会提供医疗服务、公共卫生服务或从事医学科研和医学在职培训等工作的单位。医疗卫生机构包括医院、基层医疗卫生机构、专业公共卫生机构、其他医疗卫生机构。

卫生技术人员　包括执业医师、执业助理医师、注册护士、药师（士）、检验技师（士）、影像技师、卫生监督员和见习医（药、护、技）师（士）等卫生专业人员。不包括从事管理工作的卫生技术人员(如院长、副院长、党委书记等)。

执业医师　指《医师执业证》“级别”为“执业医师”且实际从事医疗、预防保健工作的人员，不包括实际从事管理工作的执业医师。执业医师类别分为临床、中医、口腔和公共卫生四类。

执业助理医师　指《医师执业证》“级别”为“执业助理医师”且实际从事医疗、预防保健工作的人员，不包括实际从事管理工作的执业助理医师。执业助理医师类别分为临床、中医、口腔和公共卫生四类。

社区卫生服务中心(站)　指为本社区居民提供预防、医疗、保健、康复、健康教育、计划生育技术服务等的基层卫生机构。包括社区卫生服务中心和社区卫生服务站。

社会福利企业　指以集中安置有一定劳动能力的残疾人员就业为目（残疾职工占生产人员 10%以上）、带有社会福利性质的企业总称。主要包括福利工厂、假肢厂和其他福利企业。

城镇社区服务设施数　指报告期末城镇（街道办事处、居委会）设立的以非盈利为目的，为本社区居民服务，特别是为老年人、残疾人、儿童服务的社区服务中心、活动站、服务站、养老院、老年公寓（托老所），残疾人工疗站、残疾儿童日托所、家务服务站、婚姻介绍所等福利性设施以及职工社会保险管理服务的机构数。几种不同类型的社区服务单位，共用一个场所的，只能统计为一个社区服务设施。成为社区服务设施的条件：（1）是独立核算单位；（2）有固定的从业人员；（3）有一定的服务项目；（4）有一定的场所。

公证人员　指在公证处工作的人员总称，包括公证处主任、副主任、公证员、公证员助理(助理公证员)和其他从事辅助性工作的人员。

公证文书　指公证处根据当事人申请，依照事实和法律，按照法定程序制作的，具有法律效力的司法证明文书。

Explanatory Notes on Main Statistical Indicators

Health Care Institutions refer to the units which have been qualified the Certification of Health Care Institution, filing certificate of traditional Chinese medicine clinic, certification of family planning technical service by the administration of public health, or qualified the Certification of Corporate Unit by the civil affairs, administration for industry and commerce, commission office for public sector reform, and engaging in medical health care services, public health services, or medicine research and on-job training, etc., including: hospitals, health care institutions at grass-root level, specialized public health institutions, and other medical and health care institutions.

Medical Technical Personnel refer to the professional staff engaged in health care, including licensed doctors, licensed assistant doctors, registered nurses, pharmacists, laboratory technicians, imaging staff, health care supervisors and intern doctors, pharmacists, nurses, and technical personnel, excluding the medical technical personnel engaged in managerial job (e.g. president, vice president and secretary of the party committee etc).

Licensed Doctors refer to the medical workers who have obtained the licenses of qualified doctors and are employed in medical treatment, disease prevention or healthcare institutions, excluding the licensed doctors engaged in management job. The licensed doctors are divided into 4 categories: clinician, Chinese medicine physicians, dentist and public health physicians.

Licensed Assistant Doctors refer to the medical workers who have obtained the licenses of qualified assistant doctors and are employed in medical treatment, disease prevention or healthcare institutions, excluding the licensed assistant doctors engaged in management job. The classification of licensed assistant doctors is clinician, Chinese medicine, dentist and public health.

Community Health Service Centers (stations) refer to the primary units that provide the health care for community residents, such as disease prevention and control, medical treatment, health care, rehabilitation, health education, family planning technical services, including community health service centers and community health service stations.

Social Welfare Enterprises refers to those welfare-oriented enterprises employing a significant number of handicapped people with certain labour ability (handicapped employees shall exceed 10% of the production staff), including welfare factories, artificial limb plants as well as other welfare enterprises.

Number of Service Facilities in Urban Communities refers to the number non-profit welfare facilities set up by urban communities (community offices and residents' committees) to serve the community residents, including, among others, community-based centers that serve senior citizens, the handicapped or children, recreational centers, service centers, nursing homes, apartments for the elderly (nursery for the aged), work and treatment stations for the handicapped, day-care centers for handicapped children, domestic help agencies and dating services, as well as social insurance management agencies for the employees. Different types of community service providers that share the same premise are regarded as one community service facility. The requirements for a social service facility of communities include: (1) independent accounting; (2) fixed employees; (3) provision of services; and (4) premises.

Notary Personnel refers to people working for notary offices including: directors, deputy directors, notaries, assistant notaries and other people providing assistance.

Notary Documents refer to the judicial notary documents drawn up at the request of the interested party and are in accordance with facts and the law and following certain legal proceedings.

二十、水利

Irrigation

资料整理：赵　辉　郭力涛　文　燕

简 要 说 明

一、本篇资料反映陕西水利建设基本情况。主要内容包括水利建设投资，水利工程供水，水库，灌区，灌溉面积，水土保持，农村水电装机等情况。

二、本篇资料由省水利厅提供。

Brief Introduction

I. This chapter reflects the basic conditions of Shaanxi's water conservancy, mainly including investment in water conservancy projects, water supply of water conservancy projects, reservoir, irrigated area, water and soil conservation, basic statisticson rural hydropower installed capacity and etc.

II. The data are provided by Shaanxi Province Department of Water Resources.

20.水 利

2021年全省		
水利建设投资	376.03	亿 元
灌溉面积	1526.46	千公顷
水利工程供水量	91.76	亿立方米
水库数量	1089	座

水利建设投资（亿元）

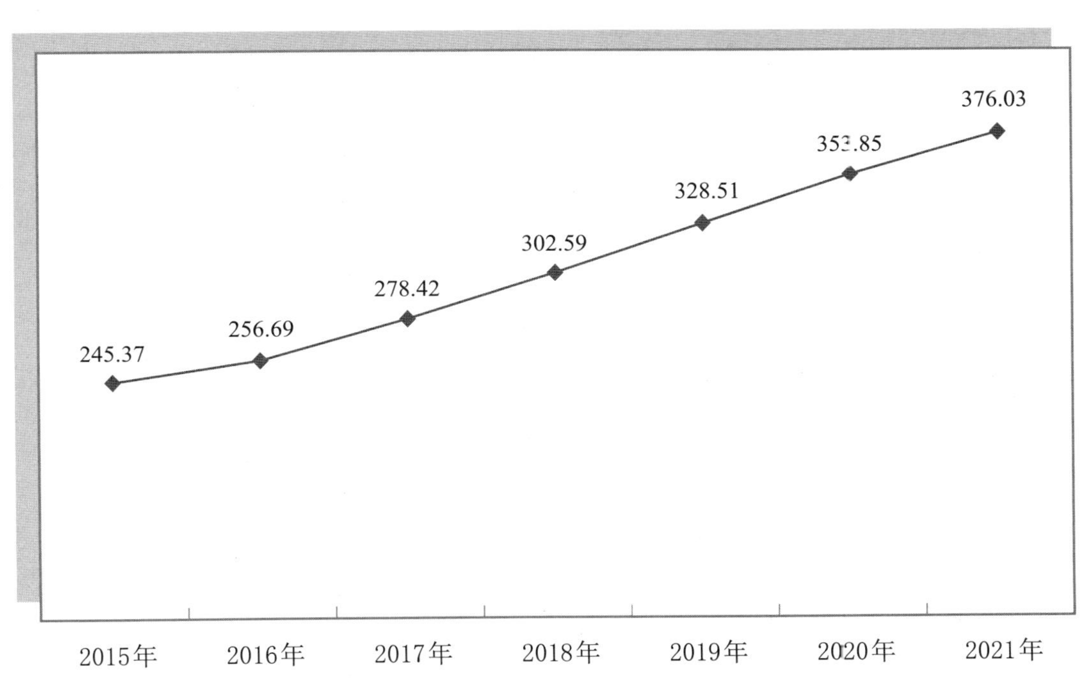

20–1 水利建设投资情况(2021年)
Construction Investment Situation of Hydroproject(2021)

单位：万元 (10 000 yuan)

地区	Region	水利建设投资总计 Total	中央 Central Level	省级 Provincial Level	市级 City Level	县及县以下 at and below County Level	民间投资 Nongovernment Investment
全省	**Shaanxi**	**3760319**	**1235856**	**408386**	**510083**	**633911**	**972083**
省属	Provincial	764496	319623	177857			267016
西安市	Xi'an	783100	18655	5245	250000	25000	484200
铜川市	Tongchuan	60302	17932	5159	12710	12106	12394
宝鸡市	Baoji	137330	25798	23320	5687	24300	58225
咸阳市	Xianyang	157902	38121	23443	41312	55027	
渭南市	Weinan	250110	151060	52014	12070	34966	
#韩城市	Hancheng	13490	7044	5231		1215	
延安市	Yan'an	203030	56905	26712	55903	57301	6208
汉中市	Hanzhong	244726	166624	20885	260	49861	7097
榆林市	Yulin	350348	130885	19061	120700	49853	29849
安康市	Ankang	292950	189857	23971	685	46865	31572
商洛市	Shangluo	209850	119820	26899	184	22569	40379
杨凌示范区	Yangling	20730	550	1770	10573	2589	5248
西咸新区	Xixian New Area	285444	25	2050		253474	29895

注：水利建设投资主要包括：防洪、除险加固、重点水源及枢纽、城乡供排水、水土保持及生态治理、农村小水电等。

a)Construction investment of hydroproject mainly includes flood protection ,dangerous reservoir,key water source and key position,irrigation and drainage ,potable water,water and soil conservation ,rual small hydropower etc.

20–2 用水总量(2021年)
Water Use (2021)

单位：万立方米 (10 000 cu.m)

地区	Region	用水总量 Water Use	农业用水量 Agricultural Water Consumption	#耕地灌溉用水量 Water Consumption of Forestry, Animal Husbandry, Fishery and Livestock	工业用水量 Industrial Water Consumption	生活用水量 Domestic Water Consumption	人工生态环境补水量 Water Supply for Artificial Ecological Environment
全省	**Shaanxi**	**917596**	**546315**	**443487**	**109040**	**203023**	**59217**
西安市	Xi'an	186097	54828	37710	17253	78627	35389
铜川市	Tongchuan	8755	3239	1830	2021	2934	560
宝鸡市	Baoji	72264	48730	30696	6226	15819	1489
咸阳市	Xianyang	86269	55908	50738	8857	17464	4039
渭南市	Weinan	136561	97454	79911	14611	17438	7058
#韩城市	Hancheng	8351	1964	828	3980	1843	564
延安市	Yan'an	31361	10121	5401	10520	9680	1039
汉中市	Hanzhong	156998	136107	125070	3173	16281	1436
榆林市	Yulin	117048	72469	63210	29589	13192	1798
安康市	Ankang	69539	45730	36054	7450	15007	1352
商洛市	Shangluo	29009	12640	6965	4271	9418	2680
杨凌示范区	Yangling	4173	1775	1110	567	1352	478
西咸新区	Xixian New Area	19522	7312	4792	4502	5812	1896

20−3 水利工程供水总量(2021年)

Water Supply by Water Projects(2021)

单位：万立方米 (10 000 cu.m)

地 区	Region	供水总量 Water Supply	地表水源供水量 Surface Water Supply	地下水源供水量 Groundwater Supply	其他水源供水量 Other Walter Supply
全 省	**Shaanxi**	**917596**	**576680**	**294418**	**46498**
西 安 市	Xi'an	186097	85946	68959	31191
铜 川 市	Tongchuan	8755	6404	1642	709
宝 鸡 市	Baoji	72264	35994	34857	1413
咸 阳 市	Xianyang	86269	46950	36249	3070
渭 南 市	Weinan	136561	90255	43893	2413
# 韩城市	Hancheng	8351	3772	4184	395
延 安 市	Yan'an	31361	19996	10937	428
汉 中 市	Hanzhong	156998	139745	16877	376
榆 林 市	Yulin	117048	50240	61873	4934
安 康 市	Ankang	69539	67430	1998	112
商 洛 市	Shangluo	29009	22045	6947	17
杨凌示范区	Yangling	4173	2054	1797	322
西咸新区	Xixian New Area	19522	9621	8389	1512

20−4 灌溉面积(2021年)

Irrigated Areas(2021)

单位：千公顷 (1 000 hectares)

地 区	Region	总灌溉面 积 Irrigated Areas This Year	耕地灌溉 Effective Irrigated Areas	林地灌溉 Irrigated Wooded-land Areas	园地灌溉 Garden Plot Irrigated Areas	牧草地灌溉 Irrigated Pasture
全 省	**Shaanxi**	**1526.46**	**1346.47**	**23.66**	**128.83**	**27.50**
西 安 市	Xi'an	188.35	178.64	2.21	7.51	
铜 川 市	Tongchuan	26.12	20.03		6.10	
宝 鸡 市	Baoji	180.31	147.74	0.78	31.79	
咸 阳 市	Xianyang	230.38	217.54	1.29	11.55	
渭 南 市	Weinan	383.62	343.33	2.94	37.35	
# 韩城市	Hancheng	13.20	13.08		0.12	
延 安 市	Yan'an	54.80	42.05	0.28	12.47	
汉 中 市	Hanzhong	129.81	113.46	7.59	8.76	
榆 林 市	Yulin	227.29	188.92	6.46	4.61	27.30
安 康 市	Ankang	56.64	49.47	1.60	5.42	0.15
商 洛 市	Shangluo	21.80	21.80			
杨凌示范区	Yangling	5.86	5.57	0.03	0.26	
西咸新区	Xixian New Area	21.48	17.93	0.48	3.02	0.05

20−5 堤防情况(2021年)

Dikes Situation(2021)

地 区	Region	堤防总长度(公里) Dikes Total Length (km)	1级堤防 Level 1 Dikes	2级堤防 Level 2 Dikes	3级堤防 Level 3 Dikes	4级堤防 Level 4 Dikes	5级堤防 Level 5 Dikes	5级以下堤防 Other Grades Dikes	达标堤防长 度(公里) Length of Standard Dikes (km)	1级堤防 Level 1 Dikes	2级堤防 Level 2 Dikes
全 省	**Shaanxi**	**8266**	**553**	**493**	**972**	**1869**	**2356**	**2023**	**5596**	**530**	**453**
西安市	Xi'an	1105	253	129	102	284	277	60	1045	253	129
铜川市	Tongchuan	215		1	48	80	77	8	94		
宝鸡市	Baoji	662	106	79	67	146	231	32	612	103	79
咸阳市	Xianyang	176	27	32	12	55	50		170	27	32
渭南市	Weinan	578	50	87	22	138	214	67	482	50	76
# 韩城市	Hancheng	49			10	31	8		49		
延安市	Yan'an	536		42	321	104	55	14	482		15
汉中市	Hanzhong	1267	32	51	97	353	232	501	656	32	49
榆林市	Yulin	679		23	196	102	182	176	500		23
安康市	Ankang	1118	4	2	38	307	312	456	496	4	2
商洛市	Shangluo	1801		36	55	292	713	706	970		36
杨凌示范区	Yangling	22	12	1	2	7			15	12	1
西咸新区	Xixian New Area	107	68	12	12		12	4	74	49	12

20−5 续表 continued

地 区	Region	3级堤防 Level 3 Dikes	4级堤防 Level 4 Dikes	5级堤防 Level 5 Dikes	本年新增达标堤防长度(公里) Newly Increased Standard Dikes Length This Year(km)	全部堤防保护人口(万人) All the Dikes Protected the Population (10 000 persons)	全部堤防保护耕地(千公顷) All the Dikes Protected the Farmland (1 000 hectares)
全 省	**Shaanxi**	**907**	**1630**	**2076**	**196**	**1222**	**639**
西安市	Xi'an	102	284	277	22	244	101
铜川市	Tongchuan	9	13	73	10	29	5
宝鸡市	Baoji	60	139	231	27	155	73
咸阳市	Xianyang	12	55	44		96	25
渭南市	Weinan	22	138	195	6	97	98
# 韩城市	Hancheng	10	31	8	6	9	3
延安市	Yan'an	315	103	49	12	139	153
汉中市	Hanzhong	96	289	190	14	142	95
榆林市	Yulin	195	102	181	23	110	18
安康市	Ankang	37	252	201	40	71	17
商洛市	Shangluo	55	254	625	40	111	51
杨凌示范区	Yangling	2				6	2
西咸新区	Xixian New Area	2		12	3	23	2

20-6　万亩以上灌区基本情况(2021年)
Basic Irrigated Area above 10 000 Acres (2021)

地　区	Region	灌区数(处) Number of Irrigated Areas (unit)	50万亩以上 Over 500000 Mu	30～50万亩 300000-500000 Mu	10～30万亩 100000-300000 Mu	5～10万亩 50000-100000 Mu	1～5万亩 10000-50000 Mu
全　省	**Shaanxi**	**192**	**8**	**4**	**13**	**27**	**140**
西安市	Xi'an	25			2	2	21
铜川市	Tongchuan	6		1			5
宝鸡市	Baoji	21	1	1	1	2	16
咸阳市	Xianyang	23	2	1	3	1	16
渭南市	Weinan	56	4	1	3	10	38
# 韩城市	hancheng	3			1		2
延安市	Yan'an	15			1	4	10
汉中市	Hanzhong	18	1		3	6	8
榆林市	Yulin	16					16
安康市	Ankang	7				2	5
商洛市	Shangluo	5					5
西咸新区	Xixian New Area						

20-6　续表　continued

地　区	Region	灌区耕地面积(千公顷) Area of Irrigated Land (1000 hectares)	50万亩以上 Over 500000 Mu	30～50万亩 300000-500000 Mu	10～30万亩 100000-300000 Mu	5～10万亩 50000-100000 Mu	1～5万亩 10000-50000 Mu
全　省	**Shaanxi**	**896.14**	**442.51**	**61.70**	**144.39**	**88.56**	**158.97**
西安市	Xi'an	86.67			46.31	15.22	25.14
铜川市	Tongchuan	10.24		4.38			5.86
宝鸡市	Baoji	134.47	86.84	17.48	6.45	9.47	14.23
咸阳市	Xianyang	165.15	116.52	15.51	12.92	3.40	16.80
渭南市	Weinan	351.55	231.45	24.33	27.83	29.46	38.48
# 韩城市	hancheng	11.35			7.88		3.47
延安市	Yan'an	24.78			6.30	7.71	10.77
汉中市	Hanzhong	76.94	4.14		44.58	14.93	13.29
榆林市	Yulin	24.19					24.19
安康市	Ankang	12.85				8.37	4.48
商洛市	Shangluo	5.73					5.73
西咸新区	Xixian New Area	3.56	3.56				

20—7　水库情况(2021年)
Situation of Reservoir (2021)

地　区	Region	水库数量(座) Reservoir Volume (block)	大型水库 large	中型水库 Medium	小型水库 Small	水库库容(万立方米) Reservoir Storage Capacity (10 000 cu.m)	大型水库 large	中型水库 Medium	小型水库 Small
全　省	**Shaanxi**	**1089**	**14**	**83**	**992**	**1052857**	**626090**	**307952**	**118825**
西安市	Xi'an	81	1	3	77	42698	20000	12060	10638
铜川市	Tongchuan	29		3	26	11451		8185	3266
宝鸡市	Baoji	106	2	6	98	91823	57400	22972	11451
咸阳市	Xianyang	69	1	8	60	50841	12000	25804	13038
渭南市	Weinan	113		6	107	33238		18503	14746
# 韩城市	hancheng	11		1	10	6565		4360	2205
延安市	Yan'an	40	2	8	30	76333	40360	28591	7382
汉中市	Hanzhong	357	2	10	345	141640	81980	33993	25667
榆林市	Yulin	91	1	27	63	178163	38900	122856	16407
安康市	Ankang	150	5	10	135	412073	375450	25852	10771
商洛市	Shangluo	51		2	49	14314		9138	5177
杨凌示范区	Yangling								
西咸新区	Xixian New Area	2			2	282			282

20—8　水土保持情况(2021年)
Basic Statistics on Soil and Water Conservation(2021)

单位：千公顷　　(1 000 hectares)

地　区	Region	累计水土流失治理面积 Total Area of Soil Erosion under Control	# 小流域治理面积 Area of Small Watershed under Control	本年新增治理面积(含生态修复) Area of Newly Increased Soil Erosion under Control This Year	# 小流域治理面积 Area of Small Watershed under Control	本年减少水土流失面积 Area of Decreased Soil Erosion This Year	# 自然因素 Natural Factors	# 人为因素 Human Factors
全　省	**Shaanxi**	**8350.48**	**3213.81**	**404.83**	**58.22**	**218.08**	**174.56**	**43.52**
西安市	Xi'an	212.93	29.36	14.31	3.21	9.75	4.50	5.25
铜川市	Tongchuan	230.67	79.55	14.02	1.36	5.12	4.28	0.83
宝鸡市	Baoji	652.53	194.86	23.50	8.91	7.87	6.07	1.80
咸阳市	Xianyang	566.29	248.53	30.13	1.90	16.56	11.96	4.60
渭南市	Weinan	520.09	191.85	37.01	4.72	32.43	16.61	15.82
# 韩城市	Hancheng	83.08	22.92	5.01	1.03	2.81	2.20	0.61
延安市	Yan'an	1661.15	503.14	78.00	7.97	47.66	37.62	10.04
汉中市	Hanzhong	983.54	400.89	39.01	4.08	10.40	9.90	0.50
榆林市	Yulin	1835.69	808.24	91.71	2.79	61.17	59.94	1.23
安康市	Ankang	836.12	311.70	43.89	5.12	17.78	17.31	0.47
商洛市	Shangluo	832.35	436.66	33.00	18.15	9.36	6.38	2.98
杨凌示范区	Yangling	7.13	6.02	0.12				
西咸新区	Xixian New Area	12.00	3.00	0.13				

20–9 农村水电装机情况(2021年)
Basic Statistics on Rural Hydropower Installed Capacity(2021)

地 区	Region	处数(处) Number (unit)	容量(千瓦) Capacity (kw)	1(含)~5万千瓦(含) 10000 kw(inclusive)-50000 kw(inclusive) 处数(处) Number (unit)	1(含)~5万千瓦(含) 容量(千瓦) Capacity (kw)	0.1(含)~1万千瓦 1000 kw(inclusive)-10000 kw 处数(处) Number (unit)	0.1(含)~1万千瓦 容量(千瓦) Capacity (kw)
全 省	**Shaanxi**	**387**	**1434124**	**33**	**732110**	**161**	**631360**
省 属	Directly under the Provincial Government	10	69450	2	37400	7	31550
西安市	Xi'an	2	24800	1	20000	1	4800
铜川市	Tongchuan	1	4200			1	4200
宝鸡市	Baoji	44	74245	1	26000	9	36660
咸阳市	Xianyang	9	87100	1	48000	7	38300
渭南市	Weinan	10	37010			8	36400
延安市	Yan'an	10	6695			2	2760
汉中市	Hanzhong	135	487794	13	283450	40	178500
榆林市	Yulin	5	18350			4	17450
安康市	Ankang	147	529470	13	246260	74	259450
商洛市	Shangluo	13	94290	2	71000	8	21290
杨凌示范区	Yangling	1	720				

20–9 续表 continued

地 区	Region	0.1万千瓦以下 Under 1000 kw 处数(处) Number (unit)	0.1万千瓦以下 容量(千瓦) Capacity (kw)	本年新增装机 Newly Increased Hydropower Installed Capacity This Year 处数(处) Number (unit)	本年新增装机 容量(千瓦) Capacity (kw)	全年发电量(万千瓦时) Annual Electricity Generation (10000 kwh)
全 省	**Shaanxi**	**193**	**70654**	**21**	**94260**	**535272**
省 属	Directly under the Provincial Government	1	500			36162
西安市	Xi'an			1	4800	12274
铜川市	Tongchuan					1261
宝鸡市	Baoji	34	11585			29853
咸阳市	Xianyang	1	800			44700
渭南市	Weinan	2	610			14159
延安市	Yan'an	8	3935			848
汉中市	Hanzhong	81	25844	1	12500	176659
榆林市	Yulin	1	900			5862
安康市	Ankang	61	23760	19	76960	184571
商洛市	Shangluo	3	2000			28724
杨凌示范区	Yangling	1	720			200

主要统计指标解释

灌溉面积　指一个地区当年农、林、牧等灌溉面积的总和。总灌溉面积=有效灌溉面积（耕地）+林地灌溉面积+园地灌溉面积+牧草灌溉面积+其他灌溉面积。

有效灌溉面积（农田或耕地灌溉面积）　指灌溉工程或设备已基本配套，有一定水源，土地比较平整，在一般年景可以进行正常灌溉的农田或耕地灌溉面积。

节水灌溉面积　是指在给农作物进行灌溉时采用先进的设备和手段，在满足农作物需要用水的同时减少了用水。一般要有水源保证，利用渠道防渗、管灌、喷滴灌等工程节水措施，当年已进行正常灌溉的农田、果园、林地、牧草等面积，不包括农作物种植方式、种植品种改变等非工程节水措施的灌溉面积。节水灌溉面积包括渠道防渗面积、低压管道输水灌溉面积、喷灌面积、微灌面积和其他工程节水灌溉面积。在同一灌溉面积上，采用多种节水灌溉工程措施时，只能依主要工程或措施统计一种，不得重复计算。

有效实灌面积　指利用灌溉工程和设施，在有效灌溉面积中当年实际已进行正常（灌水一次以上）灌溉的耕地面积。在同一亩耕地上，报告期内无论灌水几次，都应按一亩计算，而不应按灌溉亩次计算。凡是肩挑、人抬、马拉抗旱点种的面积，一律不算实灌面积。

旱涝保收面积　指有效灌溉面积中，遇旱能灌，遇涝能排的面积。灌溉设施的抗旱能力，按各地不同情况，应达到三十天到五十天，适宜发展双季稻的地方，应达到五十到七十天，除涝达到五年一遇以上标准，防洪一般达到二十年一遇标准的有效灌溉面积。

水土流失　是由于水力、重力、风力等外力引起的水土资源和土地生产力遭到破坏和损失的现象。造成水土流失的原因可分为自然原因和人类活动原因两类。遭到水土流失侵害和损失的土地面积称水土流失面积。

水土流失治理面积（又称水土保持面积）　是指在水土流失面积上，按照综合治理的原则，采取各种治理措施如：坡改梯、淤地坝、谷坊、造林、种草、封山育林育草（指有种林、种草补植任务的）等，以及按小流域综合治理措施所治理的水土流失面积总和。

灌区　是指在蓄水灌溉工程、引水灌溉工程、提水灌溉工程等灌溉工程中，灌溉设备齐全、渠系配套完整，自成灌溉体系，有统一管理，设计灌溉面积为万亩及以上和有效灌溉面积达到万亩及以上的灌溉区域。灌区由各省水利厅审定、备案。

堤防　是指修筑在江、河、湖、海岸适用于防止洪水的工程。堤防工程按防洪标准分为五个级别：防洪标准[重现期(年)]＞=100 为 1 级，100−50 为 2 级，50−30 为 3 级，30−20 为 4 级，20−10 为 5 级。

供水量　指各种水利供水工程为农业灌溉、工业生产、城镇生活、乡村生活、生态环境等方面的实际供水量，它包括输水损失的毛水量，按供水对象所在区域进行统计。供水量来源包括地表水供水量（蓄水、引水、提水、调水）、地下水供水量和其他水源供水量。

水库　在江河上筑坝（闸）所形成的拦洪蓄水和调节水流的水利工程建筑物，可以用来灌溉、发电、防洪和养鱼。总库容在 1 亿立方米及以上为大型水库，1000（含 1000）万立方米至 1 亿立方米为中型水库，10 万立方米至 1000 万立方米为小型水库。

水库库容　校核洪水位以下的水库容积，包括死库容、兴利库容、调洪库容（减掉和兴利库容重复部分）之总和，称为总库容。它是一项表示水库工程规模的代表性指标，是划分水库等级、确定工程安全标准的重要依据。

Explanatory Notes on Main Statistical Indicators

Irrigated Area The sum of irrigated areas for agricultural, forest, pasture and grazing areas in a particular region. The total irrigation area is equal to the sum of effective irrigated areas (arable land), forest irrigated areas, orchard irrigated areas, grazing irrigated areas and other irrigated areas.

Effective Irrigated Areas (irrigated areas of farmland or cultivated land) The effective irrigated area refers to farmland or cultivated land with irrigation in normal years, equipped with installed irrigation facilities, water source and relatively leveled land.

Water-saving Irrigated Areas It refers to reducing water consumption by advanced equipment and measures when irrigating, which also meeting the need of plants. Generally, there are actual water resources, and taking measures of leakage free channel, pipe irrigation, jetting and dropping irrigation to save water. The normal irrigation area of arable land, forest areas, orchard areas, grazing areas etc., which do not take water saving measures, such as non engineering measures of planting manner and planting variety in the current year are not included in this indicator. It includes leakage free channel, jetting and dropping irrigation, tiny irrigation, and others. In the same area, with more than two water saving measures taken, only one main project can be counted.

Actual Effective Irrigated Area The area of effective irrigated land has been applied irrigation (once or more than once) in the current year, taking the advantage of irrigation works or facilities. No matter how many times irrigation is made in the same area of land within report period, it is all counted as one mu, but not be counted according to the irrigation times. All non-mechanized irrigated areas such as irrigated area with drought-relief measures of people or animal carrying water for irrigation are not included.

Farmlands with Stable Yields Despite of Drought or Waterlogging Farmlands, within effective irrigation areas, can irrigate in drought season and drain in flood season. According to drought-resistant capacity of irrigation facilities under varied conditions of different regions, irrigation may last for 30 days to 50 days, and may last for 50 days to 70 days in the regions suitable for double cropping rice. Waterlogging control in the effective irrigated areas should reach the standard of once in five years return period and flood control should reach the standard of once in twenty years return period.

Soil Erosion Damage or losses of water resources and land productivity caused by external forces, such as water power, gravity and wind etc. Soil erosion is usually caused by two reasons of nature or human activities. The damaged or lost farmland areas caused by soil erosion are termed as soil erosion areas.

Improved Eroded Area (also named soil and water conservation area) The sum of improved eroded areas in Mountinous or hilly areas, has implemented comprehensive control measures, including terraced fields, silt retention dam, check dam, reforestation, grass plantation, enclosed reforestation and grass planting (refers to the area with tasks of planting forest and grass) and small watershed comprehensive management, in line with the principle of integrated management.

Irrigation District Irrigation area has above 10,000 mu of designed and effective irrigated area, with complete irrigation facilities, sub-canal system, self-established irrigation system and unified management system, under water storage irrigation project, water diversion irrigation project or pumping irrigation projects. Irrigation districts are approved and recorded by provincial departments of water resources.

Embankment Embankment project is constructed along the banks of river, lake or coast to prevent flood disasters. Embankment project can divided into five classes according to the standard of preventing flood disasters. Class 1: with reappear year over 100 years, class 2: 100-50, class 3: 50-30; class 4: 30-20, class 5: 20-10.

Quantity of Water Supply Actual quantity of water supply provided by all kinds of water supply projects for irrigation, industrial, domestic water use in urban and rural areas and ecological environment etc, including gross water loss in water transportation and data are sorted according to water consumption region for statistics. The quantity of water supply consists of quantity of surface water (water storage, water diversion, pumping and water transfer), groundwater and quantity of water supply of other water sources.

Reservoir Storage area that is formed by constructing dams (gates) to detain and store water resources and regulate water flow. Large reservoir: the total storage capacity is over 100 million m^3.Medium reservoir: the total storage capacity is between 10 million m^3 (including 10 million m^3) to 100 million m^3.Small reservoir: the total storage capacity is between 0.1 million m^3 to 10 million m^3

Storage Capacity of Reservoir It is also called total storage capacity. It refers to storage capacity above the check water level, including dead storage capacity, usable storage capacity, and flood control storage capacity (deducting the repeating part of usable storage). It is a key index for the total scale of a reservoir, and is a key index for dividing the class of reservoir and deciding standard of project safety.

二十一、全国各省、自治区、直辖市主要指标

Main Indicators of National Economy by Countrywide, Province, Autonomous Region and Municipality

资料整理：孙士梅

简 要 说 明

一、本篇资料反映全国各省、市、自治区经济发展情况，包括人口、生产总值、居民消费价格指数、居民收入、财政、固定资产投资、农林牧渔业总产值、主要产品产量、社会消费品零售总额、进出口总额等指标。

二、本篇资料来源于《中国统计摘要-2022》。

Brief Introduction

I. This chapter reflects economic development of China's provinces, cities and autonomous region, including population,gross domestic product, consumer price indices, resident income,finance,investment in fixed assets, gross output value of agriculture, forestry, animal husbandry and fisheries,output of major products, total retail sales of consumer goods, total export import volume, etc.

II. The data sources are obtained from "Chinese statistical abstract-2022".

21-1 年末常住人口
Resident Population At Year-end

地 区	Region	年末常住人口(万人) Resident Population at year-end (10 000 persons)		城镇人口比重(%) Proportion of Urban Population(%)	
		2020	2021	2020	2021
全 国	**National Total**	**141212**	**141260**	**63.89**	**64.72**
北 京	Beijing	2189	2189	87.55	87.50
天 津	Tianjin	1387	1373	84.70	84.88
河 北	Hebei	7464	7448	60.07	61.14
山 西	Shanxi	3490	3480	62.53	63.42
内 蒙 古	Inner Mongolia	2403	2400	67.48	68.21
辽 宁	Liaoning	4255	4229	72.14	72.81
吉 林	Jilin	2399	2375	62.64	63.36
黑 龙 江	Heilongjiang	3171	3125	65.61	65.69
上 海	Shanghai	2488	2489	89.30	89.30
江 苏	Jiangsu	8477	8505	73.44	73.94
浙 江	Zhejiang	6468	6540	72.17	72.66
安 徽	Anhui	6105	6113	58.33	59.39
福 建	Fujian	4161	4187	68.75	69.70
江 西	Jiangxi	4519	4517	60.44	61.46
山 东	Shandong	10165	10170	63.05	63.94
河 南	Henan	9941	9883	55.43	56.45
湖 北	Hubei	5745	5830	62.89	64.09
湖 南	Hunan	6645	6622	58.76	59.71
广 东	Guangdong	12624	12684	74.15	74.63
广 西	Guangxi	5019	5037	54.20	55.08
海 南	Hainan	1012	1020	60.27	60.97
重 庆	Chongqing	3209	3212	69.46	70.32
四 川	Sichuan	8371	8372	56.73	57.82
贵 州	Guizhou	3858	3852	53.15	54.33
云 南	Yunnan	4722	4690	50.05	51.05
西 藏	Tibet	366	366	35.73	36.61
陕 西	**Shaanxi**	**3955**	**3954**	**62.66**	**63.63**
甘 肃	Gansu	2501	2490	52.23	53.33
青 海	Qinghai	593	594	60.08	61.02
宁 夏	Ningxia	721	725	64.96	66.04
新 疆	Xinjiang	2590	2589	56.53	57.26

21-2 生 产 总 值(2021年)
Gross Domestic Product(2021)

地区	Region	生产总值(亿元) Gross Domestic Product (100 million yuan)	第一产业 Primary Industry	第二产业 Secondary Industry	第三产业 Tertiary Industry	生产总值指数(上年=100) Index of Gross Domestic Product (preceding year=100)	人均生产总值(元) Per Capita GDP (yuan)
全国	**National Total**	**1143669.7**	**83085.5**	**450904.5**	**609679.7**	**108.1**	**80976**
北京	Beijing	40269.6	111.3	7268.6	32889.6	108.5	183980
天津	Tianjin	15695.0	225.4	5854.3	9615.4	106.6	113732
河北	Hebei	40391.3	4030.3	16364.2	19996.7	106.5	54172
山西	Shanxi	22590.2	1286.9	11213.1	10090.2	109.1	64821
内蒙古	Inner Mongolia	20514.2	2225.2	9374.2	8914.8	106.3	85422
辽宁	Liaoning	27584.1	2461.8	10875.2	14247.1	105.8	65026
吉林	Jilin	13235.5	1553.8	4768.3	6913.4	106.6	55450
黑龙江	Heilongjiang	14879.2	3463.0	3975.3	7440.9	106.1	47266
上海	Shanghai	43214.9	100.0	11449.3	31665.6	108.1	173630
江苏	Jiangsu	116364.2	4722.4	51775.4	59866.4	108.6	137039
浙江	Zhejiang	73515.8	2209.1	31188.6	40118.1	108.5	113032
安徽	Anhui	42959.2	3360.6	17613.2	21985.4	108.3	70321
福建	Fujian	48810.4	2897.7	22866.3	23046.3	108.0	116939
江西	Jiangxi	29619.7	2334.3	13183.2	14102.2	108.8	65560
山东	Shandong	83095.9	6029.0	33187.2	43879.7	108.3	81727
河南	Henan	58887.4	5620.8	24331.6	28934.9	106.3	59410
湖北	Hubei	50012.9	4661.7	18952.9	26398.4	112.9	86416
湖南	Hunan	46063.1	4322.9	18126.1	23614.1	107.7	69440
广东	Guangdong	124369.7	5003.7	50219.2	69146.8	108.0	98285
广西	Guangxi	24740.9	4015.5	8187.9	12537.5	107.5	49206
海南	Hainan	6475.2	1254.4	1238.8	3982.0	111.2	63707
重庆	Chongqing	27894.0	1922.0	11184.9	14787.1	108.3	86879
四川	Sichuan	53850.8	5661.9	19901.4	28287.6	108.2	64326
贵州	Guizhou	19586.4	2730.9	6984.7	9870.8	108.1	50808
云南	Yunnan	27146.8	3870.2	9589.4	13687.2	107.3	57686
西藏	Tibet	2080.2	164.1	757.3	1158.8	106.7	56831
陕西	**Shaanxi**	**29801.0**	**2409.4**	**13802.5**	**13589.1**	**106.5**	**75360**
甘肃	Gansu	10243.3	1364.7	3466.6	5412.0	106.9	41046
青海	Qinghai	3346.6	352.7	1332.6	1661.4	105.7	56398
宁夏	Ningxia	4522.3	364.5	2021.6	2136.3	106.7	62549
新疆	Xinjiang	15983.6	2356.1	5967.4	7660.2	107.0	61725

注：本表绝对数按当年价格计算，指数按不变价格计算。
a) Level data in this table are calculated at current prices, while index at constant prices.

21-3 居民消费价格分类指数(2021年)
Consumer Price Index by Category(2021)

(上年=100) (preceding year=100)

地区	Region	总指数 General Index	食品烟酒 Food, Tobacco and Liquor	衣着 Clothing	居住 Residence	生活用品及服务 Articles for Daily Use and Services	交通和通信 Transport and Communi-cation	教育文化和娱乐 Education, Culture and Recreation	医疗保健 Health Care	其他用品和服务 Other Articles and Services
全国	**National Total**	**100.9**	**99.7**	**100.3**	**100.8**	**100.4**	**104.1**	**101.9**	**100.4**	**98.7**
北京	Beijing	101.1	100.5	99.8	101.1	99.7	105.1	100.9	99.8	99.5
天津	Tianjin	101.3	101.3	97.8	100.7	101.0	104.7	103.4	100.0	97.8
河北	Hebei	101.0	100.9	99.3	100.2	99.7	104.5	101.2	100.3	99.3
山西	Shanxi	101.0	100.4	100.3	100.4	100.4	104.4	102.6	99.5	98.1
内蒙古	Inner Mongolia	100.9	100.5	99.2	100.5	99.8	104.0	101.0	100.3	99.4
辽宁	Liaoning	101.1	100.3	100.5	100.6	99.9	104.7	102.3	99.8	99.3
吉林	Jilin	100.6	99.7	99.9	101.3	99.9	103.8	100.4	100.0	98.1
黑龙江	Heilongjiang	100.6	99.5	100.8	100.3	99.8	104.0	100.5	101.1	99.4
上海	Shanghai	101.2	100.5	99.5	101.1	100.7	104.0	102.7	98.9	100.9
江苏	Jiangsu	101.6	100.9	101.5	101.3	101.1	104.3	101.8	101.0	98.9
浙江	Zhejiang	101.5	100.7	101.0	100.9	101.6	104.1	103.5	100.8	97.1
安徽	Anhui	100.9	99.5	101.1	100.7	100.1	104.8	102.8	100.5	96.1
福建	Fujian	100.7	98.9	101.5	101.3	100.7	103.7	102.0	100.0	96.3
江西	Jiangxi	100.9	99.3	99.7	100.9	100.4	104.3	103.0	99.9	98.7
山东	Shandong	101.2	100.9	100.1	101.1	99.8	104.5	101.3	100.1	98.5
河南	Henan	100.9	100.2	99.4	100.7	100.0	102.8	103.5	100.4	98.2
湖北	Hubei	100.3	98.5	100.0	100.0	100.4	104.0	102.4	100.1	97.7
湖南	Hunan	100.5	98.0	100.7	101.2	100.3	104.8	101.0	100.7	97.9
广东	Guangdong	100.8	99.4	100.3	101.0	100.6	104.4	101.8	100.2	98.5
广西	Guangxi	100.9	98.8	101.0	100.8	100.4	102.7	103.7	102.4	99.7
海南	Hainan	100.3	98.9	100.9	101.0	101.2	103.7	99.3	99.4	98.8
重庆	Chongqing	100.3	97.8	101.4	100.4	100.7	104.7	101.7	99.6	97.3
四川	Sichuan	100.3	98.0	99.8	100.3	100.6	104.1	100.9	101.9	100.1
贵州	Guizhou	100.1	97.7	99.3	100.0	99.7	103.9	101.3	100.4	100.2
云南	Yunnan	100.2	98.4	99.7	100.2	99.6	103 6	100.7	100.1	100.0
西藏	Tibet	100.9	100.5	100.7	100.2	99.8	103 8	100.4	100.8	99.2
陕西	**Shaanxi**	**101.5**	**101.4**	**100.5**	**101.9**	**100.3**	**102.9**	**102.9**	**99.3**	**101.0**
甘肃	Gansu	100.9	100.3	100.0	101.1	100.3	103.8	100.6	100.2	100.5
青海	Qinghai	101.3	100.1	101.0	101.3	99.9	103.7	102.0	102.2	98.8
宁夏	Ningxia	101.4	101.5	99.0	100.8	100.7	104.1	101.5	101.7	98.5
新疆	Xinjiang	101.2	100.7	102.0	101.2	100.4	104.5	99.9	100.2	99.3

21-4 居民人均可支配收入
Per Capita Disposable Income of Households

单位：元 (yuan)

地　区	Region	全体居民人均可支配收入 Per Capita Disposable Income of Households		城镇居民人均可支配收入 Per Capita Disposable Income of Urban Households		农村居民人均可支配收入 Per Capita Disposable Income of Rural Households	
		2020	2021	2020	2021	2020	2021
全　国	**National Total**	**32189**	**35128**	**43834**	**47412**	**17131**	**18931**
北　京	Beijing	69434	75002	75602	81518	30126	33303
天　津	Tianjin	43854	47449	47659	51486	25691	27955
河　北	Hebei	27136	29383	37286	39791	16467	18179
山　西	Shanxi	25214	27426	34793	37433	13878	15308
内蒙古	Inner Mongolia	31497	34108	41353	44377	16567	18337
辽　宁	Liaoning	32738	35112	40376	43051	17450	19217
吉　林	Jilin	25751	27770	33396	35646	16067	17642
黑龙江	Heilongjiang	24902	27159	31115	33646	16168	17889
上　海	Shanghai	72232	78027	76437	82429	34911	38521
江　苏	Jiangsu	43390	47498	53102	57744	24198	26791
浙　江	Zhejiang	52397	57541	62699	68487	31930	35247
安　徽	Anhui	28103	30904	39442	43009	16620	18372
福　建	Fujian	37202	40659	47160	51141	20880	23229
江　西	Jiangxi	28017	30610	38556	41684	16981	18684
山　东	Shandong	32886	35705	43726	47066	18753	20794
河　南	Henan	24810	26811	34750	37095	16108	17533
湖　北	Hubei	27881	30829	36706	40278	16306	18259
湖　南	Hunan	29380	31993	41698	44866	16585	18295
广　东	Guangdong	41029	44993	50257	54854	20143	22306
广　西	Guangxi	24562	26727	35859	38530	14815	16363
海　南	Hainan	27904	30457	37097	40213	16279	18076
重　庆	Chongqing	30824	33803	40006	43503	16361	18100
四　川	Sichuan	26522	29080	38253	41444	15929	17575
贵　州	Guizhou	21795	23996	36096	39211	11642	12856
云　南	Yunnan	23295	25666	37500	40905	12842	14197
西　藏	Tibet	21744	24950	41156	46503	14598	16932
陕　西	**Shaanxi**	**26226**	**28568**	**37868**	**40713**	**13316**	**14745**
甘　肃	Gansu	20335	22066	33822	36187	10344	11433
青　海	Qinghai	24037	25920	35506	37745	12342	13604
宁　夏	Ningxia	25735	27905	35720	38291	13889	15337
新　疆	Xinjiang	23845	26075	34838	37642	14056	15575

21-5 地方一般公共预算收支
Local General Public Budget Revenue and Expenditure

单位：亿元 (100 million yuan)

地区	Region	一般公共预算收入 General Public Budget Revenue		一般公共预算支出 General Public Budget Expenditure	
		2020	2021	2020	2021
地方合计	**Region Total**	**100143.2**	**111077.1**	**210583.5**	**211271.5**
北京	Beijing	5483.9	5932.3	7116.2	7205.1
天津	Tianjin	1923.1	2141.0	3151.4	3150.4
河北	Hebei	3826.5	4167.6	9022.8	8854.5
山西	Shanxi	2296.6	2834.6	5110.9	5048.1
内蒙古	Inner Mongolia	2051.2	2349.9	5270.2	5240.1
辽宁	Liaoning	2655.8	2764.7	6014.2	5901.3
吉林	Jilin	1085.0	1144.0	4127.2	3696.7
黑龙江	Heilongjiang	1152.5	1300.5	5449.4	5104.5
上海	Shanghai	7046.3	7771.8	8102.1	8430.9
江苏	Jiangsu	9059.0	10015.2	13681.6	14586.0
浙江	Zhejiang	7248.2	8262.6	10082.0	11016.9
安徽	Anhui	3216.0	3498.2	7473.6	7592.1
福建	Fujian	3079.0	3383.4	5216.1	5210.9
江西	Jiangxi	2507.5	2812.3	6674.1	6778.5
山东	Shandong	6559.9	7284.5	11233.5	11709.1
河南	Henan	4168.8	4347.4	10372.7	10419.9
湖北	Hubei	2511.5	3283.3	8442.9	7937.3
湖南	Hunan	3008.7	3250.7	8403.1	8364.8
广东	Guangdong	12923.8	14103.4	17430.8	18222.7
广西	Guangxi	1716.9	1800.1	6179.5	5810.2
海南	Hainan	816.1	921.2	1972.5	1982.8
重庆	Chongqing	2094.9	2285.5	4893.9	4835.1
四川	Sichuan	4260.9	4773.3	11198.5	11215.6
贵州	Guizhou	1786.8	1969.5	5739.5	5590.2
云南	Yunnan	2116.7	2278.2	6974.0	6634.4
西藏	Tibet	221.0	215.6	2210.9	2028.7
陕西	**Shaanxi**	**2257.3**	**2775.4**	**5924.3**	**6069.2**
甘肃	Gansu	874.6	1001.8	4163.4	4025.9
青海	Qinghai	298.0	330.8	1932.8	1872.0
宁夏	Ningxia	419.4	460.0	1480.4	1428.3
新疆	Xinjiang	1477.2	1618.6	5533.2	5309.2

21–6 固定资产投资
Investment in Fixed Assets

地区	Region	固定资产投资(不含农户)增长速度(%) The growth rate of Investment in Fixed Assets (Excluding Rural Households)(%)		房地产开发投资(亿元) Total Investment in Real Estate Development (100 million yuan)	
		2020	2021	2020	2021
全国	**National Total**	**2.9**	**4.9**	**141442.9**	**147602.1**
北京	Beijing	2.2	4.9	3938.7	4139.0
天津	Tianjin	3.0	4.8	2608.5	2770.0
河北	Hebei	3.2	3.0	4601.1	5023.9
山西	Shanxi	10.6	8.7	1830.4	1945.2
内蒙古	Inner Mongolia	-1.5	9.8	1176.5	1234.1
辽宁	Liaoning	2.6	2.6	2978.9	2900.7
吉林	Jilin	8.3	11.0	1460.8	1540.9
黑龙江	Heilongjiang	3.6	6.4	982.9	936.0
上海	Shanghai	10.3	8.0	4698.7	5035.2
江苏	Jiangsu	0.3	5.8	13171.3	13477.4
浙江	Zhejiang	5.4	10.8	11413.7	12389.1
安徽	Anhui	5.1	9.4	7042.3	7263.2
福建	Fujian	-0.4	6.0	6026.8	6195.6
江西	Jiangxi	8.2	10.8	2378.1	2528.8
山东	Shandong	3.6	6.0	9450.5	9819.7
河南	Henan	4.3	4.5	7782.3	7874.3
湖北	Hubei	-18.8	20.4	4888.9	6121.9
湖南	Hunan	7.6	8.0	4880.4	5427.8
广东	Guangdong	7.2	6.3	17312.7	17465.8
广西	Guangxi	4.2	7.6	3845.6	3733.9
海南	Hainan	8.0	10.2	1341.7	1379.6
重庆	Chongqing	3.9	6.1	4352.0	4355.0
四川	Sichuan	2.8	5.9	7315.3	7831.9
贵州	Guizhou	3.2	-3.1	3418.7	3383.1
云南	Yunnan	7.7	4.0	4505.2	4309.9
西藏	Tibet	5.4	-14.2	165.5	142.0
陕西	**Shaanxi**	**4.1**	**-3.0**	**4404.4**	**4441.0**
甘肃	Gansu	7.8	11.1	1355.6	1525.9
青海	Qinghai	-12.2	-2.9	421.3	442.5
宁夏	Ningxia	4.0	2.2	433.3	466.9
新疆	Xinjiang	16.2	15.0	1260.9	1501.4

注：本表各地区固定资产投资不含跨省项目。
a) This table, investment in fixed assets by region do not include inter-provincial projects.

21—7 商品房销售面积和销售额(2021年)
Floor Space and Total Sale of Commercialized Buildings(2021)

地区	Region	商品房销售面积(万平方米) Floor Space of Commercialized Buildings Sold(10 000 sq.m)	#住宅 Residential Buildings	商品房销售额(亿元) Total Sale of Commercialized Buildings Sold(100 million yuan)	#住宅 Residential Buildings
全国	**National Total**	**179433.4**	**156532.2**	**181929.9**	**162729.9**
北京	Beijing	1107.1	877.1	4486.5	4117.2
天津	Tianjin	1435.4	1334.0	2322.8	2183.7
河北	Hebei	6133.1	5779.6	5052.9	4814.3
山西	Shanxi	3204.4	3034.9	2170.9	2030.1
内蒙古	Inner Mongolia	1858.9	1713.4	1214.8	1116.4
辽宁	Liaoning	3433.9	3148.6	3066.4	2849.3
吉林	Jilin	1836.3	1672.8	1291.0	1179.3
黑龙江	Heilongjiang	1348.1	1204.5	858.1	751.9
上海	Shanghai	1880.5	1489.9	6788.7	6104.9
江苏	Jiangsu	16551.8	14361.5	21361.3	19626.1
浙江	Zhejiang	9990.6	8423.7	19052.2	17172.8
安徽	Anhui	10460.9	9507.7	8143.2	7514.6
福建	Fujian	6976.4	5597.6	8217.3	7082.6
江西	Jiangxi	7676.2	6681.3	5894.1	5110.0
山东	Shandong	14272.8	12632.0	12155.6	11044.1
河南	Henan	13277.2	12258.8	8657.7	7892.0
湖北	Hubei	7940.8	7331.6	7250.3	6671.9
湖南	Hunan	9188.8	8316.7	6040.5	5390.4
广东	Guangdong	14011.3	11826.3	22320.3	19457.6
广西	Guangxi	6178.3	5281.5	3672.5	3164.4
海南	Hainan	888.9	672.1	1559.2	1179.6
重庆	Chongqing	6197.7	4945.4	5391.3	4786.1
四川	Sichuan	13692.9	10912.1	10796.7	9061.3
贵州	Guizhou	5586.0	4825.5	3243.9	2713.4
云南	Yunnan	3880.8	3208.6	2962.5	2524.7
西藏	Tibet	140.8	115.5	121.7	97.5
陕西	**Shaanxi**	**4260.1**	**3886.6**	**4146.3**	**3762.1**
甘肃	Gansu	2224.1	2118.4	1344.9	1267.8
青海	Qinghai	386.2	329.1	294.4	258.3
宁夏	Ningxia	1014.4	845.8	675.1	584.9
新疆	Xinjiang	2398.6	2199.5	1376.9	1220.3

21-8 农林牧渔业总产值(2021年)
Gross Output Value of Farming, Forestry, Animal Husbandry and Fishery (2021)

地区	Region	农林牧渔业总产值(亿元) Total Gross Output Value (100 million yuan)	# 农业 Farming	# 林业 Forestry	# 牧业 Animal Husbandry	# 渔业 Fishery	农林牧渔业总产值比上年增长(%) Total Gross Output Value Over the Previous Year (%)
全国	**National Total**	**147013.4**	**78339.5**	**6507.7**	**39910.8**	**14507.3**	**7.9**
北京	Beijing	269.5	123.0	88.8	46.3	4.4	2.8
天津	Tianjin	509.3	258.4	9.5	142.5	80.9	2.1
河北	Hebei	7018.7	3645.0	263.7	2239.5	298.0	7.1
山西	Shanxi	2134.0	1223.1	159.8	624.4	9.1	9.9
内蒙古	Inner Mongolia	3815.1	1879.6	94.1	1755.3	29.8	5.1
辽宁	Liaoning	4927.7	2222.5	120.9	1683.9	719.9	5.7
吉林	Jilin	2972.3	1302.9	72.6	1454.3	54.4	7.5
黑龙江	Heilongjiang	6460.0	4099.5	208.0	1833.1	135.9	7.1
上海	Shanghai	268.9	144.9	8.7	45.3	47.7	-6.7
江苏	Jiangsu	8279.7	4426.1	178.2	1215.9	1833.5	4.3
浙江	Zhejiang	3579.2	1697.9	168.3	402.7	1188.3	3.0
安徽	Anhui	6004.3	2802.9	412.9	1810.9	621.7	9.3
福建	Fujian	5201.0	1906.0	424.9	1059.9	1621.5	5.1
江西	Jiangxi	3998.1	1796.3	398.9	1051.4	548.3	8.9
山东	Shandong	11468.0	5814.6	219.9	2904.2	1652.6	8.6
河南	Henan	10501.2	6564.8	134.1	2942.1	143.4	7.1
湖北	Hubei	8296.4	3912.5	302.7	1990.2	1458.9	14.3
湖南	Hunan	7662.4	3532.9	455.8	2542.5	570.8	10.4
广东	Guangdong	8305.8	3951.1	495.4	1707.8	1747.3	7.1
广西	Guangxi	6524.4	3690.7	538.1	1437.6	555.1	9.2
海南	Hainan	2014.8	1049.6	118.3	327.7	435.2	5.1
重庆	Chongqing	2935.6	1759.9	168.1	804.2	138.2	9.2
四川	Sichuan	9383.3	5089.5	408.4	3305.3	327.8	7.5
贵州	Guizhou	4692.0	3123.7	319.8	959.0	69.8	9.2
云南	Yunnan	6351.8	3441.5	497.3	2113.3	112.4	10.4
西藏	Tibet	255.3	115.3	4.0	129.3	0.3	5.6
陕西	**Shaanxi**	**4313.4**	**3035.6**	**100.0**	**917.8**	**35.0**	**6.6**
甘肃	Gansu	2439.5	1623.2	32.8	619.9	2.0	11.3
青海	Qinghai	528.5	204.7	13.2	298.6	4.1	4.5
宁夏	Ningxia	759.8	412.7	11.4	280.7	25.0	4.8
新疆	Xinjiang	5143.1	3489.0	79.1	1265.7	35.9	8.8

注：本表绝对数按当年价格计算，增长速度按可比价格计算。
a) Level data in this table are calculated at current prices, while the growth rate are at constant prices.

21–9 主要农产品产量(2021年)
Output of Major Farm Crops (2021)

单位：万吨 (10 000 tons)

地　区	Region	粮　食 Grain	棉　花 Cotton	油　料 Oil-bearing Crops	蔬　菜 Vegetables	水　果 Fruit	肉　类 Meat	奶　类 Milk
全　国	**National Total**	**68284.7**	**573.1**	**3613.2**	**77548.8**	**29970.2**	**8990.0**	**3778.1**
北　京	Beijing	37.8		0.5	165.6	48.8	4.4	25.8
天　津	Tianjin	249.9	0.4	0.3	239.0	49.4	30.5	51.8
河　北	Hebei	3825.1	16.0	118.4	5284.2	1445.1	464.3	501.9
山　西	Shanxi	1421.2	0.1	15.5	976.3	974.9	135.4	135.7
内蒙古	Inner Mongolia	3840.3		213.9	993.7	190.8	277.3	680.0
辽　宁	Liaoning	2538.7		116.2	1990.2	856.4	435.4	139.3
吉　林	Jilin	4039.2		85.8	490.5	164.1	274.6	32.8
黑龙江	Heilongjiang	7867.7		13.6	725.4	184.3	300.4	501.0
上　海	Shanghai	94.0		0.5	248.6	32.6	9.1	29.4
江　苏	Jiangsu	3746.1	0.8	97.8	5856.6	969.1	306.5	64.9
浙　江	Zhejiang	620.9	0.6	31.7	1933.6	722.6	103.6	18.6
安　徽	Anhui	4087.6	2.9	167.1	2445.3	778.1	456.3	47.6
福　建	Fujian	506.4		23.3	1686.5	810.3	286.5	20.0
江　西	Jiangxi	2192.3	1.7	130.9	1730.6	744.6	345.0	8.4
山　东	Shandong	5500.7	14.0	285.9	8801.1	3032.6	819.3	288.4
河　南	Henan	6544.2	1.4	657.3	7607.2	2455.3	646.8	216.8
湖　北	Hubei	2764.3	10.9	354.1	4299.8	1119.4	425.5	9.6
湖　南	Hunan	3074.4	8.0	263.0	4268.9	1193.6	562.0	5.7
广　东	Guangdong	1279.9		117.3	3855.7	1957.8	457.4	17.3
广　西	Guangxi	1386.5	0.1	75.9	4047.5	3121.1	441.0	13.1
海　南	Hainan	146.0		7.5	588.9	525.7	66.9	0.1
重　庆	Chongqing	1092.8		68.5	2184.3	553.2	196.6	3.1
四　川	Sichuan	3582.1	0.2	416.6	5039.1	1290.9	664.0	68.4
贵　州	Guizhou	1094.9		94.9	3280.1	653.7	228.2	4.9
云　南	Yunnan	1930.3		63.9	2748.9	1142.6	488.1	72.5
西　藏	Tibet	106.2		4.6	89.5	3.0	27.4	53.7
陕　西	**Shaanxi**	**1270.4**	**0.03**	**58.3**	**2012.8**	**2141.1**	**128.0**	**161.9**
甘　肃	Gansu	1231.5	3.1	58.8	1655.3	883.8	135.3	67.5
青　海	Qinghai	109.1		31.9	150.1	3.0	40.0	35.6
宁　夏	Ningxia	368.4		4.8	533.0	262.8	35.3	280.5
新　疆	Xinjiang	1735.8	512.9	34.6	1620.4	1659.5	198.7	221.9

注：水果产量含果用瓜。

a) The fruit production includes melons for fruits use.

21-10 主要工业产品产量(2021年)
Output of Major Industrial Products(2021)

地区	Region	原煤(万吨) Coal (10 000 tons)	原油(万吨) Crude oil (10 000 tons)	天然气(亿立方米) Natural Gas (100 million cu.m)	水泥(万吨) Cement (10 000 tons)	粗钢(万吨) Crude Steel (10 000 tons)	钢材(万吨) Rolled Steel (10 000 tons)	汽车(万辆) Motor Vehicles (10 000 units)	发电量(亿千瓦小时) Electricity (100 million kwh)
全国	**National Total**	**412583.4**	**19888.1**	**2075.8**	**237810.8**	**103524.3**	**133666.8**	**2652.8**	**85342.5**
北京	Beijing			4.3	258.1		203.4	135.5	472.6
天津	Tianjin		3407.0	39.0	632.0	1825.3	5991.7	74.0	799.7
河北	Hebei	4643.0	544.6	5.3	11354.6	22496.5	29559.4	110.0	3513.4
山西	Shanxi	120346.3		123.4	5688.6	6740.7	6173.9	11.9	3926.2
内蒙古	Inner Mongolia	106990.5	42.1	289.7	3667.9	3117.9	2957.6	5.4	6119.9
辽宁	Liaoning	3087.7	1054.2	7.9	4938.9	7502.4	7759.1	80.9	2257.6
吉林	Jilin	904.6	414.2	21.4	2125.3	1538.9	1790.6	242.4	1025.7
黑龙江	Heilongjiang	6015.9	2945.5	50.5	2188.6	960.6	951.4	7.6	1200.5
上海	Shanghai		50.9	17.2	444.0	1577.1	1941.4	283.3	1003.1
江苏	Jiangsu	934.3	151.3	0.9	15402.1	11925.0	15701.9	77.6	5968.9
浙江	Zhejiang				13638.0	1455.6	3451.8	99.4	4222.5
安徽	Anhui	11274.1		2.3	15001.0	3891.6	3820.3	150.3	3083.4
福建	Fujian	547.5			10131.0	2535.5	3980.5	34.3	2950.8
江西	Jiangxi	237.2			10403.8	2711.0	3480.9	43.6	1563.3
山东	Shandong	9312.0	2210.7	6.2	16617.5	7649.3	10667.6	107.3	6210.3
河南	Henan	9372.4	234.7	2.9	11385.9	3316.1	4336.0	52.8	3039.1
湖北	Hubei	29.7	53.2	1.3	11872.8	3656.1	3852.1	209.9	3292.4
湖南	Hunan	726.8		0.0	10513.3	2612.7	2979.7	31.9	1741.9
广东	Guangdong		1744.7	132.5	17084.3	3178.3	5111.2	338.5	6306.2
广西	Guangxi	352.0	46.8	0.2	11432.9	3660.9	5282.1	190.1	2081.9
海南	Hainan		37.3	8.0	1937.5			1.5	391.2
重庆	Chongqing			87.1	6238.1	899.3	1310.5	199.8	991.4
四川	Sichuan	1952.6	9.2	522.2	14171.5	2787.9	3496.2	72.7	4530.3
贵州	Guizhou	13231.9		5.2	9332.8	461.9	811.2	8.8	2368.4
云南	Yunnan	6098.9			11511.5	2361.0	2646.4	1.8	3770.2
西藏	Tibet				991.6				112.8
陕西	**Shaanxi**	**69993.8**	**2552.8**	**294.1**	**6698.5**	**1520.8**	**2097.4**	**80.1**	**2615.8**
甘肃	Gansu	4406.8	1029.1	4.2	4478.2	1059.0	1080.6		1896.8
青海	Qinghai	1109.2	234.0	62.0	1107.1	186.7	182.0		995.7
宁夏	Ningxia	8670.1	135.3	0.2	1870.1	596.3	582.3		2082.9
新疆	Xinjiang	32148.2	2990.4	387.6	4693.4	1299.9	1467.7	1.6	4683.6

21-11 社会消费品零售总额和进出口总额
Total Retail Sales of Consumer Goods and Total Import and Export

地 区	Region	社会消费品零售总额(亿元) Total Retail Sales of Consumer Goods(100 million yuan)		进出口总额(亿元人民币) Total Import and Export (RMB 100 million)		出口总额(亿元人民币) Total Exports (RMB 100 million)	
		2020	2021	2020	2021	2020	2021
全 国	**National Total**	**391980.6**	**440823.2**	**322215.2**	**391008.5**	**179278.8**	**217347.6**
北 京	Beijing	13716.4	14867.7	23313.0	30438.4	4664.1	6118.5
天 津	Tianjin	3582.9	3769.8	7367.9	8567.4	3074.3	3875.6
河 北	Hebei	12705.0	13509.9	4456.8	5415.6	2520.8	3029.8
山 西	Shanxi	6746.3	7747.3	1504.3	2230.3	873.9	1365.9
内蒙古	Inner Mongolia	4760.5	5060.3	1054.2	1235.5	349.0	478.4
辽 宁	Liaoning	8960.9	9783.9	6569.2	7724.0	2651.9	3312.6
吉 林	Jilin	3824.0	4216.6	1282.3	1503.8	290.9	353.5
黑龙江	Heilongjiang	5092.3	5542.9	1539.2	1995.0	359.9	447.7
上 海	Shanghai	15932.5	18079.3	34872.7	40610.4	13720.9	15718.7
江 苏	Jiangsu	37086.1	42702.6	44503.6	52130.6	27433.3	32532.3
浙 江	Zhejiang	26629.8	29210.5	33848.5	41429.1	25169.3	30121.3
安 徽	Anhui	18334.0	21471.2	5451.5	6920.2	3160.9	4094.8
福 建	Fujian	18626.5	20373.1	14098.1	18449.6	8472.9	10816.5
江 西	Jiangxi	10371.8	12206.7	4024.6	4980.4	2918.2	3671.8
山 东	Shandong	29248.0	33714.5	22130.3	29304.1	13047.1	17582.7
河 南	Henan	22502.8	24381.7	6678.8	8208.1	4074.7	5024.1
湖 北	Hubei	17984.9	21561.4	4305.2	5374.4	2702.1	3509.3
湖 南	Hunan	16258.1	18596.9	4884.9	5988.6	3304.0	4212.7
广 东	Guangdong	40207.9	44187.7	70871.1	82680.3	43490.2	50528.7
广 西	Guangxi	7831.0	8538.5	4869.8	5930.6	2707.4	2939.1
海 南	Hainan	1974.6	2497.6	936.3	1476.8	277.0	332.6
重 庆	Chongqing	11787.2	13967.7	6513.6	8000.6	4187.3	5168.3
四 川	Sichuan	20824.9	24133.2	8088.6	9513.6	4653.6	5708.7
贵 州	Guizhou	7833.4	8904.3	546.7	654.2	431.2	487.1
云 南	Yunnan	9792.9	10731.8	2692.8	3143.8	1518.6	1766.7
西 藏	Tibet	745.8	810.3	21.3	40.2	12.9	22.5
陕 西	**Shaanxi**	**9605.9**	**10250.5**	**3775.4**	**4757.8**	**1929.5**	**2566.1**
甘 肃	Gansu	3632.4	4037.1	382.4	490.9	85.6	96.9
青 海	Qinghai	877.3	947.8	23.0	31.3	12.3	17.1
宁 夏	Ningxia	1301.4	1335.1	123.4	214.0	86.7	174.8
新 疆	Xinjiang	3062.5	3584.6	1483.4	1569.1	1098.1	1272.8

2021 年陕西省统计局大事记

1 月 6 日，省统计局举办“青年学、青年讲”学习活动，局党组书记、局长徐强勉励年轻干部树立远大理想抱负。

1 月 8 日，赵一德省长对省统计局撰写的《民营小微企业经营趋稳 部分企业经营状况困难》分析报告作出批示。

1 月 11 日，《陕西日报》经济版以《陕西开展人口普查事后质量抽查工作》为题，宣传报道我省七人普事后质量抽查工作。

1 月，国务院人普办发来感谢信，向省统计局积极配合国家人普办开展人口普查事后质量抽查工作表示衷心感谢。

1 月 13–14 日，省人普办赴商洛市调研七人普行职业编码工作。

1 月 20 日上午，陕西省人民政府新闻办公室举行新闻发布会，邀请省统计局新闻发言人、副局长张烨发布 2020 年全省国民经济运行情况。

2 月，省统计局荣获“2020 年度全省政务信息政务督查工作先进单位”称号。

2 月，省统计局保密办荣获“全省保密工作先进集体”称号。

2 月 4 日上午，省统计局召开党组（扩大）会议，传达学习全省两会精神，研究部署贯彻落实工作。党组书记、局长徐强主持会议并讲话。

2 月 24 日，省统计局参加 2021 年轮国际比较项目（ICP）启动暨项目调查视频培训会。

3 月 4 日，经省政府审定，省统计局发布《2020 年陕西省国民经济和社会发展统计公报》，并在《陕西日报》整版全文刊登。

3 月，省统计局党组书记、局长徐强局长应邀接受《陕西日报》专题采访，就《2020 年陕西省国民经济和社会发展统计公报》与记者进行了深入交流。

3 月 10 日，省统计局受邀参加陕西广播电视台《秦风热线》直播访谈，党组成员、副局长张烨在节目中解读《2021 陕西人民新年愿望》。

3 月，赵一德省长对省统计局撰写的统计报告（13 期）《工业经济效益持续改善向好态势不断巩固》作出批示。

3 月 11 日，省统计局总统计师胡清升为 2021 年春季学期中青年干部培训班全体学员作了题为《当前经济形势分析及展望》的开班专题报告。

3 月 16 日，省统计局召开党史学习教育动员大会。

3 月，省统计局赴各设区市、杨凌示范区开展贯彻中央统计决策部署工作督导检查。

3 月 30 日，省统计局召开 2021 年一季度全省经济形势分析会。

4 月 7 日，省统计局在 2019—2020 年度省直机关文明单位命名授牌暨精神文明建设工作会议上做经验交流发言。

4 月 16 日，省统计局在西安召开 2021 年度全省统计工作会议，以及全省统计系统党的建设暨廉政工作会议。

4 月 20 日，陕西省人民政府新闻办公室举行新闻发布会，邀请省统计局新闻发言人、总统计师胡清升发布 2021 年一季度全省国民经济运行情况，并回答记者提问。

4 月 20 日，省统计局荣获 2021 年度省委平安陕西建设工作先进集体。

4 月 27—28 日，省统计局组织举办陕西投资统计管理监测平台操作培训班。

5 月，省统计局在全国乡村调查培训会上作乡村振兴统计监测工作经验交流。

5 月 12 日，省委第七巡回指导组到省统计局指导党史学习教育。

5 月 13 日，省统计局在西安召开全省第七次人口普查办公室主任会议。

5 月 15 日，由国家统计局国际统计中心、陕西省统计局、西安财经大学联合主办的“第五届丝路经济国际论坛”在西安财经大学召开。省统计局党组书记、局长徐强应邀出席并发表致辞。

5 月 19 日，陕西省人民政府新闻办公室举行新闻发布会，邀请陕西省第七次全国人口普查领导小组办公室主任、省统计局副局长靳力，向社会发布了我省七人普主要数据情况。

5 月，省统计局荣获 2020 年度全省目标责任考核优秀单位。

6 月 4 日，省统计局在渭南市举办全省统筹开展经济普查与投入产出调查专项试点培训班。

6 月 7 日，省统计局做客陕西广播电视台《秦风热线》栏目，围绕我省第七次全国人口普查主要数据情况接受了广播直播专访。

6 月 24 日，省统计局在商洛镇安召开上半年全省经济形势分析会。

6 月 29 日，省统计局召开庆祝中国共产党成立 100 周年暨表彰大会。

7 月 1 日，省统计局组织集中收看庆祝中国共产党成立 100 周年大会实况转播。

7 月，省统计局建立《陕西省贯通落实“五项要求”、“五个扎实”经济社会发展监测指标体系》。

7 月，省统计局制定《省级以下人民政府统计机构统计调查项目管理办法》。

7 月，省统计局修订印发《陕西省统计业务流程规范》《陕西省统计质量管理办法》《陕西省统计数据质量评估办法》《陕西省统计数据质量责任制度》。

7 月 14—15 日，国家统计局副局长蔺涛一行 4 人来陕，调研我省统筹开展经普与投入产出调查专项试点工作。

7 月 20 日，陕西省人民政府新闻办公室举行新闻发布会，邀请省统计局新闻发言人、总统计师胡清升发布 2021 年上半年全省国民经济运行情况，并回答记者提问。

7 月 21 日，省统计局举办“学习贯彻习近平总书记‘七一’重要讲话精神”宣讲报告会。

7 月 21—23 日，2021 年全国地方统计调查年鉴编辑培训班在陕西省汉中市举办。

8 月，省统计局统计法宣传作品入选全国优秀作品。

8 月 12 日，省统计局荣获 2020 年省级驻村联户扶贫参扶单位考核优秀等次。

8 月 20 日，省统计局制定印发《陕西法治统计建设规划（2021—2025 年）》。

9 月 14 日，省统计局与省委组织部、省发改委在西安联合举办全省高质量发展综合绩效评价培训班。

9 月 15 日，经省政府批准，省统计局、省发改委联合印发《陕西省“十四五”统计改革发展规划》。

9 月，省统计局正式启动 2021 年全省人口变动情况抽样调查。

9 月 22 日，《陕西统计年鉴－2021》由中国统计出版社出版。

9 月 23 日，省统计局在延安市安塞区召开全省前三季度经济形势分析会。

9 月 24 日，省统计局举办第十二届“中国统计开放日”活动。

10 月 6 日，程福波副省长来省统计局调研国家统计督察准备情况，并召开座谈会。

10 月 11 日，经党中央、国务院授权和批准，国家统计局 2021 年第 10 统计督察组来陕，开展为期 12 天的统计督察。

10 月，省统计局营商环境监测评价工作受到陕西省人民政府表彰。

10 月 20 日，陕西省人民政府新闻办公室举行新闻发布会，邀请省统计局新闻发言人、总统计师胡清升发布 2021 年前三季度全省国民经济运行情况，并回答记者提问。

10 月 29 日，贵州省体育局和贵州省残疾人联合会分别向省统计局发来感谢信，对省统计局在十四运会和残特奥会期间为贵州代表团提供的保障和服务表示感谢。

11 月 1 日，2021 年全省平安建设满意度调查观摩听访活动在省统计局启动。

11 月 17 日，省统计局开展经济普查与投入产出调查专项试点工作的经验做法，被国家统计局《工作情况交流》（2021 年第 19 期）刊登。

11 月 22—24 日，省统计局会同省发改委分市（区）召开了全省稳投资促增长联席会议。

11 月 25—26 日，省统计局参加国家统计局学习贯彻党的十九届六中全会精神专题视频培训班。

12 月 3 日，省统计局完成全国文明单位实地检查测评迎检工作。

12 月 6 日开始，省统计局在全省组织开展 2021 年人口变动情况抽样调查事后质量抽查工作。

12 月 28 日，省统计局组织 20 名干部下沉社区阻击疫情。

（麻佳杰）

2021 年陕西调查总队大事记

2 月 5 日，梁桂常务副省长对陕西总队 2020 年工作总结作出批示。

2 月 6 日，陕西总队赴帮扶村开展春节走访慰问活动。

2 月 19 日，陕西总队印发《关于开展总队机关第一届巾帼建功标兵和先进集体评选活动的通知》。

2 月 24 日，陕西总队印发《关于总队机关 2020 年度考核结果的通报》。

2 月，陕西总队撰写的《小微企业做大做强 制约因素仍需关注》获省级领导批示。

3 月 5 日，陕西总队表彰第一届巾帼建功标兵和先进集体。

3 月 15 日，陕西总队印发《陕西国家调查系统 2021 年课题、专题立项计划》。

3 月 17 日，陕西总队召开系统党史学习教育动员部署视频会议。

3 月 17 日，陕西总队召开系统全面从严治党工作暨警示教育视频会议。

3 月 20 日，陕西总队召开 2021 年第一轮巡察工作动员暨巡察干部培训会。

3 月，陕西总队撰写的《陕西省民营企业对〈政府工作报告〉反响强烈》《务工规模略有下降 就业形势总体趋稳》《近九成满意改造效果 制约问题亟需关注》《保障租赁住房认可度较高 后续措施需进一步加强》获省级领导批示。

4 月 6 日，陕西总队印发《陕西调查队系统党史学习教育主要工作安排》。

4 月 15 日，陕西总队印发《2021 年度陕西调查总队创建模范机关工作目标清单、任务清单、责任清单》。

4 月 15 日，陕西总队印发《国家统计局陕西调查总队创建“五星级党支部”实施方案》。

4 月 16 日，陕西总队举办陕西调查队系统党史学习教育专题辅导讲座。

4 月 23 日，陕西总队印发 2021 年理论学习中心组学习计划。

4 月 26 日，陕西总队印发《陕西调查队系统工作综合考核办法》。

4 月 26 日，陕西总队印发《陕西调查队系统业务工作考核办法》。

4 月 28 日，陕西总队召开系统全面从严治党专题会议。

4 月 29 日，陕西总队召开第六届陕西国家统计调查系统优秀青年表彰会议。

4 月 29 日，陕西总队召开加强基层基础工作视频会议。

4 月 29 日，陕西总队组织系统优秀青年干部开展主题党日活动。

4 月，陕西总队撰写的《优惠扶持助力个体户 纾困解难需加强》《找准政策调控方向 提升生产经营能力——近期大宗商品价格上涨对部分重点工业企业生产经营影响调研报告》《陕西消费扶贫成效显著 成果巩固还需机制续航——陕西消费扶贫的调研与思考》《壮大当地特色产业，推动县域经济发展》《2021 年一季度陕西城乡居民收入增长说明》获省级领导批示。

5 月 11 日，国家统计局机关党委副书记、二级巡视员张舒阳一行 3 人来陕调研党史学习教育开展情况和党建工作。

5 月 17 日，国家统计局统计教育培训中心副主任程宏丽一行来陕调研，就统计教育培训工作开展座谈交流。

5 月 18—21 日，国家统计局办公室副主任吴小武一行来陕调研基层统计机构政务管理及相关工作。

5 月 25—27 日，陕西总队组队参加“全民全运 同心同行”省直机关《国家体育锻炼标准》测验达标赛暨“迎全运 惠民生”陕西省体育健康行“五进”活动，获得优秀组织奖。

5 月，陕西总队撰写的《1—4 月陕西民生经济运行情况简析》《陕西省灵活就业人员的“五忧”和“四盼”》《4 月我省制造业 PMI 指数运行情况》《成本上涨压力增大 制约小微企业快速成长》《2021 年一季度我省农村居民收支状况分析》获省级领导批示。

6 月 4 日，陕西总队王耀南荣获全省脱贫攻坚先进个人。

6 月 5 日，陕西总队党组召开“三项清理”抽查工作动员暨培训视频会，进一步部署“三项清理”抽查工作。

6 月 17 日，国家统计局党廉办（机关纪委）纪律检查室主任刘立斌一行对陕西调查总队纪检工作开展情况和纪检制度执行情况进行全面检查。

6 月 24 日，陕西总队赴西安交大西迁博物馆开展“学习西迁精神 砥砺奋斗之志”主题党日活动。

6 月 27 日，陕西总队为在党 50 年老党员颁发纪念章。

6 月 29 日，陕西总队召开全面从严治党专题会议。

6 月，陕西总队撰写的《煤炭和焦炭价格暴涨拉动 5 月陕西 PPI 同比涨幅大幅攀升》《5 月份陕西居民消费价格同比上涨 1.9%》《中小学生心理健康状况整体良好 家校共育仍需推进》获省级领导批示。

7 月 5 日，陕西总队深入学习习近平总书记重要讲话精神开展庆祝建党 100 周年系列活动。

7 月 7 日，陕西总队荣获国家统计局网络歌咏比赛二等奖。

7 月 7 日，陕西总队党员干部参观陕西省庆祝中国共产党成立 100 周年主题展。

7 月 8 日，陕西总队第二党支部荣获“省直机关先进基层党组织”称号。

7 月 9 日，陕西总队召开党史学习教育专题党课视频会议，党史学习教育领导小组组长王素芹讲专题党课。

7 月 9 日，陕西总队召开系统基层基础工作推进视频会议。

7 月 13 日，国家统计局来陕开展“百队调研”。

7 月 13—14 日，国家统计局党组成员、副局长蔺涛来陕督导党史学习教育并调研经济普查等工作。

7 月 15 日，陕西总队召开系统纪检干部视频培训会。

7 月 19 日，陕西总队召开系统养老保险工作推进视频会。

7 月 20–22 日，国家统计局总工程师文兼武一行来陕调研指导工作。

7 月 25–26 日，国家统计局党组成员、副局长毛有丰来总队调研指导工作。

7 月 28 日，陕西省委省政府发文加强统计违纪违法行为防惩，要求各地各部门积极配合国家调查队开展工作。

7 月，陕西总队撰写的《农村居民增收情况调研报告》《制造业发展稳中求进 存在问题不容小觑》《让每一亩土地都变成丰收的沃土 ——陕西耕地“非粮化”调研报告》获省级领导批示。

8 月 2 日，陕西总队印发《国家统计局陕西调查总队督导基层党建工作制度（试行）》。

8 月 3–5 日，陕西总队机关各党支部召开党史学习教育专题组织生活会。

8 月 12 日，陕西总队印发《陕西调查总队关于市县调查队统计调查项目管理办法》。

8 月 16 日，陕西总队荣获 2020 年服务陕西经济社会发展优秀中央驻陕单位。

8 月 17 日，陕西总队圆满完成机关党委、机关纪委换届选举工作。

8 月 18 日，陕西总队上报的重要事项报告《关于陕西调查总队荣获 2020 年服务经济社会发展优秀中央驻陕单位的报告》《关于中共陕西省委办公厅、陕西省人民政府办公厅发文加强统计违纪违法行为防范和惩治工作情况的报告》获国家统计局党组书记、局长宁吉喆等领导批示。

8 月 20 日，陕西总队“百队调研”成果入选国家统计局优秀调研报告汇编。

8 月 23 日，陕西总队印发《国家统计局陕西调查队系统纪检机构执纪审查工作细则》。

8 月 25 日，陕西总队积极开展 2021 年全国低碳日活动。

8 月 26 日，陕西总队印发《陕西调查队系统业务工作考核办法（修订）》。

8 月 31 日，陕西总队印发《国家统计局陕西调查总队信访工作办法》。

8 月，陕西总队撰写的《务工规模持续恢复 收入水平快速增长》《劳动力市场持续向好 重点群体就业需关注—2021 年上半年陕西就业形势分析》《畜禽产能持续恢复 抢抓机遇提质增效》《秋粮长势总体较好 生产存在不确定性》《金融助力陕西小微企业发展效果显著》《家长期盼校内托管，缓解暑期看护难题》《陕西小微企业用工短缺困扰企业发展》《7 月陕西城镇青年群体就业现状简析》获省级领导批示。

9 月 1 日，陕西总队高质量完成人大代表建议答复工作。

9 月 3 日，陕西总队分析报告荣获 2020 年全省党政领导优秀调研成果一等奖。

9 月 8 日，陕西总队获 2020 年省级驻村联户扶贫参扶单位考核优秀等次。

9 月 9 日，陕西总队召开会议对 2021 年内部审计工作作全面布置。

9 月 9 日，陕西总队召开陕西调查队系统防范化解重大风险视频会议。

9 月 15 日，陕西总队撰写的两篇调研报告，分别被国家统计局《每日调查》第 85 期和第 87 期采用。

9 月 22 日，陕西总队举办第十二届“中国统计开放日”活动。

9 月 23 日，陕西总队孙立军获得 XII 类无人机教员资质。

9 月，陕西总队撰写的《解决农民工随迁子女教育问题需多方发力》获省级领导批示。

10 月 8 日，陕西总队组织退休干部职工赴铜川照金开展党史学习教育活动。

10 月 9 日，陕西总队荣获统计部门党组织书记优秀党课文稿一等奖。

10 月 9 日，陕西总队召开党组（扩大）会议，传达学习国家调查队管理体制改革十五周年暨总队长纪检组长座谈会精神。

10 月 12—13 日，陕西总队召开党组 2021 年第二轮巡察工作动员暨培训会。

10 月 11 日，国家统计局党组成员、副局长李晓超一行来陕调研农业生产形势。

10 月 14 日，陕西总队党员干部赴照金开展“赓续红色血脉 增强奋斗之志”主题党日活动。

10 月 19 日，陕西总队认真学习习近平总书记来陕考察重要讲话精神。

10 月，陕西总队撰写的《陕西工业购销价格涨幅相同 企业成本压力加大》《“防沉迷”政策见效 存在问题仍需关注》《9 月陕西制造业 PMI 指数运行情况》《陕西工业生产者出厂价格调查及有关工作情况的报告》获省级领导批示。

11 月 5 日，陕西总队开展青年理论学习暨公文写作知识竞赛。

11 月 9 日，陕西总队收到国家统计局住户调查司感谢信。

11 月 9 日，陕西总队召开新任职领导干部宪法宣誓暨廉政谈话视频会议。

11 月 10 日，陕西总队志愿者服务队参加“双 10•心诚服务”志愿服务活动。

11 月 17 日，陕西总队收到国家统计局人口司感谢信。

11 月 22 日，陕西总队荣获省直机关妇工委主题征文优秀组织奖。

11 月 22 日，陕西总队收到国家统计局人事司感谢信。

11 月 23 日，省直机关工委督查检查组到陕西总队开展 2021 年度党建工作重点任务完成情况集中督查检查。

11 月 24 日，陕西总队应中共陕西省委台湾工作办公室邀请，出席 2021 年对台政策法规培训班暨在陕台胞台商座谈会，开展统计法律法规相关知识宣讲。

11 月 24 日，陕西总队召开全省调查队系统网络安全知识视频培训会。

11 月 25 日，陕西总队收到国家统计局统计督察领导小组办公室感谢信。

11 月，陕西总队撰写的《本轮猪周期何时迎来“冬去春来”》《就业形势稳中趋好 存在问题值得关注——2021 年三季度陕西就业形势分析》《10 月陕西制造业 PMI 指数运行情况》《产业园区发展良好 入园企业仍有五盼》获省级领导批示。

12 月 1 日，陕西总队印发《陕西调查队系统辅助调查员管理办法（试行）》，加强辅助调查员规范管理。

12 月 6 日，陕西物流业发展现状调研报告——《加大政策支持力度 促进物流企业健康发展》，被省级刊物《调研与决策》全文刊登。

12 月 10 日，陕西总队印发《陕西调查队系统统计调查业务流程规范》，进一步规范统计调查业务流程。

12 月 14 日，陕西总队举办系统青年学习党的十九届六中全会精神暨统计法走进青年主题活动。

12 月，陕西总队关于疫情防控和统计调查工作有关情况的报告获国家统计局宁吉喆局长、蔺涛副局长批示。

12 月，陕西总队撰写的《保障性住房居民满意度较高 存在问题不容忽视》《欠薪治理成效显著 行业监管仍需发力》获省级领导批示。

（贠 萍　王梦茹）

陕西省统计局机构一览表

行政单位

- 办公室
- 统计执法监督处
- 统计设计管理处
- 国民经济综合统计处
- 国民经济核算处
- 工业统计处
- 能源与环境统计处
- 固定资产投资统计处
- 贸易外经统计处
- 人口与就业统计处
- 社会科技与文化产业统计处
- 农村社会经济统计处
- 人事处（离退休人员服务管理处）
- 财务处
- 机关党委

参照公务员法管理的事业单位

- 陕西省地方社会经济调查中心（副厅级）
  - 组织指导处
  - 县域经济监测考核处
  - 服务业调查处
  - 城乡居民收入调查处
  - 新兴产业调查处
  - 非公有制经济调查处
  - 农村社会发展监测处
  - 社情民意调查处
  - 宏观数据管理处
- 陕西省统计普查中心

国家统计局陕西调查总队机构一览表

- 总队机关
  - 办公室
  - 执法监督处
  - 制度方法处
  - 综合处
  - 分析研究处
  - 农业调查处
  - 农村调查处
  - 居民收支调查处
  - 住户监测处
  - 劳动力调查处
  - 生产价格调查处
  - 消费价格调查处
  - 专项调查处
  - 信息技术应用处
  - 人事教育处
  - 财务管理处
  - 纪检监察室（巡察办）
  - 机关党委
- 市级调查队
  - 西安调查队
  - 铜川调查队
  - 宝鸡调查队
  - 咸阳调查队
  - 渭南调查队
  - 延安调查队
  - 汉中调查队
  - 榆林调查队
  - 安康调查队
  - 商洛调查队
- 县级调查队
  - 杨凌
  - 雁塔　临潼　长安　鄠邑　西咸新区　蓝田　周至
  - 耀州　宜君
  - 陈仓　凤翔　扶风　眉县
  - 三原　泾阳　礼泉　彬州　旬邑
  - 大荔　合阳　澄城　蒲城　富平
  - 子长　志丹　宜川　黄陵
  - 城固　勉县　略阳
  - 定边　绥德　清涧　子洲　神木
  - 汉阴　紫阳　旬阳
  - 洛南　商南

统计核心价值观

真实可信
科学严谨
创新进取
服务人民

陕西统计人精神

严谨　求实　卓越　奉献

严谨：是统计人的科学态度。严谨即严肃谨慎、严密周到。体现在统计人在工作中不浮夸、不马虎、不好高骛远、不粗枝大叶，认真求证每一个统计数据和统计指标、仔细核对每一张统计报表、深入分析每一次统计调查，努力提高统计数据质量、维护政府统计公信力。

求实：是统计人的职业素养。“求”是探究、求证；“实”，真也，是反映在统计数据中的真理、规律。求实，是贯穿于统计生产全过程的一种工作理念。

卓越：是统计人的工作标准。卓越，意味着杰出与超越。是社会发展对统计工作提出的要求，也是检验统计工作好坏的标准。

奉献：是统计人的职业要求。奉献就是付出、给予、呈现。展现统计人在平凡的岗位上，将甘于奉献化作对工作的无限热爱，受得清苦、耐得寂寞、吃苦耐劳、无怨无悔。